금융투자
분석사

KB068964

1

금융투자협회
Korea Financial Investment Association

자격시험 안내

1. 금융투자분석사의 정의

투자매매업 또는 투자중개업을 인가받은 금융투자회사에서 특정 금융투자상품의 가치에 대한 주장이나 예측을 담고 있는 자료(조사분석자료)를 작성하거나 이를 심사 · 승인하는 업무를 수행하는 인력

2. 응시자격

금융회사 종사자, 학생, 일반인 등

3. 시험과목 및 문항수

시험과목		세부 교과목	문항수
제1과목	증권분석 기초	계량분석	5
		증권경제	10
		기업금융 · 포트폴리오 관리	10
소 계			25
제2과목	가치평가론	주식평가 · 분석	10
		채권평가 · 분석	10
		파생상품평가 · 분석	10
		파생결합증권평가 · 분석	5
소 계			35
제3과목	재무분석론	재무제표론	10
		기업 가치평가 · 분석	10
소 계			20
제4과목*	증권법규 및 직무윤리	자본시장 관련 법규	10
		회사법	5
		직무윤리	5
소 계			20
시험시간		120분	100 문항

* 2009년 2월 4일 이후 시행된 증권투자상담사 시험 및 증권투자권유자문인력 적격성 인증시험 합격자에 대해서는 증권법규 및 직무윤리과목(제4과목)을 면제

4. 시험 합격기준

70% 이상(과목별 40점 미만 과락)

contents

part 03

기업금융

part 01

계량분석

certified research analyst

chapter 01

화폐의 시간적 가치와 수리적 개념

section 01 | 이자율

1 단리 이자율(Simple Interest Rate)

초기 투자액에 대해서만 이자를 지급하는 이자율로서 이자에 대한 이자는 없고 원금에 대한 이자만이 만기에 일시적으로 지급되는 방식의 이자율이다.

> **예시**
>
> 만기에 단리 10%의 이자를 받는 투자안에 10,000원을 투자할 경우
>
> (풀이)
> 1년 후 총액 : 11,000원(투자원금 10,000원＋이자 1,000원)
>
> $\qquad$ 10,000원(원금)＋10,000×10%×1년(이자)＝11,000원
>
> 2년 후 총액 : 10,000＋10,000×10%×2년＝12,000원

2 복리 이자율(Compound Interest Rate)

초기 투자액에 대해서는 물론 발생한 이자에 대해서도 이자를 지급하는 이자율로 만기 이전에 이자를 받는다는 가정하에 이자에 대한 재투자 수익까지 포함하여 원리금을 계산하는 방식이며, 가장 일반적으로 사용한다.

예시

만기에 복리 10%의 이자를 받는 투자안에 10,000원을 투자할 경우

(풀이)
1년 후 총액 : 11,000(투자원금 10,000원+이자 1,000원) 단리와 동일

  10,000원(원금)+10,000×10%×1년(이자)=11,000원

2년 후 총액 : 10,000+10,000×10%×2년+(10,000×10%)×10%×1년=12,100원

3 연속 복리 이자율(Continuous Compounded Interest Rate)

발생하는 이자를 지급하는 주기가 연속적인 이자율로서 파생상품의 가격결정과 이론 가격 계산에 주로 사용한다.

원금 S에 대해서 연율 r이 적용되고 연간 n번에 걸쳐서 복리로 이자가 지급될 경우 1년 후의 수익은 다음과 같다.

$$S\left(1+\frac{r}{n}\right)^n$$

이제 연 100%의 이자율, 즉 $r=1$일 때 복리가 적용되는 기간에 따른 원리금을 살펴보자.

1년에 1번 이자를 지급할 경우 $(n=1)$, $(1+1)^1=2$

6개월마다 이자를 지급할 경우 $(n=2)$, $\left(1+\frac{1}{2}\right)^2=2.25$

1개월마다 이자를 지급할 경우 $(n=12)$, $\left(1+\dfrac{1}{12}\right)^{12}=2.6130353$

1일마다 이자를 지급할 경우 $(n=365)$, $\left(1+\dfrac{1}{365}\right)^{365}=2.7145675$

1시간마다 이자를 지급할 경우 $(n=365\times24)$, $\left(1+\dfrac{1}{365\times24}\right)^{365\times24}=2.7181255$

1분마다 이자를 지급할 경우 $(n=365\times24\times60)$, $\left(1+\dfrac{1}{365\times24\times60}\right)^{365\times24\times60}=2.7181542$

매 순간마다 이자를 지급할 경우 $(n=\infty)$, $\lim\limits_{n\to\infty}\left(1+\dfrac{1}{n}\right)^{n}=2.7182818$

여기서 매 순간마다 이자를 지급하는 경우인 $\lim\limits_{n\to\infty}\left(1+\dfrac{1}{n}\right)^{n}$을 exponential이라 하며 e 또는 exp로 표기한다. 따라서 이자율이 r인 경우의 연속 복리(continuously compounded)는 다음과 같이 나타낼 수 있다.

$$\lim_{n\to\infty}\left(1+\frac{r}{n}\right)^{n}\to e^{r}$$

 예시

만기에 연속 복리 10%의 이자를 받는 투자안에 10,000원을 투자할 경우

(풀이)
1년 후 총액 : 11,051.7원(투자원금 10,000원 + 이자 1,051.7원)
$$10,000\times e^{0.1}=11,051.7\text{원}$$
2년 후 총액 : $10,000\times e^{0.1\times2}=12,214$원

미래가치, 현재가치

1 미래가치(Future Value: *FV*)

현재의 일정 금액을 미래의 시점에서 평가한 가치로서 복리 계산이 일반적이다. 미래 화폐의 시간적 가치를 나타내며, 내일의 1원은 오늘의 1원보다 가치가 적다는 개념에서 출발한 가치의 정의이다.

$$(1+i)^n : \text{현재가치를 미래가치로 나타내 주는 할증 요소}$$
$$(\text{Compounded rate, 할증률})$$
$$FV = PV(1+i)^n$$
$$FV : \text{Future value}$$
$$PV : \text{Present value}$$
$$i : \text{Annual interest rate divided by } m$$
$$n : \text{Number of periods}(= N \times m)$$
$$m : \text{Number of payment per year}$$

예시 1

연 이자율＝12%, 이자지급 횟수＝연 4회일 경우, 100만 원의 3년 후 가치는?

(풀이)

100만 원$(1+0.12/4)^{4 \times 3}=142.58$만 원

매년 일정액을 정기적으로 납부하는 연금의 미래가치는 다음과 같이 계산한다.

$$FV = A\left[\frac{(1+i)^n - 1}{i}\right]$$

FV : Future value

A : Amount of the annuity per period

i : Periodic interest rate(annual rate divided by m)

n : Number of periods($N \times m$)

m : Number of payments per year

예시 2

향후 15년 동안 매 연말에 150만 원씩 예금한다면 이 예금의 15년 후의 가치는?

(풀이)

150만 원$[(1+0.07)^{15} - 1]/0.07 = 3,769.35$만 원

2 현재가치(Present Value: PV)

미래의 일정 금액을 현재의 시점에서 평가한 가치로서 복리 할인이 일반적이다.

현재 화폐의 시간적 가치를 나타내며, 오늘의 1원은 내일의 1원보다 가치가 크다는 개념에서 출발한 가치의 정의이다.

$(1+i)^{-n}$: 미래가치를 현재가치로 나타내 주는 할인 요소(discount rate, 할인율)

$$PV = FV(1+i)^{-n}$$

PV : Present value

FV : Future value

i : Annual interest rate divided by m

n : Number of periods($= N \times m$)

m : Number of payment per year

향후 일정기간 동안 일정 금액을 계속 받을 수 있는 연금의 현재가치는 다음과 같이 계산한다.

$$PV = A \left[\frac{1 - (1+i)^{-n}}{i} \right]$$

PV : Present value

FV : Future value

i : Annual interest rate divided by m

n : Number of periods($= N \times m$)

m : Number of payment per year

예시

향후 13년 동안 매 연말에 200만 원씩 받는 연금의 현재가치는? (단, 할인율은 6% 가정)

(풀이)

200만 원$[(1 - (1 + 0.06)^{-13})/0.06] = 1,770.54$만 원

수익률

1 기간 수익률(Holding Period Return : *HPR*)

$$HPR = \frac{기말 \ 가치 - 기초 \ 가치}{기초 \ 가치}$$

$$Annualized \ HPR = (1 + HPR)^{1/n} - 1, \ n = number \ of \ years$$

! 예시

100만 원을 투자하여 4개월 후 110만 원이 되었다면 *HPR*은?

(풀이)

$HPR = 10\%,\ Annualized\ HPR = (1+0.1)^3 - 1 = 33\%$

2　**산술평균(Arithmetic Average)과 기하평균(Geometric Average)**

일정기간 동안의 투자수익률은 *HPR*로 측정된다. 그런데 펀드의 수익률을 평가하기 위해서는 연속적인 몇 기간 동안의 *HPR*로부터 그 기간 동안의 누적수익률 또는 평균 수익률을 구하는 것이 필요하다. 이런 경우 목적에 따라 산술평균 방법을 사용하기도 하고 기하평균 방법을 사용하기도 한다.

$$산술평균 = \sum_{i=1}^{N} HPR_i / N$$
$$기하평균 = \prod_{i=1}^{N}(1+HPR_i)^{1/N} - 1$$

어떤 펀드 매니저가 100만 원을 투자하여 첫해의 *HPR* = 50%이고, 둘째 해의 *HPR* = −30%라면 이 펀드의 자산은 1년 후에 150만 원이 되고, 2년 후에는 105만 원이 될 것이다. 이 경우에 산술평균은 [0.5 + (−0.3)]/2 = 10%이고 기하평균은 [(1+0.5)(1−0.3)]^{1/2} − 1 = 2.47%이다. 즉 기하평균을 이용하면 2년 후의 투자자산 105만 원(=100만 원(1+0.0247)²)을 정확하게 계산할 수 있다. 그러나 산술평균을 이용하면 121만 원(=100만 원(1+0.1)²)으로 2년 후의 자산가치를 과대평가하게 된다.

따라서 어떤 펀드매니저의 과거 10년 동안 운용수익률의 산술평균이 10%이고, 기하평균이 5%라면 산술평균 10%는 내년에 이 펀드매니저의 연수익률은 얼마나 될 것인가라는 질문에 대한 답으로 적절하다. 그러나 이 펀드매니저에게 100만 원을 맡긴다면 5년 후에 얼마가 될 것인가에 대한 답으로 산술평균을 이용하여 계산한 161만 원(=100만 원(1.1)⁵)은 적절치 않다. 이 경우에는 기하평균을 이용하여 추정한 127.6만 원(=100만 원(1.05)⁵)이 적절하다. 일반적으로

*HPR*은 분산을 갖기 때문에 산술평균은 기하평균보다 항상 크다. 또한 분산, 즉 변동이 클수록 그 차이는 더욱 커진다. 따라서 일정한 기간 동안의 수익률을 나타낼 때 기하평균의 수익률을 사용한다.

3	내부수익률(Internal Rate of Return : *IRR*)

수익률이란 얼마를 투자했을 때 어느 정도 비율을 더 벌어들였느냐는 것이다. 그런데 투자가 여러 차례에 걸쳐 이루어지고, 또 현금유입도 여러 차례에 이루어지면 단순히 현금유입/현금유출×100의 형태로 계산하면 안 된다. 왜냐하면 각 현금흐름이 발생한 시점이 다르기 때문에 각각의 시간가치를 고려해 줘야 하기 때문이다. 이처럼 화폐의 시간가치를 고려해 준 수익률 계산법이 바로 내부수익률의 개념이다. 채권의 수익률로 이용되는 만기수익률(Yield To Maturity : *YTM*)이 대표적인 내부수익률이다. 만기수익률은 채권에서 발생하는 현금흐름의 현재가치와 채권의 시장 가격을 일치시켜 주는 수익률로서 채권 가격과 채권에 내재된 미래 현금흐름의 현재가치를 일치시켜 주는 수익률이라 할 수 있다. 자본이득이나 자본손실은 물론 이자를 재투자하여 얻어지는 재투자수익, 즉 이자의 이자까지도 감안하여 산출되는 채권의 예상수익률이며, 시장여건에 따라 형성되는 수익률로 매매 시점에 따라 변화되는 평균 개념 수익률이다.

4	금액가중 수익률(Dollar Weighted Return)과 시간가중 수익률 (Time Weighted Return)

초기에 일정한 금액을 투자한 후 중간에 현금 유출입이 없는 경우에는 그 기간 동안의 수익률을 *HPR*로 쉽게 계산할 수 있다. 그러나 투자기간 중 빈번한 현금 유출입이 있는 수익증권이나 개방형 뮤추얼펀드 등의 수익률을 측정하는 것은 쉽지 않다. 이 경우에 수익률 측정에 이용되는 것이 금액가중 수익률인데, 이는 앞에서 소개한 내부수익률의 개념이다.

어느 뮤추얼펀드의 2××5년부터 2××9년까지의 annualized *HPR*과 각 투자연도 초의 투자금액이 아래와 같다고 하고 이 펀드의 수익률을 측정해 보기로 한다.

투자연도	투자유입금액	기초 투자금액	기말 투자잔고	*HPR*
2××5년	5,000만 원	5,000만 원	4,750만 원	-5%
2××6년	10,000만 원	14,750만 원	12,508만 원	-15.2%
2××7년	15,000만 원	27,508만 원	28,360.7만 원	3.1%
2××8년	20,000만 원	48,360.7만 원	63,231.68만 원	30.75%
2××9년	25,000만 원	88,231.68만 원	103,804.56만 원	17.65%

　이 펀드는 5년 동안 75,000만 원의 현금이 유입되어 2××9년 말에 103,804.5만 원이 되었다. 이 경우 금액가중 수익률은 다음의 식으로부터 계산된다.

$$5,000 = -\frac{10,000}{(1+r)} - \frac{15,000}{(1+r)^2} - \frac{20,000}{(1+r)^3} - \frac{25,000}{(1+r)^4} - \frac{103,804.56}{(1+r)^5}$$
$$\text{Dollar Weighted Return} = 14.25\%$$

　금액가중 수익률은 수익률 측정기간 중에 누적금액이 증가하는 것을 연율로 계산한 것이다. 그러나 이 방법은 펀드의 성과를 측정하는 신뢰할 만한 측정치라고 하기 어렵다. 왜냐하면 이 측정치는 현금유입액의 시기에 따라 수익률이 달라지기 때문이다. 만약 위와 동일한 *HPR*이지만 현금유입의 시기가 위와 반대로 이루어졌다면 2××9년 말에 투자잔고는 103,893.8만 원으로 위의 경우보다 클 것이다. 그러나 금액가중 수익률은 9.12%로 앞에서 구한 14.25%보다 낮다. 이는 다음 식을 만족하는 내부수익률(*IRR*)로서 구해진다.

$$25,000 = -\frac{20,000}{(1+r)} - \frac{15,000}{(1+r)^2} - \frac{10,000}{(1+r)^3} - \frac{5,000}{(1+r)^4} - \frac{103,894}{(1+r)^5}$$

　이와 같이 금액가중 수익률은 현금유입의 시기에 따라 수익률이 달라지므로 현금유입금액에 관계없이 펀드매니저의 성과를 평가하고자 하는 경우에는 적절하지 않다. 이런 경우의 펀드의 성과평가를 위해서는 현금유입의 시기와 관계없이 측정되는 시간가중 수익률이 이용되고 있다. 이 방법은 몇 년에 걸친 성과를 측정하는 데 적절한 방법으로 매년 *HPR*의 기하평균을 구하는 것이다. 위의 예에서 시간가중 수익률은 5.02%이며 다음과 같이 계산된다.

$$[(1-0.05)(1-0.152)(1+0.031)(1+0.3075)(1+0.1765)]^{\frac{1}{5}} - 1 = 5.02(\%)$$

5 기타 수익률

(1) 연평균 수익률(annual percentage rate : APR)

만기 시점의 미래가치를 투자원금인 현재 가격으로 나누어 이를 연단위 단리 수익률로 도출한 것을 말하며, 총투자수익률을 연단위로 산술평균한 수익률이다. 연평균 수익률은 단리 수익률이기 때문에 이자의 이자를 반영하지 못한다는 이론적인 결함을 지니고 있다.

(2) 실효수익률(effective annual rate : EAR)

현재가치와 만기 미래가치의 관계를 이론적 연단위 복리(할인)기준에 따라 산출한 수익률이다.

예시

8%의 연율로 3개월마다 이자를 지급하는 경우

$$APR = 8\%$$
$$EAR = (1 + 0.08/4)^4 - 1 = 8.24$$

chapter 02

통계학

기술 통계학 vs. 추론 통계학

    기술 통계학은 자료를 표나 그래프로 나타내어 중심 경향도나 산포도와 같은 특성들을 설명하기 위한 절차들로 구성되어 있으며, 추론 통계학은 표본으로부터의 정보를 기초로 전체 모집단에 관한 추측을 하기 위한 절차들로 구성되어 있다.

통계학	기술 통계				자료의 정리 및 요약
					특성치에 의한 자료의 분석
	추론 통계	추측 통계를 위한 확률이론 1. 개별 사상의 확률 2. 확률분포의 기초 3. 주요 확률분포 4. 표본 통계량과 확률	모수통계	변량 분석	추정
					검정
					분산분석
				다변량 분석	회귀분석, 상관분석
					2변량의 경우
					다변량의 경우
			비모수 통계		x^2을 이용한 비모수 통계
					기타 주요 비모수 통계
			기타 주요 통계 분석		시계열 분석 및 지수
					통계적 의사결정론

section 02 표본(자료)의 형태

1 명목 척도(Nominal Scale)

측정대상이 그들이 속한 범주나 종류에 따라 분류될 수 있도록 측정대상에 수치나 부호를 부여하는 방법으로 사용된다(학년, 주민등록번호, 운동선수의 등번호 등).

$=$, $\neq$이 가능

2 서열 척도(Ordinal Scale)

개체 간의 서열관계를 나타내 주는 척도로 사용된다(제품 선호도, 국가 간의 GNI 순위, 올림픽 메달 순위 등).

$=$, $\neq$, $\leq$, $\geq$이 가능

3 구간 척도(Interval Scale)

명목 척도와 서열 척도의 의미를 포함하며 숫자 간의 간격이 산술적 의미를 가진다(온도, 지수 등).

$=$, $\neq$, $\leq$, $\geq$, $+$, $-$이 가능

4 비율 척도(Ratio Scale)

명목 척도, 서열 척도, 구간 척도의 특성을 모두 포괄하며 숫자 간의 비율이 산술적 의미를 가진다(키, 무게, 압력 등).

$$=, \neq, \leq, \geq, +, -, *, / 이 \ 가능$$

도수분포

도수분포(frequency distribution)는 한 분포에서 여러 사례들이 갖는 각각의 값을 연구자의 관점에 따라 보다 체계적으로 분류하고자 할 때 사용된다.

도수분포를 구성하는 데는 먼저 각 사례들의 값을 크기의 순서에 따라 정렬하고 이에 해당되는 도수분포, 백분율 분포(percentage distribution), 누적도수분포(cumulative distribution), 누적비율 분포(cumulative percentage distribution) 등을 구하여 의미 있는 해석을 위해 사용된다.

도수분포는 자료가 어떤 계량적 특성에 의하여 몇 개의 항목으로 분류된 분포이다. 도수분포의 종류에 따라 불연속 측정치인 경우에는 막대그래프로 표시(각 변수 값을 서로 닿지 않게 표시)하며, 서열적 불연속 변수의 경우에는 히스토그램과 꺾은선 그림표(polygon)로 표시한다. 특히 연속적 측정치인 경우에는 관찰대상을 집단으로 묶어서 집단화된 자료로 만든 후 정확한 합계와 중간점을 구하지만, 집단화에 따른 오차가 있기 때문에 집단화되지 않는 자료가 있을 때는 그 자료를 그대로 사용하는 것이 좋다.

1 상대도수

절대도수는 발생한 event 수, 상대도수는 전체 집단에서 event가 차지하는 비율을 나타내며, 상대도수는 관측이나 실험으로 측정된 확률을 나타낸다.

$$P(A) = \frac{\text{Number of times an event occurred in the past}}{\text{The total number of observations}}$$

2 히스토그램

데이터의 범위를 몇 개의 구간으로 나누어, 그 구간 내에 존재하는 데이터의 수(도수 또는 빈도(frequency)라 함)를 그래프로 표시한 것이다. 히스토그램(histogram)을 통해서 자료의 중심위치, 퍼진 정도, 분포의 형태와 이상값(outlier)의 유무를 시각적으로 파악할 수 있다.

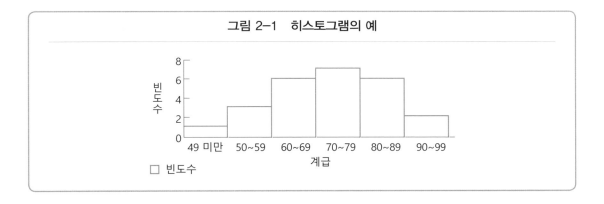

그림 2-1　히스토그램의 예

section 04 중심 경향 척도

전체 사례를 가장 전형적으로 잘 나타낼 수 있는 대표성 있는 수치이다. 전형적이란 말은 여러 사례 간에 나타날 수 있는 경향(tendency)을 반영하는 것이다. 여러 사례 간 대표성 있는 경향, 즉 중심 경향은 평균, 중앙치, 최빈치 등으로 나타나고 있다.

1 산술평균

일상생활에 있어서 가장 많이 사용되는 수치가 평균일 것이다. 한 변인에 대해 여러 사례가 갖는 각각의 수치에 대한 전체적인 집중 경향을 파악하기 위해서 사용된다. 평균(mean)은 대표값 중에서 가장 많이 이용되는 것으로, 자료의 합을 관측치 개수 n으로 나눈 것이다. n개의 자료를 X_1, X_2, $\cdots$, X_n이라 하고 평균을 $\overline{X}$라고 할 때, 산술평균은 다음과 같이 표현된다.

$$\overline{X} = \frac{X_1 + X_2 + \cdots + X_n}{n} = \frac{1}{n}\sum_{i=1}^{n} X_i$$

이러한 평균은 무게의 중심을 나타내는 것과 같아서 전체 자료 중 몇 개가 나머지와 동떨어져 있을 때, 이들 중 아주 크거나 작은 값에 크게 영향을 받는 단점이 있다. 그러나 평균은 수학적인 장점을 지니고 있으며 앞으로 배울 통계에서 가장 중요한 역할을 하게 된다.

2 가중평균(Weighted Mean or Weighted Average)

각 사례별의 수치를 단순히 합해서 전체 사례수로 나누어 계산되는 평균과는 달리 각 사례의 중요성에 따라 비중을 달리 책정하여 수치가 계산되는 평균을 말한다.

평균은 극단치(extreme case)에 매우 민감하여 만약 전체 사례수 가운데 한 사례가 나머지 사례에 비해 지나치게 많은 혹은 적은 수치를 보일 경우, 평균에 크게 영향을 준다. 이 경우, 평균을 가지고 집합 경향을 보여주기에는 한계가 있다.

$$\overline{X} = \sum_{i=1}^{n} W_i X_i / \sum_{i=1}^{n} W_i, \ \sum_{i=1}^{n} W_i = 1$$

여기서, W_i : 관찰치에 대한 가중치

3   중앙값(Median)

중앙값은 극단값에 의해 민감한 영향을 받은 평균의 한계를 보완해 줄 수 있다. 변인의 값을 각 사례당 크기의 순서로 놓았을 때, 중앙에 해당되는 사례의 값으로 전체 자료의 관찰치 값을 크기순으로 나열했을 때 중앙에 위치하는 값을 나타낸다. 즉, 자료의 값을 크기 순서대로 나열했을 때 중앙에 있는 값이 전체 자료의 중심 성향을 나타내는 대표값이다. 이러한 중앙값은 앞에서 언급한 평균에 비해 쉽게 구해지는 장점이 있으며, 몇 개의 아주 크거나 작은 숫자에는 비교적 덜 민감하여 평균소득, 평균임금 등에 적합하게 쓸 수 있다. 중앙값을 M_e라고 할 때, 중앙값을 나타내는 공식은 자료의 수가 홀수인지 짝수인지에 따라 다음과 같이 표현된다.

$$M_e = X_{\left(\frac{n+1}{2}\right)}, \ n : 홀수$$

$$M_e = \frac{X_{\left(\frac{n}{2}\right)} + X_{\left(\frac{n}{2}+1\right)}}{2}, \ n : 짝수$$

4   최빈값(Mode)

전체 자료 중 가장 빈도수가 많이 나타나는 관찰치를 나타낸다. 자료가 도수분포표로 정리되었다면 가장 많은 도수를 나타내는 계급 구간의 중간값(midpoint value)이 최빈값이 된다. 이러한 최빈값은 중앙값과 같이 특이하게 크거나 작은 몇 개의 값에는 영향을 받지 않는 장점을 지니고 있으나 기술통계 이외에는 거의 사용되지 않는다.

산포의 척도

1 분산(Variance)

평균을 중심으로 자료의 흩어진 정도가 어느 정도인지를 측정하는 것이다. 이때, 모집단에서의 분산을 모분산(population variance)이라 하고 표본에서의 분산을 표본 분산(sample variance)이라 한다. 일반적으로 모집단의 크기를 N, 모평균을 μ, 모분산을 σ^2이라 하고 표본의 크기를 n, 표본 평균을 $\overline{X}$로, 표본 분산을 s^2라고 할 때, 모분산과 표본 분산은 다음과 같이 표현된다. 이때 표본 분산은 변량과 표본 평균과의 차이의 제곱들을 합한 후 해당 값을 n이 아닌 $n-1$로 나눈 값으로 정의한다.

$$\sigma^2 = \frac{1}{N}\sum_{i=1}^{N}(X_i - \mu)^2$$

$$s^2 = \frac{1}{n-1}\sum_{i=1}^{n}(X_i - \overline{X})^2$$

이러한 분산은 자료에 대한 단위가 제곱 형태로 구해지므로 자료의 설명에 있어 까다로운 경우가 있다. 예를 들어 자료에 대한 단위가 그램(g)이라면 분산은 그램의 제곱(g^2) 형태로 설명하기 까다롭다. 따라서 분산은 단위가 없는 상대적으로 퍼진 정도에 대한 크기를 나타낼 뿐이다.

2 표준편차(Standard Deviation)

자료와 같은 단위를 갖는 흩어진 정도를 구하기 위해 분산에 양의 제곱근을 취한 것이 모 표준편차(population standard deviation)와 표본 표준편차(sample standard deviation)이다. 일반적으로 모 표준편차와 표본 표준편차는 다음과 같이 표현된다.

$$\sigma = \sqrt{\sigma^2} = \sqrt{\frac{1}{N} \sum_{i=1}^{N} (X_i - \mu)^2}$$

$$s = \sqrt{s^2} = \sqrt{\frac{1}{n-1} \sum_{i=1}^{n} (X_i - \overline{X})^2}$$

3 변동 계수(Coefficient of Variation)

연속적 변인에 대한 또 다른 기술통계적 방법은 평균과 표준편차를 결합한 것이다. 이것은 표준편차와 평균이 상당히 다른 두 분포를 비교하는 데 유용하다. CV는 높은 점수(즉, 높은 평균)를 갖는 분포가 상대적으로 분포의 퍼짐의 정도도 커지는 경향을 조절해 준다. CV는 평균으로 표준편차를 대략 표준화한 값이다.

$$v = \frac{s}{x}, \ CV = \frac{\text{표준편차}}{\text{평균}} \times 100$$

4 범위(Range)

범위는 최대값과 최소값의 차이(최대값－최소값)를 말한다. 범위를 알아내기 위해서는 먼저 분포에서 최대값(maximum)과 최소값(minimum)을 찾아내야 한다. 범위는 전체 자료의 최대값과 최소값의 차이를 나타낸다. 일반적으로 범위는 자료의 퍼짐을 나타내지만 평균과 마찬가지로 자료에 이상값이 존재하는 경우에 크게 영향을 받는 단점이 있다.

범위＝자료의 최대값－자료의 최소값

5 사분위 범위(Interquartile Range)

범위는 계산하기 간편하나 이상값이 있을 경우 올바른 산포의 측도가 되지 못한다. 또한 범위는 극단값 이외의 자료들의 산포를 측정할 수 없는 단점을 지니게 된다. 이런 단점을 일부 보완한 것이 사분위 범위이다. 사분위수의 제1사분위수와 제3사분위수의 차이를 사분위 범위라고 한다.

> 사분위 범위＝제3사분위수－제1사분위수
> $$= Q_3 - Q_1$$
> 여기서, Q_1 : 작은 수부터 크기대로 늘어놓은 경우, 왼쪽에서 $(n+1) \times 1/4$번째 수
> Q_3 : 작은 수부터 크기대로 늘어놓은 경우, 왼쪽에서 $(n+1) \times 3/4$번째 수

Q_1, Q_3가 정수가 아닐 경우에는 가까운 두 수의 interpolation으로 구한다.

section 06 기타 척도

1 왜도(Skewness)

자료의 분포 모양이 어떻게 치우쳐 있는지를 나타내는 척도이다. 왜도의 값이 0이면 집단의 분포가 대칭꼴이다. 왜도의 값이 0보다 크면 자료의 분포 모양이 좌측으로 치우쳤다는 것을 의미한다. 이때 분포 모양은 우측으로 긴 꼬리 모양을 나타낸다. 또한 왜도의 값이 0보다 작으면 자료의 분포 모양이 우측으로 치우쳤다는 것을 의미한다. 이때 분포 모양은 좌측으로 긴 꼬리 모양을 나타낸다. 한편 정규분포의 경우 왜도는 0의 값을 가진다. 일반적으로 왜도는 다음과 같이 표현된다.

$$S_k = \sum_{i=1}^{n} \frac{[(X_i - \overline{X})/s]^3}{n-1}$$

$S_k = 0$: 좌우대칭

$S_k < 0$: 좌측으로 긴 꼬리(부적 비대칭 : negative skew)

$S_k > 0$: 우측으로 긴 꼬리(정적 비대칭 : positive skew)

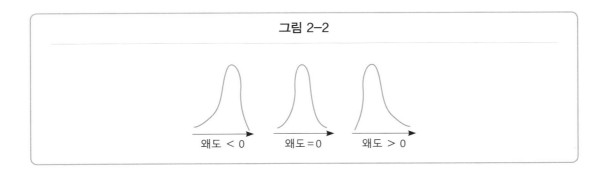

그림 2-2

일반적으로 정적 비대칭의 분포에서는 평균이 가장 크며, 중앙값이 그 다음이고, 최빈값이 가장 작다. 부적 비대칭의 경우에는 이와 반대 순서가 된다. 평균은 개별 사례의 값을 모두 포함하는 가중된 값이므로 극단치의 영향을 받지만, 중앙치는 그렇지 않다. 소득과 같이 심하게 비대칭인 분포의 집중 경향을 보기 위해서는 평균 대신 중앙값을 사용한다.

2 첨도(Kurtosis)

자료의 분포 모양이 중간 위치에서 뾰족한 정도를 나타내는 척도이다. 첨도의 값은 뾰족할수록 크다. 첨도의 값이 0이면 집단의 분포가 표준 정규분포와 뾰족한 정도가 같음을 의미하며, 0보다 크면 표준 정규분포보다 뾰족한 분포임을 의미한다. 또한 첨도의 값이 0보다 작으면 표준 정규분포보다 납작한 분포임을 의미한다. kurtosis의 값이 +일 경우에는 leptokurtic(첨용), -일 경우는 platykurtic(평용) 그리고 0일 경우 정상분포(mesokurtic = bell-shaped)를 말해 준다.

일반적으로 첨도는 다음과 같이 표현된다.

$$K = \sum_{i=1}^{n} \frac{[(X_i - \overline{X})/s]^4}{n-1} - 3$$

$K = 0$: 표준 정규분포와 뾰족한 정도가 같다.

$K < 0$: 표준 정규분포보다 납작하다.

$K > 0$: 표준 정규분포보다 뾰족하다.

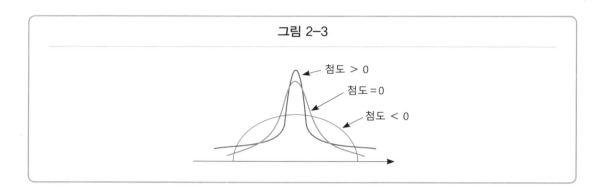

그림 2-3

첨도 > 0

첨도 = 0

첨도 < 0

경우에 따라서는 첨도의 계산식에서 3을 빼지 않고 정의하기도 한다. 이 정의에 따르면 정규분포의 첨도는 3이며, 첨도가 3보다 크면 leptokurtic하다고 한다.

---

section 07 Z-scores

---

1 **표준 정규분포**

정규분포를 따르는 확률변수 X가 평균이 0이고 분산이 1일 때, 즉 $N(0, 1)$을 표준 정규분포(standard normal distribution)라고 한다. 일반적으로 표준 정규분포를 따르는 확률변수를 Z로 나타내며, $Z \sim N(0, 1)$로 표현한다. 이때 Z를 표준화 변수라고 부르며 식은 다음과 같다.

$$X \sim N(\mu,\ \sigma^2) \Rightarrow \frac{X-\mu}{\sigma} = Z \sim N(0,\ 1)$$

이러한 표준 정규분포의 확률 밀도 함수는 다음과 같이 정의되는데, 확률변수 Z가 평균이 0이고 분산이 1인 정규분포를 갖는다는 것을 $Z \sim N(0,\ 1)$로 나타낸다.

$$f(z) = \frac{1}{\sqrt{2\pi}} e^{\frac{-z^2}{2}}$$

$$-\infty < z < \infty$$

정규분포는 평균과 분산의 값에 따라 위치와 분포의 모양이 다르기 때문에 확률변수 X가 특정한 범위에 있을 확률을 계산하는 것이 매우 불편하다. 따라서 모든 정규 확률변수인 X를 Z로 표준화하여 표준 정규분포를 이용하여 확률을 계산하는 것이 편리하기 때문에 표준 정규 분포를 자주 사용하게 된다.

확률변수 $X \sim N(\mu,\ \sigma^2)$의 확률을 다음과 같은 표준 정규분포로 바꾸어 나타낼 수 있다.

$$P(X \le a) = P\left(\frac{X-\mu}{\sigma} \le \frac{a-\mu}{\sigma}\right) = P\left(Z \le \frac{a-\mu}{\sigma}\right)$$

2 **Z value : 정규 확률변수의 표준화**

우리들은 평균과 분산값이 다른 두 분포의 각 값들을 서로 비교하고 싶을 때가 있다. 그러나 평균과 분산값이 다른 경우에는 같은 값이라도 각각의 분포에서 다른 의미를 가질 수 있다. 각각 다른 평균과 표준편차를 고려하여 분포 간의 점수를 비교하기 위해서 표준화된 점수, Z값을 사용한다. Z값을 사용할 경우 자료가 표준화되기 때문에 Z분포들의 평균과 표준편차가 같다는 사실에 의아해 할 필요가 없다. 특히, 어느 분포의 값도 Z값으로 전환시키면, Z값 분포의 평균은 0이 되고, 표준편차는 1이 된다.

$$Z = \frac{X - \mu}{\sigma}$$

확률변수 X가 정규분포 $N(\mu, \sigma^2)$을 따를 때, 새로운 확률변수 $Z = \dfrac{X - \mu}{\sigma}$의 확률분포는 표준 정규분포 $N(0, 1^2)$이다.

3 표준 정규분포를 이용한 두 값 사이의 확률

정규분포의 확률은 표준편차 σ와 평균 μ 사이에 일정한 관계를 갖는다. μ로부터 $\pm\sigma$의 구간은 0.683, μ로부터 $\pm2\sigma$의 구간은 0.954 그리고 μ로부터 $\pm3\sigma$의 구간은 0.997의 확률을 갖는다. 이러한 정규분포의 확률적 특성을 식으로 요약하면 다음과 같다.

❶ $P(\mu - \sigma \leq x \leq \mu + \sigma) = 0.683$

❷ $P(\mu - 2\sigma \leq x \leq \mu + 2\sigma) = 0.954$

❸ $P(\mu - 3\sigma \leq x \leq \mu + 3\sigma) = 0.997$

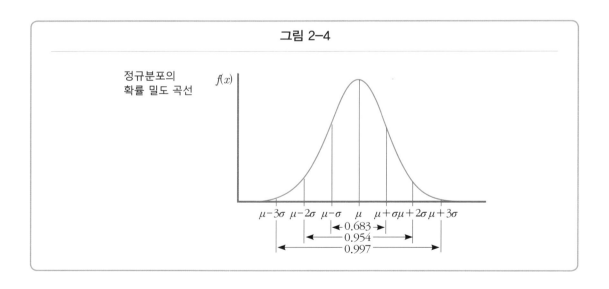

그림 2-4

정규분포의 확률 밀도 곡선

표준 정규분포는 확률변수가 일정 범위에 있을 확률을 추정하는 데 유용하게 이용된다. 이 때 확률을 구하기 위해서 표준 정규분포표를 이용한다. 표준 정규분포표에는 확률변수 z의 누적확률분포가 계산되어 있다. 이를 위해 누적분포함수를 정의하면 다음과 같다.

누적분포함수(Cumulative Distribution Function : CDF)는

$$F(X \leqq x) = \int_{-\infty}^{x} f(x) \, dx$$

이다. 이때 $f(x) =$ 확률 밀도 함수이다.

따라서 표준 정규분포에서 누적확률은 다음과 같이 정의한다.

$$N(x) = \int_{-\infty}^{x} \frac{1}{\sqrt{2\pi}} e^{-z^2/2} dz$$

section 08 공분산, 상관계수

1 공분산(Covariance)

두 개의 확률변수의 분포가 결합된 결합 확률분포의 분산을 나타내며, 방향성에 대한 정보를 나타내지만, 측정 변수의 단위에 좌우되기 때문에 결합 정도에 대한 정보로서는 유용치 않다.

$$\sigma_{XY} = E[(X - \mu_X)(Y - \mu_Y)] = \sum_x \sum_y (x - \mu_X)(y - \mu_Y)f(x, y)$$

$$\sigma_{XY} = E[(X - \mu_X)(Y - \mu_Y)]$$
$$= \int_{\infty}^{-\infty} \int_{\infty}^{-\infty} (x - \mu_X)(y - \mu_Y)f(x, y) \, dxdy$$

$$\sigma_{XY} = E(XY) - \mu_X \mu_Y = E_{XY} - E_X E_Y$$

공분산은 확률변수 X의 증감에 따른 확률변수 Y의 증감의 경향에 대하여 측정한 것으로 공분산 값이 양수이면 두 변수는 같은 방향으로 움직이고, 공분산 값이 음수이면 두 변수는 반대 방향으로 움직이고 있음을 나타낸다. 만약 공분산 값이 0이라면 두 변수간에는 아무런 선형 관계가 없으며 두 변수관계가 독립적임을 알 수 있다. 그러나 여기서 유의할 것은 두 확률변수가 독립적이라면 공분산이 반드시 0이 되지만, 공분산이 0이라고 해서 두 변수가 반드시 독립적이라는 의미는 아니라는 것이다.

2   상관계수(Correlation)

두 개의 확률변수 사이의 선형적 관계 정도를 나타내는 척도로서, 방향성에 대한 정보와 선형적 결합 정도에 대한 정보를 모두 나타내고 있다. 분자는 두 변수 간의 공분산이며 분모는 두 변수의 표준편차의 곱이다. 즉 모집단 상관계수는 공분산을 두 변수의 표준편차로 나눈 표준화된 공분산을 의미한다.

모집단 상관계수의 값은 -1과 1 사이의 값을 가지며, 부호는 공분산 값의 부호에 따라 결정된다. 두 변수 간의 관계를 표현하기 위해 공분산을 직접 쓰면 단위가 원래의 단위의 곱이 되기 때문에 경우에 따라서 이를 표준화할 필요가 있다.

아래와 같은 정의가 두 변수 간의 상관계수이다. 공분산을 각각의 표준편차를 나누어 값의 범위가 -1과 1 사이에 있게 한 개념이다. 상관계수의 값이 1이면 완벽한 양의 상관관계, -1이면 완벽한 음의 상관관계, 0이면 상관관계가 존재하지 않는다고 말한다.

$$\rho_{XY} = \frac{Cov[X, Y]}{\sqrt{Var[X]}\sqrt{Var[Y]}} = \frac{\sigma_{XY}}{\sigma_X \sigma_Y}$$
$$-1 \leq \rho_{XY} \leq 1$$

그림 2-5 상관계수의 예

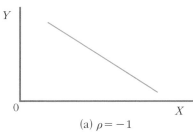

(a) $\rho = -1$

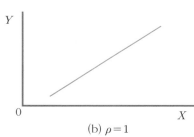

(b) $\rho = 1$

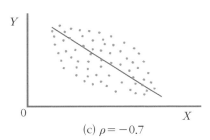

(c) $\rho = -0.7$

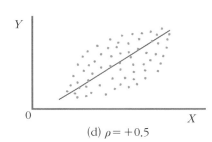

(d) $\rho = +0.5$

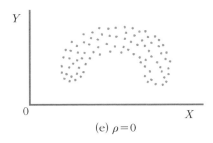

(e) $\rho = 0$

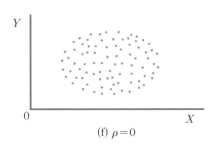

(f) $\rho = 0$

chapter 03

확률 및 통계적 추정과 검정

이론과 개념

1   기초용어 정의

❶ 확률(Probability) : 어떤 현상이 일어날 가능성을 측정하는 척도

❷ 통계(Statistics) : 논리적 사고, 객관적 사실에 의거, 일반적이고, 확률적인 결정론에 의해서 인과관계를 규명

❸ 모집단(Population) : 관심의 대상이 되는 모든 객체의 관측값이나 측정값의 집합을 말한다(모집단에 대한 성질은 모집단을 구성하는 부분집합[Sample] 성질이 아니라, 모집단이라는 하나의 전체에 대한 전반적인 특성을 뜻한다).

❹ 표본(Sample) : 처리를 위하여 모집단에서 실제로 추출된 관측값이나 측정값의 집합을 말한다(모집단의 특성을 잘 나타낼 수 있는 모집단의 부분집합).

2 확률의 연산법칙

(1) 기본법칙

❶ $P(A^C) = 1 - P(A)$

❷ A가 B의 부분집합이면 $P(A) \leqq P(B)$

❸ $P(A \cup B) = P(A) + P(B) - P(A \cap B)$

(2) 일반법칙

❶ General Rule of Addition(덧셈법칙) : $P(A \text{ or } B) = P(A) + P(B) - P(A \text{ and } B)$

❷ General Rule of Multiplication(곱셈법칙) : $P(A \text{ or } B) = P(A) \times P(B/A)$

(3) 특별법칙

❶ Special Rule of Addition(for mutually exclusive events) : $P(A \text{ or } B) = P(A) + P(B)$

❷ Special Rule of Multiplication(for independent events) : $P(A \text{ and } B) = P(A) \times P(B)$

(4) 조건부 확률(Conditional Probability)

❶ $P(A|B) = P(A \cap B) | P(B)$, 단 $P(B) > 0$

❷ $P(B|A) = P(A \cap B) | P(A)$, 단 $P(A) > 0$

(5) 곱셈의 일반법칙

$$P(A \cap B) = P(A|B)P(B) = P(B|A)P(A)$$

(6) 독립성

$$P(A|B) = P(A), \ P(B|A) = P(B)$$

3 베이즈 정리

조건부 확률에서는 일반적으로 B라는 사건이 일어났다는 상황에서 A가 일어나는 확률을 이야기하고 있다. 그러므로 B가 먼저이고 A가 나중인 순서로 되든지 또는 B가 가능한 원인이며 A는 결과가 되는 수도 있다. 예를 들면 어떤 물건의 가격을 10% 내렸더니 판매량이 40% 늘어났다고 하자. 이때 가격 인하는 판매량 증가의 많은 원인들 중에 한 가지일 따름이다.

이런 경우 판매량이 40% 늘었을 때 가격 10% 인하가 원인이었을 확률은 어떻게 구할 수 있을까? 이러한 조건부 확률의 역의 관계를 다룬 것이 베이즈 정리(Bayes Theorem)이다. 즉,

$$P(B|A) = \frac{P(A|B) \cdot P(B)}{P(A|B) \cdot P(B) + P(A|B^c) \cdot P(B^c)}$$

여기서 $P(B)$와 $P(B^c)$를 사전 확률(prior probability)이라 하고, $P(B|A)$를 사후 확률(posterior probability)이라 한다.

4 기대값과 분산

확률변수 X가 $P(x)$의 확률분포를 갖는 이산 확률변수일 경우, X의 기대값(Expected Value)과 분산(Variance)은 다음과 같다.

$$E(X) = \sum_x x \cdot P(x) = \mu$$
$$Var(X) = E(X-\mu)^2$$
$$= \sum_x (x-\mu)^2 \cdot P(x)$$

X가 연속 확률변수로서 $f(X)$를 X의 밀도 함수(density function)라 할 때 연속 확률변수 X의 기대치와 분산은 아래와 같은 식으로 구한다.

$$E(X) = \mu = \int_{-\infty}^{\infty} x f(x) \, dx$$

$$Var(X) = \sigma^2 = \int_{-\infty}^{\infty} (x - \mu)^2 f(x) \, dx$$

$$= E(X^2) - [E(X)]^2$$

$$= \int_{-\infty}^{\infty} x^2 f(x) \, dx - \mu^2$$

분산의 계산은 다음과 같이 계산할 수도 있다.

$$\sigma^2 = E(X^2) - \mu^2$$

따라서 만약 $\mu = 0$, 즉 기대값이 0일 경우에는 $\sigma^2 = E(X^2)$이 성립된다.[1]

다음은 기대값과 분산 및 표준편차와 관련된 몇 가지 유용한 수식이다.

$$X, \ Y = \text{확률변수}$$

$$E[X] = X\text{의 기대값}$$

$$Var[X] = X\text{의 분산}$$

$\sigma[X]$를 X의 표준편차라고 할 경우 다음이 성립한다.

$$E[X + Y] = E[X] + E[Y]$$

$$E[aX] = aE[X]$$

$$\sigma(X) = \sqrt{Var(X)}$$

$$Var[aX] = a^2 Var[X]$$

$$\sigma[aX] = a\sigma[X]$$

$$Var[X + Y] = Var[X] + Var[Y] + 2Cov[XY]$$

---

1 주가수익률의 일별 자료(r_t)를 이용하여 분산을 계산할 때 흔히 $\sigma^2 = E(r_t^2)$이 사용된다. 이는 일별 자료의 경우, $E(r_t) = 0$을 가정하기 때문이다.

금융에서 주로 쓰이는 주요 확률분포들은 다음과 같다.

확률분포명	확률분포식	모수	평균	분산	비고(확률계산표)
베르누이 분포			p	pq	
이항 분포	$\binom{n}{x}p^x q^{n-x}$	n, p	np	npq	이항 분포표
기하 분포	$q^{x-1}p$	p	$\dfrac{q}{p}$	$\dfrac{q}{p^2}$	
포아송 분포	$\dfrac{e^{-\lambda}\lambda^x}{x!}$	λ	λ	λ	포아송 분포표
정규분포	$\dfrac{1}{\sqrt{2\pi}\sigma}e^{-\frac{1}{2}\left(\frac{x-\mu}{\sigma}\right)^2}$	μ, σ	μ	σ^2	
표준 정규분포	$\dfrac{1}{\sqrt{2\pi}}e^{\frac{-z^2}{2}}$		0	1	표준 정규분포표
지수 분포	$\lambda e^{-\lambda x}$	λ	$\dfrac{1}{\lambda}$	$\dfrac{1}{\lambda^2}$	지수 분포표
x^2분포	생략	r	r	$2r$	x^2분포표

1 이산 확률분포

(1) 베르누이 분포(Bernoulli distribution)

상호 배반인 두 가지 가능한 기본 결과 중 하나를 갖는 실험을 베르누이 시행이라고 하고, 베르누이 시행의 분포를 베르누이 분포라고 하며, 베르누이 시행을 여러 번 할 경우의 분포를 이항 분포라고 한다.

X를 베르누이 분포를 갖는 이산 확률변수라 하자. 여기서 성공확률은 p이고 실패확률은 $(1-p)$이다. X의 표본공간 $S=\{0, 1\}$이고 X의 확률 함수는 $P(X=0)=1-p$, $P(X=1)=p$이다. X의 평균 $\mu=E(X)=p$, 분산 $Var(X)=p(1-p)=pq$, 표준편차 $\sigma=\sqrt{pq}$이다.

(2) 이항 분포(Binomial distribution)

베르누이 분포의 일반화된 분포로서 이항 실험에서 확률변수 X는 독립적으로 n번 반복된 베르누이 시행에서 얻어지는 성공의 횟수를 나타낸다.

확률변수 X를 성공의 확률이 p인 실험을 독립적으로 n번 시행하여 얻어지는 성공 횟수라 하자. $q = (1-p)$이고 x가 확률변수 X의 어떤 값일 때 n번 시행 중 x번 성공할 확률은

$$P(X=x) = {}_nC_x p^x q^{n-x} \quad (x=0,\ 1,\ \cdots,\ n)$$

일반적으로 $np \geq 5$인 이항 분포의 확률을 근사시키는 데는 정규 곡선이 이용된다.

(3) 포아송 분포(Poisson distribution)

이산 확률분포 중에서 이항 분포만큼 중요한 위치를 차지하는 분포가 포아송 분포이다.

단위공간이나 단위 시간 내에서 발생하는 사건의 수를 확률변수 X라 하면 X는 포아송 분포를 따르게 된다. 그런데 포아송 분포는 이항 분포에 뿌리를 두고 전개된 이산 확률분포이다. 이항 분포에서 시행 횟수(n)가 크고 성공확률(p)이 극히 적으면 이항 분포는 모순이 있음을 규명한 학자가 포아송이다. 여기서 시행 횟수가 크다는 것은 표본이 크다는 의미이고, 성공확률이 극히 적다는 것은 희소하게 나타나는 현상을 뜻하며, 포아송 확률변수 X는 이산 확률변수로 어떤 시간과 공간에서의 사건 발생수를 표시한다.

포아송 분포를 따르는 변수의 특징은 다음과 같다.

❶ 사건 발생은 서로 독립적이다.
❷ 사건 발생의 확률은 시간 또는 공간의 길이에 비례
❸ 어떤 극히 작은 구간에서 두 사건 이상이 발생할 확률은 무시된다.

포아송 분포는 다음과 같다.

$$P(X=x) = \frac{\lambda^x e^{-\lambda}}{x!} \quad x=0,\ 1,\ 2,\ \cdots$$

포아송 분포는 λ라는 단일 모수에 의존하고 평균과 분산은 모두 λ이다.

이항 분포에 대한 포아송 분포의 근사에 대해 알아보면 포아송 분포는 $n \geqq 50$이고 $np \leqq 5$이면 이항 분포에 대한 좋은 근사치를 제공한다. 이항 분포의 평균 μ는 np이다. 따라서 이항 분포를 근사시키기 위해 포아송 분포를 사용할 때 포아송 분포의 평균은 $\lambda = np$로 한다.

(4) 기하 분포(geometric distribution)

베르누이 실험에서 발생하는 이항 분포에서는 시행 횟수 n을 고정시키고, n번 시행에서의 성공 횟수를 결정한다. 이와 달리 기하 분포에서는 확률변수 X가 첫 번째 성공을 얻는 데 필요한 시행 횟수를 나타낸다. 확률변수 X가 첫 성공이 나올 때까지 독립적 시행 횟수라 하고 x가 X의 특정한 값이라 하자. 확률변수 X에 대한 확률 함수는

$$P(X = x) = q^{x-1}p, \ (x = 1, \ 2, \ \cdots)$$
$$평균 = 1/p, \ 분산 = q/p^2, \ 표준편차 = \frac{\sqrt{q}}{p}$$

2 연속 확률분포

(1) 균등 분포(Uniform Distribution 또는 일양 분포)

특정 구간 내의 값들에 대한 확률이 균등한 분포를 이룰 때 확률변수 X는 균등 분포를 따른다.

❶ $f(x) = 1/(b-a), \ a \leqq x \leqq b$
❷ $\mu = E(X) = (a+b)/2$
❸ $\sigma^2 = Var(X) = (b-a)^2/12$
❹ $P(c \leqq X \leqq d) = (d-c)/(b-a)$

(2) 정규분포(normal or Gauss distribution)

연속 확률분포에서 가장 자주 이용되는 분포이며, 통계적 추론에서도 중요한 역할을 하게 된다. 연속 확률변수를 갖는 집단의 평균이 μ이고, 분산이 σ^2인 확률 밀도 함수 $f(x)$가 다음 식

과 같을 때의 확률분포를 정규분포(Normal Distribution) 또는 가우스 분포(Gauss Distribution)라 하며, $N(\mu, \sigma^2)$으로 표현한다.

$$f(x) = \frac{1}{\sigma\sqrt{2\pi}} e^{-\frac{1}{2}\left(\frac{x-\mu}{\sigma}\right)^2}, \; -\infty < x < \infty$$

❶ 곡선은 종모양으로 $X=\mu$에 대해 대칭이다.
❷ $-\infty$에서 $+\infty$까지 나타난 곡선 아래의 총면적은 1이다.
❸ 평균, 중앙값 그리고 최빈값이 모두 μ와 같다.

(3) 표준 정규분포

확률변수가 평균＝0이고 분산＝1인 정규분포를 가지면 표준 정규분포를 갖는다고 하고 $N(0, 1)$로 표시한다. 표준 정규 확률변수를 X보다는 Z로 나타내는 것이 일반적이다.

❶ 표준화 변환 : X가 $N(\mu, \sigma^2)$에 따라 분포되어 있다고 하자. 표준 정규분포로의 변환은

$$Z = \frac{X-\mu}{\sigma}$$

❷ 이항에 대한 정규 근사 : 이항 확률들을 근사시키기 위해 정규 곡선을 사용하는 것은 $np \geqq 5$와 $nq \geqq 5$이면 적절하다. 이항 분포를 근사시킬 때 평균 $\mu = np$와 분산 $\sigma^2 = npq$를 가진 정규분포를 사용한다.
❸ 연속 교정 : 이산 확률 $P(X=x)$를 연속 확률 $P(x-0.5 \leqq X \leqq x+0.5)$로 근사시킬 때 연속 교정이 이루어진다.

(4) 지수 분포

지수 분포는 어떤 사건이 발생하기 전까지 경과한 시간의 분포를 나타낼 경우에 주로 사용되며 통계학의 많은 응용분야에서 널리 쓰인다. 예를 들어, 지금부터 지진이 발생할 때까지 걸린 시간의 분포, 잘못 걸려온 전화를 받을 때까지의 시간, 기계가 고장 없이 작동할 시간이

나 암환자가 사망하기까지의 시간 또는 어떤 서비스 기관에 도착한 손님이 서비스를 받기까지 기다리는 시간과 같이 어떤 사건이 발생할 때까지 걸리는 대기시간이나 연속적인 두 사건이 발생할 사이의 시간 주기 등등에서 지수 분포를 사용한다.

어떤 작업을 완성하는 데 걸리는 시간(포아송 분포는 발생하는 사건의 횟수이므로 이산 확률변수이며, 대기시간은 어떠한 값도 가질 수 있기 때문에 연속 확률변수임)은 다음의 식과 같다.

$$f(x) = \lambda e^{-\lambda x}$$

여기서, $0 \leq x < \infty$, λ는 단위 시간당 사건 발생 횟수

❶ 특징

ㄱ. 확률변수 X는 0에서 ∞까지의 값을 가질 수 있다.

ㄴ. 분포의 최빈값은 0이다. 즉 λ값에 관계없이 밀도 함수의 정점은 $X=0$에서 나타나고 X가 증가하면 함수는 감소한다. 분포는 오른쪽으로 비대칭이므로 최빈치 < 중앙값 < 평균이다.

❷ 지수 분포의 확률 계산 : X가 0과 x 사이의 값을 취할 확률은 $P(X \leq x) = \int_0^x \lambda e^{-\lambda x} \, dx = 1 - e^{-\lambda x}$, $0 \leq x < \infty$이다.

❸ 자산 가격에 널리 이용되는 분포(Normal 분포 vs. Space Lognormal 분포) : 일반적으로 재무의 통계적 모형에서는 주가가 로그 정규분포를 따른다라는 가정이 많이 이용되고 있다. 우선 lognormal 분포를 정의하면 다음과 같다.

Log(X)가 정규분포를 하면 X는 lognormal 분포를 한다. 대수 정규분포의 특징은 양의 왜도(Right skewed)를 가지고 비대칭적(Asymmetric)이며 변수의 값이 음의 값을 가질 수 없다는 점이다.

대수 정규분포의 확률 밀도 함수는 다음과 같다.

$$\log N(x \, ; \, \mu, \, \sigma) = f(x) = \frac{1}{x\sqrt{2\pi\sigma^2}} e^{-\frac{1}{2}\left(\frac{\log x - \mu}{\sigma}\right)^2}$$

$$E(X) = e^{\mu + \frac{1}{2}\sigma^2}, \quad Var(X) = e^{2\mu + 2\sigma^2} - e^{2\mu + \sigma^2}$$

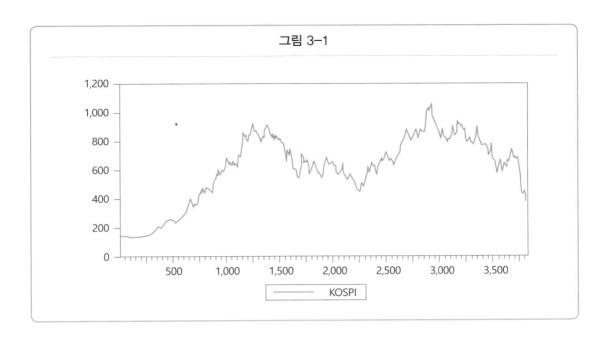

그림 3-1

〈그림 3-1〉은 1985~1997년까지의 수익률을 이용하여 생성해 낸 KOSPI지수이다. 주가의 경로를 보면 다음과 같은 특징이 있음을 알 수 있다.

❶ 주가의 변화는 연속적(continuous)이며 점프가 없다.
❷ 주가는 항상 0보다 크다.
❸ 주가의 불확실성은 짧은 기간에서는 작지만(예를 들어 1일 후) 긴 기간에서는 크다. 즉, 내일의 주가는 오늘 주가에서 크게 변하지 않지만 1년 후의 주가는 매우 불확실하다.

이러한 특징 때문에 정규분포보다는 대수 정규분포가 주가 분포의 설명에 더 적합하다.

〈그림 3-2〉는 1985~1998년까지 KOSPI 일별 수익률의 히스토그램이다. 이 그림에 의하면 수익률은 정규분포에 비해 첨도가 높지만 정규분포에 유사한 모양을 하고 있다. 따라서 많은 경우에 일반적으로 주가수익률은 정규분포를 한다고 가정한다.[2] 특히 수익률의 계산기간이 짧을수록 정규분포에 접근한다.

주가수익률을 연속 복리로 정의하면 다음과 같다.

---

2 그러나 Kurtosis가 정규분포에 비해 높기 때문에 이와 같은 fat-tail의 특성을 반영할 수 있는 분포로 GARCH를 반영한 t-분포, Jump process를 가미한 diffusion 모형 등이 이용되기도 한다.

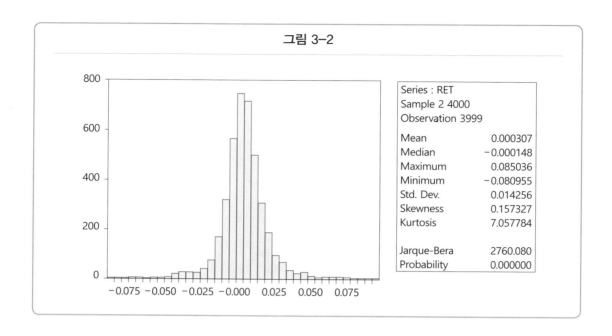

그림 3-2

$$\log\frac{S_{t+1}}{S_t} = \log(1 + R_t) = r_t, \ where \ R_t = \frac{S_{t+1} - S_t}{S_t}$$

따라서 $\log S_{t+1} = \log(S_t) + r_t$로 표현되며 t시점의 주가 S_t가 주어지면 r_t가 정규분포이므로 $\log S_{t+1}$도 정규분포가 된다. 이는 미래의 주가 S_T는 현재 주가가 주어졌을 때 lognormal 분포를 하고 있음을 보여준다.

확률 과정과 자산 가격 모형

---

1 **확률 과정**

(1) 마코프 프로세스

미래의 프로세스가 현재의 상태에 의해서만 결정되는, 즉 과거와는 독립적인 불규칙 프로세스를 마코프 프로세스(Markov Process)라고 한다. 특히, 상태 공간이 이산적일 때를 Markov Chain이라고 한다. discrete time Markov chain의 특성을 이해해 보면, 미래 X_{n+1}의 상태는 현재 상태인 X_n에만 의존하고 다른 그 전의 상태(X_{n-1}, X_{n-2}, $\cdots$, X_1)에는 영향을 받지 않는다. 이를 수식으로 표현하면 다음과 같다.

$$P[X_{n+1}=x_{n+1}|X_n=x_n,\ X_{n-1}=x_{n-1},\ \cdots,\ X_0=x_0]$$
$$=P[X_{n+1}=x_{n+1}|X_n=x_n]$$

자산 가격의 모형과 관련하여 가장 많이 이용되고 있는 Markov과정은 Random Walk 모형과 마팅게일(Martingale)이다. 마팅게일 특징을 가지고 있는 확률 과정(Stochastic Process)의 특징 중 중요한 것은 시간이 변함에 따라 움직이는 모양에 규칙성이 없다는 점이다. 따라서 확률변수의 미래 값은 과거의 값으로 예측할 수 없다는 것이다. 즉 현재의 정보 하에서 미래 값의 예측치는 현재 값임을 의미한다. 이를 식으로 표시하면 다음과 같다.

$$E[X_T|I_t]=X_t,\ where\ I_t=t\text{시점의 정보},\ T>t$$

만약 $E(X_T|I_t)>X_t$이면 X_t를 Submartingale이라 하고 $E(X_T|I_t)<X_t$이면 X_t를 Supermartingale이라 한다. 마팅게일의 성질은 금융변수의 가격을 결정하는 데 유용하다. 즉, 주어진 확률 하에 조건부 기대값이 현재가치와 같다는 성질을 이용하여 가격을 결정할 수 있다.

(2) Wiener process와 브라운운동(Brownian motion)

❶ Wiener과정 : Wiener과정은 마팅게일이고 연속적 시간 경로에 대해 정의된다. Wiener process w_t의 변화는 독립적이며 평균은 0이고 분산은 기간에 비례한다. 이를 응용사례를 통하여 알아보기로 한다. 금융변수 W_t가 Wiener 과정이라면 다음과 같이 나타낸다.

$$\Delta W_t = \varepsilon\sqrt{\Delta t}, \ \varepsilon \sim N(0, 1)$$

여기서 Δt는 W_t가 변하는 데 걸리는 시간 단위이다. 확률변수 W_t의 증분은 평균이 0이고 분산이 Δt인 정규분포를 한다.

❷ 기하학적 브라운운동(Geometric Brownian Motion : GBM) : GBM은 주가의 확률 모형으로 주가 관련 자산 가격의 결정에 많이 사용되는 모형이다. 이 모형은 자산의 가격의 변화는 시간에 독립적이고 가격의 작은 움직임은 다음의 형태를 따른다는 것이다.

$$dS_t = \mu_t S_t dt + \sigma_t S_t dw$$
S_t : t시점에서의 자산 가격
μ_t : t시점에서의 순간적 평균 변화율(instantaneous drift)
σ_t : t시점에서의 순간적 평균 변화율의 표준편차(instantaneous volatility)
dt : 순간적인 시간 변화(시간 간격)(Δt)
dw : 평균이 0이고 분산이 Δt인 위너 프로세스

dw는 확률변수로서 평균이 0이고 분산이 dt인 정규분포를 따르며 시간과는 독립인 Wiener 과정이다. 즉 $dw \sim N(0, dt)$이다. '브라운운동'이란 말은 바로 dw의 분산이 시간이 줄어듦에 따라 비례적으로 줄어드는 특성을 가진다는 의미이다. 이렇게 함으로써 가격의 변화과정에서 점프가 일어날 가능성은 배제한다. '기하학적'이란 말은 모든 모수가 현재의 가격 S_t에 비례한다는 의미이다.

μ_t는 순간적 평균 변화율, σ_t는 순간적 평균 변화율의 표준편차이다. 물론 이들은 과거의 변수들의 함수로 나타낼 수 있으며 시간의 변화에 따라 변할 수 있다. 예를 들어 GARCH는 σ_t를 하나의 확률 과정으로 간주함으로써 시간의 변화에 따른 분산의 변화를 고려할 수 있다.

(3) 이항 과정(Binomial process)

자산 가격의 전개과정을 나타내는 데 이항 과정이 이용된다. 특히 파생상품의 가격을 계산하는 데 자주 이용되는 binomial lattice는 이항 과정을 이용하여 전개된다. 주가 S_t의 움직임이 다음과 같다고 하자.

$$S_{t+\Delta} = S_t + a\sqrt{\Delta} \qquad 확률\,p$$
$$S_{t+\Delta} = S_t - a\sqrt{\Delta} \qquad 확률\,(1-p)$$

즉 시간 구간 Δ 사이에 주가가 p의 확률로 $a\sqrt{\Delta}$만큼 오르거나 $(1-p)$의 확률로 $a\sqrt{\Delta}$만큼 내릴 경우, 주가는 이항 과정을 따르고 확률분포는 이항 분포를 따른다. 이때 확률이 1/2이라면 ΔS_t의 평균과 분산은 다음과 같다.

$$E(\Delta S) = 1/2\,(a\sqrt{\Delta}) + 1/2\,(-a\sqrt{\Delta}) = 0$$
$$Var(\Delta S_t) = 1/2\,(a\sqrt{\Delta})^2 + 1/2\,(-a\sqrt{\Delta})^2 - [E(\Delta S_t)]^2 = a^2\Delta$$

확률변수 ΔS_t가 이항 과정을 따를 경우 S_t는 어떤 분포를 할 것인가?

S_t는 0시점에서 t시점까지의 모든 ΔS_t의 합이다. 만약 T시점까지의 시간을 n 구간으로 나누고 n을 무한대로 늘이면 S_T는 중심 극한 정리에 의해 평균이 0이고 분산이 $a^2 n \Delta$인 정규분포에 수렴하게 된다.

(4) 포아송 과정(Poisson process)

이항 분포에서 시행 횟수 n은 점점 증가시키고, 성공확률 p는 점점 감소시키되, 곱 np를 일정한 값으로 유지시키면 포아송 분포를 얻는다. 포아송 분포는 연속(continuous) 시간축상에서 임의로(또는 random하게) 발생하는 이산(discrete) 사건을 묘사할 때 활용된다. 주로 희귀한 사건, 드문 사건을 모델링할 때 사용한다. 따라서 주가의 움직임 중 가끔 발생하는 비연속적인 점프를 모델링할 때 유용하다. 주가의 움직임이 연속적이고 정규분포를 한다면 확률변수가 점프하게 될 가능성은 없다. 앞에서 보았듯이 이항 확률변수 ΔS_t의 분산은 $a^2\Delta$이다. 따라서 $\Delta \rightarrow 0$일 경우 분산은 0이 된다. 즉, 주가의 변화는 연속적으로 이루어지게 된다. 그러나 금융시장에서는 종종 큰 폭의 주가 변화를 보게 된다. 이런 경우 포아송 과정이 유용하다. 주가가 가끔 점프하는 불연속성을 보이며, 이때 발생하는 점프는 독립적이며 동일한 크기라고 하자. t시간 동안 발생하는 점프의 횟수를 N_t라고 할 때 아주 작은 Δ시간 동안 점프가 발생할 확률은 다음과 같이 나타낼 수 있다.

$$P(\Delta N_t = 1) = \lambda \Delta, \text{ 이때 } \lambda > 0 \text{인 상수}$$

따라서 Δ 동안 n개의 점프가 일어날 확률은 Poisson 분포를 이용하여 다음과 같이 나타낼 수 있다.

$$P(\Delta N_t = n) = \frac{e^{-\lambda \Delta}(\lambda \Delta)^n}{n!}$$

시간이 $\Delta \to 0$에 수렴할 경우, N_t의 변화분 dN_T는 0 또는 1의 값을 갖는다. 즉 dt 시간 동안 λdt의 확률로 점프가 발생하거나 $(1-\lambda dt)$의 확률로 점프가 발생하지 않는다. Poisson과정이 Brownian Motion과 다른 점은 아무리 dt가 작아도 N_t의 크기는 그대로이다. 발생할 확률은 작지만 일단 발생하면 주가는 점프를 하여 불연속성을 보이게 될 것이다. 이러한 포아송 확률 과정을 이용한 주가 확률 과정은 jump diffusion모형이다.

$$\frac{dS_t}{S_t} = \mu dt + \sigma dW_t + U dN_t$$
$$\text{여기서, } W_t \text{는 Wiener과정이고, } N_t \text{는 Poisson과정}$$

2 자산 가격 모형

(1) Random Walk 모형

일반적으로 자산 가격 변화율의 모델링을 하는 데 있어서 자산 가격 자체가 임의 보행 (random walk)을 따른다는 점을 이용한다. 임의 보행을 하는 자산 가격 Pt는 다음과 같이 모델링할 수 있다.

$$S_t = \mu + S_{t-1} + \sigma\varepsilon_t, \ \varepsilon_t \sim \ N(0, 1), \ iid$$
여기서, iid란 "independently and identically distributed"

위 식에서 알 수 있듯이 S_t는 S_{t-1}이 주어질 경우에 정규분포를 따른다는 것을 알 수 있다. 여기서 자산의 가격이 정규분포를 따를 경우 음의 값을 가질 수 있는 문제가 발생한다.

이러한 문제를 해결하기 위해 자산 가격의 자연대수가 임의 보행한다고 가정할 수 있다. 자산 가격 S_t의 자연대수를 $s_t = \ln S_t$라 할 경우

$$s_t = \mu + s_{t-1} + \sigma\varepsilon_t, \ \varepsilon_t \sim N(0, 1), \ iid$$

이다. 이 경우 연속 복리기준 변화율 r_t의 움직임은 다음과 같이 설명된다.

$$r_t = \mu + \sigma\varepsilon_t$$

또한 앞 식에 의하면 가격 S_t는

$$S_t = S_{t-1}e^{\mu + \sigma\varepsilon_t}$$

이므로 항상 양수임을 알 수 있다. 여기서 ε_t가 정규분포를 따른다면 가격 S_t는 lognormal 분포를 따른다.

지금까지는 σ를 상수로 가정했지만 가격 변화 변동성인 σ는 실제로 시간에 따라 변하는 특성을 나타낸다. 따라서 변동성이 시간에 따라서 변한다는 점을 감안할 경우 다음과 같이 모델링할 수 있다.

$$s_t = \mu + s_{t-1} + \sigma_t\varepsilon_t, \ \varepsilon_t \sim N(0, 1)$$

(2) 가격 변화율의 확률분포

가격 변화율의 확률분포에 대한 연구는 많은 사람들에 의해 수행되어 왔는데 일반적으로 짧은 기간 동안(시간별 혹은 일별)의 금융변수들의 변화율의 분산을 이분산성과 자기 상관을 갖는 것으로 나타났다.

❶ 이분산성(Heteroskedasticity) : 앞에서 연속 복리기준 변화율 r_t로 측정한 가격변수의 변화율의 확률분포는 평균이 0이고 분산이 σ^2인 iid 정규분포를 갖는 것으로 정의했다. 이 말은 변화율 자체가 시간에 관계없이 항상 동일한 평균과 분산을 가짐을 의미한다. 통계학에서는 이를 동분산성(homoskedasticity)이라 부른다. 또한 변화율은 과거의 변화율 추이와 상관없이 독립적으로 움직임을 의미한다.

그러나 실제 주가, 환율, 금리와 같은 금융변수들의 변화율이 동분산성을 가지고 있는가?

대부분의 금융변수들은 그렇지 못하다. 시간 구간별로 분산이 적은 기간이 있는가 하면 또한 분산이 큰 기간이 있다. 이와 같이 분산이 일정한 것이 아니라 시간에 따라서 변하는 속성을 갖고 있는 특성을 이분산성(heteroskedasticity)이라 한다.

❷ 자기 상관성(Autocorrelation) : 금융 변수들의 변화율은 서로 독립적인가?

이 질문은 과거의 변화율 데이터가 미래의 변화율을 설명할 수 있는가라는 문제와 같다. 시계열 자료의 독립성은 자기 상관성(autocorrelation)에 의해서 측정된다. 자기 상관성이 통계적으로 의미 있을 경우 그 시계열 자료는 독립적이지 못하다.

시계열 변수 r_t가 전체 $t=1, 2, \cdots, T$개가 있을 경우 자기 상관성은 다음과 같이 정의된다.

$$\widehat{\rho_k} = \frac{\sigma^2_{t,\,t-k}}{\sigma_t \sigma_{t-k}}$$

여기서 k는 시차를 의미한다. 예를 들어 현재 t기와 바로 전기 $t-1$기와의 자기 상관성은 ρ_1에 의해, 전전기와의 자기 상관성은 ρ_2에 의해 측정된다.

샘플 자료를 사용하여 다음과 같이 실제로 자기 상관성을 계산할 수 있다.

$$\widehat{\rho_k} = \frac{\sum_{t=k+1}^{T}[(r_t - \bar{r})(r_{t-k} - \bar{r})]/[T - (k-1)]}{\sum_{t=k+1}^{T}[(r_t - \bar{r})^2]/[T-1]}$$

여기서, $\bar{r} = \sum_{t=1}^{T} r_t$ 즉, 샘플 평균값

실제로 금융변수들의 변화율은 자기 상관성을 갖는가?

일반적으로 일일 변화율을 측정하여 검증을 할 경우 대부분의 금융변수들의 변화율은 자기 상관성이 있다고 검증될 경우도 있고 안 될 경우도 있다. 검증될 경우에 있어서도 자기 상관성이 의미를 갖기에는 아주 작은 자기 상관성을 보유하고 있는 것으로 나타난다.

반면에 변화율의 변동성은 높은 자기 상관성을 갖는 것으로 나타난다. 여기서 변화율의 변동성은 연속 복리기준 변화율의 제곱을 갖고 측정할 수 있다.

변동성의 개념을 시계열 자료의 분산 σ_t^2으로 생각하고 분산의 정의가 다음과 같기 때문에 가능하다.

$$\sigma_t^2 = E[r_t - E(r_t)]^2 = E(r_t^2) - [E(r_t)]^2$$

변화율의 기대값이 0이라고 할 경우 $\sigma_t^2 = E(r_t^2)$이 된다.

(3) 가격 변화율의 모델링

금융변수들의 변화율에 대한 연구결과는 다음과 같이 정리될 수 있다.

❶ 변화율의 분산은 시간에 따라서 변하고 자기 상관성이 있다.

❷ 서로 다른 변화율들 간에는 상관관계가 존재할 수 있고 이를 공분산 행렬로 나타낼 수 있다. 공분산도 시간에 따라 변하고 자기 상관성이 존재한다.

❸ 변화율의 확률분포를 정규분포로 가정하는 것이 편리하다. 그 이유는 정규분포는 다루기가 편리하고[3] 정규분포를 갖는 확률변수의 합은 정규분포라는 성질을 갖고 있기 때문이다.

이러한 점을 감안하여 다음과 같이 N개 자산의 가격 변화율 $r_{i,\,t}$, $i = 1, \cdots, N$의 움직임과

---

3 정규분포는 평균과 분산에 의해서 완전히 설명된다. 따라서 skewness 및 kurtosis와 같은 계측치를 사용할 필요가 전혀 없다.

확률분포를 설명하는 모형을 제시할 수 있다.

$$r_{i,t} = \sigma_{i,t}\varepsilon_{i,t}, \ \varepsilon_{i,t} \sim N(0, 1)$$
$$\varepsilon_t \sim MVN(0, \Omega_t)$$

가격 변화율의 기대값 μ를 0으로 한 점과 개별 분산 $\sigma_{i,t}^2$와 공분산 Ω_t를 이루고 있는 상관계수 $\rho_{ij,t}$는 시간 t의 함수임을 명시하였음을 주목하기 바란다.

3 **변동성의 추정과 예측**

(1) 동일가중(Equal Weight) 방법과 지수가중(Exponential Weight) 방법

시점 t에서 가격의 변화율을 r_t라고 할 경우 변화율의 변동성은 표본 표준편차로 계산할 수 있다. 표본이 T개 있을 경우 표준편차는 다음과 같이 계산된다.

$$\sigma_t = \sqrt{\frac{1}{T}\sum_{t=1}^{T}(r_t - \bar{r})^2}$$

이 식은 변화율의 평균 r_t로부터의 괴리들의 제곱을 합하여 표본의 개수로 나누어 준 것이다. 이를 다른 관점에서 살펴볼 경우 평균으로부터의 괴리들의 제곱을 일정한 가중치 $\frac{1}{T}$로 곱하여 평균한 것으로도 파악할 수 있다.

이와 달리 지수 가중치(exponential weight)를 사용하여 변동성을 추정해 볼 수 있다. 이를 지수 가중 이동평균(exponentially weighted moving average)이라 할 경우 다음과 같이 나타낼 수 있다.[4]

---

4 일반 가중평균의 조건을 충족시킨다. 일반 지수 가중치를 다음과 같이 나타낼 수 있다.

$$\sum_{i=0}^{\infty} w_i X_{t-1}, \ \ \sum_{i=0}^{\infty} w_i = 1$$

여기서 사용되는 지수 가중치를 $w_i = (1-\lambda)\lambda^i$, $0 < \lambda < 1$라 할 경우 다음에서 보듯이 가중치의 조건을 충족시킨다.

$$(1-\lambda)\sum_{i=1}^{\infty}\lambda_1 = (1-\lambda)(1+\lambda+\lambda^2+\cdots) = (1-\lambda)\frac{1}{1-\lambda} = 1$$

표 3-1 동일 가중치와 지수 가중치의 비교

t	동일 가중치($T=20$)	지수 가중치($\lambda=0.94$)
1	0.05	0.060
2	0.05	0.056
3	0.05	0.053
4	0.05	0.050
5	0.05	0.047
6	0.05	0.044
7	0.05	0.041
8	0.05	0.039
9	0.05	0.037
10	0.05	0.034
11	0.05	0.032
12	0.05	0.030
13	0.05	0.029
14	0.05	0.027
15	0.05	0.025
16	0.05	0.024
17	0.05	0.022
18	0.05	0.021
19	0.05	0.020
20	0.05	0.019

$$\sigma_t = \sqrt{(1-\lambda)\sum_{i=1}^{\infty}\lambda^{t-1}(r_t - \bar{r})^2}$$

위 식에서 λ는 감소인자(decay factor)라 불린다. 〈표 3-1〉에서 볼 수 있듯이 λ를 0.94로 주었을 경우 지수 가중치 $(1-\lambda)\sum_{i=1}^{T}\lambda^{t-1}$는 $t=1$에서 0.060으로 시작하여 $t=20$까지 점점 감소함을 알 수 있다. 이와 같이 지수 가중 이동평균으로 계산하는 변동성은 바로 전기의 변화에 가장 큰 비중을 두고 그 이전의 변화에 대해서는 점점 비중을 적게 둠을 알 수 있다. 반면에 동일 가중치는 가중치를 기간에 관계없이 동일하게 준다.

일반적으로 표준편차와 지수 가중 이동평균 변동성을 비교해 볼 경우, 지수 가중 이동평균이 변동성을 보다 잘 추적함을 알 수 있다. 이는 전자의 경우는 일정한 가중치 $\frac{1}{T}$을 부여하는 반면에 후자의 경우는 최근의 변화에 더 많은 비중을 두기 때문이다.

(2) 변동성의 예측

지수 가중 이동평균으로 추정하는 변동성은 다음과 같은 반복적인 성격이 있기 때문에 변동성 예측을 쉽게 할 수 있는 장점이 있다.

$$
\begin{aligned}
\sigma^2_{t+1|t} &= (1-\lambda)\sum_{i=0}^{\infty}\lambda^i r^2_{t-1} \\
&= (1-\lambda)(r^2_t + \lambda r^2_{t-1} + \lambda^2 r^2_{t-2} + \cdots) \\
&= (1-\lambda)r^2_t + \lambda(1-\lambda)(r^2_{t-1} + \lambda r^2_{t-2} + \lambda^2 r^2_{t-3} + \cdots) \\
&= \sigma^2_{t|t-1} + (1-\lambda)r^2_t
\end{aligned}
$$

여기서 '$t+1|t$'라 함은 t기의 정보를 갖고 $t+1$기의 값을 추정한다는 것을 의미한다. 따라서 위 식에 의하면 $t+1$기의 변동성은 바로 전기의 변동성과 전기의 변화율의 선형 결합식으로 나타낼 수 있다. 따라서 최초, 즉 T시점에서의 변동성만을 알고 있으면 반복적으로 $t+1$기의 변동성을 쉽게 추정할 수 있다.

(3) 공분산과 상관계수의 추정과 예측

서로 다른 두 개의 변화율 1과 2의 공분산도 마찬가지로 동일 가중평균으로 추정하는 방법과 지수 가중평균으로 추정하는 방법으로 나누어서 생각할 수 있다. 변화율 1과 2 사이의 동일 가중평균 공분산은

$$
\sigma^2_{12} = \frac{1}{T}\sum_{i=0}^{T}(r_{1,\,t} - \bar{r}_1)(r_{2,\,t} - \bar{r}_2)
$$

로 표현할 수 있고, 지수 가중평균은 다음과 같이 표현할 수 있다.

$$
\sigma^2_{12} = (1-\lambda)\sum_{i=1}^{T}\lambda^{j-1}(r_{1,\,t} - \bar{r}_1)(r_{2,\,t} - \bar{r}_2)
$$

지수 가중평균 공분산은 다음과 같이 반복적으로 표현할 수 있기 때문에 예측이 용이하다.

$$\sigma^2_{12,\ t+1|t} = (1-\lambda) \sum_{i=0}^{\infty} \lambda^i r_{1,\ t-i}\, r_{2,\ t-i}$$
$$= (1-\lambda)(r_{1,\ t} r_{2,\ t} + \lambda r_{1,\ t-1}\, r_{2,\ t-1} + \lambda^2 r_{1,\ t-2}\, r_{2,\ t-2} + \cdots)$$
$$= (1-\lambda)(r_{1,\ t} r_{2,\ t} + \lambda(1-\lambda)(r_{1,\ t-1}\, r_{2,\ t-1} + \lambda r_{1,\ t-2}\, r_{2,\ t-2} + \cdots + \lambda^2 r_{1,\ t-3}\, r_{2,\ t-3} + \cdots)$$
$$= \lambda \sigma^2_{12,\ t|t-1} + (1-\lambda) r_{1,\ t-1}\, r_{2,\ t-1}$$

이와 같은 과정을 거쳐서 계산된 지수 가중평균 분산과 지수 가중평균 공분산을 이용하여 상관계수를 다음과 같이 예측할 수 있다.

$$\rho_{12,\ t+1|t} = \frac{\sigma^2_{12,\ t+1|t}}{\sigma_{1,\ t+1|t}\, \sigma_{2,\ t+1|t}}$$

이와 같이 계산된 상관계수의 예측치는 포트폴리오의 변동성을 예측하는 데 사용하게 된다.

(4) 일별 변동성에서 월별 변동성으로

지금까지는 일별 자료를 갖고 변동성을 살펴보았다. 그러나 위험관리의 대상 기간이 상황에 따라서 일별이 아닌 월별 및 그 이상의 기간을 대상으로 할 경우가 있다. 예를 들어 향후한 달 후의 포지션 변화를 살피기 위해서는 어떻게 해야 하나? 첫 번째 생각할 수 있는 것은월별 자료를 이용하는 것이다. 즉 월별 변동성 자료들의 분포를 만들어 볼 수 있는 것이다. 그러나 월별 자료를 이용할 경우에는 자료의 수가 적어진다는 단점이 있다. 즉 변동성 예측을하기 위한 샘플의 수가 줄어든다는 것이다. 이 경우 예측의 통계학적인 유의성이 떨어져 예측의 신뢰성에 문제가 생길 수 있다. 또한 월별 자료는 일별 자료보다 최근의 변동성 추이를 반영하는 데 적절하지 못할 수 있다.

이러한 문제점을 완화하는 방법 중 하나는 일별 변동성을 갖고 월별 변동성을 추정하는 방법을 사용하는 것이다. 일단 가격 변화율의 움직임을 설명하는 식을 다음과 같이 나타낼 수 있다.

$$r_t = \sigma_t \varepsilon_t,\ \varepsilon_t \sim N(0,\ 1),\ iid$$

여기서 변화율의 평균을 0이라 하고, 변동성 σ_t는 시간의 함수라고 놓았다. 만약 현재의 시점을 0이라 하고 미래 T기간 동안의 변화율을 r_T라 하면 한 달 동안의 변동성에 대해 관심이 있고 한 달간 실제 거래가 이루어지는 날을 25일이라 할 경우, 우리의 관심사는 r_{25}의 변동성의 예측이다.

자연대수의 차분으로 나타낸 변화율은 다음과 같은 편리한 성질이 있다.

$$s_{25} - s_0 = (s_{25} - s_{24}) + (s_{24} - s_{23}) + \cdots + (s_1 - s_0)$$

위 식에 의하면 월별 변화율은 일별 변화율의 합으로 나타낼 수 있다. 즉 $r_{25} = 25r_1$이 성립한다. 또 변화율의 분포는 서로 독립적으로 이루어져 있으므로 r_{25}의 분산은 일별 분산의 단순합이 된다. 이러한 결과를 일반화할 경우 다음과 같이 향후 T기 동안의 변화율의 변동성을 일별 변화율의 변동성을 이용하여 계산할 수 있다.

$$\sigma^2_{t+T|t} = T\sigma^2_{t+1|t} \text{ 혹은 } \sigma_{t+T|t} = \sqrt{T}\sigma_{t+1|t}$$

공분산도 마찬가지로 일별 공분산의 합으로 구할 수 있다.

$$\sigma^2_{12,\ t+T|t} = T\sigma^2_{12,\ t+1|t}$$

위의 두 식을 이용할 경우 상관계수의 예측은 기간에 상관없이 일별 상관계수임을 알 수 있다.

$$\rho_{t+T|t} = \frac{T\sigma^2_{12,\ t+1|t}}{\sqrt{T}\sigma_{1,\ t+1|t}\sqrt{T}\sigma_{2,\ t+1|t}}$$

변동성이 시간에 비례한다는 가정은 경우에 따라서는 적용하기가 힘든 경우가 있다. 다음과 같은 경우에서는 조심해야 한다.

❶ 변화율 혹은 가격이 평균 회귀성(mean-reverting)이 있을 경우
❷ 가격 변동 제한폭이 있을 경우
❸ 일별에서 연별로 이행하는 경우

(5) GARCH Family모형

ARCH란 Autoregressive Conditional Heteroskedasticity의 약자이다. 자기 회귀 조건부 이분산성이란 뜻이다. ARCH 모형은 분산의 시계열 특성이 자기 회귀성과 이분산성이 있다는 실증적인 현상을 모형화하기 위한 계량모형이다. 예컨대 원/달러 변화율의 제곱은 자기 상관성(autocorrelation)을 보이며 변화하는 폭도 일정하지 않음을 발견할 수 있다. 자기 상관성이 있다면 과거 자기 자신의 움직임에 현재의 값이 영향을 받는다는 것을 의미하며(자기 회귀성) 변화하는 폭도 시기마다 다르다는 것은 이분산성을 의미한다.

이러한 유의 모형으로 가장 처음 도입된 것이 ARCH 모형이다. ARCH(q)의 모형은 다음과 같다.

$$\sigma_t^2 = a_0 \sum_{i=1}^{q} \alpha_i r_{t+1-i}^2$$

여기서 q는 과거 q기까지를 말한다. 이 모형은 계량모형이므로 a_i가 임의로 주어지는 것이 아니라 이 모형의 설명력을 가장 높게 만드는 계수 추정 방법으로 추정되는 것이다.

GARCH(p, q)(Generalized Autoregressive Conditional Heteroscadasticity)는 ARCH 모형을 다음과 같이 일반화한 것이다.

$$\sigma_t^2 = a_0 + \sum_{i=1}^{q} a_i r_{t+1-i}^2 + \sum_{i=1}^{p} \beta_i \sigma_{t-i}^2$$

GARCH 모형은 과거 변화율의 변동성의 자기 상관성을 직접 모형화하여 변동성의 계수 추정을 했기 때문에 과거에 실현된 변동성을 잘 설명한다. 그러나 GARCH 모형은 다소 복잡한 시계열 기법을 요구하고 계산에 요구되는 컴퓨터 시간도 앞의 지수 가중평균보다 많이 요구된다. 또한 GARCH 모형의 계수들 α_i와 β_i를 추정하기 위해서는 최대 우도 추정법(Maximum Likelihood Estimation)을 사용하는데, 이 경우 최대 우도값에 수렴하지 않는 문제가 발생할 수 있다.

GARCH 모형은 이론적으로는 지수 가중평균보다 더 정교할 수 있으나 앞에서 밝힌 대로 추정하는 데 어려움이 있다. 이 어려움은 포트폴리오의 변동성을 추정할 경우에는 더욱 배가되는데, 그 이유는 여러 가지 자산들의 공분산을 마찬가지 방법으로 모형화하여 추정해야 하기 때문이다. 공분산도 자기 상관성과 마찬가지로 시간에 따라 일정하지 않은 성격이 있다. 이 경우 포트폴리오의 크기와 종류가 다양할 경우 최대 우도 추정법을 사용하는 다변수 GARCH 모형은 추정상에 상당한 어려움을 겪을 수 있다.

이런 연유에서 JP Morgan의 Riskmetrics에서는 보다 계산이 용이하고 포트폴리오에 쉽게 적용할 수 있는 지수 가중평균법을 사용하고 있다. 실제로 지수 가중평균법과 GARCH(1, 1) 모형을 예측의 정확성 측면에서 비교했을 경우 별 차이가 없다. 따라서 예측의 정확도와 실제 적용 측면에서 지수 가중평균법을 선호하게 된다.

section 04 표본 이론과 통계적 검정

1 표본 이론(Sampling Theory)

(1) 표본과 관련된 오차

❶ 표본추출 오차(표본오차) : 모집단의 일부인 표본을 통해 모집단 전체의 특성을 추론함으로써 생기는 오차

❷ 비표본추출 오차 : 표본의 선정이 적절하지 못한 경우, 측정오차(measurement error)

(2) 표본추출의 방법

❶ 확률 표본추출법(random sampling) : 모집단의 각 요소가 표본에 포함될 수 있는 확률이 사전에 알려진 표본추출방법/비확률 표본추출법(nonrandom sampling)

❷ 확률 표본추출법(단순 확률추출법/층별 표본추출법/군집 표본추출법/체계적 표본추출법 등)

❸ 비확률 표본수출법(판단 추출/편의 추출 등)

(3) 확률 표본

❶ 확률분포가 $f(x)$인 모집단으로부터 추출된 표본크기가 n인 확률 표본이란 동일한 $f(x)$를 각각의 확률 밀도 함수로 갖는 n개의 상호 독립적인 확률변수들인 X_1, X_2, $\cdots$, X_n의 집합을 의미한다.

❷ 확률 표본의 구성요소인 확률변수들 X_1, X_2, $\cdots$, X_n은 상호 독립적이고 동일한 분포 (independent and identically distributed : iid)이다.

❸ 앞으로의 이론전개는 대부분 확률 표본을 가정하고 있다.

(4) 통계량(statistic)

확률 표본을 구성하는 확률변수들의 함수를 통계량이라고 하며, 통계량 자체도 하나의 확률변수이며 그 자신의 분포를 갖는다. 대표적인 통계량은 표본 평균, 표본 분산, 표본비율이다.

(5) 표본 분포(sampling distribution)

통계량의 확률분포를 표본 분포라고 부르며, 주어진 모집단에 대해 추정량 $\hat{\theta}$이 갖는 값이 표본에 따라 변하므로 $\hat{\theta}$는 확률분포를 가지는 확률변수이다. 이 확률분포는 확률변수 $\hat{\theta}$의 표본 분포라 부른다.

(6) 추정량의 바람직한 성질

❶ 표본오차(sampling error) : $\hat{\theta}$가 어떤 미지의 모수 θ의 추정량이라 하자. 차이 $D = |\theta - \hat{\theta}|$이고, D를 표본오차 또는 추정 오차라 부른다(추출 단위의 우연 선정으로부터 나타나는 오차임).

❷ 불편 추정량(unbiased estimator) : $\hat{\theta}$을 미지의 모수 θ의 추정량이라 하자. $E(\hat{\theta}) = \theta$이면 $\hat{\theta}$은 θ의 불편 추정량이다.

❸ 상대적 효율 : θ_1과 θ_2가 두 개의 불편 추정량이라 하자. θ_2에 대한 θ_1의 상대적 효율은 그들의 분산들의 비, 즉 상대적 효율 $= Var(\theta_2) / Var(\theta_1)$이다. $Var(\theta_1) < Var(\theta_2)$이면 추정량 θ_1이 θ_2보다 효율적이라 한다.

❹ 최소분산 불편 추정량(best linear unbiased estimator : BLUE) : $\hat{\theta}$이 θ의 추정량이고 더 작은 분산을 가진 다른 불편 추정량이 없다면 그 추정량 $\hat{\theta}$은 θ의 최소분산 불편 추정량이다.

(7) 표본 통계량의 평균과 분산 및 표본 분포

표본 통계량	평균	분산	상황 및 여건	활용될 표본 분포
$\overline{X}$	μ	$\dfrac{\sigma^2}{n}$	분산이 알려짐	$Z = \dfrac{\overline{X} - \mu}{\sigma / \sqrt{n}}$
			분산이 알려져 있지 않고 표본수가 적을 때	$t = \dfrac{\overline{X} - \mu}{s / \sqrt{n}}$
			분산이 알려져 있지 않고 표본수가 30 이상일 때	$Z = \dfrac{\overline{X} - \mu}{s / \sqrt{n}}$
s^2	σ^2	$\dfrac{2\sigma^2}{\nu(\text{자유도})}$	정규 모집단, 단일 표본	$\chi^2(r) = \dfrac{(n-1)s^2}{\sigma^2}$
$\dfrac{s_1^2}{s_2^2}$	—	—	정규 모집단, 복수 표본	$F_{r1,\ r2} = \dfrac{s_1^2}{s_2^2}$
$\hat{p}$	p	pq/n	$n \geqq 30$	$Z = \dfrac{\hat{p} - p}{\sqrt{pq/n}}$

(8) 중심 극한 정리

X_1, X_2, $\cdots$, X_n이 평균이 μ이고 표준편차가 σ인 모집단으로부터 선택된 크기 n의 확률 표본을 나타낸다고 하자. $\overline{X}$가 표본 평균이라 하면 n이 클 때 모집단이 어떤 표본이건 상관없이 $\overline{X}$는 평균이 μ이고 표준편차가 $\sigma_{\overline{X}} = \sigma / \sqrt{n}$인 정규분포에 접근한다.

(9) 표본 평균의 차이

$(\overline{X}_1 - \overline{X}_2)$의 기대값은 $E(\overline{X}_1 - \overline{X}_2) = \mu_1 - \mu_2$이다.
두 개의 확률 표본이 서로 독립이면 $(\overline{X}_1 - \overline{X}_2)$의 분산은

$$Var(\overline{X}_1 - \overline{X}_2) = \frac{\sigma_1^2}{n_1} + \frac{\sigma_2^2}{n_2}$$

표본비율의 차이$(\hat{p}_1 - \hat{p}_2)$에 대한 표본 분포 : 확률변수$(\hat{p}_1 - \hat{p}_2)$는 근사적으로 평균 $E(\hat{p}_1 - \hat{p}_2) = p_1 - p_2$와 분산 $Var(\hat{p}_1 - \hat{p}_2) = (p_1 q_1 / n_1) + (p_2 q_2 / n_2)$인 정규분포이다.

(10) 이항 분포에 대한 정규 근사법

중심 극한 정리에 의하여 n이 무한히 커짐에 따라

$$W = \frac{Y - np}{\sqrt{np(1-p)}} = \frac{\overline{X} - p}{\sqrt{p(1-p)/n}}$$

여기서 $(\overline{X} = \hat{p})$는 표준 정규분포 $N(0, 1)$에 접근한다.

(11) 자유도(degree of freedom)

어떤 주어진 여건하에서 일련의 변수들 가운데 자유스럽게 변할 수 있는 변수들의 수

(12) 카이자승 분포

모집단이 정규분포일 때 S^2의 분포는 카이자승 분포를 이용하여 나타낼 수 있으며, 또 특수한 경우에는 F분포와 연관된다.

$X_1,\ X_2,\ \cdots,\ X_n$이 정규분포 $N(\mu,\ \sigma^2)$으로부터 추출된 표본크기 n인 확률 표본의 구성요소일 때

$$\frac{(n-1)S^2}{\sigma^2} = \frac{\sum_{i=1}^{n}(X_i - \overline{X})^2}{\sigma^2}$$

여기서, $S^2 = \dfrac{1}{n-1}\sum_{i=1}^{n}(X_i - \overline{X})^2$은 $\chi^2(n-1)$분포를 한다.

따라서 카이자승 분포의 평균은 자유도의 수, 즉 독립된 확률변수의 수인 $q = n-1$이고 분산은 자유도의 2배인 $2q$이다.

(13) t분포

표준 정규분포의 확률변수 Z에서 σ를 표본 표준편차인 S로 대체하면 $T = \dfrac{\overline{X} - \mu}{S/\sqrt{n}}$이 되며 확률변수 T는 자유도가 $n-1$인 t분포를 한다(t분포는 n이 커짐에 따라 표준 정규분포에 접근한다).

t분포의 특징은 다음과 같다.

❶ t분포는 종모양의 형태로 표준 정규분포와 대체로 같은 모양을 가져 평균은 0이다.

❷ t분포는 분포의 자유도라 불리는 v에 의존한다. 모평균에 대한 신뢰구간을 구성할 때 적절한 자유도는 $v=(n-1)$이다. 여기서 n은 표본크기이다.

❸ t분포의 분산은 $v/(v-2)$로 항상 1보다 크다$(v>2)$. v가 증가함에 따라 이 분산은 1에 접근하고 모양도 표준 정규분포에 접근한다.

❹ 표준 정규 변수 Z의 분산이 1인 반면에 t의 분산이 1보다 크므로 t분포는 표준 정규분포보다 중간에서 약간 더 평평하고 두터운 꼬리를 갖는다.

(14) F분포

두 정규 모집단의 분산이 같은 경우 m개의 표본으로부터 얻은 표본 분산을 S_y^2, n개의 표본으로부터 얻은 표본 분산을 S_x^2라고 하자. 이때 두 표본 분산의 비율인 $F=\dfrac{S_y^2}{S_x^2}$은 자유도가 $df_1=m-1$, $df_2=n-1$인 F분포이다.

2 추정(Estimation)

(1) 추정치의 특성

특정한 모수를 추정하는 방법은 여러 가지가 있다. 예를 들면 모집단의 평균을 추정하고자 할 때 모집단으로부터 추출된 표본의 산술평균, 중위수, 최빈값 중에서 어느 하나를 사용할 수 있다. 그러나 모평균을 알고 있지 못하기 때문에 어떤 추정치가 모집단의 평균에 잘 접근되는지 알 수 없다. 이때 평균, 중위수, 최빈값들의 표본 분포를 비교함으로써 추정량들 중에서 어느 것이 모평균에 잘 접근되는지 알 수 있다.

일반적으로 좋은 추정량이 되기 위한 기준으로는 불편성(unbiasedness), 효율성(efficiency), 일치성(consistency)이 있다.

❶ 불편성 : 추정하고자 하는 모수를 θ로 표현하고 표본에서 얻은 추정량을 $\hat{\theta}$로 나타낼 때, 불편성이란 추정량의 기대값 $E[\hat{\theta}]$이 모수 θ와 일치함을 나타낸다. 즉 $E[\hat{\theta}]=\theta$가 되는 추정량 $\hat{\theta}$를 불편 추정량(unbiased estimator)이라 한다. 이것은 $\hat{\theta}$를 각각 다른 표본으로부터 무수히 여러 번 구하여 그 평균이 θ와 같아진다는 뜻이다. 이와 반대로 $E[\hat{\theta}]\neq\theta$가 되는

추정량 $\hat{\theta}$를 편의 추정량(biased estimator)이라 한다. 이때, 편의(bias)는 모수 θ와 추정량의 기대값 $E[\hat{\theta}]$과의 차이를 말한다.

불편 추정량은 다음과 같다.

$$\theta - E(\hat{\theta}) = 0$$

일반적으로 모수 μ에 대한 점추정량으로 $\overline{X}$를 사용함에 있어 추정치가 불편성을 만족하는지 알아보자.

$$E[\overline{X}] = E\left(\frac{X_1 + X_2 + \cdots + X_n}{n}\right) = \frac{1}{n}(\mu + \mu + \cdots + \mu) = \mu$$

즉, 표본 평균 $\overline{X}$의 기대값이 모평균 μ와 같음을 알 수 있다. 따라서 표본 평균 $\overline{X}$는 모평균 μ에 대한 불편 추정량이 된다.

❷ 효율성 : 어떤 추정량이 불편 추정량이라는 것은 추정하고자 하는 모수에 가깝다는 것을 의미한다. 이러한 불편 추정량은 하나의 모수 θ에 대하여 여러 가지가 있을 수 있다. 그렇다면 여러 가지의 불편 추정량 중 어떤 것을 사용해야 할 것인가?

모수 θ에 대한 두 개의 불편 추정량 $\hat{\theta}_3$과 $\hat{\theta}_4$의 분포가 있다고 하자. 여기서 $\hat{\theta}_3$의 분산은 $\hat{\theta}_4$의 분산보다 작다. 즉 $\hat{\theta}_3$에 대한 분포는 중심에 몰려 있으므로 θ에 가까운 값으로 추정될 가능성이 높다. 반면에 $\hat{\theta}_4$에 대한 분포는 중심으로부터 넓게 퍼져 있어 $\hat{\theta}_4$의 값은 표본에 따라 부정확하게 추정될 수 있다. 이러한 경우에 $\hat{\theta}_3$이 $\hat{\theta}_4$보다 효율성이 있는 추정량이라 한다.

불편 추정량 중에서 추정량의 분산이 가장 작은 것을 택하게 된다. 이러한 추정량을 최소분산 불편 추정량(minimum variance unbiased estimator:MVUE), 또는 최량 추정량(best estimator)이라고 한다. 즉, 변화 폭이 가장 작은 불편 추정량이다.

위의 추정량에 관한 설명을 활 쏘는 사람들에 비유해 보기로 하자. 甲의 경우는 乙이나 丙보다 변화의 폭은 작으나 과녁의 중심으로부터 모두 멀리 맞혀졌다. 즉, 분산은 작으나 평균이 중심으로부터 멀리 떨어져 있다. 반면에 乙의 경우는 평균적으로 과녁의 중심에 가까우나 변화의 폭, 즉 분산이 크다. 丙은 평균적으로 과녁의 중심에 멀리 떨어져 있으며 또한 변화의 폭마저 크게 된 것이다. 반면에 丁의 경우에는 과녁의 중심에 몰려 있다고 하자. 따라서 丁의 경우 이들 넷 중에서 가장 훌륭한 결과를 낸 것으로 평균도 과녁의 중심에서 가장 가깝고 분산도 가장 작은 것을 알 수 있다. 이들 네 명 중에서는 丁이 가장 훌륭한 활 쏘는 재주를 갖고 있다고 할 수 있겠다. 丁이 이들 중에서 '최고의 실력'을 갖고 있다는 것으로 앞서 이야기한 최소분산을 갖는 불편 추정량에 해당하는 사람이다.

❸ 일치성 : 좋은 추정량이 되기 위해 요구되는 성질로는 표본의 크기가 점점 커짐에 따라 추정량의 값이 모수와 거의 일치하게 된다는 것으로 이러한 성질을 일치성(consistency)이라 한다. 즉 크기 n인 표본으로부터 얻은 추정량 $\widehat{\theta}_n$에 대하여 다음과 같은 식을 만족하면 일치 추정량(consistent estimator)이라 한다.

$$\lim_{n \to \infty} P(|\widehat{\theta}_n - \theta| < \varepsilon) = 1 \quad (\varepsilon은 \ 임의의 \ 양수)$$

(2) 점추정

이상으로 좋은 추정량이 되기 위해 고려해야 될 기준에 대하여 설명하였다. 이러한 기준에 근거하여 모평균, 모분산, 모비율의 추정치로써 어떠한 추정량이 사용되는지 알아보자.

❶ 모평균 μ에 대한 추정 : 모평균 μ에 대한 추정량으로는 표본 평균, 중위수 등 여러 가지 추정량을 생각할 수 있다. 이 중 가장 일반적으로 사용되는 추정량은 표본 평균 $\overline{X}$이다. 특히, 정규 모집단의 경우 표본 평균 $\overline{X}$가 가장 좋은 추정량으로 알려져 있다. 표본 평균 $\overline{X}$는 모평균 μ에 대한 불편 추정량이다. 즉 $E(\overline{X}) = \mu$를 만족한다. 수리적인 방법에 의하면 표본 평균 $\overline{X}$는 어떤 다른 추정량보다는 최소의 분산을 갖는다는 사실을 알 수 있다. 따라서 표본 평균이 가장 유효한 추정량이 되며, 일치 추정량의 성질도 만족하는 것으로 알려져 있다. 이러한 증명은 약간의 수리적 능력을 필요로 하므로 이 책에서는 생략하기로 한다.

❷ 모분산 σ^2에 대한 추정 : 모분산은 모집단의 분포가 흩어져 있는 정도를 나타내는 중요한 모수이다. 이 값은 통계적 추론뿐만 아니라 정밀계측기의 측정에 있어서 정밀도를 나타내는 것으로 전체적인 정확도의 결정에 매우 중요한 것이 된다.

모집단의 흩어져 있는 정도를 표현하는 값인 모분산 σ^2의 추정량은 크기 n의 확률 표본 $X_1,\ X_2,\ \cdots,\ X_n$으로부터 계산되는 표본 분산 s^2은 모분산 σ^2의 불편 추정량이다.

$$
\begin{aligned}
E(s^2) &= E\Big(\frac{1}{n-1}\sum_{i=1}^{n}(X_i-\overline{X})^2\Big)\\
&= \frac{1}{n-1}E\Big(\sum_{i=1}^{n}\{(X_i-\mu)-(\overline{X}-\mu)\}^2\Big)\\
&= \frac{1}{n-1}E\Big(\sum_{i=1}^{n}(X_i-\mu)^2-2(\overline{X}-\mu)\sum_{i=1}^{n}(X_i-\mu)+\sum_{i=1}^{n}(\overline{X}-\mu)^2\Big)\\
&= \frac{1}{n-1}E\Big(\sum_{i=1}^{n}(X_i-\mu)^2-2n(\overline{X}-\mu)^2+n(\overline{X}-\mu)^2\Big)\\
&= \frac{1}{n-1}E\Big(\sum_{i=1}^{n}(X_i-\mu)^2-n(\overline{X}-\mu)^2\Big)\\
&= \frac{1}{n-1}\Big(\sum_{i=1}^{n}\sigma^2-n\frac{\sigma^2}{n}\Big)=\frac{1}{n-1}\sigma^2(n-1)\\
&= \sigma^2
\end{aligned}
$$

또한 표본 분산 s^2은 모분산 σ^2에 대한 일치 추정량임이 알려져 있으나, 이러한 증명은 약간의 수리적 능력을 필요로 하므로 이 책에서는 생략하기로 한다.

(3) 구간 추정

앞에서 설명한 점추정에서는 모수에 대응하는 표본 통계량으로 추정량을 구하였다. 이와 같이 점추정은 오차의 정도에 관해 신뢰성 있는 정보를 제공하지 못한다. 따라서, 추정하고자 하는 모수가 포함될 확률을 하나의 구간으로 제시하여 추정하는 것이 추정의 결과를 신뢰할 수 있을 것이다. 이러한 추정방법을 구간 추정(interval estimation)이라고 한다.

구간 추정을 통하여 얻어지는 구간을 신뢰구간(confidence interval)이라 하는데, 이러한 신뢰구간은 신뢰 수준(confidence level)과 표본의 크기에 의해 결정된다.

예를 들어 모평균 μ에 대한 구간 추정이 다음과 같은 형태로 주어진다고 하자.

$$
\widehat{\mu}=\overline{X}\pm d
$$

여기서 $\overline{X}+d$를 신뢰구간의 상한(upper limit)이라고 하고, $\overline{X}-d$를 신뢰구간의 하한(lower limit)이라고 한다. 여기서 d는 추정량 $\overline{X}$의 오차한계(error margin)로 이 값이 작을수록 구간의 길이가 작아져 좋은 신뢰구간을 만들게 된다.

모수를 추정하기 위하여 표본을 추출한다면, 매번 추출할 때마다 그 표본에 의한 통계량의 값은 달라질 것이다. 신뢰구간은 표본에 따라 달라질 수 있다. 따라서 신뢰구간이 모수를 포함할 확률을 고려하게 되는데, 이러한 확률이 신뢰 수준이다. 모평균 μ에 대한 95% 신뢰구간이라 한다면, 표본을 똑같은 방법으로 100번 추출하여 신뢰구간을 구하였을 때 100개의 신뢰구간 중 95개가 모수를 포함하게 되는 것을 의미한다.

모평균에 대한 구간 추정에는 모분산 σ^2이 알려진 경우와 모분산 σ^2이 알려지지 않은 경우로 구분되어 추정할 수 있다.

❶ 모분산 σ^2이 알려진 경우 : 모분산 σ^2이 알려진 경우 모평균 μ에 대한 신뢰구간은 다음과 같다.

크기 n인 확률 표본 X_1, X_2, $\cdots$, X_n을 추출하였다면, 표본 평균 $\overline{X}$에 대한 확률분포는 평균이 μ이고 분산이 σ^2/n인 정규분포를 따른다. 여기서 μ에 대한 $100(1-\alpha)$%의 신뢰구간은 다음과 같이 구할 수 있다.

$$P(a \leqq \overline{X} \leqq b) = 1 - \alpha$$

여기서 $\overline{X}$를 표준화하면

$$P\left(\frac{a-\mu}{\sigma/\sqrt{n}} \leqq \frac{\overline{X}-\mu}{\sigma/\sqrt{n}} \leqq \frac{b-\mu}{\sigma/\sqrt{n}} \right) = 1 - \alpha$$
$$P\left(-Z_{\alpha/2} \leqq \frac{\overline{X}-\mu}{\sigma/\sqrt{n}} \leqq Z_{\alpha/2} \right) = 1 - \alpha$$

의 식을 얻을 수 있다. 이때 $Z_{\alpha/2}$와 $-Z_{\alpha/2}$를 신뢰계수라고 한다. 여기서 괄호 속에 있는 부등식을 μ에 관하여 정리하면

$$P\left(\overline{X} - Z_{\alpha/2} \frac{\sigma}{\sqrt{n}} \leqq \mu \leqq \overline{X} + Z_{\alpha/2} \frac{\sigma}{\sqrt{n}} \right) = 1 - \alpha$$

를 얻는다. 따라서 모평균 μ에 대한 $100(1-\alpha)\%$의 신뢰구간은 다음과 같다.

$$\left(\overline{X} - Z_{\alpha/2} \frac{\sigma}{\sqrt{n}} ,\ \overline{X} + Z_{\alpha/2} \frac{\sigma}{\sqrt{n}} \right)$$

다음은 신뢰구간에 따른 신뢰계수를 나타낸 것이다.

90%에 대한 신뢰구간에 따른 신뢰계수 $Z_{0.05} = \pm 1.645$
95%에 대한 신뢰구간에 따른 신뢰계수 $Z_{0.025} = \pm 1.96$
99%에 대한 신뢰구간에 따른 신뢰계수 $Z_{0.005} = \pm 2.58$

❷ 모분산 σ^2이 알려지지 않은 경우 : 모분산 σ^2이 알려지지 않고 $n \geqq 30$인 경우, 모평균 μ에 대한 신뢰구간은 표본 분산 s^2이 근사적으로 모분산 σ^2에 접근한다. 따라서 모평균 μ에 대한 $100(1-\alpha)\%$의 신뢰구간은 다음과 같다.

$$\left(\overline{X} - z_{\alpha/2} \frac{s}{\sqrt{n}} ,\ \overline{X} + z_{\alpha/2} \frac{s}{\sqrt{n}} \right)$$

그러나 모분산 σ^2이 알려지지 않고 $n < 30$인 경우, 모평균 μ에 대한 신뢰구간은 다음과 같다.

크기 n인 확률 표본 $X_1,\ X_2,\ \cdots,\ X_n$을 추출하였다면, 표본 평균 $\overline{X}$에 대한 확률분포는 평균이 μ이고 분산이 σ^2/n인 정규분포를 따른다. 그러나 모분산 σ^2이 알려지지 않았으므로 $\overline{X}$의 표준편차 $\sigma/\sqrt{n}$를 $s/\sqrt{n}$으로 추정하여 다음과 같이 자유도가 $n-1$인 $t-$분포를 따른다.

$$\frac{\overline{X} - \mu}{s/\sqrt{n}} \sim t(n-1)$$

따라서 μ에 대한 $100(1-\alpha)\%$의 신뢰구간은 다음과 같이 구할 수 있다.

$$P\left(\frac{a-\mu}{s/\sqrt{n}} \leq \frac{\overline{X}-\mu}{s/\sqrt{n}} \leq \frac{b-\mu}{s/\sqrt{n}}\right) = 1-\alpha$$

$$P\left(-t_{\alpha/2} \leq \frac{\overline{X}-\mu}{s/\sqrt{n}} \leq t_{\alpha/2}\right) = 1-\alpha$$

의 식을 얻을 수 있다. 괄호 속에 있는 부등식을 평균 μ에 관하여 정리하면 다음과 같다.

$$P\left(\overline{X} - t_{\alpha/2}\frac{s}{\sqrt{n}} \leq \mu \leq \overline{X} + t_{\alpha/2}\frac{s}{\sqrt{n}}\right) = 1-\alpha$$

따라서 모평균 μ에 대한 $100(1-\alpha)\%$의 신뢰구간은 다음과 같다. 이때 $t_{\alpha/2}$는 자유도가 $n-1$인 $t-$분포의 꼬리 면적을 $\alpha/2$로 하는 값으로 $t-$분포표에서 찾을 수 있다.

$$\left(\overline{X} - t_{\alpha/2}\frac{s}{\sqrt{n}}, \ \overline{X} + t_{\alpha/2}\frac{s}{\sqrt{n}}\right)$$

❸ 모분산의 구간 추정 : 모평균 μ와 모분산 σ^2을 갖는 정규 모집단에서 크기 n개의 확률 표본 $X_1, X_2, \cdots, X_n$을 추출하여 표본 분산

$$s^2 = \frac{1}{(n-1)} \sum_1^n (X_i - \overline{X})^2$$

을 계산하면, 이것은 모분산 σ^2의 불편 추정량이 된다. 여기서 다음의 확률변수는 수리 통계학의 이론에 의하여 자유도가 $n-1$인 카이제곱 분포를 따른다.

$$\chi^2 = \frac{(n-1)s^2}{\sigma^2}$$

따라서 크기가 n인 표본을 정규 모집단 $N(\mu, \sigma^2)$으로부터 추출했을 때, 모분산 σ^2에 대한 신뢰구간을 형성하기 위해서는 카이제곱 분포의 성질을 이용한다. 카이제곱 분포

는 비대칭 분포이므로, 이 분포에 의존하는 신뢰구간은 앞에서 설명한 모평균 μ의 신뢰구간과 그 형태가 다르다.

먼저 통계량 $\chi^2 = (n-1)S^2/\sigma^2$이 자유도 $(n-1)$인 카이제곱 분포를 따르므로, 다음과 같은 형태로 표현을 할 수 있다.

$$P\left(\chi^2_{1-\frac{\alpha}{2},\,(n-1)} < \frac{(n-1)s^2}{\sigma^2} < \chi^2_{\frac{\alpha}{2},\,(n-1)}\right) = 1-\alpha$$

이때 괄호 속의 부등식을 σ^2에 관해서 풀면 다음과 같다.

$$P\left(\frac{(n-1)s^2}{\chi^2_{\frac{\alpha}{2},\,(n-1)}} < \sigma^2 < \frac{(n-1)s^2}{\chi^2_{1-\frac{\alpha}{2},\,(n-1)}}\right) = 1-\alpha$$

따라서 다음과 같은 모분산 σ^2의 $100(1-\alpha)\%$ 신뢰구간을 얻게 된다.

$$\left(\frac{(n-1)s^2}{\chi^2_{\frac{\alpha}{2},\,(n-1)}},\ \frac{(n-1)s^2}{\chi^2_{1-\frac{\alpha}{2},\,(n-1)}}\right)$$

3 가설 검정(Hypothesis Test)

(1) 귀무가설과 대립가설의 설립

가설 검정의 첫 번째 단계는 검정해야 할 가설을 설정하는 것이다. 가설이란 모집단의 모수에 대한 가정이나 주장을 말하는데, 여기에는 귀무가설(Null Hypothesis)과 대립가설(Alternative Hypothesis)의 두 가지가 있다. 귀무가설은 검정의 대상이 되는 가설 또는 연구자가 기각하고자 하는 가설로서 보통 H_0로 표시한다. 반면 대립가설은 귀무가설이 기각되었을 때 받아들여지는 가설을 말하며 보통 H_a로 표시한다.

(2) 유의 수준과 기각역의 설정

귀무가설이 옳음에도 불구하고 귀무가설을 기각하게 되는 경우에 발생하는 오류를 α오류라고 하고 이 오류에 대한 최대 허용치를 유의 수준이라고 하며 α로 표기한다. 유의 수준은 조사자가 임의로 설정하는 것으로서 α오류와 비교되어 귀무가설의 기각 여부를 결정하는 기준이 된다.

주어진 유의 수준 α하에서 기각역(rejection area)설정을 위한 임계치(critical value)는 양측 검정(two−tail test)의 경우에는 $Z_{\alpha/2}$, 단측 검정(one−tail test)의 경우에는 Z_α이고 소표본의 경우에는 양측 검정의 경우 $t_{\alpha/2,\ df}$, 단측 검정의 경우 $t_{\alpha,\ df}$이다.

z 값은 자유도가 ∞인 경우의 t값과 같다.

표 3-2 자유도에 따른 t값

자유도 (Degree of Freedom)	유의 수준(양측 검정의 경우)	
	0.05	0.01
4	2.776	4.604
5	2.571	4.032
9	2.262	3.250
12	2.179	3.055
∞	1.96	2.58

(3) 검정 통계량(Test Statistic)의 계산

중심 극한 정리에 의하면 $\overline{X} \sim N(\mu,\ \sigma/\sqrt{n})$의 분포를 한다. 따라서 검정 통계량은 $Z = \dfrac{\overline{X} - \mu}{\sigma/\sqrt{n}}$로 계산한다. 다만, 소표본의 경우에는 $t = \dfrac{\overline{X} - \mu}{s/\sqrt{n}}$로 계산한다.

여기서 계산한 Z 또는 t 통계량을 임계치와 비교하여 검정 통계량의 절대값이 임계치보다 크다면 귀무가설을 기각한다.

(4) 검정력(Test Power)

❶ 1종 오류(Type Ⅰ Error) : 귀무가설이 사실인데도, 대립가설을 지지(귀무가설을 기각)하는 결정을 내리는 경우 ⇒ 1종 오류를 범할 확률은 유의 수준(α)

❷ 2종 오류(Type II Error) : 대립가설이 사실(귀무가설이 거짓)인데도, 귀무가설을 지지하는 결정을 내리는 경우 ⇒ 2종 오류를 범할 확률은 β

		실제 상태	
		H_0가 사실	H_a가 사실
의사결정	H_0가 사실	올바른 의사결정	2종 오류(β)
	H_a가 사실	1종 오류(α)	올바른 의사결정

❸ 가설 검정에 대한 결과

ㄱ. 귀무가설을 기각

ㄴ. 귀무가설을 기각하지 못함 ⇒ 즉, 귀무가설이 맞다는 표현 대신에 기각하지 못하였다는 표현을 사용함으로써 '2종 오류'에 대한 고려를 표현하는 것이다.

❹ β : 먼저 귀무가설을 토대로 기각 못하는 영역을 구하고, 실제 자료의 분포 중에서 이 영역에 포함되는 부분의 확률을 구하면 된다. 귀무가설이 사실이 아닐 때 이를 실제로 기각할 수 있는 정도를 검정력이라 하며 검정력은 $(1-\beta)$이다.

❺ α와 β의 관계 : 서로 상쇄관계이지만, 표본의 크기가 증가하면 2가지 형태의 위험성을 동시에 줄일 수 있다.

(5) 관찰된 유의 수준 p값

❶ p값 : 검정에 대한 관찰된 유의 수준(observed significant level) ⇒ 귀무가설이 사실이라는 가정하에서 α 오류를 범하게 될 확률을 말한다. ⇒ 예) $z=2.12$이면, $P(0<Z\leqq 2.12)=0.4830$이며, p값은 0.017 ⇒ 의미는 귀무가설이 옳다면, 적어도 2.12 정도의 z값을 관찰하게 되는 확률이 단지 0.017밖에 안 된다는 의미 ⇒ 간단하게는 귀무가설이 옳은 확률이 0.017이라는 것

❷ p값이 유의 수준(α)보다 작다면, 해당 유의 수준에서 귀무가설을 기각할 수 있음

> **예시**
>
> 유의 수준이 0.05일 때, p값이 0.032라면, 유의 수준 5%에서 귀무가설을 기각할 수 있음

(1) 비모수적 방법을 사용하는 경우

❶ 분석의 대상이 되는 자료가 모수적 방법의 가정을 만족시키지 못할 때 비모수적 방법 사용

❷ 자료가 순위(rank)로 되어 있는 경우

❸ 답을 요하는 질문이 모수와는 무관한 경우 − 즉 어느 한 표본이 확률 표본인지의 여부를 알고자 할 때

❹ 조사연구의 시간제약 − 비모수적 방법에 의한 계산이 모수적 방법보다 빠르고 쉽다.

구분		검정방법	성격	관련된 통계
단일표본		콜모고로프 − 스미르노프 검정	적합도 검정	χ^2 적합도 검정
		무작위성(연속성) 검정		
연관된 표본	2개의 표본	부호검정	2개 이상의 모집단의 평균들이 같은지에 대한 동일성 검정의 성격	연관된 두 표본의 평균의 차 : t검정 평균보다는 중위수에 대한 검정
		윌콕슨의 T검정		
	3개 이상	프리드먼의 순위 이원 분산분석		이원 분산분석을 비모수적 방법으로
독립된 표본	2개의 표본	맨 − 위트니의 U검정		독립적 두 표본 평균의 동일성 : t
		월드 − 월보비츠 검정		
	2개 이상	중위수 검정(median test)		
	3개 이상	크루스 σ − 월리스의 H검정		맨 − 위트니의 발전, 순위 일원 분산 분석
비모수적 상관분석		스피어만의 순위 상관계수		두 변수가 수량적 자료, 이변량 정규분포의 가정이 충족하지 않을 때
		켄달의 순위 상관계수		

(2) 비모수적 검정방법

❶ 콜모고로프 − 스미르노프의 적합도 검정 : χ^2검정의 조건이 $np \geqq 5$라는 단점을 보완한다. 범주별 데이터를 가정하지 않을 뿐 아니라 연속형 데이터에도 적용 가능하다.

　　관측된 자료의 크기를 나열한 후 누적확률을 구하고 이것을 가정된 분포의 누적확률과 비교한다. 두 누적확률의 차의 최대치가 임계치보다 작으면 가정된 분포를 따르는 모집단에서 추출한다.

$$D_n = \max |F_n(x) - F_0(x)|$$

❷ 무작위성의 검정(runs test)

ㄱ. table을 이용한 무작위성의 검정(소표본(small sample)의 경우)

ㄴ. 대표본(large sample)의 무작위성 검정

표본을 추출하였을 때 관측되는 연속의 수 R은 확률변수

$$Z = \frac{R - \mu_r}{\sqrt{Var(R)}} \sim N(0, 1)$$
$$\mu_r = E(R) = \frac{2n_1 n_2}{n_1 + n_2} + 1$$
$$Var(R) = \frac{(\mu_r - 1)(\mu_r - 2)}{n_1 + n_2 - 1}$$

❸ 부호검정

> **예시**
>
> 휴가가 노동자의 생산성에 미치는 영향(휴가 전후의 관측치)
>
> $H_0 : p(+) = p(-)$, 즉 $p = 0.5$(차의 중위수는 0이다)
>
> $H_1 :$ 차의 중위수는 0이 아니다.
>
> 유의 수준 α에서 기각역은 $P(X \geq c \,|\, p = 0.5) = \alpha/2$(양측 검정, 여기서 c는 임계치)
>
> 표본의 크기가 큰 경우 정규 근사법을 이용한다. 이 경우 기대치는 np, 분산은 npq, 그리고 유의
> 수준 α에서 임계치는 $\mu + z\alpha/2 \cdot \alpha x$

❹ 윌콕슨(Wilcoxon)의 T검정 : 짝으로 된 두 관측치들 사이의 차에 대한 부호는 물론 차의 크기를 고려한다. 표본의 크기가 20보다 클 경우 T의 표본 분포는 근사적으로 정규분포이다.

$$Z = \frac{T - E(T)}{\sigma_r}$$
$$\text{여기서, } E(T) = \frac{n(n+1)}{4} , \ Var(T) = \sigma_t^2 = \frac{n(n+1)(2n+1)}{24}$$

❺ 프리드먼의 검정 : 분산분석의 가정(동일한 분산을 가진 정규 모집단에서 추출되었다)이 충족되지 못하는 상황이거나 질적 자료만이 주어지는 경우이다.

3개 이상의 집단의 평균의 동일성 검정으로 순위 이원 분산분석(two–way ANOVA by rank)이다.

$$검정 통계량[\chi^2(b-1)의 분포를 함]$$
$$\chi^2_{b-1} = \frac{12}{ab(b+1)} \sum_{j=1}^{b} (R_j)^2 - 3a(b+1)$$
여기서, a, b는 행렬의 수, R_j는 j번째 열의 순위합

❻ 맨–위트니(Mann–Whitney)의 U검정

ㄱ. 평균의 동일성에 대한 검정 : t검정시 필요한 가정들을 피하고자 하는 경우 t검정의 대안으로 사용

ㄴ. 분산의 동일성에 대한 검정

❼ 중위수 검정 : 둘 또는 그 이상의 표본들이 동일한 중위수를 갖고 있는 모집단들에서 추출되었는지 여부를 검정하는 것이다.

여기서 귀무가설 두 표본이 추출된 모집단들은 동일한 중위수를 갖고 있다.

관측치의 수	표본 1	표본 2	계
중위수보다 큰 것	a	b	$a+b$
중위수보다 작은 것	c	d	$c+d$
합계	$a+c=n_1$	$b+d=n_2$	n

$$\chi^2 = \frac{n(ad-bc)^2}{(a+b)(a+c)(c+d)(b+d)}$$
자유도는 $(a-1)(b-1)$

❗ 예시

어느 공장에서 남성노동자와 여성노동자의 임금의 중위수가 같은지 검정

❽ 크루스 σ − 월리스(Kruskal − Wallis)의 H검정 : 일원 분산분석의 사용은 모집단 분포의 정규성과 분산의 동일성이라는 경직된 가정을 전제

$$H = \left[\frac{12}{n(n+1)} \sum_{j=1}^{b} \frac{R_j^2}{n_j} \right] - 3(n+1)$$

여기서 b : 표본의 수
n_j : j번째 표본 내의 관측치의 수

검정 통계량 H는 자유도$(b-1)$를 갖는 chi − square 분포

 예시

용접공, 선반공, 배선공들의 임금이 상호 유의적인 차이가 있는지 검정

❾ 스피어만의 순위 상관계수

예시

작업장에서 노동자들의 성실성을 수치로 측정하는 것은 곤란하지만 순위를 부여하는 것은 비교적 용이하다.

$$r_s = 1 - \frac{6\sum_i d_i^2}{n(n^2 - 1)}$$

여기서, $d_i = x_i - y_i$

표본의 크기가 $n \geqq 20$인 경우 $H_0 : \rho s = 0$을 검정하기 위한 통계량 T는 자유도 $n-2$인 근사적 t분포를 따른다.

$$T = \frac{r_s \sqrt{n-2}}{\sqrt{1 - r_s^2}}$$

⑩ 자본조정 켄달의 순위 상관계수$(\tau : \text{tau}) = \dfrac{S}{n(n-1)/2}$

표본의 크기가 10보다 큰 경우 tau는 근사적으로 정규분포로 수렴한다.

$$Z = \frac{\tau - E(r)}{\sigma_\tau} = \frac{\tau}{\sqrt{2(2n+5)/9n(n-1)}}$$

$$여기서,\ E(\tau) = 0,\ Var(\tau) = \sqrt{\frac{2(2n+5)}{9n(n-1)}}$$

chapter 04

회귀분석과 예측

회귀분석과 상관분석

표 **4-1** 회귀분석과 상관분석의 비교

개요	
회귀분석(regression analysis)	**상관분석(correlation analysis)**
1. 회귀모형의 설정 1) 회귀모형의 가정 2) 모회귀선과 표본 회귀선의 개념 2. 모회귀선의 추정 : 최소 자승법 3. 모회귀선의 평가 1) 적합도 측정 : 표본 회귀선이 관측치들을 얼마나 잘 나타내고 있는가를 측정 　－ 절대평가방법 : 추정 표준오차(s) 　－ 상대평가방법 : 결정계수(r^2) 2) 유의성 검정 : 회귀식의 기울기가 0인지를 검정 　$H_0 : \beta = 0$에 대한 t검정 　$H_0 : \beta = 0$에 대한 F검정 4. 회귀모형을 이용한 추정과 예측 1) 모회귀선상의 값 $E(Y_0)$의 신뢰구간 2) 개별 관측치 Y_0의 예측구간 5. 회귀분석의 가정에 대한 검토－잔차 분석	1. 모상관계수 ρ와 표본 상관계수 r $$\rho = \frac{Cov(X, Y)}{\sigma_x \cdot \sigma_y}$$ $$= \frac{E[(X - \mu_x)(Y - \mu_y)]}{\sigma_x \cdot \sigma_y}$$ $$= E\left[\left(\frac{X - \mu_x}{\sigma_x}\right)\left(\frac{Y - \mu_y}{\sigma_y}\right)\right]$$ S_{xy}를 X와 Y의 표본 공분산, S_x, S_y를 X와 Y의 표본 표준편차라 하면 $$r = \hat{\rho} = \frac{S_{xy}}{S_x \cdot S_y}$$ $$= \frac{\sum x_i y_i}{\sqrt{\sum x_i^2 \sum y_i^2}}$$ ($r = 0$: nonlinear relation임에 주의) 2. 모상관계수 ρ와 통계적 추론 ($H_0 : \beta = 0$과 $H_0 : \rho = 0$에 대한 검정이 동일함)

❶ 회귀분석 : 한 변수 혹은 여러 변수가 다른 변수에 미치는 영향력의 크기를 수학적 관계식(equation)으로 추정하고 분석한다.

❷ 상관분석 : 두 변수의 관계를 나타내는 수학적 관계식보다 두 변수가 관련된 정도에만 초점을 맞춘다.

section 02 선형 회귀분석

선형 회귀모형을 선호하는 데에는 몇 가지 이유가 있다.

❶ 여러 가지 함수형태 중에서 직선이 가장 단순하여 다루기가 쉽기 때문이다.

❷ 어떤 함수의 형태이건 주어진 독립변수 x가 속한 구간이 작을 때에는 직선으로 근사하게 나타낼 수가 있기 때문이다.

❸ 이론적으로 X와 Y의 결합 분포(Joint Distribution)가 이변량 정규분포(Bivariate Normal Distri-bution)를 따른다면 Y의 조건부 기대치 $E(Y|x)$는 x의 선형 함수(Linear Function), 즉 직선이 된다. 실제로 많은 경우가 이에 해당하므로 특별한 이론적 반증이 없을 때에는 직선(또는 선형)의 회귀모형을 사용하는 데 큰 무리가 없을 것이다.

회귀분석에서는 원인의 역할을 하는 변수를 설명변수(Explanatory Variable) 혹은 독립변수(Independent Variable)라고 하고, 결과의 역할을 하는 변수를 피설명변수(Explained Variable) 혹은 종속변수(Dependent Variable)라 한다.

하나의 설명변수(독립변수)와 하나의 피설명변수(종속변수) 사이의 선형 모형을 단순 선형모형(Simple Linear Regression Model)이라고 하고, 두 개 이상의 설명변수를 가지고 설립한 모형을 다중 선형 회귀모형(Multiple Linear Regression Model)이라고 한다.

(1) 단순 선형 회귀모형

단순 선형 회귀모형은 다음과 같다.

$$Y_i = \beta_0 + \beta_1 x_i + \varepsilon_i$$

β_0, β_1는 알지 못하는 값으로서 자료분석을 통해 추정하는 상수이며 회귀계수(Regression Coefficient) 또는 모수(Parameter)이다.

β_0, β_1는 상수이고, x_i, Y_i, ε는 분포를 가지는 확률변수이다.

ε_i은 오차(error)항으로 IID(Independently and Identically Distributed), $N(0, \sigma^2)$를 가정한다. 이는 정규성, 독립성, 등분산성의 가정을 말한다.

❶ 정규성(Normality) : 설명변수(독립변수) X의 고정된 어떠한 값에 대하여 피설명변수(종속변수) Y는 정규분포를 따른다. 이 말은 오차가 정규분포를 따른다는 말과 같다.

❷ 독립성(Statistical Independence) : 피설명변수(종속변수) Y_i들은 통계적으로 서로 독립이어야 한다. Y_i가 Y_i(또는 전기의 Y)에 의해 영향을 받아서는 안 된다. 이는 $Cov(\varepsilon_i, \varepsilon_j)$, $i \neq j$라는 얘기도 된다.

❸ 등분산성(Homoskedasticity) : 설명변수(독립변수) X의 값에 관계없이 피설명변수(종속변수) Y의 분산은 일정하다. 이것은 ε_i가 동일한 분산을 가진다는 말도 된다.

(2) 회귀계수의 추정

회귀계수를 추정하는 방법에는 크게 두 가지가 있다. 정규분포에 대한 가정이 없는 최소 자승법(Least Squares Method)에 의한 추정법과 MLE(Maximum Likelihood Estimator)를 이용하는 방법이 있다. 여기서는 최소 자승법에 대해 살펴보도록 한다.

〈그림 4-1〉에서 임의로 그은 직선은 데이터와 얼마나 가까운가? 혹은 얼마나 먼가? 일단 그어진 직선으로 Y를 예측한다고 할 때 각 데이터 점의 Y좌표와 직선을 이용한 이의 추정점(즉, 주어진 x값으로부터 그은 수직선과 직선이 만나는 점)의 Y좌표와의 차이의 제곱을 모두 더한다면,

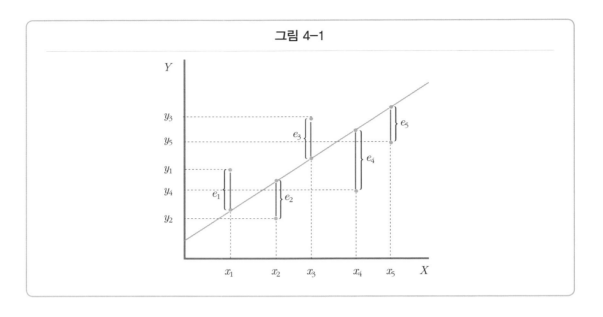

그림 4-1

이 '차이의 제곱합'은 직선과 점들이 '얼마나 떨어져 있는지'를 보는 판단기준으로 삼을 수 있다. 직선상의 점들의 Y좌표를 $\hat{y}_i$이라 하고 실제 관측된 값을 y_i라 할 때 잔차(residual)는 $e_i = y_i - \hat{y}_i$이다.

그러면 잔차의 제곱합은 $\sum_{i=1}^{n} e_i^2 = \sum_{i=1}^{n} (y_i - \hat{y}_i)^2$이 된다.

이를 오차 제곱합(Sum of Squares for Error)이라 하며 SSE로 표시한다. 주어진 직선에 대하여 이런 방법으로 SSE를 계산하면, 가장 좋은 회귀 직선의 추정은 모든 가능한 직선 중에서 SSE가 최소가 되는 직선이 될 것이다.

이와 같은 생각에서 회귀 추정식을 구하는 방법을 최소 자승법(Least Squares Method)이라고 한다.

오차 제곱합을 최소로 하는 회귀계수(β_0, β_1)를 구하기 위하여 Q를 β_0, β_1에 대하여 각각 편미분하면 다음의 결과를 얻는다.

$$Q = \sum_{i=1}^{n} \varepsilon_i^2 = \sum_{i=1}^{n} [y_i - (\beta_0 + \beta_1 x_i)]^2$$

$$\frac{\partial Q}{\partial \beta_0} = 0 \Leftrightarrow \sum_{i=1}^{n} [y_i - (\beta_0 + \beta_1 x_i)] = 0$$

$$\frac{\partial Q}{\partial \beta_1} = 0 \Leftrightarrow \sum_{i=1}^{n} x_i [y_i - (\beta_0 + \beta_1 x_i)] = 0$$

위의 편미분의 값을 0으로 하는 β_0, β_1의 추정값을 b_0, b_1이라고 놓고 정리하면

$$\begin{cases} nb_0 + b_1\sum x_i = \sum y_i \\ b_0\sum x_1 + b_1\sum x_i^2 = \sum x_i y_i \end{cases}$$

을 얻게 된다. 이 연립방정식을 단순 선형 회귀의 정규 방정식이라고 하며, 이 식을 풀면

$$b_1 = \frac{\sum(x_i - \overline{x})(y_i - \overline{y})}{\sum(x_i - \overline{x})^2} = \frac{n\sum x_i y_i - (\sum x_i)(\sum y_i)}{n\sum x_i^2 - (\sum x_i)^2}$$

$$b_0 = \overline{y} - b_1\overline{x}$$

를 얻게 된다.

여기서 $\widehat{\beta_0}$를 구하는 식은 회귀 직선이 항상 $(\widehat{x},\ \widehat{y})$인 점을 지난다는 것을 보여주고 있다.

2 다중 회귀분석

모집단의 다중 회귀모형은

$$Y_i = \alpha + \beta_1 X_{i1} + \beta_2 X_{i2} + \cdots + \beta_k X_{ik} + \varepsilon_i$$

와 같다. 이를 matrix form으로 나타내면 다음과 같다.

$$Y = X\beta + \varepsilon$$

$$Y = \begin{bmatrix} Y_1 \\ Y_2 \\ \cdots \\ Y_N \end{bmatrix},\ X = \begin{bmatrix} 1 & X_{11}\cdots & X_{21} & \cdots & X_{k1} \\ 1 & X_{12}\cdots & X_{22} & \cdots & X_{k2} \\ . & \cdots & \cdots & \cdots & \cdots \\ 1 & X_{1N}\cdots & X_{2N} & \cdots & X_{kN} \end{bmatrix},\ \beta = \begin{bmatrix} \beta_1 \\ \beta_2 \\ \cdots \\ \beta_k \end{bmatrix},\ \varepsilon = \begin{bmatrix} \varepsilon_1 \\ \varepsilon_2 \\ \cdots \\ \varepsilon_N \end{bmatrix}$$

$Y = N \times 1$ column vector of dependent variable observations
$X = N \times (k+1)$ matrix of independent variable observations
$\beta = (k+1) \times 1$ column vector of unknown parameters
$\varepsilon = N \times 1$ column vector of errors

(1) 다중 회귀분석의 추가가정

❶ 각 독립변수들 간의 상관관계가 높아서는 안 된다. 만약 독립변수들 간의 상관관계가 높아지면 다중 공선성 문제에 직면하게 된다. 다중 공선성 문제는 다음 절에서 자세히 다룬다.

❷ 표본을 이루는 관측치의 수는 독립변수의 수(k)보다 최소한 2 이상 커야 한다($n \geq k+2$).

모집단의 다중 회귀식 :

$$E(Y_i \,|\, X_{i1}, \ X_{i2}, \ \cdots, \ X_{ik}) = \alpha + \beta_1 X_{i1} + \beta_2 X_{i2} + \cdots + \beta_k X_{ik}$$

표본 (다)중회귀식 :

$$\widehat{Y_i} = a + b_1 X_{i1} + b_2 X_{i2} + \cdots + b_k X_{ik}$$

(2) 회귀계수의 추정 : 최소 자승법

$$\widehat{\beta} = (X'X)^{-1}(X'Y)$$
$$V = Var(\widehat{\beta}) = E[(\widehat{\beta} - \beta)(\widehat{\beta} - \beta)']$$
$$= \sigma^2 (X'X)^{-1}$$

여기서 beta계수는 측정단위가 다를 때 편 회귀계수 크기의 절대치는 Y에 대한 X_1과 X_2의 효과에 대한 상대적 중요성을 직접 비교하기 힘들기 때문에 표준편차를 이용하여 전환한다.

$$\frac{E(Y_i \mid X_{i1}, X_{i2})}{\sigma_y} = \left(\frac{\alpha}{\sigma_y}\right) + \left(\frac{\beta_1 \sigma_1}{\sigma_y}\right)\left(\frac{X_{i1}}{\sigma_1}\right) + \left(\frac{\beta_2 \sigma_2}{\sigma_y}\right)\left(\frac{X_{i2}}{\sigma_2}\right)$$

$$= \alpha^*_1 + \beta^*_1 \left(\frac{X_{i1}}{\sigma_1}\right) + \beta^*_2 \left(\frac{X_{i2}}{\sigma_2}\right)$$

σ_y : Y의 표준편차

σ_1, σ_2 : X_1, X_2의 표준편차

α^*, β^*_i : β계수 또는 표준 편 회귀계수

3 회귀분석 시 고려해야 할 몇 가지 문제들

(1) 독립변수 간의 다중 공선성(multicollinearity)

❶ 정의 : 독립변수 간의 상관관계가 높은 경우에 발생

❷ 문제점 : 독립변수들의 역행렬이 존재하지 않거나, 추정량의 표준오차가 커져서 귀무가
설 기각이 어려워짐

❸ 다중 공선성의 검사 : 상관계수 행렬(correlation matrix)을 통해 간단한 검사가 가능

❹ 대안 : 어느 표본이나 어느 정도의 다중 공선성을 가지기 마련이며, 특별히 심한 경우 한
변수를 제거하는 방법을 이용

(2) 자기 상관(autocorrelation)

❶ 정의 : time$-$series 자료에서 흔히 발견되며, $Cov(\varepsilon_i, \varepsilon_j) = E(\varepsilon_i \varepsilon_j) \neq 0$인 경우 $\Rightarrow$ 즉, ε_i와
ε_{ij}가 독립이 아닌 경우에 발생

❷ 예) 1계 자기 상관이 있는 경우

$$Y_t = \beta_1 + \beta_2 X_{2t} + \cdots + \beta_k X_{kt} + \varepsilon_t, \ \varepsilon_t = \rho \varepsilon_{t-1} + v_t$$
$$\mathrm{AR}(1) : \mathrm{first-order\ autoregressive\ process}, \ -1 < \rho < 1, \ v_t \sim N(0, \sigma^2_v)$$

❸ 문제점 : 자기 상관은 OLS 추정량의 불편성이나 일치성에는 영향을 미치지 않지만 효율

성(최소분산)에 영향을 미친다. 즉, $\hat{\beta}$의 분산이 과소추정되어 기각되지 않아야 할 H_0를 기각하는 경우가 종종 있게 됨

❹ 자기 상관의 검사 : Durbin-Watson Test, von Neumann Test 등

❺ 대안 : GLS를 이용하거나, AR(p) 모형으로 변환

(3) 이분산(heteroskedasticity)

❶ 정의 : time-series 자료뿐 아니라 cross-section 자료에서도 자주 발견된다. $E(\varepsilon\varepsilon') = \sigma^2 I$ 에서 이분산이 있는 경우 ε_i는 $Var(\varepsilon_i) = E(\varepsilon_i^2) = \sigma_i^2$인 정규분포를 따른다고 가정하며, 이 때 σ_i^2은 상수(constant)가 아님

❷ 문제점 : 이분산이 존재할 경우에 OLS를 적용시키면 분산이 큰 관측치에 가중치(weighting)을 주게 되어, $\hat{\beta}$의 불편성과 일치성은 유지되지만 최소분산을 갖지는 못하게 됨

⇒ 즉, $Var(\hat{\beta}) = \dfrac{\sigma^2}{\sum x_i^2}$은 $Var(\hat{\beta}) = \dfrac{\sum x_i^2 \sigma_i^2}{(\sum x_i^2)^2}$으로 바뀌게 된다.

❸ 이분산의 검사 : Goldfeld-Quandt Test, Breusch-Pagan Test, White Test 등

❹ 대안 : WLS, GLS 등을 적용

(4) 기타

❶ 모형에 꼭 포함되어야 하는 독립변수가 빠진 경우 : 불편성과 일치성을 상실

❷ 필요없는 변수가 포함된 경우 : 불편성과 일치성에는 영향을 미치지 않지만, 추정치의 분산을 과소추정하여 기각되지 않아야 할 H_0를 기각할 수 있음

❸ 비선형성 : 실제 독립변수와 종속변수 간의 관계가 선형이 아닌데도, 선형이라고 가정하고 분석하는 경우 추정의 불편성과 일치성을 상실하게 됨

❹ 가성 회귀분석(spurious regression) : 불안정 시계열을 이용한 회귀분석에서 실제로는 변수 간에 아무런 상관관계가 없는 데도 불구하고 외견상 의미 있게 보이는(예를 들어 높은 결정계수(R^2)가 나타나는) 현상

예) 종합주가지수와 A라는 야구팀의 승률

❺ 참고 : 안정 시계열(stationary process)은 평균값이 표본기간에 따라 큰 변화를 보이지 않고, 충격이 오더라도 평균으로 복귀하려는 성향을 가지므로 평균 주위에서의 변동폭이 대체로 일정하다. 반면, 불안정 시계열(nonstationary process)은 시간에 따라 평균값이 변하므로,

특정 구간을 지정하지 않을 경우 평균의 개념을 사용할 수 없으며 무작위적인 충격이 누적되고 미래에 계속 영향을 미친다. 대부분의 거시경제변수들은 불안정 시계열의 성격을 갖는 경우가 많기 때문에 차분을 통해 안정성을 먼저 확보한 후에 통계적 분석을 행해야 하는데, 시계열 X가 d차 차분 후에 안정성을 갖는 경우 이 시계열 X는 d차 적분되었다고 하며 '$X{\rightarrow}I(d)$'로 표기한다. 불안정 시계열에 대한 주된 분석은 공적분(cointe-gration)이나 VAR(vector autoregression) 등의 방법이 이용된다.

section 03 적합성 검정

1 분산분석

회귀관계가 전혀 없다면, 적합된 회귀선 $\hat{y}$은 거의 $\overline{y}$와 일치하게 되며, 회귀선과 평균과의 차이는 0에 가깝게 될 것이다. 반대로, 회귀관계가 확실히 존재하면, 회귀선과 평균과의 차이는 상대적으로 크게 될 것이다. 다음과 같은 표현을 보자. 여기서 좌우의 식들은 동일한 것이다. 단순한 합은 언제나 0이 되므로, 좌우변에 제곱을 한 형태를 생각하지 않을 수 없다.

$$y_i - \overline{y} = y_i - \hat{y_i} + \hat{y_i} - \overline{y}$$

위의 식을 제곱하면 다음과 같은 제곱합들의 식으로 나타난다.

$$\sum(y_i - \overline{y})^2 = \sum(y_i - \hat{y_i})^2 + \sum(\hat{y_i} - \overline{y})^2$$
$$SST_{Total} \qquad SSE_{Error} \qquad SSR_{Model}$$

SST_{Total}(Total Sum of Squares)은 실제값과 적합된 값과의 차이에 대한 제곱합이며, SSR_{Model}(Regression Sum of Squares)이다. 그리고 이는 총 변동 중 회귀선으로 설명할 수 있는 부분이며,

표 4-2 **분산분석표**

Source	SS	df	MS	F
Model	SSR	1	MSR	MSR/MSE
Error	SSE	$n-2$	MSE	$\sim F(1, n-2)$
Total	SST	$n-1$		

SSE_{Error}(Error Sum of Squares)는 총변동 중 회귀선으로 설명이 불가능한 오차에 기인한 변동이다. 따라서 SST_{Total} 중 SSR_{Model}이 차지하는 부분이 상대적으로 크고, SSE_{Error}가 차지하는 부분은 상대적으로 작다는 것을 뜻한다.

〈표 4-2〉는 다음에 나오는 모형의 적합도 검토에 이용된다. 그리고 SS는 제곱합(Sum of Squares), df는 자유도, MS는 평균 제곱(Mean Squares)을 의미한다.

2　적합도 검토(회귀 직선의 유의성 검정)

단순 회귀모형의 적합도 검토는 추정된 회귀모형이 데이터를 얼마나 잘 설명하도록 추정되었는지 통계적 모형의 유의성을 살펴보는 것이다. 이를 위해 결정계수나 모형에 대한 분산분석 결과를 이용한다. 결정계수는 총 변동 중에서 회귀모형에 의해서 설명되는 변동의 크기로 0에서 1 사이의 값을 가지며, 1에 가까울수록 추정된 회귀모형이 적합하다고 할 수 있다.

(1) 결정계수

결정계수는 전체 제곱합(SST) 중에서 회귀 제곱합(SSR)이 차지하는 비율, 즉 총 변동을 설명하는 데 있어서 회귀선에 의하여 설명되는 변동이 기여하는 비율을 말한다. 즉 결정계수 R^2은 다음과 같이 정의된다.

$$R^2 = \frac{\text{회귀모형에 의해 설명되는 변동}}{\text{총변동}}$$

$$= 1 - \frac{\text{회귀모형에 의해 설명되지 않는 변동}}{\text{총변동}}$$

$$R^2 = \frac{SSR}{SST} = 1 - \frac{SSE}{SST}, \ 0 \leq R^2 \leq 1$$

$$\sqrt{R^2} = R : \text{상관계수}$$

회귀선이 잘 적합되면 결정계수의 값은 1에 가까울 것이고, 그렇지 않으면 결정계수의 값은 0에 가깝게 된다. 그리고 결정계수는 두 변수 사이의 피어슨 상관계수의 제곱과 같다.

(2) 수정 결정계수

설명변수의 수가 같은 두 축소모형에 대하여는 선택의 기준으로 결정계수 R^2이 적절하지만 설명변수의 수가 다른 두 축소모형에 대하여는 R^2이 적절한 모형 선택의 기준이 되지 못한다. 왜냐하면 설명변수의 수가 추가될 때마다 결정계수 R^2의 값이 증가하는 경향이 있기 때문이다. 실제로 완전모형은 다른 어느 축소모형보다 R^2값이 크다. R^2의 이런 단점을 보완한 것이 수정 결정계수이다. 수정 결정계수($Adj\ R^2$)의 정의는 다음과 같다.

$$Adj\ R^2 = 1 - \frac{SSE/(n-k)}{SST/(n-1)} = 1 - \frac{n-1}{n-k} \cdot \frac{SSE}{SST}$$

$$k \uparrow \ \rightarrow \ Adj\ R^2 \downarrow (SSE,\ SST\text{가 일정할 때})$$

(3) t검정

회귀계수가 피 설명변수를 설명하는 데 있어서 통계적으로 유의하게 기여하는지의 여부를 검정하는 방법은 분산분석표를 이용한 t검정이다. 회귀분석 시 제공되는 분산분석표는 추정된 회귀계수의 통계적 유의성을 검정하기 위한 것이다. t는 이를 위한 검정 통계량으로 회귀계수 $\beta = 0$에 대한 t검정은 다음과 같다.

단순 회귀모형에서 b의 표본 분포 :

$$(평균)\beta \ (분산) \ \ Var(b) = \sigma_b^2 = \frac{\sigma^2}{\sum(X_i - \overline{X})^2}$$

$$(분산의 추정치) s_b^2 = \frac{s^2}{\sum(X_i - \overline{X})^2} = \frac{MSE}{\sum(X_i - \overline{X})^2} = \frac{\sum e_i^2/(n-2)}{\sum(X_i - \overline{X})^2}$$

β에 대한 $100(1-\alpha)\%$의 신뢰구간 :

$$b - t_{\alpha/2}(n-2) \cdot s_b \leqq \beta \leqq b + t_{\alpha/2}(n-2) \cdot s_b$$

$H_0 : \beta = 0$를 검정하기 위한 t통계량 :

$$T = \frac{b - \beta_0}{s_b} = \frac{b - 0}{s_b} = \frac{b}{s_b}$$

$$(s_b \text{에 추정치 } a, \ b \text{가 포함되어 있으므로 자유도는 } n-2)$$

(4) F검정

주어진 자료를 적합시키는 데 있어서 회귀 직선이 유의(Significant)한가 하는 것은 총변동을 회귀와 오차에 의한 제곱합으로 나누어 요인들의 효과를 정리한 분산분석표(Analysis of Variance Table : ANOVA Table)로 검정할 수 있다.

설명변수 x가 피 설명변수 y를 설명하는 데 있어서 통계적으로 유의하게 기여하는지의 여부를 검정하는 방법은 분산분석표를 이용한 F검정이다. 회귀분석 시 제공되는 분산분석표는 추정된 회귀모형의 통계적 유의성을 검정하기 위한 것으로 분산비 F는 이를 위한 검정 통계량으로

$$F = \frac{회귀선에 의해 설명되는 변동}{회귀선에 의해 설명되지 않는 변동} = \frac{\dfrac{SSR}{d.f}}{\dfrac{SSE}{d.f}} = \frac{MSR}{MSE}$$

$$F = \frac{MSR}{MSE} \sim F(k-1, \ n-k)$$

정의된다.

이 통계량은 다중 회귀분석에서 $H_0 : \beta_1 = \cdots = \beta_p = 0$(모든 회귀계수가 0이다)을 검정하는 검정 통계량으로 단순 선형 회귀의 경우에는 $H_0 : \beta_1 = 0$을 검정하는 것이 된다. H_0를 기각하면 회귀 직선이 자료에 잘 적합되었다고 볼 수 있다.

3 **잔차 분석**

회귀모형의 적합만으로 회귀분석이 끝난 것은 아니다. 왜냐하면 회귀 추정식이 소수의 몇몇 관측점들에 의하여 거의 결정되어 버리는 경우가 있기 때문이다. 전술한 최소 제곱법에 의한 회귀 추정식은 소수의 이상값(Outlier)에도 크게 영향을 받기 때문에 회귀 추정식을 얻는 과정에서 이러한 이상값이 개입하고 있는지를 검토하여야 한다.

잔차 분석(Residual Analysis)은 회귀모형에 대한 가정(정규성, 등분산성, 독립성)의 충족 여부에 대한 검토, 그리고 이상값의 개입 여부에 대한 검토절차이다. 이를 잔차 분석이라고 하는 것은 이러한 일련의 절차가 잔차(Residual) 통계량을 이용하여 실시되기 때문이다.

잔차(e_i)는 실제 관측치(Y_i)와 추정 회귀선에 의한 적합값($\hat{Y}_i$)과의 차이로서 회귀 추정식으로 설명될 수 없는 부분을 말한다. 즉 잔차는 오차(Error)의 실현치라고 할 수 있다.

다음은 오차의 가정에 대한 검토내용이다.

(1) 정규성(Normality)

정규성은 내 표준화 잔차나 외 표준화 잔차의 정규확률 그림을 그려봄으로써 검토할 수 있다. 정규 확률 그림이란 먼저 내 표준화 잔차나 외 표준화 잔차를 크기 순으로 늘어놓고 상응하는 정규 백분위수(Normal Percentiles) $Z(i+0.5)/n$를 $xy-$평면 위에 그린 그림을 말한다(보통의 경우 x축이 정규 백분위수를, y축이 내 표준화 잔차나 외 표준화 잔차를 나타내도록 한다). n개의 점이 정규확률 그림에서 관측치가 일직선을 이루고 있으면 정규성이 충족된다고 볼 수 있지만, 점들의 찍힌 모양이 직선의 형태를 벗어나 거울에 비친 'S'자의 모습이 비스듬히 누워 있는 형태를 이루는 경우는 오차항이 정규분포에 비해 꼬리가 두터운 확률분포(예를 들면, 코시(Cauchy)분포)를 따른다고 생각할 수 있다. 그런데 정규 확률 그림이 정규성을 평가하는 하나의 방편이기는 하지만 그 효율성은 다소 의문시된다. 따라서 통상적 회귀분석에 있어서 외 표준화 잔차를 이용한 이상값의 존재 유무를 검토함으로써 정규성 문제를 검토하기도 한다. 보통 외 표준화 잔차의 절대값이 3 이상인 관찰값은 이상값으로 인정한다. 만약 정규성의 가정을 충족하지 못한다면 변수 변환을 이용한다.

(2) 등분산성(Homogeneity)

표준화 잔차를 수직 좌표축에, 적합값 $\hat{Y}$ 혹은 독립변수 X를 수평 좌표축에 두고 산점도를 그려봄으로써 등분산성 가정의 충족 여부를 알 수 있다. 이 산점도에서는 선형성의 충족 여부도 더불어 파악할 수 있다. 등분산성의 가정이 위배되면 변수 변환 혹은 가중회귀(Weighted Least Squares)를 이용한다.

〈그림 4−2〉에서 (a)와 같이 랜덤하게 흩어졌으면 등분산성의 가정이 충족된다고 할 수 있으며, (b)와 같이 나팔형태의 경향을 보인다면 등분산성의 가정이 깨졌다고 할 수 있다. 한편 (c)나 (d)의 경우는 선형성이 충족되지 않는다고 할 수 있다. 따라서 회귀모형에 이차항을 포

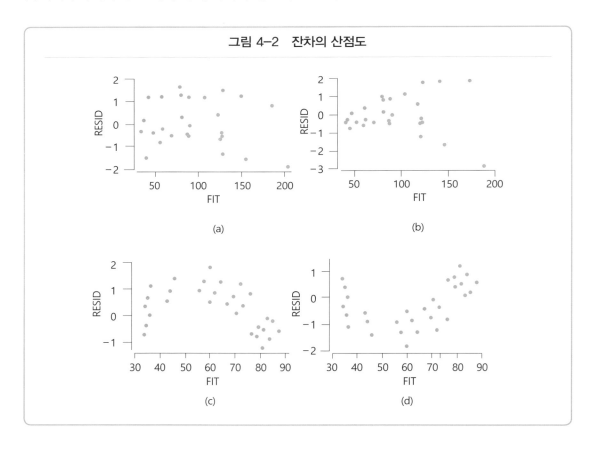

그림 4−2 잔차의 산점도

함시켜야 한다.

(3) 독립성(Independence)

독립성의 가정은 Durbin−Watson(DW)검정으로 검토된다. 회귀식의 오차항이 독립적이지 않으면 독립성의 가정을 위반하게 되는데, 이것은 자료가 시계열(Time Series)인 경우, 자기 상관(Autocorrelation)의 존재에 기인한다. 자기 상관성을 검정하는 한 가지 방법이 더빈−왓슨 방법이다. 이 검정의 통계량은

$$DW = \sum_{i=2}^{n} (e_i - e_{i-1})^2 / \sum e_i^2$$

으로 정의된다.

DW의 값이 2에 가까우면 인접한 오차항들이 무상관(Uncorrelated), 즉 독립성을 충족하고 0에 가까우면 양의 자기 상관(Positively Autocorrelation), 4에 가까우면 음의 자기 상관(Negatively Autocorrelation)이 있음을 보여준다. 독립성의 가정이 위배되면 Cochrane−Orcutt의 변환을 이용한다.

section 04 | 예측

일반적으로 의사결정자들은 회귀분석을 행하면서 종속변수에 대한 예측(Forecasting)에 많은 관심을 가지게 된다. 회귀분석으로 추정된 회귀모형은 독립변수들이 변할 때 종속변수가 얼마나 변하는가에 대한 정보를 제공하므로, 독립변수 x가 주어지면 추정된 회귀모형에 의해 종속변수에 대한 예측치를 얻을 수 있게 된다.

단순 회귀모형의 경우 예측치 : $\hat{Y} = \alpha + \beta_1 X_1$
다중 회귀모형의 경우 예측치 : $\hat{Y} = \alpha + \beta_1 X_1 + \beta_2 X_2 + \cdots \beta_k X_k$

이때 예측치의 신뢰구간(confidence interval)은 다음과 같다.

$$\widehat{Y} \pm t_{(a/2,\ n-2)}\, s_{xy} \sqrt{\dfrac{1}{n} + \dfrac{(x - \overline{x})^2}{\sum x_i^2 - n\overline{x}^2}}$$

s_{xy} : 모형의 표준오차(standard error of estimate)

일반적으로 관찰치(n)의 수가 충분히 크다면 위의 식에서 제곱근(sqare root) 안의 값이 1에 근접하기 때문에 예측치의 신뢰구간은 $\widehat{Y} \pm t_{(a/2,\ n-2)} s_{xy}$으로 계산된다.

그러나 개별 관찰치에 대한 예측에서는 예측구간(prediction interval)의 개념이 이용된다. 예측구간을 추정하는 식은 다음과 같다.

$$\widehat{Y} \pm t_{(a/2,\ n-2)}\, s_{xy} \sqrt{1 + \dfrac{1}{n} + \dfrac{(x - \overline{x})^2}{\sum x_i^2 - n\overline{x}^2}}$$

예측치의 신뢰구간과 예측구간의 차이는, 전자는 추정에 이용된 그룹의 평균에 대한 예측의 신뢰구간이고 후자는 특정한 개별 자료에 대한 예측의 신뢰구간이다. 예를 들어 전자산업에서 광고비 증가가 매출액 증가에 어떻게 영향을 주는지를 알아보기 위해 10개 기업의 자료를 이용하여 분석한다고 하자. 이 경우 광고비 증가율이 5%일 경우, 이 산업에서 매출액 증가에 대한 예측을 위해서는 confidence interval을 사용한다. 그러나 특정기업의 매출액 증가에 대한 예측을 위해서는 prediction interval의 개념을 이용한다.

section 05 시계열 자료 분석과 예측

시계열 자료 분석(Time Series Analysis)은 과거의 자료에 나타나 있는 패턴이 미래에도 지속된다는 가정에서 과거 자료의 추세를 파악하고 이를 바탕으로 미래에 대한 예측(Forecasting)을 하기 위한 것으로 자료의 추세를 시간의 함수로 나타내거나 시계열 ARMA모형 등을 설립하는 것을 의미한다. 여기서는 주로 추세분석을 위한 기법을 중심으로 설명한다.

1 시계열 자료의 구성요소와 추세분석에 의한 예측

(1) 시계열 자료의 구성요소

시계열 자료는 일정한 시간 간격으로 배열된 자료의 집합으로 일반적으로 추세 변동, 순환 변동, 계절적 변동, 불규칙 변동 등 4가지 변동요인으로 구성되어 있다. 추세 변동은 장기적인 관점에서 시계열 자료의 증가 또는 감소의 경향을 말하는 것이다. 예를 들면 쌀의 소비는 점점 줄어드는 추세에 있으며, 우리나라의 겨울철 온도가 점점 온난화되는 추세에 있다는 것이다. 순환변동은 1년 이상의 주기로 곡선을 그리며 추세 변동을 따라 변동하는 것으로 경기순환 등에 따른 기업의 매출 변동이 예라 할 수 있다. 계절변동은 1년 이내의 기간 중에 주기적으로 나타나는 변동을 의미한다. 불규칙 변동은 예측할 수 없는 우발적 원인에 의해 영향을 받는 부분으로 시계열 자료의 변동에서 추세, 순환변동, 계절변동 부분을 제외한 나머지 부분을 나타낸다.

(2) 추세선에 의한 예측

시계열 자료에 대한 예측에 가장 많이 사용되는 방법은 추세선을 이용하는 것이다. 추세선을 발견하는 가장 간단한 방법은 독립변수로 시간 t를 사용하여 회귀분석을 하는 것이다. 추세선이 직선으로 나타난다면 아래의 선형 회귀모형을 이용한다.

$$Y_t = \alpha + \beta t + \varepsilon_t$$

여기서 최소 자승법으로 α, β를 추정하여 향후 시계열 자료를 예측하는 것이다.

예를 들어 ABC회사의 매출액의 시계열 자료를 이용하여 향후 매출액을 예측하여 추정한 결과 $Y = 22 + 0.45t$였다면 다음 달의 매출액에 대한 예측치는 $t = 61$(즉 61개월째)을 대입하여 구한 49.45억이 된다. 또한 1년 후의 매출액에 대한 예측치는 $t = 72$인 경우로 54.4억이 된다. 이 추세선은 장기추세만을 측정하는 것으로 매달 0.45억씩 매출액이 증가한다는 것을 의미한다. 그러나 이러한 예측 결과는 단지 추세에 의존하여 예측된 것이기 때문에 시계열 자료에 계절적 요인과 같은 다른 변동요인이 존재한다면 이러한 변동요인도 고려하여 예측하여야 한다. 이러한 변동요인을 고려하기 위해서는 평활화 기법에 대한 이해가 필요하다.

2 평활기법

시계열 자료는 계절변동, 순환변동, 불규칙 변동 등에 의해 많은 변동이 존재한다. 이때 시계열 자료에 어떤 변동이 존재하는지를 안다면 보다 나은 예측을 할 수 있을 것이다. 그러나 불규칙 변동이 존재한다면 다른 변동요인을 정확히 추출하기 어렵기 때문에 불규칙 변동을 우선 제거해야 한다. 불규칙 변동을 제거하는 가장 간단한 방법은 시계열 자료를 평활화(smoothing)시키는 것이다. 여기서는 가장 간단한 방법인 이동평균법(Moving Average)과 지수 평활법(Exponential Smoothing)을 소개한다.

(1) 이동평균법

이동평균법은 여러 기간 동안의 실제 관측치를 더하여 그 합을 기간의 수로 나누어 평균을 구한 값이다. 이를 식으로 표현하면 다음과 같다.

$$MA_t(n) = \frac{S_{t-(n-1)/2} + \cdots + S_t + \cdots + S_{t+(n-1)/2}}{n}$$

위 식은 n이 홀수인 경우에 이동평균을 계산하는 방법이다. n이 짝수인 경우에는 중심 이동평균(Centered moving average)의 개념을 이용한다. 이는 t시점 전후의 이동평균을 다시 평균하는 방법이다. 식으로 표현하면 다음과 같다.

$$MA_t(n) = \frac{MA_{t-1/2}(n) + MA_{t+1/2}(n)}{2}$$

여기서

표 4-3	자동차 판매량의 분기별 이동평균값		
분기	판매량	4분기 이동평균값	중심 이동평균값
2××1년 1/4분기	48		
2/4분기	47	50.0(2.5분기)	
3/4분기	45	50.75(3.5분기)	50.375
4/4분기	60	50.25(2001년 0.5분기)	50.50
2××2년 1/4분기	51		50.625
2/4분기	45	51(1.5분기)	51.625
3/4분기	48	52.25(2.5분기)	52.625
4/4분기	65	53(3.5분기)	
2××3년 1/4분기	54		

$$MA_{t-1/2}(n) = \frac{S_{t-n/2} + \cdots + S_t + \cdots + S_{t+n/2-1}}{n}$$

$$MA_{t+1/2}(n) = \frac{S_{t-n/2+1} + \cdots + S_t + \cdots + S_{t+n/2}}{n}$$

어느 자동차 판매사의 분기별 자동차 판매량이 〈표 4-3〉과 같다고 하자.

위의 표와 같이 n이 짝수인 경우에는 특정 분기의 이동평균값을 정의하는 것이 어렵다. 따라서 중심 이동평균방법으로 계산하게 된다. 즉, 2××1년의 3분기의 이동평균값을 구하고자 한다면 우선 2.5분기에 해당하는 2××1년 4분기 동안 판매량의 평균(48+47+45+60)/4=50과 3.5분기에 해당하는 (47+45+60+51)/4=50.75의 평균(50+50.75)/2=50.375로 계산한다.

일반적으로 이동평균에 사용되는 기간이 길수록 시계열 자료는 더 평활화된다. 시계열 자료를 평활하는 목적은 불규칙 변동은 제거하되 다른 변동요소에 대해서는 제대로 인식하는 것이다. 그런데 너무 적게 평활하면 불규칙 변동을 충분히 제거하지 못하여 실제적인 시계열 자료를 잘 나타내지 못하는 반면에 너무 많이 평활하면 다른 변동요인까지도 제거되게 된다. 따라서 적절한 기간의 수를 결정하는 것이 중요하다.

(2) 지수 평활법

시계열 자료를 평활하는 이동평균법은 계산하기 간편하다는 장점이 있으나 처음 일부와 마지막 일부 기간에 대응하는 이동평균을 구할 수 없으며 이동평균을 계산하는 구간에 포함되지 않는 이전의 자료는 완전히 무시한다는 단점이 있다. 이러한 단점을 보완하면서 불규칙 변동을 제거하는 방법이 지수 평활법이다. 지수 평활법은 다음과 같이 정의된다.

$$X_t = wS_t + (1-w)X_{t-1}$$

여기서 X_t는 t시점의 평활화된 계열의 값이며 S_t는 원계열의 값이다. w는 평활 계수로서 0과 1 사이의 값을 갖는다. w가 1에 가까우면 평활화된 계열은 원계열과 매우 유사하여 평활화가 거의 이루어지지 않은 경우이며, w가 0에 가까울수록 시계열 자료의 평활화가 매우 많이 이루어진 경우이다.

3 계절변동을 포함한 시계열 자료의 예측

(1) 계절지수(Seasonal Index)의 생성

추세선에 의한 예측방법은 자료의 변동을 하나의 직선으로 간단히 나타내며 장기추세를 예측할 수 있는 장점이 있으나 계절적 변동이나 순환변동을 내포하고 있는 시계열 자료의 예측에는 적절치 못하다. 시계열 자료가 계절적 변동을 가지고 있는 경우에는 우선 계절변동을 측정하여야 하며 이를 위해 계절지수(Seasonal Index)를 생성하는 방법을 소개하기로 한다. 계절지수는 100을 기준으로 하여 특정 계절의 변동이 다른 계절의 변동과 비교하여 차이가 어느 정도인지를 판단할 수 있도록 하는 척도이다. 예를 들어 매출액의 변동을 파악하기 위해 계절지수를 계산한 결과, 1분기의 계절지수가 150이라면 이는 1분기의 매출액이 분기별 평균 매출액의 150%가 됨을 의미한다. 따라서 계절지수를 산출하는 과정을 설명하기로 한다. 우선 시계열 자료에서 평활화된 4분기의 이동평균을 계산한다. 이 경우에는 n이 짝수이므로 중심 이동평균법을 이용한다. 두 번째로는 각 시계열 자료에서 평활화된 이동평균값을 제거하여 각 개별 자료가 가지고 있는 계절변동분을 찾아낸다. 이 계절성 수치(specific seasonal)는 각 자료를

표 4 - 4 매출액에 대한 계절성 수치

분기	판매량(A)	중심 이동평균값(B)	계절성 수치(A/B)
2××1년 1/4분기	48		
2/4분기	47		
3/4분기	45	50.375	0.8933
4/4분기	60	50.50	1.1881
2××2년 1/4분기	51	50.625	1.0074
2/4분기	45	51.625	0.8717
3/4분기	48	52.625	0.9121
4/4분기	65		
2××3년 1/4분기	54		

표 4 - 5 계절지수

연도	1분기	2분기	3분기	4분기
2××0년	1.0113	0.8612	0.9093	1.2182
2××1년	1.0074	0.8488	0.8933	1.1881
2××2년	1.0243	0.8717	0.9121	1.3124
평균	1.0143	0.8606	0.9049	1.2396
계절지수	1.0094	0.8564	0.9005	1.2336

주 : 2××1년 3분기~2××2년 3분기 이외의 수치는 가정임.

이동평균값으로 나누어서 계산한다. 마지막으로 각 계절에 대해 계산된 계절성 수치를 평균하고 평균 계절지수가 1이 되도록 조정하여 얻어진다. 〈표 4-4〉의 자료를 가지고 예를 들어 설명하겠다.

각 분기별로 얻은 계절성 수치를 이용하여 계절성지수는 다음과 같이 계산된다.

계절지수는 평균 계절지수가 1이 되도록 조정하여 얻어진다. 즉, 각 분기 평균의 합이 4가 되도록 조정되어야 한다. 따라서 계절지수는 평균에 조정요인(correction factor)를 곱하여 계산된다.

$$조정요인 = \frac{4}{1.0094 + 0.8564 + 0.9005 + 1.2336} = 0.9922$$

(2) 계절지수를 이용한 예측

장기적인 추세요인과 계절적 요인을 포함하고 있는 시계열 자료의 예측치를 얻는 과정은 다음과 같다.

❶ 이동평균을 이용하여 계절지수를 생성한다.
❷ 계절성을 제거한 자료를 이용하여 추세선을 추정한다.
❸ 미래에 대한 추세 예측치를 구한다($\hat{Y} = \hat{\alpha} + \hat{\beta}t$).
❹ 추세 예측치 $\hat{Y}$에 계절지수를 곱하여 최종 예측치를 구한다.

계절성을 제거한 자료는 원자료를 계절지수로 나누어서 얻을 수 있다.

예를 들어 10년 동안의 분기별 자료 40개를 이용하여 추세선을 추정한 결과가 $Y = 44 + 0.4t$일 때 1분기 후의 예측치를 구하여 보자. 우선 추세 예측치는 $60.40(= 44 + 0.4 \times 41)$이므로 최종 예측치는 $60.97(= 60.40 \times 1.0094)$이다.

분기	판매량(A)	Seasonal Index	Deseasonalized Data
2××1년 1/4분기	48	1.0094	47.55
2/4분기	47	0.8564	54.88
3/4분기	45	0.9005	49.97
4/4분기	60	1.2336	48.64
2××2년 1/4분기	51	1.0094	50.53
2/4분기	45	0.8564	52.55
3/4분기	48	0.9005	53.30
4/4분기	65	1.2336	52.69
2××3년 1/4분기	54	1.0094	53.50

chapter 05

최적화, 수치해석

section 01 **최적화(Optimization)**

1   라그랑지 승수법

라그랑지 승수법(The method of Lagrange multipliers)은 등호를 갖는 제약 조건식(equality constraints)하에서 목적함수의 최적해를 구하는 방법이다. 라그랑지 승수법은 최적해를 구할 때 가장 널리 사용되는 방법이다.

다음과 같이 두 변수 X_1과 X_2를 가지는 목적함수와 등호 조건식이 있다고 하자.

> 최대화 또는 최소화 : $f(x_1,\ x_2)$
> 제약조건 : $g(x_1,\ x_2) = 2$

이 문제를 풀기 위해서는 새로운 변수 라그랑지 승수 λ를 도입하여 새로운 라그랑지 함수를 만들어야 한다.

$$\text{라그랑지 함수}: L(x_1,\ x_2,\ \lambda) = f(x_1,\ x_2) - \lambda[g(x_1,\ x_2) = b]$$

위의 함수 문제가 국부적인 최대값 또는 최소값을 가지기 위한 필요조건은 x_1, x_2, λ에 관하여 편도 함수가 모두 0이어야 한다.

$$\frac{\partial L}{\partial x_1} = \frac{\partial f}{\partial x_1} - \lambda \frac{\partial g}{\partial x_1} = 0$$

$$\frac{\partial L}{\partial x_2} = \frac{\partial f}{\partial x_2} - \lambda \frac{\partial g}{\partial x_2} = 0$$

$$\frac{\partial L}{\partial \lambda} = -[g(x_1,\ x_2) - b] = 0$$

위의 세 연립방정식을 풀면 해를 얻을 수 있다. 라그랑지 승수 λ는 의미가 없는 경우가 많다. 이러한 이유로 λ는 확정되지 않은 승수라고도 한다. 어떤 사람은 λ에 마이너스 부호 대신에 플러스 부호를 붙이기도 하나 이것은 나중에 λ의 부호만 바꾸어 주면 된다.

라그랑지 승수법의 논리는 매우 직선적이다. 위에서 설명한 바와 같이 이 방법은 제약조건을 만족시키는 함수의 최대치 또는 최소치를 결정하는 것이다. 만일 결정된 해가 제약조건을 만족시킨다면 이 문제는 제약조건이 없는 문제로 축소된다. 본질적으로 라그랑지 승수법은 오직 제약조건을 만족시키는 값을 구하기 위해 최대치 또는 최소치를 선택하는 것이다.

이제 위의 필요조건을 만족시키는 해가 국부적 최대치 또는 최소치인지를 확인하려면 다음과 같은 충분조건을 만족시켜야 한다. 이것을 검토하기 위해 λ의 값을 라그랑지 함수에 대입한 후 x_1과 x_2에 관하여 2차 편도 함수를 테스트하여야 한다.

$$\text{최대화의 경우}: \frac{\partial^2 L}{\partial x_1^2} < 0,\ \frac{\partial^2 L}{\partial x_2^2} < 0$$

$$\left(\frac{\partial^2 L}{\partial x_1^2} \right)\left(\frac{\partial^2 L}{\partial x_2^2} \right) - \left(\frac{\partial^2 L}{\partial x_1 \partial x_2} \right)^2 > 0$$

$$\text{최소화의 경우}: \frac{\partial^2 L}{\partial x_1^2} > 0,\ \frac{\partial^2 L}{\partial x_2^2} > 0$$

$$\left(\frac{\partial^2 L}{\partial x_1^2} \right)\left(\frac{\partial^2 L}{\partial x_2^2} \right) - \left(\frac{\partial^2 L}{\partial x_1 \partial x_2} \right)^2 > 0$$

만일 $\left(\dfrac{\partial^2 L}{\partial x_1^2}\right)\left(\dfrac{\partial^2 L}{\partial x_2^2}\right)-\left(\dfrac{\partial^2 L}{\partial x_1 \partial x_2}\right)^2 \leqq 0$이면 국부적인 최대값도 최소값도 아니다.

예시

먼저 라그랑지 함수로 변형시켜 1차 편도 함수를 구해 0으로 놓으면, $L(x_1,\ x_2,\ \lambda)=4x_1^2+3x_2^2-x_1 x_2-\lambda(x_1+2x_2-21)$이고

$$\frac{\partial L}{\partial x_1}=8x_1-x_2-\lambda=0$$

$$\frac{\partial L}{\partial x_2}=6x_2-x_1-2\lambda=0$$

$$\frac{\partial L}{\partial \lambda}=x_1+2x_2-21=0$$

위의 세 방정식을 풀면 다음과 같은 최적해를 구할 수 있다.

$$x_1=4,\ x_2=8.5,\ \lambda=23.5$$

그런데 $\lambda=23.5$를 갖는 라그랑지 함수가 $x_1=4$, $x_2=8.5$에서 최소치를 갖는지 여부를 검토하면

$$\frac{\partial^2 L}{\partial x_1^2}=8>0,\ \frac{\partial^2 L}{\partial x_2^2}=6>0,\ \frac{\partial^2 L}{\partial x_1 \partial x_2}=-1$$

$$\left(\frac{\partial^2 L}{\partial x_1^2}\right)\left(\frac{\partial^2 L}{\partial x_2^2}\right)-\left(\frac{\partial^2 L}{\partial x_1 \partial x_2}\right)^2=8\times 6-(-1)^2=47>0$$

이므로 (4, 8.5)는 라그랑지 함수에 최소치를 가져온다. 이때 목적함수의 최소치를 계산하면 다음과 같다.

$$f(x_1,\ x_2)=4(4)^2+3(8.5)^2-4(8.5)=246.75$$

2 2차 계획법

포트폴리오 전체의 분산은 각 구성종목 간의 공분산의 합, 즉 포트폴리오를 구성하는 모든 종목에 대하여 2개씩 쌍을 지어 각각의 공분산의 합으로 나타낼 수 있다. 각 종목을 자산군으로 확대하여 자산군을 하나의 종목으로 간주한다면 각 자산군 쌍의 공분산 합으로 포트폴리

오의 분산을 나타낼 수 있다. 중요한 것은 자산군 간의 공분산에 대하여 각 자산군의 투자비중을 조정함으로써 포트폴리오 전체의 위험을 조정할 수 있고 효율적인 투자 포트폴리오를 결정할 수 있다는 것이다. 이러한 방법이 가능하다는 것은 자산군 간의 공분산 정보들은 이미 과거 자료를 통하여 정해져 있는 반면 각 자산군에 대한 투자비중은 임의적으로 조정될 수 있다는 것을 의미한다. 이를 수학적으로 해석하면 투자비중을 변수(variable)로 생각할 수 있고 포트폴리오 전체의 위험(분산)은 투자비중의 함수로 나타낼 수 있으므로 변수인 투자비중을 조절함으로써 포트폴리오 위험을 구할 수 있다. 나아가 어떤 조건(제약조건)이 주어지면 이를 만족하는 최적해(최소화)를 구할 수 있음을 의미한다.

$$Var(R_p) = \sum_{i=1}^{n} \sum_{j=1}^{n} \omega_i \omega_j \sigma_{ij}, \; \sigma_{ij} = Cov(R_i, \; R_j),$$
$$여기서, \; R_i = 자산군 \; I의 \; 수익률$$

σ_{ij}는 자산군 간 공분산 자료로서 과거 수익률 자료(벤치마크 지수 수익률 자료)를 확정적으로 구할 수 있다. 다만 ω(각 자산의 투자비중)을 조정함으로써 $Var(R_p)$를 결정할 수 있다. 이를 다시 공분산 행렬에 의한 포트폴리오 위험을 구하는 식으로 표현하면 아래와 같다.

$$Var(R_p) = (\omega_1, \; \omega_2, \; \omega_3, \; ...., \; \omega_n), \; B \begin{bmatrix} \omega_1 \\ \omega_2 \\ \omega_3 \\ ... \\ \omega_n \end{bmatrix} = A'BA$$
$$여기서, \; A : 각 \; 자산군에 \; 대한 \; 투자비중 \; 행렬$$
$$A' : 행렬 \; A의 \; 행과 \; 열을 \; 바꾸는 \; 행렬$$
$$B : 각 \; 자산군에 \; 대한 \; 공분산 \; 행렬$$

위의 포트폴리오 분산을 구하는 식에서 투자비율 ω를 변수로 정의하면 각 항이 2차인 다항식 형태로 표현된다. 예를 들어 두 개의 자산군 X, Y로 이루어진 어떤 포트폴리오의 전체 위험(분산 : $Var(R_p)$)은 $\omega X^2 \sigma X^2 + \omega X \omega Y \sigma XY + \omega X^2 \sigma Y^2$으로 나타낼 수 있고 공분산 행렬을 이용하게 되면 $Var(R_p) = \begin{bmatrix} \omega_A \\ \omega_B \end{bmatrix} \begin{bmatrix} \sigma_A^2 & \sigma_{AB} \\ \sigma_{BA} & \sigma_B^2 \end{bmatrix} \begin{bmatrix} \omega_A & \omega_B \end{bmatrix}$으로 표현된다. 이 식은 각 항의 차수

가 2차인 다항식(ω에 대한 2차)을 말하며 구성 자산수를 n개로 확장하여 생각하여도 투자비중에 대하여 각 항이 2차인 다항식으로 표현된다는 것을 쉽게 이해할 수 있을 것이다.

위와 같이 어떤 변수에 대해 2차 다항식으로 표현되는 형식을 2차 형식(quadratric form)이라 하고 이를 통하여 최적화하는 방법을 2차 계획법(Quadratic Programming : QP)이라 한다.

따라서 포트폴리오 분산을 구하는 공식은 투자비중(ω)에 대하여 2차로 표현된 다항식인 2차 형식이 된다. 그리고 효율적인 포트폴리오(효율적 프런티어)를 선택한다는 것은 주어진 수익에서 가장 작은 위험을 가지는 포트폴리오들만을 선택하는 것으로 2차 형식의 최적화(위험의 최소화)하는 방법이라 할 수 있다. 이것은 바로 2차 계획법(quadratic programming)이 되는 것이다.

3 　비선형 계획법

수리 계획법은 현실의 의사결정 상황을 수식으로 모형화하여 이를 해결함으로써 최적 의사결정을 추구하는 것이다. 그런데 현실의 상황을 수식화하면 많은 경우는 1차식이 아닌 함수, 즉 비선형 함수로 나타나는데 이러한 경우에 최적해를 찾고자 하는 것이 비선형 계획법(Non-Linear Programming : NLP)이다. 비선형 계획법은 모형의 함수가 매우 다양하게 나타나기 때문에 선형 계획법의 심플렉스법과 같은 효율적인 해법이 존재하지 않는다.

4 　동적 계획법

동적 계획법(Dynamic Programming : DP)은 의사결정 상황을 시간적·공간적으로 여러 단계로 나누어 취급하며, 해를 구하는 과정도 의사결정 변수를 한꺼번에 결정하는 것이 아니라 각 단계마다 대상이 되는 결정 변수의 값만 고려한다. 이와 같은 '단계적 결정'이라는 특성 때문에 동적 계획법을 간혹 다단계 계획법(multistage programming)이라 부르기도 한다.

수치해석 및 시뮬레이션(Simulation)

금융공학에서 다루는 상당수의 문제들은 분석적인 해법(analytic solution)을 통해 해결할 수 있다. 예를 들면 선형 방정식의 형태를 띠고 있는 주식, 선물, 그리고 옵션과 같이 비선형적인 형태지만 블랙-숄즈 formula와 같이 이미 분석적인 방법이 제시되어 있는 파생상품들이 그러한 경우이다(물론 이 경우 유로피언 옵션에 국한된다). 그러나 금융공학에서 실제 우리가 직면한 문제들 중에는 위와 같은 분석적인 해법으로 풀 수 없는 경우가 존재하곤 한다.

대표적인 경우로 American Option의 Pricing, Swap Rate, IRR, Implied Volatility 등의 문제를 들 수 있다. 위와 같은 문제들은 방정식 자체가 2차 이상의 고차방정식이거나, 적분식이 포함되어 있거나, 가격 산정에 있어서 경로 의존적(path dependent)인 경우가 많기 때문이다. 이러한 문제들은 앞으로 소개될 수치해석적인 방법, 즉 Bisection Method, Binomial Tree, Monte Carlo 시뮬레이션과 같은 방법으로 해를 구하여야 한다.

우선 본 장에서는 2차 이상의 고차방정식의 해법으로 가장 널리 알려져 있는 Bisection Method(이분법), Newton-Raphson Method(뉴튼-랩슨법)에 대한 설명을 소개한다. 여기서 소개하는 방법들은 옵션의 내재변동성(Implied Volatility)이나 채권의 내부수익률(Internal Rate of Return : IRR)을 계산하는 데 적용될 방법들이다.

1 이분법(Bisection Method)

이분법은 적어도 한 개의 실근이 존재한다고 알려진 경우에 적용되어질 수 있으며, 주어진 구간 내에서 하나의 실근을 발견하기 위한 방법 중 가장 간단한 방법으로 알려져 있다. 그러나 이는 해의 존재 구간을 제대로 추정했을 경우이고 만약 구간 추정을 잘못했을 경우에는 올바른 해에 수렴하지 않는다는 문제가 발생한다. 즉, 이분법은 연속적인 구간 $[a, b]$(단, $a < b$) 사이에서 하나의 해를 갖는다고 가정할 경우 $f(a)f(b) < 0$이거나 $f(a) = 0$ or $f(b) = 0$이라는 가정하에 사용할 수 있다는 것이다.

〈그림 5-1〉에서 왼쪽은 실근이 존재하는 구간을 올바로 추정한 예이고 우측 그림은 올바르지 못한 구간 추정의 예이다. 물론 실근이 존재하지 않는 방정식의 경우도 있을 수 있지만

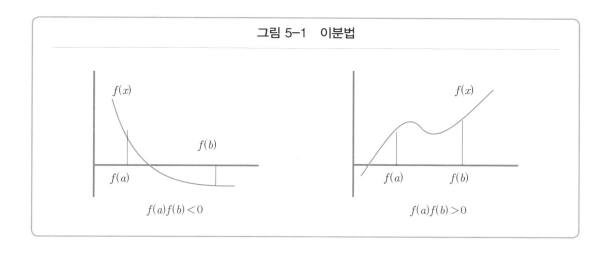

그림 5-1   이분법

$f(a)f(b) < 0$

$f(a)f(b) > 0$

금융공학에서 다루는 문제들 대부분이 유일한 하나의 실근을 갖는다는 가정을 할 수 있으므로 경험적인 구간 추정이 필수적인 문제라고 할 수 있을 것이다.

2   뉴튼 – 랩슨 방법(Newton – Raphson Method)

뉴튼 – 랩슨방법은 수치해석적으로 근사해를 찾는 방법 중 가장 널리 사용되어지는 방법 중의 하나이다. 이 방법은 이분법에서와 같이 초기 구간을 필요로 하지 않는다는 점과 도함수를 사용하여 근사치에 대한 수렴 속도가 이분법에 비해 월등히 빠르다는 특징을 갖고 있다.

뉴튼 – 랩슨방법은 〈그림 5-2〉에서와 같이 초기 추측값 a에 해당하는 $f(x)$의 접선 $g(x)$를 이용하여 $g(x) = 0$을 만족하는 b를 찾는다. 이때의 해는 다음 접선 방정식을 구할 때 이용되며, 이러한 과정은 추측값과 접선의 해가 오차 허용한계에 들어올 때까지 반복하여 실행된다.

1차 미분을 이용한 뉴튼 – 랩슨방법은 간단하고 효율적이므로 가장 널리 사용되고 있다. 뉴튼 – 랩슨방법은 상당히 빠른 속도로 수렴하지만 위에서 살펴본 바와 마찬가지로 $f(x)$의 반복적인 계산을 필요로 하는 단점이 있으며 극단적인 경우 $f(x) = 0$인 경우 계산이 불가능해지므로 해를 구할 수 없게 되는 경우가 생길 수 있다. 이분법 역시 마찬가지이지만 이러한 방법들은 항상 무한 Loop에 빠질 수 있는 경우가 있으므로 항상 반복 횟수를 미리 지정하여 놓는 것이 올바른 방법이 될 것이다.

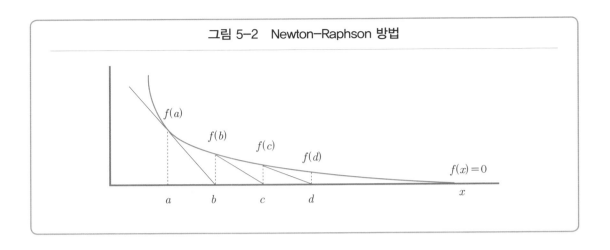

그림 5-2 Newton-Raphson 방법

section 03 몬테카를로 시뮬레이션(Monte Carlo Simulation)

1 몬테카를로 시뮬레이션이란

이는 몬테카를로 또는 확률적 시뮬레이션(stochastic simulations)모형이라고도 하며, 복잡한 포트폴리오의 가치를 다양한 시장 상황에서 유연성 있게 평가할 수 있는 가장 효과적인 방법으로 인정받고 있다. 그런데 이는 모나코의 유명한 카지노에서 룰렛(roulette)게임 등에 적용하던 방법에서 유래했고, 처음에는 옵션의 가치평가를 위해 제안되었다고 한다.

몬테카를로 시뮬레이션은 균등 분포(Uniform Distribution) $U(0, 1)$ 확률변수를 사용하여 확률적 또는 결정적 문제들을 해결하기 위해 사용하는 Simulation이다.

Monte Carlo 시뮬레이션은 주로 다변수 기초자산을 대상으로 하는 옵션, 변동성 혹은 이자율이 고정이 아닌 확률 과정을 따른다고 가정한 경우에 유용하게 사용되는 기법이다. 이러한 옵션들의 경우 정확한 해를 구하기가 불가능하거나 어렵기 때문에 Monte Carlo 시뮬레이션을 통해서 값을 추정할 수 있다. Monte Carlo 시뮬레이션은 또한 경로 의존적(path dependent) 옵션의 값을 구하는 데도 도움이 된다. 특히 경로를 시뮬레이션하는 데 있어서 자유롭기 때문에 점프 과정과 같은 다양한 경로를 시뮬레이션할 수 있다는 장점이 있다. 그러나 Monte Carlo 시뮬레이션은 표준오차(standard error)를 줄이기 위해서 시뮬레이션 횟수가 기하급수적으로 늘어나는 불편한 점이 있다.

일반 컴퓨터의 연산능력이 날로 향상되어 가기 때문에 이러한 문제는 과거에 비해 상대적으로 덜하지만, 정확한 해가 있는 경우와 비교해서 컴퓨터의 연산능력에 대한 의존성이 매우 강한 편이다.

따라서 Monte Carlo 시뮬레이션의 작업 효율성을 높이기 위해서는 보다 적은 횟수의 시뮬레이션을 사용하면서도 통계적 유의성이 높은 값을 구하는 것이 중요하다. Monte Carlo 시뮬레이션의 효율성을 높이는 방법으로는 대조변수법(antithetic variable technique), 조정변수법(control variable technique) 등과 같은 방법들이 있다.

2 몬테카를로 VaR

몬테카를로 VaR에서의 시장요인의 변화에 대한 시뮬레이션 방법으로는 통계적 모수 시뮬레이션(parametric statistical simulation) 등이 있고, 포트폴리오의 가치 변화를 시뮬레이션하는 방법으로 매트릭스 승수(matrix multiplication), 모수적 포트폴리오 재평가 등이 이용된다.

이 몬테카를로 시뮬레이션 방법은, ① 해당 시장요인(예컨대 각종 이자율, 외환율, 주가 등)에 대한 모수(예컨대 변동성, 상관관계 등)를 규정하고 그 시장요인의 변화 행태를 생성하기 위하여 일정한 확률 모형(stochastic model)을 선택한 후 역사적 시장 자료나 옵션 자료를 이용하여 모수들을 추정한다. ② 규정된 모수들의 추정치를 바탕으로 해당 시장요인들의 현재 가격에서 시작하여 순서대로 확률변수(random variable)를 생성시키면서 계속 가상의 시장 가격들을 원하는 수만큼(예컨대 10,000번)을 구해 나간다. ③ 구해진 가상의 시장 가격을 바탕으로 포트폴리오에 포함된 모든 자산 또는 포지션의 가치를 일정한 가치평가모형을 써서 역시 원하는 수만큼 계산한 후, 목표기간의 포트폴리오의 가치 변화(손익)의 완전한 분포를 형성하고 이를 도수분포 도표(histogram)로 만들어 몬테카를로 VaR 값을 추정한다.

이 몬테카를로 VaR는 비선형 가격 위험, 변동성 위험 등 다양한 유형의 위험 및 변동성의 변화, 두터운 꼬리(fat tail) 속성 그리고 극단적인 상황도 고려할 수 있으며 신용위험 역시 어느 정도는 고려할 수 있다. 그러나 가장 큰 단점은 구현이 용이하지 않다는 점과 고속컴퓨터에서도 많은 시간이 걸리므로 자산의 가치평가모형이 복잡하면 이 방법을 자주 실행하기가 어렵게 된다는 점이다. 그리고 이 방법은 옵션 등과 같은 가격결정 모형뿐만 아니라 위험요인의 특별한 확률 과정에 의존하므로 모형에 문제가 있는 경우 잘못된 결과값을 도출할 수 있다. 따라서 다른 민감도 분석과 함께 사용하여야 한다.

---

section 04 | 비선형 기법(Non-linear Techniques)

1 혼돈이론(Chaos Theory)

자연 현상들은 크게 두 가지로 나눌 수 있다. 어떤 규칙에 따라 일어나는 규칙적인 현상들과 마구잡이로 일어나는 무작위적인 현상들이다. 규칙적인 현상들은 과학 법칙에 따라 과거와 미래의 진행상황이 완전히 결정되어 정확한 예측이 가능하므로 결정론적이라 할 수 있다. 반면에 무작위적인 현상들에는 확률적 접근방법을 많이 사용한다. 그러나 비선형의 세계에는 이 두 종류의 현상들 외에도 카오스 현상이 나타난다. 카오스 현상은 무작위적이라고 정의하기도 한다. 결정론적 법칙에 따라 어느 한계까지는 정확한 예측이 가능하지만 궁극적으로는 무작위하게 보이는 것이 카오스 현상이다.

카오스 이론은 안정된 운동상태를 보이던 상태가 어떻게 하여 카오스 상태로 바뀌는가를 설명하고, 카오스 현상 속에 숨겨진 질서를 찾으려는 시도이다. 실용적인 문제로 더 나아가 카오스 현상이 방해가 되는 상태에서 카오스 상태를 규칙적인 상태로 바꾸거나, 반대로 규칙적인 상태를 카오스 상태로 바꿀 수 있도록 카오스 현상을 조절하는 연구가 활발히 진행 중이다. 카오스 이론은 물리학이나 자연과학의 영역을 벗어나 주식 가격의 변화나 사회 조직체 문제 같은 경제·사회적 문제에까지 적용되고 있다.

자연계에는 실제로 선형적인 현상들보다는 비선형적인 현상들이 더 많이 존재하므로 지금까지의 선형 방정식 중심에서 비선형 방정식 중심으로 축이 바뀔 수도 있다.

2 퍼지(Fuzzy)이론

애매한 표현을 처리할 수 있는 이론적 바탕을 제공하는 수학적 이론으로서 퍼지성(Fuzziness) 불확실성의 단면을 가지는 성질이나, 단어의 개념이나 의미에서 생기는 모호성(ambiguity)을 다루고 있다. 응용되는 분야로는 전문가 시스템(Expert system), Data base, Control field, Robotics, Mathematics, Fuzzy decision making 등 다양한 분야에 응용되고 있다.

01 다음 중 500만 원을 투자하여 5년 후 600만 원이 되었다면 Annualized HPR은?

① 1.0%   ② 3.7%

③ 7.4%   ④ 10.4%

02 다음 중 상장기업의 배당 여부를 조사한 결과 30%가 배당을 했다면, 임의로 고른 6개 기업 중에서 3개 기업이 배당을 할 확률은?

① 0.060   ② 0.185

③ 0.324   ④ 0.5

03 다음 중 t분포에 대한 설명으로 옳지 않은 것은?

① 종모양의 형태로 표준 정규분포와 대체로 같은 모양을 가지며 평균은 0이다.

② t분포는 표본의 크기와 관계있는 자유도에 의존한다.

③ t분포의 분산은 항상 1보다 크며 자유도가 증가함에 따라 분산은 1에 접근하고 모양도 표준 정규분포에 접근한다.

④ t분포는 표준 정규분포보다 꼬리 부분이 얇은 분포를 갖는다.

04 1,000억 원을 투자하여 2년 후에 1,200억 원이 되었다면 기간수익률(holding period return)은?

해설

01 ② (Annualized $HPR = (600/500)^{1/5} - 1$)

02 ② ($P(X=3) = {}_6C_3\,(0.3)^3\,(0.7)^{6-3} = 0.185$)

03 ④ 중간에서 약간 더 평평하고 두터운 꼬리를 갖는다.

04 $(1,200/1,000)^{1/2} - 1 = $ 약 9.54(%)

05 어느 펀드매니저의 5년 동안의 연 수익률이 다음과 같을 때 산술평균 수익률과 기하평균 수익률은?

2××1	2××2	2××3	2××4	2××5
15%	25%	20%	−10%	30%

06 향후 15년 동안 매년 말에 150만 원씩 예금한다면 이 예금의 15년 후의 가치는? (단, 이자율은 연 7% 가정)

07 향후 13년 동안 매년 말에 200만 원씩 받는 연금의 현재가치는? (단, 할인율은 6% 가정)

08 $f(x){=}\ln\chi$에 대하여 $f'(x)$, $f''(x)$는?

09 다음 도수분포표에서 평균과 분산, 표준편차는?

X	도수
$0-2$	3
$3-5$	4
$6-8$	1
$9-11$	6
$12-14$	2

해설

05 산술평균 수익률＝$(15+25+20-10+30)/5=16(\%)$, 기하평균 수익률＝$[(1.15)(1.25)(1.2)(0.9)(1.3)]^{1/5}-1$
＝$15.08(\%)$

06 150만 원$[(1+0.07)^{15}-1]/0.07=3,769.35$만 원

07 200만 원$[(1-(1+0.06)^{-13})/0.06]=1,770.54$만 원

08 $f'(x)=\dfrac{1}{x}$, $f''(\chi)=-\dfrac{1}{\chi^2}$

09 평균＝$1\times3/16+4\times4/16+7\times1/16+10\times6/16+13\times2/16=7$, 분산＝$(1-7)^2\times3/16+(4-7)^2\times4/16+(7-7)^2\times$
$1/16+(10-7)^2\times6/16+(13-7)^2\times2/16=16.875$, 표준편차＝$4.108$

10 다음과 같은 8개의 표본값들이 있다.

| 9 | 5 | −4 | 6 | 4 | −2 | 3 | 11 |

(1) 평균과 분산은?
(2) 중앙값, 범위는?
(3) 사분위 범위는?

11 X주식의 일별 수익률이 평균은 0이고 표준편차가 4%인 정규분포를 한다고 하자. 이 주식이 12% 이상 변동을 보일 확률은? 실제로 이 주식이 12% 이상 변동한 경우가 1년 중에 10번 발생했다면 이는 무엇을 의미하는가?

12 두 펀드매니저의 과거 운용수익률이 다음과 같은 정규분포를 이룬다고 하자.

펀드매니저 A : $R_A \sim N(10\%, (10\%)^2)$, 펀드매니저 B : $R_B \sim N(20\%, (30\%)^2)$

(1) 펀드매니저 A와 B가 각각 손해를 볼 확률은?
(2) 펀드매니저 A와 B가 10~20%의 수익률을 얻을 확률은?

해설

10 (1) 평균=$(9+5-4+6+4-2+3+11)/8=4$, 분산=25.71

$$\frac{(9-4)^2+(5-4)^2+(-4-4)^2+(6-4)^2+(4-4)^2+(-2-4)^2+(3-4)^2+(11-4)^2}{8}$$

(2) 순서대로 정리하면 -4 -2 3 4 5 6 9 11이므로, 중앙값=$(4+5)/2=4.5$, 범위=$11-(-4)=15$

(3) 사분위 범위=3사분위수−1사분위수=$8.25-(-0.75)=9$, $Q3 : (8+1)\times0.75=6.75$번째 수이므로 6번째 수인 6과 7번째 수인 9의 interpolation으로 구한다. 따라서 6.75번째 수는 $6\times0.25+9\times0.75=8.25$, $Q1 : (8+1)\times 0.25=2.25$번째 수이다. 따라서 $(-2)\times0.75+3\times0.25=-0.75$

11 정규분포에서 3σ 이상 벗어날 확률은 0.3%이다. 따라서 12% 이상 변동할 확률은 0.3%이며, 실제 12% 이상 변동한 경우가 10번이라면 이는 약 4%(1년 거래일 250일 기준)에 해당하므로 정규분포에 비해 훨씬 변동이 심했음을 의미한다. 이러한 경우는 재무데이터에서 흔히 발견되는 현상으로 fat−tail이라고 부른다.

12 (1) $\Pr(R_A<0)=\Pr\left(\dfrac{R_A-10}{10}<\dfrac{0-10}{10}\right)=\Pr(Z<-1)=N(-1)=0.1587$

$\Pr(R_B<0)=\Pr\left(\dfrac{R_B-20}{30}<\dfrac{0-20}{30}\right)=\Pr(Z<-0.667)=N(-0.667)=0.2525$

(2) $\Pr(10<R_A<20)=\Pr\left(\dfrac{10-10}{10}<\dfrac{R_A-10}{10}<\dfrac{20-10}{10}\right)=\Pr(0<Z<1)=N(1)-N(0)=0.8413-0.5=0.3413$

$\Pr(10<R_B<20)=\Pr\left(\dfrac{10-20}{30}<\dfrac{R_B-20}{30}<\dfrac{20-20}{30}\right)=\Pr\left(\dfrac{-1}{3}<Z<0\right)=N(0)-N\left(\dfrac{1}{3}\right)=0.5-0.3707=0.1293$

13 ABC회사는 5개의 영업소를 가지고 있으며 각 영업소의 사원 수와 매출액은 다음과 같다.

영업소	영업사원 수	매출액(억 원)
1	17	29
2	38	48
3	26	45
4	59	64
5	40	74

(1) 영업사원 수와 매출액 간의 공분산은?

(2) 영업사원 수와 매출액 간의 상관관계 계수는?

14 경제상황에 따라 두 주식의 예상되는 수익률이 다음과 같을 때 물음에 답하시오.

	경제 호전	현상 유지	경제 불황
확률	30%	50%	20%
X주식	−20%	18%	50%
Y주식	−15%	20%	25%

(1) 두 주식의 기대수익률은?

(2) 두 주식의 표준편차는?

15 식음료산업의 수익성을 분석하기 위해 81개 기업의 EPS를 조사해 보니 평균은 1,000원이고 표준오차는 120원이었다. 다음 물음에 답하시오.

(1) 식음료산업의 EPS는 얼마라고 할 수 있는가?

(2) 식음료산업 EPS의 95% 신뢰구간은?

16 귀무가설과 대립가설이 다음과 같다고 하자.

> H_0 : 새로운 시스템은 기존의 시스템과 동일하다.
> H_a : 새로운 시스템이 더 우수하다.

다음의 네 가지 의사결정에 대해 1종 오류, 2종 오류 또는 올바른 의사결정인가의 여부를 밝히시오.

① 새로운 시스템이 더 우수하여 이를 채택한다.

② 새로운 시스템이 더 우수해도 기존의 시스템을 유지한다.

③ 새로운 시스템이 더 우수하지 않은 데도 새로운 시스템을 채택한다.

④ 새로운 시스템이 더 우수하지 않으므로 기존의 시스템을 유지한다.

해설

15 (1) 표본평균의 평균이 모집단의 평균이므로 지금 가진 정보하에서 식음료산업의 EPS에 대한 가장 좋은 추정치는 1,000원이다.

(2) 중심 극한 정리를 적용할 수 있다. 따라서 모평균 μ에 대한 $100(1-\alpha)$%의 신뢰구간은 $\left(\overline{X} - z_{\alpha/2} \dfrac{s}{\sqrt{n}}, \overline{X} + z_{\alpha/2} \dfrac{s}{\sqrt{n}} \right)$이다. 즉, 95% 신뢰구간은 $1,000 - (1.96)(120/\sqrt{81}) \leqq \mu \leqq 1,000 + (1.96)(120/\sqrt{81})$이다.

16 ① 올바른 결정, ② 2종 오류, ③ 1종 오류, ④ 올바른 결정

17 어느 전구생산업체에서 자사 전구제품의 평균 사용수명이 500시간이라고 주장하고 있다. 이를 검정하기 위해 64개의 표본을 조사한 결과 표본의 평균수명은 490시간이고 표본의 표준오차가 50시간이었다. 다음 물음에 답하시오.

(1) 유의 수준 5%하에서 업체의 주장을 검정하면?

(2) 표본의 수를 100개로 하여 동일한 결과를 얻었다면 검정의 결과는?

18 다음은 전자산업의 6개 회사의 광고비 증가율과 매출액 증가율에 관한 자료이다.

회사	1	2	3	4	5	6	합계
광고비 증가율(X)	8	10	7	9	6	6	46
매출액 증가율(Y)	6	9	5	10	7	8	45
XY	48	90	35	90	42	48	353
X^2	64	100	49	81	36	36	366

(1) 선형 회귀모형의 회귀계수는?

(2) 4번째 회사의 $\hat{Y}$과 잔차(error) ε는?

(3) 이 회귀식의 오차는?

해설

17 (1) ① $H_0 : \mu = 500$, $H_a : \mu \neq 500$(양측 검정), ② 임계치 계산 : 표본의 수가 64개이므로 중심 극한 정리를 적용할 수 있다. 따라서 $\overline{X} \sim N(500, 50/\sqrt{64})$이고 임계치는 $Z_{0.025} = 1.96$으로 설정, ③ 검정 통계량의 계산 $Z = \dfrac{490-500}{50/\sqrt{64}}$

$= -1.6$, ④ 검정 통계량과 임계치의 비교 $|Z| < Z_{0.025}$이므로 귀무가설을 기각하지 못한다.

(2) 검정 통계량이 $Z = \dfrac{490-500}{50/\sqrt{100}} = -2$로 $|Z| > Z_{0.025}$이므로 귀무가설을 기각할 수 있다.

18 (1) $\beta = \dfrac{n\sum x_i y_i - (\sum x_i)(\sum y_i)}{n\sum x_i^2 - (\sum x_i)^2} = \dfrac{6 \times 353 - 46 \times 45}{6 \times 366 - 46^2} = 0.6$, $a = \overline{Y} - 0.6 \times \overline{X} = 46/6 - 0.6 \times 45/6 = 3.17$

따라서 회귀모형은 $Y = 3.17 + 0.6X$

(2) $\hat{Y} = 3.17 + 0.6 \times 9 = 8.57$, 잔차 $= Y - \hat{Y} = 10 - 8.57 = 1.43$

(3) 회귀식의 오차는 Mean Squared Error이다. $\dfrac{SSE}{(n-2)} = \dfrac{3.8809 + 0.0289 + 5.6169 + 2.0449 + 0.0529 + 0.5929}{4}$

$= 3.05435$

19 다음은 거시경제 변수를 이용하여 주가의 움직임을 설명하고자 선형 회귀모형을 설립하여 분기 자료를 이용하여 분석한 결과(Eviews의 output)이다.

Dependent Variable: 주가수익률
Method : Least Squares
Date : 06/24/02 Time : 00: 45
Sample(adjusted) : 1980 : 2 1992 : 4
Included observations : 51 after adjusting endpoints

독립변수	회귀계수	표준오차	$t-$Statistic	$P-$value
Intercept	0.029327	0.025209	1.163340	0.2507
수출 증가율	0.299234	0.111408	2.685923	0.0100
환율 변화율	-2.272677	0.581183	-3.910435	0.0003
INFLATION	0.000482	0.001960	0.245836	0.8069
통화 증가율	-0.106779	0.073132	-1.460083	0.1511
$R-$squared	0.463361	Mean dependent var		0.033383
Adjusted $R-$squared	0.416697	S. D. dependent var		0.092076
S. E. of regression	0.070322	Akaike info criter		-2.378561
Sum squared resid	0.227480	Schwarz criterion		-2.189167
Log likelihood	65.65331	$F-$statistic		9.929680
Durbin$-$Watson stat	1.305410	Prob($F-$statistic)		0.000007

(1) 어떤 변수가 주가수익률을 설명하는 데 유의한가?

(2) 위의 회귀모형에서 inflation 변수를 제외하면 $R-$squared와 Adjusted $R-$squared는 어떻게 변하겠는가?

(3) 위 모형의 추정에서 발생할 수 있는 문제점은?

해설

19 (1) 5% 유의 수준하에서 유용한 변수는 수출 증가율과 환율 변화율이다. 각각 변수의 t값은 절대값 기준으로 2보다 훨씬 크므로 유의할 것으로 기대되며 마지막 column의 p값은 이를 확인시켜 준다. 즉 p값이 5% 미만이면 이 변수는 5% 유의 수준에서 유의한 것이다. (2) $R-$squared는 모형의 설명력을 나타낸다. 즉 위 모형은 주가수익률 변동의 약 46%를 설명한다고 할 수 있다. 그러나 $R-$squared는 설명변수가 증가할수록 커지므로 모형설명에 유의적이지 않은 변수를 포함시키더라도 증가하게 된다. 반면에 Adjusted $R-$squared는 유의적이지 않은 변수를 추가할 경우에는 오히려 값이 줄어든다. 따라서 위 예에서 유의적이지 않은 inflation변수를 제외할 경우, $R-$squared의 값은 감소할 것이지만 Adjusted $R-$squared의 값은 증가하게 될 것이다. 일반적으로 t값이 절대값 기준으로 1보다 크면 그 변수는 Adjusted $R-$squared를 증가시키는 데 기여한다. 따라서 inflation변수가 아닌 통화 증가율을 제외하면 Adjusted $R-$squared는 감소할 것이다. (3) 우선 설명변수 중에 통화 증가율과 inflation의 두 변수 사이에는 높은 상관관계가 있을 것으로 보인다. 따라서 multicollinearity의 문제가 있을 수 있다. 또한 주식시계열자료는 분기자료라 하더라도 오차항의 autocorrelation이 존재할 수 있다. 이는 Durbin$-$Watson 통계량이 2보다 크게 작은 값을 가지는 데에서도 유추할 수 있다.

20 어느 산업에서 광고비가 매출액에 어떻게 영향을 주는지를 알아보기 위해 7개 기업의 자료를 이용하여 선형 회귀분석을 한 결과 추정식이 다음과 같았다.

> $Y = 120.5 + 12.5X$
>
>   (20.32) (4.01)
>
> Y = 매출액, X = 광고비 지출액(단위 : 억 원), 괄호 안의 숫자는 표준오차이다.

(1) 이 산업에서 광고비를 20억 지출한다면 평균적인 기업의 경우, 매출액의 예측치는? 또 ABC회사가 광고비를 10억 지출한다면 매출액의 예측치는?

(2) (1)의 경우에 예측치의 95% 신뢰구간은?

    (단, $\sum X = 175$, $\sum X^2 = 5{,}075$이고 회귀식의 표준오차(Mean Squared Error)는 40.2라고 가정)

(3) (1)의 경우에 예측치의 95% 예측구간은?

21 5년 동안의 분기별 시계열 자료(20분기)를 분석한 결과 각 분기의 계절지수(Seasonal Index)가 다음과 같다.

> 1분기 = 1.02, 2분기 = 0.85, 3분기 = 0.90, 4분기 = 1.23

한편 계절성을 제거한 자료로 추정한 추세선이 $Y = 50 + 0.5t$이라면 다음 해 1분기의 예측치는?

해설

20 (1) 평균적 기업 : $\hat{Y} = 120.5 + (12.5)(20) = 370.5$(억), ABC 기업 : $\hat{Y} = 120.5 + (12.5)(10) = 245.5$(억)

(2) Confidence Interval은 평균인 기업의 예측에 대한 신뢰구간을 의미한다.

$$\text{Confidence Interval} = \hat{Y} \pm t_{(\alpha/2,\ n-2)} s_{xy} \sqrt{\frac{1}{n} + \frac{(x - \bar{x})^2}{\sum x_i^2 - n\bar{x}^2}} = 370.5 \pm t_{(0.025,5)} 40.2 \sqrt{\frac{1}{7} + \frac{(20 - 175/7)^2}{5{,}075 - 175^2/7}}$$

$$= 370.5 \pm 43.68$$

(3) 특정 기업의 경우 예측구간은 Prediction Interval을 이용한다.

$$\text{Prediction Interval} = \hat{Y} \pm t_{(\alpha/2,\ n-2)} s_{xy} \sqrt{1 + \frac{1}{n} + \frac{(x - \bar{x})^2}{\sum x_i^2 - n\bar{x}^2}} = 245.5 \pm t_{(0.025,5)} 40.2 \sqrt{1 + \frac{1}{7} + \frac{(10 - 175/7)^2}{5{,}075 - 175^2/7}}$$

$$= 245.5 \pm 125.07$$

21 우선 계절성이 제거된 다음 분기의 예측치는 $50 + (0.5)(21) = 60.5$이다. 내년 1분기의 예측치는 1분기 계절성으로 조정해야 한다. 따라서 예측치는 $(60.5)(1.02) = 61.71$이다.

정답 01 ② | 02 ② | 03 ④

part 02

증권경제

certified research analyst

chapter 01

거시경제의 기초

거시경제의 과제

경제학의 주요 과제는 경제활동의 적정 선택을 유도하는 것이다. 적정 선택이 요구되는 이유는 자원은 유한한 데 비해 인간의 욕망은 무한하기 때문이다. 요컨대, 한정된 자원을 효율적으로 배분하는 것이 경제학의 주요 과제라 할 수 있다.

다음은 적정 선택이 요구되는 가장 대표적인 경제문제들이다.

❶ 상품구성의 문제 : 수많은 상품 중 어느 것부터 우선 순위를 부여해 생산할 것인가?
❷ 생산방법의 선택 : 하나의 상품을 생산할 수 있는 여러 가지 방법 중 어떤 방식이 가장 효율적인가?
❸ 상품배분의 문제 : 형평성과 효율성을 동시에 달성할 수 있는 가장 최선의 배분방식은 무엇인가?

미시경제학의 주요 연구대상은 '가계, 기업, 정부 등의 각 경제주체들이 주어진 예산 제약 조건하에서 어떻게 최적 의사결정을 하여 최적 자원배분을 달성할 수 있는가'라는 문제이다.

반면에 거시경제학은 국민소득, 물가, 소비, 투자, 노동, 자본 등 경제 집계 변수(aggregate

variable)의 움직임을 설명한다. 즉 거시경제학에서는 개인의 소비에 대한 분석보다 사회 전체의 총소비지출을 분석하며, 개별 기업의 투자나 산출량에 대한 분석보다 사회 전체의 총투자지출이나 국내총생산을 분석한다.

거시경제학은 경제문제의 해결을 시장기능에 맡기느냐 혹은 정책 개입에 의존하느냐에 따라 서로 상이한 입장을 취하는 두 가지 큰 흐름으로 나누어진다.

section 02 거시경제이론의 흐름

거시경제이론은 역사적인 상황에 따라 주요한 패러다임(paradigm)의 혁명적인 변화를 겪으며 발전해 왔다.

거시경제이론의 한 축인 고전학파와 신고전학파는 가격의 신축성을 가정하고 시장기능의 역할을 강조해 왔다. 하지만, 1930년대 세계 대공황이 발생하면서 정부의 강력한 개입을 주장하는 케인즈학파가 대두하게 된다.

즉 세계 대공황을 목격한 케인즈는 '공급이 수요를 창조한다'라는 이른바 '세이의 법칙(Say's law)'을 부정하고, 초과공급이 가능하며 이를 해결하기 위해 정책당국이 적극적으로 유효수요를 증대시켜야 한다는 이론을 전개하였다. 그 이후부터 1970년대까지 많은 나라들이 케인즈학파의 이론에 의해 경제정책을 집행하면서 경제문제에 적극적으로 개입하였다.

그러나 1970년대에 나타난 스태그플레이션은 단기 정태 분석에 치중하던 케인즈학파 이론의 근본적 약점을 노출시켰고, 루카스에 의해 합리적 기대혁명이 일어나면서 이용 가능한 모든 정보를 이용하여 미래의 경제변수들을 예측한다는 합리적 기대라는 개념과 거시경제학의 미시경제학적 기초가 강조되었다.

합리적 기대 개념을 바탕으로 한 새고전학파(New Classical School)는 민간 경제주체들에 의해 예상된 정부당국의 어떠한 경제정책도 효과가 없다는 이른바 정책 무력성의 정리를 주장하였고, 예상치 못한 정책은 경기변동을 악화시키게 된다고 주장함으로써 기존의 케인즈이론의 정책 개입주의에 대해 비판을 가하였다.

1980년대 이후 기본적으로 합리적 기대가설을 수용하면서도 임금과 가격의 신축성 가정을 부인하는 새케인즈학파(New Keynesian)가 대두되었다. 이들은 가격 경직성의 존재를 이유로 들어 정책 개입을 옹호하는 편이다.

section 03 거시경제의 주요 지표

1 GNI와 GDP

어떤 국민경제가 일정기간 동안 달성한 경제적 성과를 총체적으로 나타내는 거시경제지표 중 가장 대표적인 것은 국민총소득(GNI)과 국내총생산(GDP)이다. 이는 실업, 인플레이션, 경제성장률 등과 밀접한 관계를 갖고 있으며, 국민소득의 측정, 거시경제정책 수립 등에 이용되는 매우 중요한 변수이다.

GNI는 거주지역이 국내이냐 해외이냐에 관계없이 경제주체의 국적을 기준으로 자국 국민이 생산한 재화와 서비스를 대상으로 한다. 이에 반하여 GDP는 지역개념이다. 예를 들어 외국인이 국내에서 생산하였다면 GDP에 포함된다.

결국 GNI는 GDP에서 해외로부터 유입되는 요소소득을 더해 주고, 해외로 지급되는 요소소득을 공제함으로써 구할 수 있다. 즉 GNI는 다음과 같이 GDP에 국외순수치 요소소득(Net Factor Income from abroad : NFI)을 더한 것이다.

$$GNI = GDP + NFI$$

국민소득은 생산, 분배, 지출의 세 가지 측면에서 측정될 수 있다. 생산 국민소득은 어떤 국민경제가 일정기간 동안 생산한 재화와 용역의 가치를 화폐단위로 표시한 것으로서, 각 생산과정에서의 중간재 투입액을 뺀 최종 부가가치만을 합하여 산출한다.

지출 국민소득은 민간소비지출, 투자지출, 정부지출 및 순수출의 합으로 구성된다. 분배 국민소득은 생산하는 데 드는 요소비용인 이자, 배당금, 이윤 등을 모두 합한 것이다.

이 세 가지 측면의 국민소득은 사후적으로 모두 일치하는데, 이를 국민소득 3면 등가의 원칙이라고 한다.

2 물가 수준과 물가지수

가격 지수는 어떤 재화 i의 t시점 가격을 시점 0의 가격을 기준으로 상대적으로 평가하는 것이다. 즉 비교 시점 t에서 재화 i의 가격을 p_t^i라고 하고 비교대상 시점 0에서 재화 i의 가격을 p_0^i라고 하면 재화 i의 가격 지수는 다음과 같다.

$$\text{재화 } i \text{의 가격 지수} = \frac{p_t^i}{p_0^i} \times 100$$

한 나라의 국민경제는 수많은 종류의 재화와 서비스를 생산, 판매하고 소비한다. 이들 재화와 서비스는 각각의 개별적인 가격을 갖는다. 그런데 총체적 변수를 대상으로 하는 거시경제학에서는 개별 재화의 가격보다는 이들 가격의 평균치인 물가 수준(price level)이 더욱 중요하게 고려된다. 물가지수(price index)는 각 시점의 물가 수준과 기준 시점의 물가 수준을 비교함으로써 도출할 수 있다.

현재 우리나라에서 많이 사용되는 물가지수로는 소비자물가지수(CPI), 생산자물가지수(PPI), 수출입물가지수, GDP 디플레이터 등을 들 수 있다. 소비자물가지수는 가계의 주요한 소비지출 대상이 되는 품목들의 가격 변동을 측정하기 위한 것이고, 생산자물가지수는 국내의 민간기업(생산자 및 수입업자)들 사이에서 거래되는 모든 재화의 판매 가격을 기준으로 작성된다. 수출입물가지수는 수출상품과 수입상품의 평균적인 가격 변화를 살펴보기 위해 작성되며, GDP 디플레이터는 명목 GDP를 실질 GDP로 나누어 줌으로써 구해진다.

이와 같은 물가지수의 변동률을 물가상승률이라 하는데, 일정기간 동안 지속적으로 물가가 상승하는 경우를 인플레이션(inflation)이라고 부르며, 반대로 일정기간 동안에 계속적으로 물가가 하락하는 경우를 디플레이션(deflation)이라 한다.

chapter 02

소비 이론

소비 이론 개요

전통적인 소비 이론은 소비가 어떻게 결정되는가에 대해서 소비는 소득의 함수, 즉 $C = f(Y)$라는 가정에서 출발하였다.

전통적 소비 이론에는 절대소득 가설, 상대소득 가설, 생애주기 가설, 항상 소득 가설 등이 있다. 각 이론은 소비의 설명변수인 소득에 대해 다른 가정을 하였는데, 절대소득 가설은 소비의 설명변수로 가처분소득을 가정하였다. 반면에 상대소득 가설에서는 자신의 소득뿐 아니라 다른 사람의 소득 수준 및 자신의 과거 소득 수준까지 고려하여 소비를 설명하였다. 생애주기 가설에서는 개인이 벌어들인 소득에 자산개념까지 포함한 총자산의 성격을 가진 소득이 소비에 영향을 준다고 가정하였다. 항상 소득 가설은 소득을 항상 소득과 일시 소득으로 구분하여 항상 소득만이 소비를 결정하는 요인이라고 설명하였다.

이 장에서는 전통적 소비 이론 각각의 내용을 먼저 살펴본다. 그리고 최근의 소비 이론인 임의보행(랜덤워크) 소비 가설과 유동성 제약 모형에 대해서 설명하고자 한다.

절대소득 가설 : 케인즈

케인즈(J. M. Keynes)는 개별 경제주체가 현재 시점에서 얻고 있는 절대소득(즉 가처분소득)과 한계소비성향(MPC)에 의해 소비가 결정된다고 보았다. 이것을 식으로 표시하면 다음과 같다.

$$C = a + bY, \ 0 < b < 1$$

여기서 a는 소득이 0인 경우에도 생존을 위해 일정 소비가 필요함을 나타내는 생존 소비 부분으로 이는 소비함수의 절편항에 해당한다.

그리고 b는 한계소비성향(Marginal Propensity to Consume: MPC)으로서, 소득이 한 단위 증가할 때 소비가 몇 단위 변동하는가를 의미한다. 소득 증가분의 일부만이 소비에 반영되기 때문에 $0 < MPC < 1$의 관계를 갖는다. 즉 $b = \dfrac{\partial C}{\partial Y}$이고, 이는 소비함수의 기울기를 뜻한다. 따라서 계수 b는 한계소비성향이며, 소득(가처분소득)의 변동에 따른 소비의 변동을 나타낸다.

평균 소비성향(Average Propensity to Consume : APC)은 소득에 대한 소비의 비율을 의미하며, $\dfrac{C}{Y}$로 나타낸다. 〈그림 2−1〉 원점에서 소비함수의 한 점에 대해 그은 선분의 기울기가 평균 소비

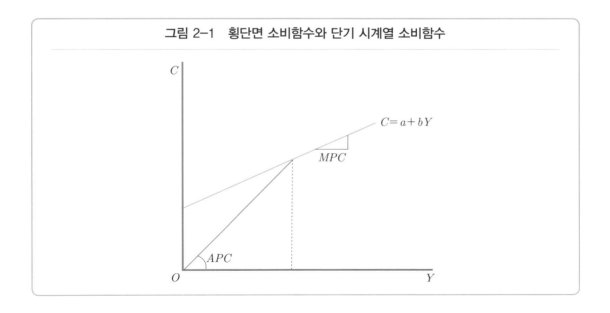

그림 2−1 횡단면 소비함수와 단기 시계열 소비함수

성향이다. 이 그림으로부터, 한계소비성향(기울기)은 평균 소비성향보다 작다는 사실과 소득이 증가함에 따라 평균 소비성향이 감소한다는 사실을 알 수 있다.

절대소득 가설(absolute income hypothesis)의 주요 특징들을 정리하면 다음과 같다.

❶ 소비는 현재 소득(가처분소득)의 증감에 따라 변하게 된다.
❷ 평균 소비성향이 한계소비성향보다 크다($APC > MPC$). 즉 저소득자일 때에는 소득 중에서 소비가 차지하는 비중이 크지만, 고소득자일 때에는 소득 중에서 소비가 차지하는 비중이 점차 줄어든다.

소비의 '정형화된 사실(stylized facts)'은 다음과 같다.

케인즈의 절대소득 가설은 1950년대까지 대표적인 소비 이론이었지만 이 이론에 의해 설명하기 어려운 현상이 쿠즈네츠(Kuznets)에 의해 관찰되었으며 그것을 설명하기 위해 소비에 대한 다양한 이론이 제시되었다. 쿠즈네츠가 발견한 소비의 주요 특징들을 '정형화된 사실'이라고 부르는데 그 내용은 다음과 같다.

❶ 1896~1933년의 미국의 장기 소비자료를 분석한 결과 평균 소비성향은 약 0.87 수준에서 일정하였다.
❷ 소득계층별 소비성향에 대한 분석에 의하면 저소득층의 소비성향이 고소득층의 소비성향보다 높게 나타났다. 또한 $APC > MPC$임이 밝혀졌다.
❸ 경기변동과정을 통해 살펴볼 때 경기 수축기의 소비성향이 경기 확장기보다 더 높게 나타났다.

케인즈의 절대소득 가설은 단기적으로, 또는 횡단면적으로 $APC > MPC$라는 사실은 잘 보이고 있으나, 장기적으로 $APC = MPC$가 성립함을 보이지는 못하게 된다. 이에 따라 여러 가지의 소비함수 이론이 등장하게 되었다.

section 03 상대소득 가설 : 듀젠베리

듀젠베리(Duesenberry)는 소비는 절대소득이 아니라 다른 사람들(즉 동류집단)의 소득과 비교한 상대소득에 의해 결정된다고 보았다. 이를 상대소득 가설이라고 하는데, 이 가설에서는 횡단면적 상대성인 '전시효과'와 시계열적 상대성인 '톱니 효과'의 현상이 나타남을 설명하고 있다.

상대소득 가설(relative income hypothesis)에 의하면 사람들의 소비는 자기 자신의 소득뿐만 아니라 주위 사람들의 소비행위에도 영향을 받는 것으로 나타나는데 이를 전시효과(demonstration effect)라고 한다. 즉 개인 i의 소비(C_i)는 본인의 소득(Y_i)뿐만 아니라 다른 개인의 소비에도 영향을 받는다. 다른 개인의 소비 수준에 대한 대용변수로서 사회의 평균 소득 수준 $\left(\overline{Y} = \dfrac{1}{n}\sum_{i=1}^{n} Y_i\right)$을 사용하면 개인의 소비는 다음과 같다.

$$C_i = \alpha Y_i + \beta \overline{Y} \Rightarrow APC = \frac{C_i}{Y_i} = \alpha + \beta \frac{\overline{Y}}{Y}$$

따라서 APC는 소득(Y_i)이 증가함에 따라 감소한다는 것을 알 수 있으며 이러한 사실로써 횡단면 소비함수를 설명할 수 있다. 상대소득 가설에 의하면 저소득층의 APC는 고소득층의 APC보다 크다. 그 이유는 소득이 낮은 개별 소비자는 사회적 평균에 상응하는 소비 수준을 충족시키려는 경향이 있기 때문이다.

예를 들어 어떤 사람의 소득이 전체 평균 소득 이하라고 하더라도 전체 평균 소비를 따라가기 때문에 APC는 높아진다. 소득이 전체 평균 소득 이상인 사람은 마찬가지로 APC가 낮아진다. 따라서 횡단면적으로 $MPC < APC$임을 설명할 수 있다.

또 사람들의 소비는 현재 자신의 소득뿐만 아니라 과거의 최고 소비 수준에도 영향을 받아 비가역적인 특징을 보이는데, 이를 톱니 효과(ratchet effect)라고 한다. 이러한 소비의 비가역성은 과거의 고소득에 의해 높은 수준의 소비를 경험한 사람은 소득이 하락하더라도 과거의 소비 수준으로 돌아가지 않고 상대적으로 높은 소비를 하게 되는 성질을 말한다. 소비의 비가역성을 〈그림 2－2〉를 통해 설명하면 다음과 같다.

A점을 기준으로 하여 먼저 장기에서 소득의 성장은 장기 시계열 소비함수를 따라 A에서 B로 이동하여 APC는 일정하다. 그러나 점 A에서 경기후퇴로 인해 소득이 감소하면 소비는 단기 소비함수 AA'를 따라 감소한다. 경기회복으로 인해 소득이 추세 수준으로 회복되면 다시 장기 시계열 소비함수를 따라 이동한다. 그러다가 또 경기후퇴가 일어나면 BB'를 따라 소비가 감소한다.

결국 상대소득 가설은 소비의 비가역성인 톱니 효과를 이용하여 장·단기 시계열 소비함수를 설명하는 것이다.

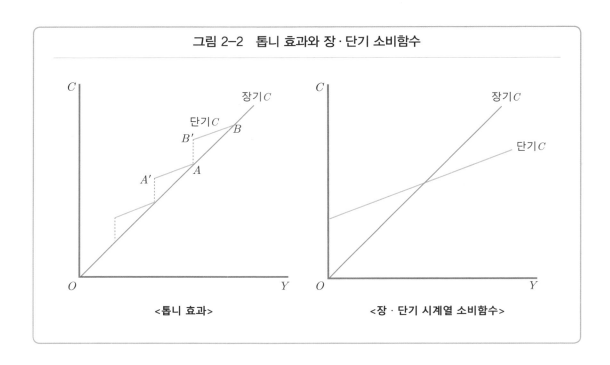

그림 2-2 톱니 효과와 장·단기 소비함수

<톱니 효과>

<장·단기 시계열 소비함수>

section 04 생애주기 가설 : 안도와 모딜리아니

안도(Ando)와 모딜리아니(Modigliani)는 소비자들은 일생에 걸친 소득의 할인가치에 근거하여 소비를 결정한다고 보았다. 일반적으로 개인의 소득은 인생의 중기에 비해 그 초기와 말기에 상대적으로 작은 경향이 있는데, 이 같은 소득의 흐름과 연결하여 생애주기 가설(life cycle hypothesis) 또는 평생소득 가설이라는 소비 이론을 전개하였다. 소비의 경우는 소득의 흐름에 비해 소비의 경로가 최소한 평탄하거나, 시간에 걸쳐 서서히 증가하기를 원하므로 이를 그림으로 나타내면 〈그림 2-3〉과 같다.

〈그림 2-3〉에서 보는 바와 같이 $0 \sim t_0$의 초반기에는 소비가 소득을 능가하여 빚을 지게 되고, $t_0 \sim t_1$의 중반기에는 소득이 소비보다 크므로 초기에 진 빚을 갚고 은퇴 후를 대비하여 저축을 하게 되며, $t_1 \sim T$의 후기에는 중반기에 준비했던 저축을 사용하게 된다.

생애주기 가설은 소비(C_t)의 설명변수로 노동소득의 흐름(Y_t^L)뿐만 아니라 자산(A_t)을 포함

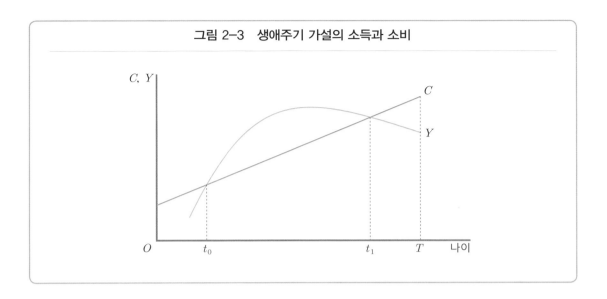

그림 2-3 생애주기 가설의 소득과 소비

하여 장·단기 시계열 소비함수를 설명하였다.

$$C_t = k(A_t + Y_t^L) \Rightarrow APC = \frac{C_t}{Y_t} = k\left(\frac{A_t}{Y_t} + \frac{Y_t^L}{Y_t}\right)$$

단기적으로 자산은 일정하기 때문에 APC는 현재 소득(Y_t)이 증가할수록 감소하고 이로써 단기 시계열 소비함수를 설명할 수 있다. 장기적으로는 자산－소득비율$\left(\frac{A_t}{Y_t}\right)$ 및 노동소득의 흐름－소득비율$\left(\frac{Y_t^L}{Y_t}\right)$이 일정한 값에 수렴하기 때문에 APC가 일정하게 되고 이로써 장기 시계열 소비함수를 설명할 수 있다.

생애주기 가설에서 정의하는 소득의 개념은 인적 및 비인적자산을 포함시킨다는 점에서 다음에 나오는 항상 소득 가설에서 정의하는 항상 소득 개념과 관련이 깊다고 할 수 있다.

프리드만(M. Friedman)은 소득을 항상 소득(영구 소득)과 일시 소득으로 나누고 소비를 항상 소비(영구 소비)와 일시 소비로 나누어 항상 소비는 오직 항상 소득의 함수라고 보았다.

위의 내용은 다음과 같이 표현된다.

❶ $Y = Y^P + Y^T$로 소득은 항상 소득과 일시 소득으로 구성된다.

여기서 Y^P와 Y^T는 서로 상관관계가 없다(Y^P : 항상 소득, Y^T : 일시 소득).

❷ $C = C^P + C^T$로 소비도 항상 소비와 일시 소비로 구성된다.

여기서 C^P와 C^T는 서로 상관관계가 없다(C^P : 항상 소비, C^T : 일시 소비).

❸ C^T와 Y^T는 서로 상관관계가 없다.

따라서 $C^P = f(Y^P)$로 항상 소득만이 항상 소비를 결정한다.

앞의 설명 중에서 일시 소득과 일시 소비가 무관하다는 가정 ❸은 소비(consumption)를 음식물 등과 같은 비내구소비재(non-durables)에 대한 지출로 간주한 반면, TV 혹은 냉장고 등의 내구소비재(durables)에 대한 지출은 소비자 지출(consumer expenditure)로 구분하였기 때문이다. 따라서 일시 소득은 빚을 갚거나 내구소비재에 대한 소비자 지출로 사용되므로, 일시 소득은 항상 소비와는 관계가 없게 된다.

항상 소득 가설(permanent income hypothesis) 또는 영구 소득 가설은 소득을 항상 소득과 일시 소득으로 나누어 장·단기 시계열 소비함수를 설명한 것이다. 단기적으로 소득이 증가할 때 이는 일시 소득의 증가에 기인한 면이 있기 때문에 소득 증가의 일부분만을 소비하며, 소득이 감소할 때에도 감소분의 일부분만이 소비 감소에 반영된다는 점에서 단기 시계열 소비함수를 설명할 수 있다. 예를 들어 임시 보너스를 받았다고 하자. 이러한 경우 절대소득 가설에 의하면 가처분소득이 증가하였으므로 현재 소비를 늘리게 될 것이다. 하지만 항상 소득 가설에 의하면 임시 보너스는 일시 소득이지 항상 소득이 아니다. 그러므로 내구소비재를 구입하는 등의 소비자 지출로 사용되고 현재 소비에는 아무런 영향을 주지 않게 된다.

마찬가지로, '일시적인' 세율 변화는 항상 소득에 거의 영향을 미치지 못하지만 영구적인 세율 변화는 항상 소득을 변화시켜 소비에 변화를 주게 된다. 따라서 케인즈가 주장한 단기 재정정책은 효과가 없다고 주장하였다.

그리고 장기 시계열 소비함수는 항상 소비와 항상 소득의 관계식인 $C^P = \beta Y^P$로써 설명할 수 있다. 항상 소득 가설의 의의는 케인즈의 절대소득 가설 및 듀젠베리의 상대소득 가설과 달리 인간의 소비행위를 미래지향적으로 보는 데 있다.

section 06 　최근의 소비 이론

1 　랜덤워크 소비 가설

만일 항상 소득만이 소비를 결정한다고 하면, 소비의 변화는 항상 소득에 대한 예측치의 변화에만 반응해야 한다. 이때 사람들이 미래의 소득흐름을 유용한 정보를 이용하여 합리적으로 예측한다면, 예측치의 변화는 그 전에는 알지 못했던 현재의 새로운 정보이기 때문에 항상 소득의 변화는 확률적(random)이어야 한다.

그렇다면 소비 역시 확률적 오차항에 의해서만 변화하게 된다는 것이 랜덤워크 가설의 입장이다. 즉 소비의 시간경로는 마치 사람이 술에 취해 비틀거리며 걷는 모습(즉, 랜덤워크(random walk))을 보인다. 이를 식으로 표현하면 다음과 같다.

$$C_t = C_{t-1} + \varepsilon_t$$

랜덤워크 소비 가설에서는 전통적인 소비함수 이론과 달리 t기의 소비를 예측하기 위해서는 $t-1$기 소비만 알면 되고 그 차이는 확률적인 오차항인 ε_t로 나타난다.

랜덤워크 소비 가설의 특징을 보기 위하여 절대소득 가설과 비교하여 보기로 하자. 만약 가까운 장래($t+k$기)에 세금을 내리기로 한다는 정책이 공고되었다고 하자. 절대소득 가설에서는 미래의 세금 감소는 당기의 가처분소득에 아무런 영향을 미치지 못하기 때문에 현재 소비에 아무런 영향을 미치지 못하나, 랜덤워크 소비 가설의 경우에는 미래의 세금 감소의 정보를 새로운 정보로 받아들이기 때문에 현재 소비에 바로 반영되어 현재 소비의 증가가 나타나게 된다.

2 유동성 제약 모형

생애주기 가설이나 항상 소득 가설에서는 개별 경제주체가 미래 소득의 증가를 예상하는 경우, 오늘 자금을 빌려서 현재의 소비를 증가시킬 수 있다. 그러나 현실적으로 볼 때 어떤 개인이 원하는 만큼을 빌릴 수 없는 경우가 있다. 이러한 경우를 유동성 제약(liquidity constraint)이라고 부른다. 유동성 제약은 미래 소득의 불확실성, 채무불이행의 위험, 자본시장의 불완전성 등의 요인에 의해 발생한다.

유동성 제약이 존재하여 미래 소득의 현재 차입이 불가능한 상태라면 개인은 현재의 유동성이 허용하는 범위 내에서만 소비가 가능하므로, 경제주체들은 미래 소득이나 항상 소득이 아니라 현재 소득을 기준으로 현재 소비를 결정할 것이다. 즉 유동성 제약에 의해 유도되는 소비함수는 현재 소득의 역할이 강조되는 결과를 초래하며 '케인즈의 소비함수(절대소득 가설)'와 유사한 형태를 갖게 된다.

하지만 일반적으로 이러한 유동성 제약은 일반적으로 소비가 소득을 능가하여 자금차입이 필요한 청년기의 경우에만 영향을 미치게 된다. 그와는 달리 장년기에는 소득이 소비를 능가하여 자금차입이 필요치 않으므로 유동성 제약의 영향을 받지 않게 될 것이다. 따라서 장년기에는 생애주기 가설의 경우와 같은 모습을 갖게 된다.

chapter 03

투자 이론

케인즈의 투자 이론 : *MEI* 이론

투자는 국가 경제의 총수요와 총공급에 장기적으로 영향을 미치는 주요 변수이다. 따라서 불확실한 미래에 대비하기 위해 행해지는 불규칙하고 가변적인 투자의 변화를 이해하는 것이 경기변동을 설명하고 정책대안을 모색하는 데 필수적인 기초가 된다.

케인즈에 따르면 투자는 기업가의 '동물적 감각(animal spirit)'에 의해 결정된다. 케인즈는 투자의 한계 효율(Marginal Efficiency of Investment: *MEI*), 즉 내부수익률(internal rate of return)에 의해 투자가 결정된다고 보았다. 투자의 한계 효율(ρ)이란 어떤 투자 프로젝트가 있을 때 그로부터 시점 $(t+1)$에서 $(t+n)$까지 소득이 발생한다고 하면 아래와 같이 미래 투자수익에서 투자비용을 차감한 이윤으로 정의된 투자 프로젝트의 현재가치(PV_t)를 0으로 만드는 시장이자율(r)이다.

즉 *MEI*는 투자비용과 투자에 의해 예상되는 수익의 현재가치를 일치시켜주는 할인율을 말하며, 이것이 객관적인 시장이자율보다 클 때에 투자를 행하게 된다. $MEI(\rho)$는 내부수익률로서 투자수익률의 개념이고, 시장이자율(r)은 기업이 차입금에 대해 지불해야 하는 이자비용의 개념이다. 결국 $\rho > r$의 투자 실행 조건은 수익 > 비용 또는 이윤 > 0을 의미한다.

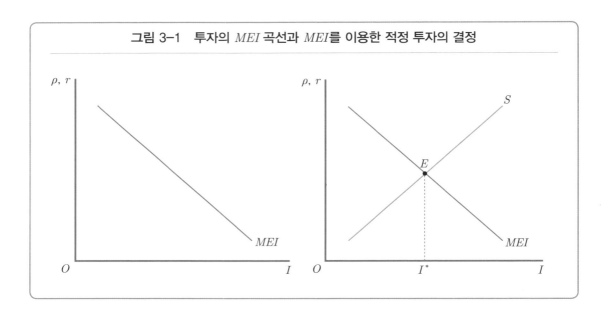

그림 3-1 투자의 *MEI* 곡선과 *MEI*를 이용한 적정 투자의 결정

$$PV_t = \frac{Q_{t+1}}{1+r} + \frac{Q_{t+2}}{(1+r)^2} + \cdots + \frac{Q_{t+n}}{(1+r)^n} - C_t$$

여기서 C_t는 t기의 투자에 사용되는 비용이고, Q_{t+i}는 $(t+i)$기의 투자소득을 나타낸다.

　여러 가지의 투자계획이 있을 때 ρ값이 큰 것부터 순서대로 배열하면 〈그림 3−1〉의 좌측과 같이 우하향하는 *MEI* 곡선이 도출되는데, 이는 투자의 수요곡선에 해당한다. 우측의 그림은 우하향하는 *MEI* 곡선과 자금공급곡선이 일치하는 점에서 적정 투자가 결정되는 것을 보여준다.

　그러나 이러한 케인즈의 *MEI* 이론은 기업의 자금사정, 시장이자율 등의 경제적 요인을 고려하지 못하는 한계가 있다.

section 02 | 투자자금의 한계비용 이론(E. Kuh, R. Meyer)

한계비용 이론은 기업의 내부자금(internal fund) 또는 유동성(liquidity)을 적정 자본량의 주요 결정요인으로 본다. 기업의 내부자금, 즉 이윤에서 세금과 배당금을 공제한 금액을 L_t라고 할 때 적정 자본량은 내부자금(L_t)에 대한 일정 비율(b)만큼 투자자금으로 이용할 수 있게 된다. 따라서 최적 자본량은 $K^* = bL_t$로 나타낼 수 있다.

이는 듀젠베리(J. Duesenberry)의 자금조달의 한계비용 이론과 비슷하다. 기업의 자금조달 한계비용(Marginal Cost of Fund: MCF)은 〈그림 3−2〉와 같이 나타나며, MCF 곡선과 MEI 곡선이 만나는 점에서 적정 투자량이 결정된다고 설명한다.

기업은 투자계획에 필요한 자금을 조달하기 위해서 이윤의 사내유보, 자금의 차입, 주식발행 등의 방법을 사용한다. 〈그림 3−2〉의 MCF 곡선은 기업의 자금조달 방법과 그에 따르는 조달비용과의 관계에 의해서 도출된다. 즉, 기업이 자금조달을 위해 사내유보 자금을 이용하게 되면 평균적으로 적은 비용이 발생하게 되며, 또한 사내유보 자금의 추가 이용 시의 비용은 거의 없으므로 그림에서 볼 수 있듯이 수평의 구간($A \sim B$)으로 표현할 수 있다. 그러나 외부에서 자금차입을 할 경우, 자금차입이 늘어남에 따라 비용은 증가하게 되므로 우상향하는 형태($B \sim C$)를 갖게 된다. 주식발행을 할 경우에는 평균적으로 많은 비용이 발생하게 된다.

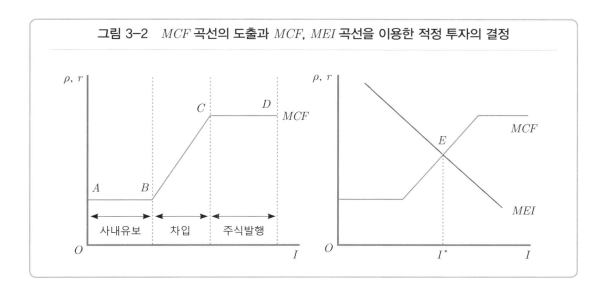

그림 3-2　MCF 곡선의 도출과 MCF, MEI 곡선을 이용한 적정 투자의 결정

물론 주식의 추가 발행에 드는 비용은 거의 없다고 볼 수 있으므로 〈그림 3−2〉의 왼쪽에서처럼 높은 수준에서 수평의 형태(C~D)를 갖게 된다.

〈그림 3−2〉의 오른쪽은 자금공급곡선으로서 MCF 곡선과 MEI 곡선이 일치하는 점에서 적정 투자가 결정되는 것을 보여주고 있다.

section 03 신고전학파의 투자 이론

신고전학파는 기업의 생산량 Y를 다음과 같이 노동 N과 자본 K의 생산함수로 표현한다.

$$Y = F(N, \ K)$$

그렇다면 기업의 이윤은 다음과 같이 총수입에서 생산비용을 차감한 것이다.

$$\Pi = P \cdot Y - w \cdot N - r \cdot K$$

여기서 w는 임금, r은 이자율을 나타낸다. 그러므로 위 식을 자본 K에 대하여 미분하면, 다음과 같은 기업의 이윤 극대화 조건을 구할 수 있다.

$$P \cdot F' = r$$

여기서 F'은 $\partial F / \partial K$, 즉 MP_K(자본의 한계 생산성)를 의미하므로 위 식은 다음과 같이 변형된다.

$$P \cdot MP_K = r$$

이 식의 왼편은 자본의 한계 생산물 가치, 즉 $VMPK$를 나타내며, 오른편은 자본비용인 이 자율(즉 자본을 임대할 때 드는 단위 비용)을 나타낸다. 결국 신고전학파는 투자의 단위 비용이 단위 이득과 같을 때 적정 투자가 결정된다고 본다. 이자율 r이 상승하면 MP_K도 증가해야 이윤 극대화의 조건이 만족된다. MP_K를 증가시키려면 한계 생산 체감의 법칙에 따라 K를 감소시켜야 한다. 따라서 이자율이 상승하면 투자가 감소된다.

section 04   Tobin의 q이론

전통적인 이론들은 산출량, 이자율 등 재화시장에서 결정되는 변수를 중심으로 투자 변화를 설명하는 데 비해 Tobin의 이론은 재화시장과 더불어서 자본시장(즉 주식시장)까지도 함께 고려하여 투자이론을 설명한다. 특히 아래와 같이 정의된 q는 이자율보다 더 포괄적인 정보를 투자자에게 제공하는 것으로 평가된다.

$$q = \frac{\text{주식시장에서 평가된 기업의 시장가치}}{\text{기업의 실물자본의 대체비용}} = \frac{\text{자본재 시장가치}}{\text{자본재 구입 가격}} = \frac{\text{자본생산성}}{\text{실질이자율}}$$

만약 $q > 1$이라면 투자의 이득이 투자비용을 능가하는 것이므로 이 경우에는 기업가들이 투자를 증가시키게 된다. 반대로 $q < 1$이라면 투자를 감소시키게 된다.

Tobin의 q는 Keynes의 주관적인 MEI를 객관적인 자본생산성으로 대체한 것으로 평가된다. Tobin의 q이론은 투자행위에 대한 시장의 평가를 반영할 수 있다는 장점이 있는 반면, 주식시장이 비효율적이면 q값 자체가 의미가 없고, 투자의 결정과 집행 사이에 시차가 존재하게 되는데, 그 사이에 주가가 큰 폭으로 변하는 것에 대한 대안이 없다는 단점이 있다.

chapter 04

IS-LM 모형

*IS*곡선의 도출과 이동

이 절에서는 재화시장의 균형을 살펴본다. 국민경제에 공급되는 국민소득, 즉 생산된 재화 또는 산출물을 Y라고 하자. 즉 재화시장의 공급을 Y로 나타낸다. 한편 경제주체인 가계는 소비지출 C를 위하여, 기업은 투자지출 I를 위하여, 정부는 정부지출 G를 위하여 모두 국민소득을 필요로 하고 있다. 이 셋의 합이 재화시장의 수요를 이루고 있다. 그러므로 재화시장의 균형식은 다음과 같다.

$$Y = C(Y - T) + I(R) + G$$

여기서 앞장에서와 같이 소비는 가처분소득의 함수이고, 투자는 이자율의 함수이고, 정부지출은 정부가 독자적으로 결정하는 것으로 가정하였다.

앞장에서 투자가 이자율과 역관계를 갖는다고 간략히 설명하였는데, 이를 보다 자세하게 보이기 위하여 '현재가치법'을 이용하여 다시 살펴보도록 하자.

현재가치(present value)란 장래에 받을 어떤 금액을 현재의 시점에서 평가한 가치를 말하고,

현재가치를 구하는 것을 할인한다(discount)고 말한다. 예를 들어 현 시점에서 투자비용 C_t를 들여 투자를 한다고 하고, 3기에 걸쳐 각각 Q_{t+1}, Q_{t+2}, Q_{t+3}의 수입을 얻는다고 해 보자. 그러면 미래 투자수익에서 투자비용을 차감한 이윤인 현재가치 PV_t는 다음과 같이 구할 수 있다.

$$PV_t = \frac{Q_{t+1}}{(1+R)} + \frac{Q_{t+2}}{(1+R)^2} + \frac{Q_{t+3}}{(1+R)^3} - C_t$$

따라서 기업은 투자비용 C_t와 미래 투자수익의 현재가치를 비교하여 투자를 결정할 것이다.

만약 이자율 R이 상승한다면 할인율이 커지게 되어 현재가치 PV_t는 감소하게 될 것이다. 따라서 미래 이윤이 감소하므로 투자는 감소하게 된다. 반대로 R이 하락한다면 할인율이 작아지게 되어 PV_t는 상승할 것이고, 이에 따라 투자는 증가하게 될 것이다. 이를 통해 투자는 이자율과 역관계를 갖는다는 것을 알 수 있다.

그러므로 투자 함수는 다음과 같이 쓸 수 있다.

$$I = I(R), \quad \frac{\partial I}{\partial R} < 0$$

이와 같이 재화시장이 균형을 이루게 하는 이자율(R)과 국민소득(Y)의 조합을 나타내는 곡선을 IS곡선이라고 한다. IS곡선을 유도하는 것을 간략하게 묘사한 것이 〈그림 4−1〉이다.

〈그림 4−1〉의 왼편을 살펴보면, 먼저 이자율이 하락($R_0 \rightarrow R_1$)하면 투자는 이자율과 역관계에 있으므로 상승($I_0 \rightarrow I_1$)하게 된다. 그에 따라 재화시장의 수요가 증가하고 〈그림 4−1〉의 왼편에서 볼 수 있듯이 소득이 증가($Y_0^* \rightarrow Y_1^*$)하게 된다. 즉 이자율의 하락은 소득을 증가시키게 되고, 이는 재화시장에서 이자율과 소득이 역관계에 있음을 의미한다. 따라서 〈그림 4−1〉의 오른편과 같이 우하향하는 IS곡선이 도출된다.

IS곡선이라는 명칭은 재화시장의 균형 조건 $I = S$가 성립한다는 것을 의미한다. 이는 투자와 저축이 사후적으로 일치함을, 또는 유입과 유출이 동일함을 의미한다.

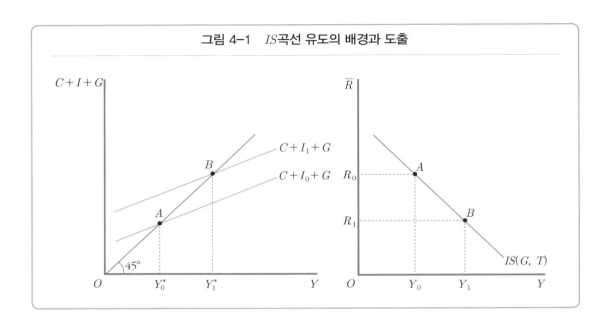

그림 4-1 IS곡선 유도의 배경과 도출

IS곡선은 이자율뿐만 아니라 정부지출 G와 조세 T에 대해서도 G와 T의 수준에 대응하는 국민소득 수준을 나타낸다. 따라서 정부지출 G나 조세 T가 변동한다면 IS곡선은 이동하게 된다. 정부지출(G)이 증가한다면, 투자 증가의 경우와 마찬가지로 〈그림 4-1〉의 왼편에서 $C+I+G$곡선이 상향이동하게 된다. 그러므로 이자율은 불변이지만 소득은 증가($Y_0^* \rightarrow Y_1^*$)하게 된다. 따라서 〈그림 4-1〉의 오른편에서 IS곡선이 우측이동하게 되는 것이다. 또한 조세(T)가 감소한다면, 가처분소득이 증가하므로 소비가 증가하게 되어 $C+I+G$곡선이 상향이동하게 된다. 그러므로 IS곡선이 우측이동하게 되는 것이다.

section 02 ## LM곡선의 도출과 이동

케인즈는 '유동성 선호설'로 화폐수요를 설명하였다. 화폐수요는 크게 거래적 화폐수요, 투기적 화폐수요, 예비적 화폐수요의 세 가지로 나눌 수 있다.

거래적 화폐수요는 재화구입을 위한 거래적 목적으로 화폐를 수요하는 것으로, 소득과 지출이 증가함에 따라 화폐수요는 증가하게 된다. 이를 식으로 나타내면 다음과 같다.

$$\text{거래적 화폐수요} = k(Y), \quad \frac{\partial k}{\partial Y} > 0$$

투기적 화폐수요는 화폐 보유의 기회비용으로 화폐수요를 설명하고 있다. 만약 이자율이 상승한다면 사람들은 무수익 자산인 화폐를 덜 보유하는 한편 대신 수익자산을 보유하려 할 것이다. 즉 이자율이 상승함에 따라 화폐 보유의 기회비용이 상승하므로 화폐수요가 감소할 것이다.

$$\text{투기적 화폐수요} = l(R), \quad \frac{\partial l}{\partial R} < 0$$

마지막으로 예비적 화폐수요는 미래의 불확실 상황에 대비하여 갖게 되는 화폐수요를 일컫는다. 여기서는 예비적 화폐수요는 일정한 것으로 간주하고 분석에서 제외시키기로 한다.

그러면 실질 화폐수요는 다음과 같이 거래적 수요와 투기적 수요로 이루어진다.

$$\frac{M^d}{P} = k(Y) + l(R)$$

한편 화폐공급은 중앙은행에 의해 결정된다고 볼 수 있다. 화폐공급량을 M, 물가 수준을 P라고 하면 실질 화폐공급은 다음과 같다.

$$\frac{M^s}{P} = \frac{M}{P}$$

그러므로 화폐수요＝화폐공급을 나타내는 화폐시장의 균형식은 다음과 같다.

$$\frac{M}{P} = k(Y) + l(R)$$

 IS곡선과 마찬가지로 화폐시장의 균형을 나타내는 이자율(R)과 국민소득(Y)의 조합을 LM 곡선이라고 한다. LM곡선을 유도하는 것을 간략히 나타낸 것이 〈그림 4−2〉이다.

 먼저 화폐수요가 우하향하는 이유는 투기적 화폐수요에 의해 이자율과 화폐수요가 역관계를 갖기 때문이다. 그리고 화폐공급곡선이 수직인 이유는 중앙은행에 의해 외생적으로 결정되기 때문이다. 이제 소득이 증가($Y_0 \rightarrow Y_1$)하면 거래적 화폐수요가 상승하므로 〈그림 4−2〉의 왼편에서 화폐수요곡선이 상향이동하게 된다. 그에 따라 이자율이 상승($R_0 \rightarrow R_1$)하게 된다. 이는 화폐시장에서 이자율과 소득이 정의 관계에 있음을 의미한다. 따라서 〈그림 4−2〉의 오른편과 같이 우상향하는 LM곡선을 얻을 수 있다.

 LM곡선이라는 명칭은 화폐시장의 균형 조건 L(화폐수요)$= M$(화폐공급)이 성립함을 의미한다.

 물가가 하락하거나 중앙은행에 의해 화폐공급이 증가한다면, 실질 화폐공급량이 증가하게 되는데, 이는 LM곡선의 우측이동을 야기한다.

 먼저 화폐공급이 증가하면 〈그림 4−2〉의 왼편에서 화폐공급곡선이 우측으로 이동하게 된다. 그에 따라 이자율이 하락하게 되므로, 〈그림 4−2〉의 오른편에서 소득이 일정한 상태인데

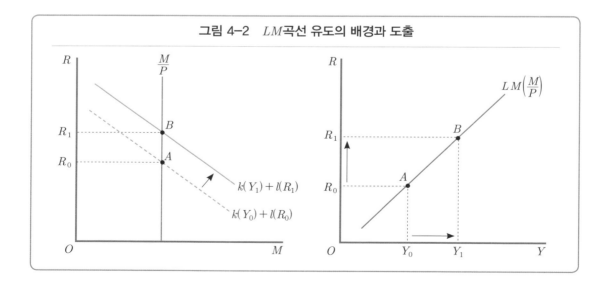

그림 4−2　 LM곡선 유도의 배경과 도출

이자율이 하락하려면 LM곡선이 우측으로 이동해야 한다. 마찬가지로 물가가 하락하면 실질화폐공급 $\frac{M}{P}$이 증가하게 되므로, 이 역시 화폐공급곡선의 우측이동을 의미하고 이는 LM곡선의 우측이동을 의미하게 된다.

section 03   IS-LM 모형

이제까지는 재화시장과 화폐시장의 균형을 별개로 다루어왔다. 재화시장의 균형은 IS곡선으로, 화폐시장의 균형은 LM곡선으로 설명하였다. IS곡선과 LM곡선이 만나는 점에서 재화시장과 화폐시장은 동시에 균형이 이루어진다. 이를 묘사한 것이 〈그림 4-3〉이다.

〈그림 4-3〉을 통해 IS곡선이나 LM곡선이 이동할 때 동시 균형이 어떻게 변하는지를 분석할 수 있다. 이를 $IS-LM$ 모형 분석이라고 한다. 어떤 경제정책을 실행하면 IS곡선이나 LM곡선이 이동하게 될 것이고, $IS-LM$ 모형에 의해 동시 균형 또한 변하게 된다. 그러므로 $IS-LM$ 모형을 통해 경제정책의 효과 분석이 가능하다.

그림 4-3 $IS-LM$ 모형

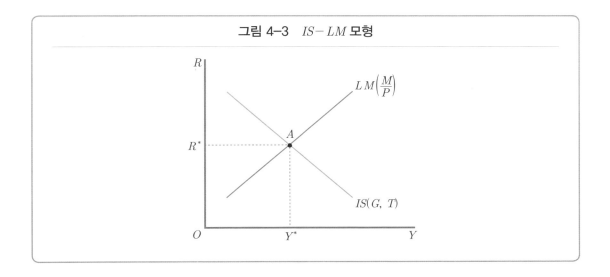

재정정책의 효과

재정정책이란 정부지출과 조세를 변화시켜 경제성장, 물가안정 등의 정책목표를 달성하려는 경제정책을 일컫는다. 정부지출을 증가하거나 세금을 감소시켜 총수요를 증진시키고 침체된 경제상황을 회복시키려는 재정정책을 확대재정정책이라 하고, 정부지출을 감소하고 세금을 증가시켜 과열된 경제상황을 안정화시키려는 정책을 긴축재정정책이라 한다.

확대재정정책의 효과는 $IS-LM$ 모형을 통해 분석할 수 있다. 이를 간략히 묘사한 것이 〈그림 4-4〉이다.

정부지출 증가($G_0 < G_1$)에 따른 확대재정정책은 〈그림 4-4〉에서처럼 IS곡선을 우상향으로 이동시키게 된다. 그러므로 균형이 점 A에서 점 B로 이동하며 국민소득 Y가 증가하고 이자율 R도 상승하게 된다.

세금 감소에 의한 확대재정정책 역시 소비의 증가를 일으키므로 IS곡선을 우상향으로 이동시키게 되므로 정부지출 증가와 유사한 효과를 가진다. 그러나 세금 감소의 효과는 소비에 영향을 주느냐가 관건인데, 이에 대해 학파 간에 견해의 차이가 있다.

한편 정부지출의 증가에 의해 이자율이 상승하게 되는데, 그에 따라 민간투자가 감소하게 된다. 이를 구축효과(crowding-out effect)라고 한다. 고전학파는 완전 또는 완전한 구축효과(full

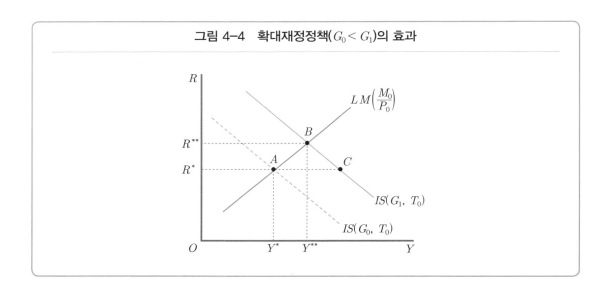

그림 4-4 확대재정정책($G_0 < G_1$)의 효과

crowding-out effect)가 일어난다고 보았다. 완전 구축효과는 IS곡선이 수평이거나 LM곡선이 수직인 경우에 일어난다. 그러므로 고전학파의 경우에 재정정책은 효과가 없게 된다. 반면에 극단적 케인즈학파는 무 구축효과(no crowding-out effect)를 가정한다. 이는 LM곡선이 수평인 경우에 일어나며, 재정정책은 이자율의 상승 없이 국민소득을 증가시킬 수 있다고 본다. 결국 현실에서는 이 둘의 절충인 부분 또는 불완전한 구축효과(partial crowding-out effect)가 일어난다고 볼 수 있다.

통화정책의 효과

통화정책이라 함은 중앙은행이 물가안정 등의 정책목표를 달성하기 위하여 화폐량을 조절하는 정책을 말한다. 경제활성화를 위해 화폐량을 증대하는 정책을 확대통화정책이라 하고, 경제안정화를 위해 화폐량을 감소하는 정책을 긴축통화정책이라고 한다.

결국 통화정책에 의한 화폐량의 증감은 LM곡선을 이동시키게 되어, $IS-LM$ 모형을 통

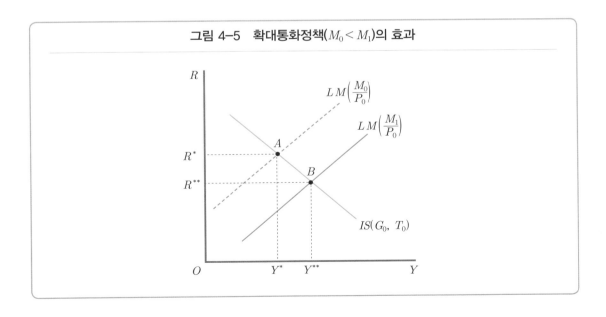

그림 4-5 **확대통화정책($M_0 < M_1$)의 효과**

해서 그 정책효과를 분석할 수 있게 된다. 이를 간략히 묘사한 것이 〈그림 4-5〉이다.

만약 중앙은행이 확대통화정책을 통해 화폐량을 증대($M_0 < M_1$)시킨다면, LM곡선은 우측으로 이동하게 된다. 그러므로 그림에서 볼 수 있듯이 균형이 A에서 B로 이동하게 된다. 이는 국민소득 Y의 증가와 이자율 R의 하락의 효과를 가져온다.

특히 고전학파는 LM곡선이 수직에 가깝다고 보기 때문에 통화정책의 효과는 매우 크다고 보고 있는 반면, 케인즈학파는 LM곡선이 수평에 가깝다고 보기 때문에 통화정책보다는 재정정책의 효과가 훨씬 크다고 본다.

section 06 유동성 함정과 피구 효과

앞 절의 정책효과와 관련하여 주요한 개념으로 유동성 함정과 피구 효과가 있다. 케인즈의 유동성 선호설에서 이자율이 낮아질 때 투기적 화폐수요는 증가한다. 유동성 함정(liquidity trap)이란 어떤 임계 이자율 R^*가 있어서 극심한 경제 불황 상태에서 이자율이 그 수준에 이를 정도로 낮아지게 되면 사람들은 채권 보유를 포기하고 모든 자산을 화폐로만 수요하려 하여 (투기적) 화폐수요가 폭발적으로 증가하게 된다는 것이다.

이와 같이 유동성 함정이 존재하는 구간에서는 LM곡선이 완전히 수평이 되므로 정책당국이 화폐량을 늘려 이자율을 낮추려는 통화정책은 무력해진다. 반면 이 경우에는 구축효과가 전혀 나타나지 않게 되므로 IS곡선을 움직이는 재정정책의 효과는 극대화된다. 즉 이자율은 불변인 채로 국민소득을 크게 증가시킬 수 있다. 이를 나타낸 것이 〈그림 4-6〉이다.

〈그림 4-6〉의 왼편은 화폐수요를 나타내는 것으로 임계 이자율 아래에 화폐수요곡선이 수평이 됨을, 즉 화폐수요가 무한히 증가함을 나타낸다. 오른편은 $IS-LM$ 모형을 나타내는 것으로, 유동성 함정에 의해 LM곡선에 수평인 구간이 나타나게 되므로 LM곡선을 이동시키는 통화정책($A \rightarrow B$)은 효과가 없고 오직 재정정책($A \rightarrow C$)을 통해서만 정책효과가 있게 됨을 보여주고 있다.

이에 대해 고전학파는 피구 효과(Pigou effect)가 존재한다면 경제주체의 부(wealth)를 증가시켜 유동성 함정에서 탈출할 수 있음을 보였다.

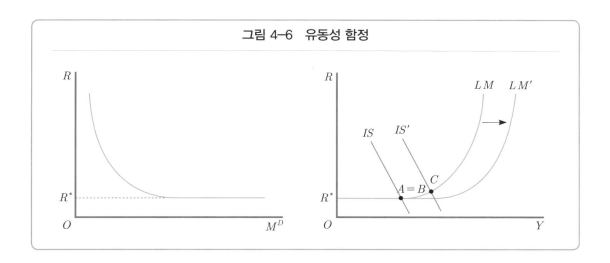

그림 4-6 유동성 함정

경제주체의 부가 다음과 같이 실질잔액 $\frac{M}{P}$, 채권 B, 자본 K의 합으로 구성되어 있다고 하자.

$$W = \frac{M}{P} + B + K$$

그리고 소비함수가 소득만의 함수가 아니고 다음과 같이 소득과 부의 함수라고 하자.

$$C = C(Y, \ W)$$

그러면 경기불황에 의한 물가 하락($P_0 \rightarrow P_1$)은 보유 화폐량의 실질가치 $\left(\frac{M}{P}\right)$를 증가시키게 되므로 경제주체의 부(W)가 증가하게 된다. 이는 소비를 증가시키고 결국 IS곡선을 우측으로 이동시킨다. 이를 피구 효과 또는 실질 잔액 효과라고 한다. 그리고 LM곡선도 우측으로 이동시킨다. 이를 나타낸 것이 〈그림 4-7〉이다.

결국 IS곡선과 LM곡선의 오른쪽 이동에 의해 LM곡선의 수평 영역인 유동성 함정을 벗어날 수 있다($A \rightarrow B$). 유동성 함정은 극심한 경기불황에 가능한데, 이러한 경기침체 때의 물가 하락이 실질잔고의 가치를 상승시키고 이것이 부의 증가에 따른 소비 증가로 이어진다. 그 결과 IS곡선과 LM곡선은 모두 우측으로 이동하여 유동성 함정에서 탈출이 가능하게 되는 것이

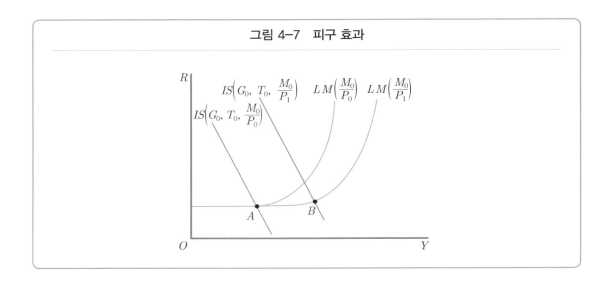

그림 4-7 피구 효과

다. 결국 피구 효과는 케인즈학파의 유동성 함정 논리에 대항하기 위하여 일부 고전학파가 사용하는 논리이다. 즉 유동성 함정이 존재한다고 해도 물가가 신축적이라면 극심한 불황에서 자동적으로 탈출하여 완전고용을 이룩할 수 있다는 것이다.

하지만 피셔(Fisher) 등 일부 학자들은 불경기일 때 물가가 하락하게 되면 민간부문의 실질 부채량이 증가하게 되므로 소비를 억제하게 되고 따라서 경기불황−물가 하락이 지속될 수 있다고 주장하였다. 이를 '부채−디플레이션 이론(Debt−Deflation theory)'이라고 부른다.

정책 유효성 논쟁

앞에서 잠깐 언급하였듯이 정부정책에 의한 효과는 학파 간에 상이한 입장을 보이고 있다.

만약 정부지출이 한 단위 증가하게 될 경우, 이자율 상승에 의한 투자 위축의 크기가 얼마나 큰가가 문제가 된다. 즉 총수요의 구성요소 가운데 정부 수요가 얼마나 민간수요로 대체되는가가 문제인 것이다. 고전학파는 완전 구축효과를 주장하여 $+\Delta G = -\Delta I$가 되어 수요는 불변이고, 국민소득 또한 불변으로 보고 있다. 케인즈학파는 부분 구축효과를 주장하여 $+\Delta G >$

$-\Delta I$가 되므로 수요가 약간 증가하여 국민소득이 증가한다고 본다. 특히 유동성 함정이 존재하면 구축효과를 완전히 배제할 수 있다는 것이 케인즈학파의 주장이다.

세금(세율)을 감소시키는 것은 정부지출의 증가와 유사한 효과를 나타내는데, 이는 총소비가 증가하기 때문이다. 결국 세금 감소의 효과는 간접적이다. 이와 관련하여 세금 감소에 의해 총소비가 증가하는지에 대해 학파 간에 상이한 견해를 보인다.

케인즈학파는 소비가 당기 가처분소득에 의존한다는 절대소득 가설을 주장하므로 세금 감면이 일시적이든 영구적이든 수요에 영향을 미친다고 본다.

반면 통화주의자는 항상 소득 가설을 주장하므로 일시적 세금 감소는 항상 소득에 아무런 영향을 미치지 않으므로 소비 역시 변화가 없다. 반면에 항상 소득은 영구적인 세금 감소가 일어날 경우에만 변화하므로 소비가 변한다고 본다. 따라서 케인즈학파의 확대재정정책은 일시적인 세금 변화이므로 IS곡선이 이동하지 않게 되어 정책효과는 사라지게 된다는 것이다. 더욱이 세금 감면이 수요에 영향을 미칠 경우 이자율이 상승하게 되어 다시 구축효과 문제가 대두된다.

결국 이와 같은 재정정책 유효성 논쟁은 소비함수와 투자 함수의 구성에 기반을 둔 것이다.

한편 합리적 기대학파는 세금 감소가 소비의 증가로 이어지는 것이 아니라 저축의 증가를 가져온다고 하였다. 왜냐하면 합리적 경제주체는 현재 세금의 감소를 미래 세금의 증가로 인식하기 때문에 소비를 하기보다는 저축을 하여 미래에 대비할 것이기 때문이다. 결국 세금 감소는 IS곡선을 이동시키지 않는다. 이를 리카르도 불변 정리(Ricardian Equivalence Theorem : RET)라고 한다.

70년대까지의 재정정책 유효성 논쟁은 구축효과의 존재 및 그 크기 여부가 논쟁의 초점이었다. 그리고 70년대 중반 이후부터 지금까지의 재정정책 유효성 논쟁은 리카르도 불변 정리의 성립 여부에 초점을 두고 있다.

통화정책의 경우에는 구축효과 논쟁과는 크게 관련이 없다. 왜냐하면 화폐량 증가는 이자율 하락을 가져오기 때문이다. 대신 화폐량 증가가 실제로 이자율을 하락시킬 수 있는 것인가에 관하여 학파 간에 다른 견해를 가진다.

케인즈학파는 화폐량의 증가가 이자율을 하락시키고 따라서 투자를 증가시켜 산출량이 증가된다고 본다. 이와 같이 화폐량 증가에 의해 이자율이 하락하는 효과를 유동성 효과라고 한다. 이에 반해 통화주의자는 화폐량의 증가는 유동성 효과에 의해 단기적으로 이자율을 하락시키지만 시간이 지남에 따라 소득효과와 피셔 효과에 의하여 이자율이 상승하게 된다고 반박하였다. 소득효과란 유동성 효과에 의한 소득 증가가 화폐수요의 상승을 가져오기 때문에 이자율이 상승하는 것을 말하고, 피셔 효과란 화폐량 증가에 의한 인플레이션의 상승이 피셔 방정식을 통해 이자율을 상승시키는 효과를 말한다.

통화정책과 관련하여 합리적 기대학파는 예상된 화폐량의 증가는 물가만 상승시키고 산출량에는 효과를 미치지 못하는 반면, 예상치 못한 화폐량의 증가는 실질 산출량에 영향을 미칠 수 있다고 주장하였다. 이를 정책 무력성의 정리(policy ineffectiveness proposition)라고 한다. 이 정리를 통해 합리적 기대학파는 정책과 정보체계의 투명성을 통하여 정책이 국민에게 신뢰를 주어야 한다고 주장하였다.

80년대 말에 새케인즈학파는 합리적 기대라는 개념은 받아들이면서 전통적인 케인즈학파의 가정인 임금 경직성, 물가 경직성, 이자율 경직성 등에 기반을 두고 정책효과의 가능성을 설명하였다.

chapter 05

총수요와 총공급(*AD-AS* 모형)

총수요곡선의 도출

　앞장에서 재화시장과 화폐시장의 균형을 통해 *IS*곡선과 *LM*곡선을 도출하였는데, 재화시장과 화폐시장을 결합함으로써 경제의 총수요를 결정할 수 있게 된다. 재화시장과 화폐시장을 동시에 균형으로 만드는 국민소득 Y와 물가 P의 조합을 총수요곡선 또는 *AD*곡선(aggregate demand curve)이라 한다.

　총수요곡선은 *IS*곡선과 *LM*곡선의 교차점을 통해 도출할 수 있으며 이 도출과정을 간략히 묘사한 것이 〈그림 5-1〉이다.

　〈그림 5-1〉을 간략히 설명하면 다음과 같다. 만약 물가가 P_0에서 P_1으로 상승하였다면, 이는 앞장에서 살펴본 것처럼 *LM*곡선이 좌측으로 이동한다. 그러므로 〈그림 5-1〉에서 볼 수 있듯이 균형이 E_0에서 E_1으로 이동하게 되어 국민소득은 Y_0에서 Y_1으로 감소하게 된다.

　물가 이외에 *LM*곡선과 *IS*곡선을 이동시키는 변수들(예를 들어 M, G, T)의 변동은 *AD*곡선을 이동시키게 된다.

　먼저 화폐량 M이 증가한다면 *LM*곡선이 우측으로 이동하고, 그 결과 이는 주어진 물가 수

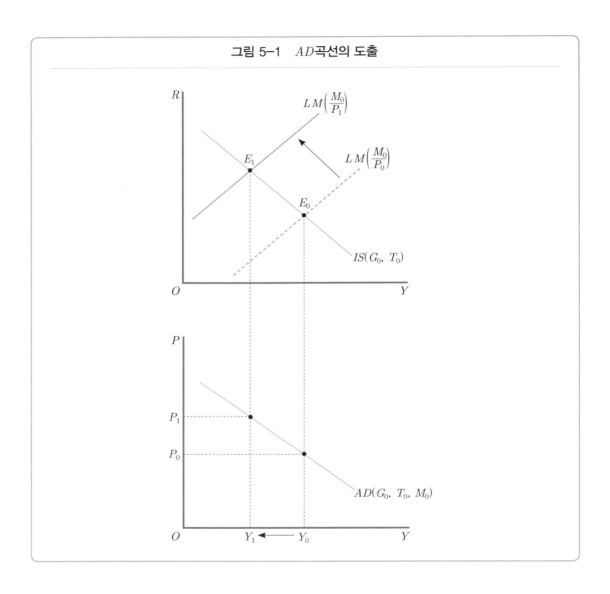

그림 5-1 AD곡선의 도출

준에서 국민소득 Y가 증가하게 된다. 이는 AD곡선의 우측 이동을 뜻한다.

    마찬가지로 정부지출과 조세의 변화에 의해 IS곡선이 이동하면 그 역시 AD곡선을 이동시키킨다. 정부지출이 증가한다면 IS곡선을 우측으로 이동시키고, 그로 인해 주어진 물가 수준에서 국민소득 Y가 증가하게 된다. 이는 AD곡선의 우측 이동을 뜻한다. 마찬가지로 조세가 감소한다면 IS곡선은 우측으로 이동하고, 주어진 물가 수준에서 Y가 증가하여 결과적으로 AD곡선은 우측으로 이동하게 된다.

노동시장의 균형

총공급은 노동시장에서 결정되는 노동과 자본에 의해 그 크기가 결정된다. 결국 총공급은 노동시장의 균형과 생산함수를 통해 분석할 수 있다.

그런데 총공급곡선의 형태는 학파 간의 견해에 따라 차이가 있다. 즉 고전학파는 임금이 신축적으로 조정 가능하므로 항상 노동의 수요와 공급이 균형이 된다고 보는 반면, 케인즈학파는 명목임금이 경직적이어서 즉각적인 조정이 불가능하다고 본다.

우선 기업은 노동 N과 자본 K로 구성된 생산함수를 갖는데, 단기에는 자본이 고정되어 있다고 볼 수 있으므로 생산함수는 다음과 같이 노동 N의 함수로 볼 수 있다.

$$Y = f(N),\ f' > 0,\ f'' < 0$$

여기서 f'은 노동의 한계 생산(marginal product of labour : *MPL*)을 뜻하고, f''이 0보다 작다는 것은 한계 생산이 체감한다는 것을 나타낸다. 그러므로 생산함수는 〈그림 5-2〉와 같이 나타낼 수 있다.

개별 기업들은 자신의 이윤을 극대화할 수 있도록 노동을 선택할 것이다. 그러므로 다음과

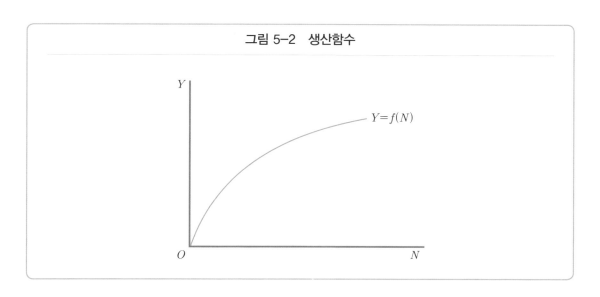

그림 5-2 생산함수

같은 이윤 극대화 조건을 통해 노동수요를 결정할 것이다.

$$P \cdot MPL = W, \quad \text{여기서 } W \text{는 명목임금}$$

실질임금이 노동의 한계 생산성(MPL)과 일치하는 조건에 의해 개별 기업의 노동수요곡선이 도출된다. 이때 MPL은 체감하므로 개별 노동수요곡선은 노동에 대하여 우하향하게 될 것이다.

경제 전체의 노동수요곡선은 개별 기업의 노동수요곡선을 모든 기업에 대해 주어진 임금수준에서 수평적으로 합하여 도출할 수 있으며, 다음의 식으로 나타낼 수 있다.

$$\frac{W}{P} = h(N)$$

여기서 $h(N)$은 노동수요 함수로서 우하향하는 곡선으로 나타난다.

한편 노동의 공급은 다음과 같이 개별 노동자의 기대 실질임금($\frac{W}{P^e}$)으로 나타낼 수 있다. 여기서 실제 물가 P대신 예측 물가를 사용하는 이유는 노동자들이 기업가들에 비해 정보가 부족하기 때문에 실제 물가를 모르며 따라서 물가의 예측치를 사용하게 된다.

$$\frac{W}{P^e} = g(N)$$

여기서 $g(N)$은 노동공급함수를 나타내며, 기대 실질임금이 증가할수록 노동의 공급은 증가할 것이므로 노동에 대하여 우상향하는 곡선으로 나타난다.

이러한 노동의 수요 · 공급함수를 명목임금 W와 노동량 N의 평면에 나타낸 것이 〈그림 5−3〉이다. 이러한 수요와 공급이 일치하는 점에서 노동시장의 균형이 달성될 것이다.

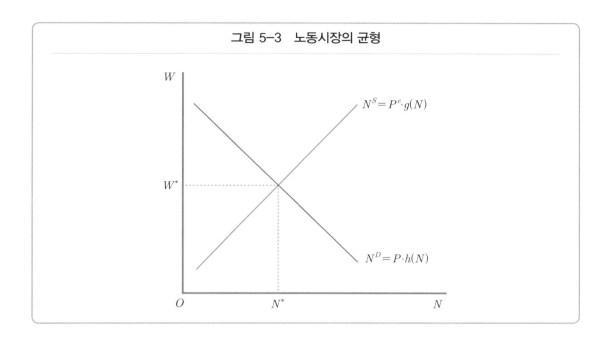

그림 5-3 노동시장의 균형

$$W$$

$$N^S = P^e \cdot g(N)$$

$$W^*$$

$$N^D = P \cdot h(N)$$

$$O \qquad N^* \qquad\qquad N$$

고전학파의 총공급곡선

고전학파는 가격의 완전 신축성을 가정하기 때문에 노동시장에서 역시 임금의 완전 신축성을 가정한다. 총공급곡선 또는 AS곡선(aggregate supply curve)은 노동시장 균형을 통해 AD곡선과 마찬가지로 물가 P와 국민소득 Y의 관계를 나타낸 것이다. AD곡선이 재화시장과 화폐시장의 균형을 통해서 도출된 것이라면, AS곡선은 노동시장의 균형을 통해서 유도된다. 고전학파의 AS곡선의 도출과정을 간략히 묘사한 것이 〈그림 5-4〉이다.

먼저 물가가 P_0에서 P_1으로 상승한다면, 그림의 왼편에서와 같이 노동수요곡선이 상향이동하게 된다. 이때 임금과 가격의 완전 신축성을 가정하기 때문에 $P^e = P$이다. 따라서 노동공급곡선 역시 상향이동하게 된다. 그 결과 명목임금은 W_0^*에서 W_1^*로 상승하나 실질임금은 불변이고, 균형 노동량 역시 N^*로 일정하다. 그러므로 〈그림 5-2〉의 생산함수를 통해 생산된 산출량 Y 역시 Y^*로 불변이다. 즉 고전학파의 총공급곡선은 〈그림 5-4〉의 오른쪽과 같이 수직인 형태를 갖게 된다.

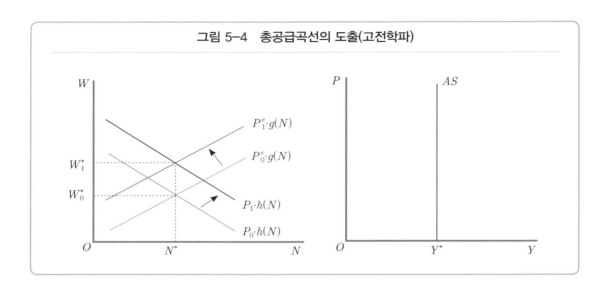

그림 5-4   총공급곡선의 도출(고전학파)

section 04   케인즈학파의 총공급곡선

케인즈학파는 고전학파와 달리 명목임금의 경직성을 가정한다. 그 이유는 노동자의 '화폐환상(money illusion)'이 존재한다고 보기 때문이다. 즉 기업은 노동자보다 정보를 갖고 있어 물가가 변할 경우 신속히 조정할 수 있지만, 노동자는 그렇지 못하다는 것이다. 이러한 경우 총공급곡선은 고전학파의 총공급곡선과는 달리 우상향하는 형태를 갖는다. 이를 간략히 묘사한 것이 〈그림 5-5〉이다.

만약 물가가 P_0에서 P_1으로 상승한다면 노동수요곡선은 고전학파와 같이 신속히 상향이동하나, 명목임금이 W_0^*로 고정되어 있기 때문에 균형인 C점으로 가지 않고 불균형점인 B점에 머무르게 된다. 그러므로 노동량이 N_0^*에서 N_1^*로 증가한다. 노동량이 증가하므로 생산함수를 통해 산출량 Y는 증가하게 된다.

결국 물가와 산출량이 정(+)의 관계를 갖게 되고, 케인즈학파의 총공급곡선은 우상향하는 형태를 띠게 되는 것이다.

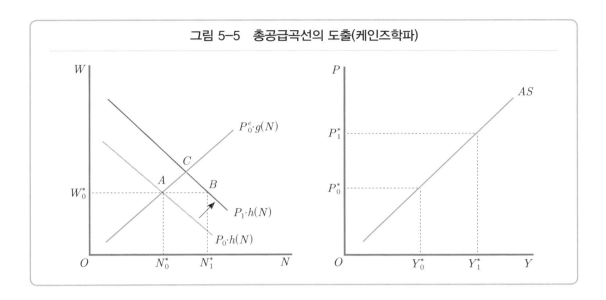

그림 5-5 총공급곡선의 도출(케인즈학파)

section 05 · $AD-AS$ 모형

지금까지 도출한 AD곡선과 AS곡선을 가지고 거시경제 전체의 균형을 분석한 것이 $AD-AS$ 모형이다. 이것을 나타낸 것이 〈그림 5-6〉이다. 〈그림 5-6〉의 왼편은 고전학파의 $AD-AS$ 모형을, 오른편은 케인즈학파의 $AD-AS$ 모형을 나타낸다.

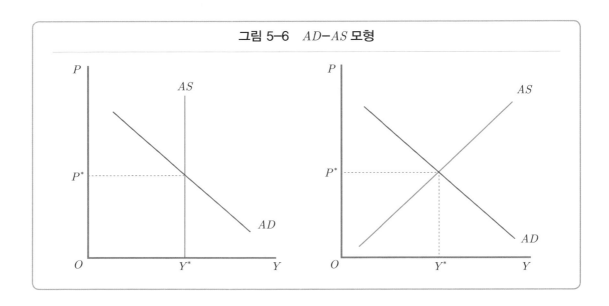

그림 5-6   AD-AS 모형

재정정책의 효과

　제4장에서는 $IS-LM$ 모형을 이용하여 재정정책의 효과를 설명하였다. 이 절에서는 $AD-AS$ 모형을 가지고 정책효과를 분석할 것이다. $IS-LM$ 모형에서는 IS곡선이나 LM곡선의 이동에 의한 물가의 변동을 고려하지 않았는데, $AD-AS$ 모형에서는 1단계로 $IS-LM$ 모형에 의한 효과를 그리고 2단계로 물가의 변동에 따라 다시 LM곡선이 이동하게 되는 효과까지 고려하여 정책효과를 검토할 수 있게 된다. $AD-AS$ 모형에서는 AS곡선의 형태가 학파 간에 다른 형태를 가지므로 정책효과 역시 다른 결과를 가져온다.

　먼저 고전학파 입장에서 재정정책의 효과를 살펴보도록 하자. 이를 간략히 묘사한 것이 〈그림 5-7〉이다.

　정부지출 증가($G_0 < G_1$) 또는 세금 감소에 의한 확대재정정책은 IS곡선을 오른쪽으로 이동시키며, 이는 다시 AD곡선을 오른쪽으로 이동시킨다. 그 결과 주어진 물가 P_0^*하에서 초과수요가 발생한다. 이러한 초과수요에 의한 물가의 상승은 LM곡선을 왼쪽으로 초과수요가 사라질 때까지 이동시킴으로써 원래의 균형인 Y^*수준까지 이르게 된다. 즉 확대재정정책은 국민

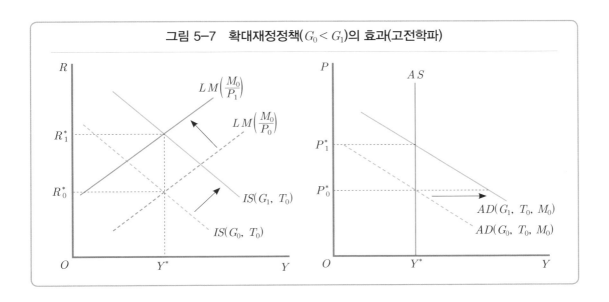

그림 5-7 확대재정정책($G_0 < G_1$)의 효과(고전학파)

소득의 변동 없이 이자율과 물가의 상승만을 가져온다.

이와는 달리 케인즈학파는 AS곡선이 우상향하는 형태를 띤다고 본다. 케인즈학파의 재정정책의 효과를 간략히 나타낸 것이 〈그림 5−8〉이다. 확대재정정책($G_0 < G_1$)에 의한 IS곡선의 우측이동은 주어진 물가 수준에서의 초과수요를 발생시켜 물가를 상승시킨다. 하지만 고

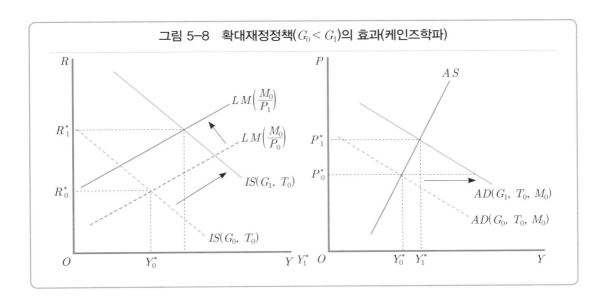

그림 5-8 확대재정정책($G_0 < G_1$)의 효과(케인즈학파)

전학파와는 달리 임금과 가격의 경직성으로 인하여 LM곡선이 일부만 좌측으로 초과수요가 사라질 때까지 이동하게 된다. 그 결과 국민소득은 증가하고 이자율과 물가는 상승하게 된다.

section 07 통화정책의 효과

$AD-AS$ 모형에 의한 통화정책의 효과는 재정정책의 경우와 마찬가지로 2단계 효과를 통해 물가에 의한 LM곡선의 재이동까지 고려하게 된다.

먼저 고전학파의 경우를 살펴보도록 하자. 고전학파 입장에서 통화정책의 효과를 간략히 묘사한 것이 〈그림 5−9〉이다.

확대통화정책에 의한 화폐량의 증가($M_0 < M_1$)는 LM곡선을 우측으로 이동시키고, 이는 AD곡선을 우측으로 이동시키게 된다. 결국 주어진 물가 P_0^*하에서 초과수요가 발생하므로 물가가 상승한다. 그 결과 다시 LM곡선이 좌측으로 초과수요가 사라질 때까지 이동하여 원래의 LM곡선으로 복귀하게 된다. 결국 확대통화정책은 국민소득 Y와 이자율 R은 변동시키

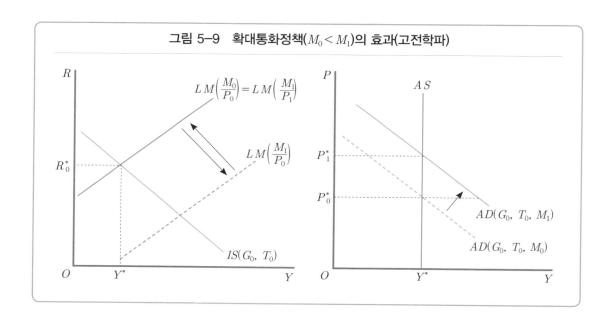

그림 5−9 확대통화정책($M_0 < M_1$)의 효과(고전학파)

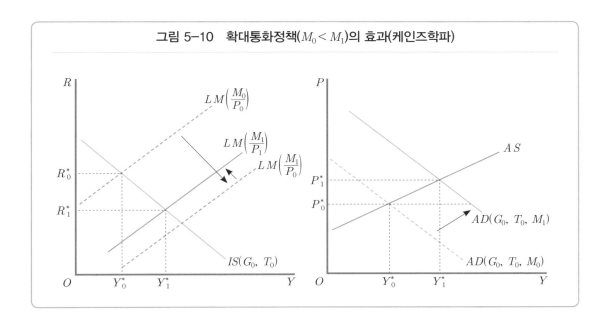

그림 5-10 확대통화정책($M_0 < M_1$)의 효과(케인즈학파)

지 못하고 물가만을 상승시킨다. 즉 명목변수인 화폐공급의 증가가 명목 변수인 물가만을 증가시키고, 실질 변수인 국민소득에는 아무런 영향을 미치지 못하는 화폐의 중립성(neutrality of money)이 성립한다.

　다음으로 케인즈학파의 통화정책 효과를 살펴보자. 이를 간략히 묘사한 것이 〈그림 5-10〉이다. 먼저 확대통화정책($M_0 < M_1$)은 LM곡선을 우측으로 이동시키고 AD곡선을 우측으로 이동시킨다. 주어진 물가 수준에서의 초과수요를 발생시키므로 물가가 상승하게 된다. 이러한 물가의 상승은 다시 LM곡선을 좌측으로 초과수요가 사라질 때까지 이동시킨다. 하지만 임금과 가격의 경직성으로 인하여 물가상승률이 통화증가율에 미치지 못하기 때문에 LM곡선이 원래 수준으로 복귀시키지 못하고 일부만 이동하게 된다.

　그 결과 국민소득 Y는 증가하고, 이자율은 하락하며, 물가는 상승하게 된다. 결국 케인즈학파의 경우에는 화폐의 중립성이 성립하지 않는다.

chapter 06

화폐의 수요

section 01 **중첩 세대 모형**(OG모형:Overlapping Generation Model) : P. Samuelson

사람들은 왜 화폐를 보유하려고 하는가? 물물교환경제에서는 자기가 교환하려는 재화를 원하는 거래당사자를 발견하여야 한다. 즉 욕구의 이중적 일치(double coincidence of wants)가 일어나야 한다. 화폐경제에서는 교환의 매개체로서 화폐를 사용하게 됨으로써 거래비용을 크게 절약시켜 주게 된다.

OG모형은 이러한 화폐의 존재 이유와 화폐 보유의 동기를 설명하여 주는 모형이다. OG모형은 다음과 같은 가정을 바탕으로 한다.

❶ 사람들은 2기만 산다. 즉 젊었을 때(Y)와 늙었을 때(O)만을 고려한다.
❷ 소득은 젊을 때만 생기고 늙었을 때는 소득이 없다.
　　이때 소득은 재화 한 단위로 주어진다. 즉 $(Y, O) = (1, 0)$이다.
❸ 재화는 저장이 불가능하다(perishable goods).

만약 교환이 발생하지 않는 자급자족경제이면 젊었을 때에는 소득으로 소비를 하고, 늙었을 때는 소득이 없으므로 굶어죽게 된다. 이는 〈그림 6-1〉의 A점이다. 만일 교환이 가능한

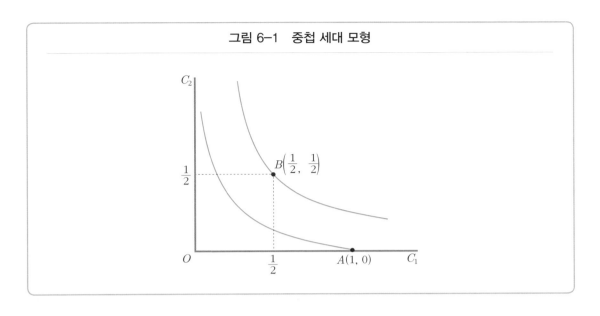

그림 6-1 중첩 세대 모형

C_2

$B\left(\dfrac{1}{2}, \dfrac{1}{2}\right)$

$\dfrac{1}{2}$

O　　　$\dfrac{1}{2}$　　　$A(1, 0)$　　C_1

교환경제라면, OG모형에서 사회적으로 합리적인(파레토 최적) 자원배분은 젊었을 때 자신의 소득 중 1/2만을 소비하고 나머지 1/2은 현재 소득이 없는 노인에게 대여해 준 다음, 자신이 노인이 되었을 때 1/2만큼의 재화를 돌려 받는 것이다. 즉 〈그림 6-1〉의 B점이 파레토 최적이다. 〈그림 6-1〉을 보면 B점이 A점보다 높은 효용 수준에 있음을 확인할 수 있다. 그러나 이와 같은 균형은 지속되기 힘들다. 왜냐하면 자신이 노인이 되었을 때 자신의 본래 채무자인 노인은 이미 죽고 없으며 그 때의 젊은이는 자신에게 전기 노인의 채무를 변제해야 할 의무가 없기 때문이다. 결국 OG모형의 세계에서 화폐 없는 경우의 해는 젊어서 자신이 번 모든 소득을 소비하고 늙어서는 굶어죽는 비합리적인 것이 된다.

이와 같은 OG모형의 모순은 '재화가 저장 불가능하다'는 가정 때문에 나타나게 되는 것으로 젊어서의 소득을 어떤 매개체를 이용하여 저장할 수 있다면 이 모순은 사라지게 된다. 예를 들어 젊어서 자신의 소득 중 일부를 '화폐'의 형태로 저장할 수 있다면 자신이 노인이 되었을 때 그 돈을 사용해서 젊은이의 생산물(소득)을 사들일 수 있기 때문에 사회적으로 합리적인 자원배분 달성이 가능해진다. 즉 화폐가 사회계약의 형태로 주어진다면(money as a social compact) 파레토 최적점인 B점이 달성될 수 있다. 이로부터 화폐의 존재이유와 화폐 보유의 동기를 유추할 수 있다.

OG모형에서 가정을 바꾸면 또 다른 중요한 개념을 얻을 수 있다. 인구가 증가하는 경우를 생각하여 보자. 인구가 매년 $n\%$씩 증가하고 있다면 자신이 젊었을 때는 1/2만큼을 빌려주었지만, 자신이 노인이 되었을 때는 인구증가의 결과 젊은이 수가 $(1+n)$으로 늘어나게 되어 $(1+n)/2$만큼을 돌려 받을 수 있게 된다. 사무엘슨(Samuelson)은 이러한 현상을 생물학적 이자율(biological interest rate)이라고 부르고 전통적 설명인 시간 선호율이나 우회생산설의 개념을 도입하지 않아도 이자율이 존재할 수 있음을 보였다.

section 02

고전학파의 화폐수요 이론

고전학파의 화폐수요는 피셔(I. Fisher)의 화폐 수량설로부터 암묵적으로 설명할 수 있다. 피셔의 화폐 수량설은 화폐수요가 경제의 거래규모에 의해 결정된다고 보기 때문에 이를 거래 잔액설(transactions balance theory)이라 한다. 먼저 교환 방정식(화폐 수량 방정식)은 다음과 같다.

$$M \cdot V = P \cdot T$$
$$M \cdot V = P \cdot Y$$

여기서 M은 통화량, V는 화폐의 평균 거래 횟수인 유통속도, P는 물가, T는 총 거래량, Y는 국민소득을 나타낸다.

첫 번째 식의 우변은 총 거래액을, 좌변은 총 지출액을 뜻한다. 일정기간 동안 총 거래액과 총 지출액은 항상 일치하므로 위의 항등 관계가 성립한다. 두 번째 식으로 쓸 수 있는 이유는 거래량 T가 국민소득 Y에 비례하기 때문이다.

위 식은 현재의 물가 수준 P로 나타낸 총 명목 거래량(PY 또는 PT)이 화폐 유통속도 V와 화폐량 M의 곱과 같다는 것을 의미한다. 즉 화폐의 수요(M^D)는 총 명목 거래량을 유통속도로 나눈 것으로 나타낼 수 있으며 이는 화폐가 가진 '거래의 매개체'로서의 기능에 초점을 맞춰 화폐수요를 설명한 것이다.

또한 교환 방정식에서 V는 사회적인 지불 관습에 의존하므로 일정하다고 볼 수 있고, Y 역시 완전고용 산출량 수준에서 일정하다고 본다. 따라서 통화량 M이 증가하면 물가 P가 증가하므로, 교환 방정식은 고전학파의 물가이론이라고도 볼 수 있다.

교환 방정식을 다음과 같은 시간에 대한 관계식으로 바꾸어서 좀더 자세히 살펴보도록 하자.

$$M_t V_t = P_t Y_t$$

이를 각 변수의 변화율로 표시하면 다음과 같다.

$$\hat{M} + \hat{V} = \hat{P} + \hat{Y}$$

여기서 $\hat{M}$은 통화증가율, $\hat{P}$는 인플레이션율, $\hat{Y}$는 경제성장률을 나타낸다. 유통속도 변화율 $\hat{V}$는 0으로 놓을 수 있으며, 이때 위 식은 다음과 같이 된다.

$$\hat{M} = \hat{P} + \hat{Y}$$

이 식의 의미는, 경제성장률($\hat{Y}$)을 능가하는 화폐공급의 증가는 인플레이션을 일으킨다는 것이다. 또한 경제의 장기균형에서 $\hat{Y} = 0$이므로, 다음과 같은 관계가 성립한다.

$$\hat{M} = \hat{P}$$

결국 장기균형에서 모든 화폐공급은 인플레이션으로 연결된다. 이 점을 가리켜 프리드만은 '인플레이션은 언제 어디서나 화폐적 현상이다(Inflation is always and everywhere a monetary phenomenon)'라고 주장하였다.

화폐 수량설에 의한 거래잔액설은 화폐의 거래수단으로서의 기능을 강조한 화폐수요 이론으로 볼 수 있다. 이에 비해 마샬(A. Marshall)은 개인들이 화폐를 수요하는 이유는 수입의 획득 시점과 지불 시점이 일치하지 않기 때문이라고 보았다. 이를 설명하기 위하여 그는 교환 방정식을 다음과 같이 변환시켰다.

$$MV = PY$$

$$\Rightarrow M = \left(\frac{1}{V}\right)PY = kPY$$

여기서 k는 화폐 유통속도의 역수이며, 마샬의 k로 부른다.

이 화폐수요 모형에 따르면 화폐의 수요 M은 명목 국민소득 PY의 일정 비율(k)로 결정된다. 이와 같은 화폐수요 이론을 현금잔액설(cash balance theory)이라고 하며, 화폐의 가치저장의 기능을 강조한 것이다.

section 03 케인즈의 화폐수요 이론 : 유동성 선호설

케인즈(J. M. Keynes)는 화폐수요의 동기를 거래적 동기, 예비적 동기, 투기적 동기의 3가지로 구분하였다.

거래적 화폐수요(transaction motive)는 재화구입을 위한 거래적 목적으로 화폐를 수요하는 것으로, 소득과 지출이 증가함에 따라 화폐수요는 증가하게 된다. 이를 식으로 나타내면 다음과 같다.

$$\text{거래적 화폐수요} = k(Y), \ \frac{\partial k}{\partial Y} > 0$$

투기적 화폐수요(speculative motive)는 화폐 보유의 기회비용으로 설명하고 있다. 개인이 채권과 화폐 두 개의 자산 중 하나를 선택하는 상황에 있다고 하자. 만약 이자율이 상승한다면 사람들은 무수익 자산인 화폐를 덜 보유하려고 할 것이고 대신 수익자산인 채권을 보유하려 할 것이다. 즉 이자율이 상승함에 따라 화폐 보유의 기회비용이 상승하므로 화폐수요가 감소할 것이다. 이를 식으로 나타내면 다음과 같다.

$$\text{투기적 화폐수요} = l(R), \ \frac{\partial l}{\partial R} < 0$$

마지막으로 예비적 화폐수요(precautionary motive)는 미래의 불확실한 상황에 대비하여 화폐를 보유하게 되는 것을 일컫는다. 여기서 예비적 수요는 일정한 것으로 간주하고 분석에서 제외시키겠다.

그러면 실질 화폐수요는 다음과 같이 거래적 수요와 투기적 수요로 이루어진다.

$$\frac{M^d}{P} = k(Y) + l(R) = L(\underset{\ominus}{R}, \ \underset{\oplus}{Y})$$

결국 유동성 선호설에 의한 화폐의 수요는 거래가 많이 일어날수록, 이자율이 낮아질수록 늘어나게 된다.

section 04 보몰-토빈의 거래적 화폐수요 이론 : 재고 이론모형

케인즈의 거래적 화폐수요는 소득의 영향만을 받는다고 가정하고 있으나, 실제로는 이자율도 거래적 화폐수요에 영향을 미친다. 이에 보몰(W. Baumol)과 토빈(J. Tobin)은 화폐를 일종의 재고로 간주하고 화폐와 예금 간의 적정 배분 문제를 통하여 화폐(현금)의 수요를 설명하였다. 즉 보유할 수 있는 자산의 종류가 화폐와 예금의 두 가지로 나누어진다고 할 때, 화폐의 보유에는 기회비용이 발생하고 예금의 보유에는 거래비용이 발생하므로 둘 사이의 적정한 보유비율이 존재하게 된다. 따라서 합리적인 경제주체는 두 비용의 합인 총비용을 최소화함으로써 적정 화폐 보유 수준(화폐수요)을 결정한다. 이때 적정 화폐 보유액을 유지하는 개인의 행동은 마치 기업의 재고관리와 유사한 성격을 갖고 있다. 이 모형을 도식화시킨 것이 〈그림 6-2〉이다.

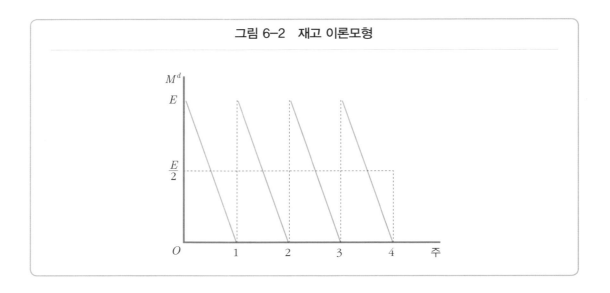

그림 6-2 재고 이론모형

〈그림 6-2〉에서는 월초에 월급을 예금계좌로 Y원 이체받는 사람이 한 달(4주) 동안은행에 몇 번 가서 자금을 인출하는 것이 최적인가를 분석한다. 1회 인출액을 E원이라고 하면 한 달 동안 $\frac{Y}{E}$회 은행에 가게 된다. 1회 은행 방문에서 발생하는 거래비용을 인출액과 무관한 고정비용과 인출액에 비례하는 가변비용의 합계로 규정한다면, 전체 거래비용(C_t: transaction cost)은 1회 은행 방문에서 발생하는 거래비용과 은행 거래 횟수의 곱으로 표시된다. 그리고 자금인출에 의한 화폐수요액은 평균적으로 $\frac{E}{2}$원이 되어 화폐수요의 기회비용(C_O: opportunity cost)은 월간 평균 화폐수요와 월간 이자율(r)의 곱으로 표시된다. 총비용(C)은 다음과 같다.

$$C = C_t + C_O = \frac{Y}{E}(a + bE) + r\frac{E}{2}$$

따라서 경제주체는 예금보유의 거래비용과 화폐 보유의 기회비용의 합인 총비용(C)을 최소화시키는 수준에서 1회 인출액(E)과 화폐수요$\left(M^d = \frac{E}{2}\right)$의 크기를 결정하는 최적화 문제에 직면하게 된다. 이러한 최적화 문제를 풀면 다음과 같다.

$$\operatorname*{Min}_{E} \frac{Y}{E}(a + bE) + r\frac{E}{2}$$

$$E = \sqrt{\frac{2aY}{r}}$$

$$M^d = \frac{E}{2} = \sqrt{\frac{aY}{2r}} = L(\underset{\ominus}{r}, \underset{\oplus}{Y})$$

이 식이 의미하는 바는 거래적 화폐수요가 소득(Y)에 비례하고 이자율(r)에 반비례한다는 것이다. 이때 소득이 2배로 증가하면 화폐수요는 $\sqrt{2}$배만 증가해도 최적 행위가 유지되기 때문에 화폐수요에는 규모의 경제(economy of scale)가 존재한다고 하고, 위식을 거래적 화폐수요에 대한 평방근 법칙(square root rule)이라 한다. 이상에서 유도된 보몰-토빈의 거래적 화폐수요에서는 화폐수요가 소득과 양(+)의 관계, 이자율과 음(-)의 관계를 갖는다는 것을 보여준다.

section 05 현대적 화폐 수량설

앞에서는 화폐의 교환·거래적 수단을 강조하였는 데 비해 신화폐 수량설 또는 현대적 화폐 수량설은 자산으로서의 화폐에 대한 수요를 분석하였다.

현대적 화폐 수량설은 화폐 역시 일종의 자산이므로 화폐수요는 부(W)의 크기 및 여러 자산들의 수익률에 의해 영향을 받는다고 보았다. 이들의 관계를 나열하면 다음과 같다.

❶ 부(W)의 크기가 증가하면 화폐수요 역시 증가할 것이다.
❷ W 중에서 인적 부가 차지하는 비율(h)이 커지면 화폐수요는 증가한다.
❸ 주식의 수익률(r_e)이 증가하면 화폐수요는 감소한다.
❹ 채권의 수익률(r_b)이 증가하면 화폐수요는 감소한다.
❺ 인플레이션율로 표시되는 실물자산의 수익률($\hat{p}$)이 증가하면 화폐수요는 감소한다.

그러므로 실질 화폐수요는 다음과 같은 형태로 나타낼 수 있다.

$$\frac{M^d}{P} = f(\underset{\oplus}{W},\ \underset{\oplus}{h},\ \underset{\ominus}{r_e},\ \underset{\ominus}{r_b},\ \underset{\ominus}{\widehat{P}})$$

그런데 항상 소득(permanent income)은 부에 의해 발생하는 소득이므로 W와 h를 항상 소득 Y^p로 대체할 수 있다고 보고, 위 식을 다음과 같이 간략히 나타낼 수 있다.

$$\frac{M^d}{P} = f(\underset{\oplus}{Y^p},\ \underset{\ominus}{r},\ \underset{\ominus}{\widehat{P}})$$

여기서, r은 r_e와 r_b를 가중평균한 것이다.

이상에서 설명된 현대적 화폐 수량설은 화폐수요의 설명변수로서 소득(Y)이 아니라 항상 소득(Y^p)을 사용하였다는 점과 인플레이션율($\widehat{P}$)을 명시적으로 도입했다는 점에서 보몰—토빈의 거래적 화폐수요 이론인 재고 이론모형과 차이를 보이고 있다.

section 06 │ 토빈의 투기적 화폐수요 이론 : 자산선택 모형

화폐수요가 이자율과 역관계를 갖는다는 것을 케인즈는 투기적 화폐수요로 설명하였다. 케인즈는 이자율이 상승하여 채권 가격의 하락이 예상되면 자본손실을 피하기 위해 채권 보유를 완전히 포기하고 화폐만을 수요한다고 보았다. 하지만 사람들이 자신의 예상에 따라 전부 채권형태로 보유하거나 전부 현금을 보유하는 것이 아니라 일부는 현금으로 일부는 채권으로 보유하고 있다. 이에 토빈은 각 경제주체는 자신의 효용을 극대화하는 포트폴리오를 구성한다고 보고, 이에 따라 화폐수요를 설명하였다.

우선 자산은 화폐와 채권의 두 가지 형태만이 존재한다고 가정하고, 또한 각 투자들은 위험 기피자(risk—averter)이며 채권을 보유할 때 장래 수익의 확률분포(probability distribution)를 알고 있다고 가정한다. 채권의 수익률 e는 채권이자율 r 그리고 채권 구입 가격과 판매 가격의 차이인 자본이득 g의 합으로서 다음과 같이 나타낸다.

$$e = r + g$$

이때 장래 수익의 확률분포를 안다는 것은 이자율과 자본이득의 평균과 표준편차를 안다는 것이다. 여기서 이자율 r은 값을 안다고 가정하고, 자본이득 g의 평균은 0, 표준편차는 σ_g라고 하자. 그러면 채권 1단위를 보유할 때 예상 수익 $E(e)$와 예상 수익의 표준편차 σ_e는 다음과 같이 나타낼 수 있다.

$$E(e) = r + E(g) = r \quad (\because E(g) = 0)$$
$$\sigma_e = \sigma_g$$

이제 w만큼의 자산을 가진 개인이 수익률이 $(r+g)$인 채권을 α의 비율로, 수익률이 0인 화폐를 $1-\alpha$의 비율로 보유하고 있다고 하자. 그러한 자산 포트폴리오의 수익률을 R이라고 하면, 평균 수익 $E(R)$과 수익의 표준편차 σ_R는 다음과 같이 나타낼 수 있다.

$$R = \alpha w(r + g) + (1 - \alpha)w \cdot 0 = \alpha w(r + g)$$
$$E(R) = \alpha w r$$
$$\sigma_R = \alpha w \sigma_g$$

그러므로 위 두 식에서 w를 소거하여 $E(R)$에 대하여 정리하면 다음과 같은 수익과 위험 간의 선형 관계식을 얻을 수 있다.

$$E(R) = \left(\frac{r}{\sigma_g}\right)\sigma_R$$

이는 평균 수익을 증가시키기 위해서 더 큰 위험부담이 필요함을 의미한다. 결국 투자자는

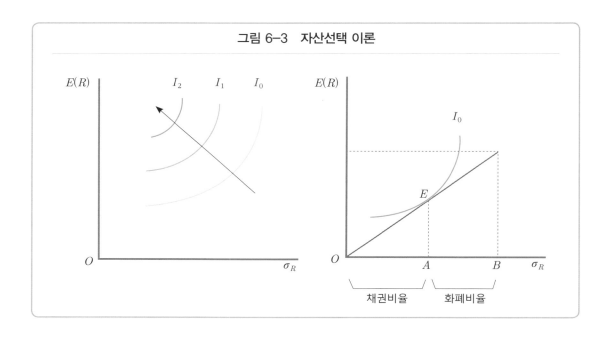

그림 6-3 자산선택 이론

위 식을 제약조건으로 하여 자신의 효용을 극대화시키게 된다. 투자자가 위험기피적이라 가정하므로, 무차별곡선은 〈그림 6-3〉의 왼편과 같다. 즉 위험이 감소할수록, 기대수익이 증가할수록 효용이 증가한다.

투자자의 효용 극대화는 무차별곡선과 위 제약식이 접하는 점 E에서 이루어진다. 결국 점 E는 수익과 위험을 동시에 고려한 최적 채권 수요를 결정한 것이다. 따라서, 〈그림 6-3〉의 $\overline{OA}/\overline{OB}$는 자산 중에서 채권이 차지하는 비율에 해당되며, $\overline{AB}/\overline{OB}$는 화폐비율에 해당된다고 볼 수 있다.

이자율이 상승한다면 제약선이 상향이동하게 된다. 이를 나타낸 것이 〈그림 6-4〉이다. 제약선이 상향이동함에 따라 균형은 E_1에서 E_2로 이동한다. 이 경우 왼편 그림에서 볼 수 있듯이 채권 보유비율이 증가하게 되며 그 결과 화폐 보유비율은 감소하게 된다. 이러한 결과는 이자율과 화폐수요가 역관계에 있다는 일반적인 사실과 상응하는 것이다.

하지만 이러한 역관계가 항상 성립하는 것은 아니다. 왜냐하면 이자율 상승에 의해 대체효과와 소득효과가 발생하기 때문이다. 대체효과란 이자율이 상승하면 화폐 보유의 기회비용이 증가하여 화폐 보유를 감소하고 채권 보유를 증가시키는 효과를 뜻하고, 소득효과란 이자율 증가에 따른 실질소득이 증가함에 의해 화폐 보유를 증가시키는 효과를 뜻한다.

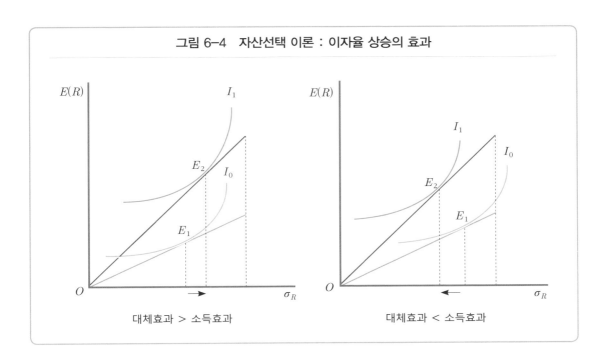

그림 6-4   자산선택 이론 : 이자율 상승의 효과

결국 화폐수요의 증가 여부는 대체효과와 소득효과의 상대적 크기에 따라 결정된다. 〈그림 6-4〉의 왼편은 대체효과가 소득효과보다 큰 경우로 화폐수요가 이자율의 감소함수인 일반적인 경우이고, 오른편은 소득효과가 대체효과보다 커서 이자율이 상승함에 따라 오히려 화폐수요가 증가한 경우를 보이고 있다.

이상에서 살펴보았듯이 자산선택 이론은 두 가지의 주요 특성을 가진다. 첫째, 채권의 수익과 위험을 동시에 고려하여 화폐수요의 결정요인을 설명하고 있다. 둘째, 이전의 모형에서는 이자율과 화폐수요는 역관계를 갖는 데 반해, 자산선택 이론은 보다 일반화시킨 결론을 유도하고 있다. 즉 이자율의 상승 시 대체효과와 소득효과의 상대적 크기에 따라 화폐수요가 감소 또는 상승할 수 있음을 보여주었다.

chapter 07

화폐의 공급

중앙은행과 지급준비금

　중앙은행이 공급하고 민간이 보유하는 현금은 개인소유자에게 있어서는 자산이지만, 중앙은행의 입장에서는 부채이다. 즉 관리통화제도하에서 중앙은행은 민간이 제시하는 현금의 지급을 보증해 주어야만 한다. 이 제도하에서 공급되는 화폐를 법화(fiat money 또는 legal tender)라고 한다.

　일반은행들은 자금공급자와 자금수요자를 연결시켜 주는 금융중개기관의 역할을 한다. 중개역할을 수행하는 은행은 '신용창조(creation of money)'라고 하는 중요한 경제행위를 하게 된다. 그런데 은행의 자산(대출)과 부채(예금)는 재무상태표상(또는 회계원칙상) 항상 균형을 이루게 되므로 은행이 새로운 부를 창출하지는 않는다. 신용창조 과정의 핵심은 '부분 지급준비금 제도(Fractional Reserve System)'에 있다.

　신용창조 과정에 대하여는 제3절에서 자세히 살펴보기로 하고, 여기서는 지급준비금에 대해서 살펴보자. 은행은 예금주의 현금인출 요구에 대비하여 예금액의 일정 비율(즉 법정지급준비율)을 지급준비금(reserve: R)으로 보유하여야 한다. 따라서 지급준비금(R)은 아래 식과 같이 당좌예금(DD)에 지급준비율(δ)을 곱한 값이 된다.

$$R = \delta \cdot DD$$

이와 같은 지급준비금은 개별 은행이 보유하는 시재금(vault cash)과 중앙은행의 지준금계정(reserve account)이라는 특별 당좌계정을 통해 관리되는 지준예치금(지준예금)으로 구성된다.

지급준비금은 시중은행의 입장에서는 자산에 해당하지만 중앙은행의 입장에서 부채에 해당된다. 우리나라의 경우 지준율은 0~7%이며, 한국은행이 조절하고 있다. 지준예금에 대한 이자율은 0%이다.

section 02   통화의 정의

본원통화	$H = C + R$	본원통화 = 화폐발행액 + 지준예금 = 민간화폐 보유액 + 시재금 + 지준예금 = 민간화폐 보유액 + 지급준비금
협의의 통화	$M_1 = C + DD$	M_1 = 현금 + 요구불예금(당좌예금)
광의의 통화	$M_2 = C + DD + TD$	$M_2 = M_1$ + 저축성예금(정기예금)
	$M_3 = C + DD + TD +$ 비은행금융	$M_3 = M_2$ + 비은행금융

위 항목에서 본원통화(high-powered money 또는 monetary base : H)는 중앙은행의 유동성부채인 화폐발행액과 지준예금의 합계이며 화폐발행액은 민간화폐 보유액과 시재금으로 구성된다. 그리고 본원통화는 민간부문이 자산으로 보유하고 있는 현금인 민간화폐 보유액(C)과 일반은행이 보유하는 지급준비금(R)으로 구성된다. 지급준비금은 시재금과 지준예금의 합계이다. 이를 본원통화라 부르는 이유는 그것이 화폐공급과정에 있어서 근원(base)이 되기 때문이다.

종래의 통화지표를 살펴보면 민간보유현금(C)과 요구불예금(demand deposit : DD)을 합한 것을 좁은 의미의 통화(M_1)라 하며, M_1에 저축성예금(time deposit : TD)까지 합한 것을 총통화(M_2)라 한다. 이 외에도 M_2에 비은행금융을 합한 M_3와 같이 화폐에 대한 여러 가지 정의가 존재한다.

현행 통화지표는 협의통화(M_1), 광의통화(M_2), 금융기관 유동성(L_f), 광의유동성(L) 등이 있다. 협의통화(M_1) = 현금통화 + 요구불예금 + 수시입출식저축성예금, 광의통화(M_2) = 협의통화(M_1) + 기간물 예·적금 및 부금 + 시장형 금융상품 + 실적배당형 상품 + 금융채 + 기타, 금융기관 유동성(L_f) = 광의통화(M_2) + 예금취급기관의 2년 이상 유동성 상품 + 증권금융예수금 등 + 생명보험회사 보험계약 준비금 등, 광의유동성(L) = L_f + 정부 및 기업 등이 발행한 유동성 상품 등이다.

section 03 신용창조

1 현금을 보유하지 않는 경우

$$C = 0, \ H = R, \ M = DD$$
$$(L = 대출금, \ \delta = 지급준비율)$$

은행은 예금 지급액에서 일정 비율의 지준금을 제외한 나머지를 대부함으로써 통화량을 증가시키게 되는데 이를 신용창조 과정이라고 한다.

A은행			B은행			C은행	
자산	부채		자산	부채		자산	부채
$R = \delta$	$DD = 1$		$R = \delta(1-\delta)$	$DD = 1-\delta$		$R = \delta(1-\delta)^2$	$DD = (1-\delta)^2$
$L = 1-\delta$			$L = (1-\delta)^2$			$L = (1-\delta)^3$	

위의 표와 같이 중앙은행이 본원통화를 한 단위 공급하고 민간부문이 그 통화 한 단위를 A은행에 예금한다고 할 때, 신용창조(credit creation or credit expansion process) 과정은 다음과 같이

설명될 수 있다.

　A은행에 예치된 한 단위의 요구불예금 DD는 은행의 입장에서는 부채이므로 A은행의 재무상태표의 우편에 나타나 있으며, A은행은 이 예금의 일부분을 중앙은행에 δ만큼 지급준비금으로 예치해야 한다. 따라서, A은행이 대출에 사용할 수 있는 예금은 $L = 1 - \delta$만큼이 된다.

　그런데 이 돈을 A은행으로부터 대출받은 민간은 다시 은행 B에 그 금액을 예치할 수 있으며 A은행의 경우와 동일하게 B은행도 지불준비금을 차감한 나머지 금액 $(1-\delta)^2$만을 대출에 사용할 수 있다(민간이 현금을 보유하지 않는다고 가정하고 있음에 주의하라).

　이와 같은 과정이 반복됨으로써 중앙은행이 1단위의 본원통화를 발행했을 때 실제로 민간이 갖게 되는 통화의 양은 다음과 같다.

$$1 + (1-\delta) + (1-\delta)^2 + \cdots = \frac{1}{1-(1-\delta)} = \frac{1}{\delta}$$

　여기서 지급준비율 δ는 항상 1보다 작으므로 $1/\delta$는 언제나 1보다 크다. 따라서 중앙은행이 한 단위의 본원통화를 발행했을 때 신용창조의 결과 늘어나게 되는 통화의 양은 언제나 1보다 크게 된다.

　이상의 내용을 요약정리하면 통화량과 본원통화량의 관계는 다음과 같이 나타낼 수 있다.

$$M = \frac{H}{\delta}$$

여기서 $\frac{1}{\delta}$은 신용승수 또는 통화승수이다.

2　현금을 보유하는 경우

$$H = C + R, \; M = C + DD$$

여기서 $R = \delta \cdot DD$

민간이 현금을 보유하는 경우는 다음과 같이 나타낼 수 있다. 이 경우 달라지는 것은 민간이 통화 중 일부를 현금으로 보유한다는 가정뿐이며 기본적인 신용창조 과정은 현금을 보유하지 않는 경우와 동일하다.

$$H = C + \delta(M - C)$$
$$= [c + \delta(1 - c)]M$$

여기서 $c = C/M$, 즉 현금통화비율

위 식에서 은행의 요구불예금은 $DD = \delta(M - C)$로 표시되어 있으며 이 식은 민간이 현금을 차감한 나머지를 은행의 요구불예금으로 보유함을 의미한다.

따라서 민간의 통화량 M은 다음과 같이 표시할 수 있다.

$$M = \left[\frac{1}{c + \delta(1 - c)} \right] \cdot H$$

여기서 통화승수 $= \left[\frac{1}{c + \delta(1 - c)} \right]$

앞의 식에서 볼 수 있는 것과 같이 통화 M은 본원통화가 한 단위 늘어날 때 통화승수 $\left(\frac{1}{c + \delta(1 - c)} > 1 \right)$만큼 증가된다.

예시

$c = 0.5$, $\delta = 10\%$, $H = 100$억 원일 때 화폐량은?

(풀이)

$$M = \frac{100억 원}{0.5 + 0.1(1 - 0.5)} = \frac{100억 원}{0.55} = 181억 원$$

화폐시장의 균형($M^S = M^D$)

화폐시장의 균형은 화폐의 공급과 수요가 일치되었을 때 달성된다.

화폐의 공급　　: $M^S = \overline{M}$

화폐의 수요　　: $M^D = P \cdot L(\underset{\ominus}{R},\ \underset{\oplus}{Y})$

화폐시장의 균형 : $M^S = M^D \Rightarrow \dfrac{\overline{M}}{P} = L(\underset{\ominus}{R},\ \underset{\oplus}{Y})$

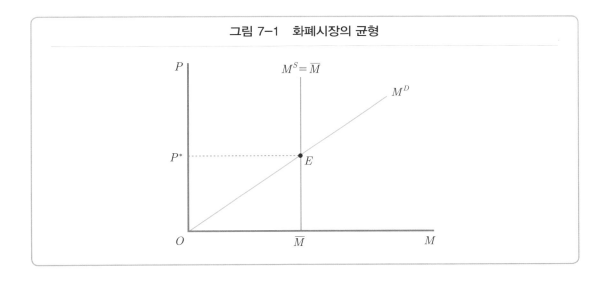

그림 7-1　화폐시장의 균형

그림에서 볼 수 있는 것과 같이 화폐시장의 균형은 화폐의 수요와 공급이 만나는 E점에서 결정되며 이 점에서 경제의 균형 물가(P^*)가 결정된다.

통화량의 조절

중앙은행이 화폐량을 조절할 수 있는 방법은 본원통화의 조정, 지준율의 변화, 재할인율의 변화, 공개시장조작 등이 있다. 통화량을 증가시키는 방식을 설명하면 다음과 같다.

❶ 본원통화의 증가 : $H\uparrow$ → $M\uparrow$
❷ 지준율의 인하 : $\delta\downarrow$ → $M\uparrow$
❸ 재할인율의 인하 : $r\downarrow$ → $M\uparrow$

첫 번째 방법은 본원통화를 늘리는 방법인데, 앞서 설명한 것과 같이 이 경우 화폐량은 본원통화의 승수배만큼 늘어나게 된다.

두 번째 방법은 법정 지불준비율을 낮추는 방법으로서 δ가 작아지면 통화승수는 증가한다. 따라서 이 방법은 통화승수를 크게 하여 통화량을 증가시키는 방법이다.

세 번째 방법은 재할인율을 낮추는 방법이다. 재할인율이란 은행이 기업의 채권을 사들인 후 이를 다시 중앙은행에 되파는 경우 적용되는 이자율이다. 재할인율이 낮아질수록 은행은 채권을 더 비싼 값에 중앙은행에 되팔 수 있으므로 민간이 보유하게 되는 통화의 양은 늘어난다.

공개시장조작

❶ OMP(Open Market Purchase) : 공개시장 매입 → $M\uparrow$
❷ OMS(Open Market Sale) : 공개시장 매각 → $M\downarrow$

공개시장조작(Open Market Operation : OMO)은 중앙은행이 통화량을 직접적으로 조절하지 않고 금융시장을 통하여 간접적으로 조절하는 방법이다. 이것은 중앙은행이 국채를 금융시장에 내다 팔거나 사들여서 통화량을 조절하는 방법인데 국채를 내다 파는 경우(OMS) 결과적으로 민간이 보유하는 통화량은 줄어들게 되고, 사들이는 경우(OMP)는 반대로 통화량이 늘어나게 된다.

즉 정부가 보유한 국채와 민간이 보유한 화폐를 서로 맞바꾸는 방법으로 통화량을 조절하는 것이다.

내생적 화폐공급

1960년대에 이르러서 걸리-쇼우(Gurley-Show), 케이건(Cagan), 토빈(Tobin) 등은 은행의 자산구성(portfolio) 결정이 화폐의 공급에 영향을 준다는 이른바 화폐공급의 '새로운 견해(new view of money supply)'를 제시하였다. 이 이론은 화폐공급에 있어서 수요측면을 강조한 이론(demand-based approach)이다.

지급준비금은 법정지준금(required reserve : RR)과 초과지준금(excess reserve : ER)으로 구성된다. 따라서 다음과 같이 나타낼 수 있다.

$$R = RR + ER$$

한편 초과지준금(ER)은 다음과 같이 자유지준금(free reserve : FR)과 차입지준금(borrowed reserve : BR)으로 구성된다.

$$ER = FR + BR$$

이상을 종합하면, 은행의 지급준비금은 법정 지급준비금 그리고 스스로 은행 안에 유보해 놓고 있는 자유지준금과 차입한 여유자금인 차입지준금의 총합이며 다음과 같은 관계로 나타낼 수 있다.

$$R = RR + (FR + BR)$$

그런데 본원통화 H는 지준금 R과 민간이 보유한 현금인 민간화폐 보유액 C의 합이므로,

$$\begin{aligned} H &= R + C \\ &= (RR + ER) + C \end{aligned}$$

또는 다음의 관계가 성립한다.

$$(H - ER) = RR + C$$

따라서 은행의 신용창조 과정은 법정 지불준비금(RR)뿐만 아니라, 은행의 최적화 행위에 의하여 결정되는 초과지준금(ER)에 의하여서도 영향을 받으며 이때의 통화량은 다음과 같다.

$$M = \left[\frac{1}{c + \delta(1 - c)} \right] \cdot (H - ER)$$

위 식에서 볼 수 있는 것과 같이 신용승수가 동일하더라도 초과지준금(ER)의 크기에 따라 화폐의 공급량(통화량)은 달라지게 된다. 그런데 초과지준금의 크기는 은행의 최적 포트폴리오 구성의 결과로 도출되며, 이는 자금시장의 사정(특히 이자율)에 크게 의존한다. 따라서 이자율의 변화 등은 초과지준금이라는 통로로 화폐공급의 변화를 초래하게 된다.

화폐공급의 내생성은 화폐정책의 효과에도 중요한 영향을 미치게 된다. 즉 이자율의 변화에 의해 화폐공급이 영향을 받을 경우 LM곡선의 기울기가 더욱 완만해진다. 그러므로 내생적 화폐공급의 상황하에서는 금융정책의 효과가 감소하게 되며, 반면에 재정정책이 상대적으로 더욱 유효한 정책이 된다.

chapter 08

이자율의 결정과 변화

section 01 **이자율의 특성**

주요 경제신문들은 매일매일 이자율의 움직임을 보도하고 있다. 이자율의 움직임이 중요한 이유는 이자율이 경제주체들의 의사결정 기준이 될 뿐 아니라, 향후 거시경제의 움직임에 관한 중요한 정보를 제공하기 때문이다. 사람들은 이자율을 기준으로 자신의 소득 중 얼마를 소비하고 저축할 것인지를 결정하기도 하고, 다양한 금융상품 중에서 어느 것을 구입할지를 결정하기도 한다. 기업 또한 이자율을 기준으로 자신의 자금을 새로운 장비 구입에 투자할지 여타 금융상품에 투자할지를 결정한다. 경제주체들의 이러한 의사결정은 다시 투자와 산출 등 실물부문에 영향을 미친다. 이런 점에서 이자율은 화폐부문과 실물부문을 연결시키는 주요 변수이다.

이자율은 채권 가격과 밀접한 관계를 갖는다. 현실에는 위험, 유동성, 세금, 만기일 등을 기준으로 다양한 종류의 채권이 존재하며 따라서 이자율의 종류도 다양하다. 이자율의 기간구조 (term structure of interest rate)는 특정 시점을 기준으로 나타낸 만기일까지의 기간과 이자율의 관계로 정의된다. 이자율 기간구조는 채권거래 시 만기별로 서로 상이한 채권들의 거래기준을 제공한다. 덧붙여 다음에 살펴볼 이자율 기간구조는 경제주체들의 미래에 대한 기대(expectation)를 반영하기 때문에 이자율 기간구조는 경기예측에 있어서도 중요한 정보를 제공한다.

이 장에서는 우선 몇 가지 이론들을 통해 이자율이 어떻게 결정되는가를 살펴본 후 경기와 통화정책이 변화할 때 이자율이 어떻게 움직이는가를 살펴보도록 한다. 그리고 마지막에서는 몇 가지 이자율 기간구조 이론들을 살펴본다.

이자율 기간구조에 대한 논의는 주로 만기까지의 기간과 이자율 간의 관계를 나타내는 수익률 곡선(yield curve)이 왜 우상향하는지, 즉 이자율 기간구조의 단저장고(短低長高) 현상이 어떻게 설명될 수 있는지에 초점이 맞춰져 있다.

section 02 이자율의 결정이론

1 고전학파의 저축 · 투자설

고전적 대부자금설인 고전학파의 저축 · 투자설에서는 이자율이 재화시장에서 저축과 투자에 의해 결정된다.

기업은 투자자금을 조달하기 위해 채권을 발행한다. 고전학파 이론에서는 투자 I와 채권공급

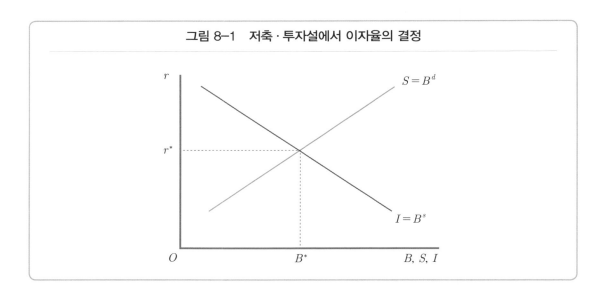

그림 8-1 저축 · 투자설에서 이자율의 결정

B^s가 일치한다. 이자율은 투자자금의 기회비용이다. 자금의 기회비용이 상승하면 기업은 투자를 줄이고자 하므로 투자 I는 이자율과 역($-$)의 관계를 갖고 투자 곡선은 이자율에 우하향한다.

가계는 소득을 소비나 저축에 사용한다. 저축 S는 채권수요 B^d와 일치한다. 이자율의 상승은 소비의 기회비용 상승을 의미하므로 이자율 상승 시 가계는 소비를 줄이고 저축을 증가시킨다. 따라서 저축 곡선은 이자율에 우상향한다.

고전학파에 의하면 〈그림 8−1〉에서 보는 바와 같이 재화시장에서는 저축과 투자가 일치하는 수준에서 실질이자율(real interest rate)이 결정된다. 동일한 이자율 수준에서 채권의 공급과 수요도 균형을 이룬다. 이 관계는 다음과 같이 나타낼 수 있다.

$$I = B^s = B^d = S$$

2   케인즈의 유동성 선호설

고전학파에서 이자율을 저축과 투자에 의해 결정되는 실물적 현상으로 파악하는 데에 비해, 케인즈의 유동성 선호설(liquidity preference theory)에서는 이자율을 화폐의 공급과 수요에 의해 결정되는 화폐적 현상으로 파악한다. 그리고 고전학파에서는 이자를 절약(thrift)에 대한 보상으로 보는 데 비해, 케인즈는 이자를 축적된 소득 또는 부를 화폐가 아닌 다른 금융자산의 형태로 보유함으로써 발생하는 유동성의 희생에 대한 보상으로 간주한다.

경제 내에 사람들이 자신의 부(wealth)를 저장하기 위해 이용할 수 있는 자산(asset)이 화폐 M과 채권 B의 형태로만 존재한다고 생각해 보자. 화폐의 수요와 공급을 M^d와 M^s로, 채권의 수요와 공급을 B^d와 B^s로 나타내면 자산시장의 균형 조건은 다음과 같다.

$$B^s + M^s = B^d + M^d$$

위의 식을 채권 항목과 화폐 항목으로 묶어 정리하면 다음과 같다.

$$B^s - B^d = M^d - M^s$$

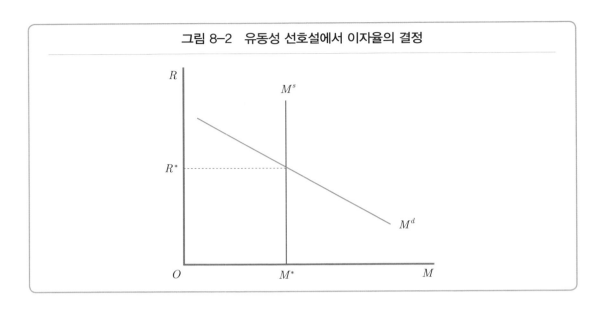

그림 8-2　유동성 선호설에서 이자율의 결정

위의 식을 통해 화폐시장이 균형을 이루면($M^d = M^s$) 채권시장도 균형을 이룸을 알 수 있다($B^d = B^s$). 따라서 이자율의 결정을 채권시장에서의 수요와 공급으로 파악하거나 화폐시장에서의 수요와 공급으로 파악하거나 모두 동일한 결과가 도출된다.

케인즈에 의하면 사람들의 화폐수요의 동기는 크게 거래적 동기, 예비적 동기, 투기적 동기로 구분된다. 케인즈는 특히 이자율 결정과 관련해 화폐수요의 투기적 동기를 강조했는데, 그에 의하면 이자율이 상승하면 화폐 보유의 기회비용이 상승하므로 사람들은 채권수요를 늘리고 화폐수요를 줄이려 할 것이다. 따라서 화폐수요와 이자율은 역(−)의 관계를 갖는다. 화폐의 공급은 통화당국에 의해 외생적으로 주어진다. 그 결과 〈그림 8−2〉와 같이 화폐공급과 화폐수요가 일치하는 수준에서 명목이자율(nominal interest rate)이 결정되고, 화폐시장과 채권시장이 균형을 이룬다. 이것을 식으로 나타내면 다음과 같다.

$$M^s = M^d \Rightarrow B^d = B^s$$

3 현대적 대부자금설

현대적 대부자금설은 자금의 수요와 공급이 균형을 이루는 수준에서 이자율이 결정된다고 보는 점에서 고전학파의 견해와 유사하나 자금의 수요와 공급 결정요인을 비단 저축과 투자뿐 아니라 여타 요인들로 확장시킴으로써 케인즈학파의 이론도 반영하고 있다.

현대적 대부자금설에서 대부자금은 단지 저축과 투자가 아니라 '실제로 대부 가능한 자금'으로 정의된다. 우선 자금의 공급측면에서 기존의 국채상환자금으로 사용된 정부저축이나 가계저축 중 장롱 속에 퇴장(hoarding)시킨 자금 등은 대부 가능 자금에서 제외된다. 중앙은행의 통화증발은 저축이 아니더라도 대부 가능 자금에 포함될 수 있다.

다음으로 자금의 수요측면에서 사내유보금 등 금융시장을 통하지 않고 조달되는 내부자금은 자금수요에서 제외된다. 대부자금의 수요와 공급요인을 보다 자세히 살펴보면 〈표 8－1〉과 같다.

균형 이자율 R^*은 〈그림 8－3〉과 같이 실제 대부 가능 자금의 수요 L^d와 공급 L^s이 균형을

표 8－1   대부자금의 수요와 공급

대부자금의 공급	대부자금의 수요
개인저축	가계의 신용구매
기업저축	기업투자
정부예산 흑자	정부예산 적자
통화공급 증가	통화공급 감소
화폐퇴장 감소	화폐퇴장 증가

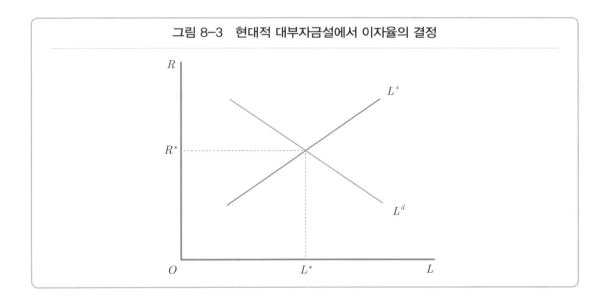

그림 8－3   현대적 대부자금설에서 이자율의 결정

이루는 수준에서 결정된다.

4 중첩 세대 이론(OG모형)

이상에서 살펴본 이자율 결정이론들은 자산시장에서 수요와 공급이 균형을 이루는 수준에서 균형 이자율이 결정된다는 접근방식을 취했었다. 하지만 6장에서 살펴보았듯이 사무엘슨(P. Samuelson)은 중첩 세대 이론(overlapping generation theory : OG모형)을 통해 이자율이 인구증가율과 일치한다는 매우 새로운 접근법을 제시한다. 이를 다시 살펴보도록 하자.

먼저 OG모형에서는 경제주체들이 청년기와 노년기의 2기만 산다고 가정하며, 경제주체들이 젊었을 때는 소득(endowment)을 얻지만 늙으면 소득이 없다고 가정한다. 덧붙여 재화는 저장이 불가능하다고 가정한다.

재화의 저장이 불가능하므로 만약 교환이 발생하지 않는 자급자족경제(autarky)라면 경제주체들은 젊었을 때 자신의 소득을 모두 소비하고 늙으면 소득도, 소비할 재화도 없으므로 굶어 죽게 될 것이다.

하지만 경제 내에 화폐가 존재해 세대 간 교환이 가능하다면 상황은 달라진다. 즉 젊은이는 자신의 소득 중 반을 노인에게 제공하고 그 대가로 화폐를 받았다가 자신이 노인이 된 후에는 다음 세대의 젊은이들에게 이 화폐를 제공하고 그들의 소득 중 반을 받을 수 있게 된다.

각 세대의 인구가 매 기간마다 n의 비율로 증가한다고 하면 현 세대의 젊은이의 소득이 1인 경우 다음 세대 젊은이의 소득은 $1+n$이 된다. 따라서 현 세대 젊은이들은 이전 세대 노인에게 $\frac{1}{2}$을 제공하고 다음 세대 젊은이들에게 그들의 소득 중 절반인 $\frac{1+n}{2}$을 받게 된다. 결국 인구증가로 인해 $\frac{n}{2}$만큼의 이자가 지급되는 것과 마찬가지의 상황이 발생됨을 알 수 있다. 이때 이자율은 n으로서, 인구증가율과 일치하므로 이를 생물학적 이자율(biological interest rate)이라고 부른다.

사무엘슨의 중첩 세대 모형은 세대 간 소득 이전이 소비대여의 형태로 일어난다는 점에서 '소비 대여 모형(consumption−loan model)'으로도 불린다.

section 03 경기와 통화정책 변화에 의한 이자율 변동

1 경기변동국면과 이자율의 움직임

이자율은 일반적으로 경기변동에 시차를 두고 반응한다. 이는 기업의 생산 및 투자의 의사결정 조정이 경기변동에 따라 즉각적으로 이루어지지 않기 때문이다. 더욱 중요한 것은 경기변동의 확장과 수축국면에서 이자율의 움직임은 반드시 한 방향으로만 나타난다고 볼 수 없다는 점이다.

우선 경기 확장국면에서 이자율의 움직임을 살펴보자. 이자율은 일반적으로 경기 확장국면의 초기에는 하락하다가 점차 시간이 지남에 따라 상승하는 모습을 보인다. 경기가 확장국면에 접어들면 기업의 매출이 증가해 기업의 내부유보금이 증가하게 되고 그에 따라 외부자금수요가 감소한다. 따라서 경기 확장의 초기에는 이자율이 하락한다. 하지만 기업들이 점차 투자와 생산규모를 확장시키게 됨에 따라 내부적으로 조달되는 투자자금의 비율이 줄게 되고 기업의 외부자금 수요가 증가하게 된다. 그에 따라 이자율이 다시 상승하게 된다. 〈그림 8-4〉는 경기 확장국면에서 시간의 흐름에 따른 이자율의 움직임을 보여준다.

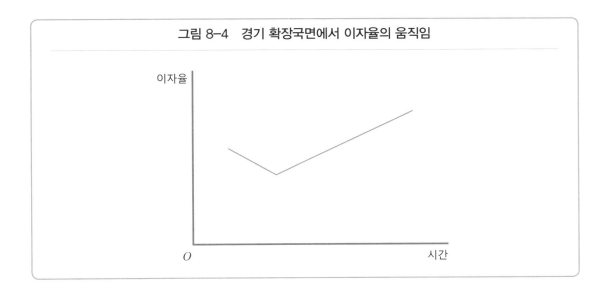

그림 8-4 경기 확장국면에서 이자율의 움직임

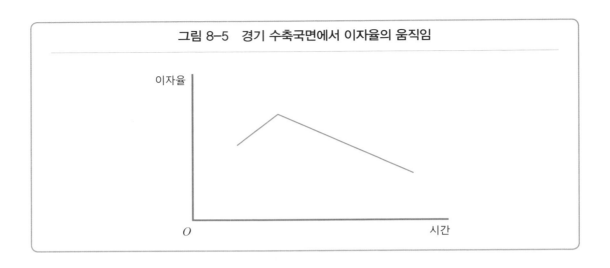

그림 8-5　경기 수축국면에서 이자율의 움직임

이자율

O　　　　　　　　　　　　　　　시간

　경기 수축국면에서 이자율은 종종 초기에는 상승하다가 시간이 흐르면서 점차 하락하는 모습을 보이곤 한다. 이는 확장국면과 반대의 이유 때문이다. 즉 경기가 수축국면에 접어들면 매출이 감소해 내부유보자금이 감소한다. 하지만 투자 프로젝트는 미리 결정되어 추진되고 있으므로 이는 외부자금 수요를 증가시켜 이자율을 상승시킨다. 하지만 시간이 흐르면서 기업이 투자규모를 조정하고 그에 따라 외부자금 수요가 감소하면서 금리가 하락하게 된다. 〈그림 8-5〉는 경기 수축국면에서 이자율의 움직임을 보여준다.

　하지만 일반적으로 이자율이 경기국면에 따라 반드시 한 방향의 움직임을 보인다고 보기는 어렵다. 이를 앞서 살펴본 현대적 대부자금설에 근거해 살펴보도록 하자. 경기 확장국면에서 일정한 시간이 지나면 기업의 투자가 증가해 동일한 이자율 수준에서 대부자금의 수요가 증가한다. 이는 〈그림 8-6〉에서와 같이 대부자금 수요곡선을 L_0^d에서 L_1^d으로 우측이동시킨다. 경기 확장국면에서는 가계의 소득 또한 증가한다. 소득 증가는 저축을 증가시켜 대부자금 공급을 증가시킨다. 결국 경기 확장기에는 〈그림 8-6〉에서처럼 대부자금 공급곡선도 L_0^s에서 L_1^s으로 우측으로 이동한다.

　결국 경기 확장기에 이자율이 상승할 것인가, 하락할 것인가는 대부자금의 수요와 공급 중 어느 것이 더 크게 증가하는가에 달려있다. 이는 경기 수축기에도 동일하게 성립한다. 〈그림 8-6〉에서 볼 수 있는 바와 같이 만약 대부자금 공급이 대부자금 수요보다 경기변동에 더욱 민감하게 반응한다면 이자율은 오히려 하락할 수도 있다.

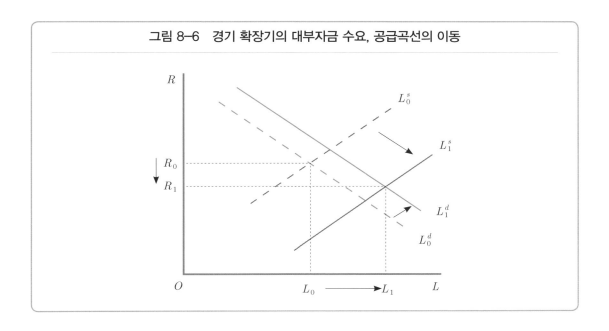

그림 8-6 경기 확장기의 대부자금 수요, 공급곡선의 이동

2 통화정책과 이자율의 변동

통화정책이 이자율에 미치는 영향을 살펴보기 위해 앞서 살펴보았던 유동성 선호설로 다시 돌아가 보자. 유동성 선호설에 의하면 화폐공급은 중앙은행의 통화정책에 의해 외생적으로 주어지므로, 중앙은행이 확장적 통화정책을 사용해 화폐공급을 증가시키면 다른 조건이 일정할 때 화폐공급곡선 M^s가 〈그림 8-7〉과 같이 M_0^s에서 M_1^s으로 우측이동한다. 그에 따라 이자율이 R_0에서 R_1으로 하락하고, 경제 전체의 화폐량은 M_0에서 M_1으로 증가한다.

통화정책을 통해 이자율을 하락시킬 수 있다는 점은 경제정책 담당자에게 매우 중요한 함의를 갖는다. 왜냐하면 만약 통화정책을 통해 이자율을 하락시킬 수 있다면 다음과 같은 경로를 통해 이는 경제성장도 야기할 수 있기 때문이다.

통화량 증가 ⇒ 이자율 하락 ⇒ 투자 증가 ⇒ 산출량 증가

이상의 결론에 대한 중요한 비판이 프리드만(M. Friedman)에 의해 수행되었다. 그는 위에서

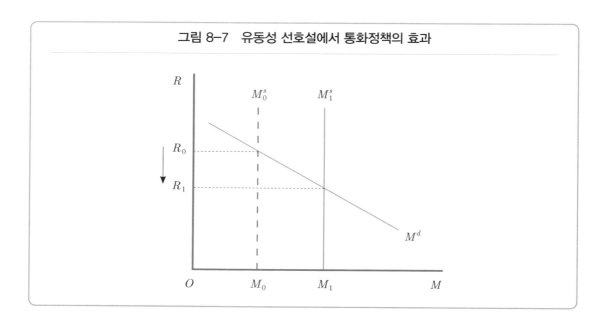

그림 8-7 유동성 선호설에서 통화정책의 효과

언급한 경로를 통한 확장적 통화정책이 이자율의 하락을 야기하는 것을 유동성 효과(liquidity effect)라 불렀다.

프리드만에 의하면 유동성 효과는 단지 일시적일 뿐이다. 왜냐하면 이자율 하락은 투자를 증가시켜 경제 전체의 지출량을 증대시키고 이는 화폐수요를 증가시켜 화폐수요곡선을 우측으로 이동시키기 때문이다. 프리드만은 이를 소득효과(income effect)라 불렀다.

마지막으로 사람들은 현재의 물가상승을 보고 장래의 물가가 상승하리라 예상한다. 그 결과 기대 인플레이션율이 상승한다. 명목이자율을 R, 실질이자율을 r, 기대 인플레이션율을 π^e 라고 하면, 기대 인플레이션율과 명목이자율, 실질이자율 간의 관계를 나타내는 피셔 방정식 (Fisher equation)은 다음과 같다.

$$R = r + \pi^e$$

피셔 방정식의 의미는 실제 차입비용인 실질이자율은 명목이자율에서 기대 인플레이션을 차감한 값이라는 것이다. 따라서 실질이자율이 변하지 않는다면 기대 인플레이션율의 상승은 명목이자율을 더욱 상승시킨다. 이를 피셔 효과(Fisher effect)라고 부른다.

이상의 내용을 〈그림 8-8〉을 통해 정리해 보자. 확장적 통화정책에 의해 통화량이 M_0^s에

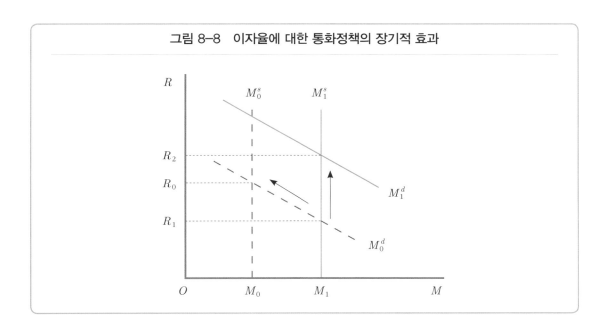

그림 8-8   이자율에 대한 통화정책의 장기적 효과

서 M_1^s으로 증가하면, 단기적으로 이자율이 R_0에서 R_1으로 하락한다. 하지만 소득효과와 피셔 효과에 의해 화폐수요곡선 또한 M_0^d에서 M_1^d으로 우측 이동하게 되고 이자율은 결과적으로 R_0에서 R_2로 상승하게 된다. 따라서 이자율을 조정하기 위한 통화정책은 단기적으로는 효과가 있지만 장기적으로는 실질이자율에 아무런 영향을 미치지 못한 채 명목이자율만 상승시키는 결과를 낳는다.

이자율의 기간구조이론

어떤 일정 시점에서 다른 모든 조건이 일정할 때, 채권의 만기까지의 기간이 달라짐에 따라 채권수익률 역시 다르게 나타난다. 이와 같은 만기까지의 기간과 채권수익률 사이의 관계를 이자율의 기간구조(term–structure of interest rates)라고 하며, 이를 그래프로 나타낸 것이 수익률 곡선(yield curve)이다.

수익률 곡선은 채권투자에 있어서 모든 분석의 기초가 된다. 예를 들어 고평가 및 저평가

종목의 선별, 개별 채권 혹은 포트폴리오의 금리위험 파악, 면역 전략(immunization) 등은 모두 이자율 기간구조의 형태가 전제되어야 한다.

이자율 기간구조의 파악은 다음과 같은 이점을 준다.

첫째, 채권 발행자의 입장에서 만기별 채권의 가격 예상과 함께 기간별 자금조달흐름에 대한 적절한 판단을 가능케 한다.

둘째, 투자자들로 하여금 동일한 만기 또는 다양한 만기를 가진 채권들 간의 수익률을 비교·예측할 수 있게 함으로써 차익거래(arbitrage)를 통한 채권운용의 기회를 제공한다.

수익률 곡선의 패턴, 즉 이자율의 기간구조가 만기와 어떤 체계적인 관련을 갖고 있는가에 대한 이론으로는 불편 기대 이론, 유동성 프리미엄 이론, 시장분할 이론 등이 있다.

---

1   **불편 기대 이론**

불편 기대 이론(unbiased expectations theory) 또는 기대 이론(expectations theory)은 투자자들이 모든 채권을 완전 대체재로 인식한다는 가정하에 장기채권을 한 번 운용하는 경우와 단기채권을 여러 번 운용하는 경우의 수익률이 서로 일치해야 한다는 이론이다. 즉 불편 기대 이론에 의하면 t기 시점에서 만기가 n인 장기채권수익률 $R_{t,\,n}$은 아래 식과 같이 현재 단기채권금리와 미래 단기채권금리의 가중평균으로 결정된다.

$$
(1 + R_{t,\,n})^n = (1 + R_{t,\,1})(1 + R_{t+1,\,1}^e)(1 + R_{t+2,\,1}^e) \cdots (1 + R_{t+n-1,\,1}^e)
$$
$$
R_{t,\,n} = \sqrt[n]{(1 + R_{t,\,1})(1 + R_{t+1,\,1}^e)(1 + R_{t+2,\,1}^e) \cdots (1 + R_{t+n-1,\,1}^e)} - 1
$$

$R_{t,\,1}$은 t기에서 1년 만기 채권에 적용되는 이자율이고, $R_{t+1,\,1}^e$은 $R_{t+1,\,1}$에 대한 기대치로 선도금리(forward rate) $f_{t+1,\,1}$으로도 나타낼 수 있다. 선도이자율 $f_{t+1,\,1}$을 예상 현물이자율 $R_{t+1,\,1}^e$의 불편 추정량(unbiased estimator)으로 해석한다는 점에서, 기대 이론을 불편 기대 이론이라고 부르기도 한다.

불편 기대 이론의 중요한 의미는 수익률 곡선의 형태가 미래 단기금리에 대한 투자자의 예상(investor's expectation)에 의하여 결정된다는 점이다.

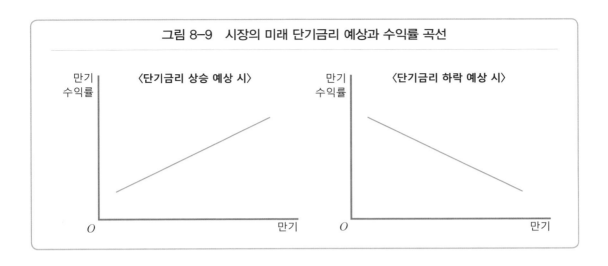

그림 8-9 　시장의 미래 단기금리 예상과 수익률 곡선

〈단기금리 상승 예상 시〉

만기
수익률

O　　　　　　　　　　　　　　만기

〈단기금리 하락 예상 시〉

만기
수익률

O　　　　　　　　　　　　　　만기

구체적으로 〈그림 8-9〉와 같이 미래 단기금리가 상승할 것으로 예상된다면 수익률 곡선은 우상향(upward sloping)하는 형태를 갖게 될 것이고, 미래 단기금리가 하락할 것으로 예상되면 수익률 곡선의 형태는 우하향(downward sloping)하는 형태를 취할 것이다.

실증분석 결과에 의하면 수익률 곡선은 일반적으로 우상향하는 것으로 관찰된다. 기대 이론의 중요한 단점 중 하나는 우상향 곡선의 일반성을 설명할 근거가 부족하다는 점이다.

마지막으로 불편 기대 이론에서는 보다 먼 미래의 예상된 단기금리변동이 채권수익률에 미치는 영향이 체감하기 때문에 만기가 긴 채권일수록 수익률의 상대적 안정성이 크게 된다.

| 2 | 유동성 프리미엄 이론 |

힉스(Hicks)에 의해 대표되는 유동성 프리미엄 이론(liquidity premium theory)은 장기채권의 수익률에는 미래 수익률에 대한 불확실성 때문에 유동성 프리미엄이 포함된다고 본다. 이때 위험은 구체적으로 미래에 채권수익률의 변동에 따라 채권 가치가 저하할 수 있는 위험, 즉 자본손실 위험(capital loss)으로 정의된다.

L_n을 n기간 채권에 내재하는 유동성 프리미엄으로 정의하면 장기채권의 수익률은 다음과 같다.

$$R_{t, n} = \sqrt[n]{(1 + R_{t, 1})(1 + R_{t+1, 1}^e)(1 + R_{t+2, 1}^e) \cdots (1 + R_{t+n-1, 1}^e)} - 1 + L_n$$

힉스는 유동성 프리미엄 L_n이 미래로 갈수록 커지는 것으로 보았다. 일반적으로 자금공급자는 자본손실 위험을 줄이기 위해 단기채권을 선호하고 자금수요자는 장기에 걸쳐 안정적으로 조달할 수 있는 자금을 선호한다. 따라서 유동성 프리미엄이 만기와 정(+)의 관계를 갖지 않는다면 단기채권의 초과수요와 장기채권의 초과공급 현상이 발생해 시장이 균형을 달성할 수 없게 된다.

유동성 프리미엄 이론은 불편 기대 이론에 유동성 프리미엄의 개념을 포함시켜 불편 기대 이론으로는 설명하기 어려운 수익률 곡선의 일반적인 형태, 즉 우상향 패턴을 설명할 수 있게 하는 장점을 갖는다. 위 식에 따를 경우 투자자들이 미래 단기금리가 약간 하락하거나 일정할 것으로 기대한다고 하더라도 유동성 프리미엄의 영향을 상쇄하지 못하는 한 수익률 곡선은 우상향하는 형태를 보일 것이기 때문이다. 투자자들이 미래 단기이자율이 상승할 것으로 예상할 경우에도 유동성 프리미엄의 존재로 인해 이 이론에서 주장하는 수익률 곡선은 불편 기대 이론의 경우보다 기울기가 크게 나타난다.

3   시장분할 이론

시장분할 이론(market segmentation theory)은 투자자들이 채권만기에 따라 선호 대상이 다르기 때문에 특정 만기의 채권을 선호하는 투자자들에 의해서 채권시장이 다른 특성을 갖는 시장으로 분할되어 금리가 결정된다는 것이다.

즉 채권시장은 개인투자자, 은행, 증권, 투자신탁, 보험회사 등 각 부류의 투자자들로 구성되어 있고, 이들은 각기 투자에 대한 법적인 규제, 정보비용, 투자정책 등이 다르기 때문에 특정만기의 채권을 선호하는 경향이 있으므로 채권시장은 단기 · 중기 · 장기의 분할시장으로 구성되어 각 분할된 시장에서의 수요 · 공급에 따라 채권수익률이 결정된다는 이론이다.

시장분할 이론은 채권시장에서 단기채권에 대한 수요가 장기채권에 대한 수요보다 상대적으로 많은 것이 보편적이므로 장기금리가 단기금리보다 높아 수익률 곡선이 우상향하는 형태를 가진다고 설명한다.

그러나 이 이론은 장·단기 채권시장의 완전한 분리를 가정하고 있어 장·단기 금리가 어떠한 관계를 가지는지, 즉 단기금리가 변할 때 장기금리가 어떠한 영향을 받게 되는지에 대한 정보를 제공할 수 없다는 단점을 지니고 있다.

chapter 09

실업과 인플레이션

노동의 수요

노동의 수요는 기업에 의하여 결정된다. 기업은 주어진 가격 하에서 이윤을 극대화하기 위한 산출량을 결정하게 된다. 이 과정에서 기업은 노동을 생산요소로서 수요한다. 이러한 노동의 수요는 소비자의 생산물 수요에 의하여 파생되어진 수요라는 점에서 파생수요라고 불린다.

이제 노동의 수요결정을 살펴보기 위하여 기업의 이윤 극대화 문제를 살펴보자. 시장 가격(P)이 주어졌을 때 기업의 이윤 극대화 문제는 다음과 같이 나타낼 수 있다(여기서 생산요소는 문제를 간단히 하기 위하여 노동 N 하나만 있다고 가정한다).

$$\text{Max} \quad \varPi = P \cdot y - W \cdot N$$
$$\text{s.t.} \quad y = f(N)$$

결국 이윤 극대화 조건은 다음과 같이 N에 대하여 미분한 것을 0으로 놓은 1차 조건(First Order Condition : FOC)으로 얻어진다.

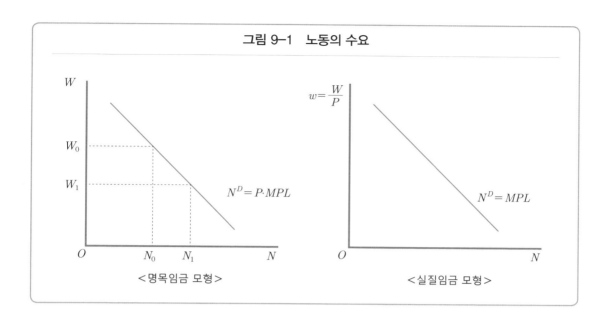

그림 9-1 노동의 수요

<명목임금 모형>

<실질임금 모형>

$$FOC : P \cdot f' - W = 0$$
$$\therefore \ f' = MPL = \frac{W}{P} = w$$

위 식은 생산함수가 $y = f(N)$으로 주어졌을 때 노동수요의 결정 문제를 요약하고 있다. 즉 위 식에서 볼 수 있는 것과 같이 노동의 가격인 실질임금($W/P = w$)은 노동의 한계 생산성 (MPL)에 의하여 결정된다. 한계 생산 체감의 법칙에 의해 노동의 한계 생산성은 노동의 양 (N)이 증가할수록 감소하므로 노동의 양과 한계 생산성은 음의 관계를 가진다. 그런데 임금은 노동의 한계 생산성에 의하여 결정되므로 노동의 양 N과 임금도 역시 음의 관계에 있다. 따라서 임금과 노동량의 관계를 나타낸 노동의 수요곡선은 〈그림 9-1〉에서처럼 우하향의 기울기를 갖는다.

노동의 공급

노동의 공급은 개인의 효용 극대화 과정에서 결정된다. 개인은 노동의 공급과 관련하여 소득(y)과 여가(l) 사이의 상충관계에 직면하게 된다. 즉 여가를 더 많이 수요할수록 노동시간은 줄어들게 되므로 소득은 감소하고, 소득을 늘리려면 노동을 증가시켜야 하므로 여가는 감소하게 되는 것이다. 따라서 노동의 공급은 이 관계를 고려한 최적화 문제의 해로서 결정된다.

임금의 상승은 두 가지 상충된 효과를 발생시킨다. 임금이 상승한다는 것은 여가의 기회비용이 상승하는 것과 동일한 의미를 갖는다. 따라서 임금이 상승하면 대체효과(Substitution Effect : SE)에 의하여 여가를 줄이고 노동을 더 많이 공급하려 할 것이다. 그러나 임금의 상승은 소득효과(Income Effect : IE)도 발생시킨다. 소득효과란 임금의 상승에 의하여 소득이 증가하면 정상재(normal goods)인 여가를 더욱 더 수요하게 되는 것을 의미한다.

또한 임금이 상승하면 같은 시간을 일하고도 더 많은 임금을 받을 수 있다. 따라서 노동자는 임금이 상승했다고 해서 굳이 더 많은 시간을 노동에 투입하려고 하지 않을 가능성이 있으며 오히려 노동의 공급을 감소시킬 수도 있다. 따라서 노동의 공급곡선은 〈그림 9-2〉에서 볼

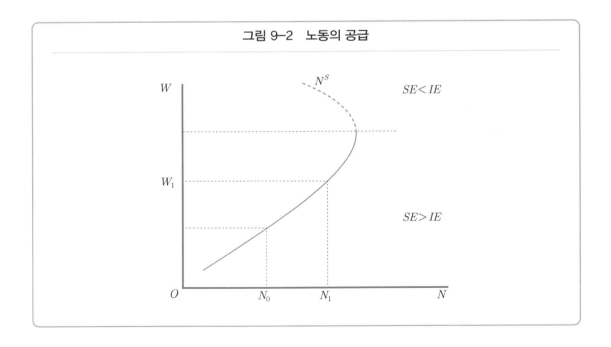

그림 9-2 노동의 공급

수 있는 것과 같이 소득효과가 대체효과를 능가하게 되는 경우 후방 굴절형(backward bending)
으로 나타날 수도 있다.

section 03 노동시장의 균형

노동시장의 균형은 노동의 수요 N^D와 N^S가 일치할 때 이루어지며 균형에서 균형 노동량
N^*과 균형 임금 W^*가 결정된다. 이를 나타낸 것이 〈그림 9-3〉이다.

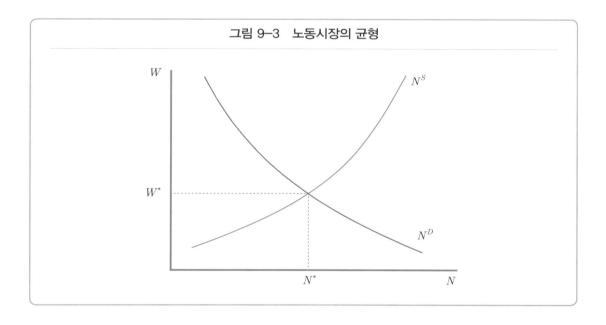

그림 9-3   노동시장의 균형

앞에서 살펴보았듯이 노동의 수요와 공급이 일치하여 균형이 이루어지면 실업은 존재하지 않는다. 하지만 현실에서는 실업은 존재한다.

실업률을 측정함에 있어서 우리나라는 노동력 접근법(labour force approach)을 따른다. 이에 따르면, 총인구는 15세 이상의 인구와 15세 미만의 인구로 나누어지며, 15세 이상의 인구를 근로연령 인구, 생산활동 가능 인구 또는 생산연령 인구라고도 한다. 15세 이상 인구는 다시 경제활동의 참여 여부에 따라 경제활동인구와 비경제활동인구로 나누어진다. 예를 들어 학생이나 가정주부 등은 비경제활동인구가 된다. 경제활동인구를 노동력(Labour Force : LF)이라고 한다.

노동력은 다시 취업을 하려고 하나 적절한 일자리를 찾지 못한 실업자 U와 취업자 N으로 구분할 수 있다. 실업률은 다음과 같이 경제활동인구 중에서 실업자가 차지하는 비율로 나타낼 수 있다.

$$실업률\ u = \frac{U}{LF}$$

하지만 이러한 ILO의 노동력 접근법에서 취업자란 주당 1시간 이상 수입이 있는 곳에서 일하는 사람을 뜻하므로 후진국에서는 잘 맞지 않는 정의다. 또한 준실업이 존재하므로 후진국에서는 실업률이 과소평가될 수 있다.

준실업은 일하고 싶지만 일자리가 없는 사람(willing people), 일하고 싶은 만큼 일을 하지 못하는 사람(idle people), 일을 하기는 하지만 일정 수준 이상의 소득을 얻지 못하는 사람(poor people)의 실업을 일컫는다. 또한 실망 노동자(discouraged worker)가 존재하여 후진국에서 실업률이 과소평가된다.

실망 노동자란 계속 일하고 싶어 했지만 일자리가 없어서 노동자는 결국 취직하려는 노력을 포기하고 일할 의사가 없다고 응답하는 사람을 말한다.

실업에 대한 이론

케인즈학파

케인즈학파는 실업을 구조적인 것으로 설명한다. 케인즈학파는 노동자들이 명목임금의 하락을 원치 않기 때문에 명목임금의 하향 경직성(downward rigidity of money wage)이 발생한다고 설명한다. 이를 간략히 묘사한 것이 〈그림 9-4〉이다. 경기불황에 의해 물가가 하락하고 그에 따라 노동수요곡선이 하향 이동하더라도 균형이 A점에서 B점으로 이동할 수 없다. 왜냐하면 케인즈학파의 임금 경직성 가정에 따라 노동자들이 물가 하락에도 불구하고 임금 W_0를 고수하려고 하기 때문에 노동의 공급곡선은 아래의 그림과 같이 W_0수준에서 수평이 되고 물가 하락으로 노동의 수요가 감소하더라도 노동의 공급을 줄이지 않게 되어 $\overline{CA}$만큼 실업이 발생하게 된다고 주장한다. 즉 노동자들이 실질 변수인 실질임금이 아니라, 명목변수인 명목임금에만 집착하는 화폐환상(money

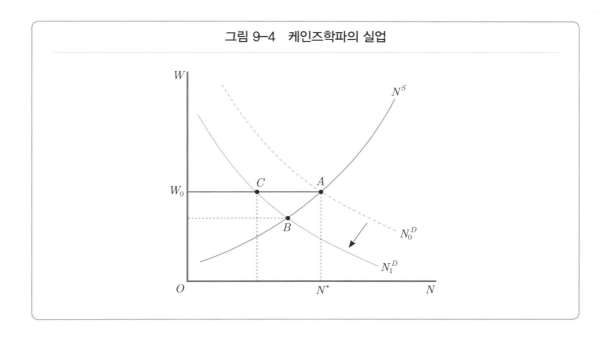

그림 9-4　케인즈학파의 실업

illusion)이 존재하여 실업이 발생하게 되며 이렇게 발생하는 실업은 구조적인 것이다. 따라서 케인즈학파는 실업이 구조적인 문제이므로 정부가 확장적 재정정책 또는 통화정책 등을 사용하여 실업에 대처해야 한다고 주장한다.

2 고전학파

케인즈학파와 달리 고전학파는 실업을 마찰적·자발적인 것으로 본다. 노동자들이 물가에 대한 예상을 하지 못하기 때문에 화폐환상이 발생하여 명목임금의 하향 경직성이 발생하는 케인즈학파 모형과 달리, 고전학파 모형에서 노동자들은 물가를 완전하게 예측하므로 명목임금은 물가에 신축적으로 반응한다. 그러므로 실업이 있다면 그것은 구조적인 것은 아니며 마찰적·자발적 실업이다. 즉 노동시장은 일반적으로 균형에 있지만 단지 정보가 완전하지 않으므로 일시적인 실업이 발생할 수 있다는 것이다.

고전학파의 실업이론을 뒷받침하는 모형으로 직장탐색 모형과 노동자 탐색 모형을 들 수 있다. 먼저 직장탐색 모형에서 노동자는 각 기업이 제시하는 임금(제시 임금 W_i)과 자신이 수락할 용의가 있는 임금 수준(수락 임금 W^*)을 비교하여 자신이 수락할 용의가 있는 임금을 제시받을 때까지 직장을 탐색한다. 이때 노동자의 의사결정 기준은 다음과 같이 나타낼 수 있다.

만약 $W_i < W^*$이면 계속 탐색
$W_i \geqq W^*$이면 취업

노동자들의 의사결정 기준이 수락 임금이므로 이를 수락 임금 법칙이라고 한다.

직장탐색 모형의 결정 주체가 노동자인 데 반해 노동자 탐색 모형은 의사결정 주체가 고용주 또는 기업이 된다. 즉 고용주가 노동자를 탐색하는 경우이다. 이 경우 의사결정 기준은 고용할 노동자의 한계 생산력이 될 것이다. 고용주가 수락할 용의가 있는 한계 생산력의 수준(수락 한계 생산력 MPL^*)과 지원하는 개별 노동자 i의 한계 생산력(제시 한계 생산력 MPL_i)과 비교하여 수락 한계 생산력보다 높은 생산력을 가진 노동자를 고용하고 그렇지 않으면 탐색을 계속하게 될 것이다. 이 경우 고용주의 의사결정 기준은 다음과 같다.

$$\text{만약 } MPL_i < MPL^* \text{이면 계속 탐색}$$
$$MPL_i \geqq MPL^* \text{이면 취업}$$

위와 같은 고용주의 의사결정을 수락 한계 생산성 법칙이라고 한다.

결국 노동자나 기업은 이러한 탐색을 할 경우의 단위 기대 이윤과 탐색 시 드는 단위 탐색 비용을 비교하여 탐색의 여부를 결정할 것이다. 따라서 실업에 대한 적절한 대책은 취업정보 네트워크를 확충하여 탐색비용을 낮추어 주어 기업과 노동자의 탐색 행위를 원활히 하는 것이다.

section 06 인플레이션의 개념

인플레이션은 물가가 지속적으로 상승하는 현상을 의미한다. 인플레이션을 설명하는 이론으로는 수요 견인 인플레이션(demand-pull inflation)과 비용 상승 인플레이션(cost-push inflation) 등을 들 수 있다.

물가 변화율(price change rate)은 현재(t)의 물가 수준 P_t와 다음 기($t+1$)의 물가 수준 P_{t+1}의 차이를 현재의 물가 수준 P_t로 나눠 준 것으로 정의되며 다음과 같이 나타낼 수 있다.

$$\pi_t = \frac{P_{t+1} - P_t}{P_t} \Rightarrow P_{t+1} = (1 + \pi_t) P_t$$

따라서 일정기간 내의 모든 t에 대하여 $\pi_t > 0$이 성립하면 인플레이션이 되며 $\pi_t < 0$의 경우에는 디플레이션이 된다.

피셔 방정식

피셔 방정식(Fisher equation)이란 물가상승률, 명목이자율, 실질이자율 간의 관계를 나타낸 식이다. 피셔 방정식의 도출과정을 살펴보도록 하자.

먼저 사람들이 t시점에 소비를 한 단위 줄여서 명목이자율이 R_t인 채권을 보유하고 있다고 하자. 이때 소비 한 단위의 가격이 P_t라고 하면, 시점 $t+1$에서의 채권의 명목가치는 $P_t(1+R_t)$가 된다. 실질이자율을 r_t라고 하고, 실질이자율 r_t를 채권의 실질가치 증가율이라고 정의하면 다음과 같은 관계가 성립한다.

$$1+r_t = \frac{P_t(1+R_t)}{P_{t+1}} = \frac{1+R_t}{\dfrac{P_{t+1}}{P_t}} = \frac{1+R_t}{1+\pi_t}$$

즉 채권의 실질이자율 r_t를 구하기 위해서는 명목이자율 R_t에서 물가상승 부분을 고려해주어야 한다는 것이다. 이 식의 좌변과 마지막 우변을 풀어 정리하면 다음과 같다.

$$(1+R_t) = (1+\pi_t)(1+r_t)$$
$$= 1+r_t+\pi_t+r_t\pi_t$$

이때 $r_t\pi_t$는 0에 가까우므로 무시하면, 다음과 같은 식이 도출되고 이를 피셔 방정식이라고 한다.

$$R_t = r_t+\pi_t \ \text{ or } \ r_t = R_t-\pi_t$$

위 식에서 볼 수 있는 것과 같이 실질이자율은 명목이자율에서 물가상승률(인플레이션율)을 차감한 것으로 나타난다.

이와 같은 상황을 설명하기 위하여 오늘 100만 원짜리 채권을 사고 내일 10만 원의 이자를 받기로 한 경우를 생각해 보자. 오늘과 내일의 물가가 변함이 없다면 오늘과 내일의 10만 원은 차이가 없지만, 오늘보다 내일의 물가가 높다면 분명히 오늘과 내일의 10만 원은 액수(명목가치)는 같지만 실질가치(구매력)는 다르다. 예를 들어 오늘의 10만 원으로 쌀 한 가마니를 살 수 있었다 해도 내일의 10만 원으로는 밤 사이의 물가상승 때문에 쌀 한 가마니를 살 수 없는 상황이 발생할 수도 있는 것이다. 이와 같은 상황이 발생하는 이유는 오늘과 내일의 명목가치가 같더라도 인플레이션 때문에 화폐의 구매력이 감소하여 그 실질가치가 감소하였기 때문이다.

section 08　필립스곡선

필립스(A. W. Phillips)는 1958년 발표한 논문에서 영국의 통계자료(1861~1913)를 사용하여 실업률과 명목임금상승률 사이에 상충관계(trade-off)가 존재함을 실증적으로 보여주었다.

이와 같은 관계가 나타나는 것에 대하여 필립스는 다음과 같이 설명하였다. 어떠한 이유로 노동에 대한 수요가 증가하였으나 실업자가 많지 않은 경우 고용주들은 추가적인 노동자를 확보하기 위해 임금을 급격히 상승시킬 것이다. 즉 각 기업과 산업들은 다른 기업이나 산업으로부터 노동자들을 유인하기 위해 현재의 적정 임금률 이상으로 임금을 상승시킬 것이다. 따라서 실업률의 감소에 비해 명목임금이 더욱 빨리 상승하므로 〈그림 9-5〉에서 볼 수 있듯이 두 변수 사이에는 원점에 대해 볼록(convex to origin)하며, 비선형적인 역(-)의 관계가 성립하며 이를 필립스곡선(Phillips curve)이라고 부른다. 이를 나타낸 것이 〈그림 9-5〉이다.

그러나 후진국과 같이 실업자가 많은 경우 노동에 대한 수요가 증가하면 명목임금상승률에 비해 실업률의 감소가 더욱 커지므로 필립스곡선은 원점에 대해 오목(concave)한 형태를 갖게 될 것이다. 이러한 필립스의 주장은 그 후 립시(Lipsey)에 의해 더욱 보완되어 필립스-립시(Phillips-Lipsey) 가설로 발전되었다. 필립스와 립시에 의해 제시된 필립스곡선은 임금의 상승이 노동의 초과수요에 비례한다는 임금조정 함수(wage adjustment function)의 형태를 취하고 있다.

노동의 공급을 N^s라 하고, 노동의 수요를 N^d로 나타내기로 하자. 또한 임금을 W로 나타

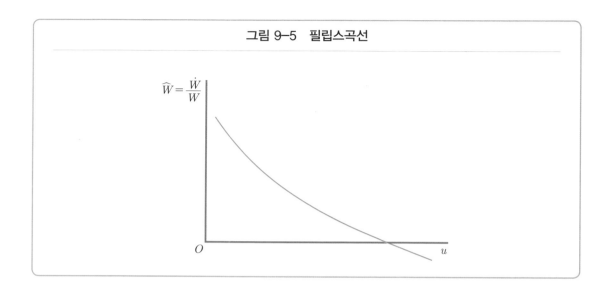

그림 9-5 필립스곡선

내고 임금의 시간에 걸친 변화율을 $\dot{W}(=dW/dt)$라 하면, 다음과 같은 관계를 갖는다.

$$\frac{\dot{W}}{W}=f\left(\frac{N^d-N^s}{N^s}\right)\quad(f'>0)$$

즉 노동의 초과수요가 증가할수록 임금상승률이 증가하게 됨을 의미한다. 그리고 노동의 초과수요는 실업률과 역관계를 갖는다.

따라서 실업률과 임금상승률 사이에는 위에서 본 것과 같은 역($-$)관계가 있다. 이제 실업률을 u라고 하면 필립스곡선(Phillips curve)은 다음과 같이 나타낼 수 있다.

$$\frac{\dot{W}}{W}=f(u)\quad(f'<0)$$

또한 앞에서 유도한 노동시장의 적정 노동수요 조건식을 시간에 대한 함수의 형태로 나타내면 다음과 같다.

$$\frac{W_t}{P_t} = MPL_t$$

이 식을 로그 변환하여 시간 t에 대하여 미분을 취하면 다음과 같은 관계를 얻을 수 있다.[1]

$$\widehat{W} - \widehat{P} = \widehat{MPL} \text{ 또는 } \widehat{W} - \widehat{MPL} = \widehat{P}$$

이 식에서 볼 수 있는 것과 같이 한계 생산성이 불변이라면, 명목임금상승률 $\widehat{W}$와 물가상승률 $\widehat{P}$는 정(+)의 관계에 있다. 따라서 명목임금상승률 $\widehat{W}$를 물가상승률 $\widehat{P}$로 대체하는 것이 가능하며 이 경우 필립스곡선은 실업률과 물가상승률의 관계로 나타난다.

$$\widehat{P} = f(u) \quad (f' < 0)$$

위 식은 앞의 필립스곡선 식에서 좌변의 명목임금상승률을 물가상승률(인플레이션율)로 바꾼 것에 불과한 것이며 $\widehat{P} = \pi$이므로 다음과 같이 나타낼 수도 있다.

$$\pi = f(u) \quad (f' < 0)$$

여기서 케인지안 경제학자들의 관심은 필립스곡선상의 어떤 점을 선택할 것인가에 달려있다. 즉 필립스곡선이 안정적인 관계라는 것을 전제한다면 정책당국의 관심은 실업률을 줄이기 위하여 어느 정도의 인플레이션을 감수할 것인가에 있는 것이며, 이를 브론펜브레너-홀즈먼의 정책기준(policy criteria)이라고 부른다.

필립스곡선에 의하면 실업과 물가상승은 상충관계에 있다. 그런데 1970년대에는 실업률이 높아지면서 물가가 함께 상승하는 스태그플레이션 현상이 발생하였으며 그 결과 필립스곡선의 안정성은 도전을 받게 되었다. 이를 〈그림 9-5〉의 필립스곡선으로 설명하면, 스태그플레이션 현상이란 경제가 필립스곡선상에서 움직이는 것이 아니고 필립스곡선이 우상향으로 이

---

1 $\dot{X} = \frac{dX}{dt}$, $\hat{X} = \frac{\dot{X}}{X}$

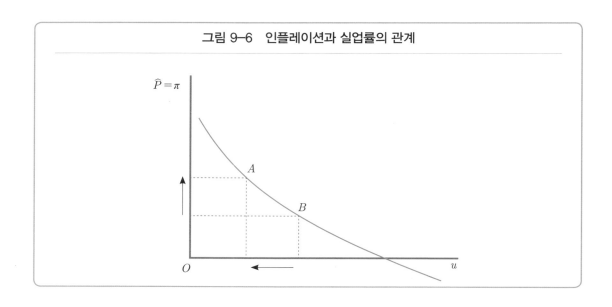

그림 9-6 인플레이션과 실업률의 관계

동하는 현상을 말한다.

고전학파에게 있어 필립스곡선은 하나의 큰 모순이었다. 왜냐하면 물가 상승률은 명목개념인 데 비해 실업률은 실질개념이어서 화폐의 수요와 공급의 변화가 명목 변수만 변화시키고 실질 변수는 변화시키지 않는다는 고전적 양분성(Classical dichotomy)에 위배되었기 때문이다.

스태그플레이션의 발생은 그 동안 안정적인 관계로 받아들여졌던 필립스곡선의 인플레이션과 실업률 상충관계에 대해 반론을 제기하는 계기가 되었다. 즉 고전학파의 이론에 반함에도 불구하고 안정적인 것으로 받아들여지던 필립스곡선은 스태그플레이션의 등장과 함께 위협받게 되었으며 이 안정성에 의존하고 있었던 케인지안 경제학자들의 정책도 크게 흔들리게 되었다.

스태그플레이션 현상은 프리드만, 펠프스 등 통화주의자들에 의하여 설명되었다. 특히 프리드만은 경제주체의 기대를 도입하여 필립스곡선을 단기와 장기로 구분하고 스태그플레이션이 일어날 수 있는 이론적인 설명을 제공하였다. 그는 필립스곡선을 단기와 장기로 구분하고 단기에는 실업률과 인플레이션 사이에 역관계가 존재할 수 있지만, 장기에는 필립스곡선이 자연실업률(u_n)에서 수직이어서 이러한 관계는 존재하지 않는다고 설명하였다.

즉 단기 필립스곡선이 인플레이션과 실업률 사이의 역관계를 갖는 이유는 각 경제주체들의 경제체제에 대한 기대가 완전하지 못하기 때문이며, 경제주체들이 경제에 대한 정보를 얻게 됨에 따라 경제체제 변화에 대한 기대를 형성하게 되면 단기 필립스곡선이 우상향 이동을

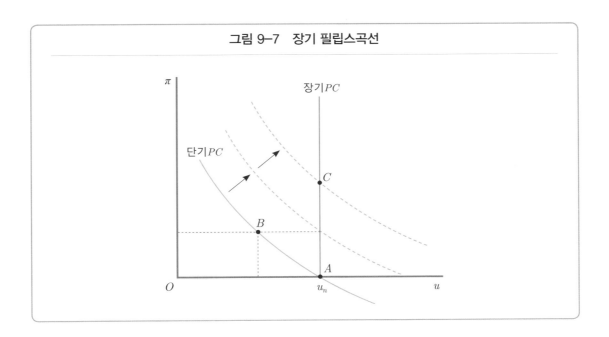

그림 9-7 장기 필립스곡선

하게 되는데, 이 경우 인플레이션과 실업률이 모두 증가하는 스태그플레이션 현상이 발생한다는 것이다. 장기적으로 사람들의 기대가 완전히 실현되면 필립스곡선은 〈그림 9-7〉에서와 같이 수직으로 나타나며 이것이 장기 필립스곡선이 된다.

단기에는 사람들의 기대가 불완전하므로 $A \rightarrow B$로 움직이는 것이 가능하지만, 장기에는 사람들의 기대가 완전하게 되어 경제는 $B \rightarrow C$로 움직이게 된다. 따라서 장기적으로 필립스곡선은 자연실업률 u_n에서 수직이다.

이상의 설명을 수식으로 나타내어 설명하도록 하자. 필립스곡선은 실업률과 인플레이션의 역관계를 나타내므로 다음과 같이 간단하게 나타낼 수 있다.

$$\pi = \alpha(u - u_n) \quad (\alpha < 0)$$

프리드만은 경제주체의 기대 인플레이션 π^e가 매우 중요한 역할을 함을 처음 설명하였고 이에 기대라는 개념을 위 식에 도입하여 다음 식과 같이 기대가 첨가된 필립스곡선(expectation-augmented Phillips curve)을 제안하였다.

$$\pi = \alpha(u - u_n) + \beta \cdot \pi^e$$

결국 케인즈학파는 완전한 화폐환상이 존재한다고 봄으로써 $\beta = 0$이 되어 역관계를 갖는 필립스곡선이 되지만, 화폐환상이 존재하지 않을 때는 $\beta \neq 0$이 된다. 그리고 단기에는 $0 < \beta < 1$에서 단기 필립스곡선은 음($-$)의 기울기를 갖지만, 장기에는 $\beta = 1$이 되어 기대 인플레이션율 π^e가 실제 인플레이션율 π와 일치하게 되므로($\pi^e = \pi$), 실업률 u도 자연실업률 u_n와 일치하게 된다($u = u_n$). 이는 실업률이 자연실업률 u_n를 벗어날 수 없음을 의미한다. 따라서 장기 필립스곡선은 〈그림 9-7〉에서 볼 수 있는 것처럼 수직으로 나타나는 것이다.

이상의 설명의 초점은 단기에서 실업률은 정책당국에 의해 조정이 가능하지만 중장기적으로 볼 때 정책당국이 실업률을 통제할 수 없다는 것이다. 균형 실업률(자연실업률) 이하로 실업률을 낮추려는 정책당국의 노력은 물가상승만 초래할 뿐이다. 이러한 프리드만의 주장을 자연실업률 가설(Natural Rate Hypothesis : NRH)이라고 부른다.

chapter 10

환율의 결정과 변화

환율의 개념

자국 통화로 표시한 외국 통화 1단위의 가치를 환율(exchange rate)이라고 정의하고 이를 e로 나타낸다.

환율의 표시방법은 크게 두 가지로 나누어진다. 하나는 지불계정 표시방법으로 외국 통화 1단위를 수취하기 위하여 지불해야 하는 자국 통화의 크기로 표시하는 방법이다. 예를 들어 $1 = ₩1,200의 방식으로 표시하는 것이다.

다른 하나는 수취계정 표시방법으로 자국 통화 1단위를 지불할 경우 수취할 수 있는 외국 통화의 크기로 나타내는 방법이다. 예를 들어 ₩1 = $1/1,200의 방식으로 표시하는 것이다. 우리나라를 포함한 대부분의 국가는 지불계정 표시방법을 이용하고 있다.

통상적으로 우리가 사용하는 것은 명목환율(nominal exchange rate)인데, 그것은 외환시장에서 매일 고시되는 환율로서 일반적으로 외환거래에 적용되는 환율을 말한다.

명목환율(e)을 교역상대국의 상대적인 물가지수로 나누면 실질환율 e^r을 구할 수 있다.

$$e^r = \frac{P^f}{P} \cdot e$$

여기서 P는 자국의 물가 수준, P^f는 외국의 물가 수준을 의미한다. 이러한 방식으로 구해진 실질환율은 양국의 물가 변동에 따른 실질구매력의 변동을 반영함으로써 국제시장에서 자국 재화의 국제경쟁력을 평가하는 기준이 된다.

즉 실질환율 e^r이 높다는 것은 자국 재화 바스켓의 가격 수준(즉 물가 수준)이 낮다는 사실을 보여주며, 따라서 그것은 국제시장에서 가격 경쟁력이 상승함을 의미하는 것이다.

그와 반대로 실질환율이 낮다는 것은 가격 경쟁력이 하락함을 의미하는 것이다. 그러나 경제여건이 상이한 양국의 물가 수준을 정확히 판별하는 데는 어려움이 있으며 따라서 그만큼 실질환율의 평가도 쉽지 않다.

section 02　환율의 결정

외환시장에서 환율이 어떻게 결정되는가를 알기 위해서 먼저 외환시장의 수요곡선과 공급 곡선을 알아보자. 외환시장의 수요곡선은 〈그림 10-1〉과 같이 우하향하는 형태로 나타나며,

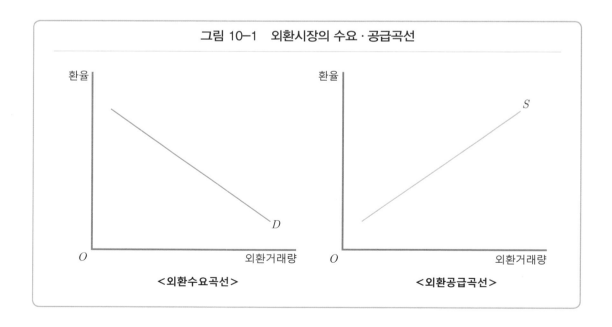

그림 10-1　외환시장의 수요·공급곡선

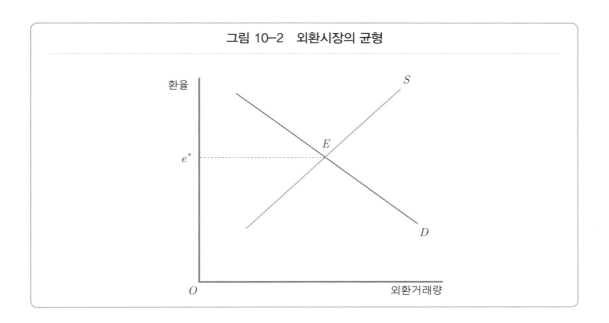

그림 10-2 외환시장의 균형

환율

e^*

O 외환거래량

외환시장의 공급곡선은 우상향하는 형태로 나타나게 된다.

    외환시장에서 균형환율은 〈그림 10－2〉와 같이 외환수요곡선과 외환공급곡선이 일치하는 E점에서 결정된다.

section 03   환율의 변화

    균형환율의 변화는 외환수요곡선과 외환공급곡선의 이동으로 나타나게 된다.

    외환수요곡선은 해외로부터의 재화수입(import)이나 해외여행 등의 요인에 의해서 이동한다. 예를 들어 수입이 증가하거나 해외여행이 많아지면 외환의 수요가 증가하여 외환수요곡선이 우측으로 이동한다. 수요곡선의 우측 이동으로 인해 환율은 〈그림 10－3〉과 같이 A에서 B로 상승하게 된다.

    외환공급곡선은 수출, 차관, 외국인의 국내 관광 등의 요인에 의해서 이동한다. 예를 들어

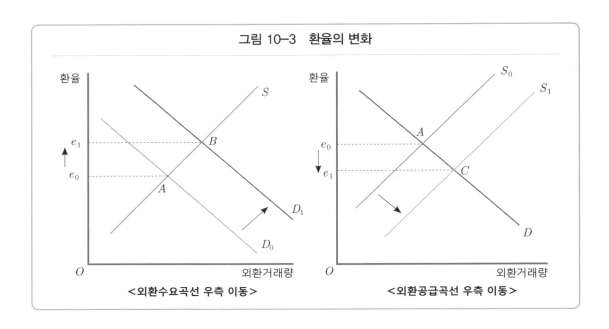

그림 10-3   환율의 변화

<외환수요곡선 우측 이동>

<외환공급곡선 우측 이동>

수출이 증가하거나, 차관이 도입되거나, 외국인의 국내 관광이 증가할 경우에 외환공급이 증가하여 공급곡선이 우측으로 이동한다. 공급곡선의 우측 이동으로 인해 환율은 〈그림 10-3〉과 같이 A에서 C로 하락하게 된다.

section 04   환율 변화와 무역수지

정부의 정책으로 인해 환율이 변동하면서 무역수지에 영향을 줄 수 있는데 이를 $J-$curve 효과와 $S-$curve 효과라고 한다.

1   마샬-러너 조건

많은 학자들이 관심을 갖는 문제 가운데 하나는 '정부의 평가절하(환율 상승) 정책에 의해 순수출($X-M$)이 얼마나 늘어날 수 있을까?' 하는 것이다.

그 답은 환율의 변동에 상응하여 수출과 수입이 얼마나 민감하게 변화하는가에 달렸다. 즉 수출과 수입이 환율 변동에 충분히 반응한다면, 이른바 마샬－러너 조건(Marshall－Lerner Condition)이 성립하게 되고 평가절하에 의해 무역수지가 개선될 수 있다. 환율에 대한 외국의 수입수요의 가격 탄력성을 ε_M^f(즉 자국 수출수요의 탄력성), 환율에 대한 자국 수입수요의 탄력성을 ε_M라고 할 때 $|\varepsilon_M + \varepsilon_M^f| > 1$이면 외환시장의 안정조건이 성립되며 이를 '마샬－러너 조건'이라고 부른다. 즉 마샬－러너 조건은 평가절하를 실시할 때 무역수지가 개선되기 위해서는 양국의 수입수요의 가격 탄력성의 합의 절대값이 1보다 커야 한다는 것을 의미한다.

2 J－curve 효과

어떤 국가에서 화폐량이 증가하여 인플레이션이 발생하였다고 하자. 이 경우 수출이 줄고 수입이 늘어남에 따라 무역수지가 악화된다. 이때 정부가 평가절하 정책을 실시하게 되면 일시적으로는 오히려 무역수지가 악화되었다가 시간이 지남에 따라 환율 인상(평가절하)의 효과

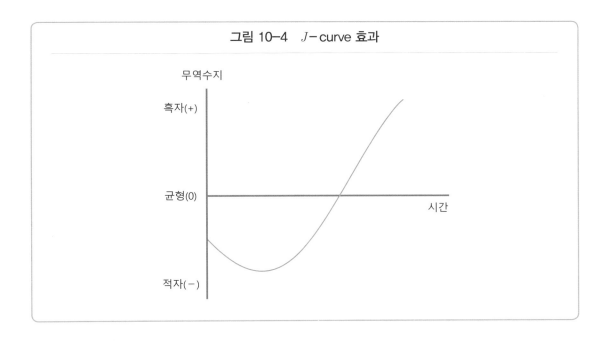

그림 10-4 J－curve 효과

로 수출이 증대되고 수입이 감소하여 무역수지가 개선되는 효과가 발생한다. 이 모양이 알파벳 J의 모양과 비슷하므로 이러한 효과를 환율의 $J-$curve 효과라고 부른다.

3 **$S-$curve 효과**

앞에서 설명하였듯이 정부의 평가절하 정책으로 인해 어느 시점까지는 무역수지의 개선 효과가 발생한다. 그러나 시간이 지나면서 무역수지 개선으로 인해 수출이 늘고 수입이 줄어들면서 국내로의 외환 유입량이 증가한다. 이에 따라 국내 화폐량이 증가하며 그로 인해 다시 인플레이션이 발생하면서 결국 무역수지가 악화되는 악순환이 발생하게 된다. 이 모양이 알파벳 S 모양과 비슷하므로 이러한 효과를 환율의 $S-$curve 효과라고 부른다.

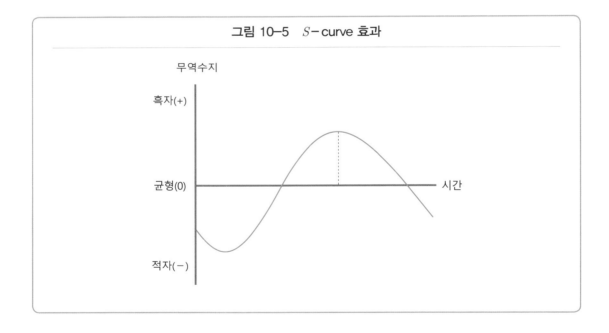

그림 10-5 $S-$curve 효과

1 고전적 환율 결정이론 : 구매력 평가설(G. Cassel)

구매력 평가설(Purchasing Power Parity : PPP)은 일반적으로 환율과 국가 간의 상대적인 물가 수준의 관계를 나타낸다. 이 이론에서 환율은 양국 통화의 구매력 비율 변화에 의해서 변동하게 된다. 구매력은 물가와 반비례하므로 양국에서 물가상승률의 차이가 발생하면 곧 양국 통화의 구매력 차이가 발생하게 된다. 따라서 환율 변화율은 양국에 있어서의 인플레이션율의 차이와 동일하게 된다는 것이다.

구매력 평가설에는 '절대적 구매력 평가설(absolute PPP)'과 '상대적 구매력 평가설(relative PPP)'이 있다.

절대적 구매력 평가설에 의하면 환율 e는 자국 화폐의 구매력에 대한 외국 화폐의 구매력의 비율로서 결정된다. 그런데 화폐의 구매력은 물가지수의 역수이므로 결국 환율 e는 자국 화폐의 구매력 $\frac{1}{P}$과 외국 화폐의 구매력 $\frac{1}{P^f}$의 비율로서 다음과 같이 결정된다(여기서 P는 자국의 물가지수, P^f는 외국의 물가지수이다).

$$e = \frac{\frac{1}{P^f}}{\frac{1}{P}} = \frac{P}{P^f}$$

상대적 구매력 평가설은 상대적 물가 수준의 변동과 환율 변동 간의 관계를 나타내며 다음과 같은 식으로 쓸 수 있다.

$$\hat{e} = \hat{P} - \hat{P^f}$$

여기서 $\hat{}$는 변수의 변화율을 나타낸다. 따라서 자국의 물가 수준의 변화가 외국의 물가 수준의 변화보다 클 때 환율이 상승하여 자국의 화폐가 평가절하되는 결과를 초래한다.

이상에서 설명한 PPP이론의 문제점은 다음과 같다. 구매력 평가설에서는 일물일가의 법칙을 가정하고 있으나 수송비, 관세 등으로 인해 현실적으로는 일물일가의 법칙이 성립하지 않는다. 그리고 현실적으로 국제무역의 대상이 되지 않는 수많은 비교역재가 존재하고 있는 것을 반영하지 못한다. 또한 구매력 평가설에서는 환율 결정요인으로 물가만 고려하고 있고 외환의 수급에 영향을 미치는 다른 요인들은 반영하지 못하고 있다.

이상에서 살펴본 문제점들로 인해 구매력 평가설은 단기적인 환율의 움직임은 잘 나타내지 못하고 있으나 장기적인 환율의 변화 추세는 잘 반영하는 것으로 평가된다.

2 **현대적 환율 결정이론**

현대적 환율 결정이론으로는 프렌켈(Frenkel)과 무사(Mussa) 등의 통화론적 모형, 돈부쉬(Dornbusch)의 오버슈팅(overshooting) 모형, 환율의 랜덤워크(random walk) 모형 등을 들 수 있다.

(1) 통화론적 모형

통화론적 모형은 화폐의 수요와 공급에 의하여 시장에서 환율이 결정된다고 보는 이론이다. 통화론적 모형에서는 환율도 화폐적인 현상으로 파악한다.

구매력 평가(PPP) 모형을 통해 환율에 대한 통화론자의 견해를 생각해 보자.

구매력 평가 모형에 의하면 $e = \dfrac{P}{P^f}$이며, 화폐수요는 $\dfrac{M}{P} = L(R,\ Y)$, $\dfrac{M^f}{P^f} = L^f(R^f,\ Y^f)$와 같이 이자율과 소득의 함수로 표시된다. 화폐수요는 일반적으로 이자율과 음($-$)의 관계, 소득($+$)과는 양의 관계를 가진다. 따라서 환율은 다음과 같이 나타낼 수 있다.

$$e = \frac{P}{P^f} = \frac{M \cdot L^f(R^f,\ Y^f)}{M^f \cdot L(R,\ Y)}$$

위의 식에서 볼 수 있듯이 환율은 자국과 타국의 화폐공급, 자국과 타국의 이자율과 소득에 따라서 결정된다.

예를 들어 국내 이자율(R)이 상승하면 이자율은 화폐수요와 음($-$)의 관계이므로 자국의 화폐수요 $L(R,\ Y)$가 감소한다. 화폐수요의 감소로 인하여 물가는 상승하고 따라서 환율은 상승하게 된다. 만약 국내소득(Y)이 증가하면 자국의 화폐수요를 증가시키고 결국 환율이 하락하게 만든다.

(2) 오버슈팅 모형

돈부쉬가 제시한 환율의 오버슈팅 모형은 예상치 못한 화폐량 증가와 같은 외부적인 교란 요인으로 일시적으로 환율이 장기 균형 수준에서 대폭적으로 이탈하였다가 점차적으로 장기 균형 수준으로 복귀하는 현상을 설명하고 있다.

돈부쉬는 단기적으로는 화폐시장의 조정속도가 재화시장의 조정속도보다 더욱 빠르다고 보았다. 즉 어떤 경제적 변화가 발생하였을 때 금융시장에서 이자율은 신속히 반응하는 반면, 재화시장에서는 물가와 생산량 등이 신속히 조정되지 못한다고 가정하였다.

따라서 만약 화폐량이 증가하면 이자율은 즉각적으로 하락하게 된다. 이자율이 하락하면 즉시 자본유출이 발생하므로 환율이 장기 균형 수준에서 이탈하여 급속히 상승하게 된다. 그러나 장기적으로는 물가, 임금 등이 신축적으로 조정되므로 환율도 균형 수준으로 복귀하게 된다고 설명하였다.

그림으로 보면 시점 t_0의 균형환율은 e_0^*이다. t_0시점에서 통화량이 갑자기 증가되었을 때 앞

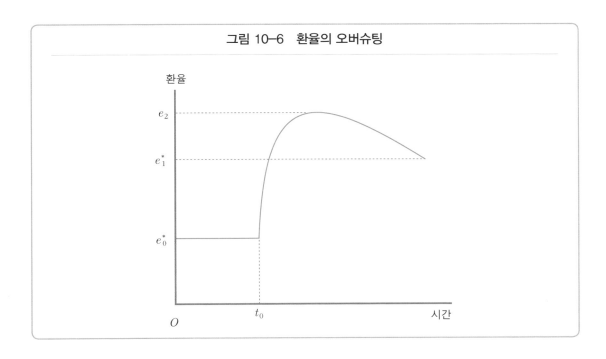

그림 10-6 환율의 오버슈팅

에서 설명한 바와 같이 환율이 e_2수준까지 급속히 상승하였다가 시간이 지남에 따라 새로운 균형환율 e_1^*수준으로 근접해 간다. 이러한 모형을 환율의 오버슈팅 모형이라고 부른다.

환율의 오버슈팅 모형은 현실에서 실제로 나타나고 있는 환율의 과민 변동성(excess volatility)을 잘 설명하는 것으로 평가받고 있다.

(3) 랜덤워크 모형

환율의 랜덤워크(random walk) 모형에서는 사람들이 합리적 기대하에서 이용 가능한 모든 정보를 이용하여 환율을 결정한다고 보았다. 다음의 식에서 보는 바와 같이 t기의 환율은 $(t-1)$기의 환율과 예상치 못한 충격에 의해서 결정된다.

$$e_t = e_{t-1} + \varepsilon_t$$

여기서 ε_t는 예상치 못한 충격을 나타내는 항이다.

이상과 같은 랜덤워크 모형에 의하면 t기의 환율은 $(t-1)$기의 환율에 의해서 결정되고 그 차이는 예상치 못한 충격항으로 나타난다. 즉 랜덤워크 모형에서 외환시장의 유용한 모든 정보는 $(t-1)$시점의 환율에 포함되어 있으며 그 차이는 예상치 못한 충격항으로만 나타날 뿐이다. 결과적으로 랜덤워크 모형은 현재 환율이 미래 환율을 예측하는 데 가장 좋은 지표임을 보여주고 있다. 실제로 여러 국가의 연구결과 주요국의 환율이 랜덤워크의 특성을 보이는 것으로 나타났다.

section 06   환율제도

환율제도는 환율 변동에 대한 정부 개입의 여부 및 정도에 따라 고정환율제도, 변동환율제도, 관리변동환율제도 등으로 구분할 수 있다.

1 고정환율제도

고정환율제도는 중앙은행이나 정부가 외환시장에 개입하여 명목환율을 일정 수준에서 유지시키는 제도이다. 고정환율제도의 가장 커다란 장점은 환율의 안정을 유지할 수 있다는 것이다. 환율이 고정되어 있으므로 환투기를 노린 국제 간 단기 자본이동이 억제된다. 이에 따라 환위험이 제거되어 국제무역과 국제 간 자본거래가 확대된다는 장점을 갖고 있다.

반면에 고정환율제도는 국제수지 불균형이 발생할 때, 이 불균형이 자동적으로 조정되기 어려우며 설사 가능하다고 해도 많은 비용이 들게 된다는 점, 고정환율제도하에서는 충분한 외환준비금이 필요하다는 점 등의 단점이 있다. 또한 명목환율과 실질환율의 괴리가 발생하는 경우가 많으며 불법적으로 외환을 거래하는 암시장이 발생하게 되는 문제점도 갖고 있다.

전술하였듯이 고정환율제도에서는 환율이 안정된다고 볼 수 있지만 만약 중앙은행의 외환 보유가 적정 수준에 미치지 못할 경우 투기적 공격으로 인한 외환위기를 맞게 될 우려도 있으며, 이 경우에는 고정시켰던 환율을 급격히 변동시켜야 한다. 또한 국내에서 인플레이션이 발생하여 자국 통화의 실질가치는 하락하였음에도 불구하고 정책당국이 고정된 명목환율을 그대로 유지한다면 실질환율과 명목환율 사이의 괴리(misalignment)가 발생하게 되어 국제수지 불균형을 초래할 것이다.

2 변동환율제도

1970년대 이후부터 대부분의 주요 국가들이 변동환율제도를 채택하고 있다. 변동환율제도의 기본 틀은 환율이 외환시장에서 수요와 공급에 의해 결정된다는 것이다. 즉 변동환율제도에서 환율은 경직적이 아니며 시장기능에 의해 신축적으로 조정된다.

변동환율제도의 장점은 국제수지 불균형이 환율 변동에 의하여 자동적으로 조정된다는 점, 국제수지를 고려하지 않고 재정 및 금융정책의 실시가 가능하다는 점 등이다. 즉 변동환율제도하에서는 통화정책을 활용할 수 있다. 고정환율제도하에서 통화정책은 환율을 일정 수준으로 유지하는 목적으로밖에 사용할 수 없었지만, 변동환율제도하에서는 통화정책을 고용과 국민소득에 영향을 미치는 데 이용할 수 있는 것이다.

변동환율제도에서는 특히 해외에서 발생한 경제 충격을 환율 변동으로 흡수하게 되므로 국내이자율, 생산량 수준에 대한 안정을 도모할 수 있다. 이처럼 외생적 해외 충격의 영향력을 차단(insulation)시킬 수 있다는 점에서 변동환율제도가 앞에서 살펴본 고정환율제도에 비해 더욱 유리하다.

그러나 환율 변동에 따른 환위험 때문에 국제무역과 국제투자가 저해된다는 것이 변동환율제도의 단점이다. 또한 고정환율제도와는 달리 변동환율제도에서는 외환시장의 여건 변화에 따라 환율이 변화하게 되므로 환투기가 성행할 수도 있다.

만약 국제 간 자본이동이 자유로운 상태라면 고정환율제도하에서는 환율 수준을 유지시키기 위한 시장개입의 결과로 인해 통화정책의 효과가 약해지며 상대적으로 재정정책의 효과가 더욱 크게 나타난다. 이와는 달리 변동환율제도하에서는 국제수지 불균형이 환율 변동에 의해 자동으로 조정되기 때문에 통화정책의 독자성이 유지되며 상대적으로 재정정책의 경우에 비해 효과가 크게 나타난다.

3 관리변동환율제도

관리변동환율제도(managed floating exchange rate system)는 정부가 환율을 통제하되 어느 정도의 범위를 설정하고 그 한도 내에서 환율의 변동을 용인하는 제도이다.

실제 현실에서는 고정환율제도하에서도 많은 나라들이 정책상의 목적을 위해 고정환율 수준을 여러 번 변경하였다. 또한 변동환율제도하에서도 화폐량을 늘려야 할 것인지 줄여야 할 것인지를 결정해야 할 때 목표환율을 설정하기도 한다. 이러한 모습을 고려할 때, 우리는 순수한 고정환율제도와 변동환율제도를 찾아보기 어렵다. 따라서 관리변동환율제도는 현재 각국에서 실제로 가장 많이 사용되는 제도라고 볼 수 있다.

즉 관리변동환율제도는 고정환율제도와 변동환율제도의 장점을 각각 받아들여 환위험을 어느 정도 통제하면서 환율 결정은 시장기능에 맡기는 것을 주요 내용으로 하고 있다.

chapter 11

국민소득 결정 모형

section 01 **국민소득의 순환적 흐름**

어떤 한 경제의 국민소득은 거시경제의 순환적 흐름(circular flow of macroeconomics)을 통하여 생산, 분배, 지출 등의 세 가지 측면에서 측정될 수 있다. 〈그림 11-1〉은 이러한 순환적 흐름을 나타낸 것인데, 단순화를 위하여 경제주체에는 가계와 기업만이 있다고 하고 정부부문과 해외부문은 없다고 가정한 것이다.

그림에서는 표시되어 있지 않으나 가계는 재화시장에서 기업으로부터 재화와 용역을 구입하고 소비지출을 하며, 기업은 생산요소시장을 통하여 가계로부터 생산요소를 얻고 그 대가로 임금, 이자, 배당금 등을 지불한다.

이러한 흐름을 놓고 볼 때, 국민소득은 두 시장에서 각각 측정될 수가 있다. 하나는 국민소득을 재화시장에서 산출물의 흐름을 포착함으로써 측정하는 것이고, 다른 하나는 요소시장에서 생산요소가 받는 소득으로 측정하는 것이다.

우선 재화시장에서 측정하는 방법은 생산 측면과 지출 측면으로 국민소득을 측정하는 것이다. 생산 측면의 국민소득은 기업이 생산한 모든 재화와 용역의 가치를 합한 것으로, 이중계산을 피하기 위해 각 생산과정에서의 중간재 투입액을 빼고, 최종 부가가치(value added)만

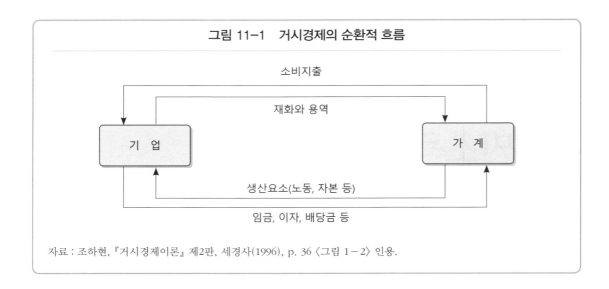

그림 11-1 　거시경제의 순환적 흐름

소비지출

재화와 용역

기　업　　　　　　　　　　　가　계

생산요소(노동, 자본 등)

임금, 이자, 배당금 등

자료 : 조하현, 『거시경제이론』 제2판, 세경사(1996), p. 36 〈그림 1-2〉 인용.

을 합하여 산출한다. 이를 '생산 국민소득'이라 한다. 지출 측면의 국민소득은 가계가 최종재에 대하여 지출한 지출총액을 구하여 국민소득을 구하는 것이다. 이를 '지출 국민소득'이라고 한다.

생산요소시장에서 측정하는 방법은 분배 측면으로 각 생산요소가 받은 요소소득을 모두 더함으로써 측정하는 것으로 '분배 국민소득'이라고 한다.

하지만 〈그림 11-1〉에서 보는 바와 같이 이러한 세 가지 측면에서의 국민소득은 각각 어떠한 측면에서 접근하는가에 따라 다르게 지칭되는 것일 뿐 사실상 동일한 것이다. 생산 국민소득, 지출 국민소득, 분배 국민소득의 세 가지 측면에서 국민소득이 일치하는 것을 '국민소득 3면 등가의 원칙'이라고 한다.

<h2>section 02 　국민소득의 기본 항등식</h2>

여기에서는 거시경제 분석을 위한 기본 항등식(basic identity)을 살펴보도록 하자.

항등식이란 정의에 의하여 항상 성립하는 등식을 말한다. 먼저 생산 측면에서 포착한 국민소득을 Y라고 할 때, 국민소득 3면 등가의 원칙에 따라 지출 국민소득과 항등 관계가 성립한다. 이를 식으로 나타내면 다음과 같다.

$$Y \equiv C + I + G + (X - M) \quad\text{......................................} (11-1)$$

여기서 C는 소비지출, I는 투자지출, G는 정부지출, X는 수출, M은 수입을 의미한다. $C + I + G$는 국내 총지출이라고 부르며, $(X - M)$은 순수출 또는 해외 수요라고 부른다.

한편 생산된 국민소득에서 세금을 빼면 가처분소득이 된다. 이러한 가처분소득은 소비하거나 저축을 통하여, 또는 해외이전지출을 통하여 처분될 것이다. 이러한 항등 관계는 다음과 같은 식으로 나타낸다.

$$Y \equiv C + S + T + R_f \quad\text{..} (11-2)$$

여기서 S는 저축, T는 세금, R_f는 해외이전지출을 나타낸다.

앞으로의 논의는 폐쇄경제(closed economy)를 가정하므로 순수출 $(X - M)$과, 해외이전지출 R_f은 고려하지 않는다.

따라서 위의 항등식 $(11-1)$과 $(11-2)$는 다음과 같이 표현된다.

$$C + I + G = Y = C + S + T \quad\text{................................} (11-3)$$

위 식의 양변에서 소비 C를 제거하면 다음과 같다.

$$I + G = S + T \quad\text{..} (11-4)$$

식 $(11-4)$의 좌변은 거시경제의 순환흐름에서 유입(injection)을 의미하며 우변은 유출(withdrawal)을 의미하는데, 이 둘이 일치하므로, 식 $(11-4)$는 '균형 국민소득' 결정의 기본식이 된다.

위 식 좌변의 정부지출 G를 우변으로 이항시키면 다음과 같이 투자를 민간저축(S)과 정부저축$(T - G)$의 합으로 나타낼 수 있다.

$$I = (S + T) - G = S + (T - G) \cdots\cdots\cdots\cdots\cdots\cdots\cdots\cdots\cdots\cdots (11-5)$$

위 식의 우변은 국내 저축을 의미한다. 따라서 식 (11-5)의 의미는 사후적으로 투자＝저축의 관계가 성립함을 보여준다.

section 03 균형 국민소득의 결정

투자는 다음과 같이 계획된 투자($\bar{I}$)와 재고변동, 즉 비자발적 투자(Δv)로 나눌 수 있다.

$$I = \bar{I} + \Delta v \cdots\cdots\cdots\cdots\cdots\cdots\cdots\cdots\cdots\cdots\cdots\cdots\cdots\cdots\cdots (11-6)$$

식 (11-6)을 식 (11-5)에 대입하여 재고변동(Δv)에 대해서 나타내면 다음과 같다.

$$\Delta v = (S + T)(\bar{I} + G) \cdots\cdots\cdots\cdots\cdots\cdots\cdots\cdots\cdots\cdots\cdots (11-7)$$

이때 소비는, 금기 소비가 금기 소득에 의해 결정된다는 케인즈의 절대소득 가설에 따라 다음과 같이 가처분소득의 함수로 가정한다.

$$C = c(Y - t(Y)) \cdots\cdots\cdots\cdots\cdots\cdots\cdots\cdots\cdots\cdots\cdots\cdots (11-8)$$
$$c : 한계\ 소비성향(0 < c < 1)$$

저축은 소득에서 소비를 하고 남은 부분이므로 저축도 가처분소득의 함수이며 다음과 같이 나타낼 수 있다.

$$S = s(Y - t(Y)) \cdots\cdots\cdots\cdots\cdots\cdots\cdots\cdots\cdots\cdots\cdots\cdots (11-9)$$
$$s : 한계\ 저축성향(0 < s < 1)$$

세금도 다음과 같이 소득의 함수로 표현할 수 있다.

$$T = t(Y) \quad \text{……………………………………………………} (11-10)$$

이때 $t(Y)$의 형태에 따라서 세금의 유형이 결정된다. 예를 들어 $t(Y) = \overline{T}$이면 정액세이고, $t(Y) = \tau Y$이면 비례세가 된다(여기서 τ는 세율을 의미함).

또한 계획된 투자($\overline{I}$)를 독립 투자, 즉 기업이 국민소득 수준과는 무관하게 결정한 투자라고 가정하며, 정부지출(G) 역시 정부에 의해 외생적으로 결정된다. 그러므로 이 둘은 소득의 함수가 아닌 외생변수이다.

그러므로 식 (11-7)은 다음과 같이 나타낼 수 있다.

$$\Delta v = [s(Y - t(Y)) + t(Y)] - [\overline{I} + G] \quad \text{………………………………} (11-11)$$

이를 그림으로 나타낸 것이 〈그림 11-2〉이다.

$S + T$는 소득에 대해 ($+$)함수이므로 우상향하는 곡선으로 나타나고, $\overline{I} + G$는 소득에 무관하므로 수평의 형태를 갖게 된다.

〈그림 11-2〉에서 볼 수 있듯이 $S + T$와 $\overline{I} + G$가 교차하는 점 a가 균형이 되며, 그 때 결

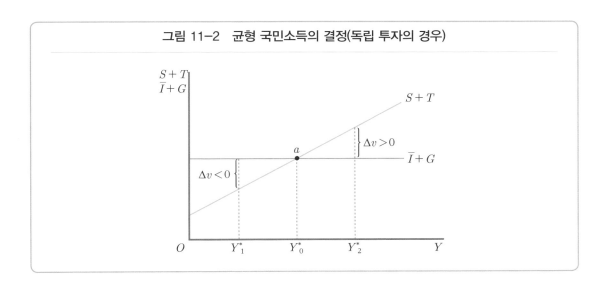

그림 11-2 균형 국민소득의 결정(독립 투자의 경우)

정되는 소득 수준 Y_0^*를 균형 국민소득이라고 부른다.

점 a가 균형이 된다는 것은 다음과 같이 설명할 수 있다. 만약 소득 수준이 Y_1^*이라면 $S+T<\bar{I}+G$가 되고, 기업은 계획하지 않은 음($-$)의 재고 투자($\Delta v<0$) 상태이므로 생산량을 늘리게 될 것이다. 그 결과 국민소득 Y는 증가하게 되어 균형인 a점으로 돌아가게 된다.

반대로 소득 수준이 Y_2^*라면 $S+T>\bar{I}+G$가 되고, 기업이 의도하지 않은 양($+$)의 재고 투자($\Delta v>0$) 상태이므로 생산량을 줄일 것이며, 이에 따라 국민소득 Y는 감소하게 되어 균형인 a점으로 돌아가게 된다.

이러한 Δv의 개념이나 인플레이션 갭(inflation gap), 디플레이션 갭(deflation gap)의 개념은 같은 아이디어인 것이다. 즉 인플레이션 갭은 총수요가 총공급을 초과하는 상태인데 이는 $\Delta v<0$에 상응한다. 반대로 디플레이션 갭은 그 역의 형태이다.

한편 지금까지는 기업의 계획된 투자가 국민소득과 무관한 독립 투자를 가정하였다. 이제부터는 국민소득이 증가할수록, 경기가 좋아질수록 계획된 투자를 증가시키는 유발 투자를 가정할 수 있다. 그렇다면 투자 역시 소득에 대하여 증가하는 함수인 $I(Y)$로 볼 수 있다. 이제 위 식들에서 $\bar{I}$를 $I(Y)$로 대체시키면, 다음 그림과 같이 $I(Y)+G$가 우상향하는 형태를 갖게 된다. 이때도 점 a가 균형이 되는 이유는 독립 투자일 때와 같은 논리이다.

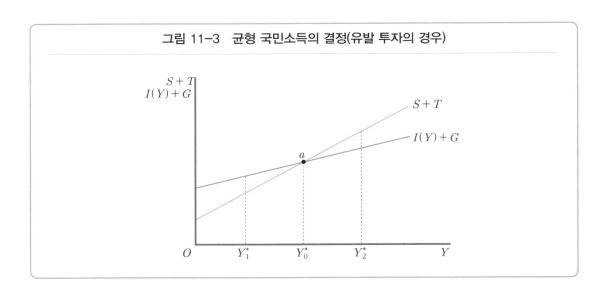

그림 11-3 균형 국민소득의 결정(유발 투자의 경우)

section 04 저축 증가의 효과

저축이 변화함에 따라 균형 국민소득은 변화하게 된다.

먼저 기업의 계획된 투자를 독립 투자로 가정할 경우를 살펴보도록 하자. 이를 나타낸 것이 〈그림 11-4〉이다.

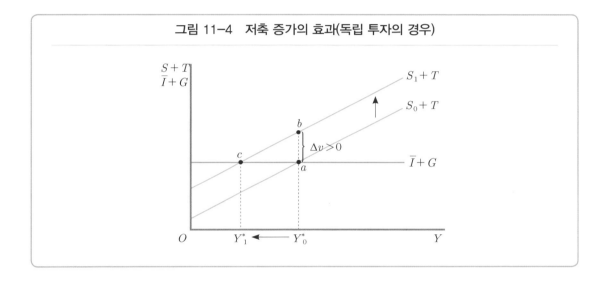

그림 11-4   저축 증가의 효과(독립 투자의 경우)

저축 S_0가 S_1으로 증가함에 따라 $S+T$선이 S_0+T에서 S_1+T로 상향이동하게 되어 a점에서 b점으로 이동하게 된다. b점에서는 $S+T>\overline{I}+G$인 상태이고, 양의 재고 투자 $(\Delta v>0)$ 상태가 되어, 생산을 줄이게 될 것이다. 그러므로 새로운 균형인 c점으로 이동하게 된다.

그 결과 국민소득은 Y_0^*에서 Y_1^*으로 줄어들게 된다. 즉 $S\uparrow \rightarrow Y\downarrow$라는 결과가 발생하므로 저축은 악덕이고, 소비는 미덕이라는 주장이 성립된다. 하지만 이런 경우는 자원이 풍부한 나라의 경우 부족했던 유효수요를 소비 증가에 의해 창출할 수 있기 때문에 케인즈의 논리가 맞지만, 자원이 부족한 나라에서는 맞지 않을 수도 있다.

다음으로 유발 투자일 경우를 살펴보도록 하자. 우선 위와 같이 $S+T$선이 상향이동하게 되어 균형이 이동하게 되는 모습을 나타낸 것이 〈그림 11-5〉이다.

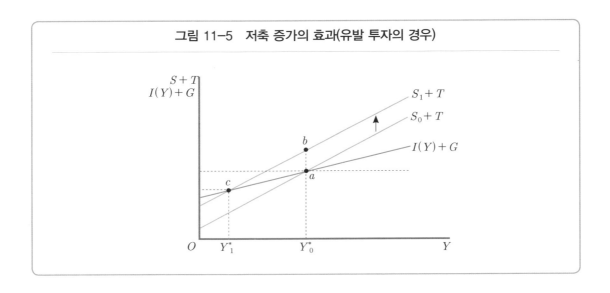

그림 11-5 저축 증가의 효과(유발 투자의 경우)

여기서도 마찬가지로, 저축 S_0가 S_1으로 증가함에 따라 $S+T$가 상향이동하면 국민소득이 Y_0^*에서 Y_1^*으로 줄어들게 된다. 하지만 〈그림 11-5〉에서 보면 알 수 있듯이, 독립 투자와 달리 $I(Y)+G$선이 우상향의 형태를 갖기 때문에 저축이 최초의 S_0보다 줄어들게 된다.

즉 저축을 늘린 결과 소득이 줄어들 뿐만 아니라 저축도 줄어들게 되었다. 그 이유는 소득이 줄어들어 저축할 몫이 줄어들기 때문이다. 이와 같은 상황을 가리켜 '절약의 역설(paradox of thrift)'이라 한다.

지금까지는 투자를 소득의 함수로 보았다. 그러나 투자는 이자율의 함수로도 볼 수 있다. 즉 기업은 차입을 하여 투자를 하게 되는데 이자율이 올라가면 차입비용이 증가하게 된다. 결국 투자는 이자율의 함수이며 이자율과 역의 관계를 갖는다($I=I(R)$, $I'<0$).

그렇게 되면 균형 국민소득을 나타내는 식 (11-4)는 다음과 같이 쓸 수 있다.

$$S+T=I(R)+G \cdots\cdots\cdots\cdots\cdots\cdots\cdots\cdots\cdots\cdots\cdots\cdots\cdots\cdots\cdots\cdots\cdots (11-12)$$

이제 R이 R_0에서 R_1로 하락($R_0>R_1$)할 경우, 국민소득이 어떻게 변하는가를 살펴보도록 하자. 이를 그림으로 나타낸 것이 〈그림 11-6〉이다.

R이 하락하면 투자가 증가하게 되므로, $I(R_0)+G$가 $I(R_1)+G$로 상향이동하게 된다. 이때 균형점이 a에서 c로 이동하면서 국민소득은 Y_0^*에서 Y_1^*로 상승하게 된다.

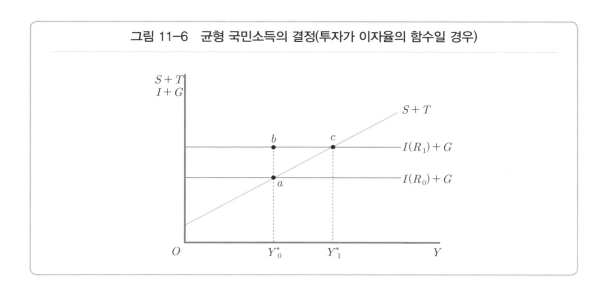

그림 11-6 균형 국민소득의 결정(투자가 이자율의 함수일 경우)

즉 이자율 하락에 따른 국민소득의 증가를 가져온다.

chapter 12

경기변동 이론

section 01 **경기변동의 정의와 특성**

경기변동(business cycle)은 국내총생산, 소비, 투자, 고용, 이자율, 물가 등 주요한 거시경제변수들이 같은 방향으로 움직이는 현상, 즉 공행성(comovement)을 말한다.

경기변동 현상의 중요한 특징은 다음과 같다. 첫째, 경기변동은 GDP와 같은 특정 경제변수의 변화가 아닌 경제 전반의 '총체적 변화'라는 특징을 갖는다. 둘째, 경기변동은 확장국면과 수축국면으로 이루어지는데, 그러한 경기국면이 한 번 시작되면 오랜 기간 그 국면에 머무르는 '지속성'이라는 특징을 가진다. 셋째, 경기변동은 어느 한 국가 혹은 특정 시기에 나타나는 현상이 아니라 모든 국가에서 공통적으로 나타난다는 점에서 '보편성'이란 특징을 가진다. 넷째, 반드시 일정 간격으로 반복되는 것은 아니지만, 수축과 확장을 계속 반복한다는 '주기성'을 가진다. 다섯째, 경기변동은 확장국면과 수축국면이 서로 다른 패턴을 보이는 '비대칭성'이라는 특징을 갖는다.

section 02 **경기순환과 성장순환**

고전적 의미의 경기순환은 경제총량 변수의 절대 수준 값이 동시에 하락하거나 상승하는 현상이 반복적으로 나타나는 것을 의미한다.

그러나 경기 하락기에도 성장이 둔화될 뿐이며, 음(-)의 성장이 나타나는 경우는 근래에는 매우 드문 현상이 되었다. 따라서 고전적 의미의 경기변동의 정의가 무의미해지고, 장기적 추세에서 벗어난 순환변동에 관심을 갖게 되었다. 총량 변수들이 장기적 추세로부터 상승하거나 하락하는 순환 현상을 성장순환(growth cycle)이라고 한다.

경제변수 Y_t는 일반적으로 추세요인 T_t, 순환요인 C_t, 계절적 요인 S_t, 불규칙 요인 I_t의 합으로 구성된다. 이를 수식으로 나타내면 다음과 같다.

$$Y_t = T_t + C_t + S_t + I_t$$

추세 요인(T_t)은 경제 시계열이 장기적으로 상승 또는 하락하는 움직임을 의미하며, 시계열 움직임의 기본방향을 제시하는 잣대로 이용된다. 장기추세는 주로 기술진보 및 인구증가에 의해 형성되는 것으로 여겨진다.

계절적 요인(S_t)은 계절의 변화, 명절, 국가적 행사 등에 의해 매년 특정 달이나 특정 분기에 발생하여 주기적인 움직임을 보이는 현상을 의미한다.

불규칙 요인(I_t)은 순환 요인, 계절적 요인, 추세 요인으로 설명할 수 없는 부분으로, 주로 가뭄, 홍수 등과 같은 자연재해, 전쟁 등에 의한 변화를 의미한다.

관심의 대상인 순환 요인의 움직임을 파악하기 위해 여타 요인을 제거할 필요가 생긴다.

고전적 의미의 경기순환은 위의 네 요소를 모두 포함하는 순환을 의미하고, 성장순환은 순환 요인의 움직임만을 의미한다.

계절적 요인은 주로 전년 동기 대비 증가율, 단순평균법, 이동평균법, $X-11$ ARIMA나 $X-12$ ARIMA라는 기술적인 방법(컴퓨터 프로그램) 등을 이용하여 제거하고, 불규칙 요인은 MCD(Months for Cyclical Dominance) 이동평균 방식을 이용하여 제거한다. 일반적으로 경기변동을 분석하는 시계열 자료는 계절 요인과 불규칙 요인을 제거한 자료를 이용한다.

경기순환의 국면 및 기준 순환일

경기순환은 장기추세를 중심으로 상승과 하락을 반복하는 현상을 의미한다. 경기순환의 국면은 일반적으로 회복국면, 호황국면, 후퇴국면, 불황국면의 4분법으로 나눈다. 또는 회복과 호황을 합쳐 확장국면으로 후퇴와 불황을 합쳐 수축국면으로 나누는 2분법이 이용된다.

우리나라에서는 확장국면과 수축국면으로 구분하는 2분법이 사용되고 있다.

기준 순환일(reference date)이란 국민경제 전체의 순환변동에서 국면전환이 발생하는 경기전환점을 의미한다.

확장국면에서 수축국면으로 전환하는 것을 정점(P : Peak)이라 하고 수축국면에서 확장국면으로 전환하는 것을 저점(T : Trough)이라고 부른다.

그리고 개별 경제지표의 전환점을 특수 순환일이라 한다.

우리나라의 기준 순환일은 통계청에서 GDP, 산업생산 등 개별 지표와 경기종합지수의 움직임을 분석하고, 국내의 경제상황 등을 고려한 후 전문가의 의견을 종합하여 사후적으로 발표한다. 〈표 12 − 1〉은 우리나라의 기준 순환일을 나타낸다.

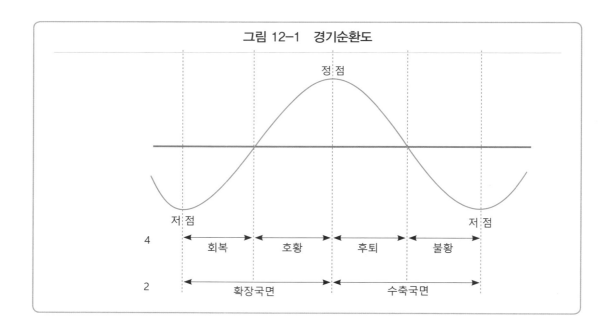

그림 12−1 경기순환도

	저점	정점	저점	확장국면	수축국면	전 순환기간
제1순환	1972. 3	1974. 2	1975. 6	23	16	39
제2순환	1975. 6	1979. 2	1980. 9	44	19	63
제3순환	1980. 9	1984. 2	1985. 9	41	19	60
제4순환	1985. 9	1988. 1	1989. 7	28	18	46
제5순환	1989. 7	1992. 1	1993. 1	30	12	42
제6순환	1993. 1	1996. 3	1998. 8	38	29	67
제7순환	1998. 8	2000. 8	2001. 7	24	11	35
제8순환	2001. 7	2002. 12	2005. 4	17	28	45
제9순환	2005. 4	2008. 1	2009. 2	33	13	46
제10순환	2009. 2	2011. 8	2013. 3	30	19	49
제11순환	2013. 3	2017. 9*	−	54	−	−
평균순환기간	−	−	−	33	18	49

자료 : 통계청, *는 잠정치.

section 04　경기지수

　경기지수란 경기동향을 알기 위해 작성되는 지수로서, 그 중 대표적인 것으로 경기종합지수 (composite index)가 있다. 경기종합지수는 국민경제의 각 부문을 대표하고 경기대응성이 뛰어난 경제지표들을 선정한 후 이를 가중치 등을 이용해서 종합하여 작성한다.

　경기종합지수에는 선행종합지수, 동행종합지수와 후행종합지수가 있다. 선행종합지수란 경기순환에 앞서 변동하는 선행개별 지표를 종합한 것으로 앞으로의 경제활동을 예고하는 지수이다. 동행종합지수는 경기순환과 함께 변동하는 동행개별 지표를 종합한 것으로 현재의 경기상태를 나타내는 지수이고, 후행지수란 경기순환에 후행하여 변동하는 후행개별 지표를 종합한 것으로 현재 경기의 사후 확인에 이용되는 지수이다. 우리나라에서 각 종합지수를 구성하는 데 사용되는 개별 지표들을 나열한 것이 〈표 12−2〉이다.

　경기종합지수 외의 대표적인 경기지수로 기업경기실사지수(Business Survey Index : BSI)와 경기확산지수(Diffusion Index : DI)가 있다.

표 12-2 경기종합지수의 구성지표

선행종합지수	동행종합지수	후행종합지수
1. 재고순환지표	1. 비농림어업취업자 수	1. 취업자 수
2. 경제심리지수	2. 광공업생산지수	2. 생산자제품재고지수
3. 기계류내수출하지수	3. 서비스업생산지수	3. 소비자물가지수변화율(서비스)
4. 건설수주액(실질)	4. 소매판매액지수	4. 소비재수입액(실질)
5. 수출입물가비율	5. 내수출하지수	5. CP유통수익률
6. 코스피	6. 건설기성액(실질)	
7. 장단기금리차	7. 수입액(실질)	

기업경기실사지수(BSI)란 경기동향에 대한 기업가의 의견을 직접 조사하여 이를 기초로 경기동향을 파악·예측하고자 하는 지수이다.

기업경기실사지수는 조사대상인 전체 기업 중에서 향후의 경제상황에 대해 낙관적인 견해, 즉 긍정적인 응답(증가 또는 호전)으로 답한 기업의 수와 부정적인 응답(감소 또는 악화)으로 답한 기업의 수의 차이를 구한 다음 이를 전체 응답기업의 수로 나누어 계산된다. 결과적으로 BSI 의 도출방식은 다음과 같다.

$$기업경기실사지수 = \frac{(긍정적\ 기업\ 수 - 부정적\ 기업\ 수)}{전체\ 기업\ 수} \times 100 + 100$$

이상과 같은 방식으로 계산된 BSI는 0~200의 값을 갖게 된다. 만약 BSI 값이 100 이상이면 경기를 낙관적으로 보는 기업의 수가 경기를 비관적으로 보는 기업 수에 비해 많다는 것을 의미하며, 100 이하의 경우는 그 반대로 해석할 수 있다.

다음으로 경기확산지수(또는 경기동향지수 : DI)를 이용할 수 있다. 경기확산지수는 경기종합지수와는 달리 경기변동의 진폭이나 속도는 측정하지 않고 경기의 변화 방향만을 파악하려는 것으로 경기국면 및 전환점을 판별하려는 경우에 유용하다.

DI는 경기종합지수의 경우와 같이 선행, 동행, 후행지수 등의 3개 그룹으로 구분되어 작성된다. DI의 작성방법은 각 그룹의 구성지표의 총수에서 차지하는 증가지표 수와 보합지표 수를 파악한 다음, 아래의 공식을 사용하여 계산한다.

$$경기확산지수 = \frac{증가지표\ 수 + (보합지표\ 수 \times 0.5)}{구성지표\ 수} \times 100$$

위의 공식에 의해 작성된 경기확산지수는 0~100의 수치로 표시된다. 만약 DI가 50을 초과하면 경기는 확장국면에 있다고 간주되며, 만약 50 미만이면 경기가 수축국면에 있다고 판단된다. 만약 $DI=50$이면 정확히 경기전환점에 놓여 있는 것으로 판단된다.

그러나 DI는 경기종합지수와는 달리 개별 경제지표들의 변화 방향만을 종합한 경기지표이므로 DI 자체가 경기의 변동속도를 정확히 나타내는 것은 아니다. 예를 들어 DI가 100일 때 75일 때에 비하여 경기 확장의 속도가 1.3배 빠르다고 할 수 없음에 유의해야 한다. 마찬가지로 DI가 30일 때에 비해 15일 때 경기의 수축속도가 2배나 크다고 할 수 없다.

section 05 | **경기변동 이론**

1 **케인즈의 경기변동 이론**

케인즈는 경기변동의 원인은 독립지출인 투자의 불안정성이라고 보았다. 결국 케인즈는 경기변동 현상이 내생적으로 초래되는 시장의 실패라고 간주하였던 것이다.

자본주의가 발달할수록 소유와 경영이 분리되고, 경영자는 장기소득보다는 단기 자본이득의 증가에 관심을 갖게 된다.

따라서 주식 가격의 변동에 따라 낙관주의와 비관주의가 발생하고 투자방법이 결정되는데, 주식 가격이 비싸면 새로운 신규투자를 시행하고 주식 가격이 싸면 새로운 신규투자를 하기보다는 기존 자본을 구입하는 투자를 선택하는 것이다. 이때 어떤 투자방법이 선택되는가에 따라 산출물이 영향을 받고 경기변동이 야기된다.

케인즈 이후 케인지안 경제학자들은 승수－가속도 모형으로 경기변동을 정형화시켰다. 승수－가속도 모형에 따르면 한계소비성향과 가속도 계수에 의해 산출량의 시간에 걸친 변화경로가 결정된다.

케인즈 모형과 케인지안 모형은 기본적으로 시장의 실패에 따른 불균형 모형이다. 그러나 케인지안 모형은 60년대 후반 이후 나타난 스태그플레이션(Stagflation) 현상을 설명하지 못하는 문제점을 표출하게 되었다. 더욱이 70년대 초반의 오일쇼크는 새로운 경기변동 이론의 필요성을 제기하였다.

2 균형 경기변동 이론

케인지안의 경기변동 이론과는 달리 균형 경기변동 이론에서는 대표적 경제주체와 합리적 기대를 가정하고 합리적인 경제주체들이 주어진 여건하에서 최적 선택을 하는 과정에서 경기변동이 발생한다고 본다.

다시 말해 소비자는 예산 제약 하에서 효용 극대화를 통해 수요를 결정하고, 생산자는 이윤 극대화를 위한 적정 투자량과 고용량을 결정하는 과정에서 외부적인 경제충격에 대한 조정을 함에 따라 소비, 투자, 생산이 변화하게 되며 그로 인해 결국 경기변동이 발생한다는 것이다.

경기변동은 균형 상태에서 외생적인 충격이 발생하는데, 개별 경제주체의 최적화 행위를 통해 확산, 촉발된다. 외생적 교란의 요인이 무엇인가에 따라 화폐적 균형 경기변동 이론(Monetary Business Cycle : MBC)과 실물적 균형 경기변동(Real Business Cycle : RBC)로 구분한다.

MBC에 의하면 경기변동의 원인은 예상치 못한 화폐량의 변동이다. 화폐량 변동에 대한 예측이 불완전한 이유는 정보의 부족 또는 정부의 예상치 못한 화폐공급 때문이다.

그러나 정보의 부족이나 예상치 못한 화폐공급이 발생하면 산출물에 영향을 미치게 된다. 예상되는 화폐량 변동이 발생할 경우 경제주체들은 모든 이용 가능한 정보를 이용하여 합리적 기대를 하므로 실물에 영향을 미칠 수 없다.

이에 반해 RBC이론은 경기변동을 발생시키는 외생적 교란이 실물요인이라고 주장한다. 즉 기술충격, 인구변화, 소비자 선호의 변화, 정부의 정책 충격 등에 의해 경기변동이 촉발된다는 것이다.

경제 충격은 평균적으로 중립적이지 않기에, 즉 양(＋)의 충격과 음(－)의 충격이 서로 상쇄되지 않기 때문에 일단 실물 충격이 발생하면 양의 충격이든 음의 충격이든 모두 연속적이고 누적적 효과가 발생하여 산출물을 변화시키게 된다. 그러므로 충격은 추세에 직접 영향을 줌으로써 영구적인 효과를 발생시키게 된다. 즉 RBC이론은 경기변동의 지속성(persistence)을 잘 설명한다. 그리고 화폐와 산출량의 관계에 있어서 MBC와는 달리 산출량의 변화가 화폐에 영향을 주는 역의 인과관계가 있다고 본다.

chapter 13

경제성장 이론

경제성장의 기본개념

경제성장이란 시간의 흐름에 따라 경제 전체의 소득 규모가 점차 커지는 현상을 의미한다. 일반적으로 경제성장률 g는 다음과 같이 경제 전체의 국민소득(실질 GDP) Y의 증가율로 측정한다.

$$g = \frac{Y_t - Y_{t-1}}{Y_{t-1}} \times 100$$

하지만 경제 전체의 실질 GDP가 증가하였더라도 인구가 더 많이 증가하였다면 1인당 소득은 더 감소할 수 있으므로, 경제성장률 g에서 인구증가율 n을 제한 1인당 경제성장률을 이용하여 경제성장 정도를 측정한다.

칼도(Kaldor)는 선진공업국을 대상으로 경제성장과정의 연구를 통해 다음과 같은 경제성장의 정형화된 사실(stylized facts)을 밝혀냈다.

❶ 1인당 산출량$\left(\dfrac{Y}{N}\right)$은 계속적으로 증가한다.

❷ 1인당 자본량$\left(\dfrac{K}{N}\right)$은 계속적으로 증가한다.

❸ 자본－산출량 비율$\left(\dfrac{K}{Y}\right)$은 지속성을 보인다.

❹ 자본수익률은 일정하다.

❺ 자본의 분배 몫과 노동의 분배 몫은 일정하다.

❻ 생산성 증가율은 국가 간 차이를 보인다.

결국 경제성장이론의 목표는 이러한 정형화된 사실을 이론적으로 설명하려는 것이다.

section 02	해로드－도마 모형

해로드－도마(Harrod－Domar) 모형은 케인즈의 이론을 동태화시켜, 자본주의 경제는 장기적으로 어떠한 성장경로를 따르는가를 보여주고 있다. 해로드－도마는 다음과 같은 세 가지 가정하에서 경제성장을 설명하였다.

첫째, 생산함수는 아래와 같은 고정계수 생산함수이다(이를 레온티에프 생산함수라고 부른다).

$$Y = \text{Min}\left\{\dfrac{N}{b}, \dfrac{K}{v}\right\}$$

여기서 b는 $\dfrac{N}{Y}$으로 노동 계수, v는 $\dfrac{K}{Y}$로 자본 계수

둘째, 저축 S는 산출량의 일정 비율로 나타나는데, 저축률을 s라 하면 저축은 $S_t = sY_t$이다. 결국 소비 C는 저축하고 남은 부분이므로 $C_t = (1-s)Y_t$로 나타내어진다.

셋째, 인구증가율은 외생적으로 결정되는데 인구증가율을 n, 인구를 N이라 하면, 인구증가율은 다음과 같이 나타난다.

$$n = \frac{\dot{N}}{N} \times g_n$$

여기서 $\dot{N}$은 시간에 따른 노동의 변화량을 나타내며, g_n을 자연성장률이라고 한다. 노동의 증가율이 n일 때 경제가 장기적으로 증가된 노동이 완전고용을 달성하면서 성장하기 위해서는 경제성장률이 노동증가율(인구증가율)만큼 늘어야 한다. 이런 의미에서 노동의 완전고용을 보장하는 성장률을 '자연성장률'이라고 부른다.

이상의 가정하에서 적정 성장경로의 결정과정을 살펴보도록 하자. 자본을 K, 투자를 I라 하면, 자본증가율은 아래와 같이 나타내어진다.

$$\frac{\dot{K}}{K} = \frac{I}{K}$$

여기서 $\dot{K}$은 시간에 따른 자본의 변화량을 나타낸다. 국민소득결정식에 의해 투자와 저축이 사후적으로 일치하여야 하므로 위 식은 다음과 같이 나타낼 수 있다.

$$\frac{I}{K} = \frac{sY}{K} = \frac{s}{K/Y} = \frac{s}{v}$$

경제성장률은 자본증가율과 일치하므로 따라서 위의 식은 실물시장이 균형을 유지하면서 자본설비가 완전 가동되려면 경제성장률이 자본증가율과 일치해야 함을 의미한다. 이때 자본의 완전고용을 보장하는 성장률 $\frac{s}{v}$를 '보증 성장률'이라고 한다.

완전고용상태에서 최적 성장경로는 자연성장률과 보증 성장률이 일치하는 수준에서 결정된다. 즉 아래와 같은 조건이 충족될 때 최적 성장경로를 가지게 된다.

$$n = \frac{s}{v}$$

이를 해로드－도마의 조건이라고 부른다.

이러한 해로드–도마의 균형 조건은 일단 균형에서 이탈되면 회복이 불가능하게 되는데, 그 이유는 인구증가율 n과 자본 계수 v, 저축률 s가 모두 다른 요인에 의해서 외생적으로 결정되기 때문이다.

예를 들어 자연성장률이 보증 성장률을 능가하면 실업이 발생하게 되고, 실업이 한 번 발생하기 시작하면 계속해서 실업이 증가하게 된다. 반대로 보증 성장률이 자연성장률을 능가하면 초과자본이 형성되고, 이러한 초과자본이 계속해서 증가하여 자본의 한계 생산성이 0으로 접근하게 된다. 이처럼 해로드–도마의 균형은 한 번 균형에서 이탈하면 내생적으로 균형으로 회복되지 못하므로 이를 면도날 균형(knife–edge equilibrium)이라고 한다.

section 03 신고전학파 성장모형

1 신고전학파 모형

솔로우(Solow)와 스완(Swan)은 Harrod–Domar 모형의 면도날 균형 문제를 해결하기 위해, 생산요소 간 대체가 기술적으로 가능하며 생산요소 가격이 신축적으로 조정될 수 있다는 가정을 도입하였다. 즉 1차 동차이며 오목함수인 생산함수를 가정함으로써 자본 계수 v가 내생적으로 결정되도록 하였다.

신고전학파의 생산함수는 다음과 같다.

$$Y = F(N, \ K)$$

이를 1인당 GDP로 전환하기 위하여 양변을 N으로 나누면 위 식은 다음과 같이 표현할 수 있다.

$$y = f(k)$$

여기서 y는 1인당 GDP $\dfrac{Y}{N}$, k는 1인당 자본량 $\dfrac{K}{N}$

이때 완전경쟁 균형 하에서 다음과 같은 조건이 성립한다.

$$f_k = r, \; f - k \cdot f_k = w$$

이를 오일러 정리(Euler's theorem)라고 한다.

이제 1인당 자본량 k의 시간에 걸친 변화량을 살펴보자. 시간에 대한 1인당 자본증가율은 1인당 자본량 $\dfrac{K(t)}{N(t)}$를 시간에 대해 미분하여 구한다.

$$\dot{k} = \left(\dfrac{\dot{K}}{N}\right) = \dfrac{\dot{K}N - K\dot{N}}{N^2} = \dfrac{\dot{K}}{N} - \dfrac{K}{N} \cdot \dfrac{\dot{N}}{N}$$

균형 조건에 의해 $\dot{K} = I$이고, 이는 저축 S와 같고, 따라서 sY로 대체할 수 있다. 즉, $\dfrac{\dot{K}}{N} = \dfrac{sY}{N} = sf(k)$이다. 그리고 $\dfrac{\dot{N}}{N}$은 인구증가율, 즉 노동의 증가율 n이므로 자본증가율은 다음과 같이 나타나게 된다.

$$\dot{k} = sf(k) - nk$$

이를 솔로우 모형의 기본방정식(fundamental equation)이라고 부른다. 여기서 $sf(k)$는 저축을 의미하고, $\dot{k}$는 자본의 심화(capital deeping), nk는 인구증가에 따른 자본량 증대를 의미한다.

2 균형 자본량의 결정

정체상태에서 자본증가율 $\dot{k} = 0$이므로 균형식은 다음과 같다.

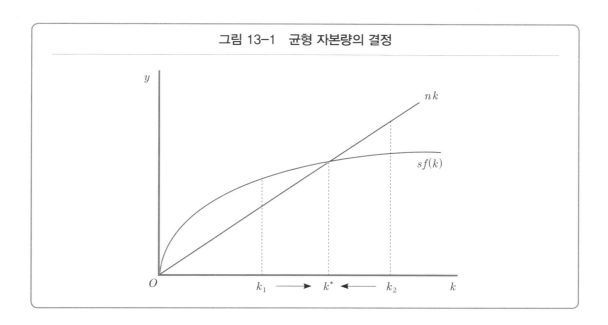

그림 13-1 균형 자본량의 결정

$$sf(k^*) = nk^*$$

즉 $sf(k)$곡선과 nk곡선이 교차하는 점에서 균형 자본량 k^*가 결정된다. 이를 나타낸 것이 〈그림 13-1〉이다.

이렇게 결정된 균형 자본량 k^*는 안정적이다. 만약 〈그림 13-1〉에서처럼 $k_1 < k^*$인 상태에 있다면, 이는 기본방정식에서 $\dot{k} > 0$임을 의미하고 그러므로 자본량이 증가하여 k^*로 갈 것이다. $k_2 > k^*$인 경우에는 반대가 된다. 결국 현재의 자본량이 균형 k^*로부터 벗어날 때 원래의 균형으로 돌아가므로 균형 자본량은 안정성을 갖는다.

3 저축률 증대와 인구증가율 감소의 효과

저축률이나 인구증가율이 변하게 되면 균형 성장경로는 변하게 된다.

먼저 저축률 상승의 단기효과를 살펴보도록 하자. 이를 간략히 묘사한 것이 〈그림 13-2〉이다. 저축률이 s_0에서 s_1으로 상승하면 $sf(k)$선이 상향이동하게 된다. 이는 그림에서 볼 수 있듯이 균형 자본량이 k_0^*에서 k_1^*로 상승하고, 1인당 GDP도 y_0^*에서 y_1^*로 상승하게 된다. 즉 경제성장률의 증가를 낳는다.

〈그림 13–3〉은 인구증가율 감소의 단기효과를 나타낸다. 인구증가율이 n_0에서 n_1으로 감소하면 nk선이 하향이동하게 되므로, 저축률 상승과 마찬가지로 균형 자본량이 k_0^*에서 k_1^*로 상승하고, 1인당 GDP도 y_0^*에서 y_1^*로 상승하게 된다.

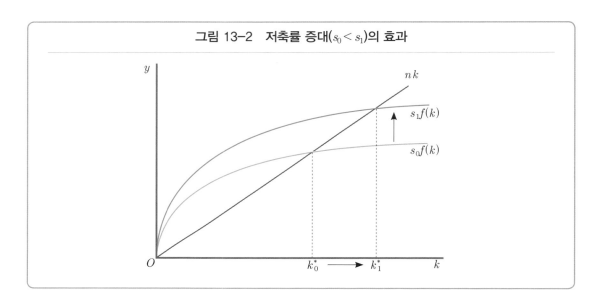

그림 13–2   저축률 증대($s_0 < s_1$)의 효과

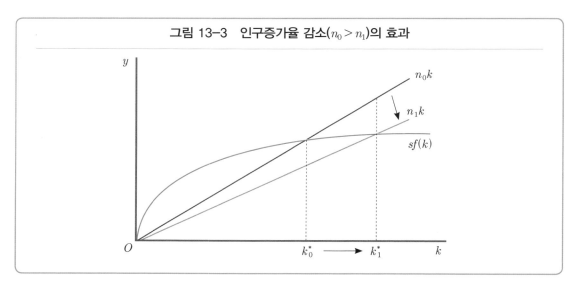

그림 13–3   인구증가율 감소($n_0 > n_1$)의 효과

이상에서 살펴본 바와 같이 저축의 증가 및 인구의 감소는 균형 자본을 단기적으로 증가시키며, 결국 산출량을 증대시키게 된다. 따라서 후진국이 경제성장을 위하여 저축 장려나 인구 억제정책을 쓰는 이유의 근거가 된다. 그러나 장기적으로는 1인당 GDP의 성장률은 0이 되고, GDP의 성장률과 자본의 증가율은 노동의 증가율인 n과 같게 된다.

4 황금률

신고전학파 성장모형을 이용하여 1인당 소비를 극대화시키는 조건을 황금률(Golden Rule)이라고 한다.

1인당 소비 $c\left(=\dfrac{C}{N}\right)$는 1인당 산출량에서 저축량만큼을 뺀 $c=(1-s)y$이다.

정체상태의 균형 조건을 제약으로 하는 1인당 소비의 극대화 문제는 다음과 같이 나타낼 수 있다.

$$\text{Max} \quad c=(1-s)y$$
$$\text{s.t.} \quad sf(k)=nk$$

이때 제약식을 소비함수에 대입하면 다음과 같다.

$$c=f(k)-nk$$

결국 1인당 소비의 극대화 조건은 위 식을 k에 대해 미분하여 0으로 놓는 것이다.

$$f_k=n$$

즉 자본의 한계 생산성과 인구증가율이 일치할 때 소비의 극대화가 이루어진다. 이때 완전 경쟁시장 균형 조건에 의해 $f_k=r$을 의미하므로 위 식은 다음과 같이 나타낼 수 있다.

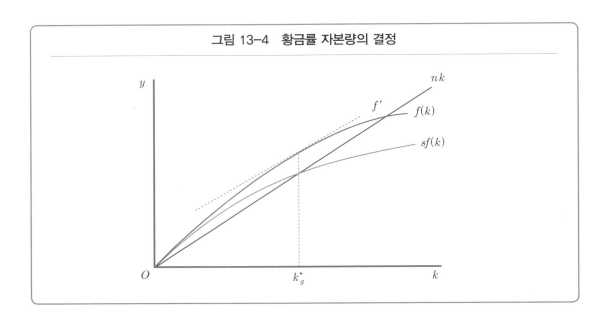

그림 13-4 황금률 자본량의 결정

$$r = n$$

즉 실질이자율과 인구증가율이 일치할 때 소비의 극대화가 이루어지며, 이를 황금률이라고 한다. 또한 이렇게 결정된 자본량 k_g^*를 '황금률 자본량(Golden rule capital)'이라고 한다. 이의 도출과정을 간략히 묘사한 것이 〈그림 13-4〉이다.

section 04 내생적 성장이론

1 내생적 성장이론의 등장 배경

신고전학파의 성장모형인 솔로우 모형이 대표적 성장모형으로 여겨져 왔으나 여러 가지 측면에서 실제의 경제성장과 관련된 문제들을 설명하지 못하는 한계를 드러내었다.

특히 신고전학파의 성장모형은 ① 외생적 기술진보를 가정, ② 기술진보가 없다면 정체상태에 이르게 되고, ③ 자본이 증가할수록 자본의 한계 생산성이 체감한다는 특징을 갖고 있는데, 이러한 결과에 의하면 자본량이 많은 선진국의 성장률보다 자본량이 적은 후진국의 성장률이 더욱 높아서 장기적으로 후진국이 선진국을 따라 잡아야 한다. 이것을 접근 현상(convergence)이라 한다.

하지만 실증분석의 결과에 의하면 선진국 그룹 간에는 위와 같은 접근 현상이 발생하는 것으로 나타났지만, 후진국과 선진국 사이에서는 후진국이 선진국을 따라잡지 못하는 것으로 판명되었다. 따라서 이러한 접근 현상의 실패를 설명하기 위한 새로운 이론이 필요하게 되었다.

2 내생적 성장이론

(1) 수확체증 모형

이 모형은 로머(Romer)와 루카스(Lucas)에 의해 제시된 모형으로서 그 특징은 생산함수의 투입요소에 외부효과를 갖는 인적자본을 도입한 점이다.

$$y = f(k_i, \ K, \ x_i)$$

여기서 k_i는 인적자본 또는 지식, K는 사회 전체의 자본량(지식량), x_i는 실물자본 및 노동을 나타낸다. 개별 경제주체들은 사회 전체의 자본량 K가 고정된 것으로 간주하므로 인적자본 k_i와 기타 투입요소 x_i에 대해 생산함수가 1차 동차함수이다.

그러나 사회 전체적으로 보아서는 K는 조절이 가능하다. 따라서 K가 증가할수록 동일한 인적 자본량과 여타 투입물의 양에 대해 산출물이 증가하게 되므로 생산함수는 수확체증이 가능해진다. 이것은 사회 전체의 자본량 K가 개별 기업의 입장에서는 외부효과를 발생시키는 요소로 여겨진다는 것이다.

이 모형의 의미를 살펴보면 생산함수에 사회 전체의 총체적 자본량이나 인적자본을 도입함으로써, 인적자본의 외부효과로 인해 인적자본의 축적이 이루어진다면 생산함수가 규모에 대해 체감하는 것을 방지할 수 있다는 것이다. 따라서 장기적으로 볼 때 사회 전체의 지식량이 많은 선진국의 성장률이 그렇지 못한 후진국의 성장률보다 높게 나타날 수 있다는 것을 보여주고 있다.

(2) 한계 생산성 점근 모형

점근 현상이 발생하는 것은 결국 자본의 한계 생산성이 체감하기 때문인데, 만약 자본의 한계 생산성이 체감하지 않고 일정한 값을 가진다면 후진국의 성장률이 선진국의 성장률을 능가하는 점근 현상은 발생하지 않게 된다.

일반적으로 재화는 경합적이고 배제적인 특성을 갖는 데 반하여, 지식이나 인적자본은 비경합적이고, 부분 배제적인 특성을 갖고 있다. 이러한 특성 때문에 지식이나 인적자본에 대해서는 한계 생산물 체감의 법칙이 적용되지 않는다.

존즈(Jhones)와 마뉴엘리(Manuelli)는 이러한 요소의 특성을 이용하여 한계 생산성이 일정한 하한값을 갖는 AK생산함수를 만들었다. 예를 들어 다음과 같은 생산함수를 설정할 수 있다.

$$Y = K^{\alpha}N^{1-\alpha} + AK$$

자본량이 증가할수록 우변의 첫 번째 항은 체감하게 되지만, 두 번째 항은 A로 일정한 값을 갖게 된다. 따라서 장기적으로 자본량이 증대하여도 산출물 증가율이 0이 되는 정체상태에 이르지 않고 A의 비율로 지속적인 성장이 가능함을 보였다. 또한 장기에 있어 지속적인 성장이 가능하므로 후진국이 선진국을 따라잡는 점근 현상이 일어나지 않을 수 있음을 시사하고 있다.

(3) 신슘페터 모형

신슘페터(Neo Schumpeterian) 모형의 주요 특성은 다음과 같다.

❶ 신고전학파 모형에서 외생적으로 가정한 기술진보를 내생적인 것으로 가정한다. 즉 기술진보는 기업들의 이윤추구 과정에서 이뤄지는 연구개발투자의 결과로 간주한다.
❷ 개발된 기술은 특허 및 지적재산권에 의해 독점권을 부여받는다.

독점권의 유지는 새로운 기술이 개발되면 소멸되며, 이를 창조적 파괴(creative destruction)이라고 부른다.

❸ 따라서 신고전학파 모형의 완전경쟁 가정을 포기하고, 기업이 독점이윤을 얻을 수 있는 불완전경쟁 모형을 설정한다.

로머(Romer)는 일국 경제가 최종재 생산부문, 중간재 생산부문, 연구부문 등으로 구성되어 있는 3부문 성장모형을 설정하였다. 이때 연구부문은 인적자본의 개발을 통해 이뤄진 것으로 간주하고 기술 수준은 중간재의 개수로 측정하였다. 이러한 3부문 모형을 통해 인적자본과 성장률이 정(＋)의 관계에 있고, 연구부문의 생산성이 높을수록 경제성장률이 증가함을 보였다.

따라서 인적 자본량이 많고 연구부문의 생산성이 높은 선진국이 그렇지 못한 후진국에 비해 성장률이 높을 수 있으며, 그에 따라 접근 현상이 발생하지 않을 수 있다. 또한 이러한 내생적인 기술개발을 통해 장기적인 성장이 가능함을 보였다.

그로스만－헬프만(Grossman－Helpman)은 재화의 질을 높이는 기술진보를 모형에 도입하여 불완전경쟁시장에서 내생적 성장이 가능함을 보이고 있다. 기업은 이윤 극대화를 목적으로 연구개발(R&D)에 투자하고, 그로 인해 재화의 질이 개선된다. 이때 이러한 기술개발은 점진적으로 이뤄지는 것이 아니라 마치 사다리처럼 단계를 뛰어오르므로 이를 '질적 사다리'(quality ladder)라고 부른다.

이러한 연구개발의 결과 특허권에 의해 독점력을 인정받은 기업은 더 높은 품질의 재화가 개발될 때까지 독점이윤을 얻을 수 있게 된다. 따라서 기술개발을 통한 독점이윤과 기술개발에 성공할 확률을 고려한 예상 독점이윤을 극대화하는 모형을 만들 수 있게 된다.

이들은 연구개발(R&D)의 성공확률과 질적인 개선 정도가 높을수록 성장률이 높음을 보여주고 있다.

신슘페터 성장모형의 결과 내생적으로 이뤄지는 기술개발은 자본의 한계 생산성 체감을 억제하는 역할을 담당하게 되고, 따라서 외생적인 기술진보를 가정하지 않고도 장기에 지속성장이 가능하고 접근 현상의 실패를 설명할 수 있게 되었다. 그러나 신슘페터 모형은 기업의 독점이윤을 허용하는 불완전경쟁하의 분석이므로 이때의 균형 성장경로는 파레토 최적을 달성하지 못하게 된다.

실전예상문제

01 다음 중 외국인 운동선수가 한국에서 벌어들인 소득이 우리나라의 국민소득에 어떠한 영향을 주게 되는지 옳게 설명한 것은?

① GNI와 GDP에 모두 포함된다.
② GNI와 GDP에 모두 포함되지 않는다.
③ GNI에는 포함되지만 GDP에는 포함되지 않는다.
④ GDP에는 포함되지만 GNI에는 포함되지 않는다.

02 다음 중 화폐의 수요에 관한 이론들에 대한 설명으로 옳지 않은 것은?

① 중첩 세대 모형 : 재화가 저장 불가능한 교환가능 경제에서는 화폐가 도입되었을 때 사회적으로 합리적 자원배분 달성이 가능하다.
② 고전학파의 이론 : 장기균형에서 화폐공급은 인플레이션과 이로 인한 실질 산출량의 증가를 유발한다.
③ 유동성 선호설 : 투기적 화폐수요는 이자율 상승에 따라 감소한다.
④ 보몰－토빈모형 : 경제주체는 화폐 보유 비용을 극소화시키는 최적화 문제에 직면하며, 실질 화폐수요는 이자율에 반비례하고 소득에 비례한다.

03 다음 중 본원통화에 대한 설명으로 옳은 것은?

① 본원통화는 중앙은행의 부채이며 시중은행의 자산이다.
② 본원통화는 현금과 요구불예금으로 구성된다.
③ 본원통화는 통화량에 통화승수를 곱하여 구할 수 있다.
④ 본원통화는 비은행 금융권을 제외한 M2를 의미한다.

해설

01 ④ GDP는 지역기준이며, GNI는 국민기준이다.
02 ② 고전학파이론에서 화폐공급은 인플레이션으로만 연결되며 실질산출량에 영향을 미치지 못한다.
03 ① 본원통화는 민간화폐 보유액과 지급준비금의 합이며, 통화량을 통화승수로 나누어 본원통화를 구할 수 있다.

04 다음 중 지급준비금에 대한 설명으로 옳지 않은 것은?

① 지급준비금의 이자율은 0이다.

② 지급준비금은 시중은행의 자산이며 중앙은행의 부채이다.

③ 은행은 신용창조 과정을 대비하여 지급준비금을 보유하게 된다.

④ 내생적 화폐공급이론에서는 통화승수가 동일해도 초과지급준비금의 크기에 따라 통화량이 달라진다.

05 다음 중 중앙은행의 화폐량 조절정책에 대한 설명으로 옳지 않은 것은?

① 지급준비율을 낮추면 통화승수가 증가하여 화폐량이 증가한다.

② 본원통화를 늘리면 화폐량은 본원통화의 승수배만큼 늘어난다.

③ 공개시장 매각을 통해서 간접적으로 화폐량을 늘릴 수 있다.

④ 재할인율을 낮추면 민간이 보유하는 화폐량은 늘어난다.

06 다음 중 이자율에 대한 설명으로 옳은 것은?

① 고전학파에 의하면 화폐의 공급과 수요에 의해 이자율이 결정된다.

② 케인즈의 투기적 화폐수요는 이자율과 음(−)의 관계를 갖는다.

③ 유동성 선호설에서 이자는 절약(thrift)에 대한 보상으로 간주된다.

④ 고전학파에서 이자는 화폐와는 다른 금융자산을 보유하는 데 따르는 보상으로 간주된다.

해설

04 ③ 은행은 긴급한 인출 사태를 막기 위하여 지급준비금을 보유한다.

05 ③ 공개시장 매각 시 화폐량은 감소한다.

06 ② 고전학파에 의하면 이자는 저축과 투자에 의해 결정되며, ③번과 ④번의 설명은 반대로 되어 있다.

07 다음의 설명 중 옳지 않은 것은?

① 사무엘슨의 소비 대여 모형에서는 이자율이 인구증가율과 일치한다.

② 일반적으로 경기 확장국면에서 이자율은 초기에는 하락하다가 점차 상승한다.

③ 프리드만에 의하면 이자율 조정을 위한 통화정책은 유동성 효과로 인해 장기적으로 효과가 없다.

④ 유동성 선호설에 의하면 화폐공급이 외생적일 경우 화폐량 증가를 통해 이자율 하락과 산출량 증가를 유도할 수 있다.

08 다음 중 균형 국민소득에 관한 설명으로 옳은 것은?

① 균형에서 사전적으로 투자 = 저축의 관계가 성립한다.

② 총공급이 총수요를 초과하는 상태를 인플레이션 갭이라 한다.

③ 저축을 늘린 결과 궁극적으로 저축이 감소하는 현상을 절약의 역설이라 한다.

④ 균형 국민소득은 투자, 정부지출의 합과 저축, 소비의 합이 같아지는 점에서 결정된다.

09 다음 중 국민소득에 관한 설명으로 적절하지 않은 것은?

① 생산 국민소득, 지출 국민소득, 분배 국민소득의 세 가지 측면에서 국민소득은 일치한다.

② 생산 국민소득은 생산과정의 중간재 투입액에 최종 부가가치를 합하여 산출한다.

③ 지출 국민소득은 가계가 최종재에 대해 지출한 지출총액을 구하여 산출한다.

④ 분배 국민소득은 각 생산요소가 받은 요소소득을 모두 더하여 산출한다.

해설

07　③ 유동성 효과가 아니라, 소득효과 및 피셔 효과 때문이다.

08　③ ①은 사후적 성립, ②는 디플레이션 갭의 설명이며, ④는 저축, 소비의 합이 아니라 저축, 조세의 합이다.

09　② 중간재 투입액은 계산에서 제외하고 최종 부가가치만을 합산한다.

10 다음 중 *IS* – *LM*곡선에 대한 설명으로 옳은 것은?

① *IS* – *LM*곡선은 재화시장과 화폐시장의 균형을 이루는 물가와 국민소득의 조합을 나타내는 곡선이다.

② 정부지출이 증가하거나 조세가 증가할 경우 *IS*곡선은 우측으로 이동한다.

③ 화폐공급이 증가할 경우 *LM*곡선은 우측으로 이동한다.

④ 고전학파에 따르면 *LM*곡선은 수평에 가깝다.

11 다음 중 *IS* – *LM*곡선을 통한 정부정책의 효과에 대한 설명으로 옳은 것은?

① 고전학파 : 정부지출이 증가할 때 이자율 상승으로 산출량 증대의 효과가 별로 없다.

② 고전학파 : *LM*곡선이 수직에 가까우므로 재정정책의 효과가 매우 크다.

③ 케인즈학파 : *LM*곡선이 수직에 가까우므로 재정정책의 효과가 매우 크다.

④ 케인즈학파 : 세금의 감소는 정부지출과 달리 산출량 증대의 효과가 별로 없다.

12 다음 중 정부정책과 유동성 함정에 대한 설명으로 옳지 않은 것은?

① 유동성 함정은 화폐수요의 이자율 탄력성이 무한대여서 *LM*곡선이 수평인 상태를 말한다.

② 케인즈학파는 *LM*곡선이 수평에 가까워 상대적으로 재정정책의 효과를 강조한다.

③ 고전학파는 피구 효과에 의해 유동성 함정을 벗어날 수 있다고 강조한다.

④ 부채 – 디플레이션 이론은 유동성 함정을 벗어날 수 있다는 고전학파의 논리를 뒷받침한다.

해설

10 ③ *IS* – *LM*은 이자율과 국민소득의 조합이다. 조세가 감소할 경우 *IS*곡선이 우측 이동, 고전학파에서 *LM*곡선은 수직에 가깝다.

11 ① 고전학파 : *LM*곡선이 수직에 가까워 재정정책의 효과가 별로 없다. 케인즈학파 : 세금의 감소가 산출량 증대를 유발한다.

12 ④ 부채 – 디플레이션 이론은 불경기에서의 물가 하락으로 경기불황 – 물가 하락의 지속을 강조한다.

13 다음 중 올바른 설명은?

① AD곡선은 재화시장과 화폐시장의 균형에 의해서, AS곡선은 노동시장과 주식시장의 균형에 의해서 도출이 된다.

② 고전학파의 AD곡선은 수직이고 케인즈학파의 AD곡선은 우하향한다.

③ 합리적 기대학파는 현재의 조세 증가가 IS곡선을 변화시키지 못하여 정책효과를 가지지 못한다고 한다.

④ 새케인즈학파는 합리적 기대의 개념을 받아들여 정책 무력성의 정리를 뒷받침하였다.

14 다음 중 $AD-AS$ 분석에서의 고전학파의 입장에 대한 설명으로 옳지 않은 것은?

① 고전학파 모형에서 재정정책은 화폐의 중립성으로, 통화정책은 구축효과로 특징지을 수 있다.

② 확대재정정책은 국민소득의 증가 없이 이자율과 물가의 상승만을 야기한다.

③ 확대통화정책은 국민소득의 증가 없이 물가의 상승만을 야기한다.

④ 기업과 노동자는 물가의 변화에 신속히 조정하므로 총공급곡선은 수직형태를 가진다.

15 다음 중 정책 유효성 논쟁에 대한 설명으로 옳은 것은?

① 리카르도 불변 정리는 세금의 감소로 인한 유동성 증대에도 불구, 저축이 불변한다는 이론이다.

② 케인즈학파는 화폐량 증가에 따라 이자율이 하락하고 산출량이 증가된다고 보며 이를 유동성 효과라 한다.

③ 통화주의자는 소득효과와 피셔 효과에 의해 유동성 효과가 즉각적으로 사라지고 이자율이 상승한다고 한다.

④ 정책 무력성의 정리는 예상치 못한 화폐량 증가는 산출량에 영향이 없으나 예상된 화폐량 증가는 실질 산출에 영향을 미친다고 한다.

해설

13 ③ AS곡선과 주식시장은 상관없다. ②의 설명은 AS곡선의 설명이다. 새케인즈학파는 합리적 기대는 인정하나 정책효과의 가능성에 강조점을 두고 있다.

14 ① 재정정책은 구축효과로, 통화정책은 화폐의 중립성으로 특징지어진다.

15 ② 리카르도 불변 정리는 세금 감소로 소비보다는 저축이 증대된다는 이론이다. 통화주의자는 단기에 유동성 효과로 이자율이 하락할 수 있으나 장기적으로 이자율이 상승한다고 한다. 정책 무력성의 정리는 예상치 못한 화폐량 증가가 실질산출에 영향을 미친다고 한다.

16 A라는 사람이 복권을 구입하여 우연히 100만 원의 당첨금(세금 무시)을 받게 되었다면 A라는 사람의 소비행태는 어떻게 변할 것인가를 각 소비함수 이론으로 설명한 것 중 옳은 것은?

① 절대소득 가설에 의하면 A가 당첨금 100만 원을 모두 소비한 이후에 당첨 이전의 소비 수준으로 돌아가지 못하게 된다.

② 상대소득 가설에 의하면 A가 우연히 얻은 100만 원은 일시적인 소득이므로 소비행태에는 아무런 영향을 주지 못하게 된다.

③ 생애주기 가설에 의하면 A가 우연히 얻은 100만 원은 총자산에 포함되는 개념이므로 A의 소비행태에 영향을 미치게 된다.

④ 항상 소득 가설에 의하면 A는 당첨금 100만 원의 일정 비율만큼을 소비하게 된다.

17 다음 중 임의보행(Random Walk) 소비 모형과 관련이 없는 것은?

① 항상 소득 가설　　　　　　　　② 합리적 기대

③ 예상치 못한 충격　　　　　　　④ 현재기의 소득

18 다음의 투자이론 중 투자가 결정되고 집행되는 시기까지의 시차를 고려하여 기존의 자본량과 바람직한 자본량 사이의 갭을 메꾸어 가는 과정에서 투자가 이루어진다는 것을 주요 내용으로 하고 있는 이론은?

① 케인즈의 내부수익률법　　　　　② 가속도 이론

③ 자본조정 모형　　　　　　　　　④ 토빈의 q이론

해설

16 ③ 절대소득 가설에서는 100만 원은 가처분소득에 들어가서 소비가 늘어나게 되고, 상대소득 가설에서는 톱니 효과로 이전의 소비 수준으로 돌아가지 못하고, 항상 소득 가설에서는 100만 원은 일시 소득이므로 소비행태에 영향을 주지 못한다.

17 ④ 임의보행 소비 모형은 항상 소득 가설에다 합리적 기대를 도입한 소비함수이다. 현재기의 소비는 전기의 소비와 예상치 못한 충격항으로 구성된다.

18 ③ 자본조정 모형에 관한 설명이다.

19 다음 그림 중 실업에 대한 케인즈의 견해를 설명하는 것은?

(─────── : 노동공급곡선, ---------- : 노동수요곡선)

① w / O L

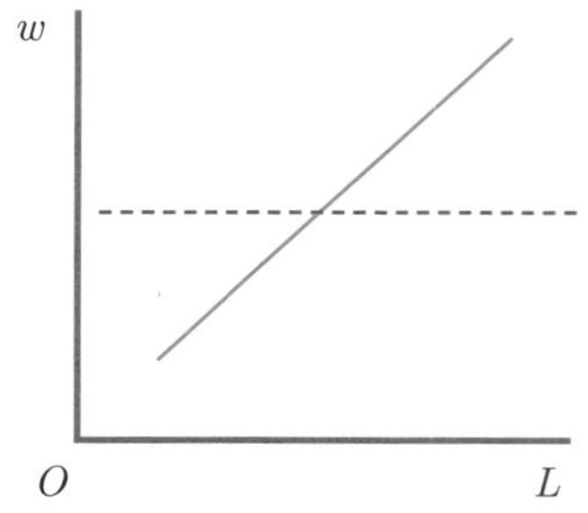

② w / O L

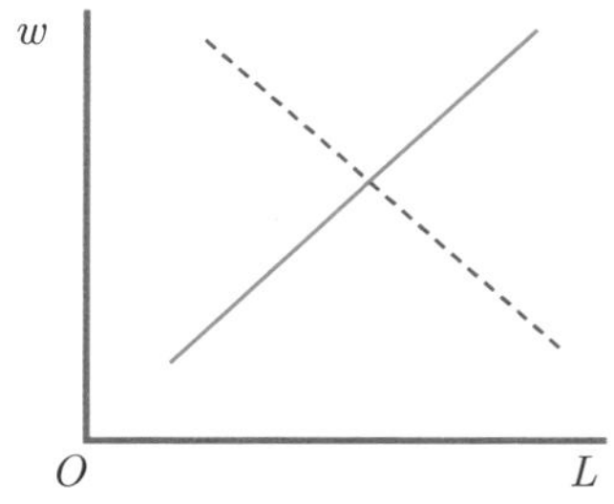

③ w / O L

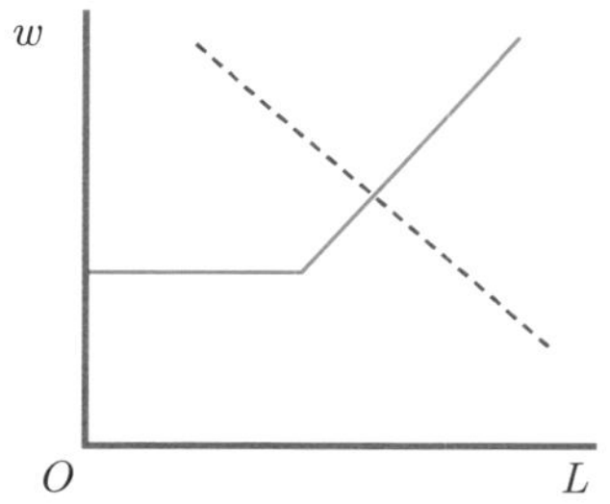

④ w / O L

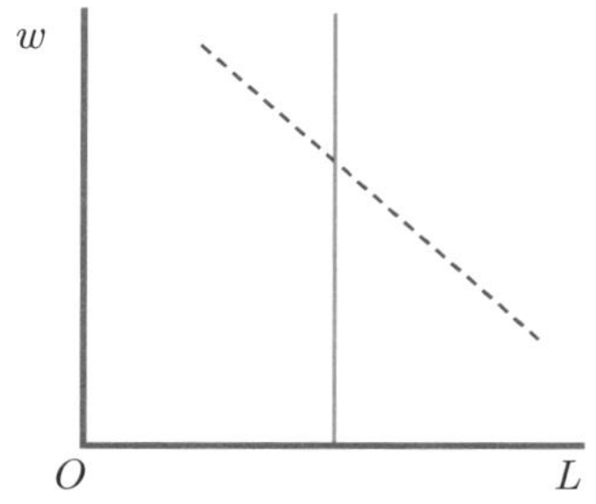

20 다음 중 필립스곡선에 대한 설명으로 옳지 않은 것은?

① 단기 필립스곡선은 성장과 안정의 상충관계를 설명할 수 있다.

② 장기 필립스곡선은 자연실업률 수준에서 수직인 형태를 보인다.

③ 필립스곡선은 각 국가에 따라, 측정 시점에 따라 상이하게 나타난다.

④ 자연실업률은 변하지 않는다.

해설

19 ③ 명목임금의 하방경직에 관한 그림이다.

20 ④ 장기 필립스곡선이 장기에 자연실업률 수준에서 수직이라고 해서 자연실업률이 변하지 않는다는 것을 의미하는 것은 아니다.

21 다음 중 정부의 평가절하 정책으로 나타나지 않는 효과는?

① 일시적인 무역수지 악화   ② 수출 증가, 수입 감소

③ 스태그플레이션   ④ 물가의 상승

22 다음 중 통화론적 모형의 환율결정 이론에 대한 설명으로 옳지 않은 것은?

① 자국의 화폐량이 증가하면 환율이 상승한다.

② 자국의 이자율이 상승하면 환율이 상승한다.

③ 타국의 이자율이 상승하면 환율이 하락한다.

④ 타국의 소득이 상승하면 환율이 하락한다.

23 다음 중 고정환율제도에 대한 설명으로 옳지 않은 것은?

① 고정환율제도의 가장 큰 장점 중의 하나는 환위험이 제거된다는 것이다.

② 고정환율제도하에서는 국제수지에 따라 화폐량이 변하므로 통화정책의 자율성이 상실된다.

③ 고정환율제도하에서는 명목환율과 실질환율 간의 괴리로 인하여 암시장이 형성될 수 있다.

④ 고정환율제도를 기반으로 한 국제통화제도로서 브레튼우즈 체제, 킹스턴 체제를 들 수 있다.

24 다음 중 실물적 균형 경기변동 이론의 관점에서 경기변동을 유발하는 요인으로 적절하지 않은 것은?

① 기술 충격   ② 인구 증감

③ 화폐량의 변화   ④ 소비자 기호의 변화

해설

21 ③ 스태그플레이션이란 실업률과 인플레이션이 동시에 상승하는 것으로 평가절하 정책과는 상관이 없다.

22 ④ 타국의 소득이 상승하면 타국의 화폐수요가 증가하여 환율이 상승하게 된다.

23 ④ 킹스턴 체제는 변동환율제도를 기반으로 한 국제통화체제이다.

24 ③ 키들랜드(Kydland), 프레스컷(Prescott) 등에 의해 제시된 실물적 균형 경기변동 이론에 의하면 경기변동의 주요 원인은 기술 충격, 인구증감, 소비자 기호의 변화 등을 들고 있다. 화폐량의 변화는 화폐적 균형 경기변동 이론에서 경기변동의 주요 원인으로 간주된다.

25 다음 중 다음 경제성장이론에 대한 설명으로 옳은 것은?

① 솔로우－스완 모형에서는 변수들이 외생적으로 결정되므로 면도날 균형의 문제가 발생한다.

② 해로드－도마 모형은 후진국이 저축 장려, 인구감소로 경제성장을 이루려는 정책에 논리적 근거를 제공한다.

③ 내생적 성장이론 중 수확체증 모형은 생산함수의 투입요소에 인적자본의 개념을 도입하였다.

④ 신슘페터주의 성장모형에서 인적자본은 자본의 한계 생산성 체감을 억제하는 역할을 담당하게 되고, 따라서 점근 현상을 설명할 수 있게 되었다.

해설

25 ③ 해로드－도마 모형의 면도날 균형 문제를 해결한 것이 솔로우－스완 모형이다. 솔로우－스완 모형에 의하면 저축률 상승, 인구증가율 감소가 균형 자본량을 증가시키고 산출량을 증가시키게 된다. 신슘페터주의 성장모형 역시 내생적 성장이론 중 하나로 점근 현상의 실패를 설명하였다.

정답 01 ④ | 02 ② | 03 ① | 04 ③ | 05 ③ | 06 ② | 07 ③ | 08 ③ | 09 ② | 10 ③ | 11 ① | 12 ④ | 13 ③ | 14 ① | 15 ②
16 ③ | 17 ④ | 18 ③ | 19 ③ | 20 ④ | 21 ③ | 22 ④ | 23 ④ | 24 ③ | 25 ③

part 03

기업금융

certified research analyst

chapter 01

개요

기업금융의 목표

기업금융은 기업재무와 관련된 문제를 해결하기 위한 의사결정 과정을 그 내용으로 하고 있다. 의사결정을 위해서는 판단기준(decision criterion)이 필요한데, 이 기준이 바로 기업금융의 목표라고 할 수 있다.

기업금융의 목표는 주주가치의 극대화(maximization of shareholders' value)이다. 이는 기업재무와 관련된 모든 의사결정은 주주가치의 극대화에 부합되도록 이루어져야 한다는 것을 의미한다.

기업금융의 목표로서 주주, 채권자, 소비자, 납품업자, 지역사회, 종업원 등의 기업 관련 이해관계자의 이익 극대화(maximization of stakeholders' value)나 주주와 채권자의 이익을 동시에 추구하는 회사가치의 극대화(maximization of firm value) 등을 거론할 수도 있으나 주주가치의 극대화가 보다 분명하고 합리적인 의사결정기준이라고 볼 수 있다.

기업금융의 내용

기업금융의 내용은 크게 실물투자 결정(real investment decision)과 자금조달 결정(financing decision)으로 나눌 수 있다.

실물투자 결정은 대차대조표의 차변을 구성하는 실물자산의 선택에 의해서 주주가치를 극대화하고자 하는 것으로서, 1년 이내에 현금화되는 유동자산(liquid assets)과 1년 이상에 걸쳐 현금화되는 고정자산(fixed assets)을 대상으로 한다.

이 중 주주가치에 결정적으로 영향을 주는 것은 고정자산의 선택이며, 이와 관련된 의사결정 과정을 자본예산(capital budgeting)이라고 한다.

자금조달 결정은 재무상태표의 대변을 구성하는 자금조달 방법의 선택에 의해서 주주가치를 극대화하고자 하는 것으로서, 특정 기간 후에 자금제공자에 대하여 상환의무가 있는 타인자본(debt financing)과 상환의무가 없는 자기자본(equity financing)을 대상으로 한다. 이의 주요 내용은 타인자본과 관련된 재무구조이론(theory of capital structure)과 자기자본과 관련된 배당 이론(theory of dividend)으로 구성되어 있다.

그림 1-1   실물투자 결정과 자금조달 결정

재무상태표(FS)	
실물투자 결정 (자본예산)	자금조달 결정 (재무구조이론) (배당 이론)

기업의 형태

    기업은 일반적으로 개인기업(sole proprietorships), 합명(자)회사(partnerships), 주식회사(corporation) 등의 형태로 구분할 수 있다.

    개인기업은 한 사람이 기업의 전 소유권을 보유한 경우로서 기업의 모든 권리를 향유하는 동시에 기업의 의무에 있어 무한책임을 진다. 그리고 기업의 존속이 소유자의 의지 혹은 죽음에 따라 유한하다.

    합명(자)회사는 소수의 소유자가 기업의 모든 권리를 향유하는 동시에 기업의 의무에 있어 무한책임(general partner) 혹은 유한책임(limited partner)을 진다. 그리고 일반적으로 회사 설립 시에 존속기간을 정하므로 기업의 생명이 유한하다.

    주식회사는 다수의 소유자가 주주로서 회사를 공유하며 모든 주주는 기업의 의무에 있어 유한책임(limited liability)만을 진다. 그리고 주식회사는 예외 없이 법인(legal person)의 자격을 취득하므로 기업의 존속기간은 영원하다. 주주는 자신의 대표로서 자연인이 아닌 이사회(board of directors)를 선출하므로, 소유와 경영의 분리(separation of ownership and management)를 통해서 제도적으로 기업의 영속성을 뒷받침 한다. 일반적으로, 주식회사는 소수의 주주로 시작한 후에 기업의 규모가 커지고 추가적으로 대규모의 자금이 소요되면 기업공개(initial public offerings)를 함으로써 주식시장에 상장이 된다. 그리고 합명(자)회사도 기업의 규모가 커지면 기업공개의 방법으로 주식회사로 전환되기도 한다. 기업금융은 일반적으로 이와 같은 주식회사로서의 상장기업을 그 분석대상으로 한다.

대리 문제

    주식회사는 소유와 경영이 분리됨으로써 경영자와 주주 사이에 대리 문제(agency problem)가 발생한다. 또한 주식회사의 경영권은 주주에 의하여 독점되므로 주주와 채권자 사이에도 대리 문제가 발생한다. 이 외에도 경영자와 종업원의 관계 등 민사상의 계약에 의해서 생성되는 모든 위임업무는 대리인 문제를 수반하게 된다. 사실, 대리인 문제로부터 자유로운 기업형태는 한 사람이 소유하고 경영하는 개인회사뿐이라고 할 수 있다.

대리 문제는 주인(principal)과 대리인(agent) 사이에 존재할 수밖에 없는 정보 불균형(information asymmetry) 때문에 발생하므로 현실적으로 이의 완벽한 제거는 불가능하다. 즉, 경영자, 주주, 채권자 등은 현실적으로 실물자산 및 금융자산에 대하여 서로 다른 양과 질의 정보를 가질 수밖에 없다.

하지만 시장참여자(market players)들은 이와 같은 정보 불균형의 존재를 사전에 알고 있으므로 이에 따른 대리 문제를 최소화시키기 위한 전략적인 태도를 취하게 된다.

경영자(managers)가 자기 자신의 이익추구를 억제하고 주주가치의 극대화를 위하여 의사결정하도록 유도하기 위해서는 주주의 입장에서 세 가지의 방어기제(defense mechanism)가 작동되고 있다.

첫째, 경영자와 주주의 이해관계를 일치시킬 수 있도록 성과급제(incentive system) 형태의 보상체계를 설계한다(예. 스톡옵션(stock option)).

둘째, 법·제도적인 장치를 마련하여 경영자가 원래의 계약 내용대로 주주가치의 극대화를 위해 의사결정하도록 강제한다.

경영자가 자신의 이익을 위하여 주주의 이익을 희생시키는 경우에는 배임, 횡령 등의 죄목으로 처벌된다. 그리고 외부 회계감사인(independent auditor), 기관투자자(institutional investors), 유가증권 전문분석가(securities analysts) 등에 의하여 경영자의 의사결정이 제도적으로 감시되며, 경영자가 주주가치의 극대화에 일탈되는 의사결정을 하는 경우에는 감봉, 해임 등의 불이익이 돌아가도록 압력을 가한다.

아울러, 이사회는 주주를 대표하여 경영자의 의사결정을 상시 검토·감독하며, 경영성과에 따라 경영자에 대한 보상을 결정하고 필요하다면 경영자를 인사조치할 수 있다.

셋째, 경영자가 주주가치의 극대화에 실패하는 경우에는 주가가 하락하여 매수합병의 대상(target of merger & acquisition)이 될 수 있는데, 이의 가능성은 경영자로 하여금 주주가치의 극대화를 위하여 최선을 다하도록 유도한다.

채권자(creditors)는 자신이 아무런 조치를 취하지 않으면 경영자 혹은 주주에 의하여 자신의 이익이 침해될 수 있다는 사실을 알고 있으므로, 돈을 빌려 주기 전에 채권 약정서(bond covenant)를 작성하여 자신의 이익을 보호하기 위한 법적인 조치를 취한다. 일반적으로, 채권약정서는 위험한 실물투자의 억제, 배당지급 등 회사재산의 사외유출 제한 등 채권가치의 유지를 위한 계약조건들을 주요 내용으로 하여 작성된다.

section 05 재무담당자의 역할

재무담당자(financial managers)는 기업조직에 있어 스태프(staff)에 해당되며, 기업금융의 주요 내용인 실물투자와 자금조달에 관련된 의사결정을 수행한다. 일반적으로 재무담당자는 업무 내용에 따라 treasurer, controller, chief financial officer 등의 세 종류로 구분된다.

Treasurer는 금융기관, 주주, 채권자 등 자금제공자(sources of fund)와의 상시적인 관계관리 (relationship management) 및 새로운 자금의 조달방법의 선택, 운전자금관리 및 현금관리 등 일상 적인 현금흐름의 관리업무를 담당한다. 즉, treasurer는 실물투자 결정, 대외 공표자료의 작성 등에는 직접적으로 관여하지 않는 것이 일반적이다.

Controller는 재무제표(financial statements)의 작성, 내부통제 시스템(internal control system)의 설계 및 운영, 세금처리(management of tax obligation) 등의 업무를 담당한다.

Chief financial officer(CFO)는 treasurer와 controller의 업무를 지도·감독할 뿐만 아니라 기 업 전체의 전략수립이나 재무정책 등에도 관여한다. 특히 CFO는 이사회의 일원으로서 제품 개발, 생산, 마케팅 담당자들과 정보를 교환하며, 회사의 운명을 좌우하는 실물투자에 관한 의사결정에 있어 중요한 역할을 수행한다.

그런데 모든 기업이 이와 같은 세 종류의 재무담당자를 각각 고용하고 있는 것은 아니 다. 일반적으로 소규모의 기업이 treasurer의 controller의 업무까지도 아울러 수행하고 CFO 의 역할은 최고경영자(Chief Executive Officer : CEO)가 담당하는 경우가 많다. 중규모의 기업은 treasurer와 controller가 따로 고용되어 있으면서 CEO가 CFO의 역할을 아울러 담당하는 경우 가 많다. 대규모의 기업은 treasurer, chief financial officer 등의 업무가 각각 구분되어 수행되 는 경우가 많다.

금융기관의 역할

금융시장(financial markets)은 단기금융시장(money market)과 장기금융시장(capital market)으로 분류되기도 하고 발행시장(issuing or primary market)과 유통시장(circulating or secondary market)으로 분류되기도 한다. 금융기관(financial institutions)은 이와 같은 금융시장에서의 주요 시장참여자(central market player)이다. 기업은 금융시장에서 자금을 조달하는데, 이때 금융기관은 자금제공자의 역할을 수행하면서 주주 혹은 채권자로서의 이익을 보호하기 위한 노력의 일환으로써 기업경영을 감시하는 역할을 수행한다.

금융기관은 주주 혹은 채권자(institutional investors)로서 조직적으로 수집·분석된 정보를 바탕으로 대규모의 자금을 공급하기 때문에 소규모의 개인투자자(retail investors)와는 달리 기업경영에 대하여 상당한 영향력을 행사하며, 기업도 이들 금융기관들의 의견을 진지하게 받아들여 필요하다고 판단되면 즉각적으로 반응한다.

이와 같은 기업경영의 감시자로서의 금융기관의 역할은 앞서 논의한 대리인 문제의 해결에 있어서 중요한 의미를 지닌다.[1]

---

1 기업이 공모를 이용하지 않고 은행대출(bank loan)이나 사모발행(private placement)을 통해서 자금을 조달하는 것도 금융기관의 기업 경영활동에 대한 감시기능과 연계하여 이해될 수 있다. 즉, 경영활동에 대한 감시기능은 특정 기업에 대한 고유 정보의 축적을 가능하게 하며, 이는 정보 불균형에 따른 대리인 비용의 축소를 유도한다.

chapter 02

현금흐름의 분석

section 01 **자본자산**

자본자산(capital asset)이란 양의 효용(positive utility)을 창출하는 경제적 요소를 뜻한다. 그런데 효용은 객관적인 측정이 어려우므로 기업금융에서는 편의상 효용 대신에 현금흐름(cash flow)을 사용한다. 이를 따른다면, 자본자산은 양의 현금흐름을 창출하는 경제적 요소로 다시 정의될 수 있다.

자본자산의 예로는 가옥, 빌딩 등의 부동산, 공장, 설비 등의 생산수단, 주식, 채권, 저축, 선물 등의 금융상품, 노동력을 나타내는 인적자본 등 쓸모가 있는 모든 경제적 요소가 포함될 수 있다.

이 중 부동산(real estates)과 인적자본(human capital)은 한 경제시스템에서 차지하는 비중이 압도적으로 크기는 하지만 측정의 객관성과 정확성을 유지하기 어렵다는 문제점을 가지고 있다.

자본자산 중에서는 금융상품(financial assets)이 상대적으로 비중은 작지만 측정에 있어서 가장 높은 객관성과 정확성을 유지하고 있다고 평가될 수 있다.

자본주의의 발전과 함께 증권화(securitization)가 다양하게 진전되면서 한 경제시스템에서 차지하는 금융상품의 비중이 빠르게 늘어가고 있다.

기업금융의 내용은 크게 실물투자 결정과 자금조달 결정으로 구성된다고 하였는데, 이는 실물자산과 금융자산의 선택에 대한 의사결정을 의미한다. 이때, 실물자산과 금융자산도 물론 자본자산의 하나이다.

section 02   현금흐름

회계학에서는 기업의 경영활동을 파악하기 위하여 특정 기간 내의 수익과 비용을 분석하는데 비하여, 기업금융에서는 특정 기간을 설정하지 않고 어떤 재무적 의사결정과 연계된 경영활동을 그 의사결정이 영향을 미치는 모든 기간 동안의 현금흐름을 분석하여 파악한다.

그리고 회계학에서는 감가상각비 산정, 재고자산 평가 등에 있어서 복수의 회계처리방법을 허용하고 있어 회계정보의 이해에 있어 혼란을 초래할 수 있는 반면에, 기업금융에서는 현금흐름의 방향과 크기만을 분석대상으로 하므로 재무정보의 이해에 있어서는 혼란을 초래할 수 있는 여지가 별로 없다.

따라서 어떤 재무적 의사결정이 기업가치에 미치는 영향을 파악하는 데에 있어서는 기업금융의 접근방법이 회계학적 접근방법에 비하여 보다 명확하고 직접적인 정보를 제공한다고 볼 수 있다.

현금흐름은 기업으로 들어오는 현금유입(cash inflow)과 기업으로부터 나가는 현금유출(cash outflow)로 구분된다.

이는 기간 개념을 제외했을 때 회계학에서의 수익(revenue)과 비용(expense)에 각각 대응될 수 있다.

현재 혹은 미래의 특징 기간에 발생하는 현금유입과 현금유출의 차이를 순현금흐름(net cash flow)이라고 하는데, 이는 회계학에서의 이익(profit)에 대응될 수 있다.

현재가치와 미래가치

실물투자에 관한 의사결정이든 자금조달에 관한 의사결정이든 특정 재무적 의사결정은 현금흐름을 수반하는데, 이는 일반적으로 1년 이상의 장기간에 걸쳐 이루어진다.

특정 재무적 의사결정이 기업가치에 미치는 영향을 파악하기 위해서는 모든 현금흐름을 한 시점으로 모아서 분석해야 하는데, 이의 기준 시점이 현재이면 현재가치(present value)라고 하고 기준 시점이 미래이면 미래가치(future value)라고 한다.

현재가치와 미래가치는 시점의 차이일 뿐이며, 현재가치와 미래가치는 등가(equivalent value)이고 이들의 분석결과는 동일하다. 일반적으로 논의의 편의상 현재가치를 사용한다.

순현가

순현가(Net Present Value : *NPV*)는 특정 기간에 걸친 순현금흐름의 현재가치의 합으로 산정되며, 이는 특정 재무적 의사결정이 기업가치를 증가시킨 크기를 의미한다.

부채와 관련된 현금흐름이 이자와 원금으로 고정되어 있다면(즉, 부채의 시장가치가 변하지 않는다면), 특정 실물투자에 관한 의사결정이 기업가치에 미치는 영향은 곧 주주가치의 변화를 의미하고, 이는 순현가에 의하여 직접적으로 평가될 수 있다.

즉, 순현가는 특정 사업(project)의 타당성 검토에 있어서 핵심적인 정보를 제공한다고 볼 수 있다.

아울러, 순현가의 개념은 주식회사에 있어서 소유와 경영의 분리를 가능하도록 하며, 이는 자본시장을 통해서 이루어진다.[1]

주식투자자는 자신의 재산상태와 나름대로의 소비계획에 따라 투자대상을 선택하거나 투자전략을 수립한다. 그리고 환경펀드(environment mutual fund) 등과 같이 특정 실물투자에 대한

---

1 순현가는 일반적으로 1년 이상의 현금흐름을 창출하는 장기 실물투자와 연계되므로 장기금융시장인 자본시장을 대응시키도록 한다.

개인적인 선호를 가지기도 한다.

경영자는 재무적 의사결정에 있어서 주주들의 개인적인 사정이나 선호를 반영하는 것이 바람직하나, 이는 사실상 기술적으로 불가능하며 이를 고민할 필요도 없다. 경영자의 역할은 주주들의 개인적인 의견에 상관없이 NPV가 영(zero)보다 큰 투자안을 선택하는 것으로 족하다. 이는 주주가치의 극대화에 부응하는 의사결정이며, 주주 또한 이에 대하여 대리인 문제 등의 이의를 제기하지 않는다.

주주는 재무적 의사결정에 있어서 개인적인 사정이나 선호의 수용을 경영자에게 요구하는 대신에 자본시장에서 이를 해결한다. 즉, 주식투자자는 경영자가 주주가치를 극대화시킨 기업의 주식들 중에서 자신의 구미에 맞는 투자대상을 선택하거나 이를 따르는 펀드를 선택하면 되고, 자신의 소비계획을 충족시키기 위한 현금화는 자본시장에서의 거래를 통해서 해결할 수 있다.

따라서 주주의 경영자에 대한 요구사항은 NPV가 영보다 큰 투자안을 선택하는 것으로서 실현되는 주주가치의 극대화일 뿐이다.

section 05 할인율

할인율(discount rate)은 현재가치와 미래가치를 등가로 비교할 때에 필요한 정보이다. 이와 같은 할인율은 현금흐름이 가지고 있는 화폐의 시간적 가치(time value of money)와 투자위험(investment risk)의 정도를 반영한다.

합리적인 투자자에게 현금 110만 원과 1년 후에 110만 원을 지급하기로 약정하고 있는 한국정보 발행 채권 중에서 하나를 무상으로 선택하라고 하면, 모두 예외 없이 현금 110만 원을 선택할 것이다. 이는 현재의 현금 110만 원의 효용이 1년 후의 현금 110만 원의 효용보다 크기 때문이다.

만약에, 현금 100만 원과 1년 후에 110만 원을 지급하기로 약정하고 있는 한국정부 발행 채권 중에서 하나를 무상으로 선택하라고 했을 때, 합리적인 투자자가 이 두 가지의 현금흐름을 등가로 받아들인다면, 두 현금흐름의 차이인 10만 원은 현금 100만 원의 소비를 1년 후로 이

연시키는 것에 대한 보상으로 이해될 수 있다.

이와 같은 보상금액 10만 원을 현금 100만 원에 대한 비율로 표시하면 10%가 되는데, 이는 일종의 시간 선호율(rate of time preference)로서 특정 시점 사이의 무위험 현금흐름(riskfree cash flow)들에 대하여 등가를 유지하도록 하는 교환비율을 의미한다.

그리고 합리적인 투자자에게 1년 후에 100만 원을 지급하기로 약정하고 있는 ○○건설(주) 발행 채권과 1년 후에 100만 원을 지급하기로 약정하고 있는 한국정부 발행 채권 중에서 하나를 무상으로 선택하라고 하면, 모두 예외 없이 한국정부 발행 채권을 선택할 것이다. 이는 한국정부가 1년 후에 지급하기로 약속한 100만 원의 효용이 ○○건설(주)이 1년 후에 지급하기로 약속한 100만 원의 효용보다 크기 때문이다.

만약에, 1년 후에 108만 원을 지급하기로 약정하고 있는 ○○건설(주) 발행 채권과 1년 후에 100만 원을 지급하기로 약정하고 있는 한국정부 발행 채권 중에서 하나를 무상으로 선택하라고 했을 때, 합리적인 투자자가 이 두 가지의 현금흐름을 등가(equivalent value)로 받아들인다면, 두 현금흐름의 차이인 8만 원은 ○○건설(주)로부터의 현금흐름이 가지고 있는 불확실성 혹은 위험에 대한 보상으로 이해될 수 있다. 이와 같은 보상금액 8만 원을 위험이 없는 현금흐름 100만 원에 대한 비율로 표시하면 8%가 된다.

할인율은 현금흐름이 가지고 있는 화폐의 시간적 가치와 위험의 정도를 반영한다고 하였는데, 위의 예에서는 화폐의 시간적 가치에 대한 보상으로서의 10%와 위험에 대한 보상으로서의 8%의 할인 18%가 된다. 즉, 1년 후에 118만 원을 지급하기로 약정하고 있는 ○○건설(주) 발행 채권의 현재가치는 100만 원이 된다.

일반적으로, 화폐의 시간적 가치에 대한 보상을 무위험 이자율(riskfree interest rate)이라고 하고 위험에 대한 보상을 위험 보상률(risk premium)이라고 한다.[2]

할인율을 k, 무위험 이자율을 r_f, 위험 보상률을 r_p로 각각 표기하면, 할인율 k는 r_f와 r_p의 합으로써 다음과 같이 산정된다.

$$k = r_f + r_p \quad \cdots\cdots\cdots\cdots\cdots\cdots\cdots\cdots\cdots\cdots\cdots\cdots\cdots\cdots\cdots\cdots\cdots\cdots\cdots\cdots (2-1)$$

---

2 정부가 지급을 약속하거나 지급보증을 하면 위험이 없는 현금흐름으로 보고 무위험 이자율을 적용하나, 최근 아르헨티나의 지급불능 상태에서 볼 수 있는 바와 같이 절대적인 의미의 무위험은 사실상 존재하지 않을 수 있다.

한 경제시스템에서 r_f는 각 기간별로 유일하게 하나만 존재한다.[3] 따라서 다양한 자본자산으로부터의 현금흐름 비교란 각 자본자산의 위험을 반영하는 r_p의 비교라고 할 수 있다.

원칙적으로 r_f와 r_p는 각 시점별로 다르므로 k도 각 시점별로 달라야 하지만, 논의의 편의상 앞으로는 특별한 언급이 없는 한 이들 모두 시점별로 변화하지 않는다고 가정한다. 그리고 인플레이션은 없다고 가정하며, 따라서 특별한 언급이 없는 한 k는 실질변수(real variable)이다.

section 06 　영구채권과 연금

특수한 현금흐름으로서 영구채권과 연금이 있는데, 이는 실생활에서 쉽게 접할 수 있다.

영구채권(perpetuity)은 일정한 간격으로 영원히 반복되는 동일한 크기의 현금흐름을 창출하는 금융상품을 의미한다. 즉, 영구채권은 원금의 반환은 없고 소정의 이자만 영원히 지급하는 것이다. 연금(annuity)은 일정한 간격으로 특정 기간 동안 반복되는 동일한 크기의 현금흐름을 뜻한다.

특정 채권 혹은 유가증권의 소지자에게 2××3년부터 매년 말에 C원을 영원히 지급하기로 하는 계약내용의 금융상품을 2××2년 말에 구입한다면 얼마를 일시불로 지급하여야 하는가? 이는 연금의 한 예로서 이와 같은 금융상품의 가격(P_1)은 연금의 현재가치로서 다음과 같이 계산된다.

$$P_1 = \frac{C}{(1+k)} + \frac{C}{(1+k)^2} + \frac{C}{(1+k)^3} + \cdots\cdots \quad\cdots\cdots\cdots\cdots\cdots\cdots\cdots\cdots\cdots (2-2)$$

$$= \frac{C}{k}$$

---

3 실제에 있어서 무위험 이자율을 적시하라고 하면 사실상 당혹스러울 수 있다. 예를 들어, 예금 지급보장상한액인 5천만 원의 범위 내에서 은행의 정기예금, 종합금융의 어음관리계좌는 정부나 준정부기구가 발행하는 채권과 마찬가지로 무위험 자기자본인데, 이들의 수익률은 큰 차이는 아니지만 모두 다르다. 하지만, 일반적으로는 정부발행 채권의 수익률을 무위험 이자율로 본다.

식 (2−2)에서 C가 100만 원이고 k가 10%라면 이 영구채권의 가격은 1,000만 원이 된다.

실생활에서 특정 단체가 연회비와 영구회원 회비를 정할 때에 영구회원 회비를 연회비의 10배로 하는 경우를 흔히 볼 수 있는데, 이는 영구채권의 산식을 응용한 것이다.

현재는 이자율이 5% 수준 내외에 머물고 있지만 과거에 상당 기간 동안 정기예금 이자율이 10%이었으므로 지금까지도 습관적으로 이를 사용하고 있으며, 회원이 사망할 때까지는 영원하지 않고 유한하지만 상당히 오랜 기간이면 할인속도가 가속화되는 데다가 연회비의 금액 자체도 크지 않아 오차는 무시할 만한 수준이 되므로 영구채권 산식을 응용하는 것이라고 이해할 수 있다.

2××3년부터 매년 말에 C원을 향후 10년간 지급하기로 하는 계약내용의 금융상품을 2××2년 말에 구입한다면 얼마를 일시불로 지급하여야 하는가? 이는 연금의 한 예로서 이와 같은 금융상품의 가격(P_2)은 연금의 현재가치로서 다음과 같이 계산된다.

$$P_2 = \frac{C}{(1+k)} + \frac{C}{(1+k)^2} + \frac{C}{(1+k)^3} + \cdots + \frac{C}{(1+k)^{10}} \quad \cdots\cdots\cdots\cdots\cdots\cdots (2-3)$$

식 (2−3)은 연금표(annuity table)를 이용하면 쉽게 답을 구할 수 있다. C가 100만 원이고 k가 10%라면 이 금융상품의 가격은 6,145,000원이 된다. 최근에 은행이나 보험회사에서 퇴직자 등을 상대로 판매하고 있는 연금상품은 이를 응용한 것이다.

연금의 현재가치는 영구채권의 개념을 이용해서도 산정할 수 있다. 연금을 두 개의 영구채권으로 구성된 현금흐름으로 생각하면, 이 두 영구채권의 가격 차이가 연금의 현재가치가 된다.

하나의 영구채권이 2××3년부터 매년 말에 C원을 영원히 지급하기로 하는 계약내용의 금융상품이고, 다른 하나의 영구채권이 2×13년부터 매년 말에 C원을 영원히 지급하기로 하는 계약내용의 금융상품이라고 상정한다. 여기에서 첫 번째의 영구채권이 창출하는 현금흐름에서 두 번째의 영구채권이 창출하는 현금흐름을 빼면 그 결과는 10년 동안의 연금과 같은 현금흐름이 된다.

따라서 연금의 현재가치는 첫 번째의 영구채권의 현재가치에서 두 번째의 영구채권의 현재가치를 차감함으로써 다음과 같이 산정된다.

$$P_2 = C \times \left[\frac{1}{k} - \frac{1}{k} \ \frac{1}{(1+k)^{10}} \right] \cdots\cdots\cdots\cdots\cdots\cdots\cdots\cdots\cdots\cdots\cdots\cdots\cdots\cdots\cdots\cdots (2-4)$$

식 (2−4)에서 [ ] 속의 두 번째 항은 2×13년부터 매년 말에 1원을 영원히 지급하는 영구채권의 현재가치를 의미한다.

연금표를 이용하지 않고 직접 계산한다면 식 (2−4)가 식(2−3)보다 훨씬 간편하다고 볼 수 있다.

그리고 식 (2−4)에서 [ ]는 매년 말에 1원을 10년 동안 지급하는 연금 흐름의 현재가치를 의미하며, 이를 연금 요소(annuity factor)라고 한다. 연금표는 이와 같은 연금 요소를 정리해 놓은 것이다.

chapter 03

자본예산

section 01 **자본예산의 개념**

자본예산(capital budgeting)이란 1년 이상의 현금흐름을 창출하는 자본자산의 구성과 연계하여 기업 전체의 현금유입과 현금유출에 대하여 중·장기적인 계획을 세우는 작업을 일컫는다.

실질적으로 이는 주주가치의 극대화 관점에서 자본자산의 선택에 관한 의사결정(real investment decision)을 의미한다. 주주가치의 극대화는 자본자산을 선택할 때에 이로부터의 현금유입과 현금유출을 비교하여 현금유입이 현금유출보다 크도록 하는 조건에서 구체화된다.

이와 같은 관점에서 자본예산은 자본자산의 선택에 관한 의사결정에 있어서 투자대상인 자본자산의 타당성 분석 혹은 경제성 분석을 그 내용으로 한다고 볼 수 있다. 일반적으로 투자대상인 자본자산을 투자안(project)이라고 하는데, 이하의 논의에서는 투자안이라는 용어를 사용하도록 한다.

주주가치의 극대화를 위하여 투자안을 선택할 때에는 고려 대상인 투자안뿐만 아니라 동 투자안과 연계하여 복합적인 의사결정을 해야 하는 경우가 있다. 따라서 투자안의 경제성을 분석하기 위하여 현금흐름을 추정할 때에 필요하다면 동 투자안과 다른 투자안 사이의 복합적인 관계까지도 고려해야 할 것이다.

투자안들 사이의 관계는 상호 배타적, 상호 독립적, 상호 의존적 등의 개념으로 요약될 수 있다.

두 투자안 A와 B가 있을 때, A와 B의 관계가 상호 배타적(mutually exclusive)이라 함은 A와 B 중에서 하나를 선택하여야 하는 동시에 나머지 하나를 버려야 한다는 것을 의미한다. 즉, 이의 의사결정을 위해서는 A에 관한 정보와 B에 관한 정보가 동시에 필요하다.

예를 들어, 1억 원을 가지고 있으면서 두부사업을 할까 쿠키사업을 할까를 고민한다면, 이 두 투자안은 상호 배타적인 관계를 가지고 있는 것이다.

두 투자안 A와 B의 관계가 상호 독립적(mutually independent)이라는 것은 A나 B의 선택에 있어서 A에 관한 의사결정과 B에 관한 의사결정이 서로 아무 상관없이 이루어진다는 것을 의미한다. 즉, A의 선택 여부에 관한 의사결정을 위해서 필요한 정보에 B에 관한 정보는 포함되지 않는다.

예를 들어, 2억 원을 가지고 있으면서 1억 원 규모의 두부사업과 1억 원 규모의 쿠키사업에의 진입을 각각 고려하고 있다면, 이 두 투자안은 상호 독립적인 관계를 가지고 있는 것이다.

두 투자안 A와 B의 관계가 상호 의존적(mutually dependent)이라는 것은 A와 B가 동시에 선택되거나 기각되어야 한다는 것을 의미한다. A와 B에 관한 정보가 동시에 필요하다는 점에서는 상호 배타적인 관계의 경우와 유사하나, A와 B 중에서 하나를 선택하는 것이 아니라 A와 B를 동시에 취하거나 버려야 한다는 점에서는 상호 배타적인 관계의 경우와 구분된다.

예를 들어, 정유사업을 하려고 할 때에는 환경규제에 의해서 탈황설비의 장치가 의무화되는데, A회사의 정유설비에는 A회사의 탈황설비만이 작동될 수 있고 B회사의 정유설비에는 B회사의 탈황설비만이 작동될 수 있다면, A(B)회사의 정유설비와 A(B)회사의 탈황설비는 상호 의존적인 관계를 가지고 있는 투자안이라 할 수 있다.

이와 같은 투자안의 성격은 내용에 있어서는 매우 간단하나 실무에 있어서 혼동하는 경우가 적지 않으므로, 정확하게 이해해 둘 필요가 있다.

section 03   현금흐름의 추정

투자안의 타당성을 분석하기 위해서는 많은 질적·양적 정보가 필요하나, 이 중 가장 중요한 것은 이로부터의 현금흐름이다. 어떤 측면에서는 현금흐름에 모든 정보가 축적되어 있다고도 볼 수 있다.

실물 투자가 이루어졌을 때 이 투자안의 존속기간을 내용연수(durable years)라고 한다. 일반적으로 실물 투자안의 내용연수는 짧게는 수 년, 길게는 수십 년에 이른다. 이와 같은 기간의 미래 현금흐름을 현재 시점에서 추정한다는 것은 매우 어렵다.

이와 같이 특정 투자안과 연계된 현금흐름을 추정한다는 것은 매우 복잡한 작업이므로, 지면의 제약상 이의 논의를 생략하도록 한다. 대신에 여기에서는 특정 투자안으로부터의 현금흐름이 원자료(raw data)로서 주어져 있다고 가정하고, 이를 분석 목적에 맞게 가공하는 원칙을 네 가지로 나누어 논의하도록 한다.

첫째, 분석 대상은 세후 기준(after-tax basis)으로 조정된 현금흐름이어야 한다. 이는 투자 주체에게 실질적으로 귀속되는 현금흐름을 기준으로 하여야 한다는 것을 의미한다.

예를 들어, 정부는 특정 산업으로의 투자를 유인하기 위하여 이에 대하여 세금 혜택(tax incentives)을 부여하는 경우가 있다.

A투자안과 B투자안이 상호 배타적인 관계에 있다고 하자. A투자안의 NPV가 100억 원이고 B투자안의 NPV가 105억 원이라고 할 때에, 특별한 세금 혜택 없이 동일한 조건이라면, 투자자는 B를 선택하여야 주주가치를 극대화할 수 있을 것이다. 그런데 정부가 A투자안에 대하여 10억 원의 세액공제 혜택을 주고 있다면, 투자자는 A와 B 중 A를 선택해야 할 것이다.

둘째, 분석 대상으로서의 현금흐름은 투자안으로부터의 직접적인 현금흐름뿐만 아니라 이에 연계된 부수적인 현금흐름(incremental basis)도 포함되어야 한다. 이는 특정 투자안이 투자 주체에게 실질적으로 영향을 주는 모든 현금흐름 효과를 분석 작업에 반영해야 한다는 것을 의미한다.

예를 들어, 어떤 기업의 원자재 창고와 제조공장이 강 하나를 사이에 두고 떨어져 있는 상태에서 이 두 지역을 연결하는 교량을 민자유치의 한 형태로서 건설하는 투자안을 상정해 보자. 이 교량 투자안으로부터의 직접적인 현금유입은 통행세 수입이 될 것이고 현금유출은 이 교량의 건축비가 될 것이다.

이 투자안의 NPV가 통행세와 건축비만을 고려하였을 때 −10억 원이라면, 동 교량 사업은 기각되어야 한다. 그런데 투자 주체인 기업이 교량의 건설로 인하여 절약되는 운송비의 크기가 현가 25억 원이라면, 이 투자안의 실질적인 NPV는 +15억 원이 될 것이고, 따라서 이 투자안은 결과적으로 채택되어야 할 것이다.

셋째, 현금흐름의 원자료는 회계수치의 형태를 띠는 경우가 많은데, 이 중 감가상각비, 지급이자, 배당금 등의 항목은 분석 대상에서 제외되어야 한다. 이는 DCF 모형을 이용하여 현가를 구하는 과정에서 이중계산(double counting)의 문제점을 피하거나 불필요한 정보(irrelevant information)의 개입을 제거하기 위한 것이다.

감가상각(depreciation)은 설비투자 원가를 기간별로 배분(allocation of equipment cost over time)하는 회계기법의 하나이다. NPV는 현금유입의 현가에서 현금유출의 현가를 차감하는 방식으로 계산된다. 이때의 현금유출에는 설비투자 원가가 당연히 포함된다.

지급이자는 투자안의 실행에 필요한 자금의 일부 혹은 전부를 차입하는 경우에 채권자에게 이의 이용에 대하여 지불하는 대가로 이해될 수 있다. 이와 같은 지급이자는 화폐의 시간적 가치와 위험 보상을 고려하여 그 크기가 책정된다.

그런데 DCF 모형에서 현금흐름의 현가를 계산하는 과정에서 화폐의 시간적 가치와 위험 보상은 k를 이용한 할인 과정에서 이미 고려되었다.

배당금이란 이익 중의 일부에서 회사 밖으로 유출되는 현금흐름의 하나이다. 그러나 이는 투자안의 실행 결과 얻어지는 성과의 배분에 관한 문제일 뿐으로 투자안 자체의 현금유입이나 현금유출의 크기에 영향을 미치는 요소는 아니다.

넷째, 매몰 원가(sunk cost)를 현금흐름의 분석대상에 포함시켜서는 안 된다. 이는 기존 사업과 연계하여 새로운 투자안을 검토할 때에 실무에서 적지 않게 관측되고 있는 오류(fallacy)이다.

매몰 원가는 이미 지출되었으나 미래의 현금흐름을 창출에는 더 이상 기여할 수 없다고 판정된 상태의 비용(bygone expenses)을 뜻한다. 문제는 '현금흐름 창출에는 더 이상 기여할 수 없다고 판정'하는 데에 미련을 가지는 것이다.

1 개요

여기에서는 특정 투자안으로부터의 현금흐름이 전문가에 의하여 적정하게 산정되었고, 이는 다시 앞에서 언급한 세후 기준, 증분 원칙 등에 따라 적절하게 조정된 것으로 가정한다.

이와 같은 현금흐름의 정보를 투자안의 타당성 검토를 위하여 분석하는 방법으로는 회수기간법, 회계적 이익률법, 순현가법, 내부수익률법 등이 있다. 이 중 순현가법과 내부수익률법은 DCF 모형에 속한다.

이는 모두 투자자금이 무제한 공급될 수 있을 때의 분석방법이고, 투자자금이 제한되어 있을 경우에는 다른 방식의 자본 할당이 이루어져야 할 것이다.

그리고 투자 효율성을 측정하는 방법의 하나로서 수익성 지수를 들 수 있다.

2 회수기간법

회수기간법(payback period method)은 특정 투자안의 회수기간이 투자 주체가 나름대로 설정한 기준치(guideline)보다 짧으면 동 투자안을 채택하고 기준치보다 길면 기각하는 방식을 의미한다.

회수기간이란 현금유입으로 현금유출을 전액 회수하는 데에 소요되는 기간을 말한다.

아래의 현금흐름 예에서, A투자안의 회수기간은 3년이 되고, B투자안의 회수기간은 4년이 된다.

	C_0	C_1	C_2	C_3	C_4	C_5
A	−500	150	150	200	200	215
B	−700	100	150	200	250	300

투자 주체가 나름대로 설정한 기준치가 2년이라고 하자. A와 B가 상호 독립적이라면, 이 두

투자안은 모두 채택된다. A와 B가 상호 배타적이라면, 이 두 투자안 중 A투자안 만이 채택된다.

즉, 회수기간법에 따라 특정 투자안이 채택되기 위해서는 동 투자안의 회수기간이 기준치 이하라야 한다. 그리고 기준치 이하의 상호 배타적인 두 투자안 중에서는 상대적으로 회수기간이 짧은 투자안이 선택되어야 한다.

회수기간법은 이해하기는 쉬우나 화폐의 시간적 가치와 위험 보상을 전혀 고려하지 않았다는 문제점을 가지고 있다. 그리고 기준치의 설정이 주관적일 뿐더러 자의적일 수 있다.

3 회계적 이익률법

회계적 이익률법(book rate of return method)은 특정 투자안의 회계적 이익률이 투자주체가 나름대로 설정한 기준치보다 크면 동 투자안을 채택하고 기준치보다 작으면 기각하는 방식을 의미한다.

회계적 이익률(BRR)은 투자안의 내용연수 기간 동안의 연평균 이익(Annual Average Profit : AAP)을 연평균 투자금액(Annual Average Investment : AAI)으로 나누어서 구하는 투자성과 측정방법의 하나로서 다음과 같이 계산된다.

$$BRR = \frac{AAP}{AAI} \quad\cdots\cdots\cdots\cdots\cdots\cdots\cdots\cdots\cdots\cdots\cdots\cdots\cdots\cdots\cdots (3-1)$$

위의 식에서 AAP와 AAI는 회계적 개념으로서 세금 등을 고려한 결과로 이해되어야 한다.

앞의 현금흐름 예를 세금 등을 고려한 결과로 간주한다면 A투자안과 B투자안의 BRR은 각각 다음과 같이 계산된다.

$$BRR_A = \frac{(150+150+200+200+215)/5}{500/2} = 73.2\% \quad\cdots\cdots\cdots\cdots\cdots\cdots\cdots\cdots (3-2)$$

$$BRR_B = \frac{(100+150+200+250+300)/5}{700/2} = 57.1\% \quad \cdots\cdots\cdots\cdots\cdots\cdots\cdots \text{(3-3)}$$

투자 주체가 나름대로 설정한 기준치가 50%라고 하자. A와 B가 상호 독립적이라면, 이 두 투자안은 모두 채택된다. A와 B가 상호 배타적이라면, 이 두 투자안 중 A투자안만이 채택된다.

즉, 회계적 이익률법에 따라 특정 투자안이 채택되기 위해서는 동 투자안의 회계적 이익률이 기준치 이상이라야 한다. 그리고 기준치 이상의 상호 배타적인 두 투자안 중에서는 상대적으로 회계적 이익률이 큰 투자안이 선택되어야 한다.

회수기간법의 경우와 마찬가지로 회계적 이익률법은 이해하기는 쉬우나 화폐의 시간적 가치와 위험 보상을 전혀 고려하지 않았다는 문제점을 가지고 있다. 그리고 기준치의 설정이 주관적일 뿐더러 자의적일 수 있다.

4   순현가법

순현가법(net present value method)은 특정 투자안의 순현가가 영보다 크면 동 투자안을 채택하고 작으면 기각하는 방식을 의미한다.

순현가(NPV)는 특정 투자안으로부터의 현금유입의 현재가치에서 현금유출의 현재가치를 차감한 결과를 말한다. t시점의 현금유입을 CI_t라 하고 t시점의 현금유출을 CO_t라 하면, 현금흐름을 1시점부터 T시점까지 창출하는 특정 투자안의 순현가는 다음과 같이 산정된다.

$$NPV = \sum_{t=1}^{T} \frac{CI_t}{(1+k)^t} - \sum_{t=1}^{T} \frac{CO_t}{(1+k)^t} \quad \cdots\cdots\cdots\cdots\cdots\cdots\cdots \text{(3-4)}$$

식 (3-4)에서는 k는 적정 할인율로서 화폐의 시간적 가치와 투자위험에 대한 보상을 반영한다. 따라서, 위의 식은 DCF 모형의 전형적인 예의 하나이며, 이와 같은 관점에서 NPV는 평면적 분석도구로서의 회수기간법이나 회계적 이익률과 차이를 가진다.

k는 내부수익률법에서 내부수익률의 비교대상인 기준치(guideline)로서 기능하게 되므로 내부수익률법도 DCF 모형의 하나라 할 수 있다. k가 자본예산에서 가지는 또 다른 의미는 내부수익률법의 논의에서 다시 언급하도록 한다.

원칙적으로 기회비용 혹은 자본비용으로서의 k는 화폐의 시간적 가치와 위험 보상이 시간의 경과에 따라 변화하므로 기간별로 달리 산정되어야 하고 적용되어야 한다. 이를 감안하여 식 (3−4)를 수정하면 다음과 같다.

$$NPV = \sum_{t=1}^{T} \frac{CI_t}{(1+k_t)^t} - \sum_{t=1}^{T} \frac{CO_t}{(1+k_t)^t} \cdots\cdots\cdots\cdots\cdots\cdots\cdots\cdots\cdots\cdots\cdots (3-5)$$

식 (3−4)에서는 투자기간 전체에 대하여 하나의 k를 적용하였는데, 식 (3−5)에서는 미래의 단위기간에 서로 다른 할인율 k_t를 적용하였다. 사실 k_t를 사용하면 NPV를 보다 정확하게 계산할 수 있으나, 각 미래 시점 t에 대응한 k_t의 산정은 현실적으로 그리 쉬운 작업이 아니다.

NPV법은 그 의미가 매우 간단하면서 명확하다. 기간 개념을 배제한다면, 위의 식에서의 순현가는 회계학적으로 계산된 이익(profit)과 유사한 개념이다. 즉, 특정 투자안을 채택한 결과로 얻어지는 NPV는 그 자체가 기업가치 혹은 주주가치의 증가분을 의미한다.

5 내부수익률법

(1) 개념

내부수익률법(internal rate of return method)은 특정 투자안의 내부수익률이 동 투자안의 적정 k보다 크면 동 투자안을 채택하고 적정 k보다 작으면 기각하는 방식을 의미한다.

내부수익률(r)은 특정 투자안으로부터의 현금흐름을 현재가치로 전환시킬 때에 현금유입의 현재가치와 현금유출의 현재가치를 같도록 하는 하나의 할인율을 의미하며 다음과 같이 산정된다.

$$\sum_{t=1}^{T}\frac{CI_t}{(1+r)^t} - \sum_{t=1}^{T}\frac{CO_t}{(1+r)^t}$$ ·· (3−6)

식 (3−6)에서 볼 수 있는 바와 같이, 내부수익률 r은 NPV를 영(zero)으로 만드는 할인율이라 할 수 있다.

식 (3−6)에서 구해진 r이 k보다 크면 이 투자안은 채택하고 r이 k보다 작으면 이 투자안은 기각한다. 이와 같은 r과 k의 비교는 동 투자안으로부터의 투자성과와 자본시장으로부터의 자금조달비용을 비교하여 상대적 우위를 가리는 과정을 뜻한다.

즉, 내부수익률 r은 실물 투자안을 채택하여 얻을 수 있는 투자성과의 종합적인 지표로서의 정보를 의미한다. 반면에, 비교대상으로의 k는 r을 창출하기 위하여 투입된 비용 개념의 하나로서 자본시장이 평가한 동 투자안의 위험에 관한 종합적인 지표로서의 정보를 의미한다. 예를 들어, r이 k보다 크면 동 투자안을 채택하게 되는데, 이는 투자성과가 투자비용보다 크기 때문에 결과적으로 기업가치 혹은 주주가치를 증가시킨다는 것을 그 배경으로 하고 있다.

이와 같은 관점에서 k를 기회비용(opportunity cost) 혹은 자본비용(cost of capital)이라고도 한다. 기회비용 혹은 자본비용으로서의 k가 화폐의 시간적 가치와 투자위험에 대한 보상을 의미한다는 것은 앞에서 반복적으로 논의해 왔던 k의 경우와 동일하다.

그리고 내부수익률법에서는 r이 k보다 큰 투자안을 채택하고, r이 k보다 작은 투자안을 기각하여 k를 기준으로 투자안의 채택 여부를 가렸는데, 이와 같은 관점에서 k를 거부율(cut−off rate)이라고도 한다. 즉, 거부율이라는 명칭은 고려하고 있는 투자안들을 r이 큰 것에서 작은 것 순으로 나열한 후에 하나하나 채택해 가면서 k까지만 채택하고 그 이하의 투자안들은 기각 혹은 거부한다는 관점에서 부쳐진 것이다.

(2) 문제점

투자안의 경제성을 분석하기 위한 도구로서의 IRR법은 매우 유용하게 이용될 수 있지만, 식 (3−6)의 산식이 가지고 있는 기술적인 문제(technical problems)로 인하여 이를 실무적으로 적용할 때에는 다음과 같은 한계를 염두에 두어야 할 것이다.

첫째, 비교대상인 k가 미래의 단위기간별로 다를 때에 단일 할인율로서의 r을 어느 R_t와 비교해야 할지 판단하기 어렵다. 이의 관점에서 내부수익률법은 분석도구로서 무용지물이 될 수 있다.

둘째, 식 (3−6)에서 볼 수 있는 바와 같이 내부수익률 r은 단일해(unique solution)를 담보하지 않는다. 즉, 식 (3−4)에서 r은 여러 개가 나올 수도 있고 아예 해가 존재하지 않을 수도 있다. 그리고 복수의 r이 구해졌을 경우에 어느 r을 가지고 k와 비교해야 할지 난감할 수 있다.

셋째, 식 (3−6)에서 구한 r을 k와 비교한 결과가 오도된 경제적 의미를 가질 수 있다. 즉, 식 (3−6)에서 현금유출과 현금유입을 투자비용이나 투자성과라는 경제적 의미를 가지는 것으로 구분하였지만, 계산과정에서 산술적으로는 이와 같은 경제적 의미가 반영되지 않는다.

극단적인 경우로서, 현재 시점에서 100만 원의 현금유입이 있고 1년 후 시점에서 120만 원의 현금유출이 있는 A투자안을 생각해 보자. 내부수익률의 관점에서 이는 산술적으로 현재 시점에서 100만 원의 현금유출이 있고 1년 후 시점에서 120만 원의 현금유입이 있는 B투자안과 같게 된다. 즉, 두 경우의 내부수익률은 모두 12%로서 동일하다. k를 10%로 가정하고 이를 정리하면 다음과 같다.

	C_0	C_1	r	NPV
A	+100	−120	12%	−9
B	−100	+120	12%	+9

A와 B가 상호 독립적일 때, 내부수익률법에 의하면 A투자안과 B투자안은 모두 채택해야 한다는 결론에 이르게 된다.

그러나 A투자안은 당연히 기각되어야 할 것이다. 즉, A투자안을 채택하면 주주가치가 오히려 9만 원 감소하게 된다. A투자안은 현금유출만 있는 자산을 마이너스 가격(minus price)을 주고 매입하는 경우로 이해될 수 있다.

넷째, 상호 배타적인 투자안의 선택에 있어서 오류를 범할 수 있다. 내부수익률법은 식 (3−6)이 가지고 있는 계산과정의 특성 때문에 가장 큰 r을 제시하는 투자안의 선택이 주주가치의 극대화라는 기업금융의 목표에 부합하지 못하는 결과를 허용할 수 있다. 이는 (3) 상호 배타적인 투자안에서 따로 상세하게 논의하도록 한다.

(3) 상호 배타적인 투자안

내부수익률법(*IRR*법)은 상호 배타적인 투자안 중에서 주주가치를 극대화하는 투자안을 선택하는 과정에서 오류를 허용할 수 있다. 즉, 내부수익률이 가장 큰 투자안의 선택이 반드시 주주가치를 극대화하지 않을 수 있다.

이는 두 가지의 경우로 정리해 볼 수 있다. 첫째, 투자규모가 다를 경우이다. 둘째, 투자규모가 같더라도 현금흐름의 양상이 다른 경우이다.

자본비용 k를 10%라고 가정하고, 특정 현금흐름을 가지는 상호 배타적인 투자안 A와 B를 상정해서 내부수익률 r과 순현가 *NPV*를 계산해 보면 다음과 같다.

	C_0	C_1	r	*NPV*
A	−500	750	50%	182
B	−700	1,015	45%	223

*IRR*법에 따르면 상호 배타적인 투자안 A와 B 중 A를 선택해야 할 것이다. 하지만 A를 선택하면 주주가치가 182만 원 증가하는 데에 반하여 B를 선택하면 주주가치가 223만 원 증가한다. 즉, *NPV*법에 따르면 A투자안 대신에 B투자안을 선택해야 한다.

이 경우에는 주주가치의 극대화 관점에서 당연히 *NPV*법을 따라야 할 것이다. 즉, 최종 의사결정 기준은 내부수익률의 극대화가 아니라 *NPV*의 극대화가 되어야 한다.

그런데 투자 효율 관점에서는 A투자안이 B투자안보다 비교우위에 있음을 알 수 있다. A투자안의 단위 투자원금당 *NPV*는 3,640이고 B투자안의 단위 투자원금당 *NPV*는 3,186원이다. 하지만 투자자금의 동원이 무제한 가능하다는 현재의 가정하에서는 투자 효율의 극대화가 주주가치의 극대화와 반드시 일치하지 않는다.

이는 투자원금의 차이를 다음과 같은 현금흐름의 관점에서 보면 더욱 뚜렷해진다. (B−A)를 별개의 투자안으로 보고 이의 경제성을 분석하면 다음과 같다.

	C_0	C_1	r	*NPV*
B−A	−200	265	32.5%	41

위의 현금흐름 예에서는, *IRR*법과 *NPV*법 모두가 (B−A) 투자안을 채택하도록 한다. 즉, A투자안과 B투자안의 투자비용의 차이가 위의 예에서와 같이 분석될 수 있다는 것은 *NPV*법이 *IRR*법에 대하여 비교우위를 가지고 있다는 사실을 시사한다고 볼 수 있다.

다음으로, 투자규모가 같더라도 현금흐름의 양상이 다른 경우를 보도록 한다. 이 경우에도 IRR법과 NPV법은 서로 다른 의사결정을 보여준다. 이는 식 (3-6)에 암묵적으로 가정되어 있는 중간 현금흐름의 재투자수익률 때문이다.

	C_0	C_1	C_2	C_3	C_4	C_5
A	−9,000	6,000	5,000	4,000	0	0
B	−9,000	1,800	1,800	1,800	1,800	1,800

위의 현금흐름 예에서 A투자안의 r은 33%가 되고 B투자안의 r은 20%가 된다. 그리고 k가 10%일 때 A투자안의 NPV는 3,592만 원이 되고 B투자안의 NPV는 9,000만 원이 된다. 이 경우에 상호 배타적인 투자안 A와 B 중에서 IRR법을 따르면 A투자안을 선택해야 하고 NPV법을 따르면 B투자안을 선택해야 할 것이다. 이때에도 주주가치 극대화의 관점에서 NPV법에 의한 결론을 따라야 한다.

이와 같이 NPV법과 IRR법이 서로 다른 결론을 제시하는 이유는 중간 현금흐름의 재투자수익률이 다르게 암묵적으로 가정되어 있기 때문이다. NPV 식 (3-4)에서는 중간현금흐름이 k로 재투자되고 있음을 산술적으로 시사하고 있고, IRR 식 (3-6)에서는 중간 현금흐름이 r로 재투자되고 있음을 산술적으로 시사하고 있다.

따라서 큰 덩치의 현금흐름이 상대적으로 이른 시기에 존재하면 r은 커지게 된다. 위의 현금흐름 예에서 A투자안은 상대적으로 짧은 기간에 상대적으로 큰 규모의 현금흐름을 가지고 있고, B투자안은 상대적으로 긴 기간에 상대적으로 작은 규모의 현금흐름을 가지고 있다. 즉, A투자안과 B투자안의 내부수익률 차이는 이와 같은 현금흐름 양상의 차이에 기인하는 것으로 이해될 수 있다.

그렇다면 NPV법과 IRR법의 비교는 재투자수익률 k와 r 중에서 어느 것이 더 현실적 타당성을 가지는가의 판단으로 요약될 수 있다.

앞에서 논의했듯이 k는 화폐의 시간적 가치와 투자위험에 대한 적정 보상을 반영한 결과라고 하였는데, 이와 같은 관점에서 NPV법에서와 같이 k로 재투자한다는 것은 고려하고 있는 투자안과 동일한 투자위험을 가지고 있는 또 다른 투자안이 미래에도 반복해서 존재한다는 것을 의미한다. 이는 현실적으로 큰 무리가 없이 허용될 수 있다.

일반적으로 투자대상으로서는 r이 k보다 큰 양호한 실물 투자안을 고려할 것이다. 그렇다면 IRR법에서와 같이 r로 재투자한다는 것은 고려하고 있는 투자안과 동일한 투자수익을 가지고 있는 또 다른 투자안이 미래에도 반복해서 존재한다는 것을 의미한다. 현재 시점에서 특정 투자안을 선택하였다면 동 투자안은 현재 시점에서 가장 양호한 투자안일 터인데, 이와 같이 양호한 실물 투자안이 미래에도 반복해서 존재한다는 것은 현실적으로 기대하기 어렵다.

section 05 NPV법과 IRR법의 비교

1   단일 투자안의 경우

특정 투자안에 대한 채택 여부를 판단할 때에는 NPV법과 IRR법이 항상 같은 결론에 이르게 된다. 이는 NPV법과 IRR법이 모두 DCF 모형의 하나로서 화폐의 시간적 가치와 투자위험에 대한 보상을 반영하기 때문이다.

이는 이들의 식 (3−4)와 식 (3−6)에 의하여 증명될 수 있다. 논의의 편의상 식 (3−4)와 식 (3−6)에서 현금유출이 현재 시점에서 한 번만 이루어진다고 가정한다. 그러면 식 (3−4)와 식 (3−6)은 다음과 같이 다시 정리될 수 있다.

$$NPV = \sum_{t=1}^{T} \frac{CI_t}{(1+k)^t} - CO_0 \quad \text{………………………………} (3-7)$$

$$\sum_{t=1}^{T} \frac{CI_t}{(1+r)^t} = CO_0 \quad \text{………………………………………} (3-8)$$

식 (3−8)을 식 (3−7)에 대입하면 식 (3−7)은 다음과 같이 다시 정리될 수 있다.

$$NPV = \sum_{t=1}^{T} \frac{CI_t}{(1+k)^t} - \sum_{t=1}^{T} \frac{CI_t}{(1+r)^t} \quad \text{………………………} (3-9)$$

식 (3−9)에서는 우변에서 할인율로서 k와 r만 다를 뿐 다른 형태는 모두 동일하다. 따라서 NPV가 영(zero)보다 크고 작고는 k와 r의 상대적 크기에 의해서 좌우된다. k가 r보다 클 때에는, 식 (3−9)의 우변에서 첫 번째 항의 크기가 두 번째 항의 크기보다 작으므로 NPV는 영보다 작아진다. 그렇다면 NPV법에 의하여 NPV가 영보다 작으므로 동 투자안은 기각되어야 할 것이고, k가 r보다 크다고 하였으므로 IRR법에 의해서도 동 투자안은 기각되어야 할 것이다. 반대로 k가 r보다 작을 때에는, 식 (3−9)의 우변에서 첫 번째 항의 크기가 두 번째 항의 크기보다 크므로 NPV는 영보다 커진다. 그렇다면 NPV법에 의하여 NPV가 영보다 크므로 동 투자안은 채택되어야 할 것이고, k가 r보다 작다고 하였으므로 IRR법에 의해서도 동 투자안은 채택되어야 할 것이다.

이를 그림으로 설명하면 〈그림 3−1〉과 같다.

〈그림 3−1〉에서 r은 NPV를 영으로 만드는 k이므로 내부수익률이다. 〈그림 3−1〉에서 볼 수 있는 바와 같이, k가 r보다 크면 NPV는 영보다 작아지고 k가 r보다 작으면 NPV는 영보다 커진다. 따라서 IRR법과 NPV법의 결론이 항상 같음을 알 수 있다.

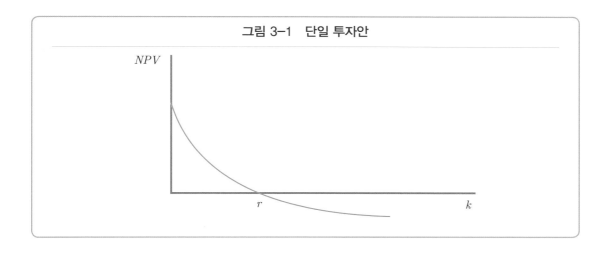

그림 3−1   단일 투자안

여기에서는 IRR법의 문제점에서 논의한 내용을 그림을 이용하여 다른 방법으로 설명하도록 한다.

〈그림 3-2〉에서는 할인율 k의 위치에 따라서 상호 배타적인 관계를 갖는 투자안 A의 순현가와 투자안 B의 순현가는 상대적인 비교우위를 달리하고 있다는 사실을 보여주고 있다.

〈그림 3-2〉에서 k^*는 투자안 A와 투자안 B의 NPV를 같도록 하는 할인율로 이해될 수 있는데, 할인율 k가 k^*보다 큰 상태에서는 투자안 A의 순현가가 투자안 B의 순현가보다 크게 되고, k가 k^*보다 작은 상태에서는 투자안 A의 순현가가 투자안 B의 순현가보다 작게 된다.

그리고 내부수익률 r은 k와는 별도로 계산되므로, 투자안 A의 내부수익률 r_A와 투자안 B의 내부수익률 r_B는 k의 수준에 관계없이 고정되어 있다. 즉, IRR법에 따르면 투자안 A가 선택되어야 하며, 이러한 판단은 k가 r_A보다 작은 범위 내에서는 변화하지 않는다.

그렇다면 상호 배타적인 관계를 갖는 투자안 A와 투자안 B의 선택에 관한 IRR법과 NPV법의 비교는 할인율 k의 권역별로 달라지게 된다고 볼 수 있다.

할인율 k가 k^*보다 작은 권역에서는, IRR법에 따르면 투자안 A가 선택되어야 하지만 NPV법에 따르면 투자안 B가 선택되어야 한다.

할인율 k가 k^*보다 크고 r_B보다 작은 권역에서는, IRR법과 NPV법 모두 투자안 A를 선택

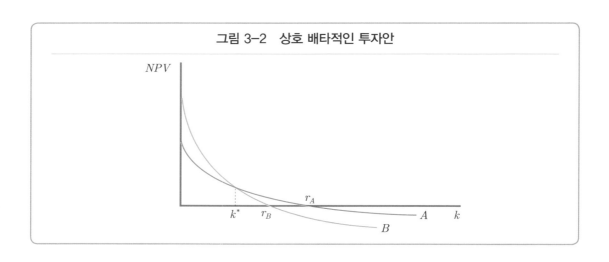

그림 3-2 상호 배타적인 투자안

해야 한다는 것을 보여주고 있다.

할인율 k가 r_B보다 크고 r_A보다 작은 권역에서는, IRR법과 NPV법 모두에 의하여 투자안 B는 아예 투자가치가 없는 것으로 전락하고 투자안 A만 살아남아 선택된다.

할인율 k가 r_A보다 큰 권역에서는, IRR법과 NPV법 모두에 의하여 투자안 A와 투자안 B는 공히 아예 투자가치가 없는 것으로 전락되어 기각된다.

요컨대, 〈그림 3–2〉에서 보면 IRR법과 NPV법이 서로 다른 판단을 하는 경우는 할인율 k가 k^*보다 작은 권역에 속할 때이다.

앞에서 논의한 초기 투자 9,000만 원의 예를 〈그림 3–2〉를 이용하여 다시 설명하도록 한다.

초기 투자 9,000만 원의 예에서 투자안 A의 내부수익률은 33%이었고 투자안 B의 내부수익률은 20%이었다. 순현가는 k가 10%인 가정에서 계산되어, 투자안 A의 순현가 NPV_A는 3,592만 원이었고 투자안 B의 순현가 NPV_B는 9,000만 원이었다. 투자안 A와 투자안 B의 NPV를 같도록 하는 할인율 k^*는 15.6%로 계산된다.

따라서 초기 투자 9,000만 원의 예는 할인율 k(10%)가 k^*(15.6%)보다 작은 권역에 속하는 경우라고 할 수 있다.

즉, IRR법에 의하면 투자안 A를 선택해야 하고 NPV법에 의하면 투자안 B를 선택해야 한다.

IRR법과 NPV법의 판단이 서로 다른 경우에는 주주가치 극대화의 관점에서 NPV법의 판단을 따라야 한다.

k가 k^*보다 작은 경우에 속하는 초기 투자 9,000만 원의 예에서 보면 NPV_A는 3,592만 원이고 NPV_B는 9,000만 원이었는데, NPV법의 판단을 따라 투자안 B를 선택하면 NPV_A와 NPV_B의 차이인 5,408만 원만큼 주주가치 혹은 기업가치를 더 증가시킬 수 있다.

앞의 IRR법의 문제점에서 논의한 바와 같이 IRR법과 NPV법의 판단이 서로 다른 이유는 중간 현금흐름의 재투자수익률에 대한 암묵적 가정의 차이에 기인한다.

식 (3–4)와 식 (3–6)에서 시사하는 바와 같이 초기 투자 9,000만 원의 예에서 투자안 A는 중간 현금흐름을 내부수익률인 33%의 수익률로 재투자한다고 보고 있고, 투자안 B는 중간 현금흐름을 적정 할인율인 10%의 수익률로 재투자한다고 보고 있다.

상식적으로 보더라도 재투자를 33%의 수익률로 매년 반복한다는 것은 재투자를 10%의 수익률로 매년 반복한다는 것에 비하여 현실적 타당성이 상대적으로 적다고 볼 수 있다. 그리고 투자안 A의 경우에서와 같이 중간 현금흐름의 큰 덩치가 이른 시기에 발생할수록 그 왜곡은 더욱 커지는 경향이 있다.

NPV법의 비교우위

앞에서 논의했듯이 상호 배타적인 투자안의 선택에 있어서 IRR법과 NPV법이 서로 다른 판단을 하는 경우는 주주가치의 극대화 관점에서 NPV법을 따라야 한다. 이의 이유는 IRR법이 가지고 있는 문제점을 NPV법이 모두 극복하고 있을 뿐더러 주주가치의 극대화라는 기업금융의 목표에도 부합되기 때문이다. 이를 요약하면 다음과 같다.

첫째, 기업금융의 목표는 주주가치의 극대화이지 내부수익률의 극대화가 아니다. 실물투자에 따른 NPV는 그 자체가 주주가치의 증가분을 의미하며, 내부수익률의 극대화는 반드시 NPV의 극대화를 의미하지는 않는다.

둘째, 중간 현금흐름의 재투자수익률로서는 NPV법에서의 k가 IRR법에서의 r보다 비교우위의 현실적 타당성을 갖는다.

셋째, NPV법은 비교대상인 k가 미래의 단위기간별로 다를 때에도 무리 없이 적용될 수 있다. 반면에, IRR법에서는 내부수익률 r을 어느 k_i와 비교해야 할지 판단하기 어렵다.

넷째, IRR법에서 내부수익률 r은 아예 해가 존재하지 않거나 존재하더라도 단일해(unique solution)를 담보하지 않는 데 반하여, NPV법에서는 이와 같은 문제가 발생할 여지가 없다.

다섯째, IRR법에서는 산술적 특성으로 인하여 현금유출과 현금유입을 투자비용이나 투자성과라는 경제적 의미로 구분하지 않아 투자판단을 오도할 우려가 있는 반면에, NPV법에서는 이와 같은 문제가 발생할 여지가 없다.

요컨대, 단일 투자안에 관한 투자판단에 있어서는 IRR법과 NPV법이 동일한 결론을 유도하고, 상호 배타적인 투자안에 관한 투자판단에 있어서는 IRR법과 NPV법이 서로 다른 결론을 유도하지만 NPV법을 따라야 한다는 점에서 NPV법은 어느 경우에도 항상 IRR법에 대하여 비교우위를 유지한다고 볼 수 있다.

한편, 기술적인 관점이기는 하지만 상호 의존적인 투자안에 관한 투자판단에 있어서도 NPV법이 IRR법에 비하여 보다 편리하다.

투자안 A와 투자안 B가 상호 의존적인 관계에 있을 때, NPV법에서는 NPV_A와 NPV_B를 단순 합계하여 판단하면 되지만, IRR법에서는 이와 같은 방식이 적용될 수 없다. 즉, NPV법에서와는 달리 내부수익률 r_A와 r_B의 단순 합계는 경제적 의미를 가지지 못한다.

따라서 투자안 A와 투자안 B가 상호 의존적인 관계에 있을 때 IRR법을 적용하려면 투자안 A와 투자안 B의 현금흐름을 미래의 단위 시점별로 합하여, 이와 같이 합계된 새로운 현금 흐름을 대상으로 내부수익률을 별도로 계산해야 한다. 하지만 이 경우에도 비교대상으로서의 할인율 k_{A+B}의 선택이 까다로운 과제로 남게 된다.

즉, 투자안 A에 대응하는 할인율 k_A나 투자안 B에 대응하는 할인율 k_B는 투자안 A와 투자안 B의 현금흐름을 미래의 단위 시점별로 합계한 새로운 현금흐름으로부터의 내부수익률 r_{A+B}에 대응하는 k_{A+B}로 간주될 수 없을 것이다.

반면에, NPV법에서는 k_A를 이용하여 구한 NPV_A와 k_B를 이용하여 구한 NPV_B를 합계한 $NPV_A + NPV_B$가 영(zero)보다 큰지 작은지의 여부만 판단하면 되며, 따라서 k_{A+B}에 관한 정보는 필요하지 않다.

section 07 자본 할당

지금까지의 논의는 투자자금이 무제한 존재한다는 가정하에서 이루어졌다. 이와 같은 가정은 이론적으로는 큰 무리가 없다. 즉, 자금제공자는 화폐의 시간적 가치와 투자위험을 적정하게 보상하는 k를 받을 수 있다면 기꺼이 자금을 제공할 것이고, 자금수요자는 자본비용 k 이상의 수익을 창출하는 실물 투자안을 찾을 수 있다면 기꺼이 자금을 수요할 것이다.

하지만 자금제공자와 자금수요자 사이의 정보 불균형(information asymmetry)으로 투자위험의 평가와 보상에 대한 합의가 반드시 쉽지는 않다. 아울러, 자금제공자든 자금수요자든 아무리 위험 보상이 크거나 투자수익이 크더라도 감당할 수 있는 위험의 한계(tolerable limit of risk-taking)가 있을 수밖에 없을 것이다.

일반적으로 정보 불균형과 감당할 수 있는 위험의 한계에 의한 투자자금의 제약은 자본시장의 성숙도 혹은 시장참여자의 문화적 배경 등에 따라 그 정도가 정해질 것이다.

여기에서는 어떠한 이유로든 투자자금이 제약되어 있을 경우의 실물 투자안의 경제성 분석 방법을 논의하도록 한다.

앞에서의 논의와는 달리 투자자금이 제약되어 있으면 자본 할당(capital rationing)이 이루어져야 한다. 자본 할당에서는 단위 투자금액당의 효율성이 중요한 의미를 갖게 되며, 실물 투자안은 이 효율성의 크기에 따라 서열화되어야 한다.

이와 같은 투자 효율성을 측정하기 위한 가장 간단한 지표로는 수익성 지수(Profitability Index : PI)를 들 수 있으며, 이는 다음과 같이 산정된다.

$$PI = \frac{\sum_{t=1}^{T} \frac{CI_t}{(1+k)^t} - \sum_{t=1}^{T} \frac{CO_t}{(1+k)^t}}{\sum_{t=1}^{T} \frac{CO_t}{(1+k)^t}} \quad \cdots\cdots\cdots\cdots\cdots\cdots\cdots\cdots\cdots (3-10)$$

현금유출이 C_0로 현재 시점에서 한 번만 이루어진다고 가정하면, 식 (3−10)은 다음과 같이 간략화시킬 수 있다.

$$PI = \frac{NPV}{C_0} \quad \cdots\cdots\cdots\cdots\cdots\cdots\cdots\cdots\cdots\cdots\cdots\cdots\cdots\cdots (3-11)$$

수익성 지수를 이용한 의사결정 방법은 가용 투자자금을 초과하지 않는 범위 내에서 수익성 지수가 높은 것부터 실물 투자안을 선택해 나가는 것이다.

가용 투자자금이 500만 원 있다고 가정하고, 다음과 같은 세 투자안의 경우를 예로 들어 보자.

	C_0	NPV	PI
A	500	150	0.3
B	250	125	0.5
C	250	100	0.4

위의 A, B, C투자안 중에서 가장 수익성 지수가 높은 것은 B투자안으로서 125만 원의 NPV를 창출한다. 다음으로 수익성 지수가 높은 것은 C투자안으로서 100만 원의 NPV를 창출한다. 즉, 수익성 지수를 이용하면 B투자안과 C투자안을 선택하여 가용 투자자금 500만 원을 소진시키고 225만 원의 NPV를 창출한다.

물론, 투자자금의 제한이 없다면, NPV가 영보다 큰 세 투자안을 모두 채택하여 375만 원의 NPV를 창출하는 것이 주주가치를 극대화시키는 의사결정이 될 것이다.

수익성 지수는 간단한 개념이며 이의 적용도 위의 예에서 볼 수 있는 바와 같이 매우 편리하다. 하지만 현재 시점뿐만 아니라 미래 시점에도 새로운 투자자금이 유입되고 새로운 실물 투자안이 등장하게 된다면 수익성 지수의 적용이 상당히 복잡해진다. 이 경우에는 선형계획법(linear programming)이나 정수계획법(integer programming)을 사용하는 것이 보다 유용하다.

| | section 08 | 비용 최소화 |

section 08 비용 최소화

지금까지는 현금유입과 현금유출을 모두 고려한 상태에서 실물 투자안에 관한 의사결정 과정을 논의하였다. 그리고 NPV법이 가장 합리적이며 NPV의 극대화가 곧 주주가치의 극대화를 의미한다고 하였다.

여기에서는 관점을 바꾸어 현금유입이 고정된 상태에서 현금유출을 최소화하여 주주가치를 극대화하는 방식을 논의하도록 한다. 이는 관점만 다를 뿐 NPV법의 특수한 경우로 볼 수 있다.

기존 제품을 생산하고 있는 설비를 그대로 사용할 것인가 아니면 새로운 생산설비로 교체할 것인가에 관한 의사결정, 새로운 제품을 생산하기 위하여 설비를 구입할 때에 A회사의 생산설비와 B회사의 생산설비 중 어느 것을 선택할 것인가에 관한 의사결정 등이 이와 같은 예에 포함될 수 있을 것이다.

	C_0	C_1	C_2	C_3
A	500	70	70	−
B	700	15	15	15

논의의 편의상 현금유입을 고정시키기 위하여 A회사의 생산설비와 B회사의 생산설비의 생산성은 동일하다고 가정한다. 즉, 두 회사의 생산설비는 단위 시간당 생산량, 제품의 질(혹은 판매 가격) 등이 같다고 본다.

그렇다면 현금유출을 최소화시킬 수 있는 생산설비를 선택하는 것이 주주가치의 극대화에 부합될 것이다. 이때 생산설비와 관련된 현금유출은 현재 시점의 구입 가격, 구입 이후의 유지보수비 등이 포함된다.

chapter 3 자본예산　291

위의 현금흐름 예는 A회사의 생산설비와 B회사의 생산설비의 구입 가격과 설비 유지비를 표시한 것이다.

A설비는 구입 가격이 상대적으로 적은 대신에 내용연수가 상대적으로 짧고 유지보수비가 상대적으로 높다. 반면에, B설비는 구입 가격이 상대적으로 높은 대신에 내용연수가 상대적으로 길고 유지보수비가 상대적으로 작다.

즉, 여기에서의 문제는 구입 가격의 차이가 내용연수와 유지보수비의 차이를 적정하게 반영하고 있는가의 여부에 관한 판단이라고 할 수 있다.

이를 위한 가장 간단한 방법은 각 설비의 사용과 연계된 모든 비용의 현가(Present Cost : PC)를 비교하는 것이다. 하지만 두 설비의 내용연수가 다르므로 비용의 현가를 바로 비교할 수는 없다. 즉, 비용의 현가를 비교하여 의사결정하려면 두 설비가 동시에 교체되는 6년, 12년, 18년 등의 기간을 고려하여야 한다.

위의 경우는 내용연수가 2년과 3년이라 이들의 최소 공배수인 6년 동안의 현금유출만을 고려하면 되지만, 만약 17년과 19년이라면 323년 동안의 현금유출을 고려해야 한다는 어려움이 있다.

연간 동등 비용(Equivalent Annuity Cost : EAC)이라는 개념을 이용하면 이와 같은 계산상의 불편함을 해결할 수 있다. 이는 현재 시점에서 특정 설비를 선택하면 영원히 계속해서 동 설비를 반복 사용한다는 가정을 가지고 있다. 이러한 가정하에서 연간 동등 비용은 특정 설비의 선택에 따른 연평균 비용의 의미를 갖게 된다.

그렇다면 A설비와 B설비 중의 선택에 관한 의사결정은 내용연수의 차이를 고려할 필요 없이 이들 각각의 연간 동등 비용만을 비교하여 이루어질 수 있다.

즉, 연간 동등 비용이 적은 설비를 선택하면 주주가치를 극대화하는 효과를 갖게 된다.

예를 들어, k가 10%일 때, A설비의 사용에 따른 연간 동등 비용 EAC_A는 다음과 같이 계산될 수 있다.

$$500 + \frac{70}{(1+0.1)} + \frac{70}{(1+0.1)^2} = \frac{EAC_A}{(1+0.1)} + \frac{EAC_A}{(1+0.1)^2} \quad \cdots\cdots\cdots\cdots\cdots\cdots\cdots (3-12)$$

식 (3−12)에서 EAC_A는 358.1만 원이 된다. 마찬가지의 방법으로, EAC_B는 296.5만 원이 된다. 따라서 A설비와 B설비 중에서 B설비를 선택해야 한다.

식 (3-12)에서 좌변의 비용 현가 PC_A는 621.49만 원이 된다. 마찬가지 방법으로, PC_B는 737.31만 원이 된다. 즉, 비용 현가를 바로 비교한다면 A설비를 선택해야 하나, 이는 내용연수의 차이를 감안하지 않은 결과이므로 잘못된 의사결정이다.

식 (3-12)에서 볼 수 있듯이 EAC_A는 연금 흐름의 하나이다. 따라서 이 식의 좌변에서 PC_A를 계산하면, 우변의 EAC_A는 연금표를 이용하여 간단히 구할 수 있다.

연금표에서 k가 10%이고 현금흐름이 2회일 때의 연금 요소(Annuity Factor : AF)는 1.73554인데, 이를 이용하면 식 (3-12)는 다음과 같이 다시 정리될 수 있다.

$$PC_A = 621.49 = AF \cdot EAC_A = 1.73554 \cdot EAC_A \quad \cdots\cdots\cdots\cdots\cdots\cdots(3-13)$$

위의 식에서 볼 수 있는 바와 같이, A설비의 연간 동등 비용 EAC_A는 비용 현가 PC_A를 연금 요소 AF로 나누어 쉽게 계산될 수 있다. 연금표에서 k가 10%이고 현금흐름이 3회일 때의 연금 요소는 2.48685인데, 이를 이용하면 EAC_B는 다음과 같이 계산된다.

$$EAC_B = \frac{PC_B}{AF} = \frac{737.31}{2.48685} = 296.5 \quad \cdots\cdots\cdots\cdots\cdots\cdots(3-14)$$

연간 동등 비용은 현재 시점에서 특정 설비를 선택하면 영원히 계속해서 동 설비를 반복 사용한다는 가정하에서 계산된 평균 비용의 개념이므로, 사실상은 영구채권의 현금흐름을 가지는 것으로 볼 수 있다. 즉, 위의 산식들은 1회전의 비용 정보만을 가지고 EAC를 계산하기 위하여 연금 흐름을 상정했을 뿐이다.

따라서, 영구채권의 현재가치를 구하는 식 (2-2)를 이용하여 EAC를 k로 나누면, A설비를 영원히 사용했을 때 총비용의 현재가치는 3,581만 원이 된다. 마찬가지 방법으로 B설비를 영원히 사용했을 때 총비용의 현재가치는 2,965만 원이 된다.

즉, 1회전 사용에 따른 비용 현가만을 비교하면 내용연수의 차이를 감안하지 않아 A설비를 선택하는 오류를 범하지만, 총비용의 현재가치를 비교하면 B설비를 선택하게 되어 연간 동등 비용의 경우와 같이 올바른 의사결정을 유도한다.

앞에서 논의한 분석방법 중에서 회수기간법(payback period method)은 현실적으로 별로 이용되지 않는다. 다만, 정치적 불안이나 전쟁의 위험이 있는 경우에는 보조적인 정보로서 참고할 수 있을 것이다.

회계적 이익률법은 회수기간법과 유사한 단점을 가지고 있으나 기업 외부의 일반 투자자들이 관심을 가지고 있으므로 이들의 이해를 돕기 위하여 대외 보고용으로 계산되기는 한다. 하지만, 기업 내부에서는 실물 투자결정을 위한 핵심 정보로 이용되지 않는다.

내부수익률법은 NPV법에 대한 비교열위에도 불구하고 DCF 모형의 하나로서 많이 활용되고 있다. 이와 같은 현상은 다음과 같이 세 가지 이유로 설명될 수 있다.

첫째, 내부수익률 r은 투자성과에 관한 종합적인 지표로서 매우 중요한 정보가치를 가지고 있다. 즉, 고려하고 있는 실물투자로부터 도대체 연 몇 %의 수익을 창출하는가의 질문에는 r을 제시하는 것이 가장 간결한 답변이 될 것이다. 이는 기업 내부의 최고경영자뿐만 아니라 기업 외부의 일반투자자에게도 매우 설득력 있는 정보가 된다.

둘째, 현재 존재하고 있는 기업의 경우에는 상호 배타적인 투자안들 사이에서 고민하기보다는 하나의 투자안을 가지고 채택 여부를 고민하는 사례가 많다. 앞에서 논의한 바와 같이, 단일 투자안의 경우에 IRR법과 NPV법은 항상 동일한 내용의 투자판단을 유도하므로 문제될 것이 없다.

그런데 상호 배타적인 투자안을 분석할 때에도 IRR법을 고집하는 경우가 꽤 발견되고 있는데, 이는 앞에서 논의한 바와 같이 주주가치의 극대화에 충실하지 못할 수 있다.

특히, 기업매수·합병(M&A)이나 신규사업의 검토 등에 있어서는 상호 배타적인 투자안의 선택에 직면하는 경우가 많은데, 이때에도 IRR법만을 적용하는 것은 매우 위험할 것이다. 아울러, M&A나 신규사업 등을 검토할 때에는 현금흐름의 추정에 있어서 기존 영업과 연계된 부수적 효과(incremental cash flow)를 면밀하게 반영해야 한다.

셋째, IRR법은 k의 산정 없이도 일단 시작하여 내부수익률 r을 계산한 후 여러 가지의 잠정적인 k(즉, ad-hoc cost of capital)를 적용하면서 고려하고 있는 투자안의 채택 여부를 가늠해 볼 수 있다. 그리고 앞에서 논의한 바와 같이 투자성과에 관한 종합적인 지표로서의 정보를 미리 계산해 본다는 장점도 가지고 있다.

반면에, *NPV*법의 적용에 있어서 가장 큰 난관은 적정 k의 산정인데, 이는 쉬운 작업이 아니다. k의 산정이 선결되지 않으면 *NPV*법은 아예 시작도 될 수 없다는 현실적인 어려움이 있다.

위에서 논의한 바와 같이 현실적으로 *IRR*법이 꽤 널리 이용되고 있는 것이 사실이나, *NPV*법은 k의 산정이 어려움에도 불구하고 의사결정을 위한 기본적인 틀의 하나로서 자리를 잡아가고 있다.

특히, 비용 최소화를 통해서 주주가치를 극대화하는 문제에 있어서는 *IRR*법을 적용할 수 있는 여지가 없고 *NPV*법의 적용으로만 분석이 가능하였다. 그리고 k의 산정은 자본시장 이론의 발전에 따라 점차 과학화되는 추세에 있다고 볼 수 있다.

투자자금의 제한이 현실적으로 존재하는가의 여부는 쉽게 답할 수 있는 문제가 아니다. 앞에서 언급했듯이, 이는 자본시장의 성숙도 혹은 시장참여자의 문화적 배경에 따라 결정될 것이다.

사실, 자본시장이 잘 발달되어 있는 미국의 경우에는 기업들이 투자자금의 제한을 현실적인 문제로 인식하지 않는 경향을 가지고 있다. 한국의 자본시장도 1997년의 외환위기를 극복하는 과정에서 괄목할 만한 발전을 이룩한 바 있다.

즉, 미국이든 한국이든 기업이 수익성 높은 투자안을 가지고 있으면서 자금을 구하지 못해 이를 포기해야 하는 경우는 거의 없을 것으로 평가될 수 있다.

NASDAQ이나 KOSDAQ의 성공에서도 볼 수 있듯이, 기업 혹은 투자안의 요체는 수익성 높은 사업모델(business model)의 유무이지 자금조달 가능성의 여부가 아니라고 볼 수 있다.

하지만 자본시장이 충분히 발전되어 있지 않은 경우 혹은 특정 기업 자체의 한계로 인하여 투자자금이 제한될 수는 있다.[1]

이와 같은 경우에 수익성 지수법, 선형계획법, 정수계획법 등이 사용될 수 있다고 하였는데, 이 중에서 실무적으로 가장 많이 활용되는 것은 수익성 지수법이다.

선형계획법과 정수계획법은 별로 이용되고 있지 않은데, 이유는 다음의 두 가지로 생각해 볼 수 있다.

첫째, 선형계획법이나 정수계획법의 실행은 수익성 지수에 비하여 정보의 수집, 처리 등에 있어서 컴퓨터 사용과 관련하여 적지 않은 비용이 소요된다.

둘째, 선형계획법이나 정수계획법은 미래 시점의 실물 투자안, 추가적인 현금유출입 등을 아

---

[1] 이와 같은 한계는 투자안의 실행에 있어서 자본만이 아니라 노동, 토지, 기술 등도 필요하다는 관점에서도 설명될 수 있다. 즉, 자금이 조달될 수 있고 사업모델이 아무리 훌륭하다 하더라도 노동, 토지, 기술 등의 뒷받침이 없으면 동 투자안은 실행될 수 없을 것이다.

울러 고려할 때 유용할 수 있는데, 미래 시점에 관한 정보 자체의 신뢰성을 담보하기 어렵다.

마지막으로, 최고경영자는 실물투자에 관한 의사결정에 있어서 지금까지 논의한 분석방법으로부터의 정보에만 의지하지 않는다.

즉, *IRR*법, *NPV*법, 수익성 지수법 등은 양적 정보(quantitative information)만을 제공할 뿐이다. 실제로 최고경영자는 실물투자에 관한 의사결정에 있어서 이와 같은 양적 정보뿐만 아니라 계량화될 수 없는 질적 정보(qualitative information)도 활용한다.

질적 정보로 가장 중요한 것은 양적 정보를 구할 때에 기초자료로 사용된 추정 현금흐름의 신뢰도(degree of reliability)에 대한 최고경영자의 판단이다. 이 외에도 종업원의 기술적 숙련도, 대정부 관계, 시장점유율 혹은 지배력, 미래사회의 변화 방향 등이 질적 정보에 포함될 수 있다.

chapter 04

재무구조이론 Ⅰ

section 01   자금조달 결정

제3장에서 논의한 자본예산(capital budgeting)에 의하여 실물투자안 혹은 프로젝트가 선택(investment decision)되면 이의 실행을 위한 자금을 마련하여야 한다.

자금조달의 원천으로는 차입, 채권 발행, 주식, 유보이익 등 여러 가지가 있을 수 있다. 자금조달 결정(financing decision)은 이와 같은 자금조달 원천의 선택과 자금조달 원천별 구성비율에 관한 의사결정을 말한다.

자금조달 결정에 관한 논의는 크게 재무구조이론(theory of capital structure)과 배당 이론(theory of dividends)으로 나누어진다.

재무구조이론은 자금조달에 있어서 타인자본과 자기자본의 구성비율의 최적성을 주주가치 극대화의 관점에서 다루고, 배당 이론은 순현가 혹은 영업이익의 처리에 있어서 재투자와 배당지급의 구성비율의 최적성을 주주가치 극대화의 관점에서 다룬다.

여기에서는 재무구조이론을 논의하고 배당 이론은 다음에 논의하도록 한다.

재무구조이론에서의 k는 제3장에서와 같이 금융자산에 대응하는 자본비용으로 볼 수 있다. 자금조달은 금융자산의 매각으로 볼 수 있는데, 이의 종류로는 타인자본(debt or bond), 보통주(common stock), 우선주(preferred stock), 유보이익(retained earnings) 등을 예거할 수 있다.[1]

1 　타인자본

타인자본의 자본비용(k_d)은 원금(principal : PN)에 대한 지급이자(coupon interest : CI)의 비율로 다음과 같이 계산된다.

$$k_d = \frac{CI}{PN} \quad\cdots\cdots\cdots\cdots\cdots\cdots\cdots\cdots\cdots\cdots\cdots\cdots\cdots\cdots\cdots\cdots\cdots\cdots\cdots\cdots (4-1)$$

그런데 기업의 지급이자는 비용으로 처리되어 법인세의 과세소득에서 공제되므로 실제의 k_d는 법인세율이 τ_c라고 할 때 다음과 같이 조정되어야 할 것이다.

$$k_d = \frac{CI \cdot (1-\tau_c)}{PN} \quad\cdots\cdots\cdots\cdots\cdots\cdots\cdots\cdots\cdots\cdots\cdots\cdots\cdots\cdots\cdots (4-2)$$

식 $(4-2)$에서와 같은 자본비용의 감소 효과를 타인자본의 세금 이득(tax benefit of debt) 혹은 세금 효과(tax effect of debt)라고 한다.

---

[1] 이외에도 전환채권, 후순위채권, 교환채권, 전환우선주 등 여러 가지가 있으나 여기에서는 논의를 생략한다.

2 보통주

보통주의 자본비용(k_s)은 주식투자자 입장에서의 기대수익률(expected rate of return)이라고 볼 수 있다.

이때 기대수익은 배당수익(dividend income)과 주가 차익(capital gain)이다.

3 우선주

우선주는 보통주에 우선하여 배당금을 지급받도록 약정하고 있는 유가증권으로서 사실상은 전환우선주, 누적적 우선주, 참가적 우선주 등의 여러 가지 형태로 발행된다.

여기에서는 논의의 편의상 일정 배당금 DIV_p를 지급받도록 약정한 단순한 형태의 우선주를 대상으로 하여 이의 자본비용을 설명한다.

이와 같은 형태의 우선주는 만기 없이 영원히 동일한 이자를 지급하는 채권과 유사하다. 그리고 원금상환의무가 없다는 점에서 우선주는 분명히 주식의 한 종류이다.

이 경우의 우선주 가격(P_p)은 식 (2−2)의 영구채권 산식을 이용하여 다음과 같이 산정될 수 있다.

$$P_p = \frac{DIV_p}{k_p} \quad\cdots\cdots\cdots\cdots\cdots\cdots\cdots\cdots\cdots\cdots\cdots\cdots (4-3)$$

위의 식에서 k_p는 우선주의 자본비용을 의미한다.

식 (4−3)을 k_p에 대하여 다시 정리하면 다음과 같다.

$$k_p = \frac{DIV_p}{P_p} \quad\cdots\cdots\cdots\cdots\cdots\cdots\cdots\cdots\cdots\cdots\cdots\cdots\cdots\cdots\cdots\cdots (4-4)$$

식 (4−4)에서 볼 수 있듯이, 우선주의 자본비용을 계산하는 식 (4−4)는 타인자본의 자본비용을 계산하는 식 (4−1)과 그 형태가 유사하다. 하지만 타인자본은 만기와 원금상환의무가 있다는 점에서 우선주와 구분된다.

4   **유보이익**

유보이익은 영업이익 중에서 배당으로 지급하지 않고 회사 내에 남겨 둔 부분을 뜻한다. 이는 주주들이 경영자의 이와 같은 의사결정에 동의하였음을 의미한다.

주주들은 배당으로 지급받아 자신들이 직접 운용하는 것보다 기업에 유보시켜 경영자가 이를 운용하도록 하는 것이 더 유리하다고 판단할 때에 한하여 영업이익의 유보에 동의할 것이다. 이는 결국 동 기업의 보통주를 매각하지 않고 투자를 계속 유지하고 있는 경우와 동일한 논리가 된다.

따라서 유보이익의 자본비용은 보통주의 자본비용과 동일하다고 볼 수 있다.

section 03   가중평균 자본비용

가중평균 자본비용(weighted average cost of capital)은 앞에서 논의한 조달 원천별 자본비용을 구성비율을 가중치로 하여 평균한 결과를 의미한다.

논의의 편의상 자금조달 원천을 자기자본(equity)과 타인자본(debt)으로 구분하여 이들의 자본비용을 각각 k_e와 k_d로 표기하도록 한다. 그렇다면 가중평균 자본비용(k_a)은 다음과 같이 산정된다.

$$k_a = \frac{D}{D+E} \cdot k_d + \frac{E}{D+E} \cdot k_e \quad\cdots\cdots\cdots\cdots\cdots\cdots\cdots\cdots\cdots (4-5)$$

식 $(4-5)$에서 D는 타인자본 규모를 의미하고 E는 자기자본 규모를 의미한다. 따라서 $(D+E)$는 총자산(total asset)이 된다.

MM 이전의 재무구조이론

재무구조이론은 Modigliani와 Miller(MM)가 본격적으로 발전시켰다. MM 이전의 논의는 이론적 짜임보다는 의견 수준에 머물러 있었다고 볼 수 있다. 이와 같은 관점에서 MM 이전의 재무구조이론은 간략히 소개만 하도록 한다.

MM 이전의 재무구조이론은 순이익 접근법(net income approach), 전통적 접근법(traditional approach), 순영업이익 접근법(net operating income approach) 등의 세 가지로 요약될 수 있다.

순이익 접근법은 k_d와 k_e가 부채의 증감에 관계없이 일정하다고 가정하였다. 일반적으로 k_d는 k_e보다 작으므로, 식 (4−5)에서 볼 수 있듯이, 타인자본의 규모 D가 증가하면 k_a는 작아지게 된다. 즉, 순이익 접근법에 따르면 타인자본의 규모가 증가할수록 k_a가 작아지고, k_a가 작아지면 결과적으로 기업가치가 증가하게 된다.

전통적 접근법은 타인자본의 규모가 늘어감에 따라 재무위험이 커지므로 k_d와 k_e가 아울러 증가한다고 가정하였다.

그런데 타인자본이 낮은 수준에 있을 때에는 k_d가 k_e보다 낮다는 이점이 재무위험으로 인한 자본비용의 상승분을 능가하므로 결과적으로 기업가치는 상승한다고 보았다.

하지만 타인자본이 어느 수준을 넘어서면 k_d가 k_e보다 낮다는 이점이 재무위험으로 인한 자본비용의 상승분을 하회하므로 결과적으로 기업가치는 하락한다고 보았다.

즉, 전통적 접근법에 따르면 타인자본의 규모가 증가할 때 특정 수준 이하에서는 기업가치가 증가하고 타인자본의 규모가 특정 수준을 넘어서면 기업가치가 하락하게 된다.

순영업이익 접근법은 타인자본의 규모가 늘어감에 따라 재무위험이 커지기는 하지만 이는 k_e의 증가만 초래할 뿐 k_d는 변화가 없다고 가정한다. 아울러 k_d가 k_e보다 낮다는 이점이 재무위험으로 인한 k_e의 상승분을 정확하게 상쇄하여 결과적으로 k_a의 변화는 없다고 본다. 즉, 순영업이익 접근법에 따르면 타인자본의 규모에 관계없이 k_a가 일정하므로 기업가치가 변화하지 않는다.

MM은 1958년의 논문에서 재무구조는 기업가치를 변화시키지 않는다는 사실을 완전 자본시장(perfect capital market) 가정하에서 증명하였다.[2]

동일한 자산규모와 경영위험을 가지고 있는 L회사와 U회사를 상정한다. L회사(levered firm)는 D만큼의 타인자본을 사용하고 있고, U회사(unlevered firm)는 필요한 자금을 모두 자기자본으로 조달하고 있다. 그렇다면 이 두 회사의 재무상태표(statement of financial position : FP)는 다음과 같다.

L회사의 기업가치를 V_L이라 하고 U회사의 기업가치를 V_U라 하면, V_L은 $(D_L + E_L)$이 되고 V_U는 E_U가 된다.

L회사의 타인자본 사용에 따른 현금유출을 $\tilde{R}$이라 하자. 그리고, 1년 동안의 영업이익을 $\widetilde{OI}$라 하고 1년 후의 재투자액을 $\tilde{I}$라 하자.

L회사와 U회사의 경영위험이 같다고 가정하였으므로 두 회사의 영업이익은 동일하다. 그리고 완전 자본시장에서는 정보비용이 없으므로 두 회사의 재투자액도 동일하다. 즉, L회사의 경영자가 $\tilde{I}$를 최적 재투자액으로 판단하였다면 같은 정보를 가지고 있는 U회사의 경영자도 동일한 판단을 할 것이다.

MM(1958)은 V_L이 V_U와 같다는 것을 증명한 것으로 요약될 수 있다. 이를 증명하기 위하여 우선 V_L이 V_U보다 클 때의 재정 이익(arbitrage profit)을 얻기 위한 투자전략과 현금흐름을 보도록 한다.

재정 이익을 얻기 위한 투자전략은 다음과 같다.

❶ L회사의 주식 E_L을 α%만큼 실물로 빌려서 매각(short selling)한다.

❷ 금융시장에서 L회사의 부채 D_L의 α%만큼을 차입한다. 이때의 차입조건은 L회사의 차입조건과 같도록 한다.

❸ U회사의 주식 E_U를 α%만큼 매입한다. 이때의 매입자금으로는 ❶에서의 매각대금과 ❷에서의 차입자금을 사용한다.

---

2 MM은 기업의 부채에 대해서 변제불능(default) 위험이 없다고 가정하였으므로, 주주가치 극대화와 기업가치 극대화가 동일한 의미를 가진다. 이와 같은 관점에서 여기에서는 편의상 주주가치 대신에 기업가치라는 용어를 쓰도록 한다.

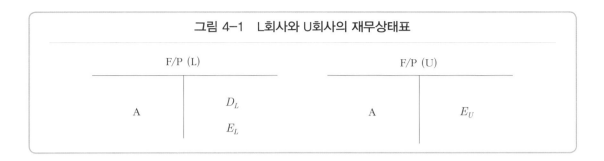

그림 4-1   L회사와 U회사의 재무상태표

F/P (L)		F/P (U)	
A	D_L E_L	A	E_U

표 4-1   투자전략의 포지션과 현금흐름

position	$\alpha \cdot E_U - \alpha \cdot E_L - \alpha \cdot D_L$
CF_0	$\alpha \cdot (V_L - D_L) + \alpha \cdot D_L - \alpha \cdot V_U = \alpha \cdot (V_L - V_U)$
CF_1	$\alpha \cdot (\widetilde{OI} - \tilde{I}) - \alpha \cdot (\widetilde{OI} - \tilde{I} - \tilde{R}) - \alpha \cdot \tilde{R} = 0$

위의 투자전략 중 ❷에서의 차입은 기업이 아닌 투자자 개인 차원에서 기업의 조건과 동등하게 이루어진 것이며, 이와 같은 관점에서 동 차입을 기업모방 개인부채(home-made leverage)라고 한다.

재정 이익을 얻기 위한 투자전략으로 인한 현재 시점의 현금흐름(CF_0)과 1년 후 시점의 현금흐름(CF_1)은 〈표 4-1〉과 같이 정리될 수 있다.

〈표 4-1〉에서 포지션은 재정 이익을 얻기 위한 투자전략의 결과 갖게 된 금융자산의 구성내용을 의미하며, 이는 곧 동 투자전략을 취한 투자자의 권리 혹은 의무를 나타낸다.

〈표 4-1〉에서 CF_0은 V_L이 V_U보다 크다고 전제하였으므로 영(zero)보다 크다. 그런데 CF_1은 영으로서 미래 시점에서 투자위험이 없다는 것을 의미한다. 즉, $\alpha \cdot (V_L - V_U)$는 일종의 재정 이익이 된다.

따라서 완전 자본시장 하에서는 재정 이익이 있을 수 없다는 관점에서 V_L이 V_U보다 크다는 전제는 부인된다. 그리고 V_L이 V_U보다 작다는 전제에서는 $\alpha \cdot (V_U - V_L)$만큼의 재정 이익이 발생하므로, 이 또한 완전 자본시장 하에서 부인된다.

즉, 완전 자본시장을 가정한다면 V_L은 V_U보다 클 수도 작을 수도 없으므로 V_L은 V_U와 같다는 결론을 유도할 수 있다. 이와 같은 결론은 MM의 제1명제(Proposition I)라고 한다.

MM의 제1명제는 자본비용 k의 관점에서 그 내용을 다시 논의할 수 있다.

식 (4−5)를 자기자본비용 k_e에 대하여 다시 정리하면 다음과 같다.

$$k_e = k_a + (k_a - k_d) \cdot \frac{D}{E} \quad\cdots\cdots\cdots\cdots\cdots\cdots\cdots\cdots\cdots\cdots\cdots\cdots\cdots (4-6)$$

MM의 제1명제는 타인자본의 사용에 관계없이 가중평균 자본비용 k_a가 일정하다는 것을 의미한다. 그리고 타인자본은 지급불능 위험이 없다고 하였으므로 k_d도 타인자본 D의 규모에 관계없이 일정하다. 현재 존재하고 있는 회사는 계속기업(going concern)으로 보아야 하므로 k_a는 일반적으로 k_d보다 크다.

이와 같은 전제하에서 식 (4−6)은 자기자본비용 k_e는 타인자본 D의 규모가 커질수록 계속 증가한다는 것을 보여주고 있다. D/E를 부채비율(debt ratio)이라고 하는데, 이 용어를 사용하면 k_e는 부채비율이 증가함에 따라 비례적으로 커진다고 볼 수 있다. 이와 같은 결론을 MM의 제2명제(Proposition II)라고 한다.

식 (4−6)을 그림으로 표시하면 〈그림 4−2〉와 같다.

〈그림 4−2〉는 부채비율이 증가할 때에 자기자본비용 k_e가 비례적으로 커지는 모습을 보여주고 있다.

〈그림 4−2〉에서 가중평균 자본비용 k_a가 타인자본비용 k_d보다 위에 자리하고 있는 것은 최근에 언론에서 자주 언급되고 있는 이자보상비율(interest coverage ratio)이 1보다 크다는 것을

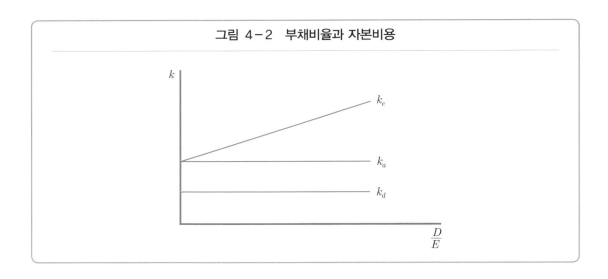

그림 4−2　부채비율과 자본비용

의미한다. 즉, 이는 계속기업의 기본요건이라 할 수 있다.

그렇다면 〈그림 4-2〉에서 k_e가 k_a보다 위에 자리하고 있는 것은 k_a가 k_d보다 큼으로써 발생하는 순이익(operating earnings after interest payment) 때문으로 이해될 수 있다. 또한, 이는 k_a가 일정한 상태에서 k_e보다 낮은 k_d의 자본비용으로 저렴하게 자금을 조달함으로써 발생하는 이득의 크기로 이해될 수도 있다.

MM 이전 재무구조이론의 하나인 순영업이익(NOI) 접근법과 MM(1958)의 제1명제 및 제2명제는 결론이 같다. 하지만 그 내용은 다르다.

MM은 완전 자본시장을 가정하고 타인자본의 지급불능 위험을 배제하였다. 반면에, NOI법은 완전 자본시장에 관한 언급이 없으면서 지급불능 위험을 감안하였다.

MM의 제1명제에 있어서 MM은 완전 자본시장 하에서 재정 이익은 발생할 수 없다는 논리를 사용하였는데, NOI법은 타인자본 D의 증가에 따른 재무위험의 단점과 k_d가 k_e보다 낮다는 장점이 모든 D의 수준에서 정확하게 상쇄된다는 논리를 사용하였다.

MM의 제2명제에 있어서 MM은 k_e의 증가를 k_a가 k_d보다 크다는 관점에서 설명하고 있는 데에 반하여, NOI법은 k_e의 증가를 자기자본 투자자가 타인자본의 사용에 따른 재무위험에 대하여 추가 보상을 요구한다는 관점에서 설명하고 있다.

즉, MM의 제2명제에서 k_e의 증가는 k_a보다 작은 k_d의 자본비용을 갖는 타인자본의 존재로 인하여 발생한다고 본다. 이는 타인자본의 존재로 인하여 주주에게 귀속되는 현금흐름의 변동성이 영업이익 현금흐름의 변동성보다 증폭된다는 것을 의미한다. 이와 같은 변동성의 증폭 현상을 재무 레버리지 효과(financial leverage effect)라고 한다.

하지만 NOI법에서 타인자본의 사용에 따라 재무위험이 발생한다고 하면서 k_d는 D의 수준에 관계없이 일정하다고 전제한 것은 자기모순(self-contradiction)이라고 할 수 있다.

section 06 MM(1963)

MM은 1963년의 논문에서 완전 자본시장 가정하에서 법인세(corporate tax)를 예외로 허용하면 타인자본의 사용에 따라 기업가치가 증가한다고 주장하였다.

〈그림 4−1〉에서 D_L이 40억 원이고 E_L이 60억 원인 L회사와 E_U가 100억 원인 U회사의 경우를 상정한다. 법인세율 τ_c이 30%이고, D_L의 이자율 k_d가 10%라고 하고, 1년 동안의 영업이익 OI가 15억 원이라고 하자.

이 경우에 1년 동안의 기업가치 증가분 ΔV_L과 ΔV_U를 계산해 보도록 한다. 우선, ΔV_L은 다음과 같이 계산될 수 있다.

$$\Delta D_L = 40 \times 0.1 = 4 \cdots\cdots\cdots\cdots\cdots\cdots\cdots\cdots\cdots\cdots\cdots\cdots (4-7)$$
$$\Delta E_L = (15 - 4) \times (1 - 0.3) = 7.7 \cdots\cdots\cdots\cdots\cdots\cdots\cdots\cdots (4-8)$$

타인자본을 사용하고 있는 L회사의 기업가치 증가분 ΔV_L은 타인자본의 가치 증가분 ΔD_L과 자기자본의 가치 증가분 ΔE_L의 합으로 계산된다.

식 (4−7)에서 개인소득세는 없다고 가정하였으므로 L회사의 채권자가 얻는 실질소득은 4억 원이 된다. 즉, 타인자본의 가치 증가분 ΔD_L은 4억 원이 된다.

식 (4−8)에서 과세소득은 지급이자를 비용으로 처리하여 11억 원이 되고 이에 대한 법인세 후에 L회사의 주주가 얻는 실질소득은 7.7억 원이 된다. 즉, 자기자본의 가치 증가분 ΔE_L은 7.7억 원이 된다.

따라서 L회사의 기업가치 증가분 ΔV_L은 ΔD_L과 ΔE_L의 합으로서 11.7억 원이 된다.

다음으로 자기자본만을 사용하고 있는 U회사의 기업가치 증가분 ΔV_U는 다음과 같이 계산된다.

$$\Delta E_U = 15 \times (1 - 0.3) = 10.5 \cdots\cdots\cdots\cdots\cdots\cdots\cdots\cdots\cdots\cdots (4-9)$$

U회사는 타인자본을 사용하고 있지 않으므로 기업가치 증가분 ΔV_U는 자기자본의 가치 증가분 ΔE_U와 동일하게 된다. 즉, ΔV_U는 10.5억 원이다.

따라서 MM(1958)의 경우와는 달리 법인세가 허용되면, 타인자본을 사용하고 있는 L회사의 기업가치 ΔV_L과 자기자본만을 사용하고 있는 U회사의 기업가치 증가분 ΔV_U는 다르다.

ΔV_L과 ΔV_U의 차이는 1.2억 원으로서 ΔV_L이 ΔV_U보다 크다. 이는 다음과 같이 정리될 수 있다.

$$\Delta V_L = \Delta V_U + 1.2 \quad\cdots\cdots\cdots\cdots\cdots\cdots\cdots\cdots\cdots\cdots\cdots\cdots\cdots\cdots\cdots\cdots\cdots\cdots (4-10)$$

위에서의 논의는 1년 동안만을 대상으로 이루어진 것이다. 두 회사를 계속 기업으로 보고 이와 같은 과정이 영원히 반복된다면 ΔV_L과 ΔV_U의 차이 1.2억 원은 일종의 영구채권 현금흐름으로 간주할 수 있다. 그렇다면, 이와 같은 영구채권 현금흐름의 현재가치 DIF_0는 식 (2-2)를 이용하여 다음과 같이 계산될 수 있다.

$$DIF_0 = \frac{1.2}{0.1} = 12 \quad\cdots\cdots\cdots\cdots\cdots\cdots\cdots\cdots\cdots\cdots\cdots\cdots\cdots\cdots\cdots\cdots\cdots\cdots (4-11)$$

위의 식에서 할인율 k로는 D_L의 이자율 10%를 적용하였다. ΔV_L과 ΔV_U의 차이 1.2억 원이 갖는 현금흐름의 변동성과 D_L의 이자가 갖는 현금흐름의 변동성이 동일하기 때문이다.

그렇다면 타인자본을 사용하고 있는 L회사의 현재 시점 기업가치 V_L과 자기자본만을 사용하고 있는 U회사의 현재 시점 기업가치 V_U의 관계는 식 (4-10)과 식 (4-11)을 이용하여 다음과 같이 정리될 수 있다.

$$V_L = V_U + DIF_0 = V_U + 12 \quad\cdots\cdots\cdots\cdots\cdots\cdots\cdots\cdots\cdots\cdots\cdots\cdots\cdots\cdots (4-12)$$

식 (4-12)에서 기업가치의 차이 12억 원은 법인세의 존재로 인하여 발생한 타인자본의 세금 혜택(tax benefit)의 크기로 이해될 수 있다. 이와 같은 관점에서 식 (4-12)를 일반화하면 다음과 같다.

$$V_L = V_U + \frac{D_L \cdot k_d \cdot \tau_c}{k_d} = V_U + \tau_c \cdot D_L \quad\cdots\cdots\cdots\cdots\cdots\cdots\cdots\cdots\cdots\cdots (4-13)$$

식 (4-13)에서 볼 수 있듯이, V_L과 V_U의 차이 DIF_0는 $\tau_c \cdot D_L$이다. 즉, DIF_0는 타인자본의 규모 D_L의 증가함수로 이해될 수 있다. 이를 그림으로 표시하면 〈그림 4-3〉과 같다.

〈그림 4-3〉에서 볼 수 있듯이, MM(1963)의 경우에는 타인자본을 사용하면 할수록 기업가치는 무한정 증가한다. 따라서, 이때의 최적 의사결정은 타인자본을 시장이 허용하는 한 최대

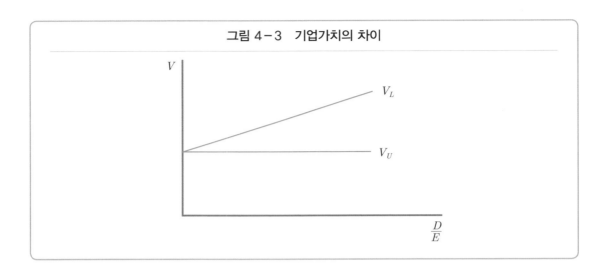

그림 4-3 기업가치의 차이

한 사용하는 것이라 할 수 있다.

MM(1963)을 MM(1958)의 제2명제와 관련하여 자본비용 k의 관점에서 그 내용을 다시 논의할 수 있다.

식 (4-5)를 MM(1963)의 논리에서 다시 정리하면 다음과 같다.

$$k_a^L = \frac{D}{D+E} \cdot k_d \cdot (1-\tau_c) + \frac{E}{D+E} \cdot k_e^L \quad\cdots\cdots\cdots\cdots\cdots\cdots\cdots\cdots\cdots\cdots\cdots\cdots\cdots (4-14)$$

위에서 k_a^L과 k_e^L은 타인자본을 사용하는 L회사의 가중평균 비용과 자기자본비용을 각각 뜻한다.

식 (4-14)는 법인세가 존재할 때에 타인자본의 실질적인 자본비용은 세금 혜택을 감안하여 $k_d \cdot (1-\tau_c)$가 되며 법인세가 없을 경우의 k_d보다 작아진다는 것을 보여주고 있다.

식 (4-14)를 k_e^L에 대하여 정리하여 식 (4-6)의 형태로 표시하면 다음과 같다.

$$k_e^L = k_a^L + [k_a^L - k_d \cdot (1-\tau_c)] \cdot \frac{D}{E} \quad\cdots\cdots\cdots\cdots\cdots\cdots\cdots\cdots\cdots\cdots\cdots\cdots (4-15)$$

그리고 타인자본을 사용하는 L회사의 자기자본비용 k_e^L과 자기자본만을 사용하는 U회사의 자기자본비용 k_e^U의 관계는 다음과 같다.

$$k_e^L = k_e^U + (k_e^U - k_d) \cdot \frac{D}{E} \cdot (1 - \tau_c) \cdots\cdots\cdots\cdots\cdots\cdots\cdots\cdots\cdots (4-16)$$

자기자본만을 사용하는 U회사의 가중평균 비용 k_a^U와 자기자본비용 k_e^U가 같다는 점을 이용하여 식 (4−16)을 다시 정리하면 다음과 같다.

$$k_e^L = k_e^U + (k_a^U - k_d) \cdot \frac{D}{E} \cdot (1 - \tau_c) \cdots\cdots\cdots\cdots\cdots\cdots\cdots\cdots\cdots (4-17)$$

k_e^L을 산정하는 식 (4−15)와 식 (4−17)에서 $(1-\tau_c)$의 위치를 눈여겨볼 필요가 있다.

식 (4−15)에서는 k_e^L을 k_a^L과 직접 비교했으므로 k_d에 $(1-\tau_c)$를 곱하여 타인자본비용만 조정해 주면 되고, 이는 식 (4−6)에서와 동일한 논리가 적용된 것으로 이해될 수 있다. 즉, k_a^L은 타인자본의 사용에 따른 효과가 반영이 된 가중평균 자본비용이다.

하지만 식 (4−17)은 k_e^L을 k_a^U의 함수로 표시한 것이므로 식 (4−15)가 근거한 식 (4−14)와는 직접 연계되지 않는다. 이는 k_a^U가 타인자본의 사용에 따른 효과가 반영되지 않은 가중평균 자본비용이기 때문이다.

식 (4−16) 혹은 식 (4−17)은 타인자본을 사용했을 때의 자기자본비용 k_e^L이 타인자본을 사용하지 않았을 때의 가중평균 자본비용 k_a^U 혹은 자기자본비용 k_e^U보다 크다는 것을 보여주고 있다. 그리고 그 차이를 의미하는 식 (4−16)과 식 (4−17)의 우변의 두 번째 항은 법인세가 없을 때에는 단순하게 가중평균 자본비용과 타인자본비용의 차이에 비례하였는데, 법인세가 있을 때에는 그 차이가 법인세율 τ_c만큼 줄어든 것에 비례한다는 것을 말해 주고 있다.

한편, 위의 식 (4−14)의 k_e^L에 식 (4−16)을 대입시키면 k_a^L을 k_e^U의 함수로 표시할 수 있는데, 이는 다음과 같이 정리된다.

$$k_a^L = \left(1 - \tau_c \cdot \frac{D}{D+E}\right) \cdot k_e^U \cdots\cdots\cdots\cdots\cdots\cdots\cdots\cdots\cdots (4-18)$$

마찬가지로 위의 식 (4−14)의 k_e^L에 식 (4−17)을 대입시키면 k_a^L을 k_a^U의 함수로 표시할 수 있는데, 이는 다음과 같이 정리된다.

$$k_a^L = \left(1 - \tau_c \cdot \frac{D}{D+E}\right) \cdot k_a^U \quad \cdots\cdots\cdots\cdots\cdots\cdots\cdots\cdots\cdots (4-19)$$

위의 식 $(4-18)$ 혹은 식 $(4-19)$에서 볼 수 있듯이, 법인세가 없다면, 즉 법인세율 τ_c가 영(zero)이라면, k_a^L은 k_e^U나 k_a^U와 같게 된다. 즉, 이 경우에는 V_L과 V_U는 같다.

그리고 법인세가 있다면, 즉 법인세율 τ_c가 영보가 크다면, k_a^L은 k_e^U나 k_a^U보다 작아지게 된다. 즉, 이 경우에는 V_L이 V_U보다 크다.

식 $(4-18)$과 식 $(4-19)$에서 볼 수 있듯이, 타인자본 D가 무한하게 증가하면 k_a^L은 계속 작아지면서 $(1-\tau_c) \cdot k_e^U$ 혹은 $(1-\tau_c) \cdot k_a^U$에 근접하게 되고, 타인자본 D가 무한하게 감소하여 영(zero)이 되면 k_a^L은 계속 커지면서 k_e^U나 k_a^U와 같게 된다. 즉, k_a^L은 D의 크기에 따라 다음의 범위에서 움직이게 된다.

$$k_a^U \geqq k_a^L > (1-\tau_c) \cdot k_a^U \quad \cdots\cdots\cdots\cdots\cdots\cdots\cdots\cdots\cdots (4-20)$$

위의 식 $(4-20)$은 타인자본을 사용하면 기업가치가 증가하며 자기자본만을 사용하는 경우의 기업가치는 타인자본을 사용하는 경우의 기업가치를 능가할 수 없다는 사실을 보여주고 있다.

section 07 **Miller(1977)**

1 **기업가치의 변화**

Miller는 1977년의 논문에서 완전 자본시장 가정하에서 법인세(corporate tax)와 개인소득세(personal tax)를 예외로 허용하면 타인자본의 사용 여부에 관계없이 기업가치는 일정하다고 주장하였다.

Miller(1977)는 법인세와 개인소득세를 예외로 허용하였다는 점에서 MM(1958)과 다르다.

Miller(1977)는 MM(1958)과 결론이 다른데, 그 이유는 개인소득세의 허용으로 인하여 기업 차원에서의 세금 혜택이 개인 차원에서 모두 상쇄되기 때문이다.

MM(1963)의 예에서와 같이, D_L이 40억 원이고 E_L이 60억 원인 L회사와 E_U가 100억 원인 U회사의 경우를 상정한다. 법인세율 τ_c가 30%이고, D_L의 이자율 k_d가 10%라고 하고, 1년 동안의 영업이익 OI가 15억 원이라고 하자. 그리고 개인소득세율을 도입하여 자기자본 관련 개인소득세율을 τ_{pe}를 15%라 하고, 타인자본 관련 개인소득세율을 τ_{pd}를 25%라 한다.

이러한 경우에 1년 동안의 기업가치 증가분 ΔV_L과 ΔV_U를 계산해 보도록 한다. 우선, ΔV_L은 다음과 같이 계산될 수 있다.

$$\Delta D_L = 40 \times 0.1 \times (1-0.25) = 3 \quad\text{························(4-21)}$$

$$\Delta E_L = (15-4) \times (1-0.3) \times (1-0.15) = 6.545 \quad\text{···········(4-22)}$$

식 (4-21)에서, 타인자본의 가치 증가분 ΔD_L은 개인소득세가 없을 때에는 4억 원이었으나 개인소득세가 도입되어 세금 1억 원을 납부하면 실질소득은 3억 원이 된다.

식 (4-22)에서 자기자본의 가치 증가분 ΔE_L은 개인소득세가 없을 때에는 7.7억 원이었으나 개인소득세가 도입되어 세금 1.155억 원을 납부하면 실질소득은 6.545억 원이 된다.

따라서 L회사의 기업가치 증가분 ΔV_L은 개인소득세가 없을 때에는 11.7억 원이었으나 개인소득세가 도입되어 세금 2.155억 원을 납부하면 실질소득은 9.545억 원이 된다.

다음으로 자기자본만을 사용하는 U회사의 기업가치 증가분 ΔV_U는 다음과 같이 계산될 수 있다.

$$\Delta E_U \equiv 15 \times (1-0.3) \times (1-0.15) = 8.925 \quad\text{············(4-23)}$$

U회사는 타인자본을 사용하고 있지 않으므로 기업가치 증가분 ΔV_U는 자기자본의 가치 증가분 ΔE_U와 동일하게 된다. 즉, ΔV_U는 8.925억 원이다.

$\varDelta V_L$과 $\varDelta V_U$의 차이는 0.62억 원으로서 $\varDelta V_L$이 $\varDelta V_U$보다 크다. 하지만 개인소득세가 없었을 때 $\varDelta V_L$과 $\varDelta V_U$의 차이는 1.2억 원이었는데, 개인소득세가 도입된 후에 $\varDelta V_L$과 $\varDelta V_U$의 차이는 0.62억 원으로 크게 감소하였음을 알 수 있다.

이와 같은 $\varDelta V_L$과 $\varDelta V_U$의 차이 0.62억 원은 다음과 같이 계산되었다.

$$\varDelta V_L - \varDelta V_U = 0.1 \cdot 40 \cdot (1-0.25) \cdot \left[1 - \frac{(1-0.3)(1-0.15)}{(1-0.25)} \right] = 0.62 \cdots\cdots\cdots\cdots (4-24)$$

우선, 이를 일반화시키면 다음과 같다.

$$DIF = \varDelta V_L - \varDelta V_U = k_d \cdot D_L \cdot (1-\tau_{pd}) \cdot \left[1 - \frac{(1-\tau_c)(1-\tau_{pe})}{(1-\tau_{pd})} \right] \cdots\cdots\cdots\cdots (4-25)$$

법인세와 개인소득세가 허용되었을 때의 타인자본의 가치 증가분 $\varDelta D_L$과 자기자본의 가치 증가분 $\varDelta E_L$을 일반화시키면 다음과 같다.

$$\varDelta D_L = k_d \cdot D_L \cdot (1-\tau_{pd}) \cdots\cdots\cdots\cdots\cdots\cdots\cdots\cdots\cdots\cdots (4-26)$$

$$\varDelta E_L = (OI - k_d \cdot D_L) \cdot (1-\tau_c) \cdot (1-\tau_{pe}) \cdots\cdots\cdots\cdots\cdots\cdots (4-27)$$

타인자본을 사용하는 L회사의 기업가치 증가분 $\varDelta V_L$은 식 (4-26)과 식 (4-27)에서의 $\varDelta D_L$과 $\varDelta E_L$의 합으로서 다음과 같이 계산된다.

$$\varDelta V_L = (OI - k_d \cdot D_L) \cdot (1-\tau_c) \cdot (1-\tau_{pe}) + k_d \cdot D_L \cdot (1-\tau_{pd}) \cdots\cdots\cdots\cdots (4-28)$$

그리고 자기자본만을 사용하는 U회사의 기업가치 증가분 $\varDelta V_U$는 D_L이 영(zero)일 때 식 (4-27)의 $\varDelta E_L$로서 다음과 같이 계산된다.

$$\Delta V_U = OI \cdot (1 - \tau_c) \cdot (1 - \tau_{pe}) \quad \cdots\cdots\cdots\cdots\cdots\cdots\cdots\cdots\cdots\cdots (4-29)$$

식 $(4-29)$를 이용하여 식 $(4-28)$을 다시 정리하면 다음과 같다.

$$\Delta V_L = \Delta V_U + k_d \cdot D_L \cdot (1 - \tau_{pd}) \cdot \left[1 - \frac{(1-\tau_c)(1-\tau_{pe})}{(1-\tau_{pd})} \right] \cdots\cdots\cdots\cdots (4-30)$$

식 $(4-30)$에서 우변의 두 번째 항은 식 $(4-25)$와 같다. 지금까지의 논의는 1년 동안만을 대상으로 이루어진 것이다.

두 회사를 계속기업으로 보고 이와 같은 과정이 영원히 반복된다면 ΔV_L과 ΔV_U의 차이인 식 $(4-25)$는 일종의 영구채권 현금흐름으로 간주할 수 있다.

그렇다면 이와 같은 영구채권 현금흐름의 현재가치 DIF_0는 식 $(2-2)$를 이용하여 다음과 같이 계산될 수 있다.

$$DIF_0 = \frac{DIF}{k_d \cdot (1 - \tau_{pd})} = D_L \cdot \left[1 - \frac{(1-\tau_c)(1-\tau_{pe})}{(1-\tau_{pd})} \right] \cdots\cdots\cdots\cdots\cdots\cdots\cdots (4-31)$$

위의 영구채권 현금흐름의 가치 산정에서 할인율 k로는 $k_d \cdot (1 - \tau_{pd})$를 적용하였다. 이는 ΔV_L과 ΔV_U의 차이 DIF가 갖는 현금흐름의 변동성과 D_L로부터의 세후 현금흐름의 변동성이 동일하기 때문이다.

그렇다면 법인세와 개인소득세가 동시에 허용되었을 때, 타인자본을 사용하고 있는 L회사의 현재 시점 기업가치 V_L과 자기자본만을 사용하고 있는 U회사의 현재 시점 기업가치 V_U의 관계는 다음과 같이 정리될 수 있다.

$$V_L = V_U + {\sim}DIF_0 = V_U + D_L \cdot \left[1 - \frac{(1-\tau_c)(1-\tau_{pe})}{(1-\tau_{pd})} \right] \cdots\cdots\cdots\cdots\cdots\cdots (4-32)$$

식 $(4-32)$는 타인자본의 사용과 연계하여 발생하는 V_L과 V_U의 차이에 관한 일반 모형

(generalized model)으로 볼 수 있다.

MM(1958)은 법인세, 개인소득세 등을 모두 배제한 상태에서 타인자본 사용의 효과를 논하였는데, 식 $(4-32)$에서 τ_c, τ_{pe}, τ_{pd} 등에 모두 영(zero)을 대입하면 V_L은 V_U와 동일하다는 결론이 도출된다.

MM(1963)은 개인소득세를 배제하고 법인세만을 허용한 상태에서 타인자본 사용의 효과를 논하였는데, 식 $(4-32)$에서 τ_{pe}, τ_{pd} 등에 모두 영(zero)을 대입하면 V_L과 V_U의 차이가 $\tau_c \cdot D_L$이라는 결론이 식 $(4-13)$에서와 같이 도출된다.

그리고 개인소득세를 아울러 허용하더라도 τ_{pe}와 τ_{pd}가 서로 같은 경우에는 식 $(4-13)$에서와 같이 V_L과 V_U의 차이는 $\tau_c \cdot D_L$이 된다.

2 회사채의 시장 균형

Miller(1977)의 회사채의 균형 시장에서 정해지는 법인세율 τ_c와 이자소득에 대한 개인소득세율 τ_{pd}의 관계를 설명하였다.

미국에서는 지방정부(municipalities) 등이 발행하는 채권으로부터의 이자소득에 대하여 면세혜택을 주고 있다. 이와 같은 면세채권(tax-exempt bond)의 발행이자율을 k_0라 하자.

반면에, 회사가 발행하는 채권으로부터의 이자소득에 대해서는 면세혜택이 없고 개인소득으로서 과세대상이 된다. 이와 같은 회사 채권(corporate bond)의 발행이자율을 k_c라 하자.

이와 같이 면세채권과 과세채권이 동시에 존재할 경우에는 과세채권인 회사채의 수요와 공급은 면세채권의 이자율 k_0에 의하여 영향을 받게 된다.

채권 투자자의 입장에서의 세후 수익률을 보면, 면세채권의 경우에는 세금이 과세되지 않으므로 이자율 k_0가 그대로 실제 수익률이 되는 반면에, 과세채권인 회사채의 경우에는 세금이 부과되므로 회사채의 이자율 k_c에서 세금을 공제한 $k_c \cdot (1-\tau_{pd})$가 실제 수익률이 될 것이다.

따라서 채권 투자자는 k_0와 $k_c \cdot (1-\tau_{pd})$의 상대적인 크기를 비교하여 면세채권과 회사 채권 중에서 하나를 선택할 것이다. 이는 자기 자신의 한계 소득세율 τ_{pd}의 수준에 따라 달라진다.

하지만 확실한 것은 채권 투자자가 회사 채권을 선택하기 위해서는 $k_c \cdot (1-\tau_{pd})$가 k_0보다는 커야 한다는 사실이다. 이는 k_0가 회사채의 수요 관점에서 회사채로부터의 실질 수익률 $k_c \cdot (1-\tau_{pd})$의 최소치가 된다는 것을 의미한다.

그렇다면 $k_c \cdot (1 - \tau_{pd})$가 k_0와 같도록 하는 k_c는 회사채를 선택하도록 하는 최소한의 회사채 수익률로 이해될 수 있다. 이와 같은 관점에서 회사채의 수요함수를 k_c와 k_0의 관계로 정리하면 다음과 같다.

$$k_c^D = \frac{k_0}{1 - \tau_{pd}} \quad \cdots\cdots\cdots\cdots\cdots\cdots\cdots\cdots\cdots\cdots\cdots\cdots\cdots\cdots\cdots\cdots\cdots\cdots\cdots\cdots\cdots\cdots (4-33)$$

위의 식에서 k_c^D는 수요 측면에서 본 회사채 수익률을 의미한다. 식 $(4-33)$은 k_c^D가 우변보다 클 경우에 한하여 면세채권 대신에 회사채를 선택한다는 것을 보여주고 있다.

회사채 공급자인 기업의 입장에서 보면, 회사채의 발행을 통한 자금조달비용은 k_c가 아니라 지급이자를 비용처리하고 난 후의 $k_c \cdot (1 - \tau_c)$가 된다.

법인세율 τ_c는 모든 기업에 동일하게 적용되는 것으로 가정하고,[3] 모든 회사채가 지급불능 위험이 없는 것으로 가정한다. 이와 같은 가정하에서는 한 경제시스템 내의 모든 회사채는 하나의 동질적인 채권으로 볼 수 있다.

기업은 회사채를 발행할 때에 실질적인 자금조달 비용 $k_c \cdot (1 - \tau_c)$를 면세채권의 수익률 k_0와 비교할 것이다.

만약에 $k_c \cdot (1 - \tau_c)$가 k_0보다 작다면, 기업은 회사채를 무제한 발행한 후 이 자금으로 면세채권을 구입함으로써 재정 이익을 취하려 할 것이다. 그렇다면 면세채권의 수요가 증가하여 k_0를 하락하도록 하고, 회사채의 공급이 증가하여 k_c를 상승하도록 한다. 이와 같은 수요와 공급의 변화는 $k_c \cdot (1 - \tau_c)$가 k_0와 같아질 때까지 지속될 것이다. 따라서, $k_c \cdot (1 - \tau_c)$는 k_0보다 작을 수 없다.

반대로 $k_c \cdot (1 - \tau_c)$가 k_0보다 크다면, 한계 소득세율(marginal income tax rate)이 τ_c보다 작은 사람은 물론이고 τ_c보다 큰 사람의 일부도 회사채를 수용하게 된다. 그렇다면 면세채권의 수요가 감소하여 k_0를 상승하도록 하고, 회사채의 수요가 증가하여 k_c를 하락하도록 한다. 이와 같은 수요와 공급의 변화는 $k_c \cdot (1 - \tau_c)$가 k_0와 같아질 때까지 지속될 것이다. 따라서, 기업은 $k_c \cdot (1 - \tau_c)$가 k_0보다 크도록 k_c를 설정할 필요가 없다.

그렇다면 기업은 회사채를 발행할 때에 $k_c \cdot (1 - \tau_{pd})$가 k_0와 같아지도록 하는 수준에서 자

---

3 법인세율도 누진제가 적용되어 기업수익 규모에 따라 달라질 수 있다. 하지만 대부분의 경우에 상대적으로 적은 규모의 기업수익에 최고 세율을 적용하기 시작하므로, 정상적인 기업은 일반적으로 최고 법인세율에 해당된다고 볼 수 있다.

금조달비용 k_c를 설정할 것이다. 이와 같은 관점에서 회사채의 공급함수를 k_e와 k_0의 관계로 정리하면 다음과 같다.

$$k_c^S = \frac{k_0}{1-\tau_c} \quad \cdots\cdots\cdots\cdots\cdots\cdots\cdots\cdots\cdots\cdots\cdots\cdots\cdots\cdots\cdots\cdots (4-34)$$

식 (4−34)에서 k_c^S는 공급 측면에서 본 회사채 수익률을 의미한다. 식 (4−33)은 k_c^D가 우변보다 작을 경우는 시장이 허용치 않고 k_c^D가 우변보다 큰 경우는 기업이 원치 않을 뿐더러 그럴 필요도 없다는 사실을 말해 주고 있다.

이와 같은 회사채의 수요 측면과 공급 측면을 그림으로 표시하면 〈그림 4−4〉와 같다.

〈그림 4−4〉에서 D_T는 한 경제시스템 내에서 발행된 회사채의 총발행규모를 의미한다.

법인세율 τ_c가 모든 기업에 동일하게 적용되고 회사채의 지급불능 위험이 없다는 가정하에서는 한 경제시스템 내에서 발행된 모든 회사채는 동질의 금융상품이 된다는 점에서 〈그림 4−4〉에서 회사채의 수요와 공급은 개별 기업의 회사채가 아니라 시장 전체의 회사채를 대상으로 한 것이다.

〈그림 4−4〉에서 D_T^*는 시장 전체에서 수요와 공급이 일치하는 회사채의 균형 발행규모를 뜻하게 된다. 그리고 수요와 공급이 일치하는 균형 상태에서 τ_c와 τ_{pd}의 관계는 다음과 같다.

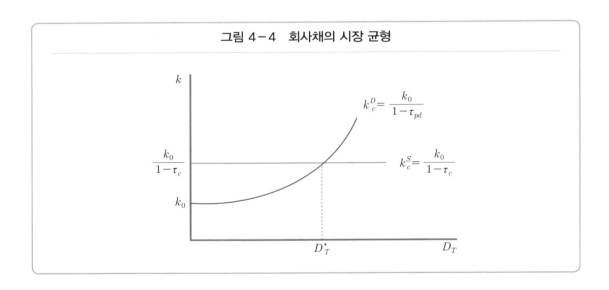

그림 4−4   회사채의 시장 균형

$$\frac{k_0}{1-\tau_{pd}} = \frac{k_0}{1-\tau_c} \leftrightarrow \tau_{pd} = \tau_c \cdots\cdots\cdots\cdots\cdots\cdots\cdots\cdots\cdots\cdots\cdots\cdots (4-35)$$

식 (4-35)에서 볼 수 있는 바와 같이, 회사채 시장이 균형 상태에 이르게 되면 이때의 τ_c 와 τ_{pd}는 서로 같게 된다.

3   무 관련 정리

Miller(1977)는 법인세와 개인소득세가 동시에 허용되었을 때 타인자본의 사용 여부는 기업 가치를 변화시키지 않는다고 하였다. 이와 같은 부채의 무 관련 정리(irrelevance theorem of debt) 는 τ_{pe}, τ_{pd}, τ_c 등의 상호 관계에 의해서 유도되고 있다.

Miller(1977)는 자기자본으로부터의 소득에 대한 개인소득세율 τ_{pe}은 영(zero)이 될 수 있다 고 보았다.

자기자본으로부터의 소득은 배당수입과 주가 차익이 있는데, 배당수입은 배당을 지급하지 않는 기업의 주식을 선택함으로써, 그리고 주가 차익은 주식을 매각하지 않음으로써, 세금을 피할 수 있다고 가정하였다.[4]

그리고 회사채 시장이 균형 상태에 도달하였을 때 τ_c와 τ_{pd}는 서로 같게 된다고 하였다.

그렇다면 식 (4-32)는 다음과 같이 다시 정리될 수 있다.

$$V_L = V_U + D_L \cdot \left[1 - \frac{(1-\tau_c)(1-\tau_{pe})}{(1-\tau_{pd})} \right] = V_U \cdots\cdots\cdots\cdots\cdots\cdots\cdots\cdots\cdots\cdots (4-36)$$

식 (4-36)에서 [ ]는 τ_{pe}가 영이고 τ_c와 τ_{pd}는 서로 같은 경우에 영이 된다. 즉, 법인세와 개 인소득세가 동시에 허용될 때, 타인자본의 사용은 기업가치를 변화시키지 않는다.

---

4 현재 미국은 배당수입과 주가 차익에 대하여 동일한 세율을 적용하고 있다. 하지만 대부분의 국가에서는 주가 차익에 는 배당수입보다 적은 세율을 적용한다. 한국도 예외가 아닌데, 한국의 경우는 더 나아가 주가 차익에는 아예 과세를 면제하고 있다. 따라서 Miller(1977)의 자기자본 소득 과세율에 관한 가정은 미국보다는 한국에 더 부합되는 내용이 라고 할 수 있다.

chapter 05

재무구조이론 II

section 01 MM과 Miller의 한계

MM(1958)과 Miller(1977)는 타인자본의 사용이 기업가치를 변경시킬 수 없다는 무 관련 정리 (irrelevance theorem of debt)의 결론을 도출하였다.

MM(1963)은 타인자본의 사용이 기업가치를 변경시킬 수 있으므로 되도록 많은 타인자본을 사용해야 한다는 결론을 도출하였다.

위의 세 논문은 기업의 재무구조를 어떻게 보아야 하는가에 대한 탄탄한 이론적 틀을 제시 했다는 점에서 중요한 의미를 갖는다.

하지만 이들 세 논문은 세금에 관한 가정을 변화시켜 가면서 논의를 진행시켰지만, 완전 자 본시장 가정의 내용 중 거래비용이나 정보비용이 없다는 사실은 계속 전제하여 왔다. 그리고 완전 자본시장과는 관계없지만 세 논문 모두 회사채의 지급불능 위험을 배제하였다.

따라서 MM과 Miller의 결론은 파산비용과 정보비용이 있는 현실에 있어서 한계를 가질 수 밖에 없다.

여기에서는 파산비용과 정보비용이 있을 때 타인자본의 사용이 기업가치에 줄 수 있는 영 향을 살펴보도록 한다.

1 파산비용의 내용

기업이 발행하는 회사채는 정부채권 등과는 달리, 약속한 미래 현금흐름에 대하여 보장을 하지 않는다.

따라서 기업은 미래의 예기치 못한 상태에서 경영이 악화되면 동 기업이 발행한 회사채에 대하여 정해진 이자 혹은 원금을 지급하지 못할 수 있다. 이를 지급불능 상태(insolvency)라고 하는데, 이로 인하여 회사를 정리하게 되면 파산상태(bankruptcy)에 들어가게 된다.

기업이 정상적인 영업상태에서 파산상태로 진입하게 되면, 동 기업의 가치는 시장가치 (market value)에서 청산가치(liquidation value)로 전락하게 된다. 이 시장가치에서 청산가치의 차이를 파산비용이라 할 수 있다. 이와 같은 파산비용의 주요 내용은 다음과 같이 요약될 수 있다.

첫째, 모든 무형자산(intangible assets)의 가치가 영(zero)이 된다. 예를 들어, 특허권, 상표권, 영업권, 그 동안 광고지출로 쌓아 올린 기업이미지 가치, 종업원 혹은 소비자 관련 관계가치 (relation value) 등이 사라지게 된다.

둘째, 유형자산(tangible assets)도 제값을 받고 팔지 못한다. 시장은 파산상태에 몰린 기업이 되도록 빠른 기간 내에 자산을 모두 팔아야 한다는 사실을 잘 알고 있기 때문에 제값(market price)을 지불할 리가 만무하다. 따라서 파산상태에 몰린 기업의 자산은 시장 가격보다 훨씬 낮은 압박 가격(distressed price)에 매각되는 것이 일반적이다.

셋째, 청산과정 자체가 비용을 수반한다. 청산에는 변호사, 회계사 등의 전문인력이 투입되는데, 이들에게는 파산상태의 기업이 대가를 지불해야 한다. 더구나, 파산상태에 들어가면 종업원들의 기업에 대한 충성심이 줄어들어 일을 열심히 하지 않거나 심지어는 회사 자산을 빼돌리기도 하는데, 현실적으로 이러한 비용도 만만치 않다.

이와 같은 파산비용은 워낙 크기 때문에 주주, 경영자, 채권자 등이 이를 피하려고 많은 노력을 기울이게 된다.

기업의 파산과 관련된 피해는 주주와 경영자는 물론이고 채권자도 자유롭지 않다. 파산이란 기업의 자산에 대한 소유권이 주주로부터 채권자에게 이전되는 것을 말한다. 이때, 청산가치가 채권 가치에 미달하게 되면, 이 차이는 주주의 유한책임(limited liability) 원칙에 의하여 채권자가 부담하게 된다.

따라서 채권자는 회사채에 투자할 때에는 이와 같은 피해를 최소화하기 위하여 파산비용의 부담 가능성을 감안하여 채권의 가격을 산정하게 된다.

이때 채권의 가격 산정에 감안되는 지급불능 위험은 기대 파산비용(expected bankruptcy cost)의 형태를 가지게 된다.

이와 같은 기대 파산비용 $E_0(BC_0)$은 T시점에서 파산했을 경우에 실제로 발생할 파산비용에 관한 현재 시점 추정치의 가치 $PV[E_0(BC_T)]$와 파산이 발생할 확률(probability)에 관한 현재 시점 추정치 $E_0(p_B)$의 곱으로서 다음과 같이 계산될 수 있다.

$$E_0(BC_0) = PV[E_0(BC_T)] \cdot E_0(p_B) \quad\cdots\cdots\cdots\cdots\cdots\cdots\cdots\cdots\cdots\cdots (5-1)$$

이와 같은 기대 파산비용 $E_0(BC_0)$는 주주가 채권자에게 지불하는 채권수익률 k_c에 파산가능성에 대한 위험 보상률 r_B가 가산됨으로써 감안된다. 그렇다면 채권 수요자 입장에서의 k_c^D은 다음과 같이 구성된다.

$$k_c^D = r_f + r_B \quad\cdots\cdots\cdots\cdots\cdots\cdots\cdots\cdots\cdots\cdots\cdots\cdots\cdots\cdots\cdots (5-2)$$

위의 식에서 r_B는 MM이나 Miller에서는 고려되지 않았던 타인자본의 사용에 따른 추가 비용으로 이해될 수 있다. 즉, 이는 타인자본의 사용에 따른 부정적 효과(negative effect)이다.

그런데 기업 입장에서는 지급이자에 대하여 세금 혜택을 받으므로 채권 공급자 입장에서 k_c^S은 다음과 같이 구성된다.

$$k_c^S = (r_f + r_B) \cdot (1 - \tau_c) \quad\cdots\cdots\cdots\cdots\cdots\cdots\cdots\cdots\cdots\cdots\cdots (5-3)$$

위의 식에서 $\tau_c \cdot (r_f + r_B)$는 MM이나 Miller에서 고려되었던 타인자본의 사용에 따른 기업 차원에서의 비용절감으로 이해될 수 있다. 즉, 이는 타인자본의 사용에 따른 긍정적 효과

(positive effect)이다.

2   최적 자본구조

여기에서는 MM(1963)에서와 같이 완전 자본시장을 가정하되 법인세만 예외적으로 허용하는 경우를 상정한다. 즉, Miller(1977)에서와는 달리 개인소득세는 없는 경우를 상정한다. 그리고 MM(1963)과 Miller(1977)에서와는 달리 회사채에 지급불능 위험이 있는 것으로 본다.

이와 같은 경제구조의 가정하에서는 MM이나 Miller에서의 논의와는 달리 타인자본의 사용에 따른 효과가 긍정적인 면만 있는 것이 아니라 부정적인 면도 있게 된다.

타인자본의 사용에 따른 효과가 긍정과 부정의 양면을 허용한다면, 타인자본의 사용은 기업가치에 영향을 끼칠 수 있으며, 아울러 기업가치를 최대화하는 최적 자본구조(optimal capital structure)가 존재할 수 있게 된다.

이를 그림으로 나타내면 다음과 같다.

〈그림 5–1〉에서 V_L^B은 타인자본의 사용에 따라 동시에 발생하는 세금 혜택과 기대 파산비용을 모두 반영했을 때의 L회사의 기업가치를 나타낸다.

〈그림 5–1〉에서 gz는 파산비용이 없는 MM(1963)에서의 V_L과 V_U의 차이를 나타내고, 이

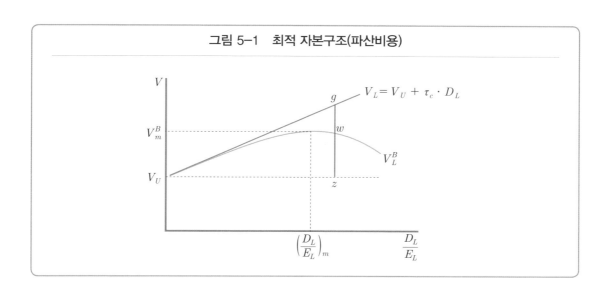

그림 5–1   최적 자본구조(파산비용)

는 타인자본의 사용에 따른 세금 혜택의 크기를 의미한다. 타인자본의 사용에 따른 파산 가능성이 도입되었을 때, gw는 파산비용을 의미하고 wz는 이와 같은 파산비용을 제외한 순세금 혜택의 크기를 의미한다.

이와 같은 순세금 효과의 크기는 $\frac{D_L}{E_L}$이 증가함에 따라 초기에는 증가하다가 $\left(\frac{D_L}{E_L}\right)_m$을 지나면서 감소하고 있다. 즉, 초기에는 타인자본의 사용에 따른 긍정적인 효과로서의 세금 이득이 부정적인 효과로서의 파산비용을 상회하다가 $\left(\frac{D_L}{E_L}\right)_m$을 지난 후에는 세금 이득이 파산비용을 하회하게 된다.

〈그림 5–1〉에서 순세금 효과의 크기가 증가하다가 감소하는 전환점인 $\left(\frac{D_L}{E_L}\right)_m$은 타인자본을 사용하는 L회사의 기업가치를 최대화시키는 자본구조가 되며, V_m^B은 $\left(\frac{D_L}{E_L}\right)_m$의 자본구조에서 최대화된 기업가치를 의미한다. 그리고 $(V_m^B - V_U)$는 타인자본을 이용하여 최대화된 L회사의 기업가치와 자기자본만을 사용하는 U회사의 기업가치와의 차이를 의미한다.

이를 자본비용 k의 관점에서 그림으로 표시하면 〈그림 5–2〉와 같다.

〈그림 5–2〉에서 타인자본을 사용하는 L회사의 가중평균 자본비용 k_a^L은 타인자본의 규모를 늘려가면서 초기에는 감소하다가 최적 자본구조를 지나면서 상승 추세로 전환되는 것을 볼 수 있다.

반면에, 파산비용이 없는 MM(1963)의 경우에 k_a^L은 도중의 상승 추세 전환 없이 지속적으로 하락하면서 $k_d \cdot (1 - \tau_c)$에 근접하게 된다. 즉, 이때에는 타인자본의 사용에 따라 기업가치는

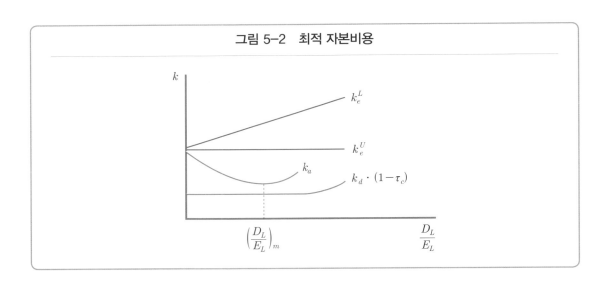

그림 5–2 최적 자본비용

계속 증가한다.

파산비용이 도입되었을 때 k_a^L이 도중에 상승 추세로 전환하는 것은, 타인자본의 규모가 증가하면서 $\left(\dfrac{D_L}{E_L}\right)_m$ 을 넘어서게 되면, 한계 파산비용(marginal bankruptcy cost)이 한계 세금 혜택 (marginal tax benefit)보다 커지기 때문으로 설명될 수 있다.

section 03 | 대리비용

1 | 대리비용의 내용

이번에는 완전 자본시장의 가정 중 정보비용이 없다는 내용을 예외로 처리하고 재무구조이론을 논의하도록 한다.

정보비용이 존재하면 시장참여자 사이에 정보 불균형(information asymmetry)이 발생하게 된다. 이와 같은 정보 불균형은 시장참여자 사이에 이해관계의 충돌(conflicts of interest)을 초래하고, 이는 결국 경제적 비용을 부담하도록 한다.

여기에서는 타인자본과 관련하여 주주와 채권자, 주주와 경영자 사이의 이해관계의 충돌에 초점을 맞추도록 한다. 이들 사이의 이해관계 충돌은 사적 계약(private contracts)에 의한 위임자 (principal)와 대리인(agent) 관계에서 발생하는데, 이와 같은 관점에서 이들 사이의 이해관계 충돌로부터 초래되는 비용을 대리비용(agency cost)이라고 한다.

대리비용은 감시비용(monitoring cost), 확증비용(bonding cost), 잔여손실(residual loss) 등의 세 가지로 크게 구분된다.

감시비용은 위임자가 대리인을 감시하는 과정에서 발생하는 비용이다. 이에는 기업 내의 내부통제시스템, 감사 및 이사회 제도 등을 설치하고 유지하는 데에 소요되는 비용이 포함될 수 있다.

확증비용은 대리인이 사적 위임계약에 따라 충실하게 위임자의 이익을 극대화하기 위하여 최선을 다하고 있다는 사실을 위임자에게 보여주기 위한 과정에서 발생하는 비용이다. 이에는 대리인이 스스로를 구속하기 위한 규정의 자발적 신설, 외부 회계사에 감사요청 등과 연계하여 발생하는 비용이 포함될 수 있다.

잔여손실은 위임자와 대리인 관계에서 발생하는 총비용에서 위의 감독비용과 확증비용을 제외한 나머지의 비용을 뜻한다. 위임자와 대리인 관계에서 발생하는 총비용은 다른 조건이 모두 동일한 경우에, 위임자와 대리인 관계가 있는 회사와 100%의 자산을 한 사람이 소유 · 경영하고 있는 회사의 기업가치 차이로 계산될 수 있다. 즉, 100%의 자산을 한 사람이 소유 · 경영하고 있는 회사의 경우에는 대리비용이 발생하지 않는다.

대리비용은 사적 계약관계에 따라 자기자본 대리비용(agency cost of equity)과 타인자본 대리비용(agency cost of debt)으로 구분하기도 한다. 이와 같은 자기자본 대리비용과 타인자본 대리비용은 위에서 논의한 감독비용, 확증비용, 잔여비용 등으로 각각 구성된다고 볼 수 있다.

자기자본 대리비용은 대리인인 경영자가 자신의 이익을 위하여 위임자인 주주(outside stockholders)의 이익을 희생시키는 과정에서 발생하는 비용을 의미한다. 경영자가 공장 입지를 선정할 때, A지역이 주주가치 극대화를 위한 최적의 입지이나, 경영자가 개인적으로 소유하고 있는 토지 가격을 상승시키고자 자신의 토지 근처인 B지역을 선택하는 경우를 일례로 들 수 있다.

타인자본 대리비용은 주주가 유한책임을 가지고 있는 상태에서 채권자가 자금을 빌려준 후에는 이에 대한 통제권을 주주에게 일임하기 때문에 발생한다. 경영자는 주주의 이익을 대변하므로 여지가 있다면 채권자의 이익을 최대한 침해하려 할 것이고, 채권자는 이와 같은 가능성을 알고 있으므로 자금을 빌려주기 전에 자신의 이익을 보호하기 위한 조치를 취하게 된다.

경영자 혹은 주주의 입장에서 발생시키는 대리비용으로는 부의 이전(wealth transfer), 과다투자(over-investment), 과소투자(under-investment) 등이 포함될 수 있다.

첫째, 자금이 이미 조달된 상태(즉, 채권 발행조건이 이미 확정된 상태)에서는 경영자는 되도록 자본예산(capital budgeting)에 있어서 변동성을 되도록 크게 유지하려고 한다. 이러한 경우에 채권의 시장 가격은 하락하고, 이와 같은 채권 가격의 하락분은 주주가치로 이전된다. 이를 채권자에게서 주주에게로의 부의 이전 효과라 한다.

예를 들어, *NPV*가 10억 원으로 동일하면서 투자위험이 15%인 A프로젝트와 투자위험이 25%인 B프로젝트가 있다면, 경영자는 이 중에서 B프로젝트를 선택할 것이다.

둘째, 회사의 현재 자산가치가 부채가치를 하회하고 있을 때, 특정 프로젝트의 순현가가 영(zero)보다 작더라도 동 프로젝트의 미래 현금흐름이 충분히 커서 미래 자산가치가 미래 부채가치를 능가할 가능성이 조금이라도 있다면, 경영자는 동 프로젝트를 선택할 유인(risk incentive)을 가지게 된다. 이를 타인자본의 사용으로 인한 과대투자 효과라 한다.

예를 들어, 회사의 자산가치가 100억 원이고 부채가치가 125억 원인 경우에, 특정 프로젝트의 NPV가 −25억 원 이하라 할지라도 500억 원의 순현금흐름이 발생할 확률이 1%라도 되면, 경영자는 동 프로젝트를 선택할 수 있다.

셋째, 회사의 현재 자산가치가 부채가치를 하회하고 있을 때, 특정 프로젝트의 순현가가 영(zero)보다 크더라도 현재 자산가치와 부채가치의 차이보다 작다면, 경영자는 동 프로젝트의 선택을 포기할 것이다. 이를 타인자본의 사용으로 인한 과소투자 효과라 한다.

예를 들어, 회사의 자산가치가 100억 원이고 부채가치가 125억 원인 경우에, 경영자는 NPV가 25억 원 이하인 실물 프로젝트에 대한 투자를 단념하게 된다.

2 최적 자본구조

위에서 논의한 자기자본 대리비용과 타인자본 대리비용은 기업의 자산규모와 대주주의 지분이 고정된 상태에서는 타인자본의 사용 여부 혹은 그 규모에 따라 변화하게 된다.

예를 들어, 기업의 자산규모가 100억 원이고 대주주의 지분가치가 5억 원이라고 하면 타인자본으로 50억 원을 조달했을 때 45억 원을 외부 주주로부터 조달해야 할 것이고, 타인자본으로 30억 원을 조달했을 때 65억 원을 외부 주주로부터 조달해야 할 것이다.

그렇다면 자기자본 대리비용은 외부 주주로부터 조달하는 자금의 규모가 클수록 증가하고, 타인자본 대리비용은 외부 주주로부터 조달하는 자금의 규모가 작을수록 증가할 것이다.

한편 대비리용은 자기자본 대리비용과 타인자본 대리비용의 구분 없이 모두 내부 주주와 외부 주주가 부담한다.

자기자본 대리비용을 내부 주주와 외부 주주가 부담한다는 것은 자명하다. 타인자본 대리비용의 경우에는, 채권자가 이를 사전에 인지하여 자본비용에 미리 반영하기 때문에, 결국은 내부 주주와 외부 주주가 동 대리비용을 부담하게 되는 것으로 이해될 수 있다.

대리비용은 자기자본 대리비용과 타인자본 대리비용의 구분 없이 모두 기업가치 혹은 주주가치를 감소시킨다. 따라서 자기자본 대리비용과 타인자본 대리비용의 합으로써 계산되는 총 대리비용을 감소시킬 수 있다면, 이는 기업가치 혹은 주주가치의 상승을 의미한다.

기업의 자산규모와 대주주의 지분이 고정된 상태에서 타인자본을 사용하면, 초기 단계에서는 자기자본 대리비용이 타인자본 대리비용에 비하여 상대적으로 크다가, 결국에는 반대로 타인자본 대리비용이 자기자본 대리비용에 비하여 상대적으로 커지게 된다.

그렇다면 타인자본의 특정 규모에서는 총 대리비용이 최소화될 수 있을 것이다. 다른 조건이 모두 같다면, 총 대리비용을 최소화시킬 수 있는 타인자본의 규모가 곧 기업가치를 극대화시키는 최적 자본구조가 된다.

이를 그림으로 표시하면 〈그림 5-3〉과 같다.

〈그림 5-3〉에서 AC는 대리비용(agency cost)을 의미한다. 그리고 AC_D는 타인자본의 대리비용을 뜻하고 AC_E는 자기자본의 대리비용을 뜻한다. AC_{D+E}는 AC_D와 AC_E의 합인 총 대리비용을 의미한다.

AC_D는 타인자본의 규모가 증가할수록 커지고 있다. 반면에, AC_E는 타인자본의 규모가 증가할수록 외부 주주의 비중이 감소하므로 작아지고 있다.

따라서 이들의 합인 AC_{D+E}는 감소하다가 $\left(\dfrac{D_L}{E_L}\right)_m$ 을 기점으로 다시 증가하는 모습을 보이게 된다. 즉, AC_{D+E}는 $\left(\dfrac{D_L}{E_L}\right)_m$ 에서 최저점을 형성하고 기업가치는 $\left(\dfrac{D_L}{E_L}\right)_m$ 에서 극대화된다.

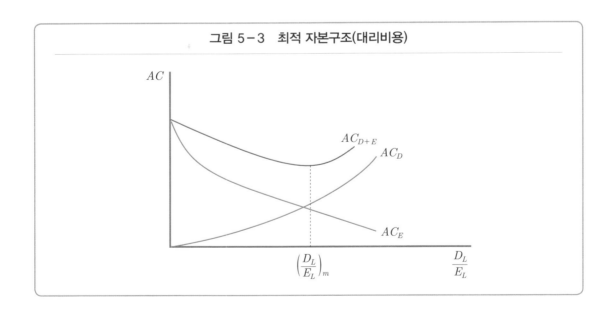

그림 5-3　최적 자본구조(대리비용)

앞에서 논의한 바와 같이, 정보 불균형 상태에서는 대리비용이 발생하여 기업가치를 감소시키게 된다. 그리고 이들 비용은 모두 내부 주주 혹은 외부 주주가 부담한다. 이는 외부 주주 혹은 채권자가 자신들에게 불리하게 작용하는 정보 불균형을 하나의 투자위험으로 인식하고 위험 보상(risk premium)을 요구하기 때문이다.

따라서 경영자 혹은 내부 주주는 이를 최소화하기 위한 노력을 기울이게 되는데, 이와 같은 노력에는 기자회견, 분석 전문가(analysts)와의 전화회의 등 여러 가지가 포함될 수 있지만 재무구조의 변화 자체를 활용하기도 한다. 이를 타인자본의 신호 효과(signalling effect) 혹은 정보 효과(information effect)라고 한다.

타인자본을 증가시킨다는 것은 고정적인 현금유출에 해당되는 지급이자의 증가를 의미한다.

따라서 정보를 더 많이 갖고 있는 내부 경영자가 타인자본을 증가시키면, 정보를 상대적으로 적게 갖고 있는 외부 주주는 잘은 모르겠지만 기업 내부에 지급이자의 증가를 감당할 만큼 매력 있는 실물 투자안이 있는 것으로 해석한다.

이는 외부 주주가 타인자본의 증가를 기업가치 측면에서 하나의 긍정적인 신호(good news)로 받아들인다는 것을 뜻하고, 이의 결과로 동 기업의 주식에 대한 수요가 증가하면서 주가가 상승하게 된다.

즉, 신호 효과는 타인자본의 사용으로 기업가치가 변화하는 것을 의미한다. 하지만, 이는 앞에서 논의한 MM(1963), 파산비용, 대리비용 등의 경우와는 다르다.

MM(1958)과 Miller(1977)에서 타인자본의 사용은 기업가치를 변화시키지 않는다고 하였다.

이는 기업가치는 재무구조에 관한 의사결정이 아니라 오로지 제3장에서 논의한 실물 투자안에 관한 의사결정에 의해서 결정된다는 것을 의미한다. 이를 실물 투자안에 관한 의사결정과 재무구조정책의 분리 정리(separation theorem)라고 한다.

신호 효과는 겉으로 보기에는 MM(1963), 파산비용, 대리비용 등의 경우와 같이 타인자본의 사용이 기업가치를 변화시킨다는 내용을 시사하고 있다. 그러나 신호 효과는 실질적으로 MM(1958)과 Milller(1977)의 경우와 같이 타인자본의 사용이 기업가치를 변화시킬 수 없다는 내용을 담고 있다.

시장에서 타인자본의 증가를 하나의 긍정적인 신호로 받아들인다는 것은 타인자본의 증가 그 자체가 아니라 타인자본의 증가라는 신호를 NPV가 상당히 큰 매력 있는 실물 투자안의 존재로 해석한다는 사실이다.

요컨대, 타인자본의 신호 효과는 MM(1958)과 Miller(1977)에서의 경우와 마찬가지로 타인자본과 연계한 분리 정리와 그 맥을 같이 하고 있는 것으로 해석될 수 있다.

chapter 06

배당 이론

section 01 배당정책

　재무구조이론은 실물 투자안에 관한 의사결정이 이루어진 상태에서 자기자본과 타인자본의 구성비율이 기업가치를 변화시킬 수 있는가에 관한 논의였다.

　반면에, 배당 이론은 실물 투자안에 관한 의사결정으로부터 얻은 순현금흐름을 배당과 유보이익으로 어떻게 나누는가에 관한 논의이다.

　그런데 유보이익은 실물 투자안을 실행시키기 위한 자금조달 방법의 하나로서 자기자본의 일부에 해당되므로, 배당 이론은 결국 재무구조이론과 연계될 수밖에 없다.

　이와 같은 관점에서 배당 이론과 재무구조이론에서의 논의 내용을 하나로 묶어 자금조달 의사결정(financing decision)이라고 하여 자본예산에서의 실물투자 의사결정(real investment decision)과 대응시키고 있다.

　그리고 기업가치 혹은 주주가치의 극대화를 목적으로 한 자금조달 의사결정이라는 관점에서 부채정책 혹은 배당정책이라는 용어를 사용하기도 한다.

　배당 이론은 크게 세 가지로 나눌 수 있다. 첫째, 친배당 이론으로서 배당을 지급하면 기업가치가 상승한다는 주장(pro-dividend arguments)이다. 둘째, 반배당 이론으로서 배당을 지급하면 기업가치가 하락한다는 주장(anti−dividend arguments)이다. 셋째, 배당금의 지급 여부는 기업가치를 변화시킬 수 없다는 분리 정리(irrelevance theorem)이다.

section 02 친(親)배당 이론

배당정책은 특정 기간에 벌어들인 순이익을 배당과 유보이익으로 나누는 의사결정이다. 주식투자자는 이 결정에 따라 투자수익을 배당금 혹은 주가 상승 등의 형태로 실현시키게 된다.

친배당 이론은 주주에게 귀속되는 동일한 순이익을 배당의 형태로 지급하면 유보이익의 형태로 주가 상승을 유도하는 것보다 주주에게 더 높은 효용을 창출한다고 본다. 예를 들어, 친배당 이론에 의하면 배당금 1원은 확실한 현금흐름(bird−in−hand)이고 주가 차익 1원은 주식을 매각하기 전까지는 미실현 이익으로서 불확실한 현금흐름(bird−in−sky)이다. 그렇다면 현재 시점에서 배당금 1원의 효용은 주가 차익 1원의 효용보다 높게 된다. 그런데 배당금 1원이든 주가 차익 1원이든 이의 재원으로서 순이익 1원은 동일하다.

따라서 친배당 이론의 관점에서는, 동일한 순이익을 효용이 상대적으로 높은 배당으로 실현시켜 주는 것이 주주가치의 극대화에 부합된다고 할 수 있다.

section 03 반(反)배당 이론

반배당 이론은 세후 현금흐름 관점에서 배당정책을 논의한다. 이는 배당소득에 대한 세율이 주가 차익에 대한 세율보다 높다는 것을 전제하고 있다.

미국의 경우에는 현재 배당소득과 주가 차익에 대하여 동일한 세율을 적용하고 있지만, 한국을 포함한 대부분의 국가에서는 배당소득에 대한 세율이 주가 차익에 대한 세율보다 높다.

이와 같이 차등 세율이 적용된다면, 배당금 1원의 세후 실소득은 주가 차익 1원의 세후 실소득보다 낮게 된다. 그런데 배당금 1원이든 주가 차익 1원이든 이의 재원으로서 순이익 1원은 동일하다.

따라서 반배당 이론의 관점에서는, 동일한 순이익을 세후 실소득이 상대적으로 낮은 배당소득보다는 세후 실소득이 상대적으로 높은 주가 차익으로 실현시켜 주는 것이 주주가치의 극대화에 부합된다고 할 수 있다. 이를 배당의 세금 효과(tax effect)라고도 한다.

section 04 **MM(1961)**

MM은 1961년의 논문에서 배당정책은 기업가치를 변화시키지 않는다는 사실을 완전 자본시장(perfect capital market) 가정하에서 증명하였다.

동일한 자산규모와 경영위험을 가지고 있는 DV회사와 NDV회사를 상정한다. DV회사와 NDV회사는 필요한 자금을 모두 자기자본으로 조달하고 있다. 그렇다면, 이 두 회사의 재무상태표(statement of financial position : FP)는 〈그림 6−1〉과 같다.

DV회사는 배당금을 지급하고 이의 기업가치를 V_{DV}라 한다. NDV회사는 배당금을 지급하지 않고 이의 기업가치를 V_{NDV}라 한다. DV회사의 배당지급에 따른 현금유출을 $\tilde{D}$라 하자.

DV회사와 NDV회사의 경영위험이 같다고 가정하였으므로 두 회사의 영업이익은 동일하다.

완전 자본시장에서는 정보비용이 없으므로 두 회사의 재투자액도 동일하다. 이들 두 회사의 1년 동안의 영업이익을 $\widetilde{OI}$라 하고 1년 후의 재투자액을 $\tilde{I}$라 하자.

그림 6−1   DV회사와 NDV회사의 재무상태표

F/P(DV)		F/P(NDV)	
A	E_{DV}	A	E_{NDV}

표 6-1	투자전략의 포지션과 현금흐름
position	$\alpha \cdot E_{NDV} - \alpha \cdot E_{DV}$
CF_0	$\alpha \cdot V_{DV} - \alpha \cdot V_{NDV} = \alpha \cdot (V_{DV} - V_{NDV})$
CF_1	$\alpha \cdot (\tilde{R} - \tilde{I}) - [\alpha \cdot (\tilde{R} - \tilde{I} - \tilde{D}) + \alpha \cdot \tilde{D}] = 0$

MM(1961)은 V_{DV}와 V_{NDV}가 같다는 것을 증명한 것으로 요약될 수 있다. 이를 증명하기 위하여 우선 V_{DV}가 V_{NDV}보다 클 때의 재정 이익(arbitrage profit)을 얻기 위한 투자전략과 현금흐름을 보도록 한다.

재정 이익을 얻기 위한 투자전략은 다음과 같다.

❶ DV회사의 주식 E_{DV}를 α%만큼 실물로 빌려서 매각(short selling)한다.
❷ NDV회사의 주식 E_{NDV}를 α%만큼 매입한다. 이때의 매입자금으로는 ❶에서의 매각대금을 사용한다.

재정 이익을 얻기 위한 투자전략으로 인한 현재 시점의 현금흐름(CF_0)과 1년 후 시점의 현금흐름(CF_1)은 〈표 6-1〉과 같이 정리될 수 있다.

〈표 6-1〉에서 포지션은 재정 이익을 얻기 위한 투자전략의 결과 갖게 된 금융자산의 구성내용을 의미하며, 이는 곧 동 투자전략을 취한 투자자의 권리 혹은 의무를 나타낸다.

〈표 6-1〉에서 CF_0은 V_{DV}가 V_{NDV}보다 크다고 전제하였으므로 영(zero)보다 크다. 그런데 CF_1은 영으로서 미래 시점에서 투자위험이 없다는 것을 의미한다. 즉, $\alpha \cdot (V_{DV} - V_{NDV})$는 일종의 재정 이익이 된다.

따라서 완전 자본시장하에서는 재정 이익이 있을 수 없다는 관점에서 V_{DV}가 V_{NDV}보다 크다는 전제는 부인된다. 그리고 V_{NDV}가 V_{DV}보다 크다는 전제에서는 $\alpha \cdot (V_{NDV} - V_{DV})$만큼의 재정 이익이 발생하므로, 이 또한 완전 자본시장하에서 부인된다.

즉, 완전 자본시장을 가정한다면 V_{DV}가 V_{NDV}보다 클 수도, 작을 수도 없으므로, V_{DV}는 V_{NDV}와 같다는 결론을 유도할 수 있다.

이와 같이 배당정책이 기업가치를 변화시킬 수 없다는 것을 배당의 무 관련 정리(irrelevance theorem)라고 한다.

앞의 장에서 논의한 재무구조의 무 관련 정리와 여기에서 논의한 배당의 분리 정리를 함께 묶어 자금조달 결정과 기업가치의 무 관련 정리(theorem of irrelevance between financing decision and corporate value)라고 한다. 이와 같은 무 관련 정리는 완전 자본시장 가정하에서 성립한다.

한편 현금을 사용해서 현재 시점에서 소비를 해야 할 필요가 있는 경우에 배당이 특별한 가치를 부가적으로 창출할 수 있는가의 여부를 생각해 보자.

소비수요를 가지고 있는 투자자의 경우에 보유 주식으로부터 배당을 지급받으면 기존의 투자 포지션을 유지하면서 이와 같은 소비수요를 만족시킬 수 있다. 반면에, 소비수요를 가지고 있는 투자자가 보유 주식으로부터 배당을 지급받지 못하면 보유 주식 중 일부 혹은 전부를 매각하여야 하므로 기존의 투자 포지션을 유지하지 못할 수 있다.

이와 같은 관점에서 투자자가 배당지급을 선호할 수 있고, 따라서 배당을 지급하는 DV회사의 기업가치가 배당을 지급하지 않는 NDV회사의 기업가치보다 높을 수 있다.

하지만 완전 자본시장 가정하에서는 불이익 없이 주식을 분할하여 매각할 수 있으므로 필요한 현금수요만큼 주식을 매각하여 투자자 개인 차원에서 배당금 형태의 현금흐름을 창출할 수 있다. 이를 기업모방 개인배당(homemade dividend)이라고 한다.

따라서 완전 자본시장 가정하에서 이와 같은 기업모방 개인배당이 가능하다면 V_{DV}는 V_{NDV}와 같다는 결론이 유지될 수 있다.

section 05 | 배당 관행

배당은 순이익이 발생하면 이 범위 내에서 지급하는 것이 일반적이다. 그렇다면 원칙적으로는 매년 순이익의 정도에 따라 배당 현금흐름이 달라질 수 있다. 그런데 현실적으로 보면 기업은 되도록 현재의 배당 수준을 유지하려고 하는 경향을 보이고 있다.

즉, 기업은 일시적인 이유로 순이익이 변화하면 현재의 배당 수준을 그대로 유지하려고 한다.

그런데 순이익의 변화가 구조적인 이유로 발생했다면 배당 수준을 변경할 수 있다.

예를 들어, 공장 이전으로 기존 공장의 부지를 매각하여 특별이익이 발생하였다면 일반적으로 현재의 배당 수준은 바꾸지 않으려 할 것이다. 하지만 신제품을 개발하여 순이익이 상승하였다면 이는 구조적인 변화의 하나로 인식하여 배당 수준을 증가시킬 수 있다.

배당은 현금배당만이 아니라 주식배당(stock dividend), 자사주(treasury stock) 매입 등의 형태로도 지급될 수 있다.

주식배당, 자사주 매입 등의 방식에 의한 배당은 위에서 논의한 일시적인 이유 혹은 구조적인 이유로 인한 순이익의 변화보다는 경영자의 정책적인 판단에 따라 결정된다.

배당과 직접적인 관계는 없지만 주식배당이나 자사주 매입의 경우와 연계될 수 있는 예로서는 주식분할(stock split), 주식병합(reverse stock split) 등을 들 수 있다.[1]

section 06 신호 효과

제5장에서 재무구조의 신호 효과를 논의할 때에 정보비용이 영(0)이 아니면 시장참여자들 사이에 정보 불균형이 발생한다고 하였다.

이와 같은 상황에서 외부 주주는 자신들에게 불리하게 작용하는 정보 불균형을 하나의 투자위험으로 인식하고 위험 보상(risk premium)을 요구하고, 이는 주가를 하락시켜 종국적으로는 기업가치를 감소시키게 된다.

따라서 경영자 혹은 내부 주주는 이를 최소화하기 위한 노력을 기울이게 되는데, 이와 같은 노력에는 기자회견, 재무구조정책 등의 수단뿐만 아니라 배당정책의 변화 그 자체를 활용하기도 한다. 이를 배당의 신호 효과(signalling effect) 혹은 정보 효과(information effect)라고 한다.

앞에서 논의한 배당 관행에 따라 투자자는 시장에서 특정 기업이 현금배당을 증가시키면 이를 기업 내부의 구조적인 변화에 기인한 것으로 이해하고 이와 같이 증가된 배당이 앞으로도 계속될 것으로 기대한다. 이와 같은 배당 관행을 따른다면, 경영자의 입장에서 현금배당을 증가시킨다는 것은 고정적인 현금유출의 증가를 의미한다.[2]

따라서 정보를 더 많이 갖고 있는 내부 경영자가 배당을 증가시키면, 정보를 상대적으로 적게 갖고 있는 외부 주주는 잘은 모르겠지만, 기업 내부에 고정적인 현금유출을 의미하는 배당

---

1 주식분할은 주식배당과 효과가 같은데, 고가의 주식에 대한 유동성 제고 차원에서 이루어지는 경우가 많다. 1999년 과 2000년에 기술주(TMT stocks) 중심으로 미국과 한국에서 드물지 않게 이루어진 바 있다. 주식병합은 주가 수준을 높이는 수단으로 활용되는데, 2001년 이후에 기술주들이 본격적으로 하락하여 한국과 미국에서 간혹 이루어지고 있다. 특히, 미국에서는 상장 혹은 등록 폐지요건에서 벗어나기 위한 방법의 하나로도 활용되고 있다.
2 위에서 언급한 주식배당이나 주식분할의 경우도 이에 해당될 수 있다. 주식배당이나 주식분할을 하면 주식수가 늘어나지만 현금배당은 일반적으로 주식배당이나 주식분할 전의 수준을 그대로 유지한다.

의 증가를 감당할 만큼 매력 있는 실물 투자안이 있는 것으로 해석한다.

이는 외부 주주가 배당의 증가를 기업가치 측면에서 하나의 긍정적인 신호(good news)로 받아들인다는 것을 뜻하고, 이의 결과로 동 기업의 주식에 대한 수요가 증가하면서 주가가 상승하게 된다.

MM(1961)에서 배당정책은 기업가치를 변화시키지 않는다고 하였다. 이는 기업가치는 배당에 관한 의사결정이 아니라 오로지 제3장에서 논의한 실물 투자안에 관한 의사결정에 의해서 결정된다는 것을 의미한다. 이를 실물투자에 관한 의사결정과 배당정책의 분리 정리(separation theorem)라고 한다.

그런데 신호 효과는 배당정책에 따라 기업가치가 변화한다는 것을 의미한다. 하지만 이는 앞에서 친배당 이론, 반배당 이론 등의 경우와는 다르다.

신호 효과는 겉으로 보기에는 친배당 이론, 반배당 이론 등의 경우와 같이 배당정책의 변화가 기업가치를 변화시킨다는 내용을 시사하고 있다. 그러나 신호 효과는 실질적으로 MM(1961)의 경우와 같이 배당정책의 변화가 기업가치를 변화시킬 수 없다는 내용을 담고 있다.

시장에서 배당정책의 변화를 하나의 긍정적인 신호로 받아들인다는 것의 내용은 현금배당의 증가 그 자체가 아니라 현금배당의 증가라는 신호를 NPV가 상당히 큰 매력 있는 실물 투자안의 존재로 해석한다는 사실이다.

요컨대, 배당의 신호 효과는 MM(1961)에서의 경우와 마찬가지로 배당과 연계한 분리 정리와 그 맥을 같이 하고 있는 것으로 해석될 수 있다.

앞의 장에서 논의한 재무구조와 연계된 분리 정리와 여기에서 논의한 배당과 연계된 분리 정리를 함께 묶어 자금조달 결정과 실물투자 결정의 분리 정리(theorem of separation between financing decision and investment decision)라고 한다.

이와 같은 분리 정리는 완전 자본시장 가정하에서 성립한다.

분리 정리(separation theorem)는 의사결정의 분리뿐만 아니라 기업가치는 오로지 실물투자 결정에 의해서만 변화한다는 내용을 아울러 담고 있는데, 이의 내용은 결국 무 관련 정리(irrelevance theorem)와 연결된다고 볼 수 있다. 즉, 완전 자본시장 가정하에서 분리 정리와 무 관련 정리는 관점만 다를 뿐 동일한 의미를 가지고 있다.

제5장에서 자기자본의 대리비용을 언급하였는데, 배당정책이 이와 연계될 수 있다. 대리비용 관점에서 보면, 내부 주주 혹은 경영자는 배당을 가급적 적게 하고 순이익 중 내부유보의 비중을 극대화하려고 한다.

일단 내부유보는 추후의 실물투자를 뒷받침하기 위한 것으로 이해될 수 있다. 문제는 이와 같은 실물투자를 실행하고도 남을 정도로 내부유보를 극대화하고 배당을 극소화하려는 유인에 있다.

주주가치를 증가시킬 수 있는, 즉 NPV가 영(zero)보다 큰 실물 투자안을 모두 실행하고도 남아 있는 기업의 내부 여유자금을 자유 현금흐름(free cash flow)이라고 한다.

원칙적으로 자유 현금흐름은 기업의 가중평균 자본비용 k만큼의 수익을 창출할 수 없으므로, 기업 차원의 자금운용이 투자자 개인의 자금운용에 대하여 비교우위를 가지고 있다고 볼 수 없다. 따라서 이는 배당으로 지급되는 것이 타당할 것이다.

그런데 원칙에 따라 자유 현금흐름을 모두 배당으로 사외 유출시키면, 내부 주주 혹은 경영자는 자신의 재량(discretion)에 따라 불법이 아닌 방법으로 사익(personal benefits)을 취할 수 있는 수단이 상실된다.

따라서 내부 주주 혹은 경영자는 별다른 제재가 없다면 배당을 최소화시키고 순현금 중 내부유보의 비중을 최대화하려는 유인을 갖게 된다. 그리고 경영자가 이와 같은 유인을 가질 수 있다는 사실을 잘 알고 있는 외부 주주는, 이를 방지하기 위한 노력을 할 것이다.

첫째, 외부 주주는 자유 현금흐름의 존재를 알고 있다면 이를 모두 배당으로 지급할 것을 요구할 것이다. 그러나 정보 불균형 상태에서 외부 주주는 자유 현금흐름이 얼마나 되는지에 대한 정보가 부족하다. 이 방법은 정보 불균형 상태에서 외부 주주가 대리비용을 최소화하도록 경영자를 압박하는 수준에 그칠 가능성이 높다.

둘째, 외부 주주는 정보 불균형을 해소할 수 없다면 이를 미리 예방하기 위하여 타인자본의 사용을 극대화할 것을 요구할 수 있고, 경영자는 파산 위험을 피할 수 있는 범위 내에서는 이를 거부할 명분이 없다.

외부 주주는 이 방법을 활용하여 자신보다 전문적인 입장에서 기업의 정보를 파악할 수 있는 기관투자자 혹은 은행 등을 경영자에 대한 보다 효과적인 감독자로 기용하는 결과를 기대할 수 있다.

그리고 이와 같은 방법으로 지급이자 등의 고정적인 현금유출 규모를 늘리면, 경영자는 외부 주주의 비용으로 사익을 취하려는 유인보다는 직장을 잃거나 불명예를 짊어질 수도 있는 부도위험을 보다 크게 받아들이게 된다. 이는 종업원들의 경우에도 마찬가지이다.

section 08 고객군 효과

현실적으로 배당정책은 기업마다 다르다. 다른 조건이 모두 같다면, 투자자는 자신의 한계 소득세율에 따라 투자대상으로서의 기업을 선택할 수 있다. 이와 같이 자신의 한계 소득세율에 따라 특정 배당정책을 선호하여 형성된 특정 기업 주주들의 무리를 고객군(顧客群, clientele)이라고 한다.

주식투자로부터의 소득은 배당수입과 주가 차익으로 나뉘어진다. 그리고 배당수입에 대한 세율은 일반적으로 주가 차익에 대한 세율보다 높다고 하였다.

그렇다면 상대적으로 한계 소득세율이 높은 투자자는 배당을 적게 지급하거나 아예 지급하지 않는 기업의 주식을 선호할 것이다. 반면에, 상대적으로 한계 소득세율이 낮은 투자자는 배당을 많이 지급하는 기업의 주식을 선호할 것이다.

이와 같은 관점에서 볼 때, 특정 기업은 현재의 배당정책을 자신의 한계 소득세율에 따라 선호하는 주주들로 구성되어 있다고 할 수 있다.

만약에 특정 기업이 기존의 배당정책을 변화시킨다면, 변화 전의 배당정책을 선호했던 기존 투자자는 동 기업의 주식을 매각하고 동 기업의 변화 전 배당정책을 가지고 있는 다른 기업을 탐색하여 이 기업의 주식을 매입하여야 한다.

이와 같은 과정은 거래비용과 탐색비용을 발생시키고, 이 비용은 배당정책의 변화로 이러한 행위를 유발시킨 기업이 부담하여야 하고, 이와 같은 거래비용과 탐색비용은 배당정책을 변화시킨 기업이 주가 하락 형태로 지불하게 된다.

이러한 결과가 초래될 것이라는 사실을 잘 알고 있는 기업은 배당정책의 변화를 꺼리게 될 것이다. 이를 배당의 고객군 효과(clientele effect)라 한다.

chapter 07

자금조달 방법과 재무분석

section 01 **선택 기준**

지금까지는 자금조달과 관련하여 재무구조이론과 배당 이론을 논의하면서 의사결정에 있어서 고려해야 할 큰 틀의 사고방법을 다루었다.

여기에서는 실무적인 관점에서 구체적인 문제를 논의하도록 한다. 우선, 자금조달에 있어서 가장 기본적인 기준은 부도위험을 최소화하면서 가장 저렴하게 자금을 조달한다는 것이다.

부도위험을 최소화한다는 것은 유동성을 관리한다는 것으로 이해될 수 있다. 그런데 유동성을 증가시키면 수익성이 희생되는 대가를 치러야 한다. 이와 같은 관점에서 자금조달을 단기와 장기로 나누어 살펴보도록 한다.

아울러, 자금을 조달하면서 타인자본을 이용하는가, 자기자본을 이용하는가의 상대적인 비중에 따라 기업지배구조(corporate governance)가 변화될 수 있다는 점도 고려되어야 한다. 그리고 이는 대리비용과도 연계된다.

자금조달은 실물 투자안을 실행시키기 위한 목적을 가지고 있는데, 이는 꼭 타인자본이나 자기자본으로만 이루어지는 것으로 볼 필요는 없다.

예를 들어, 리스(lease)를 이용하면 실물 투자안을 실행시키는 효과를 가지면서 타인자본을 부채의 형태로 조달하는 선택으로 대체할 수 있다. 그리고 새로운 투자안을 새로운 자금의 조달로만 실행하기보다는 기존의 기업을 매수 혹은 합병하는 방법으로 기존의 사업을 확장하거나 새로운 사업을 추가할 수 있다.

여기에서는 부채는 아니면서 실제로는 부채의 효과를 가지는 리스만을 논의하고 매수·합병은 다음 장에서 따로 논의하도록 한다.

실물투자 결정과 자금조달 결정이 이루어지면 이의 평가가 뒤따라야 하는데, 이의 방법 중의 하나로 재무분석을 아울러 논의하도록 한다. 이와 같은 재무분석은 피드백(feedback)으로서 다음의 실물투자 결정과 자금조달 결정을 위한 정보를 제공하기도 한다.

section 02 단기자금조달

1 조달방법

단기자금은 일반적으로 외상매입, 은행차입(line of credit), 신종 기업어음(Commercial Paper : CP) 등을 이용하여 조달한다.

2 운전자금관리

운전자금(working capital)은 유동자산 혹은 유동부채를 초과한 유동자산의 크기 등을 말한다. 이와 같은 운전자본은 투자안의 실행보다는 기업의 일상적 운영에 보다 직접적인 의미를 갖는다.

따라서 단기자금의 조달은 유동자산의 관리와도 연계된다. 유동자산은 1년 이내에 현금화가 가능한 자산을 말하는데, 이에는 현금, 단기 유가증권, 외상매출, 재고자산 등이 포함된다.

운전자금관리는 생산과 판매를 원활히 하면서 기술적 지급불능(technical insolvency)을 피할 수 있도록 유동성을 확보하는 것이 주요 목적인데, 이의 방법으로는 관점에 따라서 공격적 전략과 방어적 전략으로 나눌 수 있다.

유동성과 수익성은 상호 대립되는 관계(trade-off relation)를 갖는다. 따라서 공격적 전략과 방어적 전략은 이러한 유동성과 수익성의 관계를 어떻게 설정하는지에 따라 구분된다.

공격적인 전략(aggressive strategy)은 유동성 제고를 위한 수익성의 희생을 회피하고자 유동자산을 유동부채와 같은 수준에서 유지하는 방법을 말한다. 공격적인 전략의 극단적인 형태로는 유동자산을 유동부채 이하로 유지하는 방법을 들 수 있다.

방어적인 전략(defensive strategy)은 유동성 제고를 위한 수익성의 희생을 감수하고자 유동자산을 유동부채보다 큰 수준에서 유지하는 방법을 말한다. 방어적인 전략의 극단적인 형태로는 단기자금을 조달하지 않고 필요 자금을 모두 장기로 조달하는 방법을 들 수 있다.

3 현금관리

유동자산의 일부인 현금을 대상으로 하는 현금관리(cash management)는 위에서 논의한 운전자금관리의 일환으로서 이루어진다.

현금관리의 기본원칙은 받을 돈은 되도록 빨리, 그리고 줄 돈은 되도록 늦게 순환시키면서, 무수익 현금 수준의 유지를 최소화하거나 이자를 지급해야 하는 단기 차입금 수준의 유지를 최소화하는 것이다.

이를 위해서는 무엇보다도 현금 전환 사이클(cash conversion cycle)을 최대한 단축시켜야 한다. 현금 전환 사이클은 원자재 구입을 위한 실제 현금지출 시점과 완제품 판매로부터의 실제 현금수령 시점 사이의 기간을 의미한다.

현금 전환 사이클의 단축을 위한 노력에는 집중은행제(concentration banking system), 사서함제(lock-box system), 플로트관리(float control), 팩토링(factoring) 등이 포함될 수 있다.

그리고 신용관리(credit control)와 재고관리(inventory management)도 결국은 현금관리에 연계된다.

section 03 장기자금조달

1 조달방법

장기자금은 일반적으로 회사채(corporate notes or bonds), 은행차입(bank loans), 주식(stocks) 등을 이용하여 조달한다.

2 의사결정 변수

가장 중요한 의사결정 변수(decision variables)는 물론 조달비용이다. 그런데 단기자금의 경우와는 달리 장기자금의 경우는 조달방법에 따라 기업지배구조(corporate governance)를 변경시킬 수 있다는 점에 유의하여야 한다. 그리고 이는 앞에서 논의한 대리비용과 연계된다.

3 채권

채권은 사적 계약으로서 계약조건에 따라 많은 종류가 있을 수 있다. 가장 간단한 형태로는 보통채권(straight bond)을 들 수 있는데, 이는 단순히 원금과 이자(coupon)에 관한 조건만을 계약조건으로 가지고 있다.

채권과 옵션(option)을 결합한 형태로는 전환채권(convertible bonds), 수의상환채권(callable bonds), 신주인수권부채권(bonds with warrant) 등을 예거할 수 있다.

채권은 담보 혹은 보증 제공 여부에 따라 무보증채권(debentures), 담보채권(secured bonds), 보증채권(guaranteed bonds) 등으로 구분되기도 한다.

상환 우선순위에 의한 채권의 분류로는 선순위채권(senior bonds), 후순위채권(subordinate bonds) 등을 들 수 있다.

또 채권의 특수한 형태로서 이익참여부채권(income bonds), 교환채권(exchange bonds) 등이 포함될 수 있다.

위에서 언급한 채권의 종류 중에서, 전환채권과 신주인수권부채권은 자기자본 관련 채권(equity-related bonds)으로서 기업지배구조에 영향을 미칠 수 있다.

채권의 발행방법으로는 공모(public placement)와 사모(private placement)로 구분될 수 있다.

4 주식

기업지배구조에 직접적으로 영향을 미치는 주식은 보통주(common stock)와 우선주(preferred stock)로 나뉘어진다.

보통주는 액면주(par value stock)와 무액면주, 기명주(registered stock)와 무기명주 등으로 구분될 수 있다.

우선주는 누적적 우선주(cumulative preferred stock)와 비누적적 우선주, 전환우선주(convertible preferred stock)와 비전환우선주, 이익참가적 우선주(participating perferred stock)와 이익비참가적 우선주 등으로 나뉘어질 수 있다.

주식의 발행방법으로는 공모와 사모로 구분될 수 있다.

주식은 채권과 달리 공개기업(public companies)과 비공개기업(private companies)의 주식으로 구분될 수 있다. 그리고 비공개기업이 기업을 공개하는 과정을 IPO(initial public offering)라고 한다.

5 은행차입

은행차입은 유가증권을 발행하지 않고 기업과 은행의 채권·채무 계약에 의하여 자금을 조달하는 것을 말한다.

단기자금조달에서의 은행차입은 당좌대월(overdraft), 회전대출(line of credit) 등을 의미하는 데에 비하여, 장기자금조달에서의 은행차입은 1년 이상의 기간을 대상으로 한 채권·채무계약을 의미한다.

이와 같은 관점에서, 장기자금조달에서의 은행차입은 그 내용에 있어서 사모 형태의 채권 발행과 유사하다고 볼 수 있다.

타인자본을 사용할 때, 일반적으로 우량대기업은 채권 발행을 통해서 자금을 조달하고 중소기업, 개인 사업자 등은 은행차입으로 자금을 조달한다.

그리고 용도별 관점에서는 설비투자자금은 유가증권의 발행을 통해서 자금을 조달하는 데 반하여 운전자금은 은행차입을 이용하여 자금을 조달하는 경우가 많다고 할 수 있다.

section 04 리스금융

1 개념

리스는 돈 대신에 물건을 빌리는 것을 의미한다. 따라서, 리스는 법적 형태만 다를 뿐 그 내용은 타인자본의 사용과 같다고 할 수 있다.

리스에서 물건을 빌려 주는 계약 일방을 레서(lessor)라고 하고 물건을 빌리는 계약 타방을 레시(lessee)라고 한다.

레시는 레서에게 이자가 아니라 물건의 이용에 대한 사용료의 의미로서 리스료(lease fee)를 지급한다.

2 종류

리스는 크게 금융리스(financial lease)와 운용리스(operating lease)로 구분한다. 그런데 리스는 원칙적으로 사적 계약이므로 계약 당사자의 합의에 따라 아래에서 논의하는 금융리스와 운용리스의 내용을 섞어서 얼마든지 새로운 형태가 만들어질 수 있다.

금융리스는 자본리스(capital lease)라고도 하는데, 그 내용은 거의 차입과 유사하다. 그리고 리스료도 차입에서의 지급이자와 유사한 방법으로 산정한다.

리스 대상은 레서가 창고에 보관하고 있는 물건이 아니라, 레시가 필요로 하는 설비를 레서에게 요청하면 레서는 이를 제조업자에게 생산을 의뢰하는 경우가 일반적이다.

따라서 리스 기간은 상당히 장기간이 되며, 대부분의 경우에 설비 내용연수의 90% 수준이 된다. 금융리스는 원칙적으로 중도 해약을 불허하든가 중도 해약에 대하여 높은 페널티(penalty)를 부과한다.

그리고 계약기간 만료 후에는 레시가 동 설비를 제3자보다 우선하여 중고시세보다 저렴한 가격으로 매입할 수 있는 염가매수선택권(bargain purchasing option)을 갖는다.

이와 같은 특성에 따라서 리스 기간 동안의 설비 관련 수선·유지비는 레시가 부담한다.

금융리스의 특수한 예로는 매각 후 리스(sale-and-lease back), 차입리스(leveraged lease) 등을 들 수 있다.

운용리스는 서비스 리스(service lease)라고도 하는데, 그 내용은 금융리스와는 달리 상대적으로 차입과 거리가 있다. 그리고 리스료도 차입에서의 지급이자와는 일부 다른 방법으로 산정한다.

금융리스와는 달리, 레서가 창고에 보관하고 있는 물건이 주로 리스 대상이 된다. 이는 크게 범용제품(products for general use)과 첨단제품(cutting-edge products)으로 구분된다.

범용제품은 장난감, 냉장고, 기중기(crane) 등과 같이 널리 이용되는 상품을 뜻한다. 첨단제품은 컴퓨터, 복사기 등과 같이 기술 진부화(technological obsolescence)의 위험이 큰 상품을 뜻한다.

범용제품은 단기간 사용 때문에 구입이 비효율적인 경우에 운용리스가 이용될 수 있으며, 첨단제품은 중·장기간 사용할 수도 있으나 신제품이 출시되면 업무 효율화를 위해서 교체해야 하는 경우에 운용리스가 이용될 수 있다.

따라서 리스 기간은 단기간이 되는 경우가 많으며, 대부분의 경우에 중도 해약을 허용한다.

이러한 특성에 따라서, 리스 기간 동안에 설비 관련 수선·유지비는 레서가 부담한다.

이와 같은 관점에서 레서는 범용제품의 경우에는 재고유지 비용을, 그리고 첨단제품의 경우에는 기술 진부화 위험부담을 추가로 지게 된다고 볼 수 있다.

따라서 다른 조건이 같다면, 리스료는 운용리스료가 금융리스료보다 상대적으로 높게 된다.

3 **리스료의 결정**

리스 수요자인 레시는 구입의 경우와 비교하여 리스 여부를 결정할 것이다. 따라서 리스 공급자인 레서는 레시의 입장에서 구입보다는 유리하게 하면서 이익도 창출할 수 있도록 리스료를 책정할 수 있어야 시장에서 살아남을 수 있다.

일반적으로 레서는 세금, 자금조달, 기술정보 등에서의 비교우위를 가지고 경쟁력을 확보한다. 따라서 완전 자본시장 가정하에서는 리스시장이 존재할 수 없거나 무의미할 수 있다.

레서는 물건을 빌려주므로 물건의 소유권을 유지하게 되며, 이는 리스 대상 물건과 관련된 감가상각비의 세금 혜택을 향유한다는 것을 의미한다.

레서는 리스 관련 금융기관이거나 제조업체이므로 자본시장에서 리스 수용자보다는 높은 신용을 가지고 있으며, 이는 자금조달비용 관점에서의 레시에 대한 비교우위를 의미한다.

레서는 리스 대상 제품에 관련된 정보에 있어서 레시보다 유리한 입장에 있는 경우가 많다. 따라서 수선·유지비를 레시보다 효율적으로 관리할 수 있고, 중고 제품의 매각에 있어서도 레시보다는 비싼 가격에 팔 수 있다.

section 05 재무분석

1 **개요**

재무분석은 사실 매우 광범위한 의미를 가지고 있으며, 이론적으로는 재무 관련 의사결정에 필요한 모든 정보의 수집, 가공, 분석 등을 포함한다.

실물투자 결정과 관련하여 기본적인 자료로 마련되어야 하는 미래 현금흐름의 추정과 이에 따른 투자위험의 평가를 의미하는 할인율 k의 선정도 재무분석의 일부라고 할 수 있다.

자금조달 결정과 관련하여 기술적 지급불능이나 파산을 예방하기 위한 미래 각 시점별

현금유출입의 파악 및 이에 연계된 운전자금관리, 자본시장(capital market)과 화폐시장(money market)에서의 자금조달 원천별 분석, 경제동향의 파악과 이에 연계된 자금조달 시점의 선택 등도 재무분석의 일부라고 할 수 있다.

이와 같은 실물투자 결정과 자금조달 결정 관련 정보의 기초자료로서 활용되는 비율 분석도 재무분석의 일부이며, 대리비용을 예방하기 위한 방법의 하나로 이용되는 성과급 산정에 활용되는 경제적 부가가치(economic value added)나 시장 부가가치(market value added)도 재무분석의 일부이다. 특히, 경제적 부가가치나 시장 부가가치는 투자성과 혹은 경영성과의 평가방법으로도 이용된다.

여기에서는 실물투자 결정과 자금조달 결정에 직접적으로 관련되는 재무분석의 내용은 매우 광범위하므로 논의에서 제외하고, 비율 분석과 경제적 부가가치 및 시장 부가가치만을 간략하게 논의하도록 한다.

2 비율 분석

(1) 종류

재무비율은 크게 유동성 비율, 레버리지 비율, 안정성 비율, 수익성 비율, 성장성 비율, 활동성 비율 등으로 구분될 수 있다.

유동성 비율(liquidity ratio)은 단기부채의 상환능력을 측정하는 지표로서 유동비율(current ratio)과 당좌비율(quick ratio) 등으로 나뉘어진다.

레버리지 비율(leverage ratio)은 장기부채의 상환능력을 측정하는 지표로서 부채비율(debt ratio), 자기자본비율(net worth-to-total assets ratio), 이자보상비율(interest coverage ratio or times interest earned ratio) 등으로 나뉘어진다.

안정성 비율(stability ratio)은 경기변동에 따른 기업의 적응력을 측정하는 지표로서 고정비율(fixed ratio), 고정장기적합률(fixed asset to net worth and fixed liabilities) 등으로 나뉘어진다.

수익성 비율(profitability ratio)은 기업의 경영성과를 측정하는 지표로서 매출액순이익률(net profit-to-sales ratio), 자기자본순이익률(net profit-to-net worth ratio), 총자본순이익률(net profit-to-total assets ratio) 등으로 나뉘어진다.

활동성 비율(activity ratio)은 자산 이용의 효율성을 측정하는 지표로서 재고자산회전율(inventory turnover), 고정자산회전율(fixed-assets turnover), 총자산회전율(total-assets turnover), 매출채권회전율(receivables turnover) 등으로 나뉘어진다.

성장성 비율(growth ratio)은 경영활동의 증가 정도를 측정하는 지표로서 순이익증가율(growth rate of net income), 매출액증가율(growth rate of sales), 총자산증가율(growth rate of total assets) 등으로 나뉘어진다.

이 외에도 생산성 비율(productivity ratio), 주가수익비율(Price-Earnings Ratio : PER), 주가장부가치비율(Price-Book value Ratio : PBR), Tobin's q ratio 등을 예거할 수 있다.

(2) 표준비율

비율 분석은 위의 구체적인 재무비율을 구한 후에 이와 비교할 수 있는 이상적인 기준치를 필요로 하는데, 이를 표준비율(standard ratio)이라고 한다.

이와 같은 표준비율은 이상적인 기준치로서 실제로 산정하기는 매우 어려우므로 대부분의 경우에 대용치를 사용하는 경우가 많다.

표준비율의 대용치로는 산업평균을 가장 많이 이용하며, 이 외에도 당해 기업의 과거 평균치, 목표 설정치 등을 활용할 수 있다.

대용치는 정답이 없으므로 기업이 독자적인 기법을 개발하여 이용할 수도 있다.

(3) 한계

비율 분석은 기업의 경영성과와 재무상태를 쉽게 파악할 수 있는 장점이 있으나, 다음과 같은 한계를 가지고 있으므로 그 의미를 주의 깊게 해석할 필요가 있다.

첫째, 비율 분석은 회계자료를 분석한 결과이다. 즉, 회계방법의 선택에 따라 동일한 현상이 다른 재무비율로 표현될 수 있다.

둘째, 비율 분석은 과거 자료를 분석한 것이다. 즉, 회계자료는 그 자체가 과거의 특정 시점과 특정 기간을 대상으로 산정된 것이다. 따라서 미래의 문제를 해결하는 자료로서는 한계를 가질 수밖에 없다.

셋째, 표준비율의 선정이 어렵다. 이상적인 기준치로서의 표준비율이 적정하게 선정되지 못하면 재무비율 정보를 제대로 활용할 수 없다.

이와 같은 비율 분석의 한계를 보완하기 위한 방법으로는 추세법, 지수법, 점수법, ROI법,

*ROE*법 등을 들 수 있다. 그리고 아래에서 논의하는 경제적 부가가치 등도 이에 포함될 수 있다.

3 경제적 부가가치와 시장 부가가치

경제적 부가가치와 시장 부가가치는 위에서 논의한 수익성 비율 등을 보완하는 개념으로도 이해될 수 있다.

경제적 부가가치(economic value added)는 순이익 개념을 보완한다. 순이익은 자기자본의 기회비용을 감안하지 않았으나, 경제적 부가가치는 이를 감안하여 경영성과를 측정한다. 이는 다음의 시장 부가가치의 경우와는 달리 주주 입장에서의 개념이다.

시장 부가가치(market value added)는 기업가치 전체의 관점에서 경영성과를 측정하는 개념이다. 이는 자기자본과 타인자본의 총 장부가치와 자기자본과 타인자본의 총 시장가치를 비교하여 산정한다.

이들 개념은 대리비용을 예방하기 위하여 채택하고 있는 경영자의 성과급 체계를 설정할 때에 실무에서 널리 활용되고 있다.

chapter 08

기업 매수·합병

section 01 의의 및 형태

제3장의 자본예산에서 논의한 실물투자 결정에 있어서 *NPV*법을 이용하여 투자안을 선택할 때에 신규 투자안을 암묵적으로 전제하였다. 하지만 *NPV*가 영(0)보다 큰 투자안은 신규 투자안뿐만 아니라 기존의 기업 자체 혹은 기존의 기업이 영위하고 있는 사업의 일부일 수 있다.

신규 투자안이 아니고 기존의 기업 자체 혹은 기존의 기업이 영위하고 있는 사업의 일부를 선택할 때에 이를 매수(acquisition) 혹은 합병(merger)이라고 한다.

매수는 다른 기업의 경영권을 인수하되 동 기업의 법적 독립성(legal entity)을 유지시키는 경우를 말한다. 이때는 주식을 충분히 매수하여 제1대 주주가 되는 방법을 취한다. 이와 같은 관점에서 이를 아래에서 논의하는 자산 매수와 구분하여 주식매수(stock acquisition)라고도 한다.

그리고 제1대 주주란 이론상으로는 50% 이상의 주주(majority stockholder)를 의미하지만, 주식 분산이 상당히 이루어질 수밖에 없는 대기업의 경우에는 주요 주주(block stockholder)를 의미할 수도 있다.

합병은 대상 기업이 법적 독립성을 상실하는 경우를 의미한다. 이에는 흡수합병과 신설 합병의 두 가지 형태가 있다. 흡수합병(merger)은 대상 기업이 법적 독립성을 상실하고 합병하는 회사로 흡수되는 방식을 뜻한다. 신설 합병(consolidation)은 합병하는 회사와 대상 기업이 동시에 법적 독립성을 상실하고 새로운 회사를 신설하는 방식을 뜻한다.

자산 매수(asset acquisition)는 다른 기업의 사업 일부를 양수하는 방식이다. 이는 법적 독립성을 유지시킨다는 점에서는 합병과 구분되고, 주식이 아니고 실물을 구입한다는 점에서는 주식매수와는 구분된다.

자산 매수의 반대를 자산 매각(sell-offs)이라고 한다. 이는 기업구조조정(corporate restructuring)의 일환으로서 이용되기도 하는데, 매각된 자산의 소유 형태에 따라 단순 매각(divestiture), 단순 분할(spin-offs), 창업 분할(carve-outs) 등으로 구분된다.

매수·합병 당사자의 합의 여부에 따라 우호적 매수·합병과 적대적 매수·합병으로 나뉘어질 수 있다.

우호적 매수·합병(friendly M&A)은 매수·합병 당사자가 합의한 경우를 뜻하는데, 한국의 매수·합병 사례는 대부분 이에 해당된다. 적대적 매수·합병(hostile M&A)은 매수·합병 당사자가 합의하지 못한 경우를 뜻한다.

section 02 경제적 유인

1 가치합산 원칙

가치합산 원칙(value additivity principle)은 두 개 이상의 투자안을 실행할 때에 각 투자안에 대하여 독립적인 회사를 설립하든, 둘 이상의 투자안을 한 회사에 귀속을 시키든 이들의 순현가의 합은 일정하다는 것을 의미한다.[1]

예를 들어 A투자안과 B투자안이 있을 때 가치합산 원칙은 다음과 같이 표시될 수 있다.

---

[1] 제3장에서 논의한 바와 같이, 순현가법에는 가치합산 원칙을 그대로 적용할 수 있지만, 내부수익률법에는 이를 적용할 수 없다. 즉, 투자안 A와 투자안 B의 순현가 합계는 의미 있는 정보이지만, 투자안 A와 투자안 B의 내부수익률 합계는 의미 없는 정보이다.

$$NPV(A+B) = NPV(A) + NPV(B) \quad\cdots\cdots\cdots\cdots\cdots\cdots\cdots\cdots\cdots\cdots\cdots\cdots\cdots\cdots\cdots\cdots\cdots (8-1)$$

위의 식은 완전 자본시장 가정하에서 성립된다. 즉, 완전 자본시장 가정하에서는 식 (8-1)의 우변을 좌변으로 바꾸는 작업에 불과한 기업 매수 혹은 합병이 경제적 이득을 창출할 수 없다.

따라서 기업 매수 · 합병의 경제적 유인(economic incentives)은 현실과 완전 자본시장과의 차이에서 찾아질 수 있다.

2 시너지 효과

완전 자본시장과 괴리가 있는 현실에서는 기업 매수 · 합병으로 다음과 같은 시너지 효과(synergy effect)를 취할 수 있다.

첫째, 세금을 절약할 수 있다. 성숙기업(mature firm)과 성장기업(growth firm)이 합병하는 경우가 이에 해당될 수 있다. 일반적으로, 성숙기업은 안정적으로 순이익을 창출하고 성장기업은 순손실을 창출한다. 이때, 합병을 하면 성장기업 부분의 순손실로 성숙기업의 순이익을 잠식하여 결과적으로 과세소득의 규모를 줄일 수 있다. 순손실을 적립하였거나 창출하는 기업의 입장에서 이를 세금 매각(tax selling)이라고도 한다. 그리고 이 경우는 합병의 형태에만 적용될 수 있고, 법적 독립성을 유지하는 매입의 형태에는 적용될 수 없다.

둘째, 거래비용을 절약하고 규모의 경제(economy of scale) 혹은 범위의 경제(economy of scope)를 실현시킬 수 있다. 이의 예로서는 수직적 결합(vertical merger or integration), 수평적 결합(horizontal merger or integration), 집합적 결합(conglomerate merger or integration) 등을 들 수 있다.

셋째, 시장지배력을 확대하여 상품 판매 혹은 원자재 구입의 경우에 가격 결정력(pricing power)을 행사할 수 있다. 즉, 시장이 안 좋을 때에도 판매 가격 하락 압력을 이겨낼 수 있고 원자재의 대량 구매를 통해 구입 가격 하락 압력을 행사할 수도 있다.

넷째, 정보의 생산 혹은 활용에 있어서 효율성을 극대화할 수 있다. 이에는 연구개발 투자(R&D investments), 광고 등의 마케팅 전략(marketing strategy) 등의 영역이 포함될 수 있다.

다섯째, 자금조달비용을 절감할 수 있다. 이와 같은 내용을 특히 재무적 시너지 효과

(financial synergy effect)라고 한다.

합병의 경우에 부채비율이 상당부분 낮아질 수 있다. 특히, 성장기업과 성숙기업이 합병할 경우에 부채비율의 감소폭은 매우 작아질 수 있다. 또, 합병을 하면 사업다각화를 통해 현금흐름의 변동성이 낮아지고, 이는 합병 전 두 기업의 상호 관련성이 상대적으로 적은 집합형 합병의 경우에 더욱 두드러질 수 있다. 따라서 신규 타인자본을 조달할 경우에 투자위험의 저하로 인하여 자금조달비용이 낮아질 수 있다. 그런데 기존 타인자본의 경우에는 합병 전의 투자위험에 따라 책정된 이자를 그대로 지급해야 하므로 결과적으로 과다 자본비용의 형태가 되어 버린다. 즉, 이 경우에 합병은 기존 타인자본(회사채)의 시장가치를 상승시키는 효과를 유발한다.

3 가격 교정 효과

매수 · 합병은 주식시장의 정보 비효율성(informational inefficiency)을 교정하는 기능도 수행한다. 일시적이든 구조적이든 특정 회사의 주식 가격이 적정 수준 이하가 되면 매수 · 합병의 대상(target)이 되고, 이는 결과적으로 동 회사의 주식 가격을 적정 수준으로 복귀시키게 된다. 이와 같은 기능을 매수 · 합병의 가격 교정 효과(price−correction effect)라고도 한다.

극단적인 예로서 주식이 발행기업의 청산가치 혹은 장부가치 이하로 거래되고 있는 경우에, 동 기업의 모든 발행주식을 매수한 후에 영업을 종결하고 기업의 모든 자산을 매각할 수 있다. 이의 매각대금으로 채무를 상환하고 나머지를 수익으로 취하면 주식 매입 원가와의 차이를 이익으로 실현시킬 수 있다.

그런데 일반적으로는 이와 같은 상황에 이르기 전에 매수의 대상이 되었다는 소식만으로도 주가는 상승한다.

합병의 경우에도 동일한 논리를 적용시킬 수 있다.

신규 투자안을 실행시키는 대신에 합병을 선택했다는 것은, 합병을 이용한 신규사업의 진입비용이 신규 투자안의 실행을 통한 신규사업의 진입비용보다 저렴하다는 것을 의미한다. 이는 Tobin's q ratio의 개념에 의해서도 설명될 수 있다.

합병의 경우에도 매수의 경우와 마찬가지로 합병의 대상이 되었다는 소식만으로도 주가는

상승하는 것이 일반적이다.[2]

4 대리 문제 통제 효과

제5장과 제6장에서 적절한 제어장치가 없다면 경영자는 위임자인 주주의 이익 극대화보다는 대리인인 자신의 이익을 극대화하려는 유인을 가지고 있다고 하였다. 이와 같은 대리 문제를 통제하는 방법으로는 위임자와 대리인의 이해상충(conflicts of interest)을 최소화하기 위한 스톡옵션(stock options) 등을 예시한 바 있다.

경영자와 주주 사이에 존재하는 대리 문제(agency problem)의 통제에 있어서 스톡옵션이 당근(carrots) 방식의 접근방법이라면 매수·합병의 가능성은 채찍(sticks) 방식의 접근방법이라고 할 수 있다.

매수·합병은 기본적으로 기업 경영권을 다투는 경제행위로도 볼 수 있으며, 따라서 이의 결과는 기업지배구조(structure of corporate governance)에 심대한 영향을 미칠 수 있다.

특히, 적대적 매수·합병의 경우에 이와 같은 문제는 두드러진다. 우호적 매수·합병의 경우에 기존 경영진은 그대로 잔류하지만 적대적 매수·합병의 경우에 기존 경영진은 대부분 교체되는 것이 일반적이다.

따라서 이와 같은 적대적 매수·합병의 가능성이 존재하는 것 자체가 경영자에게는 하나의 위협 혹은 압력으로 작용하며, 이는 결과적으로 자기자본의 대리비용을 감소시키는 효과를 가지게 된다.

그런데 우호적 매수·합병의 경우에는 적대적 매수·합병의 경우와는 달리 자기자본의 대리비용이 오히려 확대될 수도 있다. 이를 경영자 이기주의(managerialism)라고 한다.

예를 들어, 현재의 경영상황이 어려울 경우 혹은 어려워질 것으로 예상하는 경우에, 정보를 더 많이 가지고 있는 내부 주주 혹은 경영자는 문제를 희석시키거나 문제의 노출을 연기시키고자 주주가치의 극대화와는 관계없이 매수·합병을 추진할 수 있다.

---

[2] 매수·합병과 관련된 주가의 움직임을 보면, 매수·합병을 추진하는 기업(acquirer)의 주가는 하락하고 매수·합병의 대상 기업(target)의 주가는 상승하는 경향이 있다. 이는 매수·합병의 대상으로 알려지면 주가가 적정 수준 이상으로(즉, 가격 교정 효과 이상으로) 상승(overshooting)한다는 것을 시사한다.

section 03 방법

1 개요

우호적 매수 · 합병은 당사자 사이의 합의에 의해 진행되므로 가치 산정이 주요 의제가 된다.

반면에, 적대적 매수 · 합병은 대상 기업의 경영진이 반발하는 경우이므로 이에는 여러 종류의 공격방법과 방어방법이 사용될 수 있다.

적대적 매수 · 합병은 위에서 논의한 긍정적인 효과를 가지기도 하지만, 단순히 주가 차익 등의 금전적인 목적을 가지고 시행되기도 하므로 방어 자체를 기득권 보호 측면으로만 볼 필요는 없다.

여기에서는 적대적 매수 · 합병을 중심으로 공격방법과 방어방법을 간략하게 논의하도록 한다.

2 공격

적대적 매수 · 합병에서 사용되는 공격방법으로는 주식 공개매수, 백지위임장 전쟁, 차익 협박, 차입매수 등을 예거할 수 있다.

주식 공개매수(takeover bid or tender offer)는 적대적 매수 · 합병의 의사를 공개적으로 밝히고 경영권 확보에 필요한 대상 주식의 가격, 양(quantity), 시한 등을 제시하는 방법을 의미한다. 가격(tender price)은 일반적으로 공표 당시의 시장 가격보다 높게 프리미엄부로 제시된다.

백지위임장 전쟁(proxy contest)은 의견이 다른 대주주들이 자신들의 뜻을 관철시키기 위하여 일반주주들의 지지를 끌어내기 위한 경쟁을 의미한다. 일반주주들은 다툼을 벌이고 있는 각 대주주 진영에서 제시하는 경영전략을 검토한 후에 자신이 지지하는 쪽에 의결권 위임장(proxy)을 건네준다.

차익 협박(greenmailing)은 경영권 인수보다는 주가 차익을 목적으로 한 적대적 매수 · 합병의

한 방법이다. 이는 어느 정도의 지분을 확보한 후에 대상 기업의 기존 경영진을 협박하여 확보한 지분의 매입 원가 이상의 가격으로 재매각을 합의(standstill agreement)하는 형식으로 이득을 취하는 이른바 기업사냥꾼(corporate raiders)들의 전형적인 수법이라고 할 수 있다. 그리고 차익 협박을 하는 기업사냥꾼을 차익 협박자(greenmailer)라고 한다.[3]

차입매수(Leveraged Buyout : LBO)는 적대적 매수·합병에 필요한 자금을 대부분 차입으로 조달한다는 특성에 따라 붙여진 명칭이다. 일반적으로 이 경우에 필요한 자금은 대상 기업의 자산을 담보로 한 정크본드(junk bonds)를 발행하여 조달한다.

그리고 매수·합병을 추진하는 주체가 대상 기업의 기존 경영진일 경우에 이를 경영자 매수(Management Buyout : MBO)라고 하고, 대상 기업의 기존 종업원일 경우에 이를 종업원 매수(Employee Buyout : EBO)라고 한다. MBO와 EBO는 필요자금을 차입으로 조달하는 경우가 많으므로, 이들을 LBO의 한 종류로 보기도 한다.[4]

3 방어

적대적 매수·합병의 의도가 합리적이든 비합리적이든 대상 기업의 기존 경영진은 자신의 자리를 지키기 위하여 방어를 하기 마련이다. 이를 위해서는 매수·합병의 비용을 높이거나 매수·합병의 매력을 감소시키는 방식을 취한다.

매수·합병의 비용을 높이는 방법으로는 황금낙하산 전략, 독약 전략, 억지 전략 등을 예거할 수 있다.

황금낙하산 전략(golden parachute strategy)은 대상 기업의 기존 경영진이 적대적 매수·합병의 성사로 중도 탈락하는 경우에 상당 규모의 보상금(a kind of severance package)을 받을 수 있도록 고용계약에 규정하는 방법을 뜻한다.

적대적 매수·합병은 일반적으로 기존 경영진의 교체를 전제하므로, 상당 규모의 보상금을 기존 경영진의 교체 시에 지급한다는 것은 매수·합병의 비용 증가를 의미한다.

---

3 차익 협박자를 뜻하는 'greenmailer'는 미국 달러를 뜻하는 'greenbacks'와 협박자를 뜻하는 'blackmailer'의 합성어이다.
4 경영자 매수와 종업원 매수는 반드시 적대적 매수·합병을 전제하지는 않는다. 그리고 차입매수도 적대적 매수·합병의 경우에 많이 활용되는 자금조달 방법에 따라 붙여진 이름으로써, 이 자체가 반드시 적대적 매수·합병을 전제한다는 것은 아니다. 즉, 차입매수는 적대적 매수·합병을 특징짓는 방법이라기보다는 매수·합병을 위한 자금조달 방법의 하나로 이해하는 것이 보다 합리적일 것이다.

독약 전략(poison pill strategy)은 적대적 매수ㆍ합병이 성사되면 대상 기업의 기존 주주가 매수ㆍ합병하려는 기업 혹은 매수ㆍ합병 후의 잔존 기업의 주식을 할인 매입할 수 있는 권리를 사전에 규정하는 방법을 뜻한다. 이는 결국 매수ㆍ합병의 비용 증가를 초래한다.

적대적 매수ㆍ합병의 성사 시에, 황금낙하산 전략이 대상 기업의 기존 경영진에 대한 보상을 겨냥한 것이라면, 독약 전략은 대상 기업의 기존 일반주주에 대한 보상을 겨냥한 것이라고 이해될 수 있다.

억지 전략(shark repellent strategy)은 적대적 매수ㆍ합병이 성사되도록 하는 법적 요건을 까다롭게 하는 방법을 뜻한다. 예를 들어, 매수ㆍ합병이 법적 효력을 가지기 위해서는 대상 기업 주주 75%의 동의를 구해야 한다는 보다 강화된 규정을 정관(articles of incorporation)에 명시하는 방법이 이에 해당될 수 있다. 이는 결국 매수ㆍ합병의 비용 증가를 초래한다.

그리고 위에서 논의한 황금낙하산 전략이나 독약 전략도 넓게는 억지 전략의 하나로 이해될 수 있다.

매수ㆍ합병의 매력을 감소시키는 방법으로는 초토화 전략(scorched earth strategy)을 들 수 있다. 이는 적대적 매수ㆍ합병의 상대방 의도를 미리 파악할 수 있는 경우에만 유효하다.

예를 들어, 적대적 매수ㆍ합병을 하려는 기업이 대상 기업의 특정 사업부문을 겨냥하고 있다는 것을 사전에 파악하였다면, 해당 사업 부분을 앞에서 논의한 자산매각(sell-offs)의 형식으로 대상 기업의 법적 주체에서 분리시키는 방법이 이에 해당될 수 있다.

즉, 이는 대상 기업 스스로를 초토화시킴으로써 적대적 매수ㆍ합병의 의도를 좌절시켜 버리는 방법이라고 할 수 있다.

그리고 적대적 매수ㆍ합병의 상대방 의도를 미리 파악할 수 없다면, 대상 기업이 영위하는 사업 중 수익성 높은 부문(crown jewels)을 모두 자산 매각으로 처리하여 대상 기업을 적자기업이거나 수익성 낮은 기업으로 전환시킬 수도 있다. 이도 초토화 전략의 일환이라고 볼 수 있다.

이와 같이 매수ㆍ합병의 비용을 높이거나 매수ㆍ합병을 감소시키는 방식 이외에도 역공(counterattacks)을 하거나 아예 도피(escaping)를 하는 경우도 방어전략의 일부가 될 수 있다.

역공 방식으로는 팩맨 전략, 백기사 전략 등을 예거할 수 있다.

팩맨 전략(pac-man strategy)은 적대적 매수ㆍ합병을 하려는 기업을 대상 기업이 오히려 적대적 매수ㆍ합병해 버리는 방법을 뜻한다. 이는 한 컴퓨터 게임에서 유래한 명칭이다.

백기사 전략(white knight strategy)은 적대적 매수ㆍ합병을 막을 수 없다고 판단되는 경우에 대상 기업은 제3자 기업(white knight)에게 우호적 매수·합병을 시도하여 성사시키는 방법을 뜻한다.

또, 한 형태의 백기사 전략은, 우호적 매수·합병의 형태까지는 안 가더라도 적대적 매수·합병을 하려는 기업이 겨냥하고 있는 대상 기업의 사업(target businesses)이나 대상 기업의 수익성 높은 사업(crown jewels)을 특정 가격으로 매입하는 선택권(lockup options)을 백기사에게 부여하는 방식을 취할 수도 있다. 이와 같은 선택권은 적대적 매수·합병이 성사되었을 경우에 법적 효력을 가지게 된다. 이와 같은 형태의 백기사 전략은 그 실질적인 내용에 있어서 위에서 논의한 초토화 전략과 유사하다고도 볼 수 있다.

도피 방식으로는 사기업화 전략(going private strategy)을 들 수 있다. 이는 적대적 매수·합병의 대상 기업이 주식시장에서 자사주식을 모두 매입하여 기업공개를 철회하는 방식을 뜻한다.

이에 필요한 자금은 일반적으로 은행차입, 정크본드 발행 등의 타인자본으로 조달한다.[5]

section 04 | 회계처리

매수·합병의 결과에 관한 회계처리 방법으로는 매수법(purchase accounting method)과 풀링법(pooling of interests accounting method)을 들 수 있다.

매수법은 대상 기업의 자산을 매입한 것으로 보고 실제로 지급한 비용과 대상 기업의 자산의 시장가치의 차이를 영업권(goodwill)으로 계상하는 방법을 의미한다.

풀링법은 매수·합병의 주체 기업과 대상 기업의 대차대조표를 단순 합계하는 방법을 의미하며, 따라서 이 경우에는 영업권이 계상되지 않는다.

두 방법 모두 적법한 회계처리 방법이므로, 구체적으로 개별 기업이 이 중 하나를 자의적으로 선택한다.

---

5 앞에서 논의한 LBO나 MBO는 매수·합병 성사 후에 대상 기업의 사기업화가 시도되는 사례가 많다. LBO나 MBO는 구조조정의 일환으로 혹은 대리비용의 최소화를 목적으로 우호적으로 이루어질 수도 있으므로 이 경우의 사기업화는 반드시 적대적 매수·합병의 방어전략일 필요가 없다.

실전예상문제

01 다음 중 주식회사의 특성과 관계없는 것은?

① 주주는 유한책임을 갖는다.

② 회사의 존속기한이 정관에 규정되지 않는다.

③ 채권자는 유한책임을 갖는다.

④ 주식이나 채권의 거래가 회사의 영업활동에 영향을 준다.

02 다음 중 경영자에 대한 감시자가 아닌 시장참여자는?

① 주주   ② 납품업자   ③ 기관투자자   ④ 채권자

03 다음 중 자금조달 결정에 해당되는 것은?

① 배당결정   ② 부품공급업자 선정

③ 광고업자의 선정   ④ 공장입지의 선정

해설

01 ④ 주식회사에서 주주와 채권자가 유한책임을 갖는다는 것은 자명하다. 즉, 이들은 기존의 불입된 자금 이외에는 기업의 경영성과에 추가로 책임을 지지 않는다. 주식회사는 법인 성격을 가지며 소유와 경영이 분리되고 계속기업(going concern)의 의미를 전제하고 있다. 따라서 존속기간은 따로 정하지 않는다. 주식회사는 소유와 경영이 분리된다. 주주와 채권자의 지분(claims)의 이전(거래)은 소유에 관련되고 영업활동은 경영에 관련되므로 상호 영향을 주지 않는다.

02 ② 주주는 대리계약의 위임자(principal)로서 대리인(agent)인 경영자를 당연히 감시하여야 한다. 채권자는 투자위험을 감안하여 이자율을 정한 후에 자금을 대여한 상태이므로 이 자금의 운용에 있어서 경영자가 특정 위험을 벗어나지 않도록 감시하게 된다. 이는 채권자가 자신의 이익을 지키기 위한 노력의 일환으로 이해될 수 있다. 기관투자자는 주주 혹은 채권자의 입장을 가지므로 경영자를 감시하게 된다. 납품업자는 단순 매매당사자로서 매매체결로 경제적 이해관계가 종료되므로 경영자를 감시할 이유가 없다.

03 ① 자금조달 결정은 크게 타인자본의 사용과 관련된 재무구조결정과 영업성과의 처분에 관련된 배당결정으로 구분된다. 나머지 3개 선택지는 실물부문의 투자결정과 연계된다.

04 다음 중 주주가치의 극대화와 가장 밀접한 관계를 갖는 개념은?

① 순이익 　　　② 배당금 　　　③ 채권이자 　　　④ 순현가

05 다음 중 할인율의 구성요소는?

① 화폐의 시간적 가치와 위험에 대한 보상

② 화폐의 시간적 가치에 대한 보상

③ 화폐의 시간적 가치와 소득적 가치에 대한 보상

④ 화폐의 소득적 가치에 대한 보상

06 다음 중 할인율과 동일한 개념이 아닌 것은?

① 수익비용률 　　　　　　　　② 자본환원율

③ 기대수익률 　　　　　　　　④ 최저 필수 수익률

07 다음 중 배당성향을 올바르게 산정한 것은?

① 총이익×기대수익률 　　　　② 영업이익×기대수익률

③ 1 − 재투자율 　　　　　　　④ 순이익×(1 − 재투자수익률)

해설

04　④ 순이익과 배당금은 간접적으로 주주가치의 극대화와 연계될 수 있지만, 이들은 회계학적 개념으로서 특정기간에 한정된 경영성과를 부분적으로 나타낼 뿐이고 더구나 회계 기법상 동일한 경제적 내용이 다르게 표시될 수 있어 오도된 정보일 수 있다. 채권이자는 자금조달비용의 최소화라는 관점에서 매우 간접적으로 주주가치의 극대화와 연계될 수 있지만, 순이익과 배당금보다 더 거리가 멀다. 순현가는 특정 투자안과 연계된 모든 현금흐름을 동 투자안의 내용연수 전 기간에 걸쳐 감안한 개념이므로 주주가치의 극대화와 가장 직접적으로 연계된다.

05　① 할인율, 자본비용 등의 k는 화폐의 시간적 가치와 투자위험에 관한 보상으로 구성된다. 여기에서 소득적 가치는 의미 없는 용어이다.

06　① 여기에서 수익비용률은 의미 없는 용어이다.

07　③ 배당성향은 순이익 중에서 배당지급액이 차지하는 비중을 의미한다. 재투자율은 순이익 중에서 배당을 지급하고 남은 금액이 차지하는 비중을 의미한다. 이는 배당하지 않는 이유를 재투자를 위한 것으로 해석하기 때문이다(제6장의 원천별 자본비용 참조).

08 다음 중 만기수익률의 개념이 아닌 것은?

① 화폐의 시간적 가치에 대한 보상　　② 정부채권

③ DCF 모형　　④ 완전 자본시장

09 다음 중 자본 할당과 관계없는 것은?

① 선형계획법　　② 수익성 지수법

③ 정수계획법　　④ 연간 동등 비용

10 다음 중 체계적 위험과 같은 의미를 갖는 것은?

① 분산 가능 위험　　② 시장위험

③ 중립적 위험　　④ 효율적 위험

11 다음 중 결합 레버리지를 올바르게 설명한 것은?

① 매출액 변화율과 순이익 변화율의 비교

② 매출액 변동금액과 순이익 변동금액의 비교

③ 영업이익 변화율과 순이익 변화율의 비교

④ 영업이익 변동금액과 순이익 변동금액의 비교

해설

08 ④ 만기수익률은 채권 관련 용어로서 내부수익률과 같은 의미를 가진다. 하지만 만기수익률이란 용어는 채권에서 무위험 현금흐름을 창출하는 무위험 채권(정부채권)을 만기 보유한다는 것을 전제한 채권 투자수익률을 나타낸다. 그리고 채권의 가격은 무위험 현금흐름을 만기수익률로 할인한 현재가치(화폐의 시간적 가치를 감안한 DCF 모형)를 의미한다. 따라서 완전 자본시장과는 관계가 없다.

09 ④ 자본 할당(capital rationing)은 투자자금이 제한되어 있을 때의 실물투자 의사결정기법이다. 이 중 가장 간단한 모형이 수익성 지수법이고, 투자기회가 미래시점에도 새롭게 나타나는 복잡한 경우에 사용되는 모형이 선형계획법과 정수계획법이다. 연간 동등 비용은 비용 최소화를 통한 주주가치 최대화에 이용되는 개념으로 자본 할당과는 전혀 관계없다.

10 ② 분산 가능 위험은 비체계적 위험을 의미하고, 중립적 위험과 효율적 위험은 여기에서는 의미 없는 용어이다.

11 ① 레버리지는 탄력성(elasticity)의 한 종류이므로 변화율과 변화율의 비교라야 한다. 결합 레버리지는 영업 레버리지와 재무 레버리지의 정보를 종합한 개념이므로 매출액과 순이익을 대상으로 한다. 여기에서, ②와 ④는 변동금액을 대상으로 하였으므로 의미 없는 내용이고 ③은 재무레버리지를 의미한다.

12 MM(1958), MM(1963), Miller(1977) 중 타인자본의 무 관련 정리를 보인 것은?

① MM(1958)과 Miller(1977) ② MM(1963)과 Miller(1977)

③ MM(1958)과 MM(1963) ④ Miller(1977)

13 다음 중 Miller(1977)에서 가정한 내용이 아닌 것은?

① 법인세가 과세된다. ② 개인소득세가 과세된다.

③ 거래비용이 없다. ④ 파산위험이 있다.

14 다음 중 MM(1963)에서의 세금 혜택 현금흐름에 적용되어야 할 할인율은?

① 자기자본비용 ② 타인자본비용

③ 가중평균 자본비용 ④ 가중평균 법인세율

15 다음 중 파산비용을 옳게 설명한 것은?

① 청산가치와 장부가치의 차이 ② 청산가치와 시장가치의 차이

③ 매몰 원가와 장부가치의 차이 ④ 매몰 원가와 시장가치의 차이

해설

12 ① MM(1958)은 완전 자본시장 가정하에서 타인자본이 기업가치에 영향을 줄 수 없다는 것을 증명하였고, Miller(1977)는 법인세와 개인소득세를 예외로 한 완전 자본시장 가정하에서 타인자본이 기업가치에 영향을 줄 수 없다는 것을 증명하였다. MM(1963)은 법인세만을 예외로 한 완전 자본시장 가정하에서 타인자본이 기업가치에 영향을 줄 수 있다는 것을 증명하였다.

13 ④ Miller(1977)의 가정은 완전 자본시장을 기초로 하면서 법인세와 개인소득세를 예외로 허용하였다. 거래비용이 없다는 것은 완전 자본시장이 가지고 있는 내용 중의 하나이다. 그리고 Miller는 회사채가 지급불능 위험이 없는 것으로 가정하였으므로 파산비용은 발생하지 않는다.

14 ② 단위기간 동안의 세금 혜택은 $D_L \cdot k_d \cdot \tau_c$인데, 이를 영구채권의 현금흐름으로 보고 현재가치를 구할 때에는 D_L과 동일한 성격의 현금흐름으로 보고 k_d를 적용해야 한다.

15 ② 매몰원가는 과거의 정보로서 현재 이후의 의사결정에는 의미 없는 정보임을 뜻할 뿐이다. 장부가치는 회계적 기법에 의한 자산가치의 평가일 뿐이며, 대부분 이 경우에 취득원가를 기준으로 기록된다. 즉, 매몰원가와 장부가치의 개념을 포함한 선택지는 모두 정답이 될 수 없다.

16 다음 중 대리비용을 설명하는 내용이 아닌 것은?

① 감시비용   ② 확증비용

③ 분산비용   ④ 잔여손실

17 다음 중 타인자본의 대리비용과 신호 효과의 공통된 배경으로 가장 옳은 것은?

① 정보 불균형   ② 자본 불균형

③ 시장 균형   ④ 시장 경쟁

18 다음 중 완전 자본시장의 가정하에서 논의된 것은?

① MM(1961)   ② 신배당 이론

③ 고객군 효과   ④ 반배당 이론

19 다음 중 배당기준일 전의 사건으로서 이후 주당 배당금의 변동을 야기하는 것으로 옳은 것은?

① 주식배당   ② 주식분할

③ 신제품의 출시   ④ 특별이익의 발생

해설

16 ③ 대리비용(agency cost)은 감시비용, 확증비용, 잔여손실로 구성되고 있으며 분산비용은 여기에서 의미 없는 용어이다.

17 ① 대리비용은 위임자(principal)와 대리인(agent) 사이의 정보 불균형 때문에 발생하며, 신호 효과는 기업 내부자(insider)와 기업 외부자(outsider) 사이의 정보 불균형을 해소하기 위한 도구(tool)의 하나로 재무구조가 이용된다는 것을 의미한다.

18 ① MM(1961)은 완전 자본시장 가정하에서 배당결정이 기업가치에 영향을 줄 수 없는 것을 증명하였다. 친배당 이론, 반배당 이론, 고객군 효과는 완전 자본시장 가정하에서는 성립할 수 없는 주장이다.

19 ③ 주식배당과 주식분할은 이로 인하여 주식수가 늘어나도 주당 배당금은 변화시키지 않는다는 관행하에서 이루어진다. 특별이익은 영업활동과는 관계없는 일시적인 사건으로서 지속성이 없으므로 관행상 주당 배당금의 증가는 이루어지지 않는다. 신제품의 출시는 영업활동의 구조적인 변화를 의미하므로 성공과 실패에 따라 주당 배당금이 변화할 수 있다.

20 다음 중 배당의 고객군 효과와 가장 밀접한 관계를 가지는 것은?
① 평균 소득세율   ② 한계 소득세율
③ 평균 법인세율   ④ 한계 법인세율

21 다음 중 현금 전환 사이클의 단축을 위한 노력으로 적절하지 않은 것은?
① 플로트관리   ② 팩토링
③ 사서함제   ④ 부채비율관리

22 다음 중 금융리스의 특성이 아닌 것은?
① 매각 후 리스(sale-and-lease back)
② 기술 진부화(technological obsolescence)
③ 차입리스(leveraged lease)
④ 염가매수선택권(bargain purchasing option)

23 다음 중 합병의 회계처리에 있어서 풀링법과 매수법을 구분짓는 가장 핵심적인 개념은?
① 소유권   ② 영업권
③ 고정자산 적합성   ④ 기업지배구조

해설

20 ② 투자자가 의사결정할 때에 감안하는 것은 한계세율이다. 이는 다른 경제적 의사결정의 경우에도 마찬가지이다. 그리고 배당은 법인세 납부 후의 순이익을 전제하고 있으므로 법인세율은 의미 없는 정보이다.

21 ④ 플로트관리는 수표 등의 발행과 수취와 관련된 현금유출입의 속도를 다루는 것이고, 사서함제는 수입금의 현금유입 속도를 다루는 것이다. 팩토링은 매출채권의 현금화를 다루는 금융기법의 하나이다. 부채비율관리는 현금관리보다는 재무위험과 보다 직접적으로 연계된 개념이다.

22 ② 매각 후 리스와 차입리스는 금융리스의 한 유형이다. 염가매수선택권은 금융리스의 한 특성이다. 기술진부화는 운용리스의 한 특성이다.

23 ② 풀링법은 대차대조표를 수평적으로 합치는 방식을 취하므로 영업권(goodwill)이 추가로 발생할 여지가 없는 반면에, 매수법은 대상 기업의 자산을 매수하는 방법을 취하므로 실제 지급액과 대상 기업 자산의 시장가치(market value of secondhand goods)와의 차이는 영업권으로 계상해야 한다.

24 다음 중 매수ㆍ합병의 경제적 유인이 아닌 개념은?
① 가격 교정　　　　　　　　　　　② 대리 문제 통제
③ 파산비용절감　　　　　　　　　　④ 규모의 경제

25 다음 중 매수ㆍ합병 비용을 증가시키기 위한 방어전략이 아닌 것은?
① 독약전략　　　　　　　　　　　　② 억지전략
③ 황금낙하산전략　　　　　　　　　④ 백기사전략

26 매년 말 100만 원을 지급하는 영구채권의 현재가치는? (단, 이자율은 10% 가정)

27 어떤 회사의 이번 회계연도 주당순이익(EPS_1)이 1,500원이다. 이의 40%인 600원을 배당으로 지급하고 나머지는 자기자본수익률(ROE)인 20%로 재투자한다. 이와 같은 현금흐름, 배당정책, 재투자정책이 영원히 반복된다면, 자본 환원율 k가 15%일 때 이 회사의 성장가치는?

---

24 ③ 가격 교정은 경영권 확보 후에 자산을 매각한다는 것을 전제하고 있으며, 이는 저평가된 주식을 겨냥한다는 것을 의미한다. 매수ㆍ합병의 성공은 일반적으로 무능력한 경영진을 교체한다는 것을 의미하는데, 이의 가능성은 기존 경영진에게 하나의 위협으로 작용하여 대리 문제를 억제하는 효과를 가진다. 규모의 경제는 매수ㆍ합병이 가지는 시너지 효과의 하나이다. 파산비용은 매수ㆍ합병과 거의 관계가 없다. 파산을 막고자 매수ㆍ합병을 한다는 것은 설득력이 없으며, 기존 주주가 반발할 것이다.

25 ④ 백기사전략(white knight strategy)은 비용보다는 현재 공격적 매수ㆍ합병을 하려는 기업에게보다는 차라리 자신에게 우호적인 제3자로서의 백기사에게 매수ㆍ합병을 당하겠다는 의도를 말하는 것이다.

26 100만 원÷0.1=1,000만 원, 영구채권 산식을 적용

27 배당성향 $PR_a=0.4$, 재투자율=0.6, $ROE=0.2$, 자본환원율 $k=15\%$, 주당배당금 $DIV_1=600$원

성장률 $g=PR_b \cdot ROE=0.6 \cdot 0.2=0.12$, 주가 $P_0=\dfrac{DIV_1}{k-g}=\dfrac{600}{0.15-0.12}=20,000$원

성장가치 $PVGO=P_0-\dfrac{EPS_1}{k}=20,000-\dfrac{1,500}{0.15}=10,000$원

배당 현금흐름이 성장률 g로 증가할 때의 주가를 먼저 구하면 20,000원이 된다. 그리고 성장하지 않을 때의 주가를 구하면 10,000원이 되고, 이때의 산식은 EPS_1/k가 된다. 성장할 때의 주가에서 성장하지 않을 때의 주가를 빼면 성장가치가 된다(본문 식 (3-22) 참조).

28 다음과 같은 현금흐름을 가지는 상호 배타적인 투자안 A와 투자안 B의 내부수익률과 순현가는? 투자안의 선택에 대한 의사결정은 내부수익률법과 순현가법에 따라 각각 어떠해야 하는가? 그리고 주주가치를 극대화하기 위해서는 최종적으로 어떤 투자안을 선택해야 하는가? (단, 할인율 k는 10%)

	C_0	C_1	C_2	C_3
A	−500	750	750	1,500
B	−500	1,500	500	500

29 다음과 같은 내용연수와 비용구조를 가지는 A회사의 기계와 B회사의 기계 중 어느 것을 선택해야 주주가치를 극대화할 수 있는가? (단, 두 기계의 시간당 생산량과 품질은 동일하며, 현재 선택한 기계는 내용연수가 완료되었을 때에도 계속 반복하여 선택된다고 가정하고 할인율 k는 10%)

	C_0	C_1	C_2	C_3
A	1,500	100	100	—
B	1,700	50	50	50

해설

28 IRR_A=155%, IRR_B=238%, NPV_A=1,928만 원, NPV_B=1,653만 원. 내부수익률법에 의하면 투자안 B를 선택, 순현가법에 의하면 투자안 A를 선택. 주주가치 극대화를 위한 최종 선택은 순현가법에 따라 투자안 A. 투자안 A의 현금유입 양태를 보면 상대적으로 큰 규모가 3년째에 있고, 투자안 B의 경우에는 상대적으로 큰 규모가 1년째에 있다. 따라서 내부수익률법에서는 내부수익률이 암묵적인 재투자수익률이므로 투자안 B의 내부수익률이 과장될 가능성이 크다. 그러나 기업금융의 목표는 내부수익률의 극대화가 아니라 주주가치의 극대화이므로 순현가법의 결론을 따라야 한다.

29 PC_A=1,673.6, PC_B=1,824.3, AF_A=1.73554, AF_B=2.48685, EAC_A=1,673.6÷1.73554=964.3만 원, EAC_B=1,824.3÷2.48685=733.6만 원
따라서, B회사의 기계를 선택
이 경우에는 내용연수가 다르므로 비용 현가(Present Value of Cost : PC)를 직접적으로 비교할 수 없다. 따라서 동시에 내용연수가 완료되는 6년, 12년 등 6년의 배수를 기준으로 각각의 비용 현가를 구하여 비교하여야 한다. 이와 같은 번거로움을 피하는 방법으로는 연간 동등 비용(equivalent annuity cost : EAC)의 개념을 이용하면 된다. EAC을 이용할 때에는 연금 요소(annuity factor : AF)를 이용하면 편리하다(본문 식 (4−14) 참조).

30 특정 자본자산의 수익률 표준편차 σ_i가 1.2%이고, 시장 포트폴리오의 수익률 표준편차 σ_m이 1.7%이다. 이 자본자산의 수익률과 시장 포트폴리오의 수익률의 상관계수 ρ_{im}은 0.8이다. 시장 포트폴리오의 기대수익률 μ_m이 12.5%이고 무위험이자율 r_f가 8.5%일 때, 이 자본자산의 기대수익률 μ_i는?

31 어떤 기업의 타인자본 100억 원에 대한 위험도 β_d가 0.2이고 자기자본 300억 원에 대한 위험도 β_s가 1.60이다. 시장 포트폴리오의 기대수익률 μ_m이 12.5%이고 무위험이자율 r_f가 8.5%일 때, 이 기업의 가중평균 자본비용은?

32 동일 상품을 생산·판매하고 있는 L회사와 U회사의 총자산은 1,000억 원이다. L회사는 400억 원의 타인자본을 사용하고 있고, U회사는 타인자본을 사용하고 있지 않다. L회사의 연간 영업이익은 250억 원이다. L회사의 부채에 대한 지급이자율은 10%이며, 개인 소득세는 없고 법인세율은 30%이다. L회사의 타인자본은 영구채권(perpetuity bond)의 발행으로 조달되었으며, 정부의 무상 지급보증으로 지급불능 위험이 없다. 이와 같은 조건에서 L회사 기업가치와 U회사 기업가치의 차이는?

해설

30 $\sigma_m^2 = 0.017^2 = 0.000289$, $\sigma_{im} = \rho_{im} \cdot \sigma_i \cdot \sigma_m = 0.8 \cdot 0.012 \cdot 0.017 = 0.0001632$, $\beta_i = \dfrac{\sigma_{im}}{\sigma_m^2} = \dfrac{0.0001632}{0.000289} = 0.5647$, $\mu_i = r_f + \beta_i \cdot$
$(\mu_m - r_f) = 0.085 + 0.5647 \cdot (0.125 - 0.085) = 10.76\%$, β_i의 산식(σ_{im}/σ_m^2)과 상관계수와 공분산의 관계식($\sigma_{im} = \rho_{im} \cdot \sigma_i \cdot \sigma_m$)을 알고 있어야 한다. 이를 자본자산 가격결정 모델에 대입하면 기대수익률을 계산할 수 있다(본문 식 (5-4) 혹은 식 (5-5) 참조).

31 $\beta_a = \beta_d \cdot \dfrac{D_L}{E_L + D_L} + \beta_s \cdot \dfrac{E_L}{E_L + D_L} = 0.2 \cdot 0.25 + 1.6 \cdot 0.75 = 1.25$, $k_a = r_f + \beta_a \cdot (\mu_m - r_f) = 0.085 + 1.25 \cdot (0.125 - 0.085) =$
13.5%, 가중평균 자본비용은 타인자본을 사용하고 있을 때의 asset β로부터의 k를 의미한다. 따라서 식 (5-13)을 이용하여 asset β를 먼저 구하고 이의 결과를 식 (5-5)에 대입하면 정답을 계산할 수 있다.

32 $V_L - V_U = D_L \cdot \tau_c = 400 \cdot 0.3 = 120$억 원, MM(1963)의 상황 설정을 위하여 여러 설명이 부가되었을 뿐이다. 따라서 식 (6-13)을 이용하면 쉽게 정답을 구할 수 있다. 이 문제의 핵심은 지문에서의 상황 설정이 MM(1963)의 경우인가의 여부를 판단하는 것이다.

33 시멘트 사업의 β_a는 1.2이고 반도체 사업의 β_a는 1.6이다. 라면사업을 영위하고 있는 K회사는 반도체 사업에 신규로 진출하고자 한다. 무위험이자율 r_f가 10%이고, 시장 포트폴리오의 기대수익률 μ_m은 15%이다. K회사의 총자산은 1,000억 원이고, 타인자본은 300억 원이다. K회사의 β_d는 0.1이고, β_s는 1.1이다. K회사의 신규사업 타당성 검토에 있어서의 거부율(cut-off rate)은?

34 Miller(1977)에서는 법인세와 개인소득세를 예외적으로 허용한 완전 자본시장 가정하에서 타인자본의 사용이 기업가치에 영향을 줄 수 없다는 것을 증명하였다. 이때 이와 같은 타인자본의 무 관련 정리를 성립하도록 하는 각 세율 간의 관계는?

35 어떤 기업의 올해 영업이익은 500억 원이다. 이 기업은 3,500억 원의 타인자본을 사용하고 있으며 이의 평균 이자율은 12%이다. 이 기업의 이자보상비율(interest coverage ratio)은?

해설

33 $k = 0.1 + 1.6 \cdot (0.15 - 0.1) = 18\%$. 신규 프로젝트의 위험을 보다 직접적으로 알 수 있는 때에는 기존 사업과 관련된 투자위험이나 가중평균 자본비용은 의미 없는 정보이다. 즉, 반도체 사업은 이의 위험을 나타내는 β_a를 직접 활용하여 자본비용 혹은 거부율 k를 계산하면 된다.

34 $V_L = V_U + D_L \cdot \left[1 - \dfrac{(1-\tau_c)(1-\tau_{pe})}{(1-\tau_{pd})} \right] = V_U$이므로, $\tau_{pe} = 0$, $\tau_{pd} = \tau_c$라야 한다. 이 문제는 Miller(1977)의 가정 내용을 묻는 것이다. 즉, Miller(1977)에서의 식 (6-36)이 무 관련 정리로 귀결되기 위한 조건을 이해하면 된다.

35 이자보상비율 = 영업이익 ÷ 지급이자 = 500 ÷ (3,500 · 0.12) = 1.19. 이자보상비율은 영업이익으로 지급이자를 감당할 수 있는 정도를 측정하는 재무비율이다. 한국에서 IMF체제 진입 이후에 부실기업을 판정하는 기준의 하나로 이용된 바 있다.

정답 01 ④ | 02 ② | 03 ① | 04 ④ | 05 ① | 06 ① | 07 ③ | 08 ④ | 09 ④ | 10 ② | 11 ① | 12 ① | 13 ④ | 14 ② | 15 ②
16 ③ | 17 ① | 18 ① | 19 ③ | 20 ② | 21 ④ | 22 ② | 23 ② | 24 ③ | 25 ④

part 04

포트폴리오 관리

certified research analyst

chapter 01

투자수익과 투자위험

section 01 최적 투자결정의 체계

　최적의 투자결정이 이루어지기 위해서는 먼저 수많은 투자대상들의 투자가치가 평가되어야 한다.

　현대 포트폴리오 이론에서는 투자대상들의 투자가치를 기대수익과 위험, 두 가지 요인을 고려하여 평가하고 있다. 투자가치는 그 투자로 인한 미래의 기대수익에 달려있는데, 그 기대수익은 불확실성과 변동성이라는 위험을 지니고 있기 때문이다.

> 투자가치 = f(기대수익, 위험)

　투자가치의 기준이 되는 기대수익과 위험이 계량적으로 측정될 수만 있다면 최적 투자결정의 문제는 용이해진다(기대수익의 위험에 대한 계량적 측정방법은 다음 절에 설명되어 있다).

　기대수익과 위험에 대한 측정이 가능하다면 많은 투자대상들 중에서 기대수익률이 동일한 것들에 대해서는 위험이 보다 작은 투자대상을 택하고, 위험이 동일한 투자대상 중에서는 기대수익률이 보다 큰 것을 택함으로써 많은 투자대상들을 쉽게 몇 개의 최적의 투자대상으로 압축할 수 있기 때문이다.

만약 주식 A, B, C, D의 기대수익과 위험이 다음과 같이 측정되었다면 어떤 주식이 우월한 투자대상인지 가려지게 된다.

주식 A와 B를 비교하면 기대수익이 동일한데, 투자위험이 A가 B보다 낮으므로 주식 A가 우월한 투자대상이 된다. 주식 C와 D를 비교하면 투자위험이 동일한데, 기대수익은 D가 C보다 높으므로 주식 D가 우월한 투자대상이 된다.

최종적으로 우월한 투자대상으로 선정된 주식 A와 D 중에서 어떤 주식에 투자해야 되는가? 주식 A는 주식 D에 비하여 기대수익이 높지만 위험이 높으므로 위험회피 성향이 큰 보수적 투자자는 기피할 것이다. 반면에 주식 D는 주식 A에 비하여 위험이 낮지만 기대수익이 낮으므로 공격적 투자자는 선호하지 않을 것이다.

(단위 : %)

주식 구분	A	B	C	D
기대수익	30	30	18	22
위험	20	25	15	15

결국 주식 A와 D처럼 기대수익과 위험, 두 가지 객관적 기준으로 우열이 가려지지 않은 투자대상들에 대한 최종 선택은 위험에 대한 투자자들의 주관적 태도, 즉 보수적 투자자인지, 공격적 투자자인지에 따라 다르게 결정될 수밖에 없다.

section 02 기대수익

1 투자수익률

투자수익(investment return)은 본래 투자로 인한 부의 증가를 의미한다. 주식투자의 경우 투자수익은 배당소득과 시세차익으로 구성되는데, 이의 합은 금액기준의 투자성과 척도가 된다.

주식투자수익 = 배당소득 + 시세차익

　투자자 갑은 S주식을 1년 전 주당 300,000원에 1,000주를 매입(투자액 3억 원)하였는데 주당 40,000원의 배당을 받고 350,000원에 매도하였다면, 배당소득 4천만 원과 시세차익 5천만 원으로 총투자수익은 9천만 원이 된다.

　한편 투자자 을은 주식을 1년 전 주당 3,000원에 1,000주를 매입(투자액 3백만 원)하였다가 주당 500원의 배당을 받고 4,000원에 매도하였다면 배당소득 50만 원과 시세차익 100만 원으로 총투자수익은 150만 원이 된다. 이처럼 투자수익을 금액기준으로 계산하기도 한다.

　그러나 투자성과는 다음과 같이 투자한 양과 투자로부터 회수한 양의 상대적 비율인 투자수익률(rate of return on investment)로써 측정하는 것이 일반적이다. 사람, 종목, 시점마다 상이한 투자규모(투자액)를 감안하여 상대적 투자성과를 비교할 수 있기 때문이다.

$$투자수익률 = \frac{기말의\ 부 - 기초의\ 부}{기초의\ 부}$$

　따라서 어느 주식에 일정기간 동안 투자하였을 때의 단일기간 투자수익률을 표시하면 다음과 같다.

$$r_t = \frac{(p_{t+1} - p_t) + d_t}{p_t} \quad\cdots\cdots\cdots\cdots\cdots\cdots\cdots\cdots\cdots\cdots\cdots (1-1)$$

여기서, r_t ： t기간 투자수익률

$\quad\quad\ \ p_t$ ： t시점(기초)의 주식 가격

$\quad\quad\ \ p_{t+1}$ ： $t+1$시점(기말)의 주식 가격

$\quad\quad\ \ d_t$ ： t기간 동안의 배당소득

　위의 예에서 금액기준으로 볼 때 투자자 갑은 9천만 원, 투자자 을은 150만 원의 투자수익을 얻었지만, 투자규모를 감안한 투자수익률은 각각 30%, 50%이므로 투자자 을의 투자성과가 양호하다.

2   기대수익률의 측정

그러면 미래의 투자수익률은 어떻게 계산되는가? 불행히도 미래의 경우는 식 $(1-1)$에서 투자대상의 기초 가격 p_t 이외에는 모두 불확실하다. 기말의 가격인 p_{t+1}이나 배당소득 d_t가 얼마가 될지 정확히 예측할 수 없다. 우리가 할 수 있는 최상의 방법은 미래 투자수익률의 확률분포를 예상하는 것이다. 즉, 증권 분석을 통하여 미래 발생 가능한 상황에서의 예상 수익률과 그 상황이 일어날 확률을 추정하여 투자수익과 위험을 평가하는 것이다.

표 1-1   **미래 투자수익률의 확률분포**

상황	확률(p_i)	주식 A	주식 B	주식 C
호경기	0.3	100%	45%	10%
정상	0.4	15%	15%	12%
불경기	0.3	-70%	-10%	14%

예를 들어, 주식 A, B, C에 대한 증권 분석 결과 〈표 $1-1$〉처럼 호경기, 정상, 불경기의 세 가지 상황(각각이 일어날 확률은 0.3, 0.4, 0.3)에서 예상 투자수익률이 〈표 $1-1$〉과 같다고 하자.

먼저 투자대상들의 수익성 정도는 예상 수익률의 확률분포에서 평균적인 수익률을 계산하여 평가한다. 미래 평균적으로 예상되는 수익률을 기대수익률(expected rate of return)이라고 하는데, 다음과 같이 각 상황별로 발생 가능한 수익률에 그 상황이 발생할 확률을 곱한 다음 이의 합을 구하여 계산한다.

$$E(R) = \sum_{i=1}^{m} p_i r_i \cdots\cdots\cdots\cdots\cdots\cdots\cdots\cdots\cdots\cdots (1-2)$$

여기서, $E(R)$: 기대수익률

p_i : i상황이 일어날 확률(m가지의 상황)

r_i : i상황에서 발생 가능한 수익률

주식 A, B, C의 기대수익률은 다음과 같이 계산된다.

$$E(R_A) = (0.3 \times 100\%) + (0.4 \times 15\%) + (0.3 \times -70\%) = 15\%$$
$$E(R_B) = (0.3 \times 45\%) + (0.4 \times 15\%) + (0.3 \times -10\%) = 16.5\%$$
$$E(R_C) = (0.3 \times 10\%) + (0.4 \times 12\%) + (0.3 \times 14\%) = 12\%$$

3 과거 보유 수익률의 측정

앞에서는 미래 예상 수익률의 확률분포로부터 평균적인 기대수익률을 측정하는 방법을 설명하였다. 이 같은 수익률 분포를 작성할 때는 과거 수익률 자료를 참고로 하기도 한다. 과거 보유기간 수익률(holding period rate of return)의 측정은 이 밖에도 제6장에서 다루게 될 투자성과 평정에 기초자료로서 활용되기도 한다.

1) 단일기간 수익률의 측정

투자자금을 운용한 기간이 기간 중에는 현금흐름이 없고 기초와 기말에만 발생하는 단일기간(one period)일 때는 이 기간의 보유 투자수익률은 단지 총투자 수익금액을 기초의 투자금액으로 나누어 계산하면 된다. 주식투자의 경우는 배당수입과 시세차익이 총투자 수익금액을 구성할 것이며, 채권투자의 경우는 이자수입과 시세차익이 총투자 수익금액을 구성하게 된다.

단일기간 보유 수익률 = 총투자 수익/기초 투자액 ·······················(1−3)
= [배당 또는 이자 + 시세차익(차손)]/기초 투자액

2) 다기간 보유 수익률의 측정

그러나 투자자금이 다기간(multi−period)에 걸쳐 운용되면, 투자수익률의 계산이 단순하지 않게 된다. 더욱이 중도에 자금일부의 회수, 추가적인 투자 혹은 재투자 등이 이루어지면 계산이 복잡해진다. 다기간 보유 수익률을 계산할 때는 내부수익률, 산술평균 수익률, 기하평균

수익률이 사용되는데 각각 장단점을 지니고 있으므로 사용에 주의할 필요가 있다. 이제 이들 세 가지 투자수익률의 계산방법과 특징을 비교하기 위하여 다음 세 가지 예시에 대한 투자수익률 계산의 문제를 살펴보기로 하자.

 예시 1

A회사의 주식을 첫째 해 초 10,000원에 매입하여 연말에 400원의 배당금을 받았다. 둘째 해 초에 동일 주식을 10,600원에 추가 매입하여 둘째 해 말에 800원의 배당금(한 주당 400원 배당)을 받고 21,600원(한 주당 10,800원)에 매각하였다.

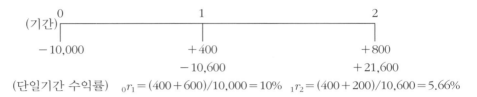

(기간) 0 ─────────── 1 ─────────── 2

−10,000   +400   +800

       −10,600   +21,600

(단일기간 수익률) $_0r_1 = (400 + 600)/10,000 = 10\%$ $_1r_2 = (400 + 200)/10,600 = 5.66\%$

예시 2

B회사의 주식에 첫째 해 초 1,000만 원 투자하였는데, 1년 후 가격 상승으로 2,000만 원이 되었다가 둘째 해 말에는 다시 가격 하락으로 1,000만 원이 되었다.

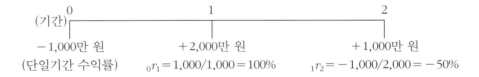

(기간) 0 ─────────── 1 ─────────── 2

−1,000만 원   +2,000만 원   +1,000만 원

(단일기간 수익률) $_0r_1 = 1,000/1,000 = 100\%$ $_1r_2 = -1,000/2,000 = -50\%$

예시 3

지금 C회사에 1,000만 원 투자하고 있는데, 앞으로 1년간에 걸친 투자수익률이 100%(금액기준 2,000만 원)가 될 확률이 0.5이고, 투자수익률이 −50%(금액기준 500만 원)가 될 확률이 0.5이다.

(1) 내부수익률(Internal Rate of Return : IRR)

내부수익률은 서로 상이한 시점에서 발생하는 현금흐름의 크기와 화폐의 시간적 가치가 고려된 평균 투자수익률의 개념으로서 현금유출액의 현재가치와 현금유입액의 현재가치를 일치시켜주는 할인율을 계산하여 측정한다. 따라서 기간별 투자액이 상이한 〈예시 1〉의 경우 내부수익률을 시행착오법에 의해서 계산하면 다음과 같다.

$$10{,}000 + \frac{10{,}600}{(1+r)} = \frac{400}{(1+r)} + \frac{800 + 21{,}600}{(1+r)^2}$$
$$r = 7.12\%$$

　내부수익률의 계산은 기간별 상이한 투자금액의 크기에 가중치가 주어져 수익률이 계산되므로 금액가중평균 수익률(amount－weighted rate of return)이라고도 한다. 〈예시 1〉의 경우는 수익률이 저조한 기간 2에 투자금액이 많으므로 평균 투자수익률이 낮다.

(2) 산술평균 수익률(Arithmetic average Rate of Return : ARR)

　산술평균 수익률은 기간별 단일기간 수익률을 모두 합한 다음 이를 관찰수(기간수)로 나누어 측정한다. 〈예시 1〉의 경우 산술평균 수익률은 다음과 같이 계산된다.

$$ARR = (10\% + 5.66\%)/2 = 7.83\%$$

　산술평균 수익률이 기간별 투자금액의 크기를 고려하지 않고 계산된 단일기간 수익률을 근거로 계산되면 결국 기간에만 가중치가 주어지므로 시간가중평균 수익률(time－weighted rate of return)이라고도 한다.

(3) 기하평균 수익률(Geometric average Rate of Return : GRR)

　산술평균 수익률의 계산이 복리로 증식되는 것을 감안하지 않는 방법인 반면에 기하평균 수익률은 중도 현금흐름이 재투자되어 증식되는 것을 감안한 평균 수익률의 계산방법이다. 특히 기하평균 수익률은 중도 재투자수익률이 변동하는 경우에도 적용될 수 있는 계산방법으로 다음과 같이 계산된다.

$$GRR = \sqrt[n]{(1 + {}_0r_1)(1 + {}_1r_2)\cdots(1 + {}_{n-1}r_n)} - 1$$

　만약 기초 부(w_0)와 n년 후 기말 부(w_n)만 알고 있을 경우의 기하평균 수익률은 다음과 같다.

$$GRR = \sqrt[n]{\frac{w_n}{w_0}} - 1$$

따라서 〈예시 1〉의 기하평균 수익률은 다음과 같이 계산된다.

$$GRR = \sqrt[2]{(1+0.1)(1+0.056)} - 1 = 7.81\%$$

기하평균 수익률의 계산은 중도현금이 재투자되고 최종 시점의 부의 크기가 감안된 계산방법이므로 산술평균 수익률의 계산방법보다도 합리적이다. 〈예시 2〉에서의 수익률 계산은 이같은 측면을 잘 보여주고 있다.

$$산술평균\ 수익률\ ARR = \frac{1}{2}[100\% + (-50\%)] = 25\%$$
$$기하평균\ 수익률\ GRR = \sqrt[2]{(1+1.0)(1-0.5)} - 1 = 0.0\%$$

그러나 기하평균 수익률의 계산은 과거 일정기간의 투자수익률 계산에는 적절하나, 미래 기대수익률의 계산에는 적절하지 못하다. 오히려 미래 기대수익률의 계산에는 산술평균 수익률을 사용하는 것이 합당하다.

section 03 투자위험

모든 투자대상들은 투자위험을 지니고 있다. 투자수익의 변동 가능성, 기대한 투자수익이 실현되지 않을 가능성, 실제 결과가 기대 예상과 다를 가능성을 지닌다. 이를 투자위험이라고 한다.

투자위험의 정도는 계량적으로 그 투자로부터 예상되는 미래수익률의 분산도(dispersion)로 측정될 수 있는데, 흔히 범위(range), 분산(variance), 표준편차(standard deviation), 분산계수(coefficient of variation) 등이 분산도의 측정에 이용되고 있다.

$$\text{범위} = \text{최대치} - \text{최소치} \quad \cdots\cdots\cdots\cdots\cdots (1-4)$$
$$\text{분산}(\sigma^2) = \sum [r_i - E(R)]^2 \cdot p_i \quad \cdots\cdots\cdots (1-5)$$
$$\text{표준편차}(\sigma) = \sqrt{\sum [r_i - E(R)]^2 p_i} \quad \cdots\cdots (1-6)$$
$$\text{분산 계수}(CV) = \sigma/E(R) \quad \cdots\cdots\cdots\cdots (1-7)$$

그러나 이들 중에서 많이 사용하는 투자위험 측정 방법은 분산 혹은 표준편차를 이용하는 것이다.

분산은 발생 가능한 수익률의 평균 수익률로부터의 편차의 제곱들을 평균한 값으로 변동성의 크기를 측정한 것이다. 〈표 1-1〉의 예에서 주식 A, B, C의 위험(분산)은 다음과 같이 측정된다.

$$\sigma_A^2 = (1.0 - 0.15)^2 \cdot 0.3 + (0.15 - 0.15)^2 \cdot 0.4 + (-0.7 - 0.15)^2 \cdot 0.3$$
$$= (0.6584)^2$$
$$\sigma_B^2 = (0.4 - 0.15)^2 \cdot 0.3 + (0.15 - 0.15)^2 \cdot 0.4 + (-0.10 - 0.15)^2 \cdot 0.3$$
$$= (0.1936)^2$$
$$\sigma_C^2 = (0.10 - 0.12)^2 \cdot 0.3 + (0.12 - 0.12)^2 \cdot 0.4 + (0.14 - 0.12)^2 \cdot 0.3$$
$$= (0.0255)^2$$

여기서 주식 A와 B를 비교하면 주식 A의 투자위험이 주식 B보다 높은 것을 알 수 있다. 두 주식의 기대수익률은 동일하지만, 투자위험은 주식 A가 높으므로 주식 B가 우월한 투자대상이 된다.

그러면 투자위험을 분산 혹은 표준편차로 측정하였을 때, 그 의미는 무엇인가? 투자결정

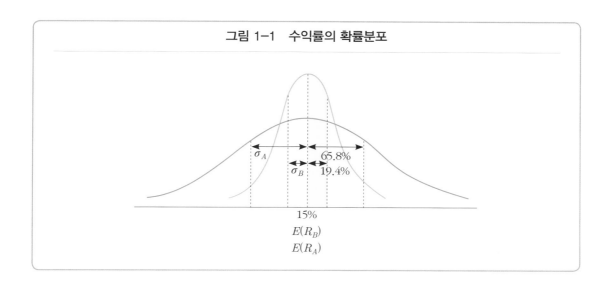

그림 1-1 수익률의 확률분포

의 기준으로 평균 기대수익률과 분산만을 고려한다는 것은 수익률의 확률분포가 정규분포인 것을 가정한 것이다. 〈그림 1-1〉은 주식 A와 B를 정규분포로 가정하여 나타낸 것이다. 여기 서 표준 정규분포인 경우는 (평균)±1 · (표준편차)의 구간에 실현된 수익률이 있을 확률은 68.27%이다. 예를 들어, 주식 B의 경우(기대수익률＝15%, 표준편차＝19.4%) 15%±19.4%의 구간, 즉 투자수익률이 −4.4%~34.4%일 확률이 68.27%임을 뜻한다. 따라서 수익률이 −4.4% 이하 로 얻어질 가능성은 약 16%(＝15.865%＝((100%−68.27%)/2), 즉 6번 중에 1번쯤 될 수 있음을 의미 한다.

참고

표준 정규분포에 의하면 Z=1, 2, 3에 대하여 다음과 같은 신뢰도 구간을 갖는다.
(평균)±1 · (표준편차) : 68.27%
(평균)±2 · (표준편차) : 95.24%
(평균)±3 · (표준편차) : 99.97%

위험회피도와 최적 증권의 선택

앞의 절들에서 설명한 포트폴리오 이론의 최적 투자결정방법은 다음과 같이 요약될 수 있다.

첫째, 투자가치는 기대수익과 위험 요인에 의해서 결정된다고 보고, 이를 평균 기대수익률과 분산을 측정하여 우열을 가린다. 이러한 의미에서 평균−분산기준(mean−variance criterion)이라고 한다.

$$V(\text{투자가치}) = f[E(R),\ \sigma^2]$$

둘째, 기대수익이 동일한 투자대상들 중에서는 위험이 가장 낮은 투자대상을 선택하고, 위험이 동일한 투자대상들 중에서는 기대수익이 가장 높은 것을 선택한다. 이를 지배원리(dominance principle)라고 부르고, 지배원리를 충족시켜 선택된 증권을 효율적 증권, 효율적 포트폴리오라고 부른다.

셋째, 지배원리를 충족시키는 효율적 증권에 대해서는 결국 투자자의 위험에 대한 태도, 위험회피도에 따라 최종 선택한다. 이렇게 선택된 투자대상을 최적 증권, 최적 포트폴리오라고 한다.

 예시

다음과 같은 증권 X, Y, P, Q, R이 있다.
① 효율적 증권을 선정하라.
② 최적 증권을 선정하라.

수익성과 위험 \ 증권	X	Y	P	Q	R
기대수익률(%)	10	5	10	4	8
표준편차(%)	14.14	3.54	18	3.54	10

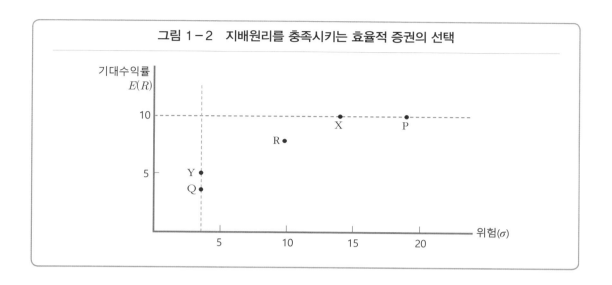

그림 1-2 지배원리를 충족시키는 효율적 증권의 선택

(풀이)
① 증권 X와 P를 비교하면 거래수익률이 동일하지만 증권 X의 위험이 낮으므로 증권 X가 효율적 증권이다.

증권 Y와 Q를 비교하면 위험이 동일하지만 증권 Y의 기대수익률이 높으므로 증권 Y가 효율적 증권이다.

증권 R은 기대수익률과 표준편차가 증권 X와 Y에 비교하여 지배당하는 경우가 아니므로 효율적 증권이다.
② 효율적 증권 X, Y, R 중에서 최적 증권의 선택은 투자자의 위험성향에 달려 있다. 공격적 투자자는 증권 X를 선호하겠지만, 보주적 투자자는 증권 Y를 선호할 것이다.

1   효용과 투자자의 위험성향 유형

다음은 투자자의 위험성향에 따라서 최적 증권의 선택이 어떻게 달라지는지를 자세히 살펴보기로 한다.

앞의 예시에서 주식 X와 Y는 지배원리를 충족시키는 효율적 증권이다. 이처럼 우열이 가려지지 않는 증권들 중에서 어느 증권을 최종적으로 선택할 것인가? 이들 효율적 증권들은 서로 지배되지 않는 증권이므로 결국 투자자의 위험에 대한 태도, 즉 기대수익과 위험이 동시에 고려될 때 투자자가 주관적으로 느끼는 만족도인 효용(utility)의 크기에 따라 최종선택을 할 수밖에 없다.

투자자의 효용은 기대수익이 높을수록 그리고 위험은 낮을수록 커진다. 그러나 기대수익이 높더라도 위험이 커지게 되면 투자자에 따라서는 효용은 감소할 수도 있다. 위험 감수에 대한 투자수익의 증가, 즉 위험 보상(risk premium)의 정도에 대해서 투자자들이 느끼는 만족도는 사람마다 다르다. 따라서 위험회피도가 서로 다른 투자자들에 있어서 구체적인 위험자산들에 대한 선택의 우선순위는 기대수익과 위험을 동시에 고려한 만족도, 즉 효용을 구체적으로 측정하여 결정할 수 있다. 효용 함수(utility function)는 투자자산들의 기대수익과 위험이 주어졌을 때 위험회피도의 정도에 따라 달라지는 만족의 정도를 지수 또는 점수(scoring system)로 나타낸 것이므로 위험자산 증권들의 선택 우선순위(ranking)를 정하는 좋은 수단이 된다.

이를테면 투자자들의 효용은 기대수익이 높을수록 증가하고 위험이 높을수록 감소하므로 다음과 같은 효용 함수로 표시할 수 있게 된다. 그런데 이 효용 함수의 점수로 표시되는 수치는 투자자들이 감지하는 위험회피의 정도까지 반영된 것이므로 선택의 우선순위가 쉽게 결정될 수 있는 것이다.

$$u = E(R) - c \cdot \sigma^2$$
여기서, u : 효용의 크기
c : 위험회피 계수

예를 들어 효용 함수의 위험회피 계수가 $1(c = 1)$인 투자자가 있다면 아래에 예로 든 주식 X와 P, 국공채 B의 경우 다음처럼 효용이 계산되므로 선택의 우선순위가 쉽게 결정된다.

주식 X : $E(R) = 0.10$, $\sigma^2 = 0.20$, $u = 0.1 - (1)(0.02) = 0.0800$
주식 P : $E(R) = 0.06$, $\sigma^2 = 0.0018$, $u = 0.06 - (1)(0.0018) = 0.0582$
주식 B : $E(R) = 0.06$, $\sigma^2 = 0.0$, $u = 0.06 - (1)(0) = 0.0600$

위험에 대한 투자자의 태도는 위험회피형, 위험중립형, 위험선호형 세 가지 유형으로 나누어 생각해 볼 수 있다.

이제 이 세 가지 유형들의 투자자의 효용 함수를 투자수익(또는 부)과 효용과의 관계에서 그

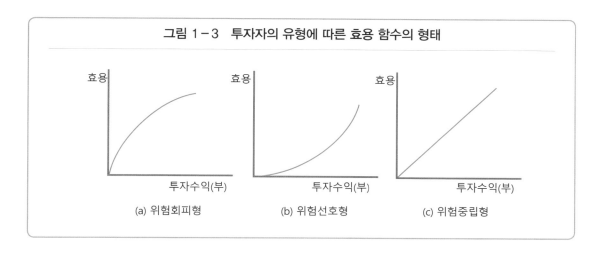

그림 1-3 투자자의 유형에 따른 효용 함수의 형태

효용	효용	효용
투자수익(부)	투자수익(부)	투자수익(부)
(a) 위험회피형	(b) 위험선호형	(c) 위험중립형

림으로 나타내면 〈그림 1-3〉의 (a), (b), (c)와 같다. 위험회피형의 효용 함수는 가로축에 대하여 오목한 형태(concave)를 보이면서 투자수익의 증가가 있을 때 체감하는 모양을 보이게 된다. 반면에 위험선호형의 효용 함수는 가로축에 대하여 볼록한 형태(convex)를 보이면서 투자수익의 증가가 있을 때 체증하는 모양을 보이게 된다. 그리고 위험중립형의 효용 함수는 직선형으로 표시된다.

2 등 효용 곡선

투자자의 효용 함수는 〈그림 1-3〉과 같이 투자수익과 효용 공간에 직접 표시할 수도 있지만, 평균-분산 기준에 의하여 투자결정하는 포트폴리오 선택 체계에서 보면 평균(기대수익률)과 분산(표준편차)의 공간에 효용 함수를 표시하는 것이 최적 증권 또는 최적 포트폴리오의 선택과정을 파악하기에 훨씬 용이하다.

〈그림 1-4〉는 평균과 분산(표준편차)의 공간에 위험회피형의 효용 함수를 나타낸 것이다. 이를 등 효용 곡선(indifferent utility curve)이라고 하는데, 이는 특정 투자자에게 동일한 효용을 가져다주는 기대수익과 표준편차(위험)의 조합을 연결한 곡선이다.

예를 들어, $u = E(R) - c \cdot \sigma^2$의 효용 함수에서 위험회피도($c$)가 1인 투자자에게 있어서 다음과 같은 기대수익과 위험의 조합들은 동일한 0.08의 효용을 가져다주는 투자자산들인 것이다.

위험회피형 투자자의 등 효용 곡선을 표시한 〈그림 1-4〉는 사실 투자론에서 가정하고 있

기대수익률 $E(R)$	표준편차 σ	효용 $u=E(R)-c \cdot \sigma^2$
10%	14.14%	$u=0.10-(0.1414)^2=0.08$
15%	26.45%	$u=0.15-(0.2645)^2=0.08$
20%	34.64%	$u=0.20-(0.3464)^2=0.08$
25%	41.23%	$u=0.25-(0.4123)^2=0.08$

는 이성적 투자자들의 효용 곡선을 나타낸 것이기도 하다. 왜냐하면 자기가 부담하는 위험 이상의 투자수익의 증가가 있지 않으면 전과 동일한 만족을 느끼지 못하는 것이 정상적 투자자이기 때문이다. 그러나 위험회피형의 투자자라도 위험회피도, 즉 위험의 증가에 따라 보상을 바라는 정도에는 서로 차이가 있으므로 등 효용 곡선의 모양은 달라지게 된다.

〈그림 1-4〉의 (a), (b)는 위험회피의 정도에 따라 공격적인 투자자와 보수적인 투자자로 나누어 나타낸 것이다.

(a)처럼 기울기가 가파른 경우는 극히 위험을 회피하는 보수적인 투자자의 예로서 일정한 위험 증가가 있을 때, 보다 많은 기대수익증가를 요구하는 경우를 나타낸다. 반면 (b)처럼 기울기가 덜 가파른 경우는 공격적인 투자자의 예로서 기대수익의 증가가 위험 증가에 미치지 못하더라도 만족하는 경우를 나타낸다.

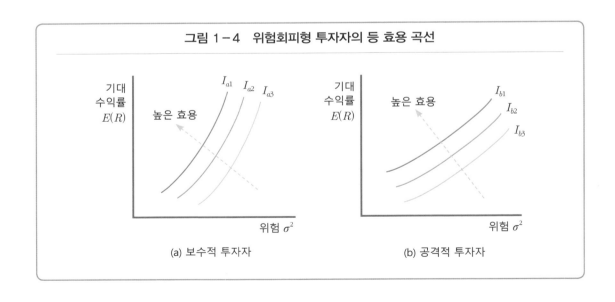

그림 1-4 위험회피형 투자자의 등 효용 곡선

투자대상의 증권들이 일차적으로 지배원리에 의해서 효율적 증권으로 선별되면 이들 중에서 최종적으로 어느 증권을 선택할 것인가의 문제는 이들 등 효용 곡선과 만나는 증권을 찾으면 된다.

〈그림 1-5〉는 〈그림 1-2〉와 〈그림 1-4〉를 결합시켜 작성된 것인데, 방어적 투자자는 주식 Y를 택하고, 공격적 투자자는 주식 X를 택함으로써 만족을 극대화시킬 수 있게 된다.

이처럼 지배원리를 충족하는 효율적 증권 중에서 투자자의 위험선호도까지 고려하여 최종적으로 선택되는 증권, 즉 가장 높은 수준의 효용을 제공하는 증권을 최적 증권, 최적 포트폴리오(optimal portfolio)라고 한다. 위의 예에서 주식 X와 Y가 각각의 최적 증권이 된다.

결론적으로 투자대상들의 선택과정은 먼저 지배원리를 충족하는 효율적 증권을 선택한 다음, 이 중에서는 투자자의 효용 곡선(위험선호도)에 적합한 최적 증권을 선택하는 것으로 요약할 수 있다.

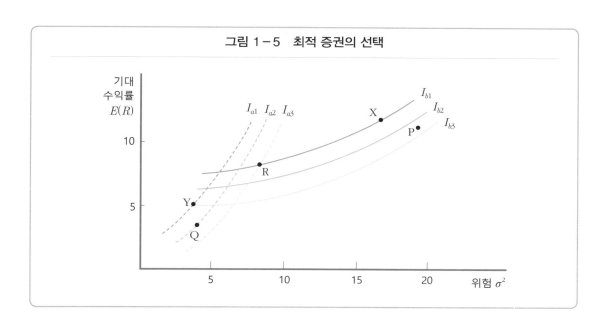

그림 1-5   최적 증권의 선택

chapter 02

효율적 분산 투자

포트폴리오의 기대수익과 위험

앞 장에서 설명한 투자대상의 최적 선택방법은 둘 이상의 증권으로 구성되는 포트폴리오의 최적 선택에도 그대로 적용된다. 개별 증권의 경우와 마찬가지로 포트폴리오의 확률분포로부터 기대수익률과 분산을 추정하여 효율적 포트폴리오(efficient portfolio)와 최적 포트폴리오(optimal portfolio)를 결정하면 된다. 그러므로 포트폴리오 기대수익률과 위험(분산)을 추정하는 것은 관건이 된다.

그런데 문제는 포트폴리오 수익률의 확률분포는 이를 구성하고 있는 개별 증권 그것의 단순한 합으로 나타나지 않는다는 점에 있다.

1 포트폴리오 기대수익률

먼저 본 항에서는 두 증권 X, Y로 구성되는 포트폴리오의 기대수익과 위험의 측정방법을 살펴본다. 포트폴리오 기대수익률을 측정하는 방법에는 두 가지가 있다. 하나는 포트폴리오

수익률의 확률분포로부터 직접 기대치를 구하는 방법이다. 개별 증권의 경우 기대수익률을 구하는 방법과 마찬가지로 각 상황에서 가능한 포트폴리오 수익률에 그 상황이 일어날 확률을 곱한 다음 이를 모두 합치는 방법이다. 이는 식 (2−1)과 같이 표시된다(개별 증권의 기대수익률을 구하는 제1장 식 (1−2)와 비교해 보라).

$$E(R_p) = \sum_{i=1}^{m} p_i r_{pi} \quad\text{……………………………………………} (2-1)$$

여기서, $E(R_p)$: 포트폴리오의 기대수익률

p_i : 상황 i가 발생할 확률(일어날 상황은 m가지)

r_{pi} : 상황 i가 발생할 때의 포트폴리오 예상 수익률

여기서 상황 i에서의 포트폴리오 예상 수익률 r_{pi}는 증권 X와 Y에 대한 투자비율은 W_X, W_Y, 그리고 각각의 i상황에서의 예상 수익률을 r_{Xi}, r_{Yi}로 표시할 때 다음과 같이 측정된다.

$$r_{Pi} = W_X \cdot r_{Xi} + W_Y \cdot r_{Yi}$$

포트폴리오 기대수익률을 구하는 둘째 방법은 식 (2−2)처럼 개별 증권의 기대수익률을 투자금액의 비율로 가중평균하여 구하는 것이다. 따라서, 주식 X와 주식 Y로 구성되는 두 종목 포토폴리오 기대수익률은 식 (2−3)과 같이 측정된다.

$$E(R_P) = \sum_{j=1}^{n} w_j E(R_j) \quad\text{……………………………………………} (2-2)$$

$$E(R_P) = w_X \cdot E(R_X) + w_Y \cdot E(R_Y) \quad\text{…………………………} (2-3)$$

여기서, w_j : 개별 증권 j에 대한 투자비율

$E(R_j)$: 개별 증권 j에 대한 기대수익률

2   포트폴리오 위험(분산)

포트폴리오 위험을 측정하는 포트폴리오 분산은 위에서 설명한 포트폴리오 기대수익률처럼 단순히 개별 증권의 분산을 가중평균하여 구해지지 않는다.

(1) 포트폴리오 수익률의 확률분포로부터 직접 측정하는 방법

포트폴리오 분산(portfolio's variance)을 측정하는 한 방법은 본래 분산을 구하는 방법대로 구하는 것이다. 즉, 각 상황에서 얻게 되는 포트폴리오 발생 가능한 수익률(r_{pi})과 포트폴리오 기대수익률로부터 편차의 자승에 발생할 확률(p_i)을 곱하여 합하면 구해진다.

$$\sigma_P^2 = \sum_{i=1}^{m}[r_{Pi} - E(R_P)]^2 \cdot p_i \cdots\cdots\cdots\cdots\cdots\cdots\cdots\cdots (2-4)$$

여기서, σ_P^2 : 포트폴리오 분산

r_{Pi} : i상황에서의 포트폴리오 예상 수익률

$E(R_P)$: 포트폴리오 기대수익률

p_i : i상황이 발생할 확률

> **예시**
>
> 주식 X, Y, Z의 예상 수익률의 확률분포가 다음과 같았다.
>
> 다음과 같이 구성 종목과 투자비율을 달리하여 포트폴리오를 구성하고자 한다. 포트폴리오의 기대수익률과 위험을 구하라.

경제상황	확률	예상 수익률		
		주식 X	주식 Y	주식 Z
불황	0.25	-0.10	0.00	0.10
정상	0.50	0.10	0.05	0.05
호황	0.25	0.30	0.10	0.00

① 주식 X와 주식 Y에 대하여 50% : 50% 투자한 포트폴리오

② 주식 X와 주식 Z에 대하여 50% : 50% 투자한 포트폴리오

③ 주식 X와 주식 Z에 대하여 20% : 80% 투자한 포트폴리오

(풀이)

1. 기대수익률

   1) 주식 X(50%)와 주식 Y(50%)로 구성되는 포트폴리오의 기대수익률

     (1) $E(R_p) = \sum p_i \cdot r_{pi}$

$$r_{pi} = w_X \cdot r_{Xi} + w_Y \cdot r_{Yi}$$
$$i = \text{불황} : r_{pi} = (0.5 \times -0.10) + (0.5 \times 0.00) = -0.05$$
$$i = \text{정상} : r_{pi} = (0.5 \times 0.10) + (0.5 \times 0.05) = 0.075$$
$$i = \text{호황} : r_{pi} = (0.5 \times 0.30) + (0.5 \times 0.10) = 0.20$$
$$E(R_p) = (-0.05 \times 0.25) + (0.075 \times 0.5) + (0.20 \times 0.25) = 7.5\%$$

     (2) 식 (2-2)에 의해서 추정하여도 동일한 결과를 얻는다.

$$E(R_P) = \sum_{j=1}^{n} w_j \cdot E(R_j)$$
$$= w_X \cdot E(R_X) + w_Y \cdot E(R_Y)$$
$$= (0.5 \times 0.10) + (0.5 \times 0.05) = 7.5\%$$

   2) 주식 X(50%)와 주식 Z(50%)로 구성되는 포트폴리오의 기대수익률

$$E(R_p) = w_X \cdot E(R_X) + w_Z \cdot E(R_Z)$$
$$= (0.5 \times 0.10) + (0.5 \times 0.05) = 7.5\%$$

   3) 주식 X(20%)와 주식 Z(80%)로 구성되는 포트폴리오의 기대수익률

$$E(R_p) = (0.2 \times 0.10) + (0.8 \times 0.05) = 6.0\%$$

2. 위험

   1) 주식 X(50%)와 주식 Y(50%)로 구성된 포트폴리오 분산과 표준편차

$$\sigma_P^2 = (-0.05 - 0.075)^2 0.25 + (0.075 - 0.075)^2 0.05$$
$$+ (0.20 - 0.075)^2 0.25 = 0.0078125$$
$$\therefore \ \sigma_P = \sqrt{0.0078125} = 0.0884 = 8.84\%$$

   2) 주식 X(50%)와 주식 Z(50%)로 구성된 포트폴리오 분산과 표준편차

$$\sigma_P^2 = (0.00 - 0.75)^2 0.25 + (0.075 - 0.075)^2 0.05$$
$$+ (0.15 - 0.075)^2 0.25 = 0.0028125$$
$$\therefore \ \sigma_P = \sqrt{0.0028125} = 0.0530 = 5.30\%$$

   3) 주식 X(20%)와 주식 Z(80%)로 구성된 포트폴리오 분산과 표준편차

$$\sigma_P^2 = (0.06 - 0.06)^2 0.25 + (0.06 - 0.06)^2 0.05$$
$$+ (0.06 - 0.06)^2 0.25 = 0.00$$
$$\therefore \ \sigma_P = \sqrt{0.00} = 0.00 = 0.00\%$$

위의 예제의 결과에서 볼 수 있듯이 주식 X와 Y에 분산 투자하는 것보다 주식 X와 Z에 분산 투자하는 것이 기대수익률은 7.5%로 동일하지만, 위험(분산)은 현격하게 줄게 되어 포트폴리오(X+Z)가 포트폴리오(X+Y)와 비교하여 효율적 포트폴리오가 된다.

이러한 위험 감소 현상은 각 주식 간의 상관관계에서 기인한다. 주식 X와 Y가 결합될 때는 두 주식 모두가 같은 방향으로 수익률이 움직이므로 〈그림 2−1〉과 같이 결합 수익률의 변동성은 그대로 남게 된다. 그러나 주식 X와 Z가 결합될 때는 두 주식의 수익률이 움직이는 방향이 반대가 되므로 〈그림 2−2〉와 같이 개별 주식의 위험은 서로 상쇄되어 결합 수익률의 변동성은 크게 감소한다. 상관관계가 적은 주식들로 포트폴리오를 구성하면 현격한 위험 저감효과를 누릴 수 있음을 볼 수 있다.

앞의 예제에서 위험 저감효과를 가져오는 또다른 요인은 투자금액의 비율임을 알 수 있다. 비록 동일 주식 X와 Z로 포트폴리오를 구성하지만 투자금액의 비율이 50 : 50인 경우보다 20 : 80일 때 위험이 현격히 줄 뿐 아니라, 위험 있는 주식투자이지만 마치 정기예금하는 것처럼 위험이 전혀 없는 투자성과를 기대할 수도 있게 된다.

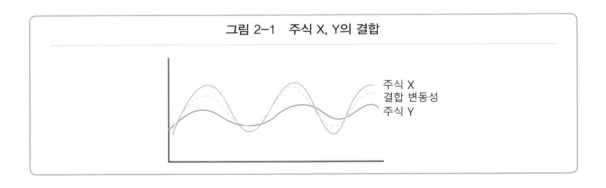

그림 2−1　주식 X, Y의 결합

주식 X
결합 변동성
주식 Y

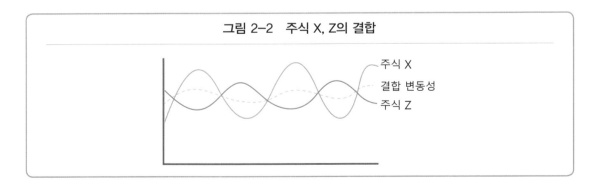

그림 2−2　주식 X, Z의 결합

주식 X
결합 변동성
주식 Z

(2) 공식을 이용하는 방법

이제 포트폴리오를 구성하는 개별 증권들의 수익률이 움직이는 방향을 모두 고려하여 변동성을 측정하는 포트폴리오(주식 X와 Y로 구성된 포트폴리오)를 구하는 공식을 도출하면 다음과 같다.

$$\sigma_p^2 = w_X^2 \sigma_X^2 + w_Y^2 \sigma_Y^2 + 2w_X w_Y cov(r_X,\ r_Y) \cdots\cdots\cdots\cdots\cdots\cdots\cdots\cdots (2-5)$$

여기서, w_X : 주식 X에 대한 투자비율

w_Y : 주식 Y에 대한 투자비율

σ_X^2 : 주식 X의 수익률의 분산

σ_Y^2 : 주식 Y의 수익률의 분산

$cov(r_X,\ r_Y)$: 증권 X 수익률과 Y 수익률 사이의 공분산

식 (2−5)에서 포트폴리오 위험(분산)은 ① 개별 주식의 위험(σ_X^2, σ_Y^2), ② 각 주식에 대한 투자금액의 비율(w_X, w_Y), ③ 구성주식 간의 공분산[$cov(r_X,\ r_Y)$]에 의해서 결정됨을 다시 확인할 수 있다.

포트폴리오 분산 측정에서 특히 중요한 것은 공분산(covariance)이다. 공분산은 식 (2−6)과 같이 정의되는데, 포트폴리오를 구성하는 각 증권 수익률의 기대수익률로부터의 편차와 편차의 곱의 기대치로 측정된다.

$$cov(r_X,\ r_Y) = E[(r_X - E(R_X)(r_Y - E(R_Y)] \cdots\cdots\cdots\cdots\cdots\cdots\cdots\cdots (2-6)$$

증권들 간의 공분산은 수익률의 움직임이 어느 정도 같은 방향인지 반대방향인지를 측정한 것이다. 만약 수익률의 움직임이 같은 방향이면 정(＋)의 값을 지니고, 반대방향이면 부(−)의 값을 갖게 된다. 이렇게 하면 포트폴리오로 결합될 때 수익률의 변동성이 줄어드는 정도가 측정된다.

두 증권 간의 수익률 움직임의 상관성은 상관관계(correlation coefficient)로도 측정되고 있다. 이를 측정하는 상관계수 ρ_{XY}는 다음과 같이 정의된다.

$$\rho_{XY} = \frac{cov(r_X,\ r_Y)}{(\sigma_X \cdot \sigma_Y)} \quad \cdots\cdots\cdots\cdots\cdots\cdots\cdots\cdots\cdots\cdots\cdots\cdots\cdots\cdots\cdots\cdots\cdots\cdots (2-7)$$

여기서, ρ_{XY} : 증권 X의 수익률과 Y의 수익률 사이의 상관계수

$cov(r_X,\ r_Y)$: 증권 X의 수익률과 Y의 수익률 사이의 공분산

σ_X : 증권 X의 수익률의 표준편차

σ_Y : 증권 Y의 수익률의 표준편차

증권들 간의 수익률의 움직임이 공분산에 의해서 측정되면 취할 수 있는 값이 무한하지만, 상관관계는 공분산을 각각의 표준편차의 곱으로 나누어 표준화시킨 것이므로 $-1 \leqq \rho_{XY} \leqq +1$의 값을 취하게 된다. $\rho_{XY}=+1$인 경우를 완전 정(＋)의 상관관계, $\rho_{XY}=-1$인 경우를 완전 부(－)의 상관관계를 갖는다고 한다.

증권들 간의 수익률의 움직임을 이처럼 상관계수로 측정하게 되면 포트폴리오 위험(분산)은 식 (2−8)에 의해서도 구해진다.

$$\sigma_P^2 = w_X^2 \sigma_X^2 + w_Y^2 \sigma_Y^2 + 2w_X \cdot w_Y \sigma_X \cdot \sigma_Y \rho_{XY} \quad \cdots\cdots\cdots\cdots\cdots\cdots\cdots\cdots\cdots\cdots\cdots (2-8)$$

! 예시

앞의 예시에서 예로 든 주식 X, Y, Z 포트폴리오를 구성하고자 한다.

① 주식 X와 Y, 주식 X와 Z 간의 공분산 ② 이들의 상관계수를 구하라. 또한 ③ 식 (2−5)에 의해서 포트폴리오 위험을 측정하고 식 (2−4)에 의한 결과를 비교하라.

(풀이)

① 주식 X와 Y, 주식 X와 Z 간의 공분산

$cov(r_X,\ r_Y) = 0.25(-0.10-0.10)(0.00-0.05)$
$\qquad\qquad + 0.5(0.10-0.10)(0.05-0.05)$
$\qquad\qquad + 0.25(0.30-0.10)(0.10-0.05) = 0.005$

$cov(r_X,\ r_Z) = 0.25(-0.10-0.10)(0.10-0.05)$
$\qquad\qquad + 0.5(0.10-0.10)(0.05-0.05)$
$\qquad\qquad + 0.25(0.30-0.10)(0.00-0.05) = -0.005$

② 주식 X와 Y, 주식 X와 Z간의 상관계수

$$\rho_{XY} = \frac{0.005}{(0.1414)(0.0354)} = +1, \ \rho_{XZ} = \frac{-0.005}{(0.1414)(0.0354)} = -1$$

③ 식 (2−5)에 의해서 포트폴리오 분산과 표준편차를 구하더라도 식 (2−4)에 의해서 구한 것과 동일한 결과를 얻는다.

$$\sigma_P^2 = (0.5)^2(0.1414)^2 + (0.5)^2(0.0354)^2 + 2(0.5)(0.5)(0.005) = 0.0078118$$

$$\therefore \ \sigma_P = \sqrt{0.0078118} = 8.84\%$$

$$\sigma_P^2 = (0.5)^2(0.1414)^2 + (0.5)^2(0.0354)^2 + 2(0.5)(0.5)(-0.005) = 0.0028118$$

$$\therefore \ \sigma_P = \sqrt{0.0028118} = 5.30\%$$

section 02 　포트폴리오 결합선

앞의 절에서는 포트폴리오의 기대수익률과 위험(분산)을 측정하는 방법에 대해서 설명하였다. 그러면 이를 근거로 하여 포트폴리오 결합선이 어떻게 구성되는가?

환언하면 수많은 포트폴리오의 기대수익률과 분산이 측정되면, 이들 중에서 일정한 위험하에서 기대수익을 최대화시키거나, 일정한 기대수익 하에서 위험을 최소화시키는 효율적 포트폴리오를 구성하는 방법은 무엇인가?

본 절에서는 구성 증권 간의 상관관계와 투자금액의 비율을 고려하여 일정한 기대수익 하에서 투자위험을 최소화시키는 분산 투자의 방법에 대하여 설명한다.

1 　위험 감소 효과의 원천

두 개의 증권으로 구성되는 포트폴리오의 위험은 식 (2−8)에서 보는 바와 같이 개별 증권의 분산을 알고 있을 때, 구성 증권 간의 상관관계와 각 증권에 대한 투자비율의 조정 여하에 따라서 달라진다.

$$\sigma_P^2 = w_X^2\, \sigma_X^2 + w_Y^2\, \sigma_Y^2 + 2w_X w_Y\, \sigma_X\, \sigma_Y\, \rho_{XY} \cdots\cdots\cdots\cdots\cdots\cdots\cdots\cdots\cdots\cdots\cdots\cdots\cdots (2-8)$$

먼저 구성 증권 간의 상관관계를 나타내는 상관계수 ρ_{XY}에 따라서 포트폴리오 위험이 어떻게 감소하는지를 보기로 하자.

1) 상관관계와 포트폴리오 위험

포트폴리오를 구성하는 두 증권의 수익률이 어느 정도의 상관성을 지니고 움직이는지를 측정하는 것이 상관계수이다. 상관계수는 앞의 절에서 설명한 것처럼 $-1 \le \rho_{XY} \le +1$의 값을 취하는데, 두 증권 수익률의 상관성 정도에 따라 〈그림 2-3〉과 같은 몇 가지 형태로 나누어 생각할 수 있다.

①의 경우는 완전 정의 상관관계($\rho_{XY} = +1$)를 나타내는 것으로서 어느 한 증권(X)에 수익률의 변동이 있었을 때 다른 증권(Y)의 수익률이 항상 일정하게 비례적으로 변동하는 관계이다. ②의 경우는 정의 상관관계($0 < \rho_{XY} < +1$)이나, 양자가 정확하게 직선적인 관계가 아닌 경우이다. ③의 경우($\rho_{XY} = 0$)는 아무런 상관성이 없는 경우이다. ④의 경우($-1 < \rho_{XY} < 0$)는 부의 상관관계를 가지나 양자가 정확한 반비례적인 관계가 아닌 경우이다. ⑤의 경우($\rho_{XY} = -1$)는 정확히 반비례적으로 완전 부의 상관관계인 경우를 나타낸 것이다.

이하에서 두 증권의 상관관계가 $\rho_{XY} = +1$, $\rho_{XY} = -1$, $\rho_{XY} = 0$인 경우를 중심으로 하여 포트폴리오 위험(분산)이 어떻게 줄어드는지를 보기로 하자.

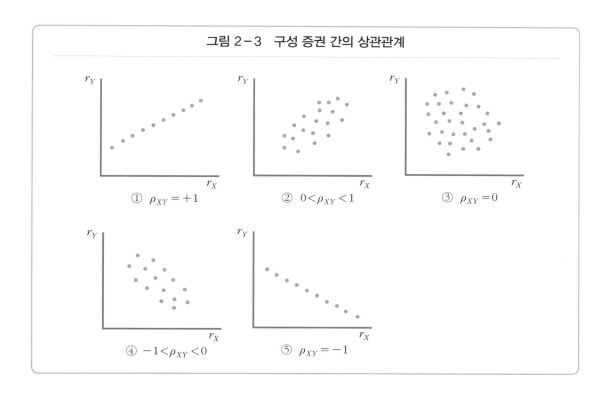

그림 2-3 구성 증권 간의 상관관계

① $\rho_{XY} = +1$

② $0 < \rho_{XY} < 1$

③ $\rho_{XY} = 0$

④ $-1 < \rho_{XY} < 0$

⑤ $\rho_{XY} = -1$

(1) 상관관계가 완전 정(+)일 경우

두 증권 간의 상관관계가 완전 정의 관계에 있을 경우, 식 (2-8)에서 $\rho_{XY} = +1$인 경우이므로 포트폴리오 위험이 다음과 같이 표시된다.

$$var(R_P) = (w_X\sigma_X + w_Y\sigma_Y)^2 \quad \cdots\cdots\cdots\cdots\cdots\cdots\cdots\cdots\cdots\cdots\cdots\cdots\cdots (2-9)$$

$$\therefore \ \sigma_P = w_X\sigma_X + w_Y\sigma_Y$$

두 증권의 수익률이 완전 정의 상관관계를 가지고 있으면 포트폴리오 위험(표준편차)은 개별 증권의 표준편차를 투자비율에 따라서 가중평균한 수준이 되어 투자위험이 감소되지 않는다.

분산투자하더라도 투자위험이 감소되지 않는 경우가 된다.

(2) 상관관계가 완전 부(−)일 경우

두 증권 간의 상관관계가 완전 부의 관계에 있을 경우, 즉 $\rho_{XY} = -1$일 경우의 포트폴리오 위험은 식 (2−8)로부터 다음과 같이 표시된다.

$$\sigma_P^2 = (w_X \sigma_X - w_Y \sigma_Y)^2 \cdots\cdots\cdots\cdots\cdots\cdots\cdots\cdots\cdots\cdots\cdots\cdots\cdots\cdots (2-10)$$
$$\therefore \sigma_P = |\, w_X \sigma_X - w_Y \sigma_Y \,|$$

완전 부의 관계에 있는 포트폴리오 위험은 개별 증권의 표준편차에 투자비율을 곱한 것들의 절대차가 되므로 현격하게 줄어들게 된다.

(3) 상관관계가 영(0)일 경우

두 증권 간의 상관관계가 0인 경우, 즉 $\rho_{XY} = 0$일 경우는 식 (2−8)에서 $2w_X w_Y \sigma_X \sigma_Y \rho_{XY}$ 부분이 없어지므로 다음과 같이 위험이 줄어들게 된다.

$$\sigma_P^2 = w_X^2 \sigma_X^2 + w_Y^2 \sigma_Y^2 \cdots\cdots\cdots\cdots\cdots\cdots\cdots\cdots\cdots\cdots\cdots\cdots\cdots\cdots (2-11)$$
$$\therefore \sigma_P = \sqrt{w_X^2 \sigma_X^2 + w_Y^2 \sigma_Y^2}$$

여기서 확인할 수 있는 것처럼 포트폴리오를 구성하는 개별 자산 간의 상관관계가 완전 정의 관계에 있지 않으면 분산 투자를 통하여 투자위험을 줄일 수 있게 된다. 분산 투자의 효과는 상관관계가 낮을수록 크게 나타나는 것이다.

2) 투자비율과 포트폴리오 위험

포트폴리오 위험의 감소는 앞에서 설명한 것처럼 상관관계가 적은 증권들 간의 결합을 통해서도 가능하지만, 투자자금의 비율을 적절히 변경함에 의해서도 가능하다.

증권 간의 상관관계가 주어졌을 때 투자비율이 달라짐에 따라 포트폴리오의 위험이 변하는 것을 보기 위해서 앞의 예시에서 예로 든 주식 X와 Y, 그리고 주식 X와 Z로 구성된 포트폴리오의 경우를 보기로 하자.

표 2-1	포트폴리오의 기대수익률과 위험 : 투자비율이 조정될 때						
① 투자금액의 비율		② ρ_{XY} = +1일 때		③ ρ_{XZ} = −1일 때		④ ρ_{XG} = 0일 때	
W_X	$W_Y(Z, G)$	$E(R_P)$	σ_P	$E(R_P)$	σ_P	$E(R_P)$	σ_P
100%	0%	10.0%	14.1%	10.0%	14.1%	10.0%	14.1%
80%	20%	9.0%	12.0%	9.0%	10.6%	9.0%	11.3%
50%	50%	7.5%	8.8%	7.5%	5.3%	7.5%	7.3%
20%	80%	6.0%	5.7%	6.0%	0.0%	6.0%	4.0%
0%	100%	5.0%	3.5%	5.0%	3.5%	5.0%	3.5%
−20%	120%	4.0%	1.4%	4.0%	7.0%	4.0%	5.1%

주식 X와 Y는 상관계수 ρ_{XY} = +1(공분산은 0.005)인 관계에 있었다. 이제 투자비율을 X에 100%, Y에 0%(X에 전액투자) 투자하는 것으로부터 시작하여 X에 대한 투자비율을 줄여가면서 80 : 20, 50 : 50, 20 : 80, 0 : 100, −20 : 120으로 조정할 경우의 포트폴리오의 기대수익률과 표준편차는 식 (2−3)과 식 (2−8)을 이용하여 구하면 〈표 2−1〉의 ②란과 같이 계산된다.

주식 X에 대한 투자비율이 줄어들고 대신 Y에 대한 투자비율이 높아질수록 비례적으로 포트폴리오 기대수익률과 위험이 동시에 감소함을 볼 수 있다. 분산 투자의 효과가 나타나지 않음을 확인할 수 있다.

한편, 주식 X와 주식 Z로 포트폴리오를 구성하게 되면 상관계수 ρ_{XY} = −1(공분산은 −0.005)의 관계에 있기 때문에 투자비율을 같은 방법으로 달리하게 되면 포트폴리오의 기대수익률과 위험은 〈표 2−1〉의 ③란과 같이 계산된다. 여기서 특이할 만한 점은 앞에서도 지적한 것처럼 X에 20%, Z에 80% 투자하여 얻게 되는 포트폴리오의 수익률의 위험(σ_P)은 영(0)이 된다는 점이다. 어떤 상황이 벌어지든 항상 기대수익률은 6%면서 수익률의 변동성은 없게 되어 분산 투자의 효과가 가장 잘 나타난다. 이처럼 투자비율을 적절히 조정하여 포트폴리오를 구성하면 불확실성을 줄이거나 제거하는 투자전략이 가능할 수 있다.

끝으로 주식 X와 상관관계가 영(0)인 주식 G(기대수익률=5%, 표준편차=3.5%)로 포트폴리오를 구성하게 되면 투자비율에 따라 달라지는 포트폴리오의 기대수익률과 위험은 〈표 2−1〉의 ④란과 같이 계산된다. 여기서도 투자위험이 크게 줄어듦을 볼 수 있다.

3) 포트폴리오 결합선과 최소분산 포트폴리오

포트폴리오를 구성하는 증권 간의 상관관계가 일정하게 주어졌을 때 투자비율의 조정에 따른 포트폴리오 기대수익률과 위험(표준편차)의 변화를 그림으로 나타낸 것이 포트폴리오 결합선(combination line)이다.

앞에서 예로 든 주식 X와 Y로 구성된 포트폴리오에서 각각의 투자비율에 근거하여 포트폴리오 결합선을 그리면 〈그림 2−4〉와 같이 표시된다.

주식 X와 Y로 포트폴리오가 구성될 때(ρ_{XY} = +1인 경우)는 그림에서 보는 것처럼 투자비율이 X에서 Y로 많아지면서 기대수익률과 위험이 선형적으로 줄게 된다. 반면에 주식 X와 Z로 포트폴리오가 구성되면(ρ_{XY} = −1인 경우) 양자($E(R_P)$와 ρ_P)의 관계가 선형적으로 감소하다가 투자비율이 X : Z = 20 : 80일 때 σ_P가 최소가 된 다음 다시 포트폴리오 위험은 커진다.

일반적으로 현실의 자본시장에서 거래되는 증권들 간의 상관관계는 대부분 0과 +1 사이, 즉 $0 < \rho_{XY} < 1$인데, 이와 같은 경우는 호 XY처럼 표시된다. 투자비율이 달라질 때 기대수익률과 위험이 이제는 선형적으로 변화하지 않고 곡선의 형태로 변화하게 되는데, w^*되는 점에서 위험이 최소가 된다. 투자비율이 이 w^* 수준을 넘어서면 기대수익률은 감소하더라도 위험은 다시 증가한다.

이처럼 포트폴리오 결합선에서 위험이 최소가 되는 포트폴리오를 최소분산 포트폴리오(Minimum Variance Portfolio : MVP)라고 한다. 주식 X와 Y 두 주식으로 이루어지는 포트폴리오 중에서 최소분산 포트폴리오는 식 (2−12)에 의해서 구해진다.

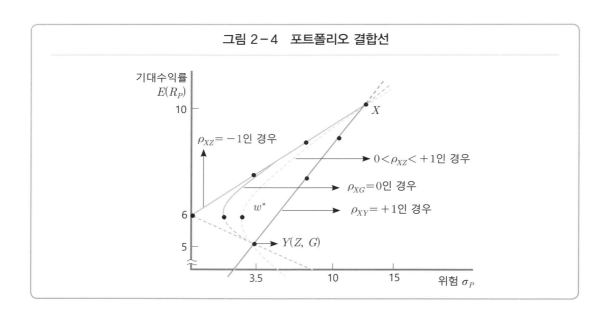

그림 2−4 포트폴리오 결합선

$$w_X^* = \frac{\sigma_Y^2 - \sigma_{XY}}{\sigma_X^2 + \sigma_Y^2 - 2\sigma_{XY}} = \frac{\sigma_Y^2 - \sigma_X \sigma_Y \rho_{XY}}{\sigma_X^2 + \sigma_Y^2 - 2\sigma_X \sigma_Y \rho_{XY}} \quad \cdots\cdots\cdots\cdots\cdots\cdots\cdots\cdots\cdots\cdots(2-12)$$

즉, 주식 X에 w^*만큼 투자할 때 위험이 가장 적은 포트폴리오를 얻게 된다. 예를 들어, 주식 X와 Z($\rho_{XZ}=-1$)로 포트폴리오를 구성한다면 최소분산 포트폴리오는 $w^*=20\%$일 때, 즉 주식 X에 20%, 주식 Z에 80%($=1-w^*$) 투자함으로써 얻게 된다.

$$w_X^* = \frac{(0.035)^2 - (-0.005)}{(0.141)^2 + (0.035)^2 - 2(-0.005)} = 0.20$$

지금까지 두 종목으로 포트폴리오를 구성할 경우 포트폴리오의 기대수익률과 위험의 측정, 구성 종목 간의 상관관계, 투자비율이 달라질 때의 포트폴리오의 결합선, 그리고 최소분산 포트폴리오가 어떻게 구해지는지를 설명하였다. 이제 다음 〈예시〉를 통해서 이와 같은 포트폴리오 구성문제들을 종합하여 보자.

 예시

주식 X와 Y의 미래수익률에 관한 자료가 다음과 같이 구해졌다.

상황	확률(P_i)	주식 $X(r_X)$	주식 $Y(r_y)$
1	0.2	9%	15%
2	0.2	7%	20%
3	0.2	11%	−3%
4	0.2	−2%	6%
5	0.2	25%	2%

① 개별 주식 X와 Y에 대해서, 각각의 기대수익률과 위험(분산)은?

② 두 주식 간의 공분산, 상관계수는?

③ X에 대한 투자금액의 비율이 100%, 75%, 50%, 25%, 0%, −25%로 조정될 때 포트폴리오 결합선은?

④ 투자위험이 최소가 되는 최소분산 포트폴리오는?

(풀이)

① 주식 X와 Y의 기대수익률과 분산(표준편차)

$$E(R_X) = \sum_{i=1}^{5} r_{Xi} \cdot p_i = 10\%$$

$$E(R_Y) = \sum_{i=1}^{5} r_{Yi} \cdot p_i = 8\%$$

$$\sigma_X^2 = E[r_X - E(R_X)]^2 = \sum_{i=1}^{5} [r_{Xi} - E(R_{Xi})]^2 p_i = 0.0076 \qquad \therefore \ \sigma_X = 8.72\%$$

$$\sigma_Y^2 = E[r_Y - E(R_Y)]^2 = 0.00708 \qquad \therefore \ \sigma_Y = 8.41\%$$

② 주식 X, Y 간의 공분산, 상관계수

$$cov(r_X, r_Y) = E[(r_X - E(R_X))(r_Y - E(R_Y))] = \sum_{i=1}^{5} [(r_{Xi} - E(R_{Xi}))(r_{Yi} - E(R_{Yi}))] p_i = -0.0024$$

$$\rho_{XY} = \sum cov(r_X, r_Y)/\sigma_X \cdot \sigma_Y = -0.0024/(0.0872 \times 0.0841) = -0.33$$

③ 투자비율이 달라질 때의 포트폴리오 결합선

$cov(r_X, r_Y) = -0.0024$ 혹은 $\rho_{XY} = -0.33$이므로 이를 $E(R_P)$와 $\sigma(R_P)$를 구하는 다음 식에 대입하면 아래와 같이 구해진다.

$$E(R_P) = w_X \cdot E(R_X) + w_Y \cdot E(R_Y)$$

$$\sigma_P^2 = w_X^2 \sigma_X^2 + w_Y^2 \sigma_Y^2 + 2 w_X \cdot w_Y \cdot cov(r_X, r_Y)$$

④ 최소분산 포트폴리오

$$w_X^* = \frac{\sigma_Y^2 - \sigma_{XY}}{\sigma_X^2 + \sigma_Y^2 - 2\sigma_{XY}} = \frac{0.00708 - (-0.0024)}{0.0076 + 0.00708 - 2(-0.0024)} = 0.487$$

주식 X에 48.7%, 주식 Y에 51.3%에 투자할 경우의 포트폴리오 기대수익률과 위험은 다음과 같다.

$$E(R_P) = 8.974\%$$

$$\sigma_P^2 = 0.0004956$$

$$\sigma_P = 2.226\%$$

주식 X에 대한 투자비율 (W_X)	주식 Y에 대한 투자비율 (W_Y)	포트폴리오 기대수익률 $E(R_P)$	포트폴리오 위험 σ_P
100%	0%	10.0%	8.72%
75%	25%	9.5%	6.18%
50%	50%	9.0%	4.97%
25%	75%	8.5%	5.96%
0%	100%	8.0%	8.41%
−25%	125%	7.5%	11.42%

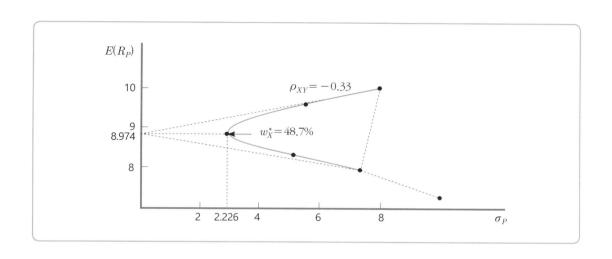

예시

구성 종목 간의 상관관계를 고려하여 투자위험을 줄이는 방법을 한국거래소에 상장되어 있는 주식에 대하여 적용해 보고자 한다. 다음 자료는 ○○통운, ○○화재, ○○제지, ○○제철, ○○전자의 1997.01~1999.12(36개월) 기간의 월간 주식투자수익률 자료이다. 이들 주식들의 미래수익률이 과거 자료와 유사한 패턴을 보일 것이라 가정하자.

　① 다섯 주식에 대하여 기대수익률과 표준편차는?

　② 다섯 주식 서로의 상관계수는?

　③ 두 종목으로 분산 투자할 경우 위험 감소 효과가 가장 크게 나타날 포트폴리오와 가장 작게 나타날 포트폴리오는?

(풀이)

① 기대수익률과 표준편차

	○○통운	○○화재	○○제지	○○제철	○○전자
기대수익률	0.082345	0.00634	0.00395	0.04948	0.082984
표준편차	0.53243	0.298349	0.162527	0.176984	0.292945

② 상관계수 행렬

	○○통운	○○화재	○○제지	○○제철	○○전자
○○통운	1.000				
○○화재	−0.020	1.000			
○○제지	−0.024	0.611	1.000		
○○제철	0.126	0.629	0.588	1.000	
○○전자	0.150	0.582	0.554	0.724	1.000

③ 위험 감소 효과가 가장 큰 경우 : ○○통운＋○○제지
　위험 감소 효과가 가장 작은 경우 : ○○제철＋○○전자

날짜	○○통운	○○화재	○○제지	○○제철	○○전자	KOSPI
1997−01	0.0089	0.042	0.127	0.170	0.035	0.053
1997−02	−0.145	−0.046	0.070	0.007	0.231	−0.014
1997−03	0.085	0.023	0.135	0.002	0.033	0.001
1997−04	0.044	−0.070	0.040	0.244	0.012	0.038
1997−05	−0.028	−0.027	−0.025	0.101	0.106	0.076
1997−06	−0.043	0.074	0.087	0.078	0.052	−0.015
1997−07	0.030	0.013	−0.016	−0.112	−0.079	−0.026
1997−08	−0.083	0.194	−0.028	0.030	0.086	−0.042
1997−09	−0.048	−0.097	0.079	−0.034	−0.057	−0.069
1997−10	−0.425	−0.237	−0.337	−0.247	−0.430	−0.272
1997−11	−0.819	−0.022	−0.193	0.090	0.116	−0.134
1997−12	2.559	−0.218	−0.196	−0.044	−0.092	−0.188
1998−01	0.089	1.151	0.495	0.466	1.318	0.577
1998−02	0.234	0.072	−0.090	0.166	0.146	−0.080
1998−03	−0.236	0.023	−0.179	−0.210	−0.284	−0.079
1998−04	−0.276	−0.141	−0.048	0.008	0.014	−0.124
1998−05	−0.451	−0.213	−0.123	−0.246	−0.320	−0.212
1998−06	−0.026	−0.264	0.150	−0.176	−0.155	−0.103
1998−07	0.141	0.360	0.021	0.227	0.071	0.153
1998−08	−0.203	−0.197	−0.132	−0.065	−0.013	−0.097
1998−09	0.008	0.080	−0.055	−0.009	−0.154	0.001

1998 – 10	0.120	0.230	0.254	0.333	0.579	0.300
1998 – 11	0.500	− 0.024	0.056	− 0.085	0.110	0.120
1998 – 12	0.284	0.389	0.288	0.199	0.212	0.245
1999 – 01	0.479	− 0.147	− 0.029	− 0.085	0.114	0.114
1999 – 02	− 0.166	0.016	− 0.085	− 0.090	− 0.041	− 0.120
1999 – 03	0.108	0.200	0.152	0.270	0.102	0.071
1999 – 04	0.169	0.175	0.207	0.268	− 0.038	0.095
1999 – 05	− 0.060	0.102	0.088	0.104	− 0.093	0.253
1999 – 06	− 0.082	0.345	− 0.042	0.435	0.532	0.088
1999 – 07	1.109	− 0.232	− 0.073	0.080	0.488	0.058
1999 – 08	− 0.107	− 0.907	− 0.069	0.068	0.185	0.005
1999 – 09	− 0.427	− 0.081	− 0.074	− 0.136	− 0.121	− 0.029
1999 – 10	0.000	− 0.011	0.103	0.055	0.015	− 0.078
1999 – 11	0.662	− 0.028	− 0.290	0.069	0.200	0.088
1999 – 12	− 0.047	− 0.297	− 0.124	− 0.188	0.108	0.126

2 n종목 포트폴리오의 구성

지금까지 두 개의 증권으로 결합된 포트폴리오의 기대수익률과 위험의 관계에 대해서 설명하였다. 그러면 세 개 이상 다수(n종목)의 증권들을 결합할 때 포트폴리오 기대수익과 위험은 어떻게 측정되고, 분산 투자효과는 어떻게 나타날 것인가?

(1) n종목 포트폴리오의 결합선

결합되는 증권의 수가 다수가 되면 두 개의 증권으로 결합될 때보다는 복잡하겠지만, 기본적으로 두 개의 증권의 결합관계로 생각할 수 있다. 예를 들어, 앞의 예제에서 예로든 증권 X, Y, Z의 세 주식으로 구성되는 포트폴리오의 기대수익률과 위험은 X와 Y 두 개의 주식으로 구성된 포트폴리오를 마치 하나의 증권처럼 보고, 이를 나머지 주식 Z와의 결합관계로 보게 되면, 세 증권의 결합관계를 마치 두 증권의 결합관계로 파악할 수 있게 된다.

이 원리를 〈그림 2-5〉에 표시되어 있는 세 증권 X, Z, T의 결합관계를 예로 들어 살펴보기로 하자. 먼저 증권 X와 T를 결합시키면 그 투자비율의 변화에 따라 두 개 종목으로 포트폴리

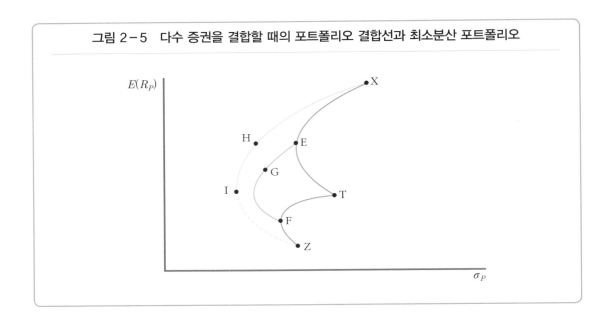

그림 2-5 다수 증권을 결합할 때의 포트폴리오 결합선과 최소분산 포트폴리오

오 결합선은 곡선 XET를 따라 나타날 것이다. 또 증권 T와 Z 두 증권을 결합하면 투자비율의 변화에 따라 곡선 TFZ의 포트폴리오 결합선을 얻는다.

한편 X와 T의 결합 중에서 E 포트폴리오 그리고 T와 Z의 결합 중 F 포트폴리오를 결합시키면 새로운 포트폴리오 결합선 EGF를 얻는다. 곡선 EGF선상의 포트폴리오는 E와 F를 결합한 것이므로 결국 개별 증권 X, T, Z 세 증권을 모두 결합한 셈이 된다. 이와 같은 원리로 X, T, Z를 동시에 결합시키면 곡선 XHIZ의 포트폴리오 결합선을 얻을 수 있다. 따라서 곡선 EGF선상의 포트폴리오보다 우월한 포트폴리오를 얻을 수 있게 된다.

결론적으로 곡선 XHIZ선상의 포트폴리오 결합은 증권 X, T, Z를 결합할 때 얻을 수 있는 포트폴리오 중에서는 일정한 기대수익률 하에서 위험이 가장 적은 포트폴리오군이 된다. 이처럼 일정한 기대수익률에서 위험이 가장 적은 포트폴리오군을 최소분산 포트폴리오(minimum variance portfolio)집합이라고 부른다.

그러나 이 최소분산 포트폴리오 집합(곡선 XHIZ) 중에서 곡선 XHI부분만이 일정한 위험(표준편차)에서 기대수익률이 보다 높기 때문에 효율적 포트폴리오 집합이 된다. 반면에 곡선 IZ부분은 비효율적 포트폴리오 집합이 된다.

이처럼 최소분산 포트폴리오 집합 중에서 곡선 XHI부분처럼 동일한 위험 수준에서 기대수익률이 보다 높은 포트폴리오 집합을 효율적 포트폴리오 집합(efficient portfolio set) 또는 효율적 투자선(efficient frontier)이라고 부른다. 특히 이 중 포트폴리오 I는 위험이 가장 적은 포트폴리오로서 최소분산 포트폴리오라고 한다.

(2) n종목 포트폴리오의 위험 측정

이상에서 세 종목으로 구성되는 포트폴리오의 분산 투자효과가 어떻게 나타나는지를 설명하였다. 이를 n종목까지 확장하여 효율적 투자선을 찾을 수 있기 위해서는 구체적으로 n종목으로 구성되는 포트폴리오 위험의 계량적 측정이 필요하다.

이제 주식 1, 2, 3, ⋯, n으로 구성되는 포트폴리오의 기대수익률과 위험(분산) 계산을 식으로 나타내기 위해서 다음과 같이 기호를 사용하기로 하자.

w_1, w_2, ⋯, w_n : 증권 1, 2, ⋯, n에 대한 투자비율
$E(R_1)$, $E(R_2)$, ⋯, $E(R_n)$: 증권 1, 2, ⋯, n의 기대수익률
σ_1^2, σ_2^2, ⋯, σ_n^2 : 증권 1, 2, ⋯, n의 분산
σ_{12}, σ_{23}, ⋯, $\sigma_{n-1, n}$: 증권 1과 2, 2와 3, $(n-1)n$ 간의 공분산

주식 1과 2로 구성되는 두 종목 포트폴리오의 기대수익률과 분산은 식 (2−3)과 식 (2−5)에서 설명한 것과 같이 다음과 같이 측정된다.

$$E(R_P) = w_1 E(R_1) + w_2 E(R_2)$$
$$\sigma_P^2 = w_1^2 \sigma_1^2 + w_2^2 \sigma_2^2 + 2 w_1 w_2 \sigma_{12}$$

주식 1, 2, 3으로 구성되는 세 종목 포트폴리오의 기대수익률과 분산은 마찬가지 원리로 다음과 같이 측정된다.

$$E(R_P) = w_1 E(R_1) + w_2 E(R_2) + w_3 E(R_3)$$
$$\sigma_P^2 = var(w_1 r_1 + w_2 r_2 + w_3 r_3)$$
$$= w_1^2 \sigma_1^2 + w_2^2 \sigma_2^2 + w_3^2 \sigma_3^2 + 2(w_1 w_2 \sigma_{12} + w_1 w_3 \sigma_{13} + w_2 w_3 \sigma_{23})$$
$$= 개별 종목 고유위험 + 타 종목과의 공분산 위험 \cdots\cdots\cdots\cdots\cdots (2-13)$$

이를 확장하여 n개의 증권으로 구성되는 포트폴리오의 분산을 나타내면 다음과 같다.

$$\sigma_P^2 = w_1^2 \sigma_1^2 + w_2^2 \sigma_2^2 + w_3^2 \sigma_3^2 + \cdots\cdots + w_n^2 \sigma_n^2)$$
$$+ (w_1 w_2 \sigma_{12} + w_1 w_3 \sigma_{13} + \cdots + w_1 w_n \sigma_{1n} + w_2 w_1 \sigma_{21} + w_2 w_3 \sigma_{23} \cdots\cdots)$$

여기서 $w_1^2 \sigma_1^2 = w_1 w_1 \sigma_{11}$, $w_n^2 \sigma_n^2 = w_n w_n \sigma_{nn}$이므로 우변의 모든 항은 공통요소로서 두 종목 투자비율에 두 종목 간의 공분산을 곱한 항으로 구성됨을 볼 수 있다. 따라서 포트폴리오 분산은 다음과 같이 표시할 수 있다.

$$\sigma_P^2 = \sum_{i=1}^{n} \sum_{j=1}^{n} w_i w_j \sigma_{ij}$$

또는 $$\sigma_P^2 = \sum_{i=1}^{n} \sum_{j=1}^{n} w_i w_j \sigma_i \sigma_j \rho_{ij} \cdots\cdots\cdots\cdots\cdots\cdots\cdots\cdots\cdots\cdots\cdots\cdots\cdots\cdots\cdots (2-14)$$

여기서, w_i, w_j : 증권 i, j에 대한 투자비율
σ_{ij} : 증권, i, j 사이의 공분산

이를 알기 쉽게 공분산 매트릭스로 나타내면 〈표 2-2〉와 같다. 이들 모든 칸의 합은 식 (2-14)와 일치한다. 〈표 2-2〉에서 빗금을 친 대각선(diagonal)상의 칸들은 $i=j$인 경우로써 동일 종목 간의 공분산($w_i w_j \sigma_{ij}$)을 나타내는 것이므로 결국 특정 개별 증권의 분산($w_i^2 \rho_i^2$)값을 나타낸 것이다. 즉, n종목으로 구성되는 포트폴리오 위험 중에서 개별 종목 고유의 특성에 의해서 발생되는 위험의 크기를 나타낸다. 이처럼 $i=j$인 경우의 수는 n개가 된다.

반면에 빗금을 치지 않은 대각선 위와 아래에 있는 칸들은 $i \neq j$인 경우로서 다른 증권과의 공분산을 나타낸 것이다. 이는 포트폴리오 위험 중에서 타 종목들과의 모든 상관관계, 즉 시장 전반적인 요인에 의해서 발생되는 위험의 크기라고 할 수 있다. 이처럼 $i \neq j$인 경우의 수는 $n(n-1)$개만큼인데, 모두 2개씩(이를테면 $w_3 w_1 \sigma_{31} = w_1 w_3 \sigma_{13}$) 있으므로 실제의 개수는 $n(n-1)/2$개가 된다.

공분산 매트릭스에서 모든 칸을 $i=j$인 경우와 $i \neq j$인 경우로 분류하여 그 의미가 무엇인지를 살펴보았다. 따라서 식 (2-15)는 특정 개별 증권의 분산을 표시하는 부분과 타 증권과의 공분산을 나타내는 부분의 합으로 구분하여 다음과 같이 표시될 수 있다.

표 2-2　n종목 경우의 포트폴리오 위험 : 공분산 매트릭스

주식 j ＼ 주식 i	1	2	3	4	n
1	$w_1^2\sigma_1^2$	$w_2w_1\sigma_{21}$	$w_3w_1\sigma_{31}$	$w_4w_1\sigma_{41}$	$w_nw_1\sigma_{n1}$
2	$w_1w_2\sigma_{12}$	$w_2^2\sigma_2^2$	$w_3w_2\sigma_{32}$	$w_4w_2\sigma_{42}$	$w_nw_2\sigma_{n2}$
3	$w_1w_3\sigma_{13}$	$w_2w_3\sigma_{23}$	$w_3^2w_2\sigma_3^2$	$w_4w_3\sigma_{43}$	$w_nw_3\sigma_{n3}$
4	$w_1w_1\sigma_{14}$	$w_2w_4\sigma_{24}$	$w_3w_4\sigma_{34}$	$w_4^2w_3\sigma_4^2$	$w_nw_4\sigma_{n4}$
⋯	⋯	⋯	⋯	⋯	⋯
n	$w_1w_n\sigma_{1n}$	$w_2w_n\sigma_{2n}$	$w_3w_n\sigma_{3n}$	$w_4w_n\sigma_{4n}$	$w_n^2\sigma_n^2$

* w_i : 주식 i에 대한 투자비율

σ_{ij} : 주식 i와 주식 j 수익률 간의 공분산

ρ_{ij} : 주식 i와 주식 j 수익률 간의 상관계수

σ_i : 주식 i 수익률의 표준편차

ρ_j : 주식 j 수익률의 표준편차

$$
\begin{aligned}
var(R_P) &= \sum_{i=1}^{n}\sum_{j=1}^{n} w_iw_j\sigma_{ij} \\
&= \sum_{i=1}^{n} w_i^2\sigma_i^2 + \sum_{i,\,j=1(i\neq j)}^{n} w_iw_j\sigma_{ij} \\
&= \text{개별 증권 고유위험} + \text{타 증권과의 공분산 위험} \quad\cdots\cdots\cdots\cdots\cdots(2-15)
\end{aligned}
$$

여기서 우변 첫째 항은 공분산 매트릭스에서 대각선상에 위치하는 특정 개별 증권의 분산 부분(n개)을 표시한 것이고 둘째 항은 대각선의 위와 아래에 위치하는 타 증권과의 공분산 부분[$n(n-1)$개]을 표시한 것이다.

section 03　효율적 포트폴리오의 구성

본 절에서는 투자종목수가 증가할 때 투자위험이 감소되는 원리와 위험자산만의 효율적 포트폴리오 구성방법에 대하여 다룬다.

포트폴리오를 n개의 종목으로 구성하였을 때 포트폴리오의 위험이 식 (2-5)와 같이 표시됨을 보았다. 포트폴리오 위험은 투자종목 수가 많을수록 감소하게 되는데, 구체적으로 종목 수가 증가함에 따른 위험 저감효과는 어떻게 나타나는가?

이제 종목 수 증가에 따른 분산 투자효과를 분석하기 위해서 n개의 증권에 투자 가능한 금액을 균등하게 배분하여 투자를 한다고 가정하자.

즉, $w_1 = w_2 = \cdots = w_n = 1/n$이라고 하자.

그러면 포트폴리오 분산 σ_P^2은 다음과 같이 표시된다.

$$
\begin{aligned}
\sigma_P^2 &= \sum_{i=1}^{n} w_i^2 \sigma_i^2 + \sum_{i,\,j=1(i \neq j)}^{n} w_i w_j \sigma_{ij} \\
&= \sum_{i=1}^{n} \left(\frac{1}{n}\right)^2 \sigma_i^2 + \sum_{i,\,j=1(i \neq j)}^{n} \left(\frac{1}{n}\right)\left(\frac{1}{n}\right) \sigma_{ij} \\
&= \sum_{i=1}^{n} \left(\frac{1}{n}\right)^2 \sigma_i^2 + \left(\frac{1}{n^2}\right) \sum_{i,\,j=1(i \neq j)}^{n} \sigma_{ij}
\end{aligned}
$$

여기서 개별 종목의 분산의 평균을 $\overline{\sigma^2}$, 공분산의 평균을 $\overline{\sigma_{ij}}$라고 표시하자. n개 종목으로 포트폴리오가 구성될 때 분산은 n개이고, 공분산은 $n(n-1)$개이므로 좌변 첫째 항에서 $\sum \sigma_i^2 = \overline{\sigma^2} \times n$이고, 둘째 항에서 $\sum_{i,\,j=1(i \neq j)}^{n} \sigma_{ij} = \overline{\sigma_{ij}} \cdot [n(n-1)]$이 된다. 따라서 위의 식을 다음과 같이 다시 쓸 수 있다.

$$
\begin{aligned}
\sigma_P^2 &= \left(\frac{1}{n}\right)^2 \cdot \overline{\sigma^2} \cdot n + \left(\frac{1}{n^2}\right) \overline{\sigma_{ij}} \cdot n(n-1) \\
&= \left(\frac{1}{n}\right) \cdot \overline{\sigma^2} + \left(1 - \frac{1}{n}\right) \overline{\sigma_{ij}} \quad \cdots\cdots\cdots\cdots\cdots\cdots\cdots (2-16)
\end{aligned}
$$

식 (2-16)에서 n이 증가함에 따라 우변의 첫째 항은 영(0)의 값에 가까워지고, 둘째 항은 공분산 평균 $\overline{\sigma_{ij}}$에 가까워짐을 알 수 있다.

$$\lim_{n \to \infty} \left[\frac{1}{n} \left(\overline{\sigma^2} - \overline{\sigma_{ij}} \right) + \overline{\sigma_{ij}} \right] = \overline{\sigma_{ij}}$$

결국 포함되는 종목의 수가 계속 증가할수록 개별 증권의 위험이 포트폴리오 위험에 미치는 영향은 감소하고 포트폴리오 위험은 각 종목들 간의 공분산의 평균에 접근해 간다.

여기서 분산 투자의 구성 종목 수 n을 무한대로 증가시켜도 줄어들지 않는 위험이 있음을 알 수 있다. 이는 증권시장 전반의 공통적 요인에 의해서 야기되는 위험으로써 체계적 위험(systematic risk), 분산 불능 위험(non-diversifiable risk)이라고 부른다. 반면에 종목 수가 증가함에 따라 감소하는 위험은 기업 고유 요인에 의해서 야기되는 위험으로써 기업 고유위험(firm-specific risk), 비체계적 위험(non-systematic risk), 분산 가능 위험(diversifiable risk)이라고 부른다.

이 같은 포트폴리오 위험의 감소 효과로부터 다음과 같은 결론을 내릴 수 있다. 여러 종목에 걸쳐 분산 투자하는 경우 투자위험관리(risk management)의 주된 대상은 시장 관련 위험이지 개별 종목 고유위험이 아니라는 점이다. 환언하면 분산 투자의 종목 수가 일정 수준 이상으로 많아지게 되면 개별 종목 고유위험을 거의 무시하고 투자관리를 해도 된다는 점이다.

또한 투자위험에 대한 적절한 보상은 분산 불능 위험인 체계적 위험에 한정해야 한다는 점이다. 특정 증권이 포트폴리오 위험에 미치는 영향은 특정 증권의 분산의 크기가 아니라 타 증권과의 공분산(상관관계)에 달려 있고, 적절한 위험 보상률은 수익률의 총분산이 아니라 공분산에 의해서 결정되어야 함을 볼 수 있다.

이 같이 투자종목의 수가 증가될 때 투자위험이 감소하는 양태는 여러 가지 실증적 자료에서도 확인할 수 있다. 〈그림 2-6〉은 미국 뉴욕증권거래소에 상장된 주식들에 대해 동일한 비율로 포트폴리오를 구성하였을 때, 구성주식의 수에 따라 포트폴리오 분산이 어느 정도 저감되는지를 나타낸 것이다. 다섯 종목 정도까지는 위험분산 효과가 현격함을 볼 수 있는데, 네 종목의 경우는 단일종목의 경우보다 위험이 64% 정도 감소하고, 구성주식 수가 15종목 정도로 증가하면 분산 가능 위험의 95% 정도까지 감소시킬 수 있게 된다.

이 같은 분산 투자를 통한 위험 감소 효과는 세계 시장에서 분산 투자할 경우 더욱 크게 나타난다. 사실 분산 투자대상 주식을 1개국에서 여러 국가로 확대시키면 각국의 자본시장 사이에는 낮은 상관관계가 존재하기 때문에 국내 분산 투자로서는 제거할 수 없었던 위험의 일부까지도 제거할 수 있는 효과를 얻게 된다.

〈그림 2-7〉은 솔닉(B. H. Solnik)이 미국, 영국, 프랑스, 독일, 이탈리아, 벨기에, 네덜란드,

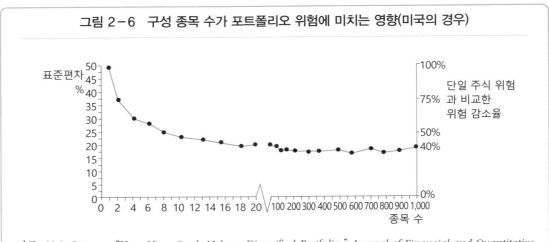

그림 2-6　구성 종목 수가 포트폴리오 위험에 미치는 영향(미국의 경우)

자료 : Meir Statman, "How Many Stock Make a Diversified Portfolio," *Journal of Financial and Quantitative Analysis*22 (Setp. 1987).

스위스 등 8개국을 대상으로 각각의 나라에서 국내 분산 투자한 경우와 8개국에 국제 분산 투자한 경우의 위험 감소 효과를 비교한 연구결과이다. 그림에서 보는 바와 같이 미국 내의 주식만으로 분산 투자한 경우의 위험에 비해 국제 분산 투자할 경우의 위험이 절반 이하로 감소했다. 이것은 국제 분산 투자를 통해 상당한 위험을 제거할 수 있음을 보여준다.

솔닉의 연구대상 국가는 선진 8개국이었지만 일본이나 그 밖의 개발도상국까지 포함시키면 국제 분산 투자의 위험 감소 효과는 더 크게 나타날 것이다.

이 같은 포트폴리오 위험의 감소 효과로부터 다음과 같은 결론을 내릴 수 있다. 첫째, 분산 가능 위험(개별 기업 고유위험)의 감소 효과는 구성 종목 수가 증가할 때 체감하여 나타난다는 점이다. 15종목 내외로 구성하면 분산 가능 위험의 상당 부분은 제거된다.

둘째, 여러 종목에 분산 투자하는 경우 투자위험관리(risk management)의 주된 대상은 시장관련 위험이지 개별 주식의 고유위험이 아니라는 점이다. 환언하면 분산 투자의 종목 수가 일정 수준 이상으로 많아지게 되면 개별 주식 고유위험을 거의 무시하고, 시장위험만 관리해도 무방하다는 점이다.

마지막으로, 투자위험에 대한 적절한 보상은 분산 불능 위험인 체계적 위험에 한정해야 한다는 점이다. 개별 주식이 포트폴리오 위험에 미치는 영향은 개별 주식 위험의 크기가 아니라 타 주식과의 공분산(상관관계)에 달려 있고, 적절한 위험 보상률은 수익률의 총분산이 아니라

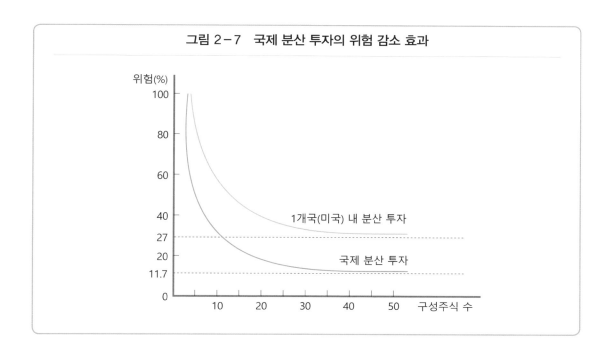

그림 2-7 국제 분산 투자의 위험 감소 효과

공분산에 의해서 결정되어야 한다.

2	위험자산의 효율적 포트폴리오와 최적 포트폴리오의 선택

증권시장에는 선택 가능한 수많은 증권들이 있다. 이들의 상관관계를 고려한 결합 가능성과 투자비율의 조정까지를 고려하면 헤아릴 수 없이 수많은 포트폴리오가 투자대상으로 존재한다. 이제 가능한 모든 포트폴리오의 기대수익률과 위험을 측정하여 이를 그림으로 나타내면 어떻게 될 것인가?

〈그림 2-8〉의 점들은 많은 주식들로 이루어지는 모든 가능한 포트폴리오의 기대수익률과 위험의 조합을 나타내고 있다. 이 부분을 투자기회 집합(investment opportunity set)이라고 한다. 이 중에서 선택 대상으로 적절한 포트폴리오는 XY선상에 위치한 포트폴리오이다. 왜냐하면 XY선상의 포트폴리오는 동일한 위험에서는 가장 높은 수익률, 동일한 수익률에서 가장 낮은 위험을 지니는 포트폴리오로서, 선택 기준이 되는 지배원리를 충족시키는 포트폴리오이기 때문이다.

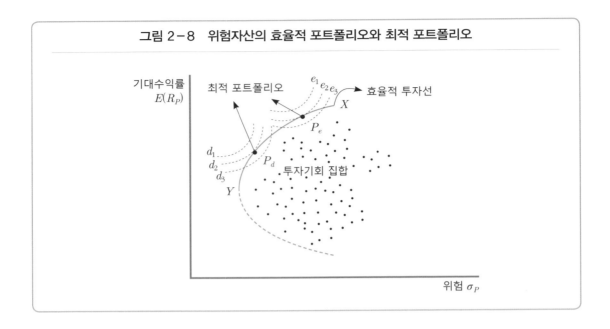

그림 2-8 위험자산의 효율적 포트폴리오와 최적 포트폴리오

이들 XY선상의 포트폴리오가 효율적 투자선(efficient frontier) 또는 효율적 포트폴리오선인 것이다.

현실적으로 증권시장에 존재하는 모든 투자기회(포트폴리오)를 대상으로 효율적 투자선을 구하기 위해서는 ① 일정한 기대수익률을 가지는 투자기회 중 위험이 최소인 점이나, ② 일정한 위험 수준에서 기대수익률이 최대인 점을 구하면 될 것인데, 이 해를 발견하는 데는 일반적으로 2차계획법(quadratic programming)이 사용되고 있다.

일정한 기대수익률을 가지는 투자기회 중 위험이 최소인 최소분산 포트폴리오 집합을 수식으로 표시하면 다음과 같이 정리된다.

$$
\begin{aligned}
\text{minimize} \quad & \sigma_P^2 = \sum_{i=1}^{n} \sum_{j=1}^{n} w_i w_j \sigma_{ij} \\
\text{subject to} \quad & E(R_P) = \sum_{j=1}^{n} w_i E(R_j) = k \, (k : 상수) \\
& \sum_{j=1}^{n} w_j = 1.0 \quad \cdots\cdots\cdots\cdots\cdots\cdots\cdots\cdots\cdots\cdots\cdots\cdots\cdots (2-17)
\end{aligned}
$$

위의 수식에서 목적 함수는 포트폴리오 분산을 최소화하는 것으로 두었고 제약조건은 일정한 기대수익률의 값 k로 놓았다. 여기서 결정변수(decision variables)는 개별 주식 투자금액의 비율 w_j이다.

또한 식 (2−17)에 의해서 구한 최소분산 포트폴리오 집합 중에서는 최소분산 포트폴리오(MVP) 밑부분처럼 비효율적 포트폴리오가 존재할 수 있다.

따라서 MVP 윗부분만의 효율적 포트폴리오는 식 (2−18)과 같이 일정한 분산(1)에서 포트폴리오 기대수익률을 최대화시키는 것을 찾으면 구해진다.

$$\text{maximize} \quad E(R_P) = \sum_{i=1}^{n} w_j E(R_j)$$
$$\text{subject to} \quad \sigma_P^2 = l(l : \text{상수})$$
$$\sum_{j=1}^{n} w_j = 1.0 \cdots\cdots\cdots\cdots\cdots\cdots\cdots\cdots\cdots\cdots\cdots\cdots (2-18)$$

효율적 투자선 또는 효율적 포트폴리오가 이와 같은 방법으로 찾아지면 마지막 작업은 이 중에서 어떤 것이 투자자의 기대효용을 극대화하는 최적 포트폴리오(optimal portfolio)인가를 찾는 것이다. 최적 포트폴리오의 선택은 결론적으로 각 개인의 주관적 위험에 대한 태도에 달려 있다. 따라서 앞 절에서 설명했던 것처럼 투자자의 등 효용 곡선과 효율적 투자선의 접점이 최적 포트폴리오가 된다.

〈그림 2−8〉에서 등 효용 곡선 d와 같은 모양을 갖는 소극적 투자자는 P_d의 포트폴리오를 최적 포트폴리오로 선택할 것이다. 반면에 등 효용 곡선 e와 같은 모양을 갖는 적극적 투자자에게는 P_e의 포트폴리오가 효용을 극대화하는 최적 포트폴리오가 된다.

3 **투입정보의 추정**

마코위츠의 포트폴리오 선택 모형에서 제시되고 있는 효율적 분산 투자의 방법은 일정한 기대수익률 하에서 위험을 최소화하거나, 일정한 위험하에서 기대수익률을 최대화시키는 효율적 포트폴리오를 구성하는 것이다.

따라서 이 방법은 실제의 투자결정에 활용하기 위해서는 식 (2−17), 식 (2−18)에 관련된 투입정보를 만들어내는 것이 필요하다.

즉, n개의 자산 각각에 대하여 기대수익률 $E(R_j)$와 분산(σ_j^2)을 추정하고, 각 자산들 간의 공분산(σ_{ij})을 $n(n-1)/2$만큼 추정하는 것이 필요하다.

이들 투입정보를 만드는 방법은 두 가지를 들 수 있다. 한 가지 방법은 개별 자산에 대한 증권 분석을 토대로 기대수익과 위험을 추정하는 것이다. 또 한 가지 방법은 미래수익률의 분포가 과거 시계열 자료의 패턴과 크게 차이나지 않을 것으로 예상되면 과거 역사적 시계열 자료로부터 이를 추정하는 것이다. 특히 공분산 자료의 생산은 과거 시계열 자료를 이용하는 방법에 주로 의존한다.

section 04 무위험자산과 최적 자산배분

투자관리의 핵심 중 한 가지는 주식, 회사채, 국공채, 부동산 등 투자수익과 투자위험이 질적으로 상이한 각 투자자산에 투자자금을 포괄적으로 어떻게 배분할 것인가를 결정하는 자산배분(asset allocation)의 문제이다. 자산배분 문제는 주식과 같은 위험자산과 국공채와 같은 무위험자산에의 투자비율의 결정문제로 압축할 수 있다.

지금까지는 수익률의 변동성이 큰 주식과 같은 위험자산(risky assets)만으로 포트폴리오를 구성할 때 최적 투자결정의 문제를 살펴보았다. 본 절에서는 포트폴리오를 구성할 때 정기예금이나 단기국공채와 같은 위험이 없는 무위험자산에도 투자자금의 일부를 할애하여 자산배분을 시도하는 경우의 최적 자산배분, 최적 포트폴리오의 구성문제를 다룬다.

1 무위험자산

무위험자산(risk-free asset)은 어떠한 상황에서도 확정된 수익이 보장되어 수익률의 변동이 없기 때문에 그 위험(수익률의 표준편차)이 0인 투자자산을 말한다. 즉,

$$E(R_f) = R_f, \ \sigma(R_f) = 0$$

여기서, $E(R_f), \ \sigma(R_f)$: 무위험자산의 기대수익률과 표준편차

R_f : 무위험이자율(risk-free rate)

일반적으로 정기예금이나 국공채와 같은 투자대상들이 무위험자산으로 인식되고 있다. 그러나 이러한 자산들도 엄밀한 의미에서 보면 위험이 없는 것이 아니다. 정기예금도 인플레이션 하에서는 실질 투자수익률이 달라지므로 실질수익이 확정되어 있다고 할 수 없으며, 국공채는 이자율변동에 따라 채권 가격이 변동하는 이자율 변동 위험을 지니고 있다.

그럼에도 불구하고 이러한 투자자산들은 명목수익률이 확정되어 있고, 만기가 짧은 단기국공채는 이자율 변동 위험이 매우 적다고 할 수 있으며, 특히 지급불능 위험이 없으므로 통상적으로 이들 투자자산들을 무위험자산으로 취급하고 있다.

2 무위험자산이 포함될 때의 효율적 포트폴리오

무위험자산도 포트폴리오 구성에 포함되면 위험자산만으로 포트폴리오를 구성할 때보다도 월등한 투자성과를 기대할 수 있다. 왜 그런지를 살펴보기로 한다.

먼저 위험자산 포트폴리오는 수많은 투자기회 집단이 있지만 이론적으로 보면 앞 절의 〈그림 2-8〉의 호 XY상에 나타나 있는 효율적 포트폴리오가 투자대상으로 고려될 것이다. 이제 이들 위험자산의 효율적 포트폴리오의 하나인 A에 투자자금의 w를 투자하고 무위험자산(기대수익률이 무위험이자율 R_f이고, 위험이 0인 투자자산)에 나머지 투자자금$(1-w)$을 투자할 경우의 기대수익률과 위험(표준편차)을 구해 보면 식 $(2-19)$, 식 $(2-20)$과 같이 표시된다. 왜냐하면 이 포트폴리오는 두 자산으로 구성되는 경우이므로 식 $(2-3)$과 식 $(2-5)$를 그대로 이용할 수 있기 때문이다.

$$
\begin{aligned}
E(R_P) &= w \cdot E(R_A) + (1-w)R_f \\
&= R_f + w[E(R_A) - R_f] \cdots\cdots\cdots\cdots\cdots\cdots (2-19) \\
var(R_P) &= w^2 \sigma_A^2 + (1-w)^2 (\sigma_{Rf}^2) + 2w(1-w)\sigma_{AR_f} = w^2 \sigma_A^2 \\
\therefore \ \sigma_P &= w\sigma_A \cdots\cdots\cdots\cdots\cdots\cdots\cdots\cdots\cdots (2-20)
\end{aligned}
$$

여기서, R_f : 위험이자율

$E(R_A)$: 위험 있는 주식 포트폴리오 A의 기대수익률

σ_A^2 : 위험 있는 주식 포트폴리오 A의 분산

w : 위험 있는 주식 포트폴리오 A의 투자비율

$1-w$: 무위험자산에 대한 투자비율

σ_{AR_f} : 주식 포트폴리오 A수익률과 무위험이자율 간의 공분산

이제 식 (2-20)에서 $w = \sigma_P / \sigma_A$이므로 이를 식 (2-19)에 대입해 보면 투자금액의 비율과 관계없이 이 두 펀드 포트폴리오(two-fund portfolio : 무위험자산과 위험자산인 주식으로 구성되는 포트폴리오)의 기대수익률은 식 (2-21)처럼 위험(표준편차)에 선형적으로 비례하는 관계에 있음을 알 수 있다.

$$E(R_P) = R_f + \frac{E(R_A) - R_f}{\sigma_A} \sigma_P \cdots\cdots\cdots\cdots\cdots\cdots\cdots\cdots\cdots\cdots\cdots (2-21)$$

환언하면, 무위험자산과 주식 포트폴리오로 구성되는 두 펀드포트폴리오를 구성할 때 기대되는 투자기회 집합(investment opportunity set)은 〈그림 2-9〉에 나타난 선 $R_f a$처럼 절편이 R_f이고 기울기가 $[E(R_A) - R_f]/\sigma_A$인 직선 위에 옴을 알 수 있다.

여기서 무위험자산이 포함될 때의 투자기회선인 $R_f a$(또는 $R_f MN$)선을 자산배분선(Capital Allocation Line : CAL)이라고도 부른다.

무위험자산을 포함시켜 포트폴리오를 구성할 경우 얻게 되는 투자기회선 $R_f a$와 관련하여 강조할 사실은 이처럼 두 펀드에 분산 투자하는 것이 위험자산 주식만으로 포트폴리오를 구성하는 것보다도 기대되는 투자성과가 월등히 우수하다는 점이다. 왜냐하면 주식만으로 구성되는 효율적 포트폴리오는 곧 YA와 같은 포트폴리오인데, $R_f A$선상의 포트폴리오가 YA선상의 포트폴리오보다 같은 기대수익률에서는 위험이 낮으며, 같은 위험 수준에서는 기대수익률이 높은 새로운 효율적 포트폴리오가 되기 때문이다.

마찬가지 논리로 R_f에서 호 XY에 접선을 그었을 때 표시되는 투자선 $R_f MN$이 $R_f A$보다 더 효율적이다. 이때 포트폴리오 M은 위험자산 포트폴리오 중에서는 유일하게 효율적 포트폴리오가 된다. 포트폴리오 A나 Q 등은 더 이상 효율적인 포트폴리오가 되지 못한다. 따라서 $R_f MN$은 투자자금의 일부를 무위험자산 펀드(R_f)에 투자하고 나머지를 주식 포트폴리오 M

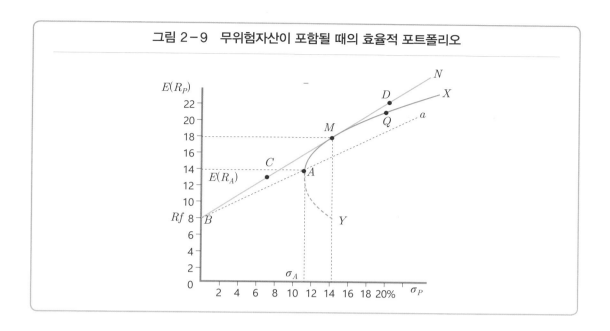

그림 2-9 무위험자산이 포함될 때의 효율적 포트폴리오

에 투자한 경우의 가장 효율적인 포트폴리오의 기대수익률과 표준편차의 관계가 표시된 것이다.

또 한 가지 중요한 사실은 $R_f a$선상이나 $R_f MN$선상의 포트폴리오는 투자금액의 비율이 어떻게 조정되더라도 이러한 포트폴리오는 투자위험(σ_P)을 한 단위 증가시킬 때 얻게 되는 위험보상률($[E(R_P) - R_f]$)이 항상 일정하다는 점이다. 이때의 비율, 즉 직선 $R_f a$, $R_f MN$의 기울기를 투자보수 대 변동성 비율(Reward-to-Variability Ratio : $RVAR$)이라고도 부르는데 이 비율은 항상 일정한 것이다. $R_f MN$선상에 있는 포트폴리오의 $RVAR$ 비율이 가장 크다.

$$RVAR = \frac{E(R_P) - R_f}{\sigma_P} \quad \cdots\cdots\cdots\cdots\cdots\cdots\cdots\cdots\cdots\cdots\cdots\cdots\cdots\cdots\cdots (2-22)$$

$R_f MN$선상의 포트폴리오는 무위험자산 펀드와 위험자산 M펀드의 두 펀드로 구성되는 것인데, 이들 두 펀드에 얼마씩 투자하는 것이 최적인가는 투자자 개인들의 주관적인 위험성향에 달려 있다.

점 M은 투자자금 전부를 주식펀드에 투자하고 무위험자산에는 전혀 투자하지 않은 경우(공격적 투자자 유형)이고 점 B는 전액을 무위험자산에 투자한 경우(방어적 투자자유형)이다. 그리고

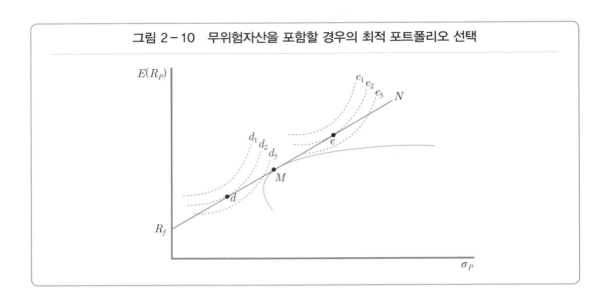

그림 2-10　무위험자산을 포함할 경우의 최적 포트폴리오 선택

점 C는 두 펀드에 50%씩 투자한 경우이다.

　반면에 점 D는 본래의 투자자금에 R_f 수준의 이자율로 차입한 자금을 더하여 주식펀드에 100% 이상을 투자한 경우이다. R_fM선상의 포트폴리오는 투자자가 금융기관에 자금을 빌려준 것과 다름이 없으므로 대출 포트폴리오(lending portfolio)라고 부르고, MN선상의 포트폴리오는 차입자금을 더하여 포트폴리오를 구성하는 경우이므로 차입 포트폴리오(borrowing portfolio)라고 부른다. 긍정적으로 무위험자산도 포함될 경우의 최적 포트폴리오는 투자자의 위험성향에 따라서 〈그림 2-10〉에서 보는 것처럼 방어적 투자자는 d와 같은 포트폴리오, 공격적 투자자는 e와 같은 포트폴리오를 구성할 것이다.

　결론적으로 중요한 사실은 주식과 같은 위험자산만으로 포트폴리오를 구성하는 것보다도 무위험자산을 포트폴리오에 포함시켜 자산을 배분하는 것이 훨씬 우월한 투자성과를 기대케 한다는 점이다.

　환언하면 무위험자산을 포함시키는 것이 한 단위 위험부담에 대한 투자수익의 증가가 극대화된다는 점이다. 이 같은 논리적 근거 때문에 실제의 포트폴리오 운용에서 먼저 무위험자산 펀드와 주식펀드의 두 펀드로 나누어 포트폴리오 구성을 검토하는 것은 타당성을 지닌다.

기대수익률과 표준편차가 다음과 같은 주식펀드 A가 있고 이자율이 8%인 무위험자산이 있다. 이제 이 두 펀드로 포트폴리오를 구성하고자 한다.

- 주식펀드 A의 기대수익률 : $E(R_A) = 16\%$
- 주식펀드 A의 표준편차 : $\sigma_A = 12\%$
- 무위험이자율 : $R_f = 8\%$

① 이제 주식펀드 A와 무위험자산 두 펀드에 대한 투자비율을 $0:100$, $50:50$, $100:0$, $150:-50$, $200:-100$으로 조정해 나갈 때 포트폴리오의 기대수익률과 위험은?

② 100% 전부를 주식펀드 A에 투자하는 것과 $50:50$으로 나누어 투자하는 것 사이에 투자보수 대 변동성 비율이 차이가 있는가?

(풀이)

① 주식펀드에 대한 투자비율을 w, 무위험자산에 대한 투자비율을 $1-w$라고 표시하면 포트폴리오 기대수익률과 위험은 다음 식과 같으므로 양자는 다음과 같이 계산된다. 이 결과에서 포트폴리오 기대수익률은 위험에 선형적으로 비례함을 확인할 수 있다.

$$E(R_P) = R_f + w[E(R_A) - R_f]$$

$$\sigma_P = w \cdot \sigma_A$$

② 투자위험이 한 단위 증가할 때 얻게 되는 위험 보상률의 증가, 즉 투자보수 대 변동성 비율은 투자금액의 비율에 관계없이 일정하다.

$$\frac{E(R_A) - R_j}{\sigma_A} = \frac{0.16 - 0.08}{0.12} = \frac{0.08}{0.12} \fallingdotseq 0.67$$

chapter 03

단일 지표 모형

단일 지표 모형의 필요성

전 장에서 설명한 분산 투자방법은 마코위츠가 제시한 방법이다. 이를 완전 공분산 모형(full covariance model)이라고 하는데, 그 이유는 효율적 포트폴리오 구성 시에 모든 구성 종목 간의 공분산을 고려하기 때문이다. 즉, 적절한 위험 측정치로서 식 (3−1)과 같이 분산을 측정하는데, 이를 위해서는 모든 종목 서로 간의 공분산을 계산해야 한다.

$$\sigma_P^2 = \sum_{i=1}^{n} \sum_{j=1}^{n} w_i w_j \sigma_{ij} \cdots\cdots\cdots\cdots\cdots\cdots\cdots\cdots\cdots\cdots (3-1)$$

구체적으로 마코위츠 모형에 의하면 n종목으로 포트폴리오를 구성할 때, 계산에 필요한 정보량은 〈표 2−2〉의 n종목 공분산 매트릭스에서 보는 것처럼 다음과 같다.

개별 주식의 기대수익률 : n개
개별 주식의 분산 : n개
개별 주식 간의 공분산 : $n(n-1)/2$개

예를 들어, 시장에 존재하는 약 700종목으로 구성되는 포트폴리오의 위험을 구하기 위해서는 700개의 분산과 $(700 \times 699)/2 = 244,650$개의 공분산 계산이 필요하다. 더욱이 최종적인 효율적 포트폴리오(투자선)를 구하기 위해서는 투자비율이 달라질 때 얻게 되는 수많은 가능한 포트폴리오를 고려하여야 하기 때문에 그 계산량은 상상을 초월한 방대한 양이 된다.

그래서 마코위츠 모형은 이론적으로는 공분산 매트릭스만 정확히 추정된다면 효율적 투자선을 찾아내는 가장 완벽한 방법이지만, 현실적으로 적용하기 어려운 기술적 문제점을 지니고 있다. 현실적으로 적용 가능한 효율적 분산 투자의 방법을 강구하기 위해서 보다 단순한 다른 방법이 필요한 이유가 여기에 있다. 마코위츠 모형의 기술적 문제점을 해결하고자 한 것이 바로 샤프의 단일 지표 모형이다.

단일 지표 모형(single index model)은 n종목의 개별 주식들 간의 모든 공분산을 고려하는 대신에 어느 특정 개별 주식과 시장 전체의 움직임을 나타내는 단일시장지표와의 공분산만을 고려한 단순화된 모형이다. 이러한 의미에서 단순 시장 모형(simplified market model) 또는 시장 모형(market model)이라고도 부른다. 이하에서 이 모형의 가정과 의미를 자세히 살펴보기로 한다.

section 02   단일 지표 모형의 가정과 증권 특성선

현실적으로 유용성이 높은 포트폴리오 구성방법을 제시하기 위해서 단일 지표 모형에서는 증권 수익률 움직임에 대한 몇 가지 가정을 내세우고 있다.

1   투자수익률 변동의 두 원천

단일 지표 모형에서는 증권투자수익의 변동이 기본적으로 두 가지 원천에 의해서 초래된다는 것을 전제로 하고 있다. 그 하나는 시장 전체 공통요인(common factor)의 변동에 연관된 부분이고 다른 하나는 시장 전체와 연관되지 않고 개별 기업 특유 요인(company specific factor)에 의해서 발생되는 부분이라는 것이다. 즉,

> 개별 증권 가격 변동＝시장 전체(공통요인)에 연관된 가격 변동＋개별 기업 특유 요인에 연관된 가격 변동·······························(3－2)

이 가정은 일정기간에 있어서 어느 개별 증권의 투자수익률에 영향을 주는 사건에는 두 가지 유형이 있음을 뜻한다.

첫째, 거시적 사건(macro event)으로서, 예를 들면 기대하지 못했던 인플레이션, 공금리의 변화, 정국의 불안정, 석유와 같은 주요 원자재 가격의 변화 등을 들 수 있다.

이와 같은 유형의 사건은 그 영향력이 광범위하여 정도의 차이만 있을 뿐이지 거의 모든 증권에 영향을 미친다. 결과적으로 주가의 전반적인 수준에 변동을 초래하여 시장 전체의 수익률 변동을 가져온다. 개별 증권의 가격 변동은 이와 같은 시장 전체의 공통적인 요인에 대하여 민감도의 차이가 있을 뿐 시장공통요인과 연관되어 있다.

둘째, 모든 종목에 전반적인 영향을 주지 않는 특정 기업의 미시적 사건(micro event)이다. 예를 들어 특정 기업의 신제품 개발, 제품의 갑작스런 진부화, 노사분규, 공장의 화재와 조업중단, 핵심인물의 이직이나 변고 등의 사건을 말한다. 이와 같은 미시적 사건은 다른 종목들의 가격에는 영향을 주지 않고 특정 종목에만 영향을 주는 사건이므로 시장 전체(포트폴리오) 수익률에는 영향을 미치지 않지만 그 특정 개별 종목의 투자수익률 변동을 구성하게 된다.

이처럼 증권 수익률의 변동을 이분법적으로 구분할 수 있고, 시장공통요인은 종합주가지수와 같은 시장지표(market index)로 나타낼 수 있다고 가정하여 이 개념을 직선식으로 표시한 것이 단일 지표 모형(시장 모형)인 것이다.

2 증권 특성선

단일 지표 모형은 일반적으로 식 (3－3)과 같이 표시되는데 증권 j의 수익률이 단 하나의 공통요인인 시장수익률과 선형적인 관계를 갖는 것으로 표시된다.

$$R_{jt} = \alpha_j + \beta_j R_{mt} + \varepsilon_{jt} \cdots\cdots\cdots\cdots\cdots\cdots\cdots\cdots\cdots\cdots\cdots\cdots\cdots\cdots\cdots\cdots (3\text{-}3)$$

여기서, R_{jt} : t시점에서의 주식의 수익률(확률변수)

R_{mt} : t시점에서의 시장지표의 수익률(확률변수)

α_j : 회귀계수 절편

β_j : 회귀계수 기울기

ε_{jt} : 잔차항

단일 지표 모형을 그림으로 나타내면 〈그림 3-1〉과 같다. 이 그림의 각 점들은 수직축에 어느 개별 주식 j의 수익률(R_j)을 종속변수로, 그리고 수평축에 시장 전체 수익률을 대표하는 시장지표(종합주가지수)의 수익률(R_m)을 독립변수로 하여 대응시킨 것이다.

여기서 R_j를 R_m에 관하여 회귀분석(regression)하면 〈그림 3-1〉에서 보는 것처럼 양자 사이의 관계를 잘 나타내는 다음과 같은 직선식을 구할 수 있다.

$$R_j = \hat{\alpha}_j + \hat{\beta}_j R_m \cdots\cdots\cdots\cdots\cdots\cdots\cdots\cdots\cdots\cdots\cdots\cdots\cdots\cdots\cdots\cdots\cdots\cdots (3\text{-}4)$$

이 회귀분석에서 추정되는 회귀계수들은 증권의 수익률과 위험에 관한 여러 가지 특성을 나타내므로 식 (3-4)를 증권 특성선(Characteristic Line : CL)이라고 부른다.

식 (3-3)으로 표시되는 단일 지표의 가정은 〈그림 3-1〉에서의 회귀분석에서 보다 잘 이

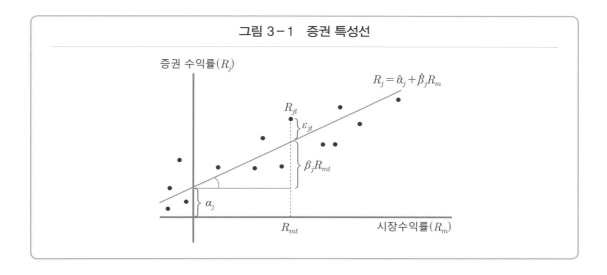

그림 3-1 증권 특성선

해될 수 있다. 특정 주식 j의 특정 시점 t에서의 수익률 R_{jt}의 한 부분은 시장수익률의 움직임에 따라 변동하는 $\beta_j R_{mt}$로 구성되어 있다. 여기서 중요한 것은 기울기 베타(β_j)로서 이는 시장수익률의 변동에 대한 증권 j의 수익률의 평균적인 민감도(average sensitivity to market movement)를 나타낸다. 즉, 시장 전체의 수익률에 영향을 주는 거시적 사건이 발생했을 때 특정 주식이 이에 대하여 얼마나 민감하게 반응하는가 하는 것은 기업마다 다른데, 이를 계량적으로 측정한 것이 β계수이다.

기울기 베타(β_j)의 특성을 보다 명료하게 이해하기 위해 〈그림 3-2〉에 표시되어 있는 증권 C와 증권 D의 예를 보기로 하자. 여기서 증권 C의 증권 특성선의 기울기는 1.5이다. 반면에 증권 D의 증권 특성선의 기울기는 0.5이다. 이제 시장수익률(R_m)이 일정한 폭으로 변동할 때 각 증권 수익률이 서로 다르게 변동함을 볼 수 있다. 만약 시장수익률(R_m)이 10%만큼 증감하면 증권 C의 수익률은 평균적으로 15%만큼 증감하게 된다. 기울기 베타계수(β_j)는 시장수익률의 변동분에 대한 특정 증권 수익률의 변동분의 비율을 표시한 것이다. 이때 베타계수가 큰 증권일수록 시장수익률의 변동(거시적 사건의 발생)에 보다 민감하게 반응함을 볼 수 있다.

특정 주식의 수익률 R_{jt}를 구성하는 다른 한 부분은 〈그림 3-1〉과 〈그림 3-2〉에서 주식 j 수익률의 증권 특성선으로부터의 수직적 거리로 측정되는 잔차 부분 $\varepsilon_{jt}(\varepsilon_c, \varepsilon_D)$이다.

잔차 ε_{jt}는 시장 전체의 변동과는 관계없이 특정 기업의 특유한 미시적 사건에 의해서 영향받는 증권 수익률의 변동을 측정한 것이다.

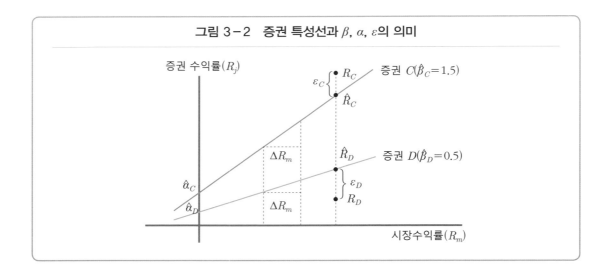

그림 3-2 증권 특성선과 β, α, ε의 의미

앞에서는 증권 특성선의 베타, 알파, 잔차항의 의미를 살펴보았다. 그러면 실제로 주가 수익률 자료로부터 이들을 어떻게 추정하는지에 대해 알아보자.

이제 〈그림 3－1〉에서 주식 j의 수익률(R_j)과 시장수익률(R_m)을 대응시킬 때 이들 양자의 관계를 가장 잘 대표하는 직선(best fitted line), 즉 증권 특성선은 그림의 모든 점들로부터의 거리(잔차)의 합을 최소로 하는 직선식을 찾는 최소 자승법(Ordinary Least Square : OLS)을 이용하여 기울기(β)와 절편(α)을 다음과 같이 추정함으로써 구해진다.

$$\beta_j = \frac{\sum[R_{jt}-\overline{R_j}][R_{mt}-\overline{R_m}]}{[R_{mt}-\overline{R_m}]^2} \cdots\cdots\cdots\cdots\cdots\cdots\cdots (3-5)$$
$$= \frac{\sigma_{jm}}{\sigma^2(R_m)}$$
$$\hat{\alpha}_j = \overline{R_j} - \hat{\beta}_j\overline{R_m} \cdots\cdots\cdots\cdots\cdots\cdots\cdots\cdots (3-6)$$

한편 증권 수익률의 변동 중에서 시장 전체와 연동되지 않은 위험은 증권 특성선으로부터의 잔차의 분산(residual variance)으로 측정된다. 먼저 증권 j의 t시점에서의 잔차(residuals)는 증권 특성선으로부터 수직적 거리이므로 다음과 같이 측정된다.

$$\varepsilon_{jt} = R_{jt} - (\hat{\alpha}_j + \hat{\beta}_j R_{mt}) \cdots\cdots\cdots\cdots\cdots\cdots\cdots (3-7)$$

여기서, ε_{jt} : 주식 j의 t시점에서의 잔차

R_{jt} : 주식 j의 t시점에서의 실제 수익률

$\hat{\alpha}$: 증권 특성선의 절편 추정치

$\hat{\beta}$: 증권 특성선의 기울기 추정치

R_{mt} : 시장수익률의 t시점에서의 실제 수익률

식 (3－7)의 우변 괄호 안은 증권 특성선이 상술한 방법에 의해서 추정되었을 때 t시점에서의 시장수익률이 R_{mt}일 경우 기대되는 주식 j의 기대수익률이다. 따라서 잔차 ε_{jt}는 실제 수익

률과 기대수익률의 차이를 측정한 것이 된다.

 예시

어느 특정 증권 수익률과 시장수익률과의 관계는 본래 미래의 수익률 예측자료에 근거하여 추정되어야 한다. 그러나 이는 매우 어려운 작업이기 때문에 보편적으로 과거의 시계열 자료를 가지고 추정한다. 즉, 미래의 사전적 자료(ex ante data)를 예측하기 어려우므로 과거의 사후적 자료(ex post data)로서 대체하여 이용하는 경우가 많다.

여기에서는 제2장 예제에서 제시된 '97. 01~'99. 12(36개월) 사이의 ○○전자, ○○통운, 한국종합주가지수(KOSPI)의 월간 투자수익률 자료를 이용하기로 한다.

이 자료로부터 다음 사항을 추정하라.

① ○○전자의 β, α, '99년 06월의 잔차 수익률을 추정하고, 이의 의미를 설명하라. 또 증권 특성선을 제시하라.

② ○○통운의 β, α, 잔차 수익률을 추정하고, ○○전자 주식의 특성과 비교하라.

(풀이)

①

	○○전자	한국종합주가지수
기대수익률	8.30%	2.36%
표준편차	29.29%	15.49%

i) ○○전자와 KOSPI와의 공분산

$cov(R_j, R_m) = [(0.035 - 0.0830)(0.053 - 0.0236) + (0.231 - 0.0830)(-0.014 - 0.0236) \cdots$
$+ (0.108 - 0.0830)(0.126 - 0.0236)] \div 36 = 0.0351$

∴ ○○전자의 β계수

$$\beta_j = \frac{cov(R_j, R_m)}{\sigma_m^2} = \frac{0.0351}{0.0240} = 1.461$$

○○전자의 β계수가 1.461이라는 것은 시장수익률이 10% 증감할 때 ○○전자에 대한 투자수익률은 평균적으로 14.61%만큼 증감하는 성향이 있음을 뜻한다.

ii) $\alpha_j = 0.0836 - 1.461(0.0236) = 0.0485$

따라서 증권 특성선은 $R_j = 0.0485 + 1.461 R_m$

iii) ○○전자 '99년 06월의 잔차 수익률

$\varepsilon_j = 0.532 - [0.0485 + 1.461(0.088)]$
$= 0.532 - 0.1771 = 0.3549$

'99년 6월의 경우 ○○전자의 시장수익률에 대한 평균적인 민감도(β계수)를 고려하면 시장 수익률이 8.8%일 때 17.71%의 기대수익률을 예상할 수 있었다. 그러나 실제 수익률은 53.2% 이어서 그 차이(잔차) 35.49%는 ○○전자의 개별 기업 고유 호재로 인하여 발생한 것으로 해석할 수 있다.

② 마찬가지 방법으로 ○○통운에 대하여 추정하면

	○○통운	한국종합주가지수
기대수익률	8.23%	2.36%
표준편차	53.24%	15.49%

i) ○○통운과 KOSPI와의 공분산 $cov(R_j, R_m) = 0.0128$

　○○통운의 베타계수

$$\therefore \beta_j = \frac{cov(R_j, R_m)}{\sigma_m^2} = \frac{0.0128}{0.0240} = 0.5340$$

　○○통운 주식의 수익률은 시장수익률에 대한 민감도가 1 이하의 방어적 증권으로서 시장수익률 10% 변동에 평균적으로 5.36% 정도 변동하는 특성이 있다.

ii) $\alpha_j = 0.0823 - 0.534(0.0236) = 0.0697$

　따라서 증권 특성선은 $R_j = 0.0697 + 0.5340 R_m$

section 03 단일 지표 모형에 의한 포트폴리오 선택

　전 절에서 실용적인 포트폴리오 선택방법이 되는 단순화된 단일 지표 모형의 의미와 가정 그리고 추정방법을 설명하였다. 그러면 단일 지표 모형에서 증권의 특성이라고 제시되는 베타(β)계수가 어떻게 포트폴리오 선택의 새로운 기준이 될 수 있는가와 왜 베타에 의해서 위험이 측정되고 이를 포트폴리오 선택 기준으로 삼으면 마코위츠 모형과 비교하여 훨씬 계산량과 시간이 절약되는 실용적인 포트폴리오 투자결정을 할 수 있는가를 살펴보자.

증권투자수익률의 움직임이 시장 전체의 공통요인과 개별 기업 특유요인 두 가지 원천에 의해서 영향받는 것을 가정하면 앞서 제시한 식 (2-3)의 단일 지표 모형과 아래의 증권 특성 선을 내세울 수 있었다.

$$R_{jt} = \alpha_j + \beta_j R_{mt} + \varepsilon_{jt} \cdots\cdots\cdots\cdots\cdots\cdots\cdots\cdots\cdots\cdots\cdots (3-8)$$
$$E(R_j) = \alpha_j + \beta_j \cdot E(R_m) \cdots\cdots\cdots\cdots\cdots\cdots\cdots\cdots (3-9)$$

이제 단일 지표 모형에서 수익률의 변동성을 나타내는 분산을 구하기 위해서 본래의 분산을 측정하는 식 (3-10)에 식 (3-3)과 식 (3-9)를 대입하여 보면 식 (3-11)의 관계식을 얻게 된다.

$$\sigma^2(R_j) = E[R_j - E(R_j)^2] \cdots\cdots\cdots\cdots\cdots\cdots\cdots\cdots\cdots (3-10)$$
$$\sigma^2(R_j) = \beta^2 \sigma^2(R_m) + \sigma^2(\varepsilon_j) \cdots\cdots\cdots\cdots\cdots\cdots\cdots (3-11)$$
$$\text{여기서, } \sigma^2(R_j) : \text{증권 수익률의 분산}$$
$$\beta_j : \text{시장 모형에서 추정되는 기울기, 베타계수}$$
$$\sigma^2(\varepsilon_j) : \text{잔차항의 분산}$$

이 식의 우변 첫째항 $\beta_j^2 \sigma^2(R_m)$을 투자의 체계적 위험(systematic risk)이라고 부른다. $\beta_j^2 \sigma^2(R_m)$의 크기는 수많은 주식으로 분산 투자된 시장 포트폴리오의 분산(위험)에 연동된 특정 주식의 변동성을 측정한 것이다. 즉, 개별 주식의 총위험 중에서 시장 전체와 연동된 위험의 크기를 나타낸 것으로서 개별 주식 수익률의 총변동 중에서 증권 특성선상을 따라 움직이는 수익률 변동 부분인 것이다.

식 (3-11)의 우변 둘째항 $\sigma^2(\varepsilon_j)$은 잔차 분산 혹은 비체계적 위험(residual variance, unsystematic risk)이라고 부른다. 잔차 분산 $\sigma^2(\varepsilon_j)$는 시장 전체 변동에 관련되지 않는 주식 j의 고유한 특성의 위험으로서 개별 주식의 수익률 총변동 중에서 증권 특성선으로부터의 편차의 크기로 측정되는 수익률 변동부분이다.

2 포트폴리오 분산의 측정

단일 지표 모형에 의할 때 개별 증권의 분산(총위험)이 체계적 위험과 비체계적 위험으로 나누어 측정되고, 베타와의 관계에서 측정될 수 있음을 보았다.

이 같은 관계는 개별 증권뿐 아니라 포트폴리오의 경우에도 그대로 성립하므로 다음 식 (3−12)와 같이 포트폴리오 분산을 표시할 수 있게 된다.

$$\sigma^2(R_P) = \beta_P^2 \sigma^2(R_m) + \sigma^2(\varepsilon_P) \cdots\cdots\cdots\cdots\cdots (3-12)$$

우변의 첫째 항은 시장공통요인에 연동된 포트폴리오의 체계적 위험이고, 둘째 항은 기업 특유 요인과 관계된 비체계적 위험이다.

여기서 포트폴리오 베타(β_P)는 식 (3−13)과 같이 포트폴리오를 구성하는 개별 주식의 베타계수(β_j)를 그 주식에 대한 투자비율에 따라 가중평균하면 구해진다.

$$\beta_P = \sum_{j=1}^{n} w_j \beta_j \cdots\cdots\cdots\cdots\cdots (3-13)$$

예를 들어 $\beta_A = 2.0$인 주식 A에 80% 투자하고, $\beta_B = 1.5$인 주식 B에 20% 투자할 경우, 두 주식 A, B로서 구성되는 포트폴리오 베타(β_P)는 다음과 같이 1.90이 된다.

$$\beta_P = w_A \cdot \beta_A + w_B \cdot \beta_B$$
$$= (2.00 \times 0.8) + (1.50 \times 0.2) = 1.90$$

한편 포트폴리오 잔차 분산 $\sigma^2(\varepsilon_P)$은 식 (3−14)처럼 개별 증권의 잔차 분산에 그 증권에 대한 투자비율의 자승을 곱한 것이 된다.

$$\sigma^2(\varepsilon_P) = \sum_{j=1}^{n} w_j^2 \sigma^2(\varepsilon_j) \cdots\cdots\cdots\cdots\cdots (3-14)$$

결과적으로 포트폴리오 베타(β_P)와 포트폴리오 잔차 분산($\sigma^2(\varepsilon_P)$)을 측정하는 식 $(3-13)$과 식 $(3-14)$를 식 $(3-15)$에 대입하면 단일 지표 모형에 의한 포트폴리오 분산($\sigma^2(R_P)$)은 식 $(3-15)$에 의해서 최종적으로 측정된다.

$$\sigma^2(R_P) = (\sum_{j=1}^{n} w_j \beta_j)^2 \sigma^2(R_m) + \sum_{j=1}^{n} w_j^2 \sigma^2(\varepsilon_j) \quad \cdots\cdots\cdots\cdots\cdots\cdots\cdots (3-15)$$

이제 단일 지표 모형에 의해 포트폴리오 분산($\sigma^2(R_P)$)을 구하는 식 $(3-15)$는 전 장에서 설명한 마코위츠 모형과 함께 최소분산 포트폴리오(MVP)를 찾아낼 때 위험의 측정치로 사용할 수 있는 것이다. 식 $(3-15)$에 의해서 포트폴리오 분산이 측정되면 계산량이 현격히 줄어든다는 장점이 있다. 왜냐하면 식 $(3-15)$의 단일 지표 모형이 사용되면 n개의 베타계수와 n개의 잔차 분산, 그리고 한 개의 시장수익률 분산만 계산되면 되기 때문이다. 따라서 마코위츠 모형에 의할 때 n개의 분산과 $n(n-1)/2$개의 공분산 계산이 요구되었던 것과 비교하면, 포트폴리오를 구성할 때 마코위츠 모형에 의한다면 244,650개의 공분산 계산이 요구되었지만, 단일 지표 모형에 의한다면 한 개의 시장수익률 분산과 700개의 베타계수, 700개의 잔차 분산만 계산하면 되므로 계산량이 엄청나게 줄어듦을 볼 수 있다.

요약하면 마코위츠 모형이나 샤프의 단일 지표 모형은 모두 투자자가 효율적 분산 투자를 하는 데 필요로 하는 최소분산 포트폴리오의 구성에 도움이 되는 모형들이지만 두 모형의 차이는 최소분산 포트폴리오를 찾는 과정에서 포트폴리오 분산을 결정하는 방법에 있다.

먼저 양 모형의 가정상의 차이를 보면 마코위츠 모형은 증권 수익률의 형성과정이나 증권들 간의 공분산에 관한 일체의 가정을 필요로 하지 않는다. 따라서 계산의 정확성면에서 완벽하다. 반면에 단일 지표 모형은 몇 가지 가정을 전제하고 있다.

가장 중요한 것은 어느 두 주식(j와 k)의 잔차 수익률 사이의 공분산이 영이라는 가정이다. 즉, $cov(\varepsilon_j, \varepsilon_k) = 0$이다.

환언하면 어느 특정 j주식에 영향을 주는 미시적 사건은 다른 k주식에는 영향을 주지 않는다는 가정이다. 이 가정은 특정 개별 주식의 변동성이 하나의 공통요인인 시장요인과 해당 기업의 미시적 사건과의 관계에 의해서만 설명됨을 뜻한다. 따라서 이 가정의 현실성 여하에 따

| 표 3-1 | 단일 지표 모형과 마코위츠 모형의 비교 |

	샤프의 단일 지표 모형	마코위츠 모형
① 평균 수익률	$E(R_j)=\alpha_j+\beta_j E(R_m)$	$E(R_j)=\sum p_i r_i$
② 개별 증권의 분산	$\sigma^2(R_j)=\beta_j^2\sigma^2(R_m)+\sigma^2(\varepsilon_j)$	$\sigma^2(R_j)=\sum[R_j-E(R)]^2$
③ 증권 i와 j 간의 공분산	$\sigma_{ij}=\beta_i\beta_j\sigma^2(R_m)$	$cov(R_i,\ R_j)=\rho_{ij}\sigma_i\sigma_j$
④ 포트폴리오의 분산	$\begin{aligned}\sigma_p^2&=\beta_p^2\sigma^2(R_m)+\sigma^2(\varepsilon)\\&=[\sum\omega_j\beta_j]^2\sigma^2(R_m)\\&\quad+\sum\omega_j^2\sigma^2(\varepsilon_j)\end{aligned}$	$\begin{aligned}\sigma_p^2&=\sum_{i=1}^{n}\sum_{j=1}^{n}\omega_i\omega_j\sigma_{ij}\\&=\sum w_i^2\sigma_i^2+\sum_{i,\ j=1(i\neq j)}^{n}w_i w_j\sigma_{ij}\end{aligned}$

라서 단일 지표 모형은 최적 포트폴리오의 선택모형으로서 정확성이 좌우된다.

이상에서의 설명을 종합하여 단일 지표 모형에 의한 포트폴리오 선택 방법과 마코위츠 모형에 의한 선택 방법을 비교하면 〈표 3-1〉과 같다.

포트폴리오 구성 시 구성 종목 간의 상관성을 측정하는 것이 매우 중요하다. 위의 표에서 볼 수 있는 것처럼 단일 지표 모형에 의하면 공분산을 다음과 같이 측정할 수 있으므로, 간편하게 투입정보를 생성할 수 있다.

$$\sigma_{ij}=\beta_i\beta_j\sigma^2(R_m)$$

section 04 단일 지표 모형의 응용

1 인덱스펀드

인덱스펀드(index fund)는 종합주가지수 수익률 정도를 확보하고자 하는 펀드로서 시장 전체의 평균적 수익률을 얻는 것을 목표로 하는 펀드를 말한다. 시장 평균 수익률을 확보하는 방법으로는 종합주가지수에 편입되는 수많은 종목으로 펀드를 구성하는 방법이 있으나, 수많은 종목을 일정기간마다 사고 파는 데는 거래비용이나 관리비용이 엄청나게 소요되므로 거의 불가능해진다.

따라서 보다 간편한 방법이 요구되는데, 그 한 방법은 종목의 수를 줄이면서 그 포트폴리오의 베타(β_p)가 1이 되도록 하는 것이다. 베타가 1이 되면 시황 변동이 있더라도 평균적으로 종합주가지수의 수익률을 추정할 수 있기 때문이다. 그러나 포트폴리오 베타가 1이더라도 포트폴리오 잔차 분산이 크면 시장 평균 수익률은 추적하지 못할 가능성이 높아진다. 따라서 우수한 지수펀드를 만드는 데 더욱 중요한 것은 포트폴리오잔차 분산($\sigma^2(\varepsilon_p)$)이 가능한 최소가 되도록 하는 것이다. 잔차 분산이 최소화될수록 시장 평균 수익률을 정확히 추적할 수 있을 확률이 높아지기 때문이다.

요약하면 시장펀드의 구성은 다음 식들의 관계를 충족시키는 포트폴리오 투자결정의 문제가 된다.

$$
\begin{aligned}
\text{minimize } \sigma^2(\varepsilon_p) &= \sum \omega_j^2\, \sigma^2(\varepsilon_j) \\
\text{subject to } \beta_p &= \sum \omega_j \beta_j = 1.0 \\
\sum \omega_j &= 1.0
\end{aligned}
$$

2 다지표 모형

단일 지표 모형은 공통요인으로서 시장지표 하나만을 포함시키고 있기 때문에 증권 수익률의 움직임을 충분히 설명치 못하는 면이 있다.

다지표 모형(multi-index model)은 증권 수익률의 변동을 두 개 이상의 공통요인(common factor)과의 공분산관계에서 파악하는 모형이다. 단일 지표 모형에서는 증권 수익률의 변동을 유일한 공통요인으로 시장 포트폴리오라는 단일 지표(single index)와의 선형적 관계에서 설명하고자 하는 모형이었지만, 다지표 모형에서는 증권 수익률이 시장 포트폴리오 이외에도 경제의 산업생산 성장률, 물가 상승률, 통화 증가율, 유가 변화율 등의 공통요인의 변화에 따라 민감하게 변동한다고 본다.

일반적으로 어느 증권 j의 수익률이 k개의 다수 공통요인(multi common factor)과의 공분산 관계에서 설명될 수 있다면 다지표 모형은 다음과 같이 표시될 수 있다.

$$R_j = \alpha_{j1} + \beta_{j1}F_1 + \beta_{j2}F_2 + \beta_{j3}F_3 + \cdots\cdots + \beta_{jk}F_k + \varepsilon_j \cdots\cdots\cdots\cdots\cdots\cdots\cdots (3-16)$$

여기서, F_k : 공통요인 k(k는 요인의 수)

β_{jk} : 증권 j의 k공통요인에 대한 민감도

α_{jk} : 요인 이외의 요소에 의해 결정되는 수익률

ε_j : 잔차항

여기서 β_{jk}는 증권 j의 k 공통요인에 대한 민감도를 측정한 것으로서 단일 지표 모형에서 베타(β)계수의 의미와 동일하다. 만약 F_1, F_2가 금리, 유가라는 공통요인이라면 β_{j1}, β_{j2}는 이들 공통요인에 대한 민감도를 측정한 것으로서 금리베타, 유가베타라고도 부른다. 다지표 모형을 적극적 투자관리에 활용하는 것은 이들 공통요인들의 미래 예측을 토대로 포트폴리오를 구성하는 것이다. 예를 들어 금리가 상승할 것으로 예상되면 금리 베타를 크게 하는 방향으로 포트폴리오를 재구성하는 것이다.

3 베타계수의 예측과 추정 베타의 조정기법

단일 지표 모형은 전 절에서 지적한 한계점에도 불구하고 현실적으로 투자결정에 많이 활용되고 있다. 그러나 이 모형이 투자결정에 보다 유용하게 활용되기 위해서는 이 모형에의 투입정보인 베타계수의 추정과 예측이 정확할 필요가 있다.

1) 역사적 베타의 불안정성

베타계수를 투자결정에 활용할 때 과거 자료를 이용하여 측정한 역사적 베타(historical beta)를 그대로 이용하는 경우가 많다. 그러나 과거 일정기간 동안의 개별 증권 수익률과 시장수익률의 역사적 자료를 회귀시켜 얻게 되는 추정 베타는 예측 오차가 적지 않을 수 있다.

과거 기간과는 다르게 기업의 미래 특성이 변하여 개별 증권 수익률의 시장 전체 변동에 대한 민감도, 즉 베타계수도 달라질 수 있기 때문이다. 실제로 여러 기간을 구분하여 측정한 베

타는 불안정하게 변동하는 것이 일반적이다.

이 같은 베타 추정의 예측 오차를 줄이는 방법으로는 두 가지 방향이 있다. 한 방법으로는 개별 종목을 대상으로 하지 않고 포트폴리오의 구성 종목 수를 증가시켜 포트폴리오 베타를 추정하는 것이다. 또 한 가지 방법은 다음에 소개하는 계량적 베타 수정 기법을 이용하는 것이다.

2) 추정 베타의 조정기법

(1) 연속기간에서의 β관계식 추정

$t-1$기간의 베타 추정치(β_{t-1})와 다음 t 기간의 베타 추정치(β_t) 사이에는 체계적인 관계가 성립한다고 보고, 연속적인 기간에서의 β계수의 관계식을 구하여 미래 일정기간의 베타 추정에 이용하는 방법이다. 이를테면, $t-1$기간의 12개월간의 표본 β추정치와 t기간에서의 12개월간의 표본 β 추정치의 관계를 먼저 측정하여 미래 β예측에 이용하는 것이다.

$$\beta_t = \hat{\alpha}_0 + \hat{\alpha}_1 \, \beta_{t-1}$$

이와 관련하여 연속기간에서의 β는 시장 베타의 평균값인 1을 중심으로 수렴해 가는 경향이 있다는 연구결과가 제시되고 있다.

설립된 지 얼마 되지 않은 기업들은 단일 업종에서의 전문화 등 기술이나 경영방식에 있어서 위험이 많은 전략을 택하여 베타계수가 높으나, 기업 연륜이 더해질수록 경영다각화를 시도함으로써 사업위험이 경제 평균 수준인 전형적 기업이 되기 때문에 이를 반영한 베타계수는 1에 수렴하여 가는 경향이 있다고 보는 것이다.

(2) 메릴린치의 조정 베타

이러한 베타계수의 1에의 회귀성을 감안하여 증권 전문기관에서도 베타의 예측 능력을 높이고자 시도하고 있다.

대표적인 예는 메릴린치(Merrill Lynch)의 조정 베타(adjusted beta)로서 시계열 자료로부터 추정된 표본 베타에 2/3의 가중치를 주고 평균 베타인 1에 1/3의 가중치를 주어 사용하고 있다.

$$\text{조정 베타} = \text{표본 베타}\left(\frac{2}{3}\right) + 1\left(\frac{1}{3}\right)$$

(3) 기본적 베타의 추정

기업의 기업규모, 비용구조, 자본구조, 제품라인 등 기업 특성(firm characteristics)이 크게 달라지면 β계수는 달라질 것이다. 따라서 β계수가 적절한 포트폴리오 선택 기준이 되기 위해서는 기업의 재무적·영업적 특성, 예를 들면, 자본구조·자본집약도·제품 특성 등의 요인과 β계수 사이의 관계가 추정될 필요가 있다.

이를 위해서는 t기의 $\beta(\beta_t)$와 $t-1$기의 여러 가지 기업 특성 변수(X_n)를 다중회귀분석하는 다음과 같은 예측모형이 이용되고 있다.

$$\beta_t = a_0 + a_1 X_1 + a_2 X_2 + \cdots\cdots + a_n X_n + \varepsilon_j$$

이때 β계수를 결정짓는 기본적 기업 특성 변수로는 이익의 안전성, 재무 레버리지, 영업 레버리지, 기업의 유동성, 기업규모 등을 많이 사용한다.

chapter 04

자본자산 가격결정 모형

자본자산 가격결정 모형의 의의와 가정

자본자산 가격결정 모형(Capital Asset Pricing Model : CAPM)이란 자본시장이 균형 상태를 이룰 때 자본자산의 가격(기대수익)과 위험과의 관계를 예측하는 모형이다.

여기서 자본자산(capital asset)이란 미래의 수익에 대한 청구권(claim)을 가지는 자산을 말하는 데, 주로 주식, 회사채 등의 유가증권을 가리킨다. 또한 균형 상태(equilibrium condition)라는 것은 이들 자본자산이 거래되는 자본시장에서 수요와 공급이 일치되도록 가격이 형성된 상태를 말한다. 그러므로 자본자산 가격결정 모형은 개별 투자자들이 앞장에서 설명한 방법대로 효율적 분산 투자를 하고 시장 전체가 균형 상태에 있을 때 증권과 같은 자본자산의 균형 가격이 위험을 반영하여 어떻게 결정되는가를 예측하는 모형이라고 할 수 있다.

문헌적으로 보면 CAPM은 샤프(W. F. Sharpe : 1964), 린트너(J. Lintner : 1965), 모신(J. Mossin : 1965)에 의해서 거의 같은 시기에 독자적으로 제시되었다. 자본자산의 위험과 수익률 사이에 존재하는 균형관계를 설명하는 이들 이론모형은 최근까지 현실의 증권시장에서 증권의 가격결정 구조를 설명하는 데 있어서 매우 유용한 것으로 인식되고 있다.

먼저 CAPM을 이해하는 데는 이 모형의 도출에 필요한 여러 가지 가정에 주의할 필요가 있다. 이들 가정은 비현실적인 면이 있지만, 위험과 기대수익과의 명확한 관계 규명을 위해서 필요한 것들이다. CAPM의 가정을 요약하면 다음과 같다.

❶ 가정 1(평균·분산기준의 가정) : 투자자는 기대수익과 분산기준에 의해서 포트폴리오를 선택한다. 환언하면 마코위츠 모형에 의해서 포트폴리오를 선택하고 투자결정을 내릴 때 오로지 알 필요가 있는 투자기준은 기대수익과 분산뿐이라는 가정이다.

❷ 가정 2(동질적 미래예측의 가정) : 모든 투자자는 투자기간이 같고 미래증권 수익률의 확률분포에 대하여 동질적으로 예측(homogeneous expectation)을 한다.

❸ 가정 3(완전 시장의 가정) : 개인투자자는 자본시장에서 가격 순응자(price taker)이고, 자본과 정보의 흐름에는 마찰이 없어 거래비용과 세금이 존재하지 않는다.

❹ 가정 4(무위험자산의 존재 가정) : 투자대상으로는 공개적으로 거래되고 있는 금융자산에 한정하고, 투자위험이 전혀 없는 무위험자산(risk-free asset)이 존재하며 모든 투자자들은 무위험이자율 수준으로 얼마든지 자금을 차입하거나 빌려 줄 수 있다.

❺ 가정 5(균형 시장의 가정) : 자본시장이 수요와 공급이 일치하는 균형 상태에 있다.

이들 가정은 비현실적이지만 이 같은 가정들을 내세우는 것은 일차적으로 위험이 기대수익에 미치는 영향을 정확히 포착하기 위한 것이다. 다행스러운 것은 현실적 측면을 감안하여 이들 가정을 완화하더라도 CAPM이 성립한다는 점이다. 즉 현실적으로 존재하는 거래비용, 세금, 이질적 예측, 상이한 이자율 등을 전제하더라도 CAPM의 기본골격은 그대로 유지된다.

section 02 자본시장선

자본시장이 균형 상태를 이룰 때 자본자산의 기대수익과 위험의 관계를 밝히는 모형으로는 자본시장선(CML)과 증권시장선(SML)이 있다.

　자본시장선(capital market line)은 개인투자자들이 투자대상으로서 위험 있는 주식뿐만 아니라 정기예금이나 국공채와 같은 무위험자산도 포함시키고 효율적 분산 투자를 할 경우, 균형된 자본시장에서 효율적 포트폴리오의 기대수익과 위험의 선형관계를 표시한 것이다.

　앞장에서는 효율적 포트폴리오를 구성하는 방법을 두 가지로 나누어 살펴본 바 있다. 하나는 주식과 같은 위험자산만으로 포트폴리오를 구성할 경우로써 마코위츠 모형에 의해서 일정한 기대수익 하에서 위험을 최소화시키는 효율적 투자선(efficient frontier)을 찾아내는 것이었다. 〈그림 4−1〉은 〈그림 2−9〉와 같은 그림인데, 곡선 XY가 위험자산만으로 구성되는 효율적 포트폴리오이다.

　다른 하나는 투자대상으로서 위험 있는 주식뿐만 아니라 위험이 없는 정기예금이나 국공채 $(E(R_f)=R_f,\ \sigma(R_f)=0)$에도 투자하여 효율적 포트폴리오를 구성하는 경우이다. 제2장 제4절에서 얻은 결론은 무위험자산이 존재하고 무위험이자율로 무제한적으로 차입예금이 가능하다고 가정(가정 3)할 때 이 같은 무위험자산도 포트폴리오에 편입시키는 것이 더욱 우월한 투

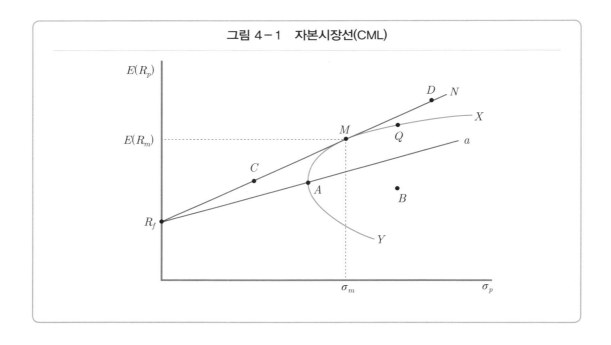

그림 4−1　자본시장선(CML)

자성과를 가능케 한다는 점이었다. 이를테면 위험자산만으로 포트폴리오가 구성될 때는 곡선 XY상의 A, Q 등이 모두 효율적 포트폴리오이지만, 무위험자산도 포함되면 이들은 더 이상 효율적인 투자대상이 되지 못한다. R_f에서 곡선 XY에 접선을 그어서 얻어지는 R_fMN이 곡선 XY를 지배하는 새로운 효율적 포트폴리오가 되었다. 이렇게 얻어지는 포트폴리오가 투자보수 대 변동성 비율($RVAR = [E(R_p) - R_f]/\sigma_p$)을 가장 극대화시키는 것이었다.

이들 새로운 효율적 포트폴리오 R_fMN은 구성상 무위험자산에 일부 투자하고 나머지 자금은 위험자산으로는 유일하게 효율적인 M포트폴리오에 투자할 경우가 표시된 것이었다. 여기서 M포트폴리오를 시장 포트폴리오(market portfolio)라고 하는데, 위험자산으로서는 유일하게 효율적인 투자대상이므로 모든 투자가들이 이같이 구성코자 할 것이다. 결과적으로 시장에 존재하는 모든 투자자산을 포함하게 된다. 즉 완전 분산 투자된 위험자산의 효율적 포트폴리오인 것이다.

이러한 방법으로 투자자들이 투자자금을 무위험자산과 완전 분산 투자된 위험자산의 효율적 M포트폴리오에 나누어 투자하게 될 때 자본시장이 균형 상태에 이르게 되면 이 효율적 포트폴리오의 기대수익과 위험 사이에는 일정한 선형적인 관계가 성립한다. 이 관계가 표시된 것이 자본시장선(Capital Market Line : CML)이다.

이 자본시장선은 식 (4−1)과 같이 효율적 포트폴리오의 기대수익률 $E(R_p)$가 표준편차 σ_p에 선형적으로 비례하는 직선식으로 표시된다. 여기서 기울기$[E(R_m) - R_f]/\sigma_m$은 시장에서 위험 1단위에 대한 위험 보상률(risk premium)의 정도를 나타낸 것으로써 위험의 균형 가격(equilibrium price of risk)이라고 부른다. 균형 시장에서는 어느 투자자들에게나 이 위험 보상이 동일하다.

$$E(R_P) = R_f + \frac{E(R_m) - R_f}{\sigma_m} \quad\cdots\cdots\cdots\cdots\cdots\cdots\cdots\cdots\cdots\cdots\cdots\cdots\cdots\cdots (4-1)$$

여기서, $E(R_m)$: 시장 포트폴리오의 기대수익률

σ_m : 시장 포트폴리오의 표준편차

자본시장선 R_fMN에서 R_fMN상의 점들과 MN상의 점들은 제2장 제4절에서 설명한 것처럼 구별할 필요가 있다. R_fMN상의 점들은 투자자금 일부를 포트폴리오 M에, 나머지 투자자금은 R_f에 투자할 경우의 대출 포트폴리오(lending portfolio)이다. 반면에 MN상의 점들은 무위

험자산의 이자율 수준으로 자금을 차입하여 이 차입자금과 본래의 자기 투자자금을 합하여 위험 있는 시장 포트폴리오 M을 사들이는 경우의 차입 포트폴리오(borrowing portfolio)이다.

2 시장 포트폴리오

자본시장선에서 밝히고 있는 기대수익과 위험의 관계를 보다 잘 이해하기 위해서는 시장 포트폴리오 M의 특성을 규명해 볼 필요가 있다. 시장 포트폴리오 M의 성격은 다음과 같이 요약할 수 있다.

첫째, 시장 포트폴리오는 위험 있는 포트폴리오(마코위츠의 효율적 프론티어) 중에서 유일하게 효율적인 포트폴리오이다. 시장 포트폴리오 M은 $[E(R_P) - R_f]/\sigma_p$가 극대화되는 포트폴리오 였다.

둘째, 시장 포트폴리오는 이성적 투자자라면 자신들의 위험선호도와 관계없이 모두 동일하게 선택하게 되는 위험자산의 효율적 투자자산이다.

위험자산들의 효율적 결합은 개별 투자자들의 위험선호도에 관계없이 항상 일정하며, 위험 선호도에 따라 변하는 것은 무위험자산과 시장 포트폴리오 M에의 투자비율뿐이다. 이를 토빈(J. Tobin)의 분리 정리(Tobin's separation theorem)라고 한다.

셋째, 시장 포트폴리오는 모든 위험자산을 포함하는 완전 분산 투자된 포트폴리오로서 시가 총액의 구성비율대로 구성된다.

투자자들이 위험자산(대표적으로 주식)들의 기대수익과 위험에 대하여 동질적 예측(가정 2)을 하게 되면 최적 포트폴리오를 구성하는 개별 자산에 대한 투자비율을 모두 동일하게 유지하게 된다. 그래서 균형 상태 하에서는 개별 자산에 대한 투자비율(w_j)은 시장 전체 주식의 총 시장가치에 대해서 개별 자산의 총 시장가치의 비율대로 구성된다.

$$w_j = \frac{\text{개별 자산 } j\text{의 총 시장가치}}{\text{시장 전체 위험자산의 총 시장가치}} \quad\cdots\cdots\cdots\cdots\cdots (4-2)$$

만약 이와 같은 비율대로 구성되지 않으면 특정 자산에 대하여 초과수요나 초과공급이 있음을 의미하게 되어 해당 자산의 가격이 상승하거나 하락하게 된다. 결과적으로 시장이 균형 상태하에서는 시가총액의 비율대로 구성된다.

예를 들어, 지금 위험자산 시장 전체에 A, B, C 세 주식만이 있는데, 이들의 시장 가격, 발행주식수, 총 시장가치가 다음과 같다고 하자.

	시장 가격	발행주식수	총 시장가치	구성비율
주식 A	50,000원	100,000주	50억 원	50%
주식 B	6,000원	500,000주	30억 원	30%
주식 C	10,000원	200,000주	20억 원	20%
			100억 원	100%

시장 포트폴리오는 A, B, C 세 주식에 대해 투자비율이 시가총액 구성비율인 50 : 30 : 20으로 이루어질 때 구성되며 이러한 경우에만 시장이 균형 상태가 된다.

마찬가지 논리로 시장 포트폴리오는 거래대상의 모든 위험자산을 포함하게 된다. 만약 포함이 안 되는 자산이 있다면 이러한 자산은 수요가 없음을 의미하므로 가격이 하락하게 될 것이다. 가격이 상당한 수준으로 하락하게 되면 다시 수요가 있게 되므로 투자대상으로 포함되게 된다. 따라서 시장 포트폴리오는 모든 위험자산을 포함하는 완전 분산 투자된 효율적 포트폴리오인 것이다.

넷째, 시장 포트폴리오의 특성을 가장 잘 나타내는 현실적인 대용물로서 종합주가지수를 들 수 있다.

이상에서 설명한 것과 같은 특성의 시장 포트폴리오는 엄격한 의미에서 볼 때 현실의 자본시장에서는 발견하기가 어렵다. 그런데 종합주가지수는 시장 포트폴리오의 변화 양상을 비교적 가깝게 나타내 주고 있으므로, 흔히 이를 대용치(proxy)로 이용하고 있다.

section 03 증권시장선

앞에서 설명한 자본시장선(CML)은 무위험자산도 투자대상에 포함시켜 완전 분산 투자하였을 때 가장 효율적 포트폴리오들의 기대수익률과 위험(표준편차)과의 선형적 관계를 나타낸 것이었다. 그래서 자본시장선은 완전히 분산 투자가 되지 않은 비효율적 포트폴리오나 개별 주식의 기대수익률과 위험의 관계는 설명하지 못하고 있다. 이를테면 〈그림 4−1〉에서 A, B와 같은 비효율적 투자대상의 기대수익률과 위험의 관계는 자본시장선으로 설명되지 못한다.

증권시장선(Securities Market Line : SML)은 비효율적인 투자대상까지 포함한 모든 투자자산의 기대수익과 위험의 관계를 나타낸 것이다. CAPM의 핵심이 되는 증권시장선을 도출하기 위해서 먼저 개별 증권의 위험이 어떻게 평가되는지를 살펴보기로 하자.

1 개별 증권의 위험

개별 투자자의 궁극적인 관심은 최종적인 효율적 포트폴리오의 구성에 있으므로 개별 증권의 위험을 평가할 때는 그 효율적 포트폴리오의 분산에 대한 개별 증권의 기여도에 근거하여야 할 것이다. 모든 투자자들은 앞의 절에서 설명한 것처럼 효율적 포트폴리오를 구성할 때 시장 포트폴리오를 구성하려 할 것이므로 개별 주식의 위험은 그 주식이 시장 포트폴리오의 위험에 어떤 영향을 주는가에 달려 있다.

개별 주식이 시장 포트폴리오의 위험에 미치는 영향은 〈그림 4−2〉에서 잘 이해될 수 있다. 시장 포트폴리오의 분산(σ_m^2)은 식 (4−3)과 같이 표시된다.

$$\sigma_m^2 = \sum_{i=1}^{n} \sum_{j=1}^{n} w_i w_j \sigma_{ij} \cdots\cdots\cdots\cdots\cdots\cdots\cdots\cdots\cdots\cdots (4-3)$$

이 중에서 개별 주식, 이를테면 주식 (1)이 차지하는 부분은 〈그림 4−2〉의 오른쪽 제일 위쪽에서 보는 것처럼 $w_1 \sigma_{jm}$이다.

따라서 포트폴리오의 위험 중에서 개별 주식 j의 영향(기여도)은 $w_1 \sigma_{jm}$으로 표시할 수 있다. 즉, 주식 j가 포트폴리오 위험에 미치는 영향은 (개별 주식 j에의 투자비율)×(개별 주식 j와 포트폴리오의 공분산)으로 표시된다. 그러므로 시장 포트폴리오 위험 σ_m^2 중에서 개별 주식 j가 차지하는 비율은 다음과 같다.

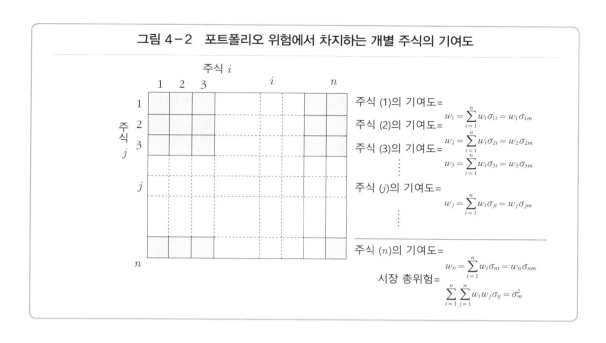

그림 4-2 포트폴리오 위험에서 차지하는 개별 주식의 기여도

주식 (1)의 기여도$= w_1 = \sum_{i=1}^{n} w_i \sigma_{1i} = w_1 \sigma_{1m}$

주식 (2)의 기여도$= w_2 = \sum_{i=1}^{n} w_i \sigma_{2i} = w_2 \sigma_{2m}$

주식 (3)의 기여도$= w_3 = \sum_{i=1}^{n} w_i \sigma_{3i} = w_3 \sigma_{3m}$

주식 (j)의 기여도$= w_j = \sum_{i=1}^{n} w_i \sigma_{ji} = w_j \sigma_{jm}$

주식 (n)의 기여도$= w_n = \sum_{i=1}^{n} w_i \sigma_{ni} = w_n \sigma_{nm}$

시장 총위험$= \sum_{i=1}^{n} \sum_{j=1}^{n} w_i w_j \sigma_{ij} = \sigma_m^2$

주식 j가 시장 포트폴리오 위험에서 차지하는 비율

$$= \frac{w_j \sigma_{jm}}{\sigma_m^2} = w_j \frac{\sigma_{jm}}{\sigma_m^2} = w_j \cdot \beta_j \cdots\cdots\cdots\cdots\cdots\cdots\cdots (4-4)$$

이 식에서 σ_{jm}/σ_m^2 부분은 제3장 단일 지표 모형에서 설명한 베타(β)계수(시장 전체 수익률 변동에 대한 개별 주식 수익률 변동의 민감도)이다. 따라서 포트폴리오 위험에 대해 개별 주식이 기여하는 정도는 그 주식의 σ_{jm}/σ_m^2 계수에 투자금액의 비율을 곱한 것이 된다. 또한 σ_{jm}/σ_m^2 부분에서 σ_m^2은 모든 주식에 대해서 동일하게 주어지는 것이므로 특정 주식의 위험은 시장 포트폴리오와의 공분산(σ_{jm})에 의해서도 측정될 수 있다.

결국 베타(β)계수는 시장 포트폴리오와의 공분산(σ_{jm})을 σ_m^2으로 나누어 표준화시킨 것인데, 개별 주식의 위험이 시장 포트폴리오 위험에 미치는 영향을 적절하게 측정하고 있는 위험척도가 된다. 실제로 공분산(σ_{jm})보다도 β계수가 직관적으로 쉽게 이해할 수 있으므로 많은 경우 β계수를 개별 주식 위험의 척도로 이용하고 있다.

β계수가 적절한 위험척도인 것은 시장 포트폴리오의 구성을 전제로 한 것은 아니다. 비록 투자자가 시장 포트폴리오를 구성하지 않더라도 잘 분산 투자된 포트폴리오를 구성하게 되면

이러한 포트폴리오는 시장 포트폴리오와 상관관계가 높기 때문에 β계수는 유용한 위험 측정치가 되는 것이다.

개별 주식의 위험이 β계수로 측정되어야 한다는 점은 제3장 단일 지표 모형에서도 볼 수 있다. 단순 시장 모형에 의하면 어느 주식이든 분산(총위험)은 두 가지 부분, 즉 체계적 위험(β_j^2, σ_m^2)부분과 잔차 분산($\sigma^2(\varepsilon_j)$)부분으로 나누어지는데 투자자에게 중요한 위험은 β계수로 대표되는 체계적 위험만이다. 왜냐하면 잔차 분산은 분산 투자의 종목 수가 많아질 때 사라지고 체계적 위험만이 포트폴리오 분산에 기여하기 때문이다.

따라서 투자자의 관심대상이 더 이상 될 수 없는 잔차 분산은 자본자산의 가격결정 혹은 기대수익률 결정에 아무런 영향을 미치지 않게 된다. 오로지 체계적 위험을 나타내는 β계수만이 가격결정에 반영되어야 하는 것이다.

2 증권시장선 : 기대수익과 β계수와의 관계

β계수가 개별 증권 위험의 적절한 척도라면 베타계수와 증권의 기대수익률과의 사이에는 어떤 관계가 성립하는지 알아보자.

(1) 개별 증권의 가격결정구조

시장 포트폴리오가 효율적이라면 베타와 기대수익률 사이에는 완전한 선형관계가 성립한다. 즉, 베타(체계적 위험지수)가 높을수록 기대수익률이 높아지는 선형관계가 성립한다.

베타계수와 기대수익률 간에 이 같은 선형적 관계가 성립하는 것은 앞 절에서 설명한 자본시장선(CML)으로부터 도출해 볼 수 있다.

〈그림 4-3〉의 CML은 위험자산의 포트폴리오에서 가장 효율적인 시장 포트폴리오 M과 무위험자산의 결합으로 이루어진 새로운 효율적 투자선이다. CML은 기대수익률 $E(R)$과 표준편차 σ의 공간에서 양자의 선형적 관계가 표시되었다. 이 직선은 R_f에서 위험자산만으로 구성되는 최소분산 포트폴리오에 그은 접선이었는데, 절편은 R_f이고 기울기는 $[E(R_m) - R_f]/\sigma_m$뿐이었다. 그래서 이 CML상에 오는 것은 완전 분산 투자된 효율적 포트폴리오뿐이었다.

반면에 증권시장선(SML)상에 오는 것은 효율적이든 비효율적이든 모든 포트폴리오뿐만 아니라 개별 주식들도 표시된다는 점에서 차이가 있다. 또한 SML은 기대수익률 $E(R)$과 베타계

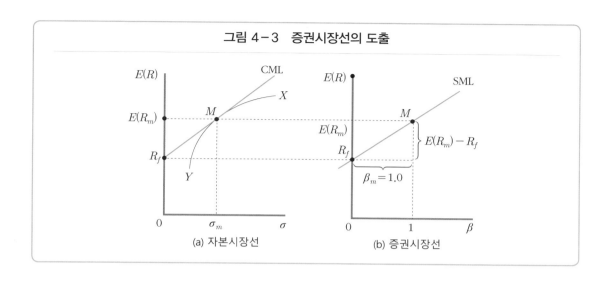

그림 4-3 증권시장선의 도출

(a) 자본시장선

(b) 증권시장선

수 β의 공간에서 직선으로 표시되는데, 이때의 절편은 무위험자산의 β가 영이므로 R_f가 될 것이고, 기울기는 시장 포트폴리오의 베타(β)가 1이고, 높이는 $[E(R_m)-R_f]$가 될 것이므로 $[E(R_m)-R_f]/1.0$, 즉 $E(R_m)-R_f$가 된다. 결과적으로 도출된 식 (4-5)를 증권시장선(Securities Market Line : SML)이라고 부른다.

$$E(R_j) = R_f + [E(R_m)-R_f]\,\beta_j \quad\cdots\cdots\cdots\cdots\cdots\cdots\cdots\cdots\cdots\cdots\cdots\cdots\cdots\quad (4-5)$$

여기서, $E(R_j)$: 주식 j의 기대수익률

R_f : 무위험자산의 수익률

$E(R_m)$: 시장 포트폴리오의 기대수익률

β_j : 주식 j의 베타계수(σ_{jm}/σ_m^2)

이 증권시장선이 의미하는 바는 균형된 자본시장에서 자본자산의 기대수익(가격)을 결정짓는 적절한 위험요인 β계수로 대표되는 체계적 위험이고 이 체계적 위험이 높으면 기대수익률도 높고, 체계적 위험이 낮으면 기대수익률도 낮다는 것이다.

증권시장선은 투자자산의 위험 보상률(risk premium)이 어떻게 결정되어야 하는지를 잘 나타내고 있다. 증권시장선은 기본적으로 투자자산의 균형 수익률이 무위험자산 수익률(R_f)에 적절한 위험 보상률을 합하여 결정된다는 것을 밝히고 있는데, 이를 식 (4-6)과 같이 초과수익

형태로 표시하면 위험 보상의 크기가 어떻게 구성되는지 잘 볼 수 있다.

$$E(R_j) - R_f = [E(R_m) - R_f]\beta_j \cdots\cdots\cdots\cdots\cdots\cdots\cdots\cdots\cdots\cdots\cdots (4-6)$$
$$= \frac{E(R_m) - R_f}{\sigma_m^2} \cdot \sigma_{jm}$$

이 식에서 위험 보상률(risk premium)은 두 가지 부분으로 구성되고 있는데, 먼저 $[E(R_m) - R_f]$는 시장 포트폴리오, 즉 시장 전체에 대한 평균적인 위험 보상률(market risk premium)이다. 시장 포트폴리오 위험 한 단위에 대해서 얻게 되는 초과수익의 정도($[E(R_m) - R_f]/\sigma_m^2$)는 모든 종목에 공통적으로 적용되는 위험 보상의 크기이다.

위험 보상률을 결정짓는 또 한 가지는 특정 증권의 체계적 위험을 나타내는 β계수이다. 그래서 특정 증권의 위험 보상률(securities risk premium)은 평균적인 시장위험 보상률에 개별 증권의 체계적 위험을 곱하여 구해진다.

(2) 포트폴리오 베타와 기대수익률

개별 증권의 기대수익률이 그 증권의 베타계수에 선형적으로 비례한다는 식 (4-5)의 관계식은 비단 개별 증권뿐 아니라 포트폴리오에도 그대로 적용된다. 따라서, 포트폴리오의 기대수익률은 다음과 같이 표시할 수 있다.

$$E(R_P) = R_f + [E(R_m) - R_f]\beta_P \cdots\cdots\cdots\cdots\cdots\cdots\cdots\cdots\cdots\cdots\cdots (4-7)$$
$$\text{여기서, } \beta_P : \text{포트폴리오 베타계수}(= \sum_{j=1}^{n} w_j \beta_j)$$

만약 어느 증권이 평균적인 위험 정도만 지니고 있다면 베타(β)계수는 1이 될 것이고 위험 보상률 또한 평균적인 위험 보상률 수준이 될 것이다.

! 예시

시장 포트폴리오의 기대수익률과 표준편차는 각각 18%와 22%이다. 그리고 무위험이자율은 10%이다. 지금 베타계수가 1.10인 주식 A와 베타계수가 1.25인 주식 B에 각각 25 : 75로 투자하여 포트

폴리오를 구성하고자 한다.

① 이 자료에 근거할 때 증권시장선은 어떻게 표시되는가?

② 주식 A와 주식 B로 구성되는 포트폴리오에 대한 위험 보상률은?

(풀이)

① 증권시장선 : $E(R_j) = R_f + [E(R_m) - R_f] \cdot \beta_j$

  $= 0.10 + 0.08\beta_j$

② 포트폴리오의 위험 보상률

  • 포트폴리오의 베타

  $\beta_P = \sum_{j=1}^{n} w_j \beta_j = 1.10(0.25) + 1.25(0.75) = 1.2125$

  • 위험 보상률

  $E(R_P) - R_f = [E(R_m) - R_f] \cdot \beta_P = 0.08(1.2125) = 9.7\%$

3   CML과 SML의 관계

이상 투자자산의 가격결정구조를 설명하는 자본시장선(CML)과 증권시장선(SML)에 대하여 살펴보았다. 이제 이들 두 모형이 어떤 차이점을 지니는지를 좀 더 자세히 살펴보기로 한다.

표면적으로 볼 때 시장 균형 모형으로서 CML은 $E(R)$, σ공간에 표시되고 SML은 $E(R)$, β공간에 표시된다는 점에서 먼저 차이가 있다. CML상에는 완전 분산 투자된 효율적 포트폴리오를 대상으로 표준편차(σ)의 함수로서 기대수익률이 표시된 반면에, SML상에는 비효율적인 포트폴리오나 개별 주식도 포함하여 시장 전체에 대한 개별 자산 위험의 기여도를 나타내는 베타계수(β)의 함수로서 기대수익률이 표시된다는 점에서 차이가 있다.

개별 투자자들이 자본시장에서 무위험자산 이자율로 차입이나 대출을 받고 동시에 시장 포트폴리오에 투자함으로써 얻게 되는 최상의 포트폴리오가 CML상에 표시되었다.

따라서 효율적 포트폴리오만이 CML선상에 모두 위치하게 된다. 개별 증권 비효율적 포트폴리오는 CML선상의 오른쪽 아래에 위치하게 된다. 왜냐하면 개별 증권은 잔차 분산을 지니고 있기 때문이다. 반면에 잔차 분산을 갖는 이러한 비효율적인 개별 증권은 CML선상에 위치하지는 않지만 SML선상에는 위치한다. 왜냐하면 SML선은 체계적 위험만을 고려하기 때문이다.

	베타(β_j)	수익률의 표준편차(σ_j)	분산(σ_j^2)
주식 A	1.5	30%	0.09
주식 B	1.5	22.5%	0.0506

　이러한 측면을 보기 위해서 〈그림 4-4〉에서 A, B 두 주식을 비교해 보자. 지금 시장 관계 자료와 주식 A, B의 자료가 다음과 같다고 가정하자(주식 A, B는 베타가 동일하지만 주식 B의 위험이 낮다는 점에 유의할 필요가 있다).

$$\text{시장 포트폴리오 기대수익률} : E(R_m) = 15\%$$
$$\text{시장 포트폴리오 표준편차} : \sigma_m = 15\%(\text{분산 } \sigma_m^2 = 0.0225)$$
$$\text{무위험이자율} : R_f = 10\%$$

　주식 A에 대한 균형 기대수익률을 SML에서 구하면 17.5%가 된다.

$$E(R_A) = R_f + [E(R_m - R_f)] \cdot \beta_A$$
$$= 0.10 + (0.15 - 0.10) \cdot (1.50) = 0.175$$

　또한 주식 A의 위험(분산)을 체계적 위험과 비체계적 위험(잔차 분산)으로 구분하면 다음 과 같이 표시할 수 있는데 잔차 분산을 역으로 구하면 0.0394가 됨을 알 수 있다.

$$\sigma_A^2 = \beta^2 \sigma_m^2 + \sigma^2(\varepsilon_A)$$
$$0.090 = (1.50)^2 \cdot (0.0225) + \sigma^2(\varepsilon_A)$$
$$\sigma^2(\varepsilon_A) = 0.090 - 0.0506$$

　한편 주식 B는 베타가 1.50인 것은 주식 A와 동일하지만 위험(표준편차)이 적은 것이 특징인 데, 주식 B의 기대수익률에는 어떤 변화가 일어날 것인가?
　결론적으로 주식 B의 균형 기대수익률에는 변화가 오지 않는다. 왜냐하면 베타가 동일하기 때문이다. 기대수익률에 영향을 주는 유일한 특성은 베타(β), 즉 주식의 체계적 위험척도뿐인 것이다.

$$E(R_B) = 0.10 + (0.15 - 0.10) \cdot (1.50) = 0.175$$

차이점을 보기 위해서 주식 B의 위험(분산 0.0506)도 체계적 위험과 비체계적 위험으로 나누어 보면 체계적 위험이 0.0506이고 잔차 분산이 영(0)임을 알 수 있다.

$$\sigma_B^2 = \beta^2 \sigma_m^2 + \sigma^2(\varepsilon_B)$$
$$0.0506 = (1.50)^2 \cdot (0.0225) + \sigma^2(\varepsilon_B)$$
$$\sigma^2(\varepsilon_B) = 0$$

결국 주식 B가 비체계적 위험이 영(0)이고 총위험이 낮지만, 체계적 위험은 두 주식이 동일하기 때문에 균형 기대수익률은 동일하다. 따라서 CML공간에 이들을 표시하면 〈그림 4-4〉에서 보는 것처럼 $\beta = 1.50$으로 표시된 수평선에 놓이게 되는데, 이 수평선을 등 베타선(iso-beta line)이라고 부른다. 만약 베타가 0.50이라면 〈그림 4-4〉에서 $\beta = 0.50$이라고 표시된 수평선상에 놓이게 된다.

등 베타선상의 어느 점에 위치하느냐는 비체계적 위험(잔차 분산)의 크기에 따라 달려 있다. 주식 A처럼 잔차 분산이 커질수록 오른쪽에 위치하게 된다. 반면에 잔차 분산이 0인 주식 B는 정확히 CML선상에 놓이게 된다.

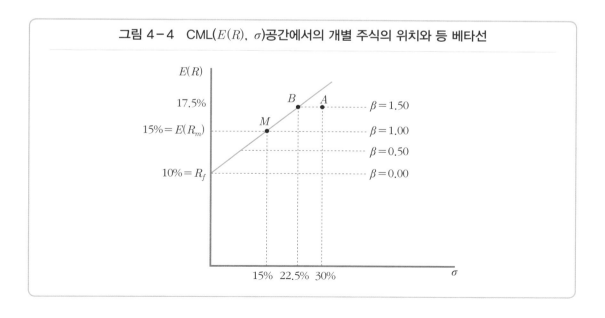

그림 4-4 CML($E(R)$, σ)공간에서의 개별 주식의 위치와 등 베타선

CAPM의 투자결정에의 이용

이상에서 CAPM이 투자자산의 가격결정구조를 밝힘에 있어서 기대수익과 위험의 관계를 어떻게 설명하고 있는지를 설명한다.

한편 CAPM은 균형 가격 형성의 원리를 근거로 투자결정에 유용하게 사용되고 있다. 이하에서는 CAPM에서의 균형 가격 형성의 원리를 설명하고, CAPM이 투자결정에 어떻게 활용되는지를 다룬다.

1 **CAPM에서의 균형 가격의 형성**

균형 가격은 시장에서 수요·공급이 일치되어 증권 가격의 상승을 가져오는 사고자 하는 압력이나, 하락을 가져오는 팔고자 하는 압력이 없는 상태에서 결정된다. 만일 어느 증권의 기대수익률이 너무 높거나 낮아 가격 형성이 잘못되어 있으면 사거나 팔고자 하는 압력이 즉시에 작용하여 가격은 균형 상태 수준으로 돌아오게 된다.

시장에서의 비균형 가격이 어떻게 균형 가격으로 되는지를 보기 위해서 먼저 증권의 시장 가격과 기대수익률과의 관계를 표시하면 다음과 같다.

$$E(R) = \frac{E(P_1) + E(D)}{P_0} - 1 \quad \cdots\cdots\cdots\cdots\cdots\cdots\cdots\cdots\cdots (4-8)$$

여기서, $E(R)$: 기대수익률

P_0 : 기초 시장 가격

$E(P_1)$: 기말 기대 시장 가격

$E(D)$: 기간 중 기대 배당금

이와 같은 균형 가격의 형성과정을 〈그림 4-5〉의 SML에서 보기로 하자. 시장이 균형 상태에 있으면 자산의 기대수익률은 체계적 위험에 선형적으로 비례하므로 정확히 SML상에 있도록 결정된다. 만약 시장이 불균형 상태라서 〈그림 4-5〉에서의 U와 같은 주식이 존재한

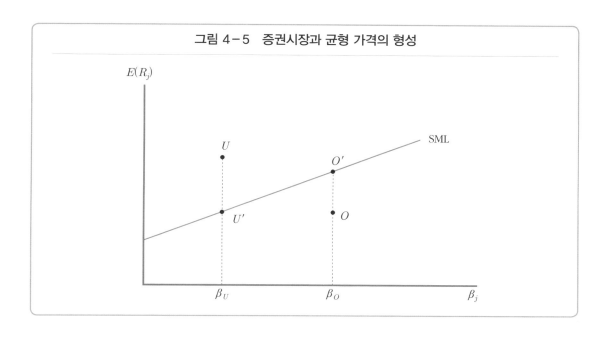

그림 4-5 증권시장과 균형 가격의 형성

다면 이 상태는 오래 계속되지 못한다. 왜냐하면 주식 U의 체계적 위험(β_U)수준에서는 U'수준의 기대수익률이 적절한데 이보다 높은 수익률을 기대할 수 있으므로 이성적인 투자자라면 이와 같은 과소평가(under-priced)된 주식은 매입하려고 할 것이기 때문이다. 매입하고자 하는 압력이 높게 작용하면 가격은 상승하고 기대수익률은 하락하여 U'수준이 될 것이다. 반대로 주식 O와 같이 그 체계적 위험(β_O)수준에서의 기대수익률보다도 낮은 수익률이 예상되는 주식이 존재한다면 이는 과대평가(over-priced)된 주식이므로 이러한 주식은 팔려고 할 것이다. 매각하고자 하는 압력이 높게 작용하면 가격은 하락하고 기대수익률은 O'수준으로 상승 회복하게 될 것이다.

2 CAPM의 투자결정에의 이용

이상에서 설명한 것처럼 균형 상태의 시장에서는 투자자산의 기대수익률이 체계적 위험의 척도인 β에 따라 선형적으로 결정되어 SML상에 오게 된다. 결국 SML상의 기대수익률은 균형 상태에서 투자위험을 감안한 적정수익률이므로 주식과 같은 위험 투자자산에 대한 투자결정 문제에 활용될 수 있다. 구체적으로는 특정 증권의 요구수익률 추정과 증권의 평가, 자기자본비용의 추정, 자본예산, 공공요금의 산정, 비상장주식의 평가, 투자성과 평정 등에 이용되고 있다.

(1) 요구수익률의 추정과 증권의 과대과소 여부 평가

증권시장선(SML)은 투자위험 가운데 체계적 위험만이 위험 보상에 반영되어야 하고 균형시장에서의 투자자산의 기대수익률은 이 체계적 위험척도인 β의 크기에 따라 선형적으로 결정된다는 것을 나타낸 것이다. 따라서 위험증권에 대한 요구수익률(required rate of return)을 추정할 때 SML로 계산되는 기대수익률을 이용할 수 있다.

$$k_j = RRR_j = R_f + [E(R_m) - R_f] \cdot \beta_j \cdots\cdots\cdots\cdots\cdots\cdots\cdots\cdots\cdots (4-9)$$
$$\text{여기서, } k_j (= RRR_j) : \text{주식 } j\text{에 대한 요구수익률}$$

또한 SML상의 기대수익률은 체계적 위험을 감안한 적정 균형 수익률의 의미가 있으므로 특정 증권이 과소평가되었는지 아니면 과대평가되었는지를 판단할 때 기준으로 쓰일 수 있다.

이를테면 다음 식에서 표시된 것처럼 SML상의 적정 균형 수익률을 요구수익률(k)로 대용하고, 기대수익률[$E(R_j)$]은 해당 주식에 대한 증권 분석이나 과거 시계열 자료의 분석에서 추정하여 구한 다음 양자의 차이(α)를 구하면 과소평가 혹은 과대평가 여부를 판단할 수 있다. 이 α가 양(+)이면 과소평가, 음(−)이면 과대평가된 증권일 것이다.

$$\alpha = E(R_j) - k_j \cdots\cdots\cdots\cdots\cdots\cdots\cdots\cdots\cdots\cdots\cdots\cdots\cdots (4-10)$$
$$\text{여기서, } \alpha : \text{과소평가}(+), \text{과대평가}(-)\text{의 크기}$$
$$E(R_j) : \text{증권 분석이나 시계열 분석결과 추정된 기대수익률}$$
$$k_j : \text{SML상에서 추정된 요구수익률}(RRR_j)$$

〈그림 4−5〉에 표시된 주식들을 예로 들면 주식 U는 체계적 위험 β_U를 감안할 때 적정 균형 수익률(U') 이상의 수익률이 예상되는 주식이므로 과소평가된 투자대상이다. 반면에 주식 O는 체계적 위험 β_O를 감안할 때 적정 균형 수익률(O') 이하의 수익률이 예상되므로 과대평가되었다고 할 수 있다.

이제 다음의 예제를 통하여 SML을 도출한 다음 특정 주식에 대한 요구수익률을 추정하고,

그 주식이 과대평가되었는지, 과소평가되었는지를 판단하는 데 이용하는 예를 보기로 한다.

 예시

다음은 증권 분석의 결과 얻은 주식회사 J의 수익률(R_j)과 시장수익률(R_m)에 대한 예상 자료이다. 한편 무위험이자율(R_f)은 6%이다.

상황	확률	R_m	R_f
I	0.2	0.20	0.50
II	0.3	0.05	0.00
III	0.4	0.15	0.20
IV	0.1	−0.15	−0.30

이 자료로부터 ① 증권시장선(SML)을 도출하고, ② J주식에 대한 기대수익률과 요구수익률(RRR)을 구하라. 또 ③ 주식 J가 과소평가되었는지, 과대평가되었는지를 평가하라.

(풀이)

① 증권시장선의 도출 : $E(R_j) = R_f + [E(R_m) - R_f] \cdot \beta_j$

R_m 자료로부터

$E(R_m) = 0.20(0.2) + 0.05(0.3) + 0.15(0.4) + (-0.15)(0.1) = 0.10$

$\therefore E(R_j) = 0.06 + [0.10 - 0.06]\beta_j = 0.06 + 0.04\beta_j$

② i) J주식의 기대수익률

$E(R_j) = 0.50(0.2) + 0.00(0.3) + 0.20(0.4) - 0.30(0.1) = 0.15$

ii) J주식에 대한 요구수익률

$k(=RRR) = 0.06 + 0.04\beta_j \left(\beta_j = \dfrac{\sigma_{jm}}{\sigma_m^2} \right)$

β를 구하기 위해서 σ_{jm}와 σ_m^2을 추정하면,

$\sigma_{jm} = (0.20 - 0.10)(0.50 - 0.15)0.2 + (0.05 - 0.10)(0.00 - 0.15)0.3$
$\qquad + (0.15 - 0.10)(0.20 - 0.15)0.4 + (-0.15 - 0.10)(-0.30 - 0.15)0.1$
$\quad = 0.0215$

$\sigma_m^2 = (0.20 - 0.10)^2 0.2 + (0.05 - 0.10)^2 0.3 + (0.15 - 0.10)^2 0.4$
$\qquad + (-0.15 - 0.10)^2 0.1 = 0.01$

$\therefore \beta_j = \dfrac{\sigma_{jm}}{\sigma_m^2} = \dfrac{0.0215}{0.01} = 2.15$

J주식 요구수익률 $k = 0.06 + 0.04(2.15) = 0.146$

③ $\alpha = E(R_j) - k_j = 0.15 - 0.146 = 0.004$

　　요구수익률이 14.6%로서 기대수익률 15%보다 낮으므로 과소평가

(2) 자기자본비용과 주식의 내재가치 추정

　　SML상에서 β에 선형적으로 표시되는 특정 주식의 요구수익률은 한편으로 균형된 시장에서 주주의 기회 투자수익률을 의미한다. 따라서 SML식을 자기자본비용의 추정에 다음과 같이 이용할 수 있다.

$$k_e = E(R_j) = R_f + [E(R_m) - R_f]\beta_j$$

　　앞의 J기업에 관한 예제에서 J주식의 자기자본비용은 14.6%가 된다. 이처럼 SML상에 표시되는 요구수익률을 자기자본비용 내지 주주들의 기회 투자수익률(k_e)로 이용할 수 있으면 주식의 내재가치를 구하는 데 활용할 수 있다. 이익·배당흐름이 매년 g%만큼 계속적으로 성장할 경우 주식의 이론적 가치는 다음 식(배당성향 성장모형)과 같이 표시되므로, 이 식의 분모 할인율에 SML식으로 추정된 자기자본비용(주주의 기회 투자수익률)을 대입하여 주식가치를 추정한다.

$$V_o = \frac{d_1}{k_e - g}$$

　　여기서, V_o : 주식의 내재가치

　　　　　　d_1 : 차기의 주당 배당금

　　　　　　k_e : 주주의 기회 투자수익률(자기자본비용)

　　　　　　g : 이익·배당의 성장률(매년 일정하다고 가정)

예시

　　A주식의 차기 배당금(d_1)이 ₩2,000, 연간 성장률이 10%로 일정하리라고 예상되고 있다. 한편 무위험이자율(R_f)은 8%, 시장 포트폴리오의 기대수익률과 분산은 각각 18%, 0.02, A주식과 시장 포트폴리오와의 공분산 σ_{Am}은 0.03이다. A주식의 요구수익률과 내재가치는?

(풀이)

① A주식의 요구수익률

$$k_e = 0.08 + (0.18 - 0.08)\frac{0.03}{0.02} = 0.23$$

② A주식의 내재가치

$$V_o = \frac{d_1}{k_e - g} = \frac{2,000}{0.23 - 0.10} = ₩15,385$$

(3) 자본예산 결정

SML식은 기업의 재무담당자가 불확실성하에서 시설투자와 같은 자본적 지출의 경제적 타당성을 검토할 때 평가기준(거부율)으로 사용되기도 한다. 왜냐하면 SML상의 기대수익과 β와의 관계는 투자사업의 체계적 위험(β)에 상응하는 요구수익률이 얼마인지를 나타내기 때문이다. 따라서 이 요구수익률(k)을 투자사업의 예상 수익률(IRR)과 비교하여 투자사업의 경제적 타당성을 평가할 수 있게 된다.

 예시

무위험이자율(R_f)이 8%이고, 시장 포트폴리오의 기대수익률 $E(R_m)$이 16%이다. 지금 A기업이 베타가 1.3이고 예상 IRR이 19%인 투자사업의 착수를 검토하고 있다. 이 투자사업에 대한 요구수익률은 얼마이며, 이 투자산업은 채택해야 하는가?

(풀이)

① 이 투자사업의 요구수익률(거부율)

$$k = R_f + [E(R_m) - R_f] \cdot \beta$$
$$= 0.08 + (0.16 - 0.08) \cdot 1.3$$
$$= 0.184$$

② 이 투자사업의 예상 IRR 19%는 요구수익률(거부율) 18.4%보다 높으므로 경제적 타당성을 지닌다.

(4) 공공요금의 결정

정부투자기관과 같은 공공기관에서의 요율결정은 경제에 미치는 영향이 적지 않으므로 중요한 사안이 되고 있다. 전기료, 통신료, 고속도록 통행료 수준을 결정할 때 중요한 것은 공공성을 고려하여 최소한의 요율을 결정하는 것이다. CAPM에서 최소한의 요구수익률을 추정할 수 있으므로 CAPM은 공공요금 결정(utility rate-making case)에 활용되기도 한다.

예를 들어 어느 정부투자기관에서 1,000억 원을 투자하여 베타가 0.6인 사업을 벌인다고 가정하자. 무위험이자율이 6%, 시장위험 보상률이 8%라고 하면 이 기관이 투자사업을 통하여 벌어들여야 하는 최소한의 요구수익률은 0.06+0.08(0.6)=0.108이 된다. 따라서 1,000억 원의 투자에 대하여 10.8%가 되는 10.8억 원이 공정이익이 된다. 이 정도의 이익이 나도록 요율을 결정하는 것이 타당한 것이다.

(5) 투자성과 평정(performance evaluation)

투자자 자신이나 펀드매니저들에 대한 투자성과를 평가하는 것은 포트폴리오 관리활동의 중요한 부분이다.

투자성과를 평가할 때는 부담했던 위험 수준도 동시에 고려되어야 하는데 CML이나 SML은 포트폴리오 위험 수준에 상응하는 적정 수익률을 나타내므로 이들은 투자성과 평정의 기준이 되고 있다. 이에 대한 상세한 내용은 제6장에서 다루기로 한다.

---

section 05 | 차익 가격결정 모형(APM)

1 | 차익 가격결정 모형의 의의

자본자산 가격결정 모형(CAPM)은 기대수익률이 단일 공통요인인 시장 포트폴리오의 민감도로 측정되는 체계적 위험척도(β 계수)에 선형적으로 비례함을 나타내는 시장 균형 모형이었다. 그러나 CAPM은 롤의 비판처럼 시장 포트폴리오의 대용 지수가 효율적이어야만 성립하는데, 현실적으로 진정한 의미의 시장 포트폴리오의 관찰은 불가능하다.

이에 따라서 CAPM의 대안으로 1976년 로스(S. A. Ross)에 의해서 제시된 시장 균형 모형이 차익 가격결정 모형(Arbitrage Pricing Model : APM)이다. APM은 증권 수익률이 단일 공통요인인 시장 포트폴리오 수익률과의 선형 함수로 표시된다는 CAPM과는 달리 다수의 공통요인과의 선형 함수로 표시됨을 나타내는 보다 일반화된 시장 균형 모형이다.

시장 균형 모형으로써 APM의 특징을 요약하면 다음과 같다.

❶ 균형 상태의 시장에서는 추가적인 위험부담 없이 차익거래에 의한 초과이익(재정 이익)의 실현이 불가능하다는 논리에서 기대수익과 위험의 관계를 설명한다.
❷ CAPM에서처럼 관찰할 수 없는 이론적 시장 포트폴리오에 의존하지 않고 현실적으로 관찰가능한 잘 분산 투자된 포트폴리오의 구성하에서 균형 가격결정 원리를 설명한다.
❸ 증권 수익률의 움직임을 단일 공통요인보다는 다수의 공통요인과의 선형 관계에서 표시한다.

2 차익거래와 차익 포트폴리오

APM은 균형 상태의 시장에서는 추가적인 위험부담 없이 차익(arbitrage profit : 재정 이익)의 실현이 불가능하다는 논리에서 출발하고 있다.

본래 차익거래(arbitrage) 혹은 재정거래란 상품시장에서 동일한 상품은 서로 다른 가격으로 판매될 수 없기 때문에, 만약 상이한 가격으로 거래되고 있다면 싼 것을 매입하고 동시에 비싼 것을 매각하여 일물일가의 법칙(law of one price)이 성립할 때까지 초과이익을 취하고자 하는 계속적인 활동을 말한다.

증권의 경우도 일물일가의 법칙이 성립하므로 균형 상태의 시장에서는 위험 수준이 동일한 증권들은 동일한 기대수익률을 가져야 한다. 만약 위험 수준은 동일한데 두 증권의 기대수익률이 다르게 형성되어 있으면 부의 극대화를 추구하는 투자자들은 기대수익률이 낮은 증권을 공매(short sales)하는 동시에 그 매각대금으로 기대수익률이 높은 증권에 투자함으로써 위험부담 없이 초과수익을 획득할 수 있게 된다. 이러한 차익거래행위는 초과수익이 더 이상 발생하지 않을 때까지 계속되어 수요와 공급이 일치되는 균형 상태에 이르면 위험 수준이 동일한 두 증권의 기대수익률은 같게 된다.

여러 증권으로 포트폴리오를 구성하여 차익(재정)거래의 가능성을 포착하는 것은 단일 상품이 서로 다른 가격에 형성된 경우보다 훨씬 어렵다. 차익거래(재정) 포트폴리오(arbitrage portfolio)란 포트폴리오 구성 시 추가적인 자금유입이 없고(즉, 영의 순투자), 위험이 영(0)인 포트폴리오를 구성하여 초과이익을 얻고자 하는 투자안을 말한다.

APM의 주요 특징은 기대수익과 위험의 관계를 설명함에 있어서 CAPM에서처럼 관찰이 가능하지 않은 시장 포트폴리오 대신에 관찰이 가능한 잘 분산된 포트폴리오(well-diversified portfolio)의 구성에 기초하고 있는 점과 증권 수익률의 움직임이 단일 공통요인이 아니라 식 (4-11)에서 보는 것처럼 다수의 공통요인(multi-factor) 또는 지표들, 예를 들어 경기순환, 기대인플레이션의 변화, 유가의 변화, 기대산업생산의 변화 등의 선형 함수로 표시될 수 있음을 전제하는 점이다.

$$R_j = \alpha_j + \beta_{j1}F_1 + \beta_{j2}F_2 + \cdots + \beta_{jk}F_k + \epsilon_j \quad \cdots\cdots\cdots\cdots\cdots\cdots\cdots (4-11)$$

여기서, α_j : 모든 요인들의 값이 영인 경우 증권 j의 기대수익률

F_k : 공통요인 k의 값

β_{jk} : k요인에 대한 증권 j의 민감도

ϵ_j : 평균이 영(0)이고 분산이 $\sigma^2(\varepsilon_j)$인 확률 잔차항

이제 증권 수익률이 식 (4-11)의 다지표 모형에 따라서 형성된다고 할 때 차익(재정)이익의 실현이 불가능한 균형 상태의 시장에서 증권의 기대수익률과 위험 사이의 관계는 어떻게 나타나는지 알아보자. 이제 추가적인 투자와 위험부담 없이 포트폴리오를 구성해 보기로 하자. 균형 상태라면 일물일가원칙에 의해서 이러한 포트폴리오는 초과수익을 얻는 것이 불가능해야 한다. 이를 식으로 표시하면 다음과 같다.

❶ $\sum_{j=1}^{n} w_j = 0$: 추가적 투자가 없다(no net investment).

❷ $\sum_{j=1}^{n} w_j \beta_{jk} = 0$: 추가적 위험부담이 없다(no net risk).

❸ $\sum_{j=1}^{n} w_j E(R_j) = 0$: 초과수익률이 없다(no net return).

이 과정을 설명하면 다음과 같다. 이제 투자자가 어느 개별 종목에의 투자비중이 매우 적도록 잘 분산 투자된 포트폴리오를 구성하면 잔차 분산($\sigma^2(\epsilon_p) = 0$)는 영(0)에 가까워지기 때문에($\sigma^2(\epsilon_p) = 0$) 공통요인에 대한 민감도를 나타내는 체계적인 위험 $\beta_{p1}, \beta_{p2}, \cdots, \beta_{pk}$만이 중요

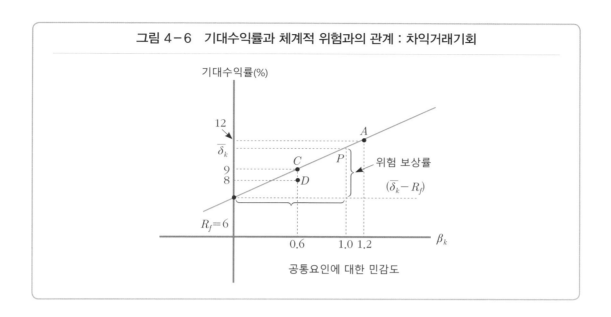

그림 4-6   기대수익률과 체계적 위험과의 관계 : 차익거래기회

시된다.

이처럼 공통요인에 대한 민감도를 나타내는 체계적 위험(β_{pk})만이 수익률의 움직임을 설명한다면, 균형 상태에 있어서 투자자산의 기대수익률과 체계적 위험(β_{pk}) 사이에는 어떠한 관계가 성립하는가?

균형 상태에서는 동일한 체계적 위험 β_{pk}(k요인에 대한 민감도)에 대해서 동일한 기대수익률이 형성되어야 할 것이고 체계적 위험이 증가하면 위험 보상률은 선형적으로 증가하여야 할 것이다. 만약 동일한 β_{pk}에 대하여 상이한 수익률이 기대된다면 투자자들은 수익률이 낮은 것을 공매하고 그 자금으로 수익률이 높은 것을 매입(차익거래)하게 되면 추가적인 투자자금 없이 $\left(\sum_{j=1}^{n} w_j = 0\right)$ 그리고 전혀 위험부담 없이 $\left(\sum_{j=1}^{n} w_j \beta_{jk} = 0\right)$ 초과이익을 획득할 수 있기 때문이다.

예를 들어 〈그림 4-6〉에 나타나 있는 것처럼 무위험이자율이 6%이고, 공통요인 1에 대한 민감도 β_1이 1.2인 잘 분산 투자된 포트폴리오 A의 기대수익률은 12%이고 β_1이 0.6인 포트폴리오 D의 기대수익률은 8%라고 가정하면 차익(재정)거래 기회가 존재함을 알 수 있다. 왜냐하면 포트폴리오 $A(\beta=1.2)$와 무위험자산$(\beta=0)$에 각각 50%씩 투자하여 만들어지는 포트폴리오를 C라고 하면, 포트폴리오 C의 β는 D와 마찬가지로 0.6($=1.2\times1/2+0\times1/2$)이고 기대수익률은 9%($12\times1/2+6\times1/2$)가 되어서 포트폴리오 D보다도 기대수익률이 높기 때문이다. 포트폴리오 D를 공매한 자금으로 포트폴리오 C에 투자하게 되면 무위험의 초과이익을 얻을 수 있게 되는 것이다.

  결론적으로 차익(재정)거래기회가 존재하지 않는 균형 상태에서의 기대수익률은 체계적 위험(β)의 크기에 비례하여 R_fA 선상에 놓이게 된다. 이처럼 기대수익률과 공통요인에 대한 베타(민감도)의 관계가 선형적인 관계에 있음을 서로 다른 포트폴리오 A와 C의 베타계수에 대한 초과수익률의 비율이 상수(λ)로 동일함을 의미한다.

$$\frac{E(R_A)-R_f}{\beta_A} = \frac{E(R_B)-R_f}{\beta_B} = \frac{E(R_C)-R_f}{\beta_C} = \lambda(\text{상수})$$

  그러면 최종적으로 자산의 균형 기대수익률과 각 공통요인에 대한 베타계수(체계적 위험)와의 선형적 관계를 밝히는 구체적 식(APM)은 어떻게 표시될 것인지 알아보자.

  자산의 위험 중에서 여러 공통요인에 대한 민감도를 나타내는 베타계수(체계적 위험)만이 적절한 위험이므로 자산 j의 균형 기대수익률은 무위험이자율에 더하여 자산 j의 각 요인에 노출된 위험 보상률을 모두 합한 것이 될 것이다. 그런데 자산 j의 각 요인에 노출된 위험 보상률(risk premium for exposure to common factor)은 각 요인에 대한 위험 보상률에 자산 j의 각 요인 베타계수를 곱한 것이 된다.

자산 j의 k요인에 노출된 위험 보상률
= k요인에 대한 위험 보상률×자산 j의 k요인에 대한 베타계수

  여기서 k요인에 대한 위험 보상률(λ_k)은 k요인에 연관된 위험을 감수하는 데 대한 대가이다. 이러한 의미에서 요인 가격(factor price)이라고 부른다. 이 λ_k는 k요인에 대한 체계적 위험만이 1이고 나머지 다른 요인에 대한 체계적 위험은 0인 포트폴리오에 대한 위험 보상률을 구하여 측정할 수 있다. 이제 요인 k에 대한 민감도(체계적 위험)만이 1($\beta_{jk}=1$)이고, 나머지 요인에 대한 체계적 위험은 0인 포트폴리오를 요인 포트폴리오(factor portfolio)라고 하는데, 요인 포트폴리오의 기대수익률을 $\bar{\delta}_k$라고 표시하면 기대수익률 $\bar{\delta}_k$는 식 $(4-12)$와 같이 무위험이자율(R_f)에 위험 보상률(λ)을 합한 것이므로 요인 가격 λ_k는 식 $(4-13)$과 같이 표시된다.

$$\overline{\delta}_k = E(R_j) = R_f + \lambda_k \cdots\cdots\cdots\cdots\cdots\cdots\cdots\cdots\cdots\cdots\cdots (4-12)$$

$$\lambda_k = \overline{\delta}_k - R_f \cdots\cdots\cdots\cdots\cdots\cdots\cdots\cdots\cdots\cdots\cdots\cdots\cdots\cdots (4-13)$$

따라서 자산 j의 균형 기대수익률은 다음과 같이 무위험이자율(R_f)에 더하여 각 k요인에 대한 위험 보상률에 자산 j의 k요인에 대한 베타계수를 곱한 것을 모두 합한 것이 된다. 이것이 APM이다.

$$E(R_j) = R_f + [\overline{\delta}_1 - R_f]\beta_{j1} + [\overline{\delta}_2 - R_f]\beta_{j2} + \cdots\cdots + [\overline{\delta}_k - R_f]\beta_{jk}$$

$$= R_f + \lambda_1\beta_{j1} + \lambda_2\beta_{j2} + \cdots\cdots + \lambda_k\beta_{jk}$$

$$= R_f + \sum_{j=1}^{n} \lambda_k\beta_{jk}$$

여기서, λ_k : 요인 k에 대한 위험 보상 초과수익률$(=\overline{\delta} - R_f)$, 요인가격

$\overline{\delta}_k$: 요인 k에 대한 체계적 위험이 1이고, 그 이외의 요인에 대한 체계적 위험은 0인 포트폴리오의 기대수익률

β_{jk} : 증권 j의 k공통요인에 대한 민감도(다지표 모형에서의 기울기)

결론적으로 APM은 증권 수익률이 다지표 모형에 따라서 형성된다고 가정하였을 때 시장 균형하에서의 증권 기대수익률은 증권 j수익률의 공통요인(F_k)에 대한 민감도(β_k)의 선형 함수로 표시된다.

4 CAPM과 APM의 비교

CAPM은 사실상 APM에서 공통요인이 하나인 경우에 해당하는 시장 균형 모형이다.

반면 APM은 다수의 공통요인으로 증권의 기대수익률을 설명하려는 보다 일반화된 시장 균형 모형이다. 두 모형을 비교 · 평가하면 다음과 같다.

❶ CAPM에서는 투자대상 수익률의 확률분포가 정규분포인 것을 가정하거나 투자자의 효용 함수는 2차 함수의 형태를 띰을 가정하고 있다. 그러나 APM은 확률분포나 효용 함수

에 대해서 특별한 가정을 하고 있지 않다.

❷ CAPM에서 핵심적인 역할을 하는 시장 포트폴리오는 투자자의 최적 투자 대상으로 고려되는데, 진정한 시장 포트폴리오의 확인은 불가능하다. 그러나 APM에서는 모든 자산을 고려할 필요 없이 분산 투자가 잘 이루어진 특정 자산집합에 대해서도 적용 가능하므로 시장 포트폴리오를 필요로 하지 않는다.

❸ CAPM에 비해 APM은 무위험자산에 대해 아무런 가정을 하지 않으며 투자기간을 다기간까지 쉽게 확장할 수 있다.

이상의 내용으로 보아 APM이 CAPM보다 일반화된 모형으로 평가되고 있다.

그러나 APM에 대한 실증적인 분석결과를 얻게 되는 몇 개의 공통요인이 찾아질 때 그것의 경제적 의미에 대하여 설명이 어렵고 실제의 투자결정에 대한 적용 가능성이 CAPM보다 뒤떨어진다는 문제점이 지적되고 있다.

chapter 05

증권시장의 효율성

효율적 시장의 개념

1 효율적 시장가설

효율적 시장(efficient market)이란 본래 전통적인 경제학에서는 사회 전체의 효용이 극대화되도록 자원의 배분이 효율적으로 이루어지는 시장의 의미로 사용되었다. 이같이 자원의 배분이 효율적으로 이루어지는 완전시장(perfect market)이 실현되기 위해서는 배분 효율성과 운영효율성이 전제되어야 한다고 보고 있다.

그러나 효율적 시장이론에서 의미하는 증권시장의 효율성은 좁은 의미에서 정보 효율성(informational efficiency)을 가리키고 있다. 효율적 시장은 증권 가격이 이용 가능한 모든 정보를 신속 · 정확 · 충분히 반영하는 시장의 의미로 사용하고 있다.

증권시장이 정보 효율적이라면 증권 가격은 새로운 정보가 발생하면 이에 대해 신속하고 정확하게 반영할 것이고, 연속적인 주가는 무작위적인 움직임을 보일 것이다. 결과적으로 정보 효율적 시장에서는 이용 가능한 정보를 이용하여 초과수익을 얻을 수 없다.

이처럼 증권 가격이 이용 가능한 모든 정보를 신속 · 정확 · 충분하게 반영하고 있어 그 정보로는 초과수익을 얻을 수 없다는 주장을 효율적 시장가설(Efficient Market Hypothesis : EMH)이라고 한다.

이와 같은 효율적 시장이 현실적으로 성립할 수 있다면 그것은 실제 증권시장이 여러 형태의 정보에 대해서 다음과 같은 현실적 측면을 지니고 있기 때문이다.

첫째는 어느 특정 증권의 가치에 영향을 주는 정보는 사전에 예측할 수 없게 무작위로 발표되고 있다.

둘째는 증권시장에는 독립적으로 투자수익을 극대화시킬 목적하에서 증권정보를 경쟁적으로 입수하여 분석하려는 수많은 증권 전문가들이 존재한다.

셋째는 수많은 증권 전문가들의 경쟁적인 정보 입수와 분석활동 때문에 새로운 정보가 무작위로 발생하면 그때마다 증권 가격은 단시간 내에 조정된다.

2 효율적 시장가설(EMH)의 형태

증권시장의 효율성의 문제는 엄격하게 효율적이냐 아니면 비효율적이냐의 이분법적인 구분이 될 수 없는 상대적인 것이다. 즉, 증권시장의 효율성은 증권 가격이 어떤 종류의 정보를 신속히 반영하고 있느냐에 따라 효율성의 정도를 상대적으로 평가해야 할 성질의 것이다.

증권 가격에 반영되는 이용 가능한 모든 정보 집합(information sets)은 〈그림 5-1〉과 같이 구분해 볼 수 있다. 한가운데 가장 작은 원은 증권 가격의 과거 역사적 움직임을 분석함으로써 얻어낼 수 있는 역사적 정보 집합을 나타낸다. 두 번째 큰 원은 특정 기업의 이익이나 합병발표와 같은 공개적으로 이용 가능한 정보 집합을 나타낸다. 따라서 내부 정보나 사적 정보는 제외된 집합이 된다.

〈그림 5-1〉에서 가장 큰 원은 투자자들이 현재 인지할 수 있는 것으로써 특정 증권의 평가에 적절한 모든 정보를 나타낸다. 이 정보 집합에는 특정 기업과 당해 산업, 국내외 경제에 관하여 공개적으로 이용 가능한 정보뿐만 아니라 특정 투자자들에 의해서만 사적으로 수집된 비공개적 내부정보까지도 포함된다.

효율적 시장가설(EMH)은 세 가지 종류의 정보 집합 중에서 어떤 정보가 증권 가격에 반영되었느냐, 환언하면 투자자가 어떤 정보를 이용하여 초과수익을 얻을 수 있느냐에 따라 증권시장의 효율성에 상대적 차이가 있다고 보고 다음과 같이 세 가지 형태로 나눌 수 있다.

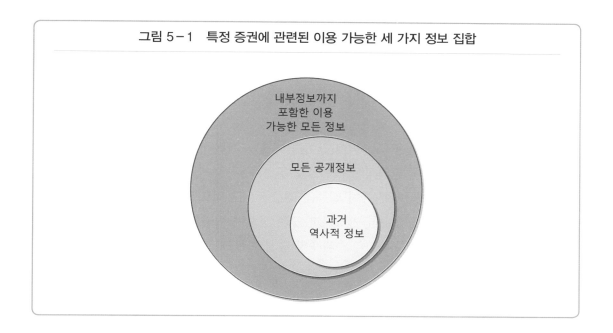

그림 5-1 특정 증권에 관련된 이용 가능한 세 가지 정보 집합

(1) 약형 효율적 시장가설

약형 효율적 시장가설(weak-form EMH)이란 현재의 주가는 과거 주가 변동의 양상, 거래량의 추세에 관한 정보 등 과거의 역사적 정보를 완전히 반영하고 있으므로 어떤 투자자도 과거 주가 변동의 형태와 이를 바탕으로 한 투자전략으로는 초과수익을 얻을 수 없다는 주장이다.

이 가설은 통계학적 의미에서 일련의 연속적인 주가 움직임의 독립성, 무작위성을 뜻한다. 따라서 현실의 증권시장이 약형 효율적 시장인지를 보기 위해서 과거 시계열상의 주가 변동에 상관관계가 있는지의 여부를 밝히는 데 초점이 모아지고 있다.

(2) 준강형 효율적 시장가설

준강형 효율적 시장가설(semi-strong form EMH)이란 현재의 주가는 공개적으로 이용 가능한 모든 정보(all publicly available information)를 완전히 반영하고 있으므로 투자자들은 공표된 어떠한 정보나 이에 바탕을 둔 투자전략으로는 초과수익을 달성할 수 없다는 주장이다.

여기서 공개적으로 이용 가능한 정보(공표정보)란 과거의 주가나 거래량 같은 역사적 정보뿐만 아니라 기업의 회계정보(순이익 등)의 보고, 공표된 정부의 경제정책, 경쟁업체의 공시사항, 기업의 배당이나, 유·무상증자 또는 합병계획과 같은 사건 발표 등의 정보가 포함된다.

이 가설에 의하면 투자자는 어떠한 정보가 공표된 다음에는 그 정보를 활용해도 평균 이상의 수익을 올릴 수 없게 된다는 것이다. 이에 대한 실증적 검증은 어떤 정보가 공표되는 시점을 전후로 한 주가 변동을 관찰하여 특정 사건의 공표에 대한 주가 조정의 속도를 분석하고 있다.

(3) 강형 효율적 시장가설

강형 효율적 시장가설(strong form EMH)이란 일반에게 공개된 정보뿐만 아니라 공개되지 않은 내밀한 정보까지도 주가에 반영되어 있으므로 투자자는 어떠한 정보에 의해서도 초과수익을 얻을 수 없다는 주장이다. 이에 대한 실증적 검증은 내부정보를 사전에 밝히는 것이 불가능하므로 일반적으로 주가에 충분히 반영되지 않은 정보에 접근할 수 있는 개인이나 집단(예를 들어, 투자신탁회사 등의 기관투자자 집단)의 초과수익 달성 여부를 조사하고 있다.

---

section 02 **효율적 시장의 특성**

현실의 증권시장이 얼마나 효율적인가는 투자관리에 매우 중요한 문제가 된다. 왜냐하면 효율성의 정도에 따라서 특정 정보를 이용한 초과수익 획득 가능성이 다르기 때문이다.

현재의 증권시장이 얼마나 효율적인가를 밝히는 실증분석을 위해서는 효율적 시장의 형태적 특성에 대해서 보다 명확한 규정이 필요하다.

왜냐하면 그러한 특성을 어느 정도 지니고 있는지에 따라 현실의 증권시장이 효율적인지 비효율적인지 판단되기 때문이다.

본 절에서는 효율적 시장이 되어가는 매커니즘과 행태적 특성을 고찰해 보기로 한다.

1 **효율적 시장이 되는 메커니즘**

증권시장이 정보 효율적 시장이 되어 가는 데 있어서는 다음의 세 가지 요인이 영향을 미친다고 할 수 있다.

❶ 증권 분석가들의 경쟁적인 정보 입수와 분석활동의 수준

❷ 증권 가격에 대해 평가를 내리는 시장참여자의 수

❸ 기업에 의해서 공시되는 정보의 양과 질

이 가운데서 증권시장을 효율적으로 만드는 가장 중요한 원칙은 증권시장에서의 경쟁이라고 할 수 있다. 현실적으로 효율적 시장이 성립할 수 있다면, 그것은 증권시장에서 독립적으로 투자수익을 극대화시킬 목적하에서 증권정보를 경쟁적으로 입수하여 분석하려는 수많은 증권 전문가들이 존재하기 때문이다.

이들 수많은 증권 전문가들의 경쟁적인 정보 입수와 분석활동 때문에 새로운 정보가 발생할 때마다 증권 가격은 단시간 내에 조정되는 것이다.

2 효율적 시장의 특성

(1) 주가의 무작위적 변화(random walk)

> 효율적 시장에서의 연속적인 증권 가격 변동은 무작위적(random)이어야 한다. 즉, 과거 시점의 가격 변화와 현재 시점의 변화와는 상관관계가 없어야 한다.

왜냐하면 과거의 정보는 증권 가격에 이미 반영되어 있는 것이고 앞으로의 가격은 미래의 새로운 정보에 달려 있는데, 그 새로운 정보는 언제 어디서 발표될 것인지 누구도 예측할 수 없을 정도로 무작위로 발생되고, 발생되면 수많은 증권 분석가들의 경쟁적인 활동에 의해서 즉각적으로 평가되어 이에 따라 가격 조정이 이루어지기 때문이다.

따라서 증권시장이 효율적이라면 오늘의 증권 가격 변화는 과거에 발생한 주가 변화와 완전히 무관해야 한다. 한 번 상승하기 시작한 주가가 계속 상승추세를 보이는 것처럼 연속적인 주가 움직임에 종속성이나 상관성이 있다면 시장은 비효율적인 시장인 것이다.

국민총소득(GNI)과 같이 경기변동에 따라 계절적·주기적 경향을 보이는 시계열 지표와 같은 경우, GNI 증가율이 높으면 지속적으로 주가 상승(즉, 연속 주가 움직임에 높은 상관성)의 추세를 보일 것으로 생각할 수 있지만 그렇지 않음에 주의할 필요가 있다.

주가는 GNI 변화에 반응하는 것이 아니라 GNI 변화에 대한 시장의 예측 오차(forecasting

error)에만 반응하기 때문이다. 효율적 시장에서는 만약 순환적 패턴이 발견되면 예측모형에 이러한 요소가 고려되어 미래 예측치가 발표되게 되는데, 이와 같은 예측정보는 즉시 주가에 반영된다. 그래서 나중에 예측치대로 공표되면 주가 변화는 없는 것이고 예측한 것과 다른 상황이 발생하면 주가는 이에 반응하는 것이다.

(2) 새로운 정보에 대한 신속 · 정확한 주가 반응

효율적 시장에서의 증권 가격은 증권의 가치평가에 관련된 새로운 정보가 발생되면 이에 대해 신속하고 정확하게 반응한다.

증권시장에는 매일 수많은 정보가 유입되고 있다. 특정 기업 관련 정보뿐만 아니라 일반경제상황, 국내 정치, 국제관계, 노사분규, 원자재난 등 증권 가치 평가에 적절한 정보가 전파되면서 증권 가격에 영향을 끼친다.

증권시장이 효율적이라면 시장이 정보를 입수하자마자 증권 가격은 이들 정보에 신속하게 반응해야 한다. 효율적 시장에서는 정보수집처리과정이 신속하기 때문이다. 또한 시장 가격이 새로운 정보에 편의 없이(unbiased) 반응해야 한다. 즉, 〈그림 5-2〉에서 ①의 경우처럼 새로운 정보에 대해 가격이 최초의 반응을 보일 때 그 정보가 증권 가치에 대해 지니는 진정한 의미를 신속하고 정확히 반영해야 한다. ②의 경우처럼 지연된 반응(delayed reaction)을 보인다

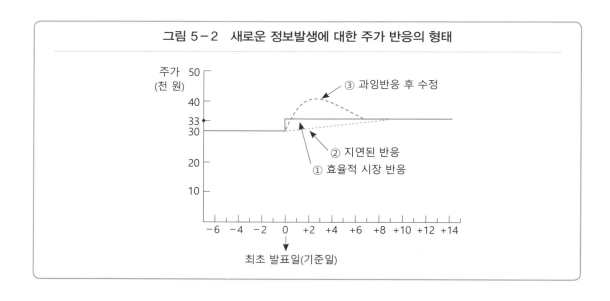

그림 5-2 새로운 정보발생에 대한 주가 반응의 형태

든지, ③의 경우처럼 과잉반응(overreaction)을 보인 다음에 추후 수정되는 형태를 보인다면 효율적 시장이라고 볼 수 없다.

(3) 성공적인 투자전략의 부재

> 효율적 시장에서는 어느 시점에서 이용 가능한 정보에 기초한 투자전략이나 거래규칙을 수립했을 때 미래 평균 투자수익률 이상의 투자성과를 지속적으로 획득할 수 없다.

시장이 효율적이라면 이용 가능한 특정 정보에 기초한 투자전략이 세워졌을 때 그 투자전략은 한 순간 유효하였을지 몰라도 곧 이 투자전략의 내용과 정보가치가 신속하게 알려지게 된다. 모든 투자자들이 이를 모방하게 되므로 이 투자전략의 정보가치와 초과수익이 사라지게 되므로 지속적으로 평균 이상의 투자수익을 얻는 것이 불가능해진다. 결국 특정 투자전략에 대한 주가 움직임은 자기 파괴적(self-destructive)인 형태를 보이게 된다.

예를 들어, 시장이 기업의 이익보고서와 같은 공표된 새로운 정보에 느리게 반응한다고 가정하고, 당해연도의 주당이익(EPS) 증가가 제일 높은 상위 10여 개 기업에 투자하는 전략을 세웠을 때 이 전략이 과연 적정 수준 이상의 투자성과를 가져올 것인가? 시장이 효율적이라면 이와 같은 투자전략은 설령 한두 번은 성공할 수 있어도, 그 정보가치는 소멸할 것이므로 곧 실패할 것이다.

(4) 전문투자자의 보통 수준의 투자성과

> 효율적 시장에서는 특정 정보를 알고 있는 전문투자자들과 모르고 있는 투자자들의 평균적인 투자성과 사이에는 의미 있는 차이가 없다. 만약 투자성과 차이가 존재한다면 우연적인 것이며, 주가에 반영되지 않은 정보를 발견하는 능력 면에서의 차이도 체계적이고 영속적인 차이를 보일 수 없다.

효율적 시장에서는 일반투자자보다도 더 많은 사적 정보나 내부정보(inside information)를 가지고 있더라도 평균 이상의 투자성과를 지속적으로 얻을 수 없다. 왜냐하면 효율적 시장에서는 주가에 영향을 미칠 사적 정보라도 관련 경영력이 사전에 시장에서 평가될 것이므로 아직 주가에 반영되지 않는 어떠한 정보를 근거로 초과수익을 얻을 수 없다.

예를 들어, 투자신탁과 같은 전문투자자 그룹은 다양한 정보원을 지니고 있고 증권 분석능력이 탁월하므로 상대적으로 많은 정보를 지니고 있다고 볼 수 있다. 그런데 이들 전문투자자들이 아직 주가에 반영되지 않은 정보를 근거로 투자하더라도 지속적으로 초과수익을 얻을 수 없다. 정보원이 상대적으로 적은 일반투자자의 경영성과와 체계적인 차이를 보일 수 없다.

section 03 효율적 시장가설의 검증

앞의 절에서는 효율적 시장의 가설과 특성을 중심으로 시장 효율성의 개념적인 측면을 살펴보았다. 그런데 이 주제의 중요성에 비추어 현실의 증권시장이 과연 얼마나 효율적인지는 실증적 검증을 통해 밝힐 필요가 있다. 시장 효율성에 대한 수많은 실증적 분석이 그간 행해져왔는데 시장 효율성을 지지하는 연구결과도 많은 반면에 시장이 비효율적이라는 증거도 나오고 있다. 본 절에서는 증권시장의 효율성에 관한 주요 실증적 연구결과를 살펴본다.

1 약형 EMH에 대한 검증

약형(weak-form) EMH에 대한 검증은 연속적인 주가 움직임이 무작위적인지를 규명하는 것이다. 환언하면 과거 일정기간 동안의 증권 가격의 자료에서 상관성의 존재와 같은 체계적인 움직임이 존재하는지를 밝히는 작업이 된다. 이 같은 연구는 주로 주가의 시계열적인 예측 가능성을 검증하는 것이므로 근래에는 '주식 수익률 예측 가능성'이라는 주제로 여러 가지 연구가 이루어지고 있다.

이 분야에 대한 많은 실증연구결과들은 EMH를 지지하는 증거들을 제시하고 있지만, 단기 수익률과 장기 수익률의 예측 가능성은 서로 다른 일면이 있는 것으로 주장되고 있다. 또한 주가의 시계열 움직임에 있어서 초과수익의 가능성이 있는 이례적 현상으로써 1월 효과, 주말 효과 등이 제시되고 있다.

(1) 단기 수익률의 시계열 상관관계

일일이나 주간 변동과 같은 단기 수익률 자료의 연속적 움직임은 대체적으로 시계열 상관성이 낮은 것으로 보고되고 있다.

파마(E. F. Fama:1965)는 다우존스 산업평균지수에 사용되는 30개 주식에 대하여 1957년부터 1962년까지 1,400개의 일일 주가 변동 자료를 가지고 1일부터 10일까지의 시차(즉, $T = 0$, 1, 2, ……, 10)를 갖는 시계열 상관계수를 추정한 바 있다. 이 결과에 의하면 평균 3%의 상관성이 있는 것으로 추정되었다. 그러나 이 결과는 통계적 유의성이 있는 수준이 아니어서, 연속적인 주가 변동에는 독립성이 존재한다고 보고 시장의 효율성을 주장하였다.

이와 유사한 연구로는 콘라드 · 카울(J. Conrad & G. Kaul:1988)과 로 · 맥킨레이(A. W. Lo & A. C. Mackinlay : 1988)의 연구들이 있다. 이들의 연구는 NYSE 주식들의 주별 자료를 가지고 단기 수익률의 상관관계를 조사하였는데 파마의 그것과 거의 동일하게 약간의 정의 상관관계를 발견하였지만, 결론적으로 주가 변동의 랜덤워크 가설을 지지하고 있다.

(2) 장기 수익률의 시계열 상관관계

단기 수익률의 상관관계 분석결과와는 다르게 수년간에 걸친 장기 수익률의 상관관계에 대한 최근의 연구는 부의 시계열 상관관계를 지니는 것으로 밝히고 있다.

이 같은 연구결과는 새로운 뉴스에 주가가 과잉 반응한다는 '과잉반응 가설(overreaction hypothesis)' 또는 '유행 가설(fads hypothesis)'에 기초하고 있다. 호재에 대한 과잉반응으로 인하여 일정기간 주가가 상승하여 정의 상관관계를 보였다면, 그 다음의 일정기간은 이 과잉반응에 대한 수정으로 주가가 일정기간 하락하여 부의 상관관계를 보이는 것이다. 결과적으로 장기간에 걸친 투자수익률의 움직임은 부의 시계열 상관관계를 보이고, 주식의 내재가치(평균 수익률)를 중심으로 지나친 변동성(excessive volatility)을 보인다는 것이다.

포터바 · 서머즈(J. Poterba & Summers : 1989)는 이 가설을 뒷받침하는 실증분석 결과를 제시하고 있는데, 이에 의하면 장기적 주가 움직임은 큰 변동성을 보이면서 평균 수익률에 반전(mean reversion)하는 패턴을 보이고 장기 시계열 상관계수는 부인 것으로 밝히고 있다.

주가의 과잉반응 가설에 대한 검증은 드 본트 · 탈러(W. De Bondt & R. Thaler : 1985), 제가디쉬(N. Jegadeesh : 1990), 리먼(B. Lehman : 1990), 초프라 · 라코니쇼크 · 리터(N. Chopra, J. Lakonishok & J. Ritter : 1992) 등에 의해서도 제시되고 있다. 이들에 의하면 일정기간 동안 투자성과가 저조했던 주식들은 다음 일정기간 동안 역전되어 투자성과가 양호해지는 경향이 매우 높다고 밝히고 있다. 이 같은 규칙적인 역전 효과(reversal effect)가 존재한다는 것은 초과수익 기회를 제공하는 것이 되므로 시장의 비효율성을 암시하는 증거가 될 수 있다.

(3) 주말 효과

주말 효과(weekend effect)란 요일에 따라 주가 수익률에 차이가 있어 월요일의 평균 수익률이 낮고, 주말인 금요일의 수익률이 이례적으로 높게 나타난다는 주장이다. 주말 효과 현상은 1973년 크로스(F. Cross)에 의해서 일별 수익률의 분포가 다르다고 주장된 후 프렌츠(K. R. French : 1980)와 기본 · 헤스(M. R. Gibbon & P. Hess : 1981)에 의해서 검증되고 있다.

〈그림 5−3〉은 기본 · 헤스의 연구결과를 나타낸 것인데 S&P 500지수의 평균 %변동을 요일별로 표시한 것이다. 이 그림에서 보는 것처럼 월요일의 주가 변동은 부(연율−33.5%)로 나타나고, 수요일과 금요일의 가격 변동이 목요일과 화요일보다 크게 나타나고 있다. 이러한 요일별 평균 수익의 차이는 통계적으로 유의적인 것으로 나타나고 있다. 프렌치의 연구도 마찬가지 결론인데, 주가 변동의 무작위성을 부정하고 한 주의 특정한 요일에 어떤 종속성이 존재하여 초과수익 기회가 있을 수 있음을 보여주는 증거가 되고 있다.

주말 효과가 검증되고 있다는 점은 주식의 매입과 매각 시점을 결정할 때 주말 효과를 고려해 볼 수 있음을 뜻하기도 한다. 즉, 어차피 매매를 할 투자자들이라면 화요일 또는 금요일에 매입하기로 한 계획을 월요일로 바꾸고, 한편으로 월요일에 매각하기로 한 계획은 이전 금요일(주말)로 앞당기는 것이 하나의 투자전략이 될 수 있을 것이다.

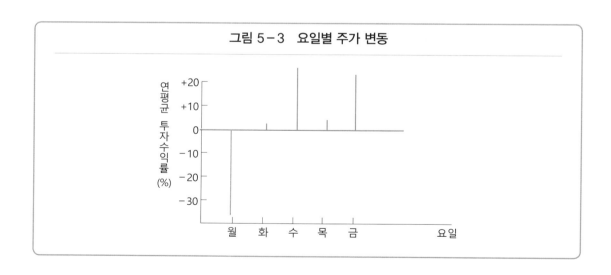

그림 5−3   요일별 주가 변동

(4) 1월 효과

로제프 · 키니(M. S. Rozeff & W. R. Kinney : 1976)는 1월의 평균 투자수익률이 다른 달보다 높은 1월 효과(January effect)를 발견하고 이를 시장 비효율성의 증거로 제시한 바 있다. 이 연구에 의하면 1904년부터 1974년까지 주식시장의 1월 평균 수익률은 3.48%였다. 그러나 다른 월의 평균 수익률은 0.68%에 불과했다.

1월 효과는 브라운 · 클레이던 · 마시(P. Brown, A. W. Kleidon & T. A. Marsh : 1983)와 케임(D. B. Keim : 1983)의 연구에 의해서도 확인되고 있다. 케임은 1월 효과의 대부분이 1월 개장 초 5일간의 거래기간 동안에 나타난다고 밝히고 있다.

1월 효과에 관한 연구결과 중 특기할 만한 또 한 가지는 1월 효과가 소규모 기업에 두드러지게 나타나는 경향이 있다는 점이다. 〈그림 5-4〉에서 보는 것처럼 1월 효과와 기업규모 효과(size effect)가 동시에 나타나고 있다. 여기서 소규모 기업이 보다 높은 투자수익률을 나타내는 경향이 있고, 이 경향은 1월에 두드러지게 나타나는 것을 볼 수 있다. 이와 같은 결과는 1월 초에 주식시장에 대규모 자금이 유입되면 이 자금유입이 거래가 활발한 대규모 기업에 의해서는 쉽게 흡수되나, 발행주식이 적은 소규모 기업의 주가는 크게 영향을 받기 때문인 것으로 풀이되고 있다.

컬티킨(M. N. Gultekin : 1983)의 연구결과에 의하면 1월 효과는 미국의 주식시장에 한정되어

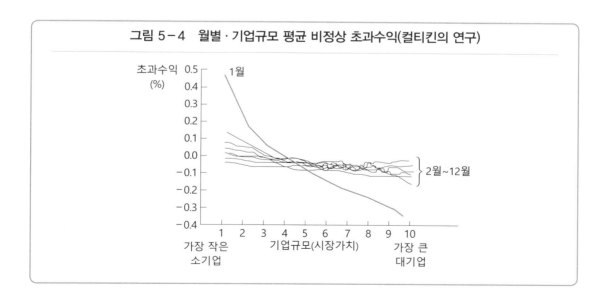

그림 5-4   월별 · 기업규모 평균 비정상 초과수익(컬티킨의 연구)

나타나는 것이 아니고 주요국 주식시장의 대부분에서 이 같은 현상이 나타나고 있다.

2 준강형 EMH에 관한 검증

증권시장이 효율적이라면 증권 가격은 공개적으로 이용 가능한 정보에 신속·정확·충분히 반응해야 한다. 따라서 시장 효율성의 한 검증방법으로써 이와 같은 효율적 시장의 특성을 확인하는 방법이 있다. 즉, 기업의 이익이나 배당, 합병 또는 주가 분할과 같은 정보의 발표가 있을 때, 이와 같은 특정 사건의 공시정보가 주가에 얼마나 신속히 반영되는지 그 주가 조정의 속도를 검증하는 방법이다.

또한 효율적 시장에서는 남보다 우월한 투자성과를 가져오는 투자전략이나 거래규칙이 존재할 수 없다. 어떤 거래규칙이 과거 어느 시점에서 유용했던 적이 있을지 모르지만 이와 같은 거래규칙에 관한 정보도 확률분포에 반영될 것이므로, 그러한 거래규칙이 현재의 효율적 시장에서 우수한 성과를 일관성 있게 창출할 수 있는지는 의문시된다. 따라서 시장 효율성을 평가하는 한 방법으로 공개된 투자전략을 사용하였을 때 과연 남보다 높은 성공적인 투자성과를 얻을 수 있는지를 밝히는 것이 한 방법이 된다.

(1) 주식분할 발표에 대한 주가 반응

증시 속담에 '소문에 사고 발표에 팔아라'는 말이 있다. 무상증자, 액면분할 등의 사건과 관련하여 발표가 있기 전까지 주가 상승을 보이다가, 막상 그 같은 발표가 있은 직후로는 초과수익을 얻기 힘들다는 뜻이다.

주식시장에서 새로운 공시정보의 발표가 있을 때, 이에 대한 주가 반응은 이 속담과 비슷한 반응을 보일 경우가 많은 것으로 알려져 있다.

파마·피셔·젠센·롤(FFJR : E. F. Fama, L. Fisher, M. C. Jensen & R. Roll : 1969)은 최초로 주식분할에 대한 주가 반응을 연구한 바 있다. 이들은 1929~1959년 사이 뉴욕증권거래소(NYSE)에서 주식분할한 주식들의 월별 수익률자료를 가지고 주가 반응을 검증하였는데, 〈그림 5-5〉와 같은 결과를 보이고 있다.

본래 주식분할이라는 것은 발행주식수만을 증가시키는 사건이기 때문에 분할 후의 주가는 이론적으로 볼 때 분할비율에 따라 감소하여 총 시장가치에는 영향을 주지 않는 사건이다. 그

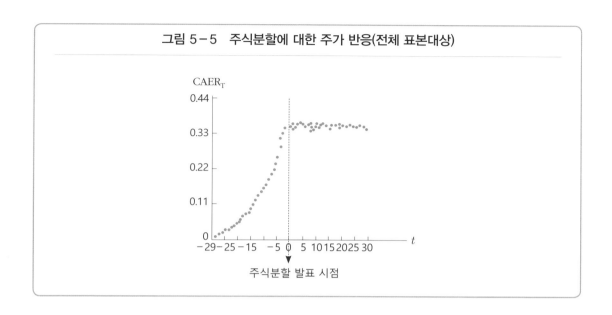

그림 5-5 주식분할에 대한 주가 반응(전체 표본대상)

러나 주식분할한 주식의 80% 정도가 사후적으로 배당성향을 증가시키고, 또 배당성향의 증가는 기업의 미래 이익발생 능력이 개선되었음을 암시하므로 주식분할의 발표는 주가에 영향을 미칠 정보내용(information content)을 담고 있다고 할 수 있다.

주식분할을 한 전체 표본을 대상으로 주가 반응을 보면, 누적 평균 초과수익이 주식분할 발표시점 29개월 전부터 상승하나, 발표 후에는 거의 변화가 없다. 일단은 주식분할의 발표에 주가가 효율적으로 반응한다고 생각할 수 있다.

그러나 주식분할이 정보내용이 있는 사건으로 간주되는 것은 주식분할기업이 배당 증가로 이어질 가능성이 높다는 점에 있으므로, 엄밀하게 이 정보에 대한 주가 반응의 정확도를 알아보기 위해서는 전체 표본을 사후적으로 배당 증가가 뒤따른 표본과 배당 감소가 뒤따른 표본으로 분석할 필요가 있다.

〈그림 5-6〉은 주식분할 후 배당 증가가 뒤따른 표본기업의 주가 반응을 나타낸 것인데 발표 후에도 누적 평균 초과수익이 계속해서 약간 증가함을 보여주고 있다. 반면에 〈그림 5-7〉은 배당 감소를 한 표본기업의 주가 반응을 나타낸 것인데, 발표 시점까지는 배당 증가의 선도지표로서 주식분할의 정보가 주가 상승을 수반하나 결과적으로 배당 증가로 나타나지 않으면 누적 평균 잔차가 분할 전 수준으로 점점 후퇴함을 볼 수 있다.

그리하여 결국 FFJR은 주식분할의 새로운 정보만을 가지고는 초과수익을 얻을 수 없고, 주

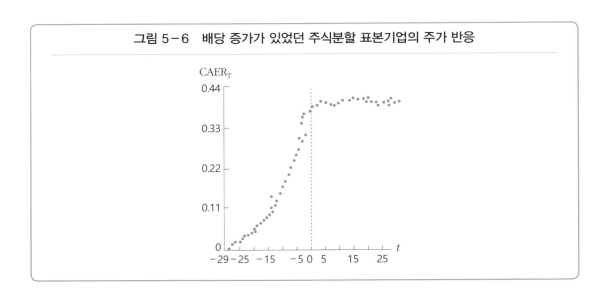

그림 5-6   배당 증가가 있었던 주식분할 표본기업의 주가 반응

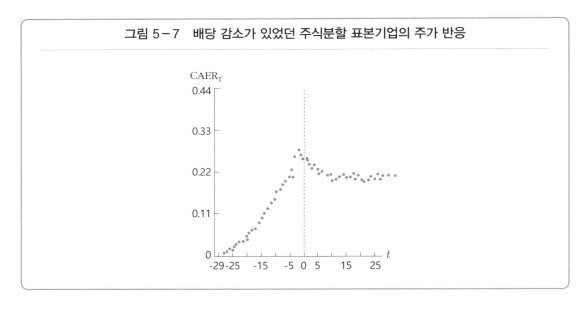

그림 5-7   배당 감소가 있었던 주식분할 표본기업의 주가 반응

식분할이 기업의 미래 배당 증가와 관련된 내적 정보에 의하지 않고서는 초과수익을 얻을 수 없으므로 시장은 주식분할이라는 공개적인 정보에 대하여 준강형 효율적 시장이라고 결론짓고 있다.

(2) 저 PER 효과

저 PER 주식이 고 PER 주식보다 투자수익률이 높다는 이른바 PER 효과(PER effect)를 믿는 저 PER 포트폴리오 구성전략이 증권 실무계에서는 시도되어 왔다. 저 PER 주식에 대한 투자전략이 상대적으로 높은 투자성과를 가져오는지를 가장 체계적으로 실증분석한 작업으로 바수(S. Basu : 1977)의 연구를 들 수 있다. 바수는 1957년 4월부터 1971년 3월까지의 기간 중에 PER의 크기에 따른 투자성과를 분석한 바 있다. 즉, 표본 주식들을 PER 크기에 따라 5그룹(A, B, C, D, E그룹)으로 나누고, PER가 가장 높은 주식군 20%는 A그룹에, 가장 낮은 PER 주식군 20%는 E그룹에 분류한 다음 매년 초 포트폴리오를 재구성하면서 투자수익률을 비교하였다.

〈그림 5−8〉은 각 PER 포트폴리오의 수익률을 나타낸 것인데, 고 PER 주식에서 저 PER 주식으로 갈수록 투자수익률이 증가하는 것을 보여준다. 위험이 조정된 투자성과를 비교하기 위해서 젠센의 성과지수로 측정비교한 것이 〈그림 5−9〉이다. 여기서도 저 PER 주식일수록 투자성과가 높은 것을 볼 수 있다.

바수에 의하면 이와 같은 성과 차이의 측정에는 거래비용과 자본이득에 대한 세금까지 고려된 것이므로, 저 PER 주식의 투자전략(거래규칙)이 성립함을 뜻하고 따라서 준강형 효율적 시장가설이 부정된다고 보고 있다.

그러나 다음에 소개하는 몇 가지 연구는 PER 효과보다는 기업규모 효과 때문에 초과수익의 여지가 발생한다고 보고 있다.

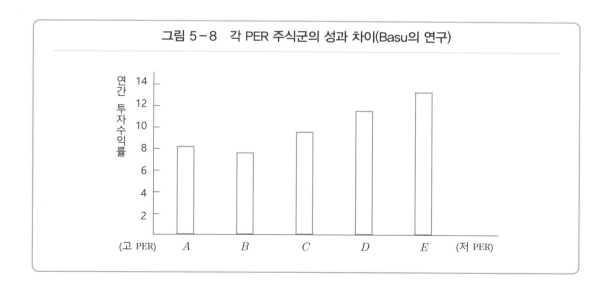

그림 5−8 각 PER 주식군의 성과 차이(Basu의 연구)

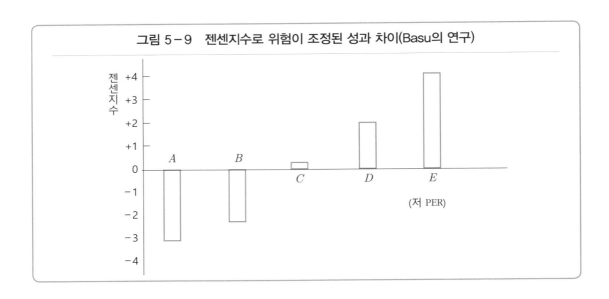

그림 5-9 젠센지수로 위험이 조정된 성과 차이(Basu의 연구)

(3) 기업규모 효과, 소외기업 효과

반즈(R. W. Banz : 1981)와 레인가넘(Reinganum : 1981)은 바수가 밝힌 이례적 현상은 소규모 기업 주식의 초과수익률이 높은 이른바 기업규모 효과(size effect) 때문에 발생하는 것이라고 반박하였다. 이들에 의하면 대형주의 위험 추정치(이를테면 β계수)에는 관련 정보가 모두 반영된 것으로 확신할 수 있지만 소형주의 위험 추정치는 정보 부족으로 확신이 덜 서는 일면이 있으므로 소형주에는 추가적인 위험 보상이 필요하다는 것이다. 또한 소형주는 거래물량이 적은 탓으로 상대적으로 높은 거래비용이 소요되는 일면이 있다는 것이다. 따라서 소형주는 보다 높은 투자수익률을 요구하게 된다. 그런데 소형주들의 PER는 낮은 경향이 있으므로 저 PER 주식의 높은 투자수익률은 상기한 소형주의 추가적인 위험요인과 거래비용을 감안하여 조정되어야 한다는 것이다.

기업규모 효과와 PER 효과에 대한 논쟁은 초과수익을 가능케 하는 1월 효과가 주로 소규모 기업 주식의 투자성과에 기인한다는 증거의 제시로 더욱 복잡한 일면을 보이고 있다.

기업규모 효과나 1월 효과가 사라지지 않는 이유에 대한 설명은 여러 가지 방향에서 생각해 볼 수 있는데, 그 중 하나는 시장분할의 가능성에서 찾아볼 수 있다. 즉, 증권시장은 주로 대형주에 투자하는 기관투자자의 시장과 상대적으로 소형주에도 많은 투자를 하는 개인투자자의 시장으로 분할되어 있다고 볼 수 있는데, 기관투자자들의 시장은 매우 경쟁적이어서 대형주에 대해서는 초과수익의 여지가 매우 적다고 볼 수 있다. 반면에 법적으로 기관투자자의 매입이 제한되어 있고 대량주문이 사실상 불가능하여 포트폴리오 편입에 어려움이 있는 소형주의 경우는 초과수익의 기회가 사라지지 않는다고 보는 것이다.

기업규모 효과와 1월 효과에 대한 또 다른 설명은 대형 기관투자자들이 관심을 갖지 않는 소형주는 이용정보가 많지 않기 때문에 위험도가 높아지므로 더 높은 투자수익률을 요구하게 된다는 것이다. 이른바 소외기업 효과(neglected-firm effect) 때문에 초과수익이 발생한다는 것이다.

경제 관련 신문에 자주 보도가 되고 기관투자자가 관심을 갖고 있는 대형주보다는 이들의 관심으로부터 소외된 주식들이 투자수익률이 높은 증거가 제시되고 있다.

또 다른 설명은 유동성 효과(liquidity effects)에서 찾아볼 수 있다. 이 설명은 유동성이 부족한 소형주나 소외기업 주식은 유동성이 풍부한 대형주보다도 높은 거래비용을 수반하므로 투자자들은 높은 투자수익률을 요구한다는 것이다.

그러나 이 주장은 소형주의 초과수익이 왜 1월 중에 집중되는지에 대해서는 설명하지 못하고 있다.

(4) 저 PBR 효과

최근 주식의 시장 가격을 주당순자산(장부가치)으로 나눈 PBR(주당순자산배율)에 기초하여 저

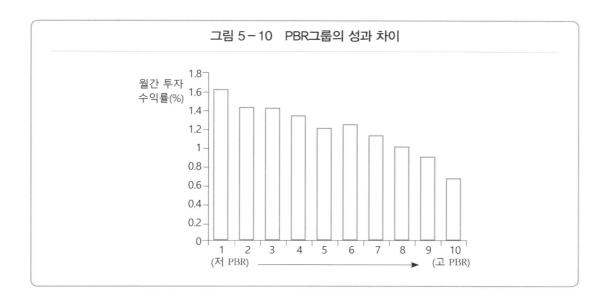

그림 5-10   PBR그룹의 성과 차이

PBR 포트폴리오를 구성하면 초과수익이 일관성 있게 나타난다는 주장이 제시되고 있다.

파마 · 프렌치(E. Fama & French : 1992) 그리고 레인가눔(M. Reinganum : 1988)은 이같은 사실을 실증적으로 밝히고 있는데, 〈그림 5-10〉은 이 결과를 요약한 것이다. 즉, 파마 · 프렌치는 PBR의 크기에 따라 10개 그룹으로 분류하여 1963년 7월부터 1990년 12월까지의 월간 투자수익률을 비교하였는데 PBR이 낮을수록 투자수익률이 높음(PBR이 가장 낮은 그룹은 월 1.65%의 투자수익률을 보인 반면에 PBR이 가장 높은 그룹은 월 0.72%의 투자수익률)을 보여주고 있다.

3 강형 EMH에 대한 검증

강형 효율적 시장가설에 의하면 시장에서 이용할 수 있는 과거의 역사적 정보나 공개적으로 이용 가능한 정보뿐만 아니라 비공개적인 모든 정보까지도 증권 가격에 신속하게 반영되므로, 어떠한 유형의 정보를 이용하더라도 비정상적 초과수익을 실현할 수 없다.

현실의 증권시장이 이처럼 효율적인지를 검증하는 것은 앞에서 소개한 실증분석과는 달리 지극히 어려운 작업이 된다. 왜냐하면, 비공개적 내부정보를 정확히 발견해 내는 일이 용이하지 않기 때문이다. 그래서 강형 EMH에 대한 검증은 통상 비공개적 정보에 쉽게 접근할 수 있는 특정한 전문투자자 집단, 이를테면 투자신탁, 뮤츄얼펀드와 같은 기관들이 비정상적인 초과수익을 실현하고 있는지를 검증하는 데 초점이 맞추어지고 있다. 즉, 내부정보의 독점적 이용이 비교적 용이한 투자신탁의 투자성과가 일반투자자의 평균 투자수익률을 상회하면 강형 EMH가 기각되는 것으로 볼 수 있고, 그렇지 못하면 지지되는 것으로 판단할 수 있을 것이다.

(1) 내부자의 소유지분변동

내부자 정보를 이용하여 초과수익의 획득이 가능한지에 대한 최초의 실증연구의 하나는 자페(J. Jaffe : 1974)에 의해서 이루어진 바 있다. 이 연구는 직접 미국 SEC로부터 1960년대 861개의 내부거래자 거래자료를 수집하여 비정상 초과수익을 측정하였는데, 내부자의 집중적인 주식매입 · 매각 이후에 주가는 상승 · 하락하는 경향을 확인하고 있다.

그러나 내부자의 소유지분변동의 공식적 발표일을 기준으로 하여 분석한 세연(H. N. Seyhun : 1986)의 연구에 의하면 내부자의 주식 매입에 대한 공식 발표 이후에도 주가는 오르는 경향이 있지만 거래비용을 상쇄할 정도로 크지는 않다고 밝히고 있다.

(2) 뮤추얼펀드 투자

만약 시장에서 균형 모형으로서 CAPM이 성립하고 강형 효율적이라면 이용 가능한 모든 정보를 근거로 하여 베타(β)와 기대수익을 추정할 경우 모든 증권이 증권시장선(SML)상에 위치해야 한다. 만약 증권시장선 밖에 놓이는 증권이 존재한다면 이는 불완전한 정보에 기초하여 β와 기대수익을 추정하였기 때문이다. 어떤 투자자그룹의 투자성과를 측정하였을 때 증권시장선의 위나 아래에 위치하는 경우가 있을 수 있지만, 이는 우연에 의한 것이라야지 통계적 유의성을 지녀서는 안 된다.

젠센은 1955년부터 1964년까지의 뮤추얼펀드의 115개의 투자성과를 증권시장선과 비교하여 평가하였다. 〈그림 5-11〉에 나타난 결과를 보면 증권시장선의 위보다도 아래에 더 많은 투자신탁이 위치하고 있다. 정확히 말하면, 연구조사비·관리비·수수료 등 투자신탁의 제비용을 차감한 후의 투자수익은 연간 -1.1%임을 기록하고 있다. 이 결과는 전문투자자 그룹인 투자신탁이 아무런 정보를 이용하지 않는 일반투자자의 단순 매입·보유전략보다 투자성과가 다를 바가 없음을 뜻하는 것이다.

이와 같은 결과는 수수료 등 제비용은 차감하지 않고 계산한 투자성과 측정에서도 비슷하다. 즉, 제비용을 공제하지 않고 계산하면 연간 -0.4%의 초과수익을 기록하고 있다. 이는 투

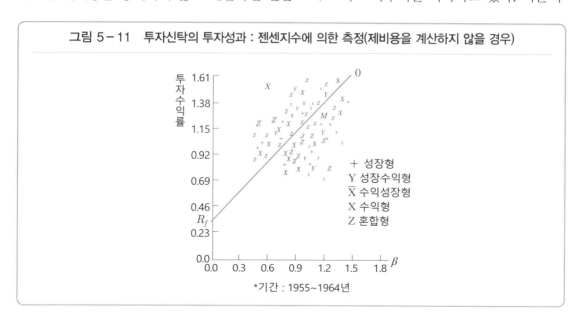

그림 5-11 투자신탁의 투자성과 : 젠센지수에 의한 측정(제비용을 계산하지 않을 경우)

*기간 : 1955~1964년

자신탁이 제비용도 보충해 주지 못함을 나타내는 증거로써 투자신탁이 과소평가된 주식을 발견하기 위해서 지출하는 제비용이 정당화될 수 없음을 뜻한다.

　이와 같은 결과는 평균적으로 보아 투자신탁 전체의 투자성과가 일반투자자보다 못함을 의미할지는 몰라도 투자성과가 계속적으로 탁월한 투자신탁산업 내의 개별 펀드매니저마저 존재할 수 없음을 뜻하는 것은 아니다. 투자성과가 지속적으로 탁월한 펀드매니저와 열등한 펀드매니저가 있는데, 그룹 전체로서의 투자성과가 평균화되는 과정에서 서로 상쇄되어 나타날 수 있는 것이다.

(3) 밸류 라인 모형에 대한 평가

　과대 또는 과소평가된 증권을 식별하고자 하는 증권 전문기관의 투자 결정 모형의 하나로서 밸류 라인 모형(Value Line Investment Model)이 있다. 이 모형은 투자종목들의 주가 상승의 가능성을 예상할 때 상대적 이익과 주가 수준의 비교, 주당이익 변화의 크기, 실제 이익과 예상이익과의 차이 등 주식의 기본적 요인들을 고려하여 다섯 그룹으로 분류하는 순위시스템이다.

　과연 이 투자모형이 과대 또는 과소평가된 증권을 잘 식별하는 능력이 있는지에 대해서 여러 실증연구가 시도된 바 있다. 1973년 블랙(F. Black)은 이 예측능력을 CAPM에 의한 위험조정 수익률과 비교하여 평가하였는데 블랙은 비교적 밸류 라인의 순위시스템이 성공적이라는 평

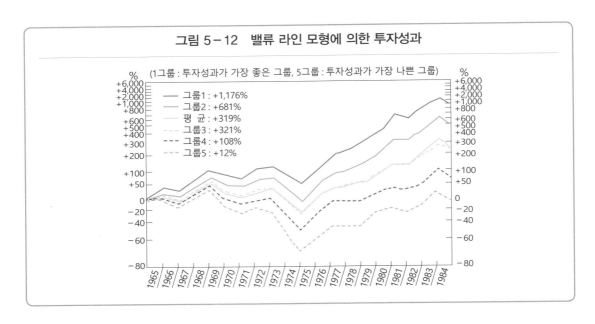

그림 5-12　밸류 라인 모형에 의한 투자성과

가를 내리고 있다.

포스터(G. Foster)도 동일한 결론을 내리고 있는데, 〈그림 5-12〉는 이 순위시스템의 다섯 그룹의 20년간(1965~1984)에 걸쳐 살펴본 것이다. 예를 들어, 1그룹의 투자성과는 투자자가 1그룹에 속하는 주식을 해당 그룹 연초의 가격으로 매입하여 1년간 보유한 것으로 가정하여 계산된 투자수익률이다. 1년이 지나 1그룹에 속하는 주식들에 변화가 있으면 최상위 그룹(1그룹)을 다시 구성하여 투자수익률을 계산한 것이다. 다른 그룹도 마찬가지이다.

〈그림 5-12〉에서 보는 것처럼 1그룹의 가격 상승률이 가장 크고 5그룹의 가격 상승률이 가장 낮다. 이는 밸류 라인 모형이 과대 혹은 과소평가된 증권을 잘 식별하는 일면이 있다는 것을 반증한다.

4 요약 및 결론

이상에서 현실의 증권시장이 시장 효율성에 일치하는 여러 가지 특성을 나타내 보이는지를 검증한 주요 연구결과를 소개하였다. 미래 증권 가격의 변동이 그 전기의 가격 변동과 독립적인가를 밝히는 대부분의 약형 EMH에 대한 실증분석 결과는 대체로 연속적인 시계열상의 주가 변동이 무작위적임을 보여주고 있다.

그러나 장기 수익률의 시계열적 움직임에서의 반전 현상, 1월 효과가 대부분의 나라에서 나타나고 있는 점, 주말 효과의 존재는 이에 반하는 증거로 제시될 수 있다.

주식분할, 배당, 기업이익, 합병 등의 공개적인 정보에 대해서는 증권 가격이 신속·정확하게 반응하는 것으로 대부분 검증되고 있다.

그러나 분기 이익 보고서에 대한 주가 반응은 공표 후에도 약 90일간에 걸쳐 반응하는 것으로 나타나고 있어 준강형 EMH에 일치하지 않는 증거로 제시되고 있다.

또 많은 연구에서 비정상적인 초과수익을 가져다주는 어떤 투자전략이나 거래규칙이 존재하지 않음이 밝혀지고 있는데, 다만 소규모 기업의 주식이나 저 PBR, 저 PER 주식에 대한 투자전략은 거래수수료, 위험조정, 세금을 모두 고려하여도 초과수익의 여지가 있는 투자전략일 수 있음을 암시하고 있다. 그러나 이 같은 초과수익은 분석 시 이용되는 시장 균형의 잘못된 선택에도 기인할 수 있음을 배제하지 못하였다.

끝으로 비공개적인 사적 정보에 쉽게 접근할 수 있는 전문투자자 집단의 투자성과는 아무런 정보도 이용하지 않는 일반투자자보다도 결코 탁월하지 않다는 증거가 제시되고 있어 강형 EMH가 지지되는 일변을 보이고 있다.

그러나 밸류 라인의 예나 시장 동향에 따라 공격적 혹은 방어적 투자관리를 하는 측면을 고려하여 투자성과를 측정하면 전문투자자 그룹이 잘못 평가된 증권을 식별하는 능력을 소유하고 있음이 증명되고 있다.

전반적으로 이와 같은 여러 가지 상반되는 증거를 놓고 보면 증권시장은 엄격한 의미에서는 효율적이라고 할 수 없지만 상당히 효율적이라고 결론지을 수 있다.

즉, 약형 EMH에 일치하지 않는 1월 효과의 검증, 준강형 EMH에 일치하지 않는 소형주, 저 PER, 저 PBR 주식의 투자전략의 성공적인 투자성과, 강형 EMH에 일치하지 않는 콘·젠 등의 투자신탁성과 연구 등이 제시되고 있지만, 이외의 대부분의 검증 결과는 이용 가능한 정보가 거의 주가에 반영되고 있음을 밝히고 있다.

현실의 증권시장에서 비정상적 초과수익을 획득하는 일이 불가능한 일이 아니지만 결코 쉽지 않다는 증거로 해석할 수 있을 것이다. 남보다 상당히 뛰어난 민첩성이나 창의성이 없이는 초과수익의 여지가 매우 적음을 시사한다고 말할 수 있다.

chapter 06

통합적 투자관리

통합적 투자관리 과정

투자의 핵심은 투자수익과 투자위험 면에서 성격이 다른 여러 가지 투자자산들에 대하여 투자자금을 효율적으로 배분하여 투자목표를 달성하는 것이라고 할 수 있다. 개인 투자자이든 기관투자자이든 투자관리를 하고자 할 때 일차적으로 다음의 3가지 과제에 직면하게 된다.

❶ 특정 개별 종목 선택
❷ 분산 투자(자산배분)의 방법
❸ 투자 시점의 선택

이 가운데 투자관리의 근간이 되는 것은 자산배분과 종목 선정의 문제이다. 자산배분(asset allocation)은 주식, 회사채, 국공채, 부동산, 정기예금 등 투자수익과 위험이 질적으로 상이한 각 투자자산들에 투자자금을 포괄적으로 어떻게 배분할 것인가를 결정하는 것이다. 한편 종목 선정(securities selection)은 각 투자자산 중에서 구체적이고 개별적으로 시장 동향, 산업별 특성, 개별 기업의 경쟁적 지위 등을 감안하여 특정 종목을 선정하는 일이다.

많은 경우 투자관리는 상향식(bottom up)의 방식으로 진행되는 경향이 있다. 먼저 재무적 건

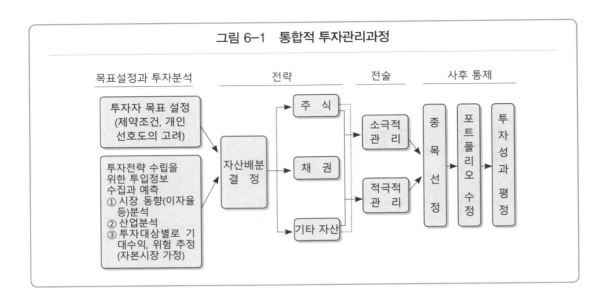

그림 6-1 통합적 투자관리과정

전도나 호재성 자료 등을 감안하여 특정 개별 종목을 선택한다. 그 다음 단계로서 시장 동향에 따라 주식과 채권 사이의 투자비율을 조정하는 자산배분의 방법을 결정한다. 그리고 차트분석이나 기술지표에 근거하여 투자 시점을 포착하는 과정을 밟는다.

그러나 이와 같은 투자관리방법은 체계적이고 과학적인 투자관리방법이 되지 못하는 경우가 많다. 투자목표의 설정으로부터 시작하여 목표 달성을 위한 투자전략과 전술을 수집·실행하고, 투자결정 후 사후조정·통제하는 과정을 통하여 일관성 있고 조직적으로 투자관리를 수행하는 통합적 투자관리(integrated investment management)가 요구된다. 이러한 과정에 따라 투자관리하는 것은 투자목표 설정, 자산배분 결정, 종목 선정의 순으로 이어지기 때문에 하향식(top down)의 방법이 된다.

〈그림 6−1〉은 통합적 투자관리과정을 정리한 것인데 다음 네 단계로 구분해 볼 수 있다. 첫 단계는 투자목표를 설정하고 투자전략 수립에 필요한 사전 투자분석을 실시하는 것이다.

1 투자목표의 설정

투자목표(investment objectives)를 설정하기 위해서는 다음과 같은 여러 가지 제약조건과 투자자의 개인적 선호도를 고려해야 한다.

❶ 투자기간(time horizon) : 투자성과는 언제 거두고자 하는가? 장기투자인가? 단기투자인가?

❷ 위험 수용도(risk tolerance levels) : 예상되는 기대수익률로부터의 변동성(위험)은 어느 정도까지 수용할 수 있는가? 투자원금을 잃을 가능성을 어느 정도 감안할 수 있는가?

❸ 세금관계 : 면세, 종합금융소득세의 적용 여부

❹ 규제(제약) : 기관투자자의 경우 소형주에 대한 투자금지, 특정 주식에 대한 투자비율의 제한, 법적 제한

❺ 투자자금의 성격 : 단기자금을 잠시 융통하는가? 새로운 자금의 계속적 유입이 있는가?

❻ 고객의 특별한 요구사항 : 중도 유동성 요구액(liquidity requirements)

❼ 투자목표 : 어느 정도의 투자수익을 기대하는가? (수익률(%) 또는 금액(₩)으로 표시)

이러한 제약조건을 반영하여 투자에 대한 수익성(기대수익), 안정성(위험), 환금성 등에 대한 투자목표를 수립한다.

<h2>2   투자분석과 자본시장 가정</h2>

위와 같은 요소들을 고려한 투자목표를 달성하기 위해서는 구체적인 투자전략이 수립되어야 하는데 이를 위해서는 사전적으로 정보수집과 투자분석의 과정이 필요하다.

❶ 경제분석 : 미래의 경기순환, GNI성장률, 이자율 동향 등과 같은 장·단기 경제예측, 정치·사회적 돌출변수 예상

❷ 산업분석 : 산업별 동향분석

❸ 기업분석 : 주요 종목별로 기대수익과 위험 추정

투자분석을 근간으로 전반적인 자본시장 가정(capital market assumption)을 내린다. 즉, 주식, 채권, 현금, 부동산 등으로 구분하여 과거의 수익률은 어느 정도였으며, 앞으로 각종 투자대상으로부터 일정기간에 걸쳐 기대되는 평균 기대수익률, 위험(표준편차), 공분산은 어느 정도인가, 또 인플레이션을 감안할 경우는 어떠한가를 추정한다.

3 자산배분과 종목 선정

다음 단계는 투자목표를 완성하기 위하여 주식과 채권 그리고 기타자산(현금 등)으로 나누어 투자자금을 어떻게 배분할 것인가 하는 자산배분에 관한 투자전략이 마련되어야 한다. 이 같은 투자전략의 수립에는 자산배분의 기준, 종목(증권) 선정의 기준과 분산 투자의 제한이 설정될 필요가 있다.

❶ 자산배분의 기준 : 투자대상으로 고려되는 투자자산의 종류를 어떤 자산으로 한정할 것인가? 주식, 채권, 현금 이외에 부동산 등도 포함시킬 것인가? 각 투자자산에 대한 투자비율을 결정하는 기준을 무엇으로 할 것인가?

다음으로는 이미 설정된 투자목표와 투자전략을 현실화시킬 수 있는 투자전술을 수립하는 과정이다.

보편적으로 투자전술에는 소극적 투자관리기법과 적극적 투자관리기법이 활용되고 있다. 적극적 투자관리는 증시가 비효율적인 것을 전제로 하여 과소 혹은 과대평가된 증권에 투자하여 일정한 위험 수준에 상응하는 투자수익 이상의 초과수익을 추구하는 투자관리를 말한다. 반면에 소극적 투자관리는 증시가 효율적인 것을 전제로 하여 시장 평균 수준의 투자수익을 얻거나 투자위험을 감수하고자 하는 투자관리방법이다. 각각의 입장에서 자산배분과 종목 선정을 구체화시키는 과정이다.

어떠한 투자관리방법을 선택할 것인가는 증시의 효율성에 대한 가정에 달려 있다고 볼 수 있다. 즉, ① 위험부담의 정도, ② 정보수집·분석의 노력과 비용부담의 정도, ③ 타이밍의 고려 정도에 달려 있다고 할 수 있다. 증시가 비효율적인 것을 전제로 위험부담을 하고 또 정보수집비용과 거래비용은 부담하면서 초과수익을 높이려는 투자관리는 적극적 투자관리인 것이다.

❷ 종목 선정의 기준 : 주식들은 특징에 따라 성장주, 안정주, 경기순환주, 투기주, 저 PER 주식, 고 PER 주식 등으로 분류될 수 있는데 어떤 종류의 주식에 투자할 것인가? 채권은 채권 등급과 만기를 고려하여 어떤 종류의 채권에 투자할 것인가? 선택된 증권들은 과거 일정기간 동안 원하는 수준의 투자수익률을 기록한 적이 있는가?

❸ 분산 투자의 제한(diversification limits) : 주식이나 채권에 분산 투자하는 종목의 수는 어

느 정도로 할 것인가? 또 단일종목 또는 특정 산업에 대한 투자비율의 한도를 어떻게 정할 것인가?

4 사후통제

마지막 단계는 사후적으로 조정·통제하는 과정으로서 포트폴리오 수정과 투자성과 평정이 이루어지는 단계이다.

포트폴리오 수정(portfolio revision)은 일정기간이 경과한 후 경제여건과 특정 기업의 영업상·재무상 특성과 앞으로의 전망에 변동이 생기게 되면 투자목표 달성에 차질이 있을 것이므로 기존 포트폴리오를 재구성하는 국면을 말한다. 이때 변경결정의 기준이 마련될 필요가 있다.

❶ 포트폴리오 변경기준(criteria for changing decisions) : 종전의 투자방침이나 종목 선정기준에 대한 변경은 언제, 어떤 이유에서 실시할 것인가?

포트폴리오 성과 평정(performance evaluation)은 투자관리과정에서 구성한 포트폴리오의 투자성과를 일정한 척도에 의해서 평가하는 통제과정으로써 통합적 투자관리를 마무리하는 중요한 단계이다. 투자성과가 위험을 감안할 때 평균 이상의 성공적 성과를 거두었는지, 평균 이하의 성과를 거두었는지를 평정하고, 그 같은 성과의 원인이 초과수익이 큰 종목 선정에 기인하는지, 적절한 분산 투자에 기인하는지 또는 적절한 투자 시점의 포착에 기인하는지를 분석하는 것은 차후의 더 나은 투자성과를 위하여 필요한 과정이다.

❷ 투자성과의 평정기준 : 투자성과는 어떤 기준(방법)에 의하여 측정할 것인가? 평가대상 기간은 어떻게 세분할 것인가?

이상에서 설명된 통합적 투자관리 과정의 각 구성요소들은 서로 연결된 연속적인 과정이므로, 끊임없이 변화하는 자본시장의 여건 변화에 수시로 적합시키는 노력이 필요하다.

소극적 투자관리방법

투자관리의 방법은 전술한 것처럼 초과수익 획득 노력 여부에 따라서 소극적 투자관리방법과 적극적 투자관리방법으로 나누어 볼 수 있다.

소극적 투자관리(passive portfolio management)는 증권시장이 효율적인 것을 전제로 하여 초과수익을 얻고자 하는 시도 대신에 시장 전체 평균 수준의 투자수익을 얻거나 투자위험을 감수하고자 하는 투자관리방법이다. 또한 투자결정을 위하여 구체적 종목에 대한 증권 분석이나 독자적 판단을 하지 않고 시장 전체의 일반적 예측을 그대로 받아들여 정보비용을 극소화시킬 뿐 아니라 매입·매각 결정도 극소화시킴으로써 거래비용도 최소화시키는 투자관리방법이라는 점에서 특징이 있다.

이러한 방법으로는 단순한 매입·보유전략, 주식 인덱스펀드, 채권 인덱스펀드, 평균 투자법 등이 있다.

1 단순한 매입 · 보유전략

단순한 매입·보유전략(naive buy－and－hold strategy)는 특정 우량 증권이나 포트폴리오를 선택하고자 하는 의도적인 노력 없이 단순히 무작위로 선택한 증권을 매입하여 보유하는 투자전략이다.

이 전략은 무작위로 포트폴리오를 구성하고 분산 투자의 종목수를 증가시키면 증권시장 전체의 평균적인 기대수익률을 얻을 수 있다는 포트폴리오 이론에 근거를 두고 있다. 이때 부담하게 되는 위험은 보유하는 포트폴리오의 구성 증권의 수에 따라 달라지는데 종목수가 많아지면 시장 전체의 평균적 위험, 즉 체계적 위험만 부담하게 된다. 그러나 분산 투자의 종목수가 많아지면 거래비용이 증가한다는 문제점이 발생한다.

2 　주식 인덱스펀드 및 채권 인덱스펀드 투자전략

가장 순수한 의미에서의 소극적 투자관리는 자산운용사 등이 운용하고 있는 주식 인덱스펀드 또는 채권 인덱스펀드에 투자하는 것이다. 주식 인덱스펀드는 주가지수 산정에 포함되는 대표적인 주식으로 구성되므로 수익과 위험이 추적하고자 하는 주식 인덱스 수준에 머물게 하는 효과적인 방법이 된다. 이와 마찬가지로 채권 인덱스펀드의 수익과 위험이 추적하고자 하는 채권 인덱스 수준과 유사하다.

이 투자전략의 문제는 주식 인덱스펀드와 채권 인덱스펀드의 투자비율을 어떻게 정하느냐 하는 것이다. 정보비용과 거래비용을 극소화시키는 방법은 두 펀드에의 투자비율을 고정(예를 들어, 주식펀드 대 채권펀드의 비율을 40 : 60으로 고정)시키는 것인데 투자목표를 달성하는 데 효과적이지 못할 때가 많게 된다.

만약 앞으로의 증권시장 전망에 따라서 주식 인덱스펀드의 비중을 높이거나 반대로 채권 인덱스펀드의 비중을 높이는 운영전략을 사용하게 되면 미래 이자율 동향이나 시장 기대수익률 예측 등을 시도하여야 하므로 정보비용이 증가하게 되고 거래비용도 많아지게 된다.

이 같은 인덱스펀드의 포트폴리오 구성을 따르지 않고 스스로 구성한다면 정보비용이 더욱 증가하는 것은 당연하다. 구성 종목의 베타를 고려하여 투자비율을 조정함으로써 원하는 수준으로 위험을 조정하여 포트폴리오를 구성할 수 있으나 정보비용과 거래비용이 증가한다.

3 　평균 투자법

평균 투자법(dollar cost averaging)은 주가의 등락에 관계없이 정기적으로 일정 금액을 주식에 계속 투자하는 방법이다. 주가가 하락하면 상대적으로 많은 수량의 주식을 살 수 있어 평균 매입 주가는 낮아지게 되는데, 이 낮은 가격으로 매입한 주식을 주가 상승기에 매각하면 적지 않은 자본이득을 얻을 수 있다. 이 방법은 주가가 하향추세일 때는 효과가 있으나 상향추세일 때는 전혀 그렇지 못한다.

이상에서 요약한 소득적 투자관리방법은 기본적으로 정보비용과 거래비용을 극소화시키지만, 실제의 운용에 있어서는 시황 변동에 대처하여 자산배분이 탄력적으로 이루어지도록 하여 초과수익을 얻고자 하는 시도를 높이는 경향이 있으므로 점차 적극적 투자관리의 성향을 띠게 된다.

실제의 주가 관리에 있어서는 순수한 의미에서의 소극적 투자관리를 하는 경우는 드물고, 시황에 따라 주식과 채권에 대한 투자비율을 조정하여 투자성과를 제고시키거나 초과수익이 클 것으로 기대하는 특정 소수종목에 집중하는 적극적 투자관리방법을 사용하게 된다.

section 03 적극적 투자관리방법

적극적 투자관리(Active Portfolio Management)라 함은, 일정한 위험 수준에 상응하는 기대수익 이상의 초과수익을 얻기 위한 투자전략을 행사하는 것을 뜻한다. 이를 보통 'beat the market' 전략이라고 한다. 이러한 투자관리방법은 증시가 비효율적인 것을 전제로 내재가치와 시장가격 사이에 차이가 있는 증권을 식별하여 과소평가된 증권은 매입하고 과대평가된 증권은 매각하는 방법이다.

적극적 투자관리의 방법은 투자자의 독자적인 증권 분석과 예측이 시장 전체의 대체적인 견해(예측)보다 정확하다는 판단에 근거하여 위험이 동일한 증권들 중에서 수익이 높은 증권을 선택하는 방법이다. 수많은 종목에 분산 투자하는 것보다 초과수익이 가능하다고 보는 소수종목, 특정 산업에 집중투자하는 것도 이 방법의 특징이기도 하다. 결과적으로 정보비용과 거래비용이 많이 발생하게 된다는 단점을 지니게 된다. 자산배분과 종목 선정에 이용되는 적극적 투자관리방법은 다음과 같다.

1 자산배분 결정

주식, 채권, 현금 등 각 투자자산에의 투자비율을 얼마로 하는 것이 투자성과를 가장 좋게 할 것인가? 각 투자자산에 대한 적절한 자산배분(asset allocation)을 통하여 초과수익을 얻는 적극적 투자관리방법으로는 주식시장과 채권시장의 동향을 예측하여 자산배분 시점을 포착하는 시장 투자 적기 포착방법과 기계적인 배분방법인 포뮬러 플랜을 들 수 있다.

1) 시장 투자 적기 포착(market timing)

시장 투자 적기 포착방법(market timing)은 주식시장과 채권시장 동향에 대한 예측을 근거로 주식시장 펀드 혹은 무위험자산 펀드에 대한 투자비율(자산배분)을 유리하게 하는 적절한 투자시점을 포착하는 방법이다.

자산배분을 위한 투자 적기를 포착하는 구체적 방법으로는 차트분석 중심의 기술적 분석기법을 활용하거나 경기순환·이자율 동향, 기타 주요 거시경제변수의 움직임을 복합적으로 고려하는 증권 분석기법이 있다.

시장 동향을 완벽하게 예측하여 자산배분의 시기를 정확하게 포착(이를 'perfect market timing' 이라고 한다)한 경우의 보상은 매우 크게 된다.

부디·케인·마커스(Z. Boodie, A. Kane & A. J. Marcus)는 1927년 1월 1일 $1,000를 투자하여 1978년 12월 31일까지 52년간 다음 세 가지의 포트폴리오 구성전략의 성과를 비교하였다.

❶ 30일 CP(무위험자산펀드)에 계속적으로 재투자
❷ NYSE지수펀드에 중도 배당수입과 함께 계속적으로 재투자
❸ NYSE지수펀드의 수익률과 CP수익률 중에서 높은 것을 사전에 완벽하게 예측하여 자산배분운용한 것을 가정한 경우

투자전략	투자수익	연평균 수익률(%)	표준편차(%)
❶ 30일 CP(무위험자산 펀드)에 재투자	3,600백만 원	2.49	2.10
❷ NYSE지수펀드에 재투자	5,360백만 원	8.44	22.14
❸ 완전한 시장 예측에 의한 자산배분(perfect timing)	67,500백만 원	34.71	

위에 보는 것 같이 ❸의 완전한 시장 투자 적기 포착방법이 월등한 투자성과를 보이고 있다. 기술적 분석이나 기본적 분석과 같은 증권 분석을 이용한 적극적 투자관리가 예상대로 성공하면 그 초과수익이 매우 큼을 나타내고 있다.

2) 포뮬러 플랜

포뮬러 플랜(formula plan) 또는 비율계획법(ratio plan)은 일정한 규칙에 따라서 기계적으로 자산배분을 하는 방법이다. 구체적으로 공격적 투자수단인 주식과 방어적 투자수단인 채권 사이를 경기변동에 따라 번갈아 가면서 투자하는 방법인데, 주가가 낮을 때 주식을 매입하고 주가가 높을 때 매각하도록 운용하는 것이다. 최소한의 위험부담으로 경기변동에 탄력성 있게 적응하는 데 기본목적이 있는 투자방법이다. 포뮬러 플랜에는 불변금액법, 불변비율법, 변동비율법이 있다. 불변금액과 불변비율법은 소극적 투자관리방법의 성격이 짙지만, 대표적 포뮬러 플랜이라고 할 수 있는 변동비율법은 적극적 투자관리 방법이다.

(1) 불변금액법(constant dollar plan)

투자자금을 주식과 채권으로 나누어서 주식 가격 변동에 관계없이 주식에 투자한 금액을 언제나 일정하게 유지하는 방법이다. 주가가 상승하면 미리 결정된 일정 금액 이상의 주식을 매각하여 채권을 사들이며, 주가가 하락할 때는 채권을 매각하고 주식을 매입하여 주식에 투자한 금액을 언제나 일정하게 유지하는 방법이다.

(2) 불변비율법(constant ratio plan)

앞의 방법과 유사한데 다만 채권과 주식에 투자된 금액의 비율을 언제나 일정하게 하는 방법이다. 가령 50 : 50의 비율로 유지한다면 주가나 채권의 시장 가격 변화에 관계없이 이 비율을 유지하는 방법이다. 그래서 주가가 채권 가격보다 상대적으로 많이 오르게 되면 주식에 대한 투자비율을 50%로 유지하도록 주식을 매각하고 채권을 매입하는 것이다.

이 방법의 결점은 최적 비율을 정하는 것이 임의적이고 불변금액법과 마찬가지로 빈번한 거래수수료를 부담하여야 한다는 데 있다.

(3) 변동비율법(variable ratio plan)

이 방법은 앞의 불변비율법처럼 주식과 채권에 대한 투자비율을 일정하게 두지 않고 주가 변화의 예측에 따라서 적절히 비율을 변동시켜 가면서 투자하는 방법이다. 주가가 높으면 앞으로 하락을 예상할 수 있으므로 주식에 대한 투자비율을 낮추고 주가가 낮으면 앞으로 상승을 예상할 수 있으므로 주식에 대한 투자비율을 높이는 방법이다.

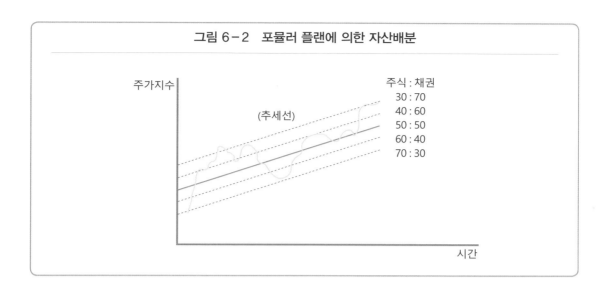

그림 6-2 포뮬러 플랜에 의한 자산배분

양자 간의 투자비율을 언제, 어떻게 변동시킬 것인가를 알기 위해서는 주가지수의 움직임을 예측할 수 있어야 하는데 대체적인 추세선을 중심으로 몇 개의 범위를 설정하여 비율을 변동시키는 방법이 일반적이다. 이를테면 주가가 〈그림 6-2〉와 같은 추세선을 보인다면, 주가지수가 추세선의 중앙 수준에 올 경우는 주식 대 채권의 비율을 50 : 50으로 하고, 주가지수가 추세선 위로 한 단계씩 상승하게 되면 40 : 60, 30 : 70의 비율로 주식에 대한 투자비율을 줄이는 것이다. 이 방법 또한 주가가 낮을 때 주식 매입을 늘리고 주가가 높을 때 주식 매각을 늘린다는 원리를 활용한 것이다.

변동비율법은 정확한 주가지수의 추세선의 예측이 전제되고 있다. 이 방법의 결점은 추세선을 예측하기 힘들다는 점과 변동비율의 설정이 너무 주관적이라는 점에 있다.

2   종목 선정

초과수익을 얻고자 하는 적극적 투자관리에서 자산배분 못지않게 중요한 것은 각 투자자산(주식이나 채권 등) 안에서 초과수익의 여지가 높은 특정 개별 종목을 선정하는 일이다.

(1) 내재가치의 추정

개별 종목의 내재가치를 추정하여 시장 가격이 잘못 형성된 증권들(mispriced securities)을 선정해 내는 기본적 분석방법이 적극적 종목 선정에 가장 많이 이용되고 있다.

(2) RVAR비율 이용

증권 분석에서 얻어진 정보를 이용하여 초과수익의 여지가 큰 소수종목으로 구성되는 포트폴리오의 기대수익률 $E(R_P)$와 표준편차 σ_P를 추정한 다음 앞서 설명한 샤프의 투자수익 대 변동성 비율$[RVAR = (E(R_P) - R_f)/\sigma_P]$을 크게 하는 포트폴리오를 최종적으로 구성하는 방법이 시도될 수 있다.

(3) β계수의 이용

베타(β)계수의 추정에 근거하여 강세시장이 예상될 때는 위험(β계수)이 큰 종목을 선택하고, 약세시장이 예상될 때는 β계수가 작은 종목을 택하는 것이 적절한 투자시기로 이용한 종목 선택의 방법이 된다.

(4) 트레이너-블랙모형(Treynor-Black Model)의 이용

증권 분석을 시도하여 가격이 잘못 형성된 소수의 증권들에 투자하게 되면 초과수익의 가능성은 높지만 분산 투자가 잘 이루어지지 않은 탓으로 투자위험 또한 높게 된다. 따라서 적극적 투자관리의 과제는 적절한 소수종목의 선택으로 초과수익을 획득하면서도 적절한 분산 투자로써 분산 가능 위험을 가급적 줄이는 것이다. 즉, 초과수익의 획득과 비체계적 분산 가능 위험의 감소, 양자 간의 적절한 균형 내지 최적화를 이루는 것이다.

트레이너·블랙(J. Treynor & F. Black)은 이 양자 간에 최적화를 기할 수 있는 종목 선택, 포트폴리오 구성방법을 제시하고 있다. 주식 포트폴리오를 기준으로 요약하면 다음과 같다.

❶ 증권 분석을 통하여 과소평가 혹은 과대평가된 소수의 주식들을 선별한다.
❷ 소극적 투자관리의 대상이 되는 주식 인덱스펀드의 수익률을 시장 포트폴리오 수익률로 간주하고 시장 예측에 근거하여 이 주식 인덱스펀드의 기대수익률 $E(R_m)$과 표준편차 σ_m, 무위험자산 수익률 R_f를 추정한다.
❸ ❶에서 선별된 소수의 개별 증권들에 대하여 기대수익률 $E(R_j)$, 베타 β_j, 잔차 분산(비

체계적 위험) $\sigma^2(\varepsilon_j)$을 추정한다.

❹ 이들 개별 종목의 초과수익 알파(α_j)는 기대수익률에서 요구수익률의 차이로 추정하는데, 요구수익률은 증권시장선[$k = R_f + (E(R_m) - R_f) \cdot \beta_j$]으로 구한다.

❺ 소수종목으로 구성되는 포트폴리오의 초과수익(α_P), 베타 β_P, 잔차 분산 $\sigma^2(\varepsilon_P)$을 계산한다.

❻ 초과수익의 가능성과 분산가능 위험의 감소 간에 균형을 이룰 수 있는 각 종목에 대한 최적 투자비율의 결정은 다음의 평가비율(appraisal ratio), 즉 초과수익(과소·과대평가된 크기) 대 잔차 분산비율에 근거한다.

$$\text{평가비율} = \text{초과수익}/\text{잔차 분산(비체계적 위험)} = \alpha/\sigma^2(\varepsilon)$$

그래서 각 종목에 대한 최적 투자비율은 개별 종목들의 평가비율의 합에 의한 개별 종목 j 평가비율의 비로써 결정한다. 즉,

$$\text{개별 종목 } j\text{의 최적 투자비율} = \frac{\dfrac{\alpha_j}{\sigma^2(\epsilon_j)}}{\displaystyle\sum_{i=1}^{n} \dfrac{\alpha_i}{\sigma^2(\epsilon_i)}}$$

이 식에 의하면 비체계적 위험에 비하여 과소·과대평가된 크기(초과수익)가 큰 종목일수록 투자비율이 높게 구성되는 특징을 지닌다.

(5) 시장의 이례적 현상(market anomalies)을 이용한 투자전략

여러 가지 형태의 증권정보 혹은 특정 투자전략이 지니는 정보내용은 증권 가격에 신속히 반영되므로 초과수익을 계속적으로 가능케 하는 투자전략을 강구하는 것이 결코 쉽지 않다.

그간 이루어진 대다수의 시장 효율성에 대한 실증적 검증 결과는 이 같은 사실을 뒷받침하고 있다. 그러나 다음의 몇 가지 투자전략이나 현상은 초과수익의 가능성을 암시하는 이례적 현상으로 받아들여지고 있다. 이들 이례적 현상에 대한 면밀한 분석과 민첩한 투자결정을 통하여 초과수익을 얻고자 하는 적극적 투자관리가 시도될 수 있을 것이다(이들에 대한 상세한 설명

은 제5장 참조).

❶ 기업규모 효과(소규모 기업 주식으로 포트폴리오 구성)
❷ 저 PER 효과
❸ 저 PBR 효과
❹ 소외기업 효과
❺ 상대적 강도
❻ 1월 효과
❼ 주말 효과
❽ 예상외 이익(=실제 이익−기대이익) 발표 효과
❾ 주식분할
❿ 최초 공모주식
⓫ 유·무상증자
⓬ 장기 수익률의 역전 효과

section 04 포트폴리오 수정

포트폴리오 수정(portfolio revision)이란 포트폴리오를 구성한 후 미래 투자 상황에 대한 예측이 잘못되었거나, 새로운 상황 전개로 인하여 기존 포트폴리오를 변경하게 되었을 때, 보다 바람직한 방향으로 포트폴리오를 개편하여 나가는 것을 말한다.

투자자의 예상과 달리하는 새로운 상황의 전개란 기업이익과 배당에 영향을 주는 영업 효율성·재무 효율성의 변화, 각종 위험의 변화, 경제외적 여건의 급격한 변화 등을 말한다. 이러한 일이 벌어지면 처음에 예상했던 기대수익과 위험에 변화가 있게 되므로 원하는 기대수익과 위험에 상응하는 포트폴리오로 수정해 나가야 한다. 수정하는 방법에는 리밸런싱과 업그레이딩의 두 가지가 있다.

1 포트폴리오 리밸런싱

포트폴리오 리밸런싱(portfolio rebalancing)의 목적은 상황 변화가 있을 경우 포트폴리오가 갖는 원래의 특성을 그대로 유지하고자 하는 것이다. 주로 구성 종목의 상대 가격의 변동에 따른 투자비율의 변화를 원래대로의 비율로 환원시키는 방법을 사용한다.

예를 들어, 〈표 6-1〉에 예시된 주식에 1/4씩 투자한 포트폴리오를 구성하여 포트폴리오의 체계적 위험을 1.10으로 유지하였는데 기업 내·외적 여건 변화로 인하여 기말에 상대 가격이 변하였다면, 결과적으로 투자비율이 달라지고 포트폴리오의 체계적 위험이 증가하게 된다.

이 경우 원하는 투자목표(체계적 위험의 유지)를 위하여 투자비율이 높아진 주식을 매각하여 투자비율이 낮아진 주식을 매입하게 되면 원래의 포트폴리오 구성과 같은 투자비율이 된다.

이를 고정목표 수정전략이라 하는데, 자금의 재배분을 통해서 자본이득의 가능성이 사라진 주식에서 앞으로 그 가능성이 큰 주식으로 옮겨가게 되는 이점이 있게 된다.

포트폴리오 리밸런싱의 경우 지수선물을 이용하면 포트폴리오 구성내용을 변경치 않고서도 체계적 위험을 통제할 수 있게 한다.

표 6-1   상대 가격의 변화와 포트폴리오 리밸런싱

주식	체계적 위험 (β_j)	기초 포트폴리오			기말 변경된 포트폴리오	
		주가	매입 주식 수	투자비율(w_j)	주가	투자비율(w_j)
A	1.40	15,000원	100주	0.25	30,000원	0.36
B	1.16	7,500원	200주	0.25	11,250원	0.27
C	0.96	5,000원	300주	0.25	6,000원	0.22
D	0.88	3,000원	500주	0.25	2,400원	0.15
포트폴리오 $= \sum w_j \beta_j$		1.10			1.16	

2 포트폴리오 업그레이딩

새로운 상황 전개는 기존 포트폴리오의 기대수익과 위험에 영향을 주므로 증권의 매입·매각을 통해서 업그레이딩을 행하여야 한다.

포트폴리오 업그레이딩(portfolio upgrading)은 위험에 비해 상대적으로 높은 기대수익을 얻고자 하거나, 기대수익에 비해 상대적으로 낮은 위험을 부담하도록 포트폴리오의 구성을 수정하는 것이다.

많은 경우 높은 성과를 지닌 증권을 식별하는 것보다 큰 손실을 가져다주는 증권을 식별하여 그 증권을 포트폴리오에서 제거하는 방법을 사용하기도 한다.

예를 들어, 〈그림 6-3〉에서 기초에 포트폴리오를 구성할 때는 포트폴리오 Z가 최적인 것으로 예상되었다.

그런데 기간이 경과하면서 새로운 정보의 유입에 근거하여 미래 수익과 위험을 예상한 결과 포트폴리오 X, Y가 발견되었다면 포트폴리오 Z는 더 이상 효율적이지 못하다. 포트폴리오 X에 근접한 기대수익률과 위험을 얻기 위해서는 Z에 대한 투자비율을 줄이고 다른 증권들을 매입함으로써 포트폴리오 업그레이딩을 할 필요가 있는 것이다.

이상의 어떤 방법에 의하여 포트폴리오를 수정하든 증권의 매각·매입에는 거래비용, 정보비용, 제반 관리비용이 소요되므로 엄격한 비용·수익분석이 우선적으로 행해질 필요가 있다.

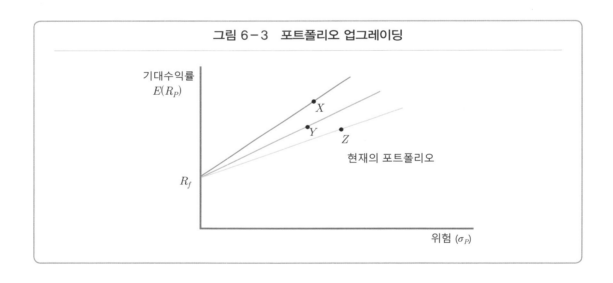

그림 6-3 포트폴리오 업그레이딩

투자성과 평정

투자관리의 마지막 과정은 그간의 투자성과를 평정하는 것이다. 과거 일정기간의 투자성과를 평가하는 것은 하나의 통제과정으로써 앞으로 더 나은 포트폴리오 구성과 투자전략수립에 도움을 준다. 근래 자산운용사나 투자자문회사에 대한 이용도가 높아지고 있는데, 어느 포트폴리오 매니저가 투자성과가 우수한지를 평가하는 것은 차후의 투자관리에 영향을 미친다. 또한 대규모의 투자자금을 운용하는 기관투자자의 경우 각 자금운용자에 대한 투자성과를 평가하는 것은 이들 기관의 경영관리 차원에서 중요한 과제가 된다.

투자성과를 평가하게 될 때는 여러 가지 사항이 검토되어야 한다. 과거 일정기간 동안의 투자수익률을 어떻게 측정할 것인가, 부담했던 투자위험의 정도는 성과 평정에 어떻게 반영시킬 것인가, 좋고 나쁜 성과의 원인은 어디에 있는가 등이 검토될 필요가 있다.

1 투자수익률의 측정

투자자금을 운용한 기간이 단일기간(one period)일 때는 투자수익률의 계산이 매우 간단하다. 단일기간의 보유 투자수익률은 단지 총투자수입을 기초의 투자금액으로 나누어 계산하면 되기 때문이다.

그러나 투자자금이 다기간(multi-period)에 걸쳐 운용되면, 투자수익률의 계산이 단순하지 않게 된다. 더욱이 중도에 자금 일부의 회수, 추가적인 투자 혹은 재투자 등이 이루어지면 계산이 복잡해진다. 다기간 투자수익률은 내부수익률, 산술평균 수익률, 기하평균 수익률이 사용되는데 각각 장단점을 지니고 있으므로 사용에 주의할 필요가 있다.

내부수익률(Internal Rate of Return : IRR)은 서로 상이한 시점에서 발생하는 현금흐름의 크기와 화폐의 시간적 가치가 고려된 평균 투자수익률의 개념으로서 현금유출액의 현재가치와 현금유입액의 현재가치를 일치시켜주는 할인율을 계산하여 측정한다.

내부수익률의 계산은 기간별 상이한 투자금액의 크기에 가중치가 주어져 수익률이 계산되므로 금액가중평균 수익률(amount-weighted rate of return)이라고도 한다.

산술평균 수익률(Arithmetic average Rate of Return : APR)은 기간별 단일기간 수익률을 모두 합한

다음 이를 관찰수(기간수)로 나누어 측정한다.

산술평균 수익률이 기간별 투자금액의 크기를 고려하지 않고 계산된 단일기간 수익률을 근거로 계산되면 결국 기간에만 가중치가 주어지므로 시간가중평균 수익률(time-weighted rate of return)이라고도 한다.

산술평균 수익률의 계산이 복리로 증식되는 것을 감안하지 않는 방법인 반면에 기하평균 수익률(Geometric Average Rate of Return : GRR)은 재투자를 감안한 평균 수익률의 계산방법이다.

2 　 투자위험을 고려한 투자성과 평가방법

투자성과를 평가하는 데 일정기간 동안에 걸친 투자수익률만을 단순히 비교하여 우열을 가리는 것은 적절한 평가방법이 되지 못한다. 왜냐하면 포트폴리오 운용에서 감수한 위험도 적절히 감안되어야 하기 때문이다. 이를테면 甲은 우량 안정주식들로 운용하여 20%의 투자수익률을 거두었고, 乙은 관리대상 종목이나 주가 변동이 매우 큰 투기종목들로 운용하여 25%의 투자수익률을 올렸다면 乙의 운용성과가 결코 좋은 것이 아니다. 단지 운이 좋아서 투자수익률이 양호한 것이므로 운이 나쁘게 되었을 경우의 예상성과도 고려하여 평가해야 한다. 결론적으로 성과 평정 시에는 위험이 조정된 성과척도(risk-adjusted performance measures)를 이용하여야 한다.

위험이 조정된 성과척도로는 아래에 상술하는 샤프지수, 트레이너지수, 젠센지수, 평가비율 등이 있다. 이들은 투자위험 중에서 어떤 성격의 위험을 기준으로 투자성과를 평가하느냐에 따라서 차이가 있다. 샤프지수는 총위험을 기준으로 자본시장선(CML)을 이용하여 평가하는 것이며, 트레이너지수와 젠센지수는 체계적 위험을 기준으로 증권시장선(SML)을 이용하여 평가하는 것이다. 또 평가비율은 비체계적 위험에 대한 초과수익의 정도를 기준으로 평가하는 것이다.

(1) 샤프지수(Sharpe's measure)

샤프(W. F. Sharpe)는 자본시장선(CML)에서 제시되고 있는 균형관계가 사후적으로도 성립(식 (6-1))이 된다고 보고, 이의 기울기를 이용하여 포트폴리오 운용성과를 평가하는 방법을 제시하고 있다.

$$\overline{R_P} = \overline{R_f} + \frac{(\overline{R_m} - \overline{R_f})}{\sigma_m} \sigma_P + \alpha_P \cdots\cdots\cdots\cdots\cdots\cdots\cdots\cdots\cdots\cdots\cdots\cdots (6-1)$$

여기서, $\overline{R_P}$: 포트폴리오 P의 수익률

$\overline{R_m}$: 시장 포트폴리오의 실현수익률

$\overline{R_f}$: 무위험이자율의 평균

α_P : 초과수익률

$$샤프지수\ RVAR = \frac{\overline{R_p} - \overline{R_f}}{\sigma_P} \cdots\cdots\cdots\cdots\cdots\cdots\cdots\cdots\cdots\cdots\cdots\cdots\cdots\cdots\cdots\cdots (6-2)$$

식 (6-2)의 샤프지수를 총위험 1단위 감수하는 것에 대한 초과수익을 측정하여 운용성과를 평가하는 방법이다.

예시

다음은 12개월간에 걸쳐 자금 운용자 갑과 병이 운용한 포트폴리오와 시장 포트폴리오의 운용성과를, 무위험자산 수익률을 차감한 초과수익률($R_p - R_f$)로 표시한 것이다. 샤프지수에 의해 운용성과를 평가하라.

월	갑의 포트폴리오	병의 포트폴리오	시장 포트폴리오
1	11.13%	37.09%	14.41%
2	8.78	12.88	7.71
3	9.38	39.08	14.36
4	−3.66	−8.84	−6.15
5	5.56	0.83	2.74
6	3.58	2.81	2.20
7	−4.91	−1.15	−8.41
8	6.51	2.53	3.27
9	0.78	−1.77	1.41
10	−4.01	−5.68	−3.13
11	7.76	12.09	6.49
12	−7.72	0.85	−15.27
연간 평균 초과수익률	2.76	7.56	1.63
표준편차(σ_p)	6.17	14.89	8.48

베타(β_p)	0.69	1.40	1.00
잔차 분산($\sigma^2(\epsilon_p)$)	$(1.95)^2$	$(8.98)^2$	$(0.00)^2$
알파(α_p)	1.63	5.28	0.00
R^2	0.91	0.64	1.00

샤프지수 $= (\overline{R_P} - \overline{R_f})/\sigma_P$

갑 : $2.76/6.17 = 0.45$

병 : $7.56/14.89 = 0.51$

시장 : $1.63/8.48 = 0.19$

갑과 병 모두 기준 포트폴리오(시장 포트폴리오)의 운용성과보다도 양호하지만 병이 갑보다도 총
위험 1단위당 초과수익률을 얻는 정도가 더 많다.

(2) 트레이너지수(Treynor's measure)

트레이너(J. Treynor)는 사후적 증권시장선(SML)에 근거하여 위험의 측정치로써 분산 불능
위험인 체계적 위험이 적절하다고 보고, 체계적 위험을 기준으로 운용성과를 평가하는 방법
을 제시하고 있다.

$$\overline{R_P} = \overline{R_f} + (\overline{R_m} - \overline{R_f})\beta_P + \alpha_P \cdots\cdots\cdots\cdots\cdots\cdots\cdots (6-3)$$

여기서, $\overline{R_P}$: 증권 또는 포트폴리오 P의 실현수익률

$\overline{R_m}$: 시장 포트폴리오의 실현수익률

$\overline{R_f}$: 무위험이자율의 평균

β_P : 증권 또는 포트폴리오 P의 베타계수

α_P : 초과수익률

$$트레이너지수 = \frac{\overline{R_P} - \overline{R_f}}{\beta_P} \cdots\cdots\cdots\cdots\cdots\cdots\cdots\cdots\cdots\cdots (6-4)$$

한편 앞의 예제의 자료를 트레이너지수로 평가하면 다음과 같다.

$$갑 : 2.76/0.69 = 4.00$$
$$병 : 7.56/1.40 = 3.77$$
$$시장 : 1.63/1.00 = 1.63$$

트레이너지수로 운용성과를 평가할 때 갑과 병 모두 기준 포트폴리오의 성과보다도 양호한데, 샤프지수에 의한 평가와는 달리 체계적 위험기준으로 하면 갑의 운용성과가 병보다 양호하다.

(3) 젠센지수(Jensen's measure)

젠센(M. Jensen)도 트레이너처럼 증권시장선을 이용한 포트폴리오 평정척도를 제시하였다. 다만 차이가 있는 것은 임의의 체계적 위험 수준이 주어졌을 경우 실증적 증권시장선을 이용하여 예측한 수익률과 실현수익률의 차이로서 포트폴리오의 성과를 측정하고 있는 점이다.

식 (6−5)와 같이 실제로 실현된 초과수익률과 포트폴리오 베타, 즉 체계적 위험에 기초하여 측정된 적정 기대수익률과의 차이를 알파(α_p) 또는 젠센지수라고 부른다.

$$\alpha_P = \overline{R_P} - [\overline{R_f} + (\overline{R_m} - \overline{R_f}) \cdot \beta_P] = (\overline{R_P} - \overline{R_f}) - (\overline{R_m} - \overline{R_f})\beta_P \cdots\cdots\cdots (6-5)$$
$$여기서,\ \alpha_P : 젠센지수(알파)$$
$$R_P : 포트폴리오\ P의\ 실현수익률$$

앞의 예제에서의 자료에 대하여 젠센지수로 운용성과를 평가하면 다음에서 보는 것처럼 트레이너지수에 의한 평가결과와 달리 병이 갑보다 양호하게 나타난다.

$$갑 : 2.76 - (1.63) \cdot 0.69 = 1.63$$
$$병 : 7.56 - (1.63) \cdot 1.40 = 3.00$$

(4) 평가비율(appraisal ratio)

앞의 절 트레이너−블랙 모형에서 설명한 것처럼 초과수익의 가능성이 높은 소수의 증권들에 집중투자하게 되면 분산 투자가 잘 이루어지지 않은 탓으로 투자위험(비체계적 위험)이 높게 되므로 양자 간에 균형을 이룰 필요가 있다. 즉, 초과수익의 증가와 비체계적 분산 가능 위험의 감소 사이에 적절한 균형을 이루어야 운용성과가 양호하게 된다. 평가비율은 초과수익률 α_P를 비체계적 위험이 측정된 잔차 표준편차 $\sigma(\epsilon_P)$로 나눈 비율인데, 이 비율이 높을수록 비체계적 위험을 감수하는 것에 대한 대가로 얻는 초과수익의 정도가 높음을 의미하게 된다. 환언하면, 상반되는 양자 간에 균형이 이루어지는 정도가 양호함을 뜻한다.

$$평가비율 = \frac{\alpha_p}{\sigma(\epsilon_p)} \quad \cdots\cdots\cdots\cdots\cdots\cdots\cdots\cdots\cdots\cdots\cdots\cdots\cdots\cdots\cdots (6-6)$$

이 평가비율은 무위험자산과 소수의 주식 포트폴리오에 분산 투자하고 있는 경우의 운용성과에 적절한 면이 있다. 앞의 예제의 경우 평가비율을 보면 갑이 병보다 양호하게 나타나고 있다. 병이 분산 투자가 덜 된 대신에 얻는 초과수익의 정도가 갑보다도 불량함을 암시한다.

갑 : 1.63/1.95＝0.84
병 : 5.28/8.98＝0.33

(5) 평가척도의 선택

이상의 설명에서 본 것처럼 똑같은 성과를 거둔 포트폴리오라도 성과척도에 따라 그 서열이 달라질 수 있다.

그렇다면 어떠한 성과척도를 이용할 것인가? 그것은 평가목적에 어느 위험척도가 타당한지 그리고 포트폴리오 평정의 목적이 무엇인지에 따라 결정할 수밖에 없다.

앞에서 지적한 것처럼 운용자산 전부가 위험자산으로 구성되어 있을 때는 샤프지수가 성과평정에 적절하고, 무위험자산과 위험자산으로 혼합되어 있으면 평가비율이 적절한 면이 있다. 많은 포트폴리오 운용 중에서 어느 하나의 특정 포트폴리오의 성과를 평가할 때는 트레이너지수나 젠센지수가 유용한 면이 있는데 트레이너지수는 상대적 비율이고, 젠센지수는 절대적 차이로서 평가하는 데 차이가 있다.

하우겐(R. Haugen)도 비슷한 관점에서 여러 지수들의 우열에 관하여 다음과 같은 주장을 하고 있다. 그에 의하면 포트폴리오 관리자의 성과는 관리의 '깊이(depth)'와 '폭(breadth)'의 견지에서 평정하여야 하는데, 이때 '깊이'는 획득할 수 있는 초과수익의 크기를 말하고, '폭'은 초과수익을 획득할 수 있는 증권의 수를 의미한다.

그런데 트레이너지수와 젠센지수는 '깊이'만 설명하고 있으나 샤프지수는 '깊이'와 '폭' 모두에 민감하기 때문에 포트폴리오 성과평가에 보다 적절한 척도인 것으로 보고 있다.

[참고] ESG 투자에 대한 이해

> **1** ESG와 책임투자의 기본 이해

1) ESG의 기본 개념과 대두 배경

ESG는 기존의 재무정보에 포함되어 있지 않으나 기업의 중장기 지속가능성에 영향을 미칠 수 있는 요인들을 환경, 사회, 지배구조로 나누어 체계화한 기준으로 자본시장에서 기업을 평가하는 새로운 프레임워크(Framework)로 발전되었다. 기업이나 조직 관점에서 이를 반영한 경영을 ESG 경영이라 하고 금융의 관점에서 이를 반영한 투자는 ESG 투자 혹은 책임투자 등으로 일컬어진다.

ESG(Environmental, Social, Governance)는 금융기관을 중심으로 발전된 개념으로 1900년대 초반 이후 유럽시장을 중심으로 발전해 왔다. 2005년 UN 코피아난 사무총장이 대형 금융기관에 서신을 보내 ESG를 반영한 책임투자에 앞장서 줄 것을 요청했고 금융기관들이 이에 응하면서 2006년 책임투자 원칙을 실행하고자 하는 금융기관의 이니셔티브인 PRI(Principal of Responsible Investment)가 결성되면서 본격적으로 확산되었다.

2008년 금융위기를 겪으며 금융자본의 바람직한 역할이 강조되고, 2020년 COVID-19의 전 세계적인 유행으로 위기에 대한 대응 능력이 회복 탄력성(resilience)의 개념으로 대두되면서 ESG가 회복 탄력성의 중요한 요소로 강조되고 있다.

한편, 2021년 파리기후협약 이행기가 도래함에 따라 각국 정부의 탄소중립안에 따른 다양한 관련 정책 및 법제가 정비·발효됨에 따라 환경을 중심으로 기업경영에 실질적으로 미치는 영향이 증가하면서 ESG에 대한 중요성은 점차 확대될 전망이다.

2) ESG 투자 방식과 시장 규모

ESG 요소를 반영한 투자는 책임투자(Responsible Investing) 혹은 지속가능투자(Sustainable Investing)로 일컬어지는데 책임투자가 조금 더 보편적으로 사용되고 있는 용어이다. 2014년 주요국의 기관투자자 연합이 함께 결성한 GSIA(Global Sustainable Investment Association)는 매 2년 ESG 투자 방식을 적용한 펀드의 규모를 통해 책임투자 시장 규모를 발표하고 있다.

시장 규모를 논하기 전 먼저 살펴봐야 하는 것은 ESG 투자를 규정하는 방식이다. GSIA는 ESG의 투자방식을 대표적으로 7가지 방식으로 정의하고 이 중 하나 이상의 투자 기준을 적용하고 있는 펀드를 책임투자로 정의하고 있다.

GSIA에 따른 투자 방식은 크게 아래 7가지 방식으로 나뉜다(표 1 참조).

7가지 투자 방식 중 하나 이상을 적용한 투자에 대한 기관투자자의 서베이를 기초로 한 GSIA의 2021년 7월 발표에 따르면 2020년 글로벌 지속가능투자 시장 규모는 35.3조 달러로 2018년 대비 15% 성장한 것으로 조사되었다.

이 자료에서 흥미로운 점은 유럽의 지속가능투자 시장 규모가 감소한 것으로 나타났다는 것이다.

2018년 주요 대륙별 비중에서 47%로 가장 높은 비율을 차지했던 유럽의 책임투자 규모가 2020년 들어 감소한 것은 유럽이 EU Taxonomy 정비 등을 통해 환경과 관련한 기준을 정비하고 SFDR1 규제 등을 금융기관에 지속가능투자와 관련한 공시를 의무화함에 따라 기타 지역에서의 친환경에 대한 분류기준이나, 이에 따른 공시제도가 유럽에 비해 미미하다는 점에서 동일기준으로 비교하는 것은 다소 무리가 있다.

따라서 2020년 유럽시장의 책임투자 규모 감소를 시장의 감소로 해석하기보다는 시장의 자정작용을 통한 보다 실질적이고 체계적인 시장 정립을 위한 진통으로 이해하는 것이 바람직하다.

유럽뿐만 아니라 타지역에서도 분류체계 수립 및 금융기관의 ESG 상품에 대한 공시의 강화가 예상됨에 따라 과거에는 ESG 투자로 분류되던 성격도 향후 분류기준이 명확해지고 이를 공시하게 될 경우 시장 규모 수치에 불확실성이 내포될 수 있다.

한국의 경우, 책임투자의 시작은 2006년 9월 국민연금 책임투자형 위탁펀드 운용이라 볼 수 있다. 국민연금을 시작으로 이후 사학연금, 공무원연금 등 일부 연기금의 위탁형 사회책임투자 펀드에서 술·도박·담배 등에 대한 네거티브 스크리닝 등의 제한적이나마 ESG를 반영한 투자가 적용되었으나 수익률 위주의 평가와 적절한 벤치마크의 부재 등으로 이러한 사회책임형 투자 펀드의 성장은 제한적이었다.

그러나, 2018년 이후 국민연금의 ESG 투자 확대를 위한 정책 및 제도 정비가 빠르게 진행되었다. 국민연금은 2018년 7월 수탁자 책임에 관한 원칙을 도입하고, 2019년 11월 책임투자 활성화 방안을 수립하고 책임투자 원칙을 도입했다. 그리고, 2019년 12월 국민연금기금 수탁자 책임에 관한 원칙 및 지침을 개정하고 국민연금기금의 적극적 주주활동 가이드라인을 마련하였다. 또한 2020년 1월에는 「국민연금기금운용지침」 제4조 5대 기금운용 원칙에 '지속가능성 원칙'을 추가하여 ESG 확산을 위한 제도적 기반을 확충하였다.

2017년 9월부터 직접운용 주식자산 일부에 ESG를 고려해 온 국민연금은 2019년 11월 책임투자 활성화 방안을 통해 기존 국내주식 액티브형에 한정되어 온 ESG 고려를 2021년 이후 국내주식 패시브형, 해외주식과 채권 자산 등으로 순차적으로 확대하고 있다.

표 1	국민연금 책임투자 활성화 방안(2019.11) 주요 내용
구분	내용
책임투자 대상 자산군 확대	• 주식 패시브 운용(21년부터), 해외주식 및 국내채권(21년부터) • 대체투자(사모, 부동산, 인프라) : 도입 시기 추가 검토 예정 • 2022년까지 전체 자산의 50%에 ESG 반영 계획
책임투자 추진 전략 수립	• ESG 통합전략의 확대적용(국내외 주식 및 채권) • 기업과의 대화(Engagement)의 확대(해외주식으로 확대추진) • 다만, 네거티브 스크리닝 전략의 경우 추가 검토 필요
위탁운용의 책임투자 내실화	• 2020년 SRI형 위탁운용을 위한 ESG 중심의 벤치마크 신규개발 및 적용계획 • 책임투자형 위탁펀드의 운용보고서에 책임투자 관련 사항을 포함하도록 의무화 추진 • 2022년에는 적용대상을 국내외 주식 및 채권의 전체 위탁 운용사의 운용보고서로 확대 • 위탁운용사 선정평가 시 가점부여 제도 추진 검토
책임투자 활성화 기반 조성	• 기업 ESG 정보 공시 개선을 위한 인센티브 제공 검토 • 지속적인 ESG 지표 개발 및 활용 강화 방안 마련

자료 : 국민연금

2020년 국내주식의 국민연금기금 연차보고서에 따른 ESG 고려 방식은 투자가능종목군 신규 편입 종목 검토시 ESG 세부정보를 확인해 하위등급에 해당할 경우 검토보고서에 운용역 의견 및 ESG 보고서를 첨부하는 방식이다. 또한, 투자가능종목군 점검시 C등급에 해당하는 종목에 대해서 벤치마크 대비 초과 편입여부를 확인하여 초과 편입 유지시 사유와 투자의견을 검토보고서에 작성하는 것이다.

ESG 고려가 100%로 확대되었으나 ESG 통합의 고도화라기보다는 기초적인 수준에서 ESG를 점검하는 수준이다. 한편, 공모펀드 시장에도 주식형, 채권형, 혼합형 등의 많은 ESG 펀드가 출시되었으나 실제 그 활용정도나 적용방법 등에 대해서는 구체적인 평가가 어려운 상황이다.

책임투자의 실질적이고 효과적인 적용을 위해서는 전문인력으로 구성된 전담조직, 외부 리소스 활용 등 상당한 자원의 투자가 필요하다는 점에서 최근의 국내 ESG 펀드의 ESG 반영방식은 아직은 매우 기초적인 수준일 것으로 추정된다.

1) ESG 공시 제도

ESG를 반영한 투자가 확산되는 만큼, ESG 워싱(washing) 논란도 함께 확대되고 있다. 앞서 살펴본 바와 같이 ESG 투자를 결정하는 기준이 명확하지 않으며 이를 확인할 수 있는 공시 등의 제도적 장치가 미비함에 따라 마케팅 목적 중심의 ESG 워싱이 확대되고 있어 주의가 필요하다.

2021년 DWS(도이체방크의 자산운용 부문)의 전직 지속가능책임자의 내부 고발을 통해 "DWS가 실제 자산의 50% 이상에 ESG를 적용한다는 것은 허위이며, DWS의 ESG 리스크 관리 시스템은 구식이며 외부 평가기관의 ESG 등급에 의존해 ESG 자산을 편의적으로 평가하고 있다"고 밝혔다. 이러한 폭로로 독일 금융당국은 감사에 착수했으며 한때 DWS의 주가는 14% 이상 급락하기도 했으며 대표이사가 사임하기도 했다.

또한, 세계최대 자산운용사인 블랙록의 전직 지속가능책임자 역시 월스트리트의 ESG 전략이 과대광고와 홍보로 얼룩져 있으며 불성실한 약속에 지나지 않는다고 폭로하기도 하였다.

해외를 중심으로 ESG 목표나 활동을 과장하거나 모호한 내용을 ESG로 포장한 기업들의 경우 시민단체 등으로부터 소송을 당하기도 하는 사례가 증가하며 그린워싱(Green Washing) 논란이 확대되고 있다.

이에 따라 각국은 기업의 지속가능정보 공시에 대한 규정을 강화하고, 금융당국에 의한 ESG 상품에 대한 기준 수립 및 공시제도를 정비하고 있다.

이러한 제도정비에 가장 앞서 있는 지역은 유럽이다. EU는 환경, 사회에 대한 분류체계 (Taxonomy)를 수립해 ESG의 기준을 제시하고, 일정 규모 이상 기업에 지속가능정보 공시를 규정하는 기업지속가능성 보고지침(CSRD, Corporate Sustainability Reporting Directive)을 확대 시행하고, 지속가능금융공시규제(SFDR, Sustainable Finance Disclosure Regulation)를 통해 금융기관의 ESG 전략 및 반영 방식, ESG 투자 규모 등의 공시를 의무화했다.

미국 또한 2022년 3월 증권거래위원회(SEC, Securities and Exchange Commission)가 등록신고서와 정기 공시에 기후 관련 항목을 포함시키는 공시 규칙 개정안(Regulation S-K, Regulation S-X)을 제안하고 6월 17일까지 공개 의견을 수렴한 데 이어 2022년 말까지 기후 공시안 확정을 목표로 하고 있다.

2022년 5월 SEC는 그린워싱 방지 및 투자자에 대한 정확하고 일관성 있는 정보 제공을 위해 ESG 펀드명 규칙 제정과 함께 ESG 투자상품의 새로운 공시 규정안(ESG Disclosures)을 발표하였다.

국내에서도 정보공시 확대를 위해 환경기술산업법에 따른 환경정보 공시 대상을 녹색기업, 공공기관 및 환경영향이 큰 기업 외에도 연결기준 자산 2조원 이상 기업으로 확대하고, 2025년 이후 자산 2조원 이상 기업을 시작으로 코스피 상장 기업에 대해 단계적으로 기업지속가능보고서 작성이 의무화되었다. 그러나, 금융기관의 ESG 투자 및 상품 관련 정보 공시에 대한 제도화 논의는 미진하다.

이하에서는 금융기관 대상 상품과 정책에 대한 포괄적인 공시 기준인 유럽의 지속가능금융공시 규제(SFDR)와 각국 및 ISSB[1]의 기후 공시안의 초석으로 기후 공시 표준화 프레임워크 역할을 하고 있는 TCFD에 대해 보다 상세히 살펴보고자 한다.

2) SFDR (Sustainable Finance Disclosure Regulation)

유럽에서는 2021년 3월부터 지속가능금융공시규제(SFDR) 1단계가 시행되면서 일정규모 이상의 금융기관은 주체단위, 상품단위의 ESG 정보를 공시해야 한다.

주체 단위에서는 지속가능성 위험 정책과 주요 부정적인 지속가능성의 영향에 대해 설명하고, 이에 대한 실사정책을 설명해야 한다. 또한, 지속가능성 위험을 통합하는 것이 보수정책에 반영된 방식 등에 대해 설명해야 한다.

상품단위로는 상품을 지속가능성의 반영 정도에 따라 ESG 투자 무관상품과 라이트 그린 펀드, 다크 그린 펀드로 나누어 그 비중 등을 공시해야 한다.

표 2   SFDR에 따른 금융기관 1단계 공시 사안

구분	항목	세부 내용
주체 단위	지속가능성 리스크 정책 (제3조)	투자 의사결정 프로세스에 지속가능성 리스크 통합(RMP) 혹은 지속가능성 리스크 정책(SRP)
	주요 부정적인 지속가능성 영향 (제4조)	지속가능성 요인에 대한 투자결정 시 주요 부작용(Principal Adverse Impact) 고려사항
		실사 정책(due diligence) 설명
	보수 정책 (제5조)	보수 정책이 지속가능성 리스크 통합과 어떻게 일관성을 가지는지에 대한 정보
상품 단위	ESG 투자 무관 상품 (제6조)	투자결정에 지속가능성 리스크 통합 방법, 해당 상품의 지속가능성 리스크에 대한 잠재적 영향 평가
	라이트 그린 펀드 (제8조)	환경, 사회적으로 긍정적 영향을 미치거나 (혹은 네거티브 스크리닝 실시) 지배구조가 우수한 기업에 대한 투자상품의 ESG 정보
	다크 그린 펀드 (제9조)	ESG 임팩트 펀드, 지속가능성 투자, 탄소배출 감축 목표 투자 상품 등의 ESG 정보

---

1   IFRS 재단이 지속가능성 보고 표준화 작업을 위해 구성한 국제지속가능성기준위원회(International sustainability Standard Board)

SFDR은 단계적으로 시행되는데, 2단계는 2023년 1월에 적용되며 2단계가 적용되면 자율적인 방식으로 설명하던 주요한 부정적 영향을 정해진 기준에 따른 18개 항목으로 나누어 공시해야 한다. 기업에 대한 투자 시 14개 항목, 국가 및 초국가적 주체에 대해서는 2개 항목, 부동산에 대해 2개 항목의 부정적 영향을 공시해야 한다.

주요 공시 지표들은 온실가스 배출량, 온실가스 집약도, 에너지 사용량, 화석연료 노출 등 주로 환경적인 지표들이며 인권, 이사회의 성별 다양성, 논란이 되는 무기에 대한 노출도 등 사회 지표들이 포함되어 있다.

표 3 SFDR에 따른 금융기관의 2단계 공시 사안(2단계, 2023년 1월 적용)

주제	대분류	투자 대상에 적용되는 지표
\multicolumn{3}{c}{기업 투자에 대한 적용 지표}		
환경	온실가스 배출	1. 온실가스 배출량
		2. 탄소 발자국
		3. 투자대상 기업의 온실가스 집약도
		4. 화석연료 부문 노출도
		5. 비재생 에너지 소비와 생산 비율
		6. 기후 고영향 부문별 에너지 소비 강도
	생물다양성	7. 생물다양성 민감한 지역에 부정적인 영향을 미치는 활동
	물	8. 오염수 배출
	폐기물	9. 유해 폐기물 비율
사회	인권존중, 반부패, 다양성 등	10. UNGC 원칙 및 다국적기업에 대한 OECD 지침 위반
		11. UNGC 원칙 및 다국적기업에 대한 OECD 지침 준수 모니터링 프로세스 및 컴플라이언스 장치 여부
		12. 조정되지 않은 성별 임금 격차
		13. 이사회의 성별 다양성
		14. 논란성 무기에 대한 노출도(대인지뢰, 집속탄, 생화학 무기 등)
\multicolumn{3}{c}{국가 및 초국가적 주체에 대한 투자 시 적용 지표}		
환경		15. 온실가스 집약도
사회		16. 사회적 폭력에 노출된 투자대상국
\multicolumn{3}{c}{부동산자산 투자 시 적용 지표}		
환경		17. 부동산 자산을 통한 화석연료 노출도
환경		18. 에너지 비효율 부동산 자산에 대한 노출도

출처 : EU Commission

3) TCFD(Task Force on Climate-Related Financial Disclosure)

TCFD는 파리협약 목표 이행 요구와 금융시장 참여자들로부터 기후 관련 정보 수요가 증가하면서 G20 정상이 금융안정위원회(FSB)에 기후변화 관련 위험과 기회에 대한 정보공개 프레임을 요청함에 따라 2015년 설립된 이니셔티브이다.

영국, 뉴질랜드, 홍콩 등 개별 국가에서 TCFD에 따른 기업 및 금융기관의 정보공시를 의무화하고 있으며 글로벌 차원에서도 TCFD에 따른 기후 공시 의무화 논의가 계속되고 있다. 최근 ESG 정보공시 표준화 움직임이 강화되며 IFRS 재단 산하 ISSB가 공시 초안을 발표했는데, 이 지표 역시 TCFD에 기반하고 있다.

2017년 6월 발표된 초안에서는 지배구조, 경영전략, 리스크 관리, 지표 및 목표의 네 가지 구분에 따라 기후변화와 관련된 정보공개 지침을 제시했고, 금융의 4개 산업 및 비금융기관 4개 산업에 대해서는 추가적인 보충 지침을 발표했다.

이후, 2021년 10월 개정된 지침에서는 전산업에 대한 세부 기후 공시 지표를 제시하고, 4개 금융산업의 보충지침 중 관련 자산의 탄소배출량 등에 대한 공시 규정을 세분화해 제시하였다.

개정안에서는 전산업에 걸친 기후공시의 주요 지표로 탄소배출량, 전환위험과 물리적 위험에 노출된 자산 및 비즈니스 활동의 규모 및 비율, 기후관련 자본지출 및 투자, 내부 탄소

표 4 TCFD에 따른 기후변화 공시 프레임워크

구분	내용
지배구조	• 기후변화의 위험과 기회에 관한 이사회의 감독 역할 • 기후변화의 위험과 기회를 평가하고 관리하는 경영진의 역할
경영전략	• 조직이 단기, 중기, 장기에 걸쳐 파악한 기후변화의 위험과 기회에 대한 설명 • 기후변화의 위험과 기회가 조직의 사업, 경영전략, 재무계획에 미치는 영향 설명 • 조직의 사업, 전략, 재무계획에 미치는 기후 변화 시나리오별 영향(2℃ 시나리오 포함)
리스크관리	• 기후변화의 위험을 식별하고 평가하기 위한 조직의 절차 • 기후변화의 위험을 관리하기 위한 조직의 절차 • 조직의 전사적 위험 관리 프로세스와 기후 변화 위험 파악, 평가 및 관리방법 프로세스의 통합
지표 및 목표	• 조직이 경영전략 및 위험관리 절차에 따라 기후변화의 위험과 기회를 평가하기 위해 사용한 지표 • Scope1, 2, 3 온실가스 배출량 및 관련 리스크 공개 • 기후변화의 위험 및 기회, 목표 달성도를 관리하기 위해 조직이 채택한 목표 및 목표대비 성과

자료 : TCFD

가격, 기후요인과 연계된 경영진의 보상 비율 등의 지표를 제시했고, 이는 ISSB의 기후공시 초안의 지표와 동일하다.

자산운용사에 대해서는 파리협정 온도 경로에 부합하는 포트폴리오 부합성, 자금배출지표 등 정보 공시 내용 및 수준이 크게 심화되었다.

표 5   TCFD 전산업에 적용되는 기후관련 지표 가이드(2021년 10월)

구분	지표	단위	목적
탄소배출량	Scope 1, Scope 2, Scope 3; 배출량 집약도	MT of CO_2e	밸류체인에 걸친 절대 배출량과 배출량 집약도는 기후변화에 따른 정책, 규제, 시장, 기술 대응에 따라 조직이 영향을 받을 수 있는 정도를 가늠할 수 있음
전환위험	전환위험에 취약한 자산과 비지니스 활동	양 또는 %	자산의 손상 및 좌초 가능성, 자산과 부채의 가치에 대한 추정 제품과 서비스에 대한 수요 변화 추정
물리적 위험	물리적 위험에 취약한 자산과 비지니스 활동	양 또는 %	자산의 손상 및 좌초 가능성, 자산과 부채의 가치에 대한 추정 비즈니스 중단 등에 대한 비용 추산
기후관련 기회	기후관련 기회가 될 수 있는 매출, 자산, 비즈니스 활동	양 또는 %	동종 산업(Peer Group) 대비 포지션이나 전환경로, 매출 및 수익성에 대한 잠재적인 변화가능성의 추정
자본 배치	기후관련 자본지출, 금융조달, 투자	보고 통화	장기적인 기업가치 변화 정도를 가늠하는 지표
내부 탄소 가격	내부적으로 이용하는 톤당 탄소가격	보고통화/ MT of CO_2e	내부적인 기후 위험과 기회 전략의 합리성과 전환 리스크에 대한 탄력성을 가늠할 수 있는 지표
보상	기후 요인과 연계된 경영진 보상 비율	%, 가중치, 설명, 보고통화 기준 금액 등	조직의 기후관련 목표 달성을 위한 인센티브 정책 측정 기후 관련 이슈를 관리하는 책임, 감독, 지배구조 체계 등에 대한 실효성 등을 분석할 수 있음

자료 : TCFD, 2021 Guidance on Metrics, Targets, and Transition Plans

표 6   TCFD 2021년 10월 금융산업 보충지침 주요 개정 내용

세부 산업	항목	내용
은행	전략	• 탄소관련 자산에 대한 노출도 보고 목적으로, 제안된 자산의 정의를 TCFD의 2017년 보고서에서 식별된 모든 비금융 그룹을 포함하도록 확장함
	지표 및 목표	• 2℃ 이하 시나리오에 부합하는 대출 및 금융 중개 활동의 정도에 대한 공시 • 대출 및 금융 중개 활동의 온실가스 배출량(데이터와 방법론이 허용하는 한에서 공시)
보험	지표 및 목표	• 2℃ 이하 시나리오와 부합하는 보험 언더라이팅 활동 정도에 대한 공시 • 상업 부동산 및 특별 사업의 가중평균 탄소집약도 혹은 탄소배출량에 대한 공시(데이터와 방법론이 허용하는 한에서 공시)
자산소유자	지표 및 목표	• 2℃ 이하 시나리오에 부합하는 소유자산, 펀드, 투자전략의 규모 공시 • 소유한 자산에 대한 탄소배출량 공시(데이터와 방법론이 허용하는 한에서 공시)
자산운용사	지표 및 목표	• 관련성이 있는 경우, 2℃ 이하 시나리오에 부합하는 운용중인 자산, 상품, 투자전략의 규모 공시 • 운용중인 자산의 탄소배출량(데이터와 방법론이 허용하는 한에서 공시)

01 다음 자료에 근거하여 답하시오.

> ㉠ 주식 한 주(share)가 $t = 0$에서 5,000원에 매입되었다.
> ㉡ 또 한 주가 $t = 1$에서 6,500원에 매입되었다.
> ㉢ 위의 2년 동안 배당금으로 200원씩 지급되었다.
> ㉣ 위의 두 주가 $t = 2$에서 7,000원에 팔렸다.

(1) 금액가중 수익률(dollar – weighted rate)은?

① 15.45%　　　② 18.02%　　　③ 16.73%　　　④ 15.79%

(2) 산술평균 수익률에 따른 시간가중 수익률(time – weighted rate)은?

① 22.38%　　　② 18.04%　　　③ 20.13%　　　④ 18.27%

02 한 애널리스트는 주당 25,000원으로 거래되던 주식의 가치가 연말에는 30,000원이 될 것
이라고 예상하였다. 전년도 배당이 1,000원이었으나 다음 연도 배당이 1,500원으로 증가
할 것이라고 예상하였다. 이 주식을 소유함으로써 얻는 수익률은?

① 20.00%　　　② 21.67%　　　③ 24.00%　　　④ 26.00%

해설

01 (1) ② 이 문제를 해결하는 한 방법은 현금유입의 현가와 유출의 현가를 같도록 하는 IRR를 구하는 것이다. $5,000 + 6,500/$
$(1+r) = 200/(1+r) + 14,400/(1+r)^2$, $r = 18.02\%$

(2) ① 보유기간 $t = 1$: $(1,500 + 200)/5,000 = 0.34 = 34\%$, 보유기간 $t = 2$: $(14,000 + 400)/13,000 = 0.1077 = 10.77\%$
산술평균 수익률 $= (34 + 10.77)/2 = 22.38\%$

02 ④ $((30,000 + 1,500)/25,000) - 1 = 0.26$

03 포트폴리오의 기대수익률과 표준편차가 다음과 같이 측정되었다. 이 중에서 효율적 포트폴리오는?

(단위 : %)

포트폴리오	A	B	C	D	E
기대수익률	30	15	30	18	24
표준편차	40	22	45	22	31

① A   ② D
③ A, D   ④ A, D, E

04 다음과 같은 투자대안들이 있다.

투자안	기대수익률 $E(R)$	표준편차(σ)
국공채 A	8%	0%
주식 B	20%	15%
수익증권 C	15%	8%

투자자의 효용 함수가 다음과 같을 때 가장 선호되는 순서대로 된 것은?

$$U = E(R) - 0.02\sigma^2$$

① C → B → A   ② B → C → A
③ B → A → C   ④ C → A → B

해설

03 ④ 효율적 포트폴리오 : 지배원리를 만족시키는 포트폴리오
04 ② $U(A) = 0.08 - 0.02(0) = 0.08$, $U(B) = 0.20 - 0.02 \times 0.15^2 = 0.1996$, $U(C) = 0.15 - 0.02 \times 0.08^2 = 0.1499$

518 part 4 포트폴리오 관리

05 한 투자자가 그의 자금 중 60%를 5% 수익률의 국공채에 투자하고, 40%를 기대수익이 10%이고 표준편차가 15%인 주식에 투자했다. 두 자산으로 구성된 포트폴리오 기대수익률과 기대 표준편차는?

	기대수익	표준편차			기대수익	표준편차
①	4%	3%		②	5%	7%
③	6%	9%		④	7%	6%

06 만약 포트폴리오 매니저가 새로운 주식을 기존의 포트폴리오와 같은 표준편차를 가지나 기존 포트폴리와 상관계수가 1보다 더 작은 포트폴리오에 추가한다면, 새로운 주식의 추가가 포트폴리오 표준편차에 어떠한 영향을 미칠까?

① 표준편차가 높아질 것이다.
② 표준편차가 낮아질 것이다.
③ 표준편차에 아무런 영향을 주지 않을 것이다.
④ 알 수 없다.

해설

05 ④ 기대수익 $= (0.6 \times 0.05) + (0.40 \times 0.10) = 0.07$ or 7%,

표준편차 $= \sqrt{(0.6)^2 0.0^2 + 0.4^2 0.15^2 + 2 \times 0.6 \times 0.4 \times 0.0 \times 0.15 \times \rho_{AB}} = 0.0036 = 0.06$ or 6%

06 ② 기존 포트폴리오와의 상관계수가 1보다 작을 때, 분산 투자로 인한 잠재적인 이익이 있다. 기존 포트폴리오에 추가된 자산의 상관계수가 1보다 작기 때문에 포트폴리오의 총위험은 감소하고 따라서 낮은 표준편차를 갖는다.

07 다음 자료에 근거하여 답하라. 다음은 두 주식 X, Y에 관한 자료이다.

	$E(R)$	$\sigma(R)$	상관계수
X	10%	12%	$\rho_{xy}=0.2$
Y	18%	14%	

(1) 주식 X, Y에 동일하게 투자한 포트폴리오의 기대수익률은?

① 14.33%   ② 14.67%   ③ 14.00%   ④ 15.66%

(2) 주식 X, Y에 동일하게 투자한 포트폴리오의 표준편차(위험)는?

① 11.67%   ② 12.66%   ③ 13.33%   ④ 10.09%

(3) 두 주식 X와 Y만으로 구성되는 포트폴리오 중에서 최소분산 포트폴리오(MVP)를 구하고자 한다. 필요한 투입정보는?

① 개별 주식의 분산, 투자비율   ② 두 주식 간의 공분산
③ 시장수익률과의 공분산, 베타계수   ④ 개별 주식 분산, 두 주식 간의 공분산

08 다음 중 분산투자 시 위험을 효율적으로 감소시킬 수 있는 방법이 아닌 것은?
① 투자금액의 비중을 적절히 변화시킨다.
② 경기하락이 예상될 때 베타계수가 높은 주식을 많이 포함한다.
③ 상관관계가 낮은 증권끼리 결합한다.
④ 무작위(random)적으로 증권들을 선택 결합한다.

해설

07 (1) ③ $E(R_P) = w_A \times E(R_A) + w_B \times E(R_B) = 0.1 \times 0.5 + 0.18 \times 0.5 = 0.14$

     (2) ④ $\sigma_P = \sqrt{w_X^2 \sigma_X^2 + w_Y^2 \sigma_Y^2 + 2w_X w_Y \sigma_X \sigma_Y \rho_{XY}} = \sqrt{0.5^2 \times 0.12^2 + 0.5^2 \times 0.14^2 + 2 \times 0.5 \times 0.5 \times 0.12 \times 0.14 \times 0.2}$
        $= 0.1009$

     (3) ④ MVP를 구하는 데는 투자비율이나 베타계수와 같은 정보가 불필요

08 ② 경기하락 시에는 베타계수가 낮은 종목으로 구성

09 주식펀드 A와 국공채펀드 B가 있다. 다음 설명 중 적절하지 않은 것은?

① 주식펀드 A에 투자자금 전부를 투자하는 것보다 두 펀드에 나누어 투자하는 것이 투자성과(기대수익과 위험)가 높다.

② 주식펀드 A에 대한 투자 비율을 증가시킬 경우 투자위험의 1단위 증가에 대한 위험 보상률은 증가한다.

③ 두 펀드에 투자할 경우 투자비율에 관계없이 투자보수 대 변동성 비율($RVAR$)은 동일하다.

④ 차입 포트폴리오란 무위험이자율 수준으로 차입하여 주식펀드에 100% 이상 투자하는 포트폴리오이다.

10 펀드매니저인 김 부장은 기대수익률이 17%, 표준편차가 27%인 주식형 펀드 포트폴리오를 관리하고 있다. 현재 정기예금(무위험자산)의 금리는 연 12%이다. 다음 물음에 답하시오.

(1) 고객 최 여사는 투자금액의 70%를 이 펀드에 투자하고, 30%를 정기예금에 투자하고 있다. 최 여사의 포트폴리오 기대수익률과 표준편차는?

① 15.5%, 18.9% ② 16.5%, 21.8%

③ 17.3%, 15.8% ④ 18.2%, 24.5%

(2) 김 부장이 관리하고 있는 포트폴리오의 수익 − 위험(reward − to − variability : $RVAR$, 샤프지수) 계수는?

① 0.185 ② 0.195 ③ 0.215 ④ 0.235

해설

09 ② 투자위험 1단위 증가에 대한 위험 보상률의 증가는 동일함

10 (1) ① $E(R_p) = 0.7 \times 0.17 + 0.3 \times 0.12 = 15.5\%$, $\sigma_p = 0.7 \times 0.27 = 18.9\%$, (2) ① $RVAR = \dfrac{r_p - r_f}{\sigma_B} = \dfrac{0.17 - 0.12}{0.27} = 0.185$

11 다음 내용 중 옳지 않은 것은?

① 양의 공분산은 자산 수익률들이 같은 방향으로 움직이는 것을 의미한다.

② 공분산이 0이라는 것은 두 변수 간 상호관계가 없음을 의미한다.

③ 만약 두 자산들이 완전하게 음의 상관관계를 갖는다면, 포트폴리오의 전체 분산을 감소시키는 것은 불가능하다.

④ 공분산은 상관계수에 한 주식의 표준편차와 나머지 한 주식의 표준편차를 곱한 것과 같다.

12 만약 투자자가 완벽하게 음의 상관관계를 갖는 두 자산($\sigma_D = 0.3$ and $\sigma_E = 0.4$)을 갖고 있다면, 모든 위험을 제거할 최적 포트폴리오 가중 비율은?

① $W_D = 50\%$, $W_E = 50\%$ ② $W_D = 43\%$, $W_E = 57\%$

③ $W_D = 57\%$, $W_E = 43\%$ ④ $W_D = 75\%$, $W_E = 25\%$

13 다음 내용 중 옳지 않은 것은?

① 상관계수가 1 미만일 때, 투자분산으로 인한 잠재적 이익이 생겨난다.

② 만약 상관계수가 0이면, 0의 분산 포트폴리오가 만들어질 수 있다.

③ 만약 상관계수가 −1이면, 0의 분산 포트폴리오가 만들어질 수 있다.

④ 상관계수가 작으면 작을수록, 분산 투자로 인한 잠재적 이익은 더 커진다.

14 시장수익률과 어떤 주식의 수익률 간의 공분산이 0.008이다. 그리고 시장수익률의 표준편차가 0.08이고 주식 수익률의 표준편차가 0.11이다. 주식 수익률과 시장수익률 간의 상관계수는?

① 0.5   ② 0.91   ③ 1.0   ④ 1.25

해설

11 ③ 만약 두 자산들이 완전하게 음의 상관관계를 갖는다면, 포트폴리오의 전체 분산을 0으로 할 수도 있다.

12 ③ $W_D = 0.4/(0.3 + 0.4) = 0.57$, $W_E = 0.3/(0.3 + 0.4) = 0.43$

13 ② 상관계수가 −1이면 0분산 포트폴리오가 만들어질 수 있다. 상관계수가 1 미만이면 분산 투자로 인한 이익이 생길 수 있다. 그리고 상관계수가 낮을수록 잠재적인 이익이 더 많다.

14 ② 상관계수 = 시장과 주식의 공분산/(시장의 표준편차 × 주식의 표준편차) = 0.008/(0.08 × 0.11) = 0.9090 = 0.91

15 한 투자자가 현재 B 주식을 보유하고 J 주식이나 A 주식 둘 중 하나를 추가로 보유하려고 생각하고 있다. 세 주식 모두 같은 기대수익과 총위험을 제시한다. B와 J의 공분산은 −0.5 이고 B와 A의 공분산은 0.5이다. 포트폴리오 위험은 어떻게 되는가?

① A 주식을 매수하면 증가한다.

② J 주식을 매수하면 감소한다.

③ J 주식을 매수하면 감소하고, A 주식을 매수하면 증가한다.

④ 어느 주식을 보유해도 변하지 않는다.

16 다음 중 어떤 포트폴리오가 마코위츠 efficient frontier 아래로 떨어져 있는가?

	기대수익	표준편차		기대수익	표준편차
①	7%	14%	②	9%	26%
③	12%	22%	④	15%	30%

17 주식 A의 표준편차는 0.5이고 주식 B의 표준편차는 0.3이다. 주식 A와 B는 완전 양의 상관관계를 갖는다. 마코위츠의 포트폴리오 이론에 따라, 포트폴리오 표준편차를 최소화시키기 위해서 얼마의 주식이 각각 필요한가?

① 주식 A에 100%

② 주식 B에 100%

③ 주식 A에 30%, 주식 B에 70%

④ 주식 A에 50%, 주식 B에 50%

해설

15 ② 두 자산 모두 상관계수가 1보다 작기 때문에 어떤 자산이 포트폴리오로 구성되어도 총위험은 감소한다. J 주식이 가장 낮은 상관계수를 갖기 때문에 포트폴리오에 부가되었을 때 위험이 최소가 된다.

16 ② 포트폴리오 ②보다 더 낮은 위험으로 더 높은 수익률을 제시하는 포트폴리오 ③이 존재하기 때문에 포트폴리오 ②가 마코위츠 efficient frontier 아래에 있음.

17 ② 포트폴리오 구성 자산들이 모두 완전 양의 상관관계를 갖기 때문에, 분산 투자로 인한 이익은 없다. 따라서 가장 낮은 표준편차를 갖는 유가증권에 100% 투자되어야 한다.

18 다음 증권 A와 B에 60%, 40%씩 투자하여 포트폴리오를 구성하였다.

증권	β_i	잔차 분산	분산
A	0.5	0.04	0.0625
B	1.5	0.08	0.2825

다음 설명 중 옳지 않은 것은?

① A와 B에 60 : 40으로 투자할 경우의 포트폴리오 베타는 0.9이다.

② 이 자료에 근거하면 시장수익률의 분산은 0.09이다.

③ 증권 A의 체계적 위험은 0.0225이다.

④ 포트폴리오 잔차 분산은 개별 종목 잔차 분산을 투자비율에 따라 가중평균한 것이다.

19 다음 중 시장 포트폴리오에 대한 설명으로 적절하지 않은 것은?

① 시장 포트폴리오에 대한 개별 자산의 가격의 비율대로 투자하면 구성할 수 있다.

② 시장에 존재하는 모든 위험자산을 포함한 완전 분산투자된 포트폴리오이다.

③ 위험회피형의 투자자도 이 포트폴리오를 선택한다.

④ 위험자산 중에서 유일하게 효율적이다.

20 현재 무위험자산(=정기예금) 이자율이 10%이고, 시장기대수익률은 22%이다. 베타가 0.8인 주식의 기대수익률은? 그리고 베타가 0.8인 주식을 20,000원에 매입하였다. 연말 배당금으로 500원이 예상되고, 가격이 22,000원으로 예상되었다면, 이 주식은 과대평가되었는가 아니면 과소평가되었는가?

① 0.196, 과소평가   ② 0.197, 과소평가

③ 0.196, 과대평가   ④ 0.197, 과대평가

해설

18 ④ 투자비율의 제곱에 따라 가중평균한 것임. $\sigma_j^2 = \beta_j^2 \sigma_m^2 + \sigma^2(\varepsilon_j)$

19 ① 시가총액의 비율에 따라 구성

20 ③ 요구수익률 $= 0.10 + (0.22 - 0.10) \cdot 0.8 = 0.196$, 예상 수익률 $= \dfrac{500 + 2,000}{20,000} = 0.125$ ∴ 과대평가

21 2명의 펀드매니저 김 부장과 박 부장이 있다. 김 부장의 평균 수익률은 22%, 베타위험은 1.20이다. 반면 박 부장의 평균 수익률은 16%, 베타위험은 0.80이다. 만약 무위험자산(정기예금) 금리가 12%이고, 그 기간 동안 종합주가지수 수익률이 20%였다면 어느 펀드매니저가 몇 % 더 성과가 우수한가? (단, 평가기준은 Jensen의 α를 이용)

① 김 부장, 2.8%   ② 김 부장, 2.9%

③ 박 부장, 3.8%   ④ 박 부장, 4.2%

22 인플레이션율이 증가하고 있을 때, 증권시장선에는 어떤 영향이 있는가?

① 증권시장선이 평행 방향으로 위로 이동한다.

② 증권시장선이 평행 방향으로 아래로 이동한다.

③ Y절편은 변화가 없으나, 증권시장선은 시계방향으로 이동한다.

④ Y절편은 변화가 없으나, 증권시장선은 시계 반대방향으로 이동한다.

23 만약 무위험이자율은 변화가 없고, 시장수익률만 증가한다면, 증권시장선에는 어떤 영향이 있겠는가?

① 증권시장선이 평행 방향으로 위로 이동한다.

② 증권시장선이 평행 방향으로 아래로 이동한다.

③ Y절편은 변화가 없으나, 증권시장선은 시계방향으로 이동한다.

④ Y절편은 변화가 없으나, 증권시장선은 시계 반대방향으로 이동한다.

해설

21 ① α(김 부장)=0.22−[0.12+(0.2−0.12)1.2]=0.4%, α(박 부장)=0.16−[0.12+(0.2−0.12)0.8]=−2.4%

22 ① 인플레이션율이 증가하면, 명목무위험이자율의 증가를 유발하므로, 증권시장선은 위쪽으로 수평이동한다.

23 ④ 무위험이자율이 변하지 않으므로 Y절편은 변화가 없고, 시장수익률이 증가한다고 했으므로 같은 위험에 대한 수익률 증가를 반영하기 위해서 증권시장선은 시계 반대방향으로 이동한다.

24 무위험이자율이 7%이고, 시장은 14%의 수익을 제공한다. 베타가 0.7일 때, 이 주식에 대한 요구수익률은?

① 11.9%   ② 14.0%

③ 14.9%   ④ 16.8%

25 무위험이자율이 6%이고, 시장의 기대수익률은 15%이다. 한 투자자가 베타가 1.2이고, 내년에 배당을 1,000원 하며, 현재 25,000원에 팔리고 있는 주식을 발견했다. 만약 이 투자자가 그 주식이 내년에 30,000원에 거래되리라 생각한다면, 그 투자자의 생각은 어떠한 것인가?

① 고평가되었다고 생각해서 그 주식을 산다.

② 고평가되었다고 생각해서 그 주식을 판다.

③ 저평가되었다고 생각해서 그 주식을 산다.

④ 저평가되었다고 생각해서 그 주식을 판다.

26 APT모형을 이용하여 주식의 기대수익률을 구할 때, 한 분석가는 무위험이자율을 6%로 보고, β_1=1.5, β_2=2 그리고 위험요소인 F_1의 기대수익률을 3%, 위험요인 F_2의 기대수익률을 2%로 보았다. 그가 이 주식에 기대하는 수익률은?

① 9.5%   ② 12.2%

③ 14.5%   ④ 16.0%

해설

24 ① CAPM = 0.07 + 0.7(0.14 − 0.07) = 0.119

25 ③ 보유기간 수익률 = {1,000 + (30,000 − 25,000)}/25,000 = 0.24(24%), 요구수익률(CAPM) = 0.06 + 1.2(0.15 − 0.06) = 0.168 (16.8%), 24% > 16.8%이므로 저평가되었다고 볼 수 있는 주식을 사야 한다.

26 ③ APT모형의 $E(R)$ = 무위험이자율 + $(B_1)(F_1)$ + $(B_2)(F_2)$ + $(B_3)(F_3)$ + ⋯ + $(B_n)(F_n)$이므로, 0.06 + (1.5)(0.03) + (2) (0.02) = 0.145

27 다음 중 옳게 표현된 내용을 묶은 것은?

> ㉠ 시장 포트폴리오는 존재하는 모든 위험자산으로 구성되어 있다.
> ㉡ 증권시장선 위쪽에 위치하는 주식들은 저평가되어 있는 것이다.
> ㉢ 증권시장선 아래쪽에 위치하는 주식들은 저평가되어 있는 것이다.
> ㉣ 증권시장선, 즉 바로 그 선 위에 놓여 있는 주식들은 투자자들에게 어떤 내재가치도 갖게
>   하지 않는다.
> ㉤ 무위험이자율은 증권시장선이 Y절편과 만나는 지점이라고 정의할 수 있다.

① ㉠, ㉢

② ㉠, ㉢, ㉤

③ ㉠, ㉡, ㉤

④ ㉠, ㉡, ㉣, ㉤

28 다음 중 효율적 증권시장에 대한 설명으로 적절하지 않은 것은?

① 초과수익의 여지가 있는 투자전략의 발견이 불가능하다.

② 증권 가격은 일정한 패턴 없이 무작위적으로 움직인다.

③ 모든 정보가 신속, 정확, 충분하게 증권 가격에 반영된다.

④ 증권 가격에 새로운 정보는 즉각적으로 편의(偏倚) 없이 반영된다.

29 다음 중 약형 효율적 시장가설이 의미하는 것은?

① 내부자 정보는 비정상적 이윤을 초과하는 이윤을 얻는 데 가치가 없다.

② 모든 공공 정보와 사적 정보는 주식 가격에 즉각적으로 반영된다.

③ 필터 법칙에 의하면 기술적 분석으로 초과수익을 얻을 수 있지만 연의 법칙에 의하면
   그렇지 않다.

④ 과거의 가격 변화와 미래 가격 변화 사이에는 상관관계가 없다.

해설

27 ③ 시장의 포트폴리오는 존재하는 모든 위험자산을 담고 있다. 주식시장선 위에 있는 주식들은 저평가된 주식들이다. 무위
    험이자율은 Y절편과 주식시장선이 만나는 점이다. 주식시장선 아래에 위치하는 주식은 고평가되어 있는 주식인데, 저평가
    되었다고 했으므로 틀린 표현이다. 주식시장선 위에 있는 주식들은 최적의 가치를 갖고 있는 주식으로서, 투자자들에게 내
    재가치를 부여해 줄 수 있다.

28 ① 효율적 시장에서도 초과수익이 가능한 투자전략이 구사될 수 있다. 다만 그 전략을 지속적으로 사용할 수 없을 뿐이다.

29 ④

30   0.5 확률의 20% 수익, 0.25 확률의 10% 수익, 0.25 확률의 −10% 수익을 가진 투자자산의 기대수익은?

31   0.5 확률의 20% 수익, 0.25 확률의 10% 수익, 0.25확률의 −10% 수익을 가진 투자자산의 분산은?

32   투자금액 중 25%의 돈을 A(표준편차=15%)에 투자하고, 투자금액 중 75%의 돈을 B(표준편차=10%)에 투자했다면 포트폴리오 표준편차는? (단, 상관계수는 0.75)

33   투자금액 중 25%의 돈을 A(표준편차=15%)에 투자하고, 투자금액 중 75%의 돈을 B(표준편차=10%)에 투자했다면 포트폴리오 표준편차는? (단, 상관계수는 −0.75)

34   만약 투자자들이 완벽하게 양의 상관관계를 갖는 두 자산을 갖고 있다면, 40%의 재산을 0.25의 분산을 갖는 자산에, 60%의 재산을 0.4의 분산을 갖는 자산에 투자했을 때, 두 자산으로 구성된 포트폴리오 분산은?

정답

30   0.1 or 10%$((0.5 \times 0.2) + (0.25 \times 0.1) + (0.25 \times -0.1) = 0.1 \text{ or } 10\%)$

31   0.015$([0.5(0.2-0.1)^2] + [0.25(0.1-0.1)^2 + [0.25(-0.1-0.1)^2] = 0.005 + 0 + 0.01 = 0.015)$

32   10.6%
      $\sqrt{[(0.25)^2(0.15)^2] + [(0.75)^2(0.10)^2] + [2(0.25)(0.75)(0.15)(0.10)(0.75)]} = \sqrt{0.001406 + 0.005625 + 0.004219} = \sqrt{0.01125}$
      $= 0.106 = 10.6\%$

33   5.3%
      $\sqrt{[(0.25)^2(0.15)^2] + [(0.75)^2(0.10)^2] + [2(0.25)(0.75)(0.15)(0.10)(-0.75)]} = \sqrt{0.001406 + 0.005625 - 0.004219} = \sqrt{0.002812}$
      $= 0.053 = 5.3\%$

34   0.336$([(0.4)^2(0.25)] + [(0.6)^2(0.4)] + [2(0.4)(0.6)(\sqrt{0.25})(\sqrt{0.4})(1)] = 0.04 + 0.144 + 0.1518 = 0.336)$

35 만약 D와 E의 상관계수가 0.5이고 D가 0.4의 표준편차를 갖고, E가 0.6의 표준편차를 갖는다면, 40%를 D에 투자했을 때, D와 E로 구성된 포트폴리오의 표준편차는?

36 한 투자자가 자본의 60%에 해당하는 금액을 10%의 수익률을 제공하고 표준편차 8%인 위험자산에 투자했다. 그리고 나머지 금액은 5%의 수익률을 제공하는 무위험자산에 투자했다. 이 투자자의 기대수익률과 표준편차는?

37 주식 A의 표준편차가 0.30이고 주식 B의 표준편차가 0.20이다. 두 주식의 공분산이 0.006이다. A와 B의 상관계수는?

38 기간 1 : 주식 A의 수익률은 10%, 주식 B의 수익률은 15%
기간 2 : 주식 A의 수익률은 6%, 주식 B의 수익률은 9%
주식 A와 B의 수익의 공분산은?

---

35 $0.46(\sqrt{[(0.4)^2(0.4)^2] + [(0.6)^2(0.6)^2] + [2(0.4)(0.6)(0.4)(0.6)(0.5)]}$ $= \sqrt{(0.0256) + (0.1296) + (0.0576)}$ $= \sqrt{(0.2128)} = 0.46)$

36 기대수익률$=0.08(8\%)$, 표준편차$=[(0.6)^2 \times (0.08)^2]^{\frac{1}{2}} = 0.048$
기대수익률$=(0.6 \times 0.1) + (0.4 \times 0.05) = 0.08(8\%)$
표준편차 : 무위험자산의 분산은 0이므로 $= \sqrt{0.6^2 \times 0.08^2}$

37 0.10(상관계수$=0.006/[(0.30)(0.20)] = 0.10$)

38 6%(A의 평균 수익 $=(10+6)/2=8\%$; B의 평균 수익 $=(15+9)/2=12\%[(10-8)(15-12) + (6-8)(9-12)]/2=6$)

39 주식 A, B에 대한 자료가 다음과 같고, 시장지수의 표준편차는 26%이다.

주식	기대수익률(%)	베타	잔차 분산
A	14	0.6	$(0.32)^2$
B	25	1.3	$(0.37)^2$

(1) 두 주식(A, B)의 표준편차는?

(2) 다음과 같은 투자비율로 포트폴리오를 구성하려고 한다.

주식 A : 0.33

주식 B : 0.38

국공채 : 0.29(R_f=9%)

이 포트폴리오의 기대수익률, 표준편차, 베타, 비체계적 위험은?

40 시장수익과 어떤 주식의 수익간의 공분산이 0.005이며, 시장수익의 표준편차가 0.05이다. 이 주식의 베타는?

39 (1) 개별 증권의 표준편차는 다음 식에 의해서 구함

$\sigma_j = [\beta_j^2 \sigma_m^2 + \sigma^2(\varepsilon_j)]^{\frac{1}{2}}$

$\beta_A = 0.6,\ \beta_B = 1.3,\ \sigma(\varepsilon_A) = 0.32,\ \sigma(\varepsilon_B) = 0.37,\ \sigma_m = 0.26$

$\sigma_A = [0.6^2 \cdot 0.26^2 + 0.32^2]^{\frac{1}{2}} = 0.356$

$\sigma_B = [1.3^2 \cdot 0.26^2 + 0.37^2]^{\frac{1}{2}} = 0.5011$

(2) $E(R_P) = W_A \cdot E(R_A) + W_B \cdot E(R_B) + W_{Rf} R_f$

$= 0.33 \cdot 0.14 + 0.38 \cdot 0.25 + 0.29 \cdot 0.09 = 0.1673$

$\beta_P = W_A \cdot \beta_A + W_B \cdot \beta_B + W_{Rf} \beta_{Rf} (\beta_{Rf} = 0)$

$= 0.33 \cdot 0.6 + 0.38 \cdot 1.3 + 0.29 \cdot 0$

$= 0.2474$

$\sigma_P^2 = \beta_P^2 \cdot \sigma_m^2 + \sigma^2(\varepsilon_P)$

비체계적 위험$(\sigma^2(\varepsilon_P)) = \Sigma w_j^2 \sigma^2(\varepsilon_j)$

$\sigma^2(\varepsilon_P) = W_A^2 \cdot \sigma^2(\varepsilon_A) + W_B^2 \cdot \sigma^2(\varepsilon_B) + W_C^2 \cdot \sigma^2(\varepsilon_C)$

$= 0.33^2 \cdot 0.32^2 + 0.38^2 \cdot 0.37^2 + 0$

$= 0.0309$

$\therefore \sigma(\varepsilon_P) = (0.0309)^{\frac{1}{2}} = 0.1758$

$\sigma_P^2 = 0.2474^2 \times 0.26^2 + 0.0309 = 0.03504$

40 2.0(베타 = 시장과 주식의 공분산/시장의 분산 = 0.005/0.0025 = 2.0)

41 다음 자료에 근거하여 답하라. 주식 A와 시장수익률 자료는 다음과 같다. (단, 무위험이자율 (R_f)=6%)

주식	기대수익률	위험(σ)	상관계수
A	14%	12%	$\rho_{AM}=0.8$
시장지수 수익률	12%	10%	

주식 A의 베타 및 요구수익률은?

42 무위험이자율이 6%이고, 시장은 12%의 수익을 제공한다. 베타가 1.2일 때 이 주식에 대한 요구수익률은?

43 주식 A의 수익률(R_A)과 시장수익률(R_m)이 다음과 같이 예상되었다. 무위험이자율(R_f)은 4% 이다.

상황	확률(P_i)	R_A	R_m
Ⅰ	0.2	0.30	0.18
Ⅱ	0.4	0.10	0.15
Ⅲ	0.3	0.25	0.10
Ⅳ	0.1	-0.05	-0.10

(1) 자본시장선(CML)의 관계식을 도출하라.

(2) 증권시장선(SML)의 관계식을 도출하고 이를 도시하라.

(3) 주식 A의 베타(β_A)를 계산하고, 주식 A에 대한 요구수익률을 추정하라.

(4) 주식 A가 과대평가되었는지 과소평가되었는지를 평가하라.

정답

41 베타는 $\beta_A = \sigma_{AM}/\sigma_M^2 = \sigma_A \cdot \sigma_M \cdot \rho_{AM}/\sigma_M^2 = \sigma_A \cdot \rho_{AM}/\sigma_M = (0.12)(0.8)/(0.1) = 0.96$,
    요구수익률은 $RRR_A = R_f + [E(R_m) - R_f] \cdot \beta_A = 0.06 + (0.12 - 0.06) \cdot 0.96 = 0.1176)$

42 $0.06 + 1.2(0.12 - 0.06) = 0.132$

43 $E(R_A) = 0.17$, $E(R_m) = 0.116$ (1) $E(R_p) = R_f + \dfrac{E(R_m) - R_f}{\sigma_m}\sigma_p = 0.04 + \dfrac{0.116 - 0.04}{\sqrt{0.0061}} = 0.04 + 12.459\sigma_p$

    (2) $E(R_j) = R_f + [E(R_m) - R_f]\beta_j = 0.04 + [0.116 - 0.04]\beta_j = 0.04 + 0.76\beta_j$

    (3) $\beta_A = \dfrac{\sigma_{Am}}{\sigma_m^2} = 0.836$, $k_A = 0.04 + 0.76 \times 0.836 = .10354$

    (4) 요구수익률 0.10354 < 기대수익률 0.17이므로 과소평가

44 다음 주식의 비정상적 수익률은?

> ㉠ $\beta = 1.25$ ㉡ 실제 수익률 $= 10.5\%$ ㉢ 시장수익률 $= 6\%$ ㉣ $r_f = 4\%$

45 ㈜○○주산은 매년 12월 31일 400원의 배당금을 계속적으로 지급하고 있다. 이 회사의 주식을 2년 전 1월 1일에 한 주에 10,000원씩 10주를 매입하였다. 1년이 경과한 작년 1월 1일 한 주에 11,000원씩에 2년이 지난 현재 시점에서 나머지 5주를 9,500원에 매각하였다. 2년에 걸친 이 투자에 대하여 시간가중평균 수익률과 금액가중평균 수익률을 구하고 어느 수익률이 더 합리적인지를 설명하라.

46 다음은 지난 1년 간에 걸친 자금운용자 갑의 운영실적자료와 시장지수 관련 자료이다.

(무위험자산 수익률 : 6%)

	평균 투자수익률	베타	표준편차	비체계적 위험 $\sigma(\varepsilon)$
갑 포트폴리오	35%	1.20	42%	18%
시장지수	28%	1.00	30%	0%

갑 포트폴리오와 시장지수에 대하여 샤프지수, 트레이너지수, 젠센지수, 평가비율을 구했을 때 어느 평가척도에 의한 것이 자금운용자 갑의 성과가 시장지수보다도 우월한가?

정답

44 3%(비정상적 수익률=실제 수익률−(시장수익률)×β=3%)

45 시간가중평균 수익률 : −0.5%, 금액가중평균 수익률 : 약 5.8%
- 시간가중평균 수익률=산술평균 수익률
  기간별 투자수익률
  1년차 : $_0r_1 = \dfrac{배당(4,000) + 시세차익(5,000)}{100,000} = 9\%$, 2년차 : $_1r_2 = \dfrac{배당(2,000) + 시세차익(-7,500)}{5주 \times 11,000} = -10\%$
  ∴ 시장가중평균 수익률 $= \dfrac{1}{2}(9\% - 10\%) = -0.5\%$
- 금액가중평균 수익률=내부수익률(IRR)=$100,000 = \dfrac{4,000 + 55,000}{(1+r)} + \dfrac{2,000 + 47,500}{(1+r)^2}$, $r \fallingdotseq 5.8\%$
- 현금흐름 발생 시점을 투자자가 결정할 수 있으므로 후자의 계산이 합리적이다.

46 · 샤프지수=$(\overline{R_p} - \overline{R_f})/\sigma_p$, 샤프지수(갑)=$(35-6)/42 = 0.69$, 샤프지수(시장)=$(28-6)/30 = 0.733$
- 트레이너지수=$(\overline{R_p} - \overline{R_f})/\beta$, 트레이너지수(갑)=$(35-6)/1.2 = 24.2$, 트레이너지수(시장)=$(28-6)/1.0 = 22.0$
- 젠센지수 $\alpha = \overline{R_p} - [\overline{R_f} + \beta \cdot (\overline{R_m} - \overline{R_f})]$, 젠센지수(갑)=$35 - [6 + 1.2(28-6)] = 2.6$, 젠센지수(시장)=0
- 평가비율 : $\alpha/\sigma(e)$, 평가비율(갑)=$2.6/18 = 0.144$, 평가비율(시장)=0

47 다음 중 ESG 요소를 반영한 책임투자에 대한 설명으로 옳은 것은?

① 책임투자 방식은 국제 금융 감독기구에 의해 규정되며 책임투자 방식별 세부기준도 제공됨에 따라 이를 준수하는 경우에만 책임투자로 인정된다.

② 책임투자는 선량한 관리자의 의무와는 무관하며 마케팅 목적이 중요하다.

③ 글로벌지속가능투자 연합에 따르면 유럽의 책임투자 펀드 규모는 2020년 감소를 기록했는데 이는 책임투자 시장의 축소를 반영하고 있다.

④ 그린워싱 논란이 확대되면서 유럽을 선두로 환경영역을 중심으로 금융기관의 상품에 대한 ESG 공시 규정이 강화되고 있다.

48 다음 중 국내외 ESG 공시에 대한 옳은 것은?

① 유럽의 금융기관의 지속가능금융공시규제는 2단계에 걸쳐 시행되며 2단계에서는 주요한 부정적 영향에 대한 18개 지표를 공시해야 한다.

② IFRS 재단이 글로벌 공시 표준화 작업을 주도하기 위해 결성된 ISSB는 기존 TCFD와는 별개로 기후 공시 기준을 수립해 제시하고 있다.

③ TCFD는 2021년 개정을 통해, 기후영향이 큰 금융산업과 비금융의 4가지 산업에만 추가적으로 적용되는 기후변화 세부지표 7가지를 제시했다.

④ 국내에서도 자산기준 일정 규모 이상의 금융기관은 포트폴리오의 ESG 공시를 의무적으로 공개해야 한다.

해설

47 ④

48 ①

정답 01 (1) ② (2) ① | 02 ④ | 03 ④ | 04 ② | 05 ④ | 06 ② | 07 (1) ③ (2) ④ ③ ④ | 08 ② | 09 ② | 10 (1) ① (2) ①
11 ③ | 12 ③ | 13 ② | 14 ② | 15 ② | 16 ② | 17 ② | 18 ④ | 19 ① | 20 ③ | 21 ① | 22 ① | 23 ④ | 24 ① | 25 ③
26 ③ | 27 ③ | 28 ① | 29 ④ | 47 ④ | 48 ①

금융투자전문인력 표준교재
금융투자분석사 1

2024년판 발행 2024년 2월 15일

편저 금융투자교육원
발행처 한국금융투자협회
　　　　　서울시 영등포구 의사당대로 143 전화(02)2003-9000 FAX(02)780-3483
발행인 서유석
제작 및 총판대행 ㈜ **박영사**
　　　　　서울특별시 금천구 가산디지털2로 53, 210호(가산동, 한라시그마밸리) 전화(02)733-6771 FAX(02)736-4818
등록 1959. 3. 11. 제300-1959-1호(倫)
홈페이지 한국금융투자협회 자격시험접수센터(https://license.kofia.or.kr)

정가 25,500원

ISBN 978-89-6050-739-5 14320
　　　　978-89-6050-738-8(세트)